# HISTOIRE DE LA MUSIQUE

L'auteur est né en 1878 à Lyon. Après des études de lettres et de droit, il entre au Conservatoire, où il est admis dans la classe de composition de Fauré. Il fonde en 1910 la Société musicale indépendante (Ravel, Florent Schmitt, Fauré, Inghelbrecht, etc.). Compositeur, scénariste de ballets, musicographe, chroniqueur, il fut pendant près d'un demi-siècle l'un des princes de la critique musicale française et l'ami de la plupart des musiciens — compositeurs et interprètes contemporains. Il a laissé de nombreux ouvrages, dont *Claude Debussy*, *Gabriel Fauré*, etc.

## ŒUVRES D'ÉMILE VUILLERMOZ

Visages de musiciens (d'Alignan).

Cinquante ans de musique française : la symphonie (Librairie de France).

Musiques d'aujourd'hui (Crès).

La Vie amoureuse de chopin (Flammarion).

Clotilde et Alexandre sakharoff (Éditions centrales, Lausanne.)

La Nuit des dieux (Milieu du Monde).

Claude Debussy (Kister).

*Participation à deux ouvrages collectifs :*

Initiation a la musique (Edition du Tambourinaire).

Maurice Ravel vu par quelques-uns de ses familiers (Édition du Tambourinaire).

*Ouvrages techniques :*

L'Initiation a la musique (illustrée par disques).

L'Écriture musicale (Edition Rouart — Pathé-Marconi).

La Palette orchestrale, présentation de tous les instruments, un microsillon et une brochure explicative (Club National du Disque).

# ÉMILE VUILLERMOZ

# *Histoire de la musique*

## ÉDITION COMPLÉTÉE PAR JACQUES LONCHAMPT

*Mise à jour 1996*

**FAYARD**

*Aux Jeunesses Musicales de France*

# Introduction

« Nous pensons, nous sentons aussi, d'une façon plus raffinée, plus variée que les anciens. A notre postérité, dans un million d'années, notre subtilité paraîtra sans doute d'une lourde barbarie. »

Aldous Huxley.

Musique! Héritage sacré d'Apollon. Langage mystérieux si chargé de magie et si riche en sortilèges que les neuf Muses, malgré la diversité de leurs missions, ont tenu à être ses marraines et lui ont réservé le privilège de porter leur nom. Tous les arts, a dit Walter Pater, aspirent à rejoindre la musique.

La Musique résume, en effet, les victoires remportées par l'Art sur les éléments les plus prosaïques de notre vie quotidienne. Elle a allégé et ennobli nos servitudes terrestres. Par elle se sont trouvés miraculeusement disciplinés, idéalisés, spiritualisés et transfigurés le temps, l'espace, la durée, le mouvement, le silence et le bruit.

Elle a éveillé la matière à la vie secrète des vibrations qui lui donnent une âme. De tout ce qu'elle palpe, de tout ce qu'elle heurte, de tout ce qu'elle effleure elle est arrivée à tirer une étincelle de beauté. Elle a appris à la pierre, à l'argile, à l'os, à la corne, à l'ivoire, au cristal, à la corde, à la peau tendue, au bois et au métal qu'ils étaient doués de la parole. Elle leur a enseigné le chant et leur a arraché des élans d'enthousiasme, des sanglots, des cris de haine et des soupirs d'amour.

Les musiciens sont parvenus à réaliser ainsi, de siècle en siècle, une sorte de création du monde au second degré en construisant et en aménageant à leur usage un microcosme minutieusement organisé, réglé comme un mouvement d'horlogerie et solidement rattaché aux ressorts de la vie universelle.

Lentement découvertes, définies et codifiées au cours des âges, les règles de l'harmonie et de la composition, secrètement issues des lois de la nature et des exigences scientifiques de l'acoustique, ont fini par engendrer tout un petit univers féerique dans lequel les sons, les rythmes, les accents, les tonalités et les modes tournent et évoluent, s'attirent et se repoussent, avec la régularité et l'équilibre inflexibles que nous admirons dans la gravitation des astres.

Rien, en effet, n'est arbitraire dans la cosmogonie musicale. Tout s'y rattache à la logique supérieure des lois naturelles et des formes essentielles de la vie. La Musique nous fait entendre, en le poétisant et en l'arrachant à son silence éternel, le va-et-vient de la bielle du grand moteur invisible qui assure la course des mondes sur les pistes du ciel.


Comme l'a noté si intelligemment Servien : dans notre univers indéchiffrable les seuls messages rassurants qui nous arrivent de l'inaccessible et de l'incompréhensible, ce sont les rythmes. Unique et énigmatique confidence.

La nature est rythme. Elle sacrifie à la symétrie, à la périodicité, à la répétition, à l'oscillation, au balancement et à l'écho. Malgré son désordre apparent, elle vit strictement « en mesure », comme un orchestre docile à son chef. Le mécanisme du jour et de la nuit, des marées, des saisons, de la fécondation, de la germination, de l'épanouissement, de la flétrissure, de la vie et de la mort de l'animal et du végétal obéit à de strictes disciplines rythmiques, sévères jusqu'à la plus désespérante monotonie.

Jeté au milieu de ce foisonnement de cadences, l'homme s'aperçoit que son organisme est, lui aussi, habité et gouverné par des rythmes. Ses pas, sa respiration, les battements de son cœur découpent la durée en tranches régulières. Partout retentit l'injonction des métronomes invisibles qui battent la mesure de la vie.

Cette pulsation obstinée crée en nous une sourde et puissante hantise. C'est une trame infinie sur laquelle l'homme éprouve le besoin de broder quelques ornements au moyen de chocs et d'accents adroitement associés ou contrariés. Ainsi s'éveille, organiquement, l'appétit physique du plaisir musical. Ainsi a pu s'opérer cette miraculeuse transmutation d'un obsédant battement pendulaire en un riche vocabulaire qui a agrandi pour nous le domaine de la beauté et de l'émotion. Ainsi est née la Musique, fleur merveilleuse qui, en s'enroulant autour des barreaux de la prison rythmique dans laquelle nous sommes enfermés, en masque la rigidité et enchante notre esclavage.

C'est la croissance et le développement de cette fleur que nous nous proposons d'observer ici. Ce travail a été accompli bien des fois par d'éminents historiens qui ont rassemblé sur ce sujet tous les documents souhaitables. Il peut donc paraître vain et présomptueux d'entreprendre, une fois de plus, cette tâche. Mais nous voudrions donner à l'étude chronologique de notre art un sens un peu particulier.

Un postulat philosophique et esthétique universellement respecté a banni une fois pour toutes du domaine des arts la notion de progrès. « En art, a dit un musicologue patenté, les termes *progrès* et *décadence* n'ont aucun sens. » Voilà une affirmation commode dont la légitimité nous semble contestable.

Dans le domaine de la poésie et des arts plastiques on peut assurément justifier cet axiome en rapprochant de nos plus belles réalisations contemporaines les chefs-d'œuvre immortels des aèdes, des peintres, des sculpteurs et des architectes de l'antiquité égyptienne, grecque et romaine. Encore faudrait-il nous concéder qu'entre la conception architecturale de l'habitation lacustre et celle du Parthénon il est bien difficile de nier l'existence d'un stade de tâtonnements, de recherches, de découvertes, de conquêtes, de marche en avant, de progression... donc de progrès.

Cependant, admettons, pour un instant, le bien fondé de cette thèse paradoxale. Elle pourrait, à la rigueur, convenir à des arts dont les conditions matérielles d'exécution n'ont pas beaucoup évolué depuis des siècles. Homère et Paul Valéry étaient aussi bien outillés l'un que l'autre pour assembler des mots. Phidias disposait des mêmes instruments que Rodin pour attaquer un bloc de marbre. Les peintres de 1949 envient à ceux de la Renaissance et aux Primitifs italiens et flamands la qualité des couleurs qu'ils étalaient sur leur palette. Et nos entrepreneurs de maçonnerie reconnaissent que les constructeurs du temple de Karnak disposaient d'un matériel aussi puissant que celui dont s'enorgueillit la science moderne. Dans ces conditions, la « péréquation » du génie à travers les siècles devient parfaitement légitime.

En musique, la situation est toute différente. Le plus immatériel de tous les arts est, en réalité, le plus durement asservi à la tyrannie de la matière. Le compositeur qui édifie une cathédrale de sons ne peut lui insuffler la vie et la dresser devant la foule que le jour où cent spécialistes, munis d'un matériel perfectionné, consentent à unir leurs efforts et leurs délicates machines-outils pour s'emparer, l'une après l'autre, de toutes les notes de la partition, les modeler, les ciseler, les assembler, leur donner leur sens, leur couleur et leur relief. Sans leur labeur et, surtout, sans leur talent personnel, le plus sublime chef-d'œuvre symphonique demeure une simple épure d'architecte dont quelques rares hommes de métier peuvent, seuls, pressentir la beauté sonore.

L'architecte des sons est donc l'esclave de ses entrepreneurs, de ses ouvriers, de ses matériaux et de ses machines-outils. Bien plus, il ne peut concevoir son univers sonore, il ne peut « penser » sa musique et forger son langage que dans les étroites limites de l'outillage mis à sa disposition. Or, cet outillage s'est créé et développé, par tâtonnements, avec une extrême lenteur.

Pendant des siècles, les compositeurs les plus géniaux n'ont pu soupçonner l'extraordinaire puissance d'envoûtement dont seraient enrichis leurs successeurs grâce aux sonorités inattendues d'un stradivarius, d'une clarinette-basse, d'un cor anglais, d'un saxhorn, d'un saxophone, d'un vibraphone, d'un célesta, d'une harpe à pédales, d'un piano de concert ou d'un instrument à ondes et, surtout, par l'association et le mélange de toutes ces touches de couleur, de toutes ces ressources nouvelles d'élocution. Leur pensée, leur imagination créatrice, leurs rêves les plus ambitieux évoluaient donc dans un très petit domaine.

Ce domaine, strictement clos, ne pouvait dépasser le mécanisme et l'étendue des instruments rudimentaires en usage à leur époque. Quel qu'ait été leur génie, les premiers compositeurs ont bien été obligés d'aborder le langage des sons par le balbutiement. Les « mots » qui constituent le vocabulaire musical d'aujourd'hui n'ont été inventés que peu à peu. La découverte d'un instrument ou d'un accord nouveau les faisait surgir du néant et chaque génération s'en est emparée avec avidité.

Sans remonter jusqu'à la préhistoire et aux récitals que le *Pithecanthropus erectus* offrait aux mélomanes de son temps en heurtant deux pierres sonores ou en percutant un morceau de bois creux, n'est-il pas évident que les Wagner et les Debussy du Moyen Age, condamnés à traduire toutes leurs pensées à l'aide des grincements et des miaulements d'une vielle ou d'un rebec, ne pouvaient nous donner que des œuvres inférieures à la Marche funèbre du *Crépuscule des dieux* ou au *Prélude à l'après-midi d'un faune*?

Toute l'histoire de la Musique n'est donc qu'une suite de prospections, de sondages, de découvertes, d'affranchissements, de libérations, d'annexions, d'élargissements de frontières, d'enrichissements successifs, de perfectionnements... bref de perpétuelles conquêtes. Et si, en présence de l'évolution qui a conduit les peintres-paysagistes des sons de la monodie médiévale au « Lever du jour » de *Daphnis et Chloé*, nous n'avons pas le droit de prononcer le mot progrès, il faut renoncer à donner à ce terme un sens acceptable.

D'ailleurs, les propagandistes de ce dogme ne cessent de nous fournir des arguments qui les confondent. Dès qu'ils abordent l'examen d'une époque ou l'inventaire des ouvrages laissés par une homme de génie, ils soulignent complaisamment ce qu'ils appellent les « acquisitions », les « innovations fécondes », les « audacieuses prophéties », les « géniales anticipations », les « ascensions » des musiciens qu'ils étudient.

En lisant les *organa* de Léonin ils félicitent leur auteur d'avoir su élever une simple improvisation à la hauteur « d'une œuvre d'art soigneusement ciselée ». En étudiant son héritier Pérotin le Grand ils déclarent que ce grand musicien sut « porter à leur point de perfection les ébauches de Léonin ».

En voyant naître ensuite l'*ars nova* de Philippe de Vitry, ils saluent « l'éclosion d'un art nouveau, plus souple, plus près de la vie » que celui de Léonin et de Pérotin. En découvrant Guillaume de Machaut ils s'écrient : « Nous voilà loin de la gaucherie de la polyphonie embryonnaire et barbare de l'*organum* et du *déchant*! »

Lorsque apparaissent les Ockeghem, les Obrecht et les Josquin des Prés, ils ne manquent pas de nous faire observer qu'entre leurs mains « la musique de leurs prédécesseurs s'humanisa et les procédés de développement perdirent leur aspect mécanique et stéréotypé pour devenir des moyens nouveaux d'expression et des principes féconds de construction ».

En présence de Roland de Lassus ils constatent que « tout ce que le contrepoint du début du siècle pouvait conserver de rudesse et de gêne a fait place ici à la plus impressionnante aisance mélodique, harmonique et rythmique »... Et vous devinez les clameurs triomphales par lesquelles ils salueront les « victoires » des grands conquérants qui s'appellent Monteverdi, Bach, Mozart ou Beethoven!

Puisque les négateurs de la notion de progrès dans les arts se trouvent acculés à de tels aveux, ils nous semblent assez peu qualifiés pour nous interdire de considérer l'évolution créatrice de la musique comme une force spirituelle en perpétuel appétit de conquête.

Les artistes ne cherchent-ils pas sans cesse à développer et à perfectionner leurs moyens d'expression? Dès qu'ils ont défriché un terrain vierge ils brûlent de pousser plus loin leurs explorations. Vite blasés sur leurs découvertes les plus saisissantes, ils poursuivent leurs prospections avec une fièvre de chercheurs d'or. Toutes leurs expéditions ne sont pas couronnées de succès; malgré tout, de siècle en siècle, les pionniers agrandissent méthodiquement leur champ d'action en repoussant les limites de leur territoire.

Pour y parvenir, ils harcèlent sans cesse les forgerons qui leur fabriquent les pics, les haches, les charrues et les cognées destinés à leur frayer un passage. Ils leur réclament des outils de plus en plus puissants, car chaque invention d'une arme offensive nouvelle leur permet de faire un bond cn avant.

C'est de cette collaboration étroite et constante de l'artiste et de l'artisan, du compositeur et du facteur d'instruments qu'est née la magnifique progression de la technique et de la pensée musicales à travers les âges, celle-ci placée sous l'étroite dépendance de celle-là. Car, ici, c'est l'organe qui crée la fonction et c'est le matériel qui devance et guide le spirituel. Le luth a engendré sa littérature, le clavecin a procréé la sienne, l'orgue a enfanté son immense répertoire et

les cordes du piano à queue ont révélé aux compositeurs modernes les mystères des plus subtiles harmonies.

L'ouvrier qui découvre un instrument nouveau, une
sonorité inconnue, un timbre inattendu, féconde
l'imagination de toute une génération d'artistes à qui
il permet de pousser plus loin leurs recherches esthétiques en enrichissant leur vocabulaire de mots plus
souples et plus expressifs, serrant de plus près l'idéal
entrevu, pénétrant plus profondément dans les zones
obscures de notre subconscience. Et c'est du tête-à-
tête et du cœur-à-cœur des compositeurs avec toute
la famille, périodiquement accrue, des machines
vibrantes que sont nées les trouvailles des hommes
de génie dont les chefs-d'œuvre jalonnent l'histoire
de la musique.


Cette histoire est donc indissolublement liée à celle
de la facture instrumentale, comme l'histoire d'un
peuple suit la courbe du développement de ses arme-
ments. Dans ces conditions il nous a paru rationnel
et logique non seulement de ne pas les séparer l'une
de l'autre mais de prendre pour base leur interdépen-
dance. C'est sous cet angle que nous nous proposons
d'observer la croissance du magnifique arbre généa-
logique auquel est consacré cet ouvrage. Le spectacle
du développement incessant de ses rameaux qui élar-
gissent chaque jour davantage son domaine aérien
nous prouvera que la musique obéit à une poussée
constante de sève qui l'invite à s'élever toujours plus
haut. Parfois une branche se dessèche et meurt, mais
la certitude que des fleurs nouvelles pourront s'épanouir demain à l'extrémité de la branche voisine
nous semble être une vue de l'esprit plus juste et
plus consolante que le dogme décourageant qui prétend condamner notre art à une immortalité éternelle.

# 1

# Naissance de la Musique

*La volupté du rythme. — La séduction du timbre. —
Le matériel sonore : la percussion, les vents, les cordes. — Orient et Occident.*

Comment est née la première vocation musicale?
Question excitante pour les imaginatifs, interrogation
destinée à demeurer éternellement sans réponse.
Cependant, dès ce premier stade de conquête, la
notion de l'outillage sonore domine déjà le problème.

De quelles ressources instrumentales disposait le
premier mélomane? Du bruit sourd produit par le
choc de ses pieds sur le sol, du claquement de ses
deux mains heurtées l'une contre l'autre, de la percussion d'un silex ou d'un morceau de bois sec et des
inflexions de sa propre voix.

## Le rythme

Dans quel ordre apparurent et furent utilisés les
éléments de ce matériel orchestral? Il est vain de
chercher à l'établir. L'homme primitif a-t-il, d'abord,
pris plaisir à tirer de son gosier des sons aigus imi-
tant ceux que lui faisaient entendre les oiseaux ou
des sons graves inspirés des grognements et des
rugissements des fauves qui l'entouraient? Au cours
d'une longue marche sur un terrain uni, le heurt

symétrique et rythmé de ses pieds sur la piste lui a-t-il procuré une secrète euphorie? La périodicité d'un geste de travail l'a-t-elle incité à lui créer un écho dans le domaine des sons? Bondissant de joie autour d'une proie chèrement conquise, a-t-il découvert dans la régularité de ses détentes musculaires une volupté qui lui a révélé le principe de la danse?

S'il a heurté ses paumes en cadence, est-ce pour donner du relief à ses essais chorégraphiques ou pour encourager ceux de son entourage? Est-ce le langage rythmique de son corps qui a voulu s'évader du silence en cherchant à s'extérioriser dans une traduction sonore? Est-ce, au contraire, l'éloquence d'un rythme entraînant qui a imposé à ses muscles obéissants sa discipline impérieuse? Le premier compositeur a-t-il été le docile accompagnateur du premier danseur, ou le premier danseur a-t-il obéi aux injonctions rythmiques du premier compositeur?... Autant de problèmes insolubles qui ont soulevé des controverses passionnées parmi les spécialistes mais dont les données révèlent bien la satisfaction organique recherchée dans la répétition et la symétrie d'un choc, d'un bruit ou d'un cri.

## Le timbre

Une armature métrique solide étant créée par son pied, sa main ou sa gorge, l'homme a tout naturellement cherché à remplir ce cadre à l'aide de sonorités différentes. On devine la série de hasards heureux et de patients tâtonnements qui aboutirent à la découverte de la puissance sonore d'une colonne d'air comprimée et mise en vibration dans un tube. Les murmures de la brise ou le sifflement de l'ouragan traversant un orifice étroit durent, vraisemblablement, orienter la curiosité des chercheurs dans cette direction. Le son rauque que l'on peut obtenir en soufflant dans la corne percée d'un auroch dut émerveiller le chasseur qui inventa ce jeu. Un roseau creux, un os évidé permirent ensuite de domestiquer le souffle humain et d'en obtenir d'harmonieux soupirs. Ainsi naquit empiriquement la flûte rustique, ancêtre de la riche lignée des instruments à vent dont chaque siècle allait perfectionner la construction, la matière et le mécanisme.

On peut supposer que c'est à la même époque et dans les mêmes conditions de hasard que l'usage de l'arc révéla aux chasseurs l'étrange gémissement nerveux qu'on arrache à une corde tendue. Une nouvelle famille d'instruments venait de naître, complétant la triade classique — percussion, vents et cordes — qui a créé et maintenu jusqu'à nos jours l'équilibre des plus ambitieuses orchestrations primitives, classiques, romantiques et modernes.

## Le matériel sonore

A partir de cet instant, les musiciens — artistes et artisans — s'acharnèrent à déchiffrer les mystères du son et du timbre. On découvrit la caisse de résonance qui amplifie les vibrations de la corde. On s'ingénia à tirer de cette corde des effets variés en la pinçant, en la grattant, en la frappant, en la caressant, en l'attaquant à l'aide d'un plectre, d'un bec de plume, d'un archet, d'une roue colophanée... On construisit des rebabs, des crowths, des rebecs, des vielles, des rubèbes, des rotes, des gigues, des violes, des luths, des lyres, des théorbes, des harpes, des cithares, des psaltérions et des cistres.

De son côté, la famille des « vents » se développait. Les « souffleurs », sensibles au charme incisif des sonorités pointues et nasillardes, créaient des modèles variés de cornes, de cornemuses, de cornets à bouquin, de cromornes, de bombardes, de serpents, de doucines, de chalumeaux et de musettes. Ils préparaient ainsi la naissance des « hautbois », des cors anglais, des clarinettes, des bassons et de tous les instruments qui doivent au timbre « pincé » de l'anche cet élément de pénétrante nostalgie à laquelle la foule est si attachée et qu'elle recherche encore de nos jours, dans le biniou, la cabrette, le horn-pipe, l'harmonium et l'accordéon.

L'entrée en scène de la métallurgie allait ouvrir de nouvelles voies aux constructeurs de tubes sonores. On fabriqua en métal l'équivalent des cornes, des olifants et des trompes, instruments de guerre ou de chasse qui ne donnèrent à l'origine qu'un son unique mais que l'on perfectionna lentement pour obtenir la race évoluée des cors, des trompettes, des cornets, des trombones, des clairons, des ophicléides, des tubas, des saxhorns, des hélicons et des saxophones.

Les bas-reliefs, les sculptures, les peintures et tous les documents graphiques qui nous apportent quelques révélations sur la vie sociale des hommes dans l'Antiquité la plus reculée nous montrent que, sur toute la surface de la terre, les peuples qui s'ignoraient faisaient au même instant les mêmes découvertes musicales en inventant à peu près les mêmes instruments.

De l'Orient à l'Occident, la trompe de chasse, la trompette guerrière, le tambour remplissaient les mêmes missions civiles et militaires. Certaines races cultivaient plus spécialement tel ou tel timbre. Les Asiatiques raffinaient sur les instruments de percussion, les Hébreux et les Égyptiens faisaient retentir de longues trompettes, les Grecs aimaient l'aulos double et la lyre, les Romains soufflaient dans l'airain des buccins alors que les peuplades nordiques trouvaient dans la harpe et ses dérivés la couleur qui convenait aux chants de leurs bardes. Plus tard, toutes ces ressources furent mises plus ou moins en commun et créèrent, peu à peu, ce langage universel qu'est la Musique.

## Orient et Occident

L'unification, pourtant, ne fut pas complète. L'Orient et l'Occident, après avoir cheminé, quelque temps, de compagnie, se séparèrent à un carrefour pour suivre des routes différentes. Obéissant à cet appétit de découverte, à cette soif de nouveauté, à ce besoin de perfectionnement que nous avons signalés, les deux faces du monde cherchèrent le progrès dans des voies opposées. Tandis que l'Occident découvrait la saisissante formule de la superposition de plusieurs sons entendus simultanément, l'Orient, fidèle à la technique de la monodie, demandait à ses chanteurs et à ses instrumentistes de chercher le raffinement de l'expression dans l'infinie subdivision de l'intervalle.

A l'Ouest, on construisit de solides blocs de musique. Après avoir taillé, géométriquement, à larges pans, comme des moellons, les sept degrés de la gamme diatonique, on les aligna et on les empila les uns sur les autres d'après des lois architecturales savamment établies qui s'appelèrent le contrepoint et l'harmonie. Et l'on éleva ainsi de splendides édifices sonores.

A l'Est, on ne songea pas à équarrir le son : on le tréfila. On s'appliqua minutieusement à l'étirer, à l'amenuiser avec une délicatesse extrême pour que le passage d'une des sept notes à sa voisine soit aussi insensible que les dégradés reliant entre elles les sept couleurs de l'arc-en-ciel. Au lieu de se solidifier, la musique devint une irisation et un chatoiement aux frontières de l'impalpable et de l'impondérable. Pas de matériaux standards, pas de constructions à deux, quatre, six ou dix étages : un simple fil de soie diapré qui se déroule et ondule imperceptiblement mais dont chaque millimètre s'imprègne d'un monde de sentiments et de sensations.

Il n'y a, on le voit, aucune commune mesure entre ces deux techniques et ces deux conceptions de la musique. L'Oriental, qui considère la gamme comme un perpétuel *glissando* et qui jongle avec les quarts et les huitièmes de ton, trouve extrêmement grossiers les intervalles lourdement tailladés que nous avons adoptés. Pour lui, le plus subtil de nos compositeurs rejoint, par la puérilité de son travail, l'enfant qui assemble les cubes de bois d'un « jeu de construction ».

L'antagonisme entre cette monodie si discrètement et si suavement nuancée et notre opulente et éblouissante polyphonie est donc irréductible. Ce sont là deux langues, totalement différentes, qu'il est impossible de rapprocher l'une de l'autre par un effort de traduction puisqu'elles ont été engendrées par une exigence organique collective, celle du sens de l'ouïe qui différencie plus nettement un Asiatique qu'un Européen que la forme de ses yeux ou la pigmentation de sa peau.

Nous ne pouvons donc songer à inclure une histoire de la musique hindoue, chinoise, japonaise ou arabe dans la présente étude qui s'adresse aux « usagers » de l'art occidental, c'est-à-dire à tous ceux dont l'oreille est apte à percevoir une superposition de sons mais incapable d'apprécier la valeur émotive et expressive des intervalles mélodiques inférieurs au demi-ton.

Toute la musique issue de ce principe de l'effleurement, du frôlement et de l'imperceptible caresse du son isolé nous demeure fermée. La mélopée aux courbes insensibles que le virtuose oriental dévide voluptueusement en la chargeant d'un riche trésor de pathétique et de poésie contemplative nous paraît monotone, alors qu'elle comble de délices les auditeurs doués d'une oreille plus affinée que la nôtre. Par contre, nos agrégations harmoniques les plus savoureuses ne présentent aucun sens pour les peuples héréditairement adaptés à la perception exclusive des miroitements exquis d'une ligne mélodique.

Ne soulevons pas la question oiseuse de la supériorité de l'une ou l'autre de ces deux conceptions. Elles ne sont pas comparables. Contentons-nous de prendre acte, pour l'instant, de leur incompatibilité et de rendre hommage aux compositeurs de génie à qui ces deux vocabulaires si différents ont permis d'écrire des chefs-d'œuvre.

Rien ne prouve, d'ailleurs, l'éternité de cet antagonisme. Toujours harcelée par son instinct de conquête qui ne lui laisse aucun repos, la musique brise,
chaque jour, une de ses entraves. Elle secoue, l'un
après l'autre, tous les jougs que la tradition lui a
imposés. Elle s'est annexé des dissonances déclarées
jadis criminelles, elle a amnistié des locutions sévèrement condamnées, elle a naturalisé des modes exotiques, elle veut s'évader de la prison de la tonalité,
elle rêve de desceller la barre de mesure et, déjà, certains de ses pionniers brûlent de nous révéler le régal
inconnu du quart de ton.

Après avoir épuisé toutes les subtilités de l'écriture
harmonique et avoir atteint les limites de l'architecture des gratte-ciel polyphoniques, il est fort possible
que les explorateurs de notre art orientent demain
leurs recherches vers une division plus délicate de
l'intervalle mélodique, ce qui leur ouvrirait un champ
d'action d'une prodigieuse étendue.

D'autre part, les progrès de la vitesse dans la loco-
motion abaissant chaque jour les barrières qui s'éle-
vaient jusqu'ici entre les civilisations différentes et
multipliant les échanges artistiques entre tous les
peuples, notre système musical a déjà ses ambassadeurs et ses missionnaires dans les capitales du
Levant, tandis que l'élite orientale commence à s'intéresser à notre étrange langage et envoie ses artistes
en étudier les arcanes dans les Conservatoires européens. Des deux côtés de la barricade s'esquisse un
mouvement de rapprochement.

Il n'est donc pas absurde d'imaginer, dans un avenir plus ou moins lointain, une certaine interpénétra-
tion des deux techniques. Ainsi s'assouplirait notre
conception de la mélodie et s'enrichirait notre sentiment des nuances, grâce à un vocabulaire nous fournissant un puissant instrument de prospection appelé
à rendre autant de services à nos compositeurs que le
microscope ou la microphotographie en ont rendus
aux chimistes et aux physiciens dans nos labora-
toires.

En attendant la réalisation de cette hypothèse,

nous devrons limiter à l'art d'Occident l'examen biologique de la Musique à travers les siècles. Observons donc les étapes successives qu'elle a parcourues pour passer de l'esthétique de Tubalcaïn à celle d'Arnold Schoenberg.

# 2

# Des origines au VIIᵉ siècle

*Cheminement de la musique. — L'art religieux. — La notation. — Psaumes et litanies. — L'art profane dans la liturgie. — La réforme grégorienne. — La lutte contre l'instrument. — La dictature de la voix.*

L'invention extrêmement tardive d'un système rationnel de notation a privé les historiens des documents qui leur seraient indispensables pour nous conduire auprès du berceau de la musique et ressusciter ses siècles d'enfance. Les reliques de son passé sont extrêmement rares et ne nous permettent pas de le reconstituer avec beaucoup de précision. Voici les notions les plus généralement admises.

Au moment où nous découvrons l'existence de ce grand courant en Occident, il se présente déjà sous l'aspect d'un fleuve, mais nous ignorons le cheminement exact du ruisseau qui l'engendra. Il paraît cependant certain que sa source doit se situer en Orient. Son existence fut révélée à notre pays par Rome qui avait recueilli les leçons de la Grèce.

La Grèce antique avait reçu ce message de la Syrie et de l'Égypte qui le tenaient, elles-mêmes, des traditions hébraïques. Et c'est ce qui explique pourquoi la musique occidentale fut, d'abord, résolument monodique à l'image de sa sœur aînée.

Son mode d'expression naturel était le chant et tout spécialement le chant religieux. Le caractère magique et fascinant de la musique n'avait pas échappé aux prêtres qui en avaient fait un des éléments essentiels de leurs liturgies. Toutes les religions ont utilisé ce puissant facteur d'envoûtement dans la mise en scène de leurs cérémonies. L'Eglise, mère du théâtre, cultiva méthodiquement la musique sacrée.

Elle remplit alors un rôle fort utile de Conservatoire de notre art. Certes, il existait, hors des sanctuaires, une musique profane, vocale ou instrumentale, dont la vitalité nous est attestée par les témoignages et l'imagerie du temps, mais elle ne dépassait pas le niveau d'un divertissement populaire. Aussi personne n'aurait jugé utile de la faire entrer dans le domaine des archives nationales.

L'Eglise, au contraire, avec son sens de la continuité et de la discipline, apporta la plus grande vigilance à maintenir une solide tradition orale dans les mélodies qui accompagnaient ses offices. Et, lorsqu'on se livra aux premiers essais de notation, ses moines bénédictins furent tout désignés pour mener à bien ce patient labeur qu'aucun laïc n'aurait eu le courage et la persévérance d'entreprendre pour la musique populaire.

### La notation

On attribue généralement à Boèce l'initiative d'avoir baptisé par une lettre de l'alphabet romain chacun des degrés de l'échelle diatonique. Ce procédé s'est perpétué jusqu'à nos jours. C'est encore par des lettres — l'A étant considéré comme le premier barreau de l'échelle de LA — que les Allemands et les Anglais continuent à désigner les notes de la gamme.

La notation alphabétique ne donnant pratiquement au lecteur — chanteur ou instrumentiste — aucune indication utile sur la courbe et le profil d'une mélodie, on inventa bientôt une série de signes sténographiques destinés à rendre immédiatement perceptibles à l'œil des déplacements ascendants ou descendants des notes, leurs groupements ornementaux, l'aspect général des intervalles et les sinuosités approximatives du chemin suivi par la phrase musicale. Ces signes s'appelaient des « neumes ».

Ils fixaient avec une certaine précision les détails d'une broderie ou d'un *gruppetto*, mais ne permettaient pas de « déchiffrer » avec certitude un texte inconnu dont ils ne pouvaient révéler ni la tonalité, ni les intonations, ni les intervalles exacts, ni les inflexions rythmiques. Leur rôle consistait à placer sous les yeux de l'exécutant, pour lui éviter une défaillance de mémoire, la silhouette sommaire d'une mélopée avec laquelle il devait être déjà familiarisé.

Les premiers neumes furent figurés par les signes de ponctuation et d'accentuation. L'apostrophe, le point, l'accent grave, l'accent aigu, l'accent circonflexe et leurs diverses combinaisons fournirent des signalisations d'altitude, d'agglomération, de distance ou de déclivité analogues à celles qui jalonnent aujourd'hui nos voies de chemin de fer. Les plus usités de ces signaux s'appelaient le *punctum*, la *virga*, le *clivis*, le *scandidus*, le *porrectus*, le *climacus*, le *torculus* et le *podatus*. Ils complétaient efficacement la notation alphabétique en indiquant les groupements de notes et les repos qui marquaient la fin d'une période. C'étaient les « neumes-accents ».

Chaque pays les dessinait assez librement dans son style personnel. Et c'est ainsi que les moines d'Aquitaine conférèrent au *punctum* des missions si ingénieuses pour préciser les directions mélodiques qu'ils finirent par créer le « neume-point » qui donnait aux groupements de notes l'aspect de petites constellations caractéristiques, faciles à reconnaître.

Le « neume-point » faisait graviter, malgré tout, sur les pages d'un manuscrit un système stellaire un peu flottant. Pour le consolider on s'avisa de fixer le signe désignant la première note du groupe sur une ligne horizontale de repère portant le nom de cette note. Le principe essentiel de la portée et de la clef était découvert.

On perfectionna bientôt le procédé en adjoignant à cette première ligne une seconde, puis une troisième, puis une quatrième barre parallèle formant une grille régulière sur laquelle la répartition des points devint mathématique et parla aux yeux un langage extrêmement précis. Pour faciliter encore la tâche du lecteur on eut recours à la couleur. La ligne consacrée à l'UT se vit attribuer la teinte jaune et la ligne réservée au FA devint un fil de pourpre. Et l'on suspendit à ces cordes tendues les neumes-accents aussi bien que les neumes-points.

Toutes ces conquêtes furent lentes. Boèce avait proposé la notation alphabétique au vᵉ siècle, le pape saint Grégoire la perfectionna au vIᵉ, les neumes firent leur apparition au vIIᵉ siècle, la portée « monorail » ne fut découverte qu'au IXᵉ, celle de quatre lignes ne s'imposa vraiment qu'au xIVᵉ siècle et il fallut attendre la fin du xVIᵉ pour voir triompher définitivement la portée actuelle de cinq lignes et la barre de mesure.

Mille ans de labeur et de tâtonnements furent donc nécessaires pour construire l'édifice de la notation musicale. Et comme, pour la raison que nous venons d'indiquer, l'Église possédait seule, au début, les moyens pratiques d'utiliser ces trouvailles successives, il ne faut pas s'étonner de ne découvrir dans les archives familiales de la musique primitive que des documents religieux. Songez que nous rendons encore officiellement hommage à l'autorité musicale ecclésiastique en conservant, depuis l'an mille, les noms que le moine italien Guy d'Arezzo avait attribués aux notes de la gamme en empruntant les syllabes initiales des premiers hémistiches de l'hymne *UT queant laxis REsonare fibris...*

## Infiltrations

Ces documents, malgré leur aspect liturgique, nous apportent, pourtant, plus d'une piquante confidence profane. Ils sont imprégnés, çà et là, d'une atmosphère où ne flotte plus le parfum de l'encens. Par les portes ouvertes des églises le génie musical populaire s'était glissé jusqu'au cœur des sanctuaires et chantait ingénument au pied des autels. Voici quel fut le mécanisme de cette osmose.

Née à l'ombre des synagogues, l'Église chrétienne avait emprunté au rite hébraïque deux techniques essentielles, celle de la « psalmodie » qui met en relief l'accentuation des paroles sacrées et celle du dialogue « antiphonique » répartissant entre les officiants et les fidèles, entre un chantre et la foule ou entre deux groupes de choristes, les versets alternés des *Psaumes* empruntés aux Saintes Écritures.

Bientôt, ce répertoire s'agrandit par l'adjonction des *Litanies*, d'origine nettement païenne, et par l'introduction, dans les offices, des *Hymnes* dont le texte, étranger aux Livres saints, était composé spécialement pour rehausser l'éclat d'une cérémonie et recevait une adaptation musicale empruntée au fonds populaire.

Ces hymnes, versifiées en latin vulgaire et chantées sur des airs en vogue, introduisaient dans la liturgie un double élément de « laïcité » dont les autorités ecclésiastiques romaines ne tardèrent pas à s'alarmer. Or les évêques étrangers, résolus à attirer, par tous les moyens, dans leurs églises, les ouailles d'origine celtique, gauloise, gothique ou espagnole, ne songeaient qu'à rendre plus attrayantes et plus attractives les cérémonies du culte et ne s'opposaient pas à l'intrusion de ces poèmes ingénus et de ces mélodies familières. La musique religieuse y gagna souvent une franchise d'allure, une carrure, une aisance et une éloquence directe fort appréciables mais il est bien évident que cet apport nouveau ne contribuait pas à augmenter l'unité de style d'un art que ses ascendances byzantino-gréco-gallo-romaines rendaient déjà assez disparate.

Aux doctrinaires du christianisme la partie musicale des offices religieux posait de bien délicats problèmes. Le pouvoir d'envoûtement de la musique sur les fidèles était une force avec laquelle il fallait compter. Cette force était, à la fois, utile et dangereuse. Elle brisait souvent le cadre dans lequel on prétendait l'enfermer. Les prêtres, qui voulaient en faire l'humble servante des textes liturgiques, s'aperçurent bientôt, avec inquiétude, que cette servante parlait en maîtresse et que son panthéisme instinctif planait au-dessus de tous les dogmes. La musique avait une éloquence personnelle qui se suffisait à elle-même et pouvait entraîner les foules sans le secours du verbe.

Au IIIᵉ siècle, on vit l'hérésiarque Bardesane se servir de l'attrait musical de ses hymnes pour convertir à sa coupable doctrine une foule d'innocents croyants. Réplique des miracles d'Orphée! Bien plus, lorsque saint Éphrem voulut ramener au bercail les brebis égarées, il dut, pour les y retenir, s'imposer l'humiliation d'adapter ses textes orthodoxes aux séduisantes musiques de l'hérétique. Le troupeau ne regardait pas la houlette de son berger, il n'écoutait que son pipeau. Victoire de la musique pure!

Dans ces conditions, il était bien difficile d'échapper aux infiltrations de l'art profane, du chant populaire ou de la cantilène exotique dans les sanctuaires chrétiens d'Occident. Comment s'opposer aux empiétements des traditions levantines dans la liturgie romaine lorsqu'une région aussi importante que celle de Lyon était le fief de l'évêque saint Irénée, prélat d'origine grecque, profondément imprégné de culture hellénique et perpétuellement entouré d'Orientaux? Et le moyen d'empêcher un bon musicien comme saint Hilaire de Poitiers, qui avait vécu plusieurs années en Orient, de se souvenir des belles cérémonies byzantines et d'essayer d'en acclimater le décor sonore dans les églises de sa province?

Était-il possible de résister à l'autorité spirituelle et à la valeur artistique d'un saint Ambroise de Milan, apôtre inattendu du gallicanisme musical, qui donnait l'exemple de la dissidence en composant, lui-même, des hymnes d'allure populaire qui obtenaient un succès considérable? Le IV<sup>e</sup> siècle vit se répandre jusqu'au-delà des Pyrénées le fameux « rite ambrosien » qui réglait, avec un sens avisé de la technique théâtrale, la musique de scène de l'office divin en tenant compte des goûts traditionnels de ses spectateurs. Aussi ne faut-il pas s'étonner de l'impuissance du concile de Laodicée qui, malgré ses anathèmes, ne put enrayer les progrès de cette formule qui avait rapidement conquis la faveur des fidèles.

## GRÉGOIRE LE GRAND     *540-604*

Cette situation alarma le pape Grégoire le Grand qui, au VI<sup>e</sup> siècle, comprit la nécessité d'unifier la liturgie et d'imposer le rite musical romain à toutes les églises du monde. Fixant pour chacune des fêtes de l'année ecclésiastique une « partition » immuable, il donna force de loi à un Antiphonaire d'où il avait banni tout ce qui lui paraissait trop directement inspiré de la sensualité orientale ou de la familiarité gallicane.

Cette austère réaction rencontra de vives résistances. Malgré le zèle et le prosélytisme des moines bénédictins à qui Grégoire le Grand avait confié la mission de diffuser ce nouvel évangile, le clergé séculier se montra hostile à cette réforme. Le diocèse de Milan, dont l'esprit traditionaliste s'affirme encore aujourd'hui par sa fidélité au rite ambrosien, sa notation neumatique sur portée et l'impression en rouge de la ligne de FA, refusa, purement et simplement, de tenir compte de l'Antiphonaire romain. L'Espagne en fit autant. Et nos compatriotes se réfugièrent dans la résistance passive.

Un nouvel effort d'unification fut favorisé, au VIII<sup>e</sup> et au IX<sup>e</sup> siècle, par Pépin le Bref et Charlemagne à qui les papes demandèrent d'imposer à leurs clergés la discipline grégorienne et qui s'y employèrent fort docilement.

La diffusion croissante de la notation neumatique fit entrer bientôt dans une phase plus active cette croisade que les bénédictins continuèrent à prêcher avec ardeur et dont ils s'efforcent encore, à l'heure actuelle, de défendre l'orthodoxie au milieu des innombrables controverses que soulève cette question délicate.

Malgré leur généreuse propagande, la force d'inertie de la foule et son goût pour des inflexions musicales plus autochtones eurent toujours le dernier mot. Dès le xiv⁴ siècle on ne sut plus interpréter correctement les nobles et libres mélodies grégoriennes si souples et si transparentes, ni dérouler avec élégance ces longues vocalises jubilatoires qui font d'un *alleluia* l'aveu d'une exaltation mystiquement enivrée.

Depuis longtemps, d'ailleurs, cette façon, bien orientale, de développer son extase intérieure sur une simple voyelle dessinant des courbes rêveuses et peuplant l'espace d'arabesques délicates, avait déconcerté nos chantres. Il avait souvent fallu « occidentaliser » ces vocalises en y adaptant des textes! Les *séquences* et les *tropes* naquirent de cet expédient et, malgré les protestations des papes et des conciles, permirent à l'esprit folklorique et au génie populaire de s'infiltrer de nouveau dans la liturgie romaine et d'en assouplir la dictature.

Les *proses* de saint Thomas d'Aquin, d'Adam de Saint-Victor, d'Abélard ou de Thomas de Celano — auteur du saisissant *Dies irae*, qui semble avoir été rimé par un Banville du xiii⁴ siècle — multiplièrent ces hybridations. Bientôt le pur style grégorien s'altéra, se corrompit et devint le banal « plain-chant » des paroisses villageoises, langage naïf et rustique, sans nuances, facile à retenir et dont la platitude était un sûr élément de succès.

Rome dut se résigner. Les goûts musicaux de la foule étaient les plus forts. Et l'offensive des grands compositeurs, qui allaient bientôt s'emparer du *Kyrie*, du *Gloria*, du *Credo*, du *Sanctus*, du *Benedictus* et de l'*Agnus Dei* pour créer la « messe en musique », balaya les dernières résistances.

## Guerre à l'instrument

Cette curieuse lutte met bien en lumière l'influence du « matériel sonore » sur l'art et la pensée d'une époque. Au fond, cette longue bataille fut menée par le clergé contre l'élément sacrilège que représentait l'instrument de musique. La voix humaine, la voix nue était, seule, assez pure pour élever vers le ciel une pieuse imploration. Il fallait, à tout prix, l'enfermer dans un vocabulaire religieux autonome et indépendant pour la soustraire à la tentation impie d'un accompagnement instrumental.

L'Église n'aimait pas les instruments. Elle savait fort bien qu'un outil musical est une clef qui ouvre des portes secrètes sur des horizons inconnus. Et puis, elle avait d'assez bonnes raisons de tenir pour suspect cet héritage de l'Antiquité païenne. Car le paganisme avait cultivé l'art instrumental avec une coupable dilection. La lyre apollinienne et la *syrinx* dionysiaque rappelaient aux successeurs de saint Pierre de mauvais souvenirs, le *barbitos* de Sappho, inséparable de la chanson lesbienne, évoquait de scandaleuses images, les *psaltérions* de toutes dimensions, les *chalumeaux*, les *musettes* avaient des accents trop profanes et l'*aulos* double demeurait associé aux évolutions voluptueuses des danseuses nues autour des tables où s'enivraient des débauchés couronnés de roses.

L'instrument de musique possédait une voix impure et dissolvante pour les mœurs. La mentalité de ses virtuoses était, elle-même, condamnable. Les joueuses d'*aulos* étaient souvent de simples courtisanes et les grands citharèdes, affichant un luxe insolent, exigeaient des salaires dont l'importance devenait une insulte pour les honnêtes gens. Théodore Reinach nous affirme qu'au IIIᵉ siècle avant Jésus-Christ un soliste demandait pour un concert un « cachet » de 6 000 francs-or et que, malgré son avarice, Vespasien n'hésitait pas à offrir 200 000 sesterces (50 000 francs-or) à deux citharèdes pour une seule exhibition.

De plus, le développement de la facture instrumentale avait favorisé les détestables progrès de la virtuosité pure, source de sensations frivoles et libertines. La *lyre* avait fini par doubler le nombre de ses cordes et un artisan, visiblement inspiré par Satan, avait enrichi l'*aulos* de viroles et de clefs qui permettaient de n'obturer qu'à demi les perforations des tuyaux et d'obtenir ainsi une division partiellement chromatique des échelles sonores. Or, même sous cette forme incomplète, le chromatisme, avec sa dangereuse langueur et sa caressante souplesse, demeurait une invitation sournoise à la concupiscence.

La musique instrumentale était donc bien une école de sensualité. Le caractère libertin d'un pareil langage, même lorsqu'il se bornait à s'associer à la voix humaine, ne pouvait trouver grâce devant les autorités ecclésiastiques.

Les druides soutenaient par les accents de la *harpe* la déclamation de leurs poèmes épiques. Leurs cérémonies accueillaient les cortèges, les danses et les chants accompagnés par les instruments. Il fallait réagir contre ces coutumes immorales dont le peuple conservait encore le souvenir et qu'il essayait d'acclimater dans les églises. Les conciles de Bayeux, de Nantes, de Soissons et d'Auxerre prononcent des interdictions qui nous prouvent à quel point cette imprégnation était profonde. Ils défendent aux jongleurs et aux ménestrels de se faire entendre dans les sanctuaires. Saint Éloi dénonce le caractère païen des « danses, rondes, sauteries et chants diaboliques » et l'on est obligé de rappeler aux moines et aux membres du clergé qu'ils ne doivent pas conduire ces danses!

L'Église proscrit l'usage des instruments jusque dans la vie privée de ses fidèles. Le sage Clément d'Alexandrie n'hésite pas à dire aux croyants : « Laissez le chalumeau aux pâtres et la flûte aux égarés qui adorent les idoles. Ces instruments doivent être bannis d'un festin sobre et convenablement ordonné. »

Cette phobie de la sonorité instrumentale explique pourquoi l'*orgue*, qui représente pour les chrétiens d'aujourd'hui la voix religieuse par excellence, ne put forcer les portes de nos églises qu'au ix<sup>e</sup> siècle, alors que, deux cent cinquante ans avant l'ère chrétienne, Ctésibios d'Alexandrie avait déjà inventé et construit son *hydraulis* aux tuyaux d'airain dont l'anche était mise en vibration par une colonne d'air soumise à la pression d'une colonne d'eau.

L'orgue demeura longtemps, d'ailleurs, dans nos sanctuaires, un élément musical étranger à la liturgie. Il ajoutait aux offices, par de solennels intermèdes, une pompe tout extérieur, mais n'était pas admis à l'honneur d'accompagner les textes sacrés. Les fervents admirateurs du langage « modal » de l'Antiquité grecque, prolongé dans le chant grégorien, ont toujours stigmatisé avec véhémence le sacrilège commis par les organistes modernes qui déshonorent la chaste nudité hellénique de nos vieux chants religieux en les affublant d'oripeaux harmoniques. Et c'est l'époque Louis-Philippe qui porte la lourde responsabilité d'avoir introduit à l'église l'orgue de chœur qui joue dans nos offices « un rôle absurde et néfaste » en défigurant cruellement ces délicates et pures mélodies.

On voit que l'Eglise s'efforça toujours d'écarter la collaboration suspecte des « outils de Satan », même lorsqu'ils se sanctifièrent pour franchir le seuil des cathédrales. Et, cependant, l'art instrumental prit, malgré tout, une sournoise revanche. C'est la technique des citharèdes gréco-romains qui a créé l'équilibre des modes utilisés par le chant liturgique. De même que l'*aulos* avait engendré une forme particulière de la composition (l'*aulodie*, interprétée par un chanteur et un aulète), la *lyre-cithare* avait fait naître la *citharodie*, grand air de concert dans lequel le chanteur s'accompagnait lui-même. Or, ce sont les modes réglementaires des *citharodies*, nous dit Gevaert, qui ont donné naissance aux « tons ecclésias-

tiques » composés, on le sait, de quatre modes
« authentes » (dorien, phrygien, lydien, mixolydien) et
de quatre modes « plagaux » (hypodorien, hypophry-
gien, hypolydien, hypomixolydien).

L'examen des illogismes, des erreurs linguistiques
et des confusions qui ont abouti à cette nomenclature
pseudohellénique si trompeuse nous entraînerait
hors des limites de cette étude. Rappelons aux lecteurs qui désirent une documentation complète que
Maurice Emmanuel, dans son *Histoire de la Langue
musicale*, a magistralement démontré l'absurdité de
ces baptêmes arbitraires et a traité le problème en
profondeur. Et contentons-nous de noter ici que, bon
gré mal gré, la musique vocale chrétienne a été amenée à payer son tribut à la technique des instruments
païens sur lesquels elle avait jeté l'anathème...

# 3

# Les instruments

*Le matériel instrumental des Grecs. — La Lyre. — La Cithare. — L'Aulos. — La Syrinx. — La musique instrumentale en Occident.*

En dépit des malédictions papales et épiscopales, le goût de nos aïeux pour les instruments de musique semble avoir été fort vif. Entre les riverains du bassin de la Méditerranée les échanges étaient actifs et faciles, et les voyageurs ne laissaient pas longtemps ignorer aux habitants des Gaules ou de l'Ibérie les trouvailles des Romains, des Grecs et des peuples d'Orient. Un instrument de musique nouveau représentait une curiosité attachante que l'on colportait avec plaisir et qui trouvait, partout, des amateurs charmés.

Or, la Grèce antique s'était créé un art instrumental très raffiné. Le paganisme n'avait pas été attiré par la musique vocale pure, la mélodie chantée sans accompagnement et le chœur *a cappella*. Les Grecs aimaient soutenir la voix humaine par l'enveloppement d'un autre timbre, emprunté à un instrument à cordes ou à vent. Nous avons vu que la *lyre* et l'*aulos* étaient les représentants les plus académiques de ces deux grandes catégories d'outils musicaux.

## La lyre

La lyre antique, malgré sa structure naïvement mythologique, était un instrument fort bien étudié. La carapace de tortue garnie d'une membrane vibrante constituait une excellente caisse de résonance pour des cordes de boyaux de mouton tendues sur un chevalet et attachées à un joug reliant transversalement deux cornes de chèvre ou de taureau incurvées dans un gracieux élan.

Les constructeurs de cet instrument avaient déjà découvert un certain nombre de détails techniques qui apportaient des solutions heureuses et durables aux problèmes essentiels de la lutherie : le principe du résonateur, la matière des cordes, leur mode d'insertion à la base de l'instrument, leur tension par enroulement sur des chevilles à frottement dur, l'emplacement du chevalet, etc. Et la transformation de la *lyre* en *cithare* permit d'améliorer encore sa sonorité et de porter à quinze — parfois même à dix-huit — le nombre de ses cordes qui, primitivement, ne dépassait pas trois, cinq ou sept.

## La cithare

L'enseignement de la *cithare* faisait partie du programme de l'éducation nationale. Des concours entretenaient une émulation féconde entre ses virtuoses. Et les fêtes publiques aussi bien que les cérémonies religieuses faisaient appel à l'art respecté des citharèdes.

Un instrument aussi important devait forcément engendrer sa « littérature » spéciale. Aussi vit-on surgir des formes de composition nouvelles issues de cette technique apollinienne : la *citharodie*, chant épique que l'interprète devait détailler en s'accompagnant lui-même après avoir préalablement fait entendre le *poème* qui lui servait de prélude improvisé.

Théodore Reinach, à l'autorité de qui nous nous

référons pour tous ces détails, ajoute la piquante information suivante : « Vers l'an 300 avant Jésus-Christ, les virtuoses musiciens, qui se tiennent sur la scène, fraternisent et commencent à s'organiser pour défendre leurs intérêts économiques et professionnels. Un syndicat d'artistes dionysiaques comprend, outre les artistes de la scène et de l'orchestre, les poètes, les compositeurs, les décorateurs et jusqu'aux simples costumiers... » On voit que la création de la Fédération du Spectacle n'est pas une conquête des temps modernes.

Encore une fois, on comprend pourquoi l'Église chrétienne éprouvait une instinctive méfiance à l'égard des instruments et de leurs diaboliques serviteurs dont la puissance lui paraissait dangereuse, et pourquoi elle s'appliqua si méthodiquement à discréditer l'art des citharèdes et à faire disparaître leurs instruments partout où elle déployait l'étendard du Christ.

Autour de la *lyre-cithare* d'autres instruments à cordes connurent des fortunes diverses. Alcée, Sappho et leurs disciples accompagnaient leurs chansons sur une lyre très allongée appelée *barbitos*, Archiloque enveloppait ses iambes des sonorités du *clepsiambe*, d'autres virtuoses utilisaient les cordes accouplées, accordées à l'octave, de la *pectis* et de la *magadis*.

Reinach nous signale encore le *trigone*, petite harpe triangulaire portative; la *sambyque*, grande harpe égyptienne en forme de croissant; la *nablas*, instrument phénicien à 12 cordes; le *samikion* à 35 cordes et l'*épigonéion* qui en possédait 40. Et il y ajoute la *pandoura*, instrument exotique à manche qui préfigurait nos mandores, nos mandolines et nos guitares et sur lequel une pression des doigts de la main gauche pouvait, à volonté, étager tous les degrés de l'échelle sonore en modifiant la longueur de la partie vibrante des cordes, alors que, de chacune des leurs, la lyre et ses instruments dérivés ne pouvaient tirer qu'un seul son. On devine que cette innovation allait exercer sur la technique des instruments à cordes une influence décisive.

## L'aulos

La famille de la lyre possédait un prestige d'aristocratie qui humiliait la tribu des instruments à vent. Un aulète était un peu le parent pauvre de l'orgueilleux citharède, car ce dernier avait le droit de se réclamer du parrainage d'Apollon, alors que le premier ne pouvait se prévaloir que de celui de Dionysos.

L'*aulos* — instrument à anche dont le timbre se rapprochait de celui de la clarinette ou du hautbois et non de celui de la flûte, comme on l'a cru longtemps — possédait pourtant d'assez intéressantes ressources. Composé de deux tubes jumeaux — terminés, parfois, par deux pavillons amplificateurs et jalonnés de perforations que l'on pouvait obturer ou dégager à l'aide d'un ingénieux mécanisme — il pouvait parcourir une étendue de deux octaves et permettait à l'exécutant de soutenir par une note tenue sur le chalumeau de gauche la mélodie que l'on interprétait sur celui de droite. De plus, la possibilité de varier le degré d'obturation d'un même trou mettait à la disposition de l'instrumentiste l'échelle délicate des demi-tons pour le genre chromatique et même celle des quarts de ton pour le genre enharmonique. Pour marquer la mesure, l'aulète adaptait à l'une de ses chaussures « une double semelle claquante à castagnettes » dont il frappait rythmiquement le sol. Nos modernes spécialistes des « claquettes » peuvent donc s'enorgueillir de cultiver un art qui possède d'assez vénérables lettres de noblesse.

L'aulos, nous l'avons vu, avait fait naître une forme de composition appelée *aulodie* qui fut longtemps admise dans les concours et les fêtes aux côtés de la *citharodie*, mais perdit, peu à peu, la faveur de la foule.

Par contre, dans le domaine du solo instrumental, l'aulos prit sa revanche sur la cithare et engendra une foule de morceaux caractéristiques, préludes, interludes, ritournelles, marches, airs sacrés ou profanes, allègres ou funèbres. Il donna également naissance à un genre très particulier, le *nomos*, qui était une pièce de concert largement développée et à tendances descriptives. Aux Jeux pythiques, le *nomos* devait traiter en cinq épisodes un thème imposé : la lutte d'Apollon contre le monstre Python qui désolait la Thessalie. C'est donc l'aulos qui a inspiré la formule de la musique à programme que cultivent encore, de nos jours, les compositeurs de toutes les écoles et de tous les pays.

Les Panathénées accueillaient les duos concertants de deux « auloï » associés. On accouplait également, dans certains cas, l'*aulos* et la *cithare*. L'*aulos* régnait seul, en maître souverain dans la tragédie où il rythmait la déclamation du choryphée et exécutait le prélude et les intermèdes. Progressivement traqué et refoulé par les progrès du christianisme, il disparut vers le v siècle de notre ère.

L'*aulos* n'était pas le seul instrument à vent utilisé dans l'Antiquité grecque. On lui connaît plusieurs parents très proches comme le *monaule*, composé d'un chalumeau unique, et le *plagiaule* où le souffle de l'exécutant pénétrait par un tube oblique comme dans notre moderne basson.

L'*aulos*, simple ou double, devint l'*ascaule*, le jour où l'on s'avisa de substituer aux poumons de l'aulète une outre gonflée d'air actionnée par une pression du bras. La formule de la cornemuse et du biniou venait de naître.

Enfin, en rattachant à un clavier un certain nombre de *monaules* à son fixe et en les ajustant sur un sommier que des soufflets puissants remplissaient d'air comprimé dont la flexible résistance d'une colonne d'eau régularisait le débit, l'alexandrin Ctésibios, l'inventeur de l'*hydraulis*, avait découvert le merveilleux secret de l'orgue.

Que de victoires décisives, que de précieuses conquêtes musicales ne devons-nous pas ainsi à l'*aulos*, au « jonc vaste et jumeau » du Faune mallarméen, à la pseudo-flûte double que les courtisanes et les danseuses aux joues bandées et aux tuniques plissées élèvent avec grâce aux flancs des vases grecs encerclés par leurs voluptueux cortèges!

## La syrinx

A cette riche collection d'instruments à anche — anche de roseau finement émincée — s'ajoutaient les diverses variétés de flûtes où le son était obtenu sans le secours d'une lamelle vibrante. C'était la technique de la *syrinx* qui affectait la forme de notre flageolet lorsqu'elle était « monocalame » mais qui pouvait également offrir aux lèvres des disciples de Pan toute une rangée de tuyaux étagés en escalier quand elle devenait « polycalame ».

Les trompettes de bronze, rectilignes ou recourbées, la corne à bouquin et des instruments à percussion comme les sistres, les crotales, les tambourins et les cymbales, complétaient le matériel orchestral classique de l'Antiquité hellénique.

## En Occident

Il est aisé de deviner que de pareilles trouvailles ne pouvaient demeurer secrètes et que leur vulgarisation allait inspirer les artisans des autres pays. Les peuples d'Occident devaient inévitablement faire leur profit de pareilles leçons. Partout, des imitations et des variantes des instruments orientaux et grécoromains se multiplièrent.

La pauvreté de nos archives musicales ne nous permettrait pas de l'affirmer si la littérature, la peinture et la sculpture de l'époque ne nous apportaient sur ce point des attestations formelles. L'imagerie médiévale, en particulier, nous montre des personnages maniant une foule d'instruments divers à cordes et à vent. Leur usage était visiblement si répandu que, malgré l'aversion que lui inspirait la musique instrumentale, l'Eglise n'a jamais pu empêcher ses sculpteurs, ses peintres et ses verriers de placer entre les mains des anges, des saints et des prophètes qui figurent sur les murs de ses cathédrales, des violes, des harpes, des cithares, des tympanons, des vielles, des rebecs, des luths, des trompettes, des flûtes et des orgues portatives.

Quant aux tableaux et aux illustrations de manuscrits qui nous ont conservé le spectacle de réunions d'amateurs de musique, ils nous montrent clairement que les mélomanes d'alors possédaient une quantité d'instruments dont ils se servaient avec une parfaite aisance. Et l'historien qui contemple les images de ces concerts si bien ordonnés, où l'on semble savourer des voluptés artistiques d'un niveau fort élevé, s'afflige de ne pouvoir déchiffrer sur ces doigts incurvés et sur ces lèvres entrouvertes les partitions inconnues qui communiquent aux visages des exécutants cette expression d'heureuse extase.

Ainsi, en marge du chant choral ecclésiastique et de la cantilène religieuse codifiés et protégés par une armée de théoriciens, de professeurs et de copistes, le sentiment musical « laïque » se développait librement et sans contrôle dans le domaine instrumental, dans le répertoire des danses populaires, des chansons, des aubades galantes, des refrains guerriers, des fredons satiriques, des chants de travail et dans les concerts intimes donnés dans les demeures seigneuriales.

La frontière entre le sacré et le profane était d'ailleurs assez mal dessinée. Nous avons vu que la liturgie romaine n'avait pu s'opposer à l'intrusion des hymnes dans ses offices. Or, les textes des hymnes, écrits en langue vulgaire, étaient souvent introduits irrévérencieusement jusqu'au pied des autels par des airs en vogue d'origine assez peu édifiante, dont raffolait l'assistance. En revanche, la musique profane

empruntait fréquemment ses inflexions et ses cadences aux modes liturgiques. Les échelles sonores
qu'utilisait la chanson populaire de l'époque nous en
fournissent de frappants exemples.

Cette collaboration empirique et inconsciente eut
pour résultat de conférer à l'art profane du Moyen
Age une dignité et une distinction de vocabulaire
musical très caractéristiques et de révéler au clergé
la force d'entraînement d'un texte rimé aux césures
symétriques. En même temps, le goût populaire de la
« carrure » mélodique introduisait dans la musique
religieuse des disciplines géométriques d'où allait
surgir le brutal couperet de la barre de mesure qui
sectionna et détruisit la subtile et indéfinissable souplesse de l'arabesque neumatique.

Cet enchevêtrement de responsabilités ne permet
pas de déterminer avec certitude la part qui revient à
chacune de ces deux techniques dans la saisissante
innovation qui constitua la découverte de la polyphonie.

# 4

# Du VIIᵉ au XIIᵉ siècles

*Polyphonie instrumentale. — Polyphonie vocale. —
L'Organum. — Le Déchant. — Le Motet. — Le Conduit. — Le Gymel. — Le Faux-Bourdon.*

Malgré les ressources de l'*aulos double*, la musique
grecque ne s'était jamais évadée de la prison de l'homophonie. Ses instrumentistes accompagnateurs se
contentaient de doubler, à l'unisson ou à l'octave, la
voix des chanteurs. Et il en fut de même, pendant
longtemps, dans toute la musique occidentale.

Cependant, dès le VIIᵉ siècle, un traité d'Isidore de
Séville nous révèle l'existence d'une polyphonie élémentaire fondée sur la superposition de deux parties
respectant la discipline des consonances appelées
« symphonies », c'est-à-dire des intervalles d'octave,
de quinte et de quarte. La tierce et la sixte étaient
rangées, comme la seconde et septième, dans la catégorie des dissonances et constituaient l'apport de la
*diaphonie.*

*Polyphonie instrumentale*

Il est bien évident que l'usage de la cornemuse —
réplique occidentale de l'*ascaule* grec — dont l'un des
deux chalumeaux faisait entendre un son obstiné pendant que l'autre déroulait librement une mélodie,
avait forcément commencé à éduquer l'oreille de

nos ancêtres et à l'initier au plaisir de recueillir deux sons simultanés. La vielle à manivelle développa le même appétit auriculaire avec sa roue colophanée qui entretenait la vibration d'une corde à vide pendant que, grâce à un clavier, le chant cheminait sur les cordes voisines.

Les cordes de la *rote* britannique — le fameux *Krwth* qui défie la prononciation française — étaient accordées à la quinte et à l'octave et montées à plat pour que l'archet provoque leurs vibrations simultanées et crée ainsi autour de chaque note un halo harmonique qui devait représenter une volupté musicale d'une qualité assez neuve. Et l'orgue portatif — nouvelle flûte de Pan à soufflet et à clavier — permettait à l'exécutant de superposer plusieurs sons à son gré.

Il n'est donc pas arbitraire de supposer que c'est l'art instrumental qui créa et développa, automatiquement, le premier, chez nos aïeux, cet instinct de l'architecture sonore et cette soif de polyphonie qui allaient donner naissance aux mathématiques supérieures du contrepoint et de l'harmonie.

## Polyphonie vocale

La voix humaine ne pouvait demeurer indifférente à cette importante conquête technique. Déjà la pratique régulière du chant choral avait dû, plus d'une fois, par l'effet de l'ignorance aussi bien que par celui du raffinement, altérer l'unisson absolu d'une exécution collective et aboutir à la création d'une ligne mélodique ingénument parallèle. De nos jours, dans une foule sans culture musicale, certains harmonistes improvisés accompagneraient instinctivement à la tierce le chant d'un hymne ou d'un cantique : inconsciemment, les choristes amateurs du haut Moyen Age devaient doubler à la quinte ou à la quarte, qui représentaient pour eux des consonances parfaites, la mélodie profane ou sacrée qui jaillissait de mille poitrines.

On ne saurait donc déterminer avec précision la

date de naissance de la polyphonie en Occident. Pendant deux ou trois cents ans elle balbutia et s'infiltra insensiblement dans la langue musicale populaire et religieuse, puis nous la trouvons définie et codifiée, au IXe siècle, par le moine Hucbald de Flandre et ses disciples qui nous font connaître les principes essentiels de la technique de l'*organum* déjà parvenu au stade d'un élément esthétique.

## L'organum

Voici quel était son statut. Pendant qu'un chanteur ou un groupe de choristes interprétait une mélodie liturgique, un second chanteur, un autre groupe choral ou un instrument, la doublait, note contre note — *point* contre *point* — en partant de l'unisson ou de l'octave et en l'escortant ensuite à distance de quarte ou de quinte. La première partie s'appelait *principal* et le mot *organum* désignait cette formule d'accompagnement.

Dans l'important travail qu'il a consacré à l'*Histoire des formes musicales du Ier au XVe siècle*, A. Machabey a étudié dans tous ses détails le mécanisme de l'*organum* et nous fait observer que son nom seul nous prouve que les premiers essais de polyphonie appartiennent à la technique instrumentale. Et il tire de très pénétrantes conclusions de l'examen de cette innovation qui représente, dans l'histoire de la musique européenne, une date d'une importance capitale.

L'*organum* est, en effet, la forme primitive et élémentaire du contrepoint, la cellule génératrice de toutes les polyphonies futures. On peut même constater — en s'appuyant sur la thèse d'Hucbald, qui estime que chaque partie de l'*organum* appartient à un ton différent — qu'il contenait également le postulat de la polytonalité. La conquête la plus révolutionnaire de nos compositeurs d'avant-garde ne fait donc, en réalité, que nous ramener à un procédé d'écriture vieux d'une douzaine de siècles. Elle tend à restaurer une habitude d'oreille nettement médiévale.

La syntaxe polytonale est née au moment du conflit latent qui opposait aux huit modes ecclésiastiques l'instinct mélodique des peuples d'Occident. Ceux-ci recherchant un vocabulaire moins spiritualisé, moins « désincarné », plus vivant et plus familier, manifestaient une prédilection pour une échelle sonore où la douce inclinaison du demi-ton de la note « sensible » amoureusement penchée sur la tonique leur procurait une obscure délectation que voulaient précisément bannir de leur langage les musiciens religieux.

Au même titre que la gamme teintée de chromatisme, les demi-tons qui, cédant à l'attraction d'un degré voisin, se laissaient séduire par lui et tombaient dans ses bras dès qu'ils le rencontraient, rentraient dans la catégorie des fréquentations dangereuses. La tendre « sensible », avec sa féminine propension à l'abandon et à la chute, était systématiquement exclue du plain-chant. Et l'impur intervalle de « triton » où l'on trouvait réunies deux de ces notes effrontées qui ne savaient pas garder leurs distances était appelé *Diabolus in musica* et frappé d'excommunication majeure.

On peut sourire de l'intervention de cet anthropomorphisme puritain dans la composition d'une gamme, mais il n'en faut pas moins admirer l'étonnante prescience et la finesse d'oreille des techniciens moralistes qui ont parfaitement discerné, dès cette époque, ce qu'il pouvait y avoir de sensuel, de voluptueux et, par conséquent, d'érotique dans l'étreinte de deux notes, secrètement aimantées, qui se recherchent, se fascinent, s'attirent et tendent à se fondre l'une dans l'autre. Le développement progressif de l'harmonie nous a bien prouvé que les propriétés « attractives » de certaines dissonances contenaient un mystérieux élément passionnel dont les compositeurs profanes ont tiré, depuis, le plus heureux parti dans l'expression lyrique du sentiment de l'amour.

Dans ces conditions l'*organum*, en doublant les

consignes d'austérité, ne pouvait détourner le goût public de sa recherche d'une musique plus « humanisée ». Cette recherche s'affirma dans la faveur croissante accordée à l'échelle instrumentale d'*ut*, condamnée par les moralistes parce que la disposition de ses demi-tons engendrait une « sensible ». Aussi, malgré les disciplines renforcées de cette écriture à deux parties, c'est à la « monotonalité » que finit par aboutir irrésistiblement cette prospection temporaire du polytonalisme.

L'écriture polytonale ne fut donc qu'une technique de transition préparant la dictature du ton unique. Qui peut nous dire à quelle réaction nous conduit sa réapparition actuelle, puisque l'expérience nous a appris que cette formule ne constitue pas une solution satisfaisante du problème ?

Quoi qu'il en soit, l'*organum* envahit progressivement les tribunes de toutes nos églises et imposa aux fidèles ses rudes chapelets de quartes et de quintes jusqu'au jour où la formule plus souple du *déchant* fit son apparition.

## Le *déchant*

Le *déchant* est un organum qui a pris conscience de sa force, qui a opéré un audacieux chassé-croisé avec son compagnon de route et qui « coiffe » avec désinvolture le chant aux pieds duquel il se traînait humblement autrefois. C'est le thème liturgique qui, maintenant, rampe à la base et l'ancien accompagnement qui occupe le sommet de l'échelle où il se livre à de libres fantaisies mélodiques et rythmiques, sans, toutefois, s'évader des intervalles réglementaires. Il semble annoncer ainsi l'avènement futur du contrepoint « fleuri ». L'ancien « principal » de l'*organum*, devenu le « cantus firmus », solide soubassement de l'édifice sonore, s'appellera désormais le « teneur » ou le « ténor » et sera souvent confié à un instrument.

Ce dispositif a favorisé l'éclosion de deux types de

composition très caractéristiques : le motet et le conduit.

## Le motet

Le « motet » du XIIᵉ siècle, qui n'a aucun rapport avec le genre liturgique qui porte ce nom, est une ligne mélodique placée au-dessus du ténor et consacrée aux « mots » d'un poème modulé. Souvent, une troisième partie, le *triplum*, chevauche les précédentes et les domine avec une telle indépendance que ses paroles sont différentes de celles que chantent ses deux associés. Parfois, même, une quatrième partie, — le *quadruplum* — se superpose au *triplum* en faisant entendre un texte encore différent.

La construction musicale présente donc l'étrange aspect que voici : au rez-de-chaussée, le ténor ou « teneur » chante gravement, en latin, un texte liturgique, dont le thème est confié parfois à un instrument; au premier étage on célèbre, en français, les vertus d'un chevalier; au second, on consacre de galants versiculets aux charmes d'une aimable bergère et, au troisième, on formule quelque réflexion morale ou satirique. Adam de la Halle, le virtuose des motets, enfermait dans l'un d'eux la tendre chanson de sa Marion — *Robin m'aime, Robin m'a, Robin m'a demandé si m'aura* — en « sandwich » entre les mélancoliques confidences d'un cœur brisé — *Qu'il me fut cruel de quitter ma mie* — et le verset *Dulce lignum* de l'office de l'Exaltation de la Sainte Croix.

Quelques-uns de ces petits édifices sonores obéissent à des préoccupations de logique et à un souci de synthèse. C'est ainsi que, dans le trio vocal *Nonne sui*, la mélodie supérieure qui traduit le désespoir d'une jeune amoureuse enfermée au couvent contre son gré, se superpose au chant galant de son bienaimé qui l'appelle, tandis que la basse, constituée par un vieux thème édifiant traversé de sonneries de cloches, donne aux amants séparés une austère leçon de vertu.

Ainsi, après avoir, grâce à l'*organum*, fait l'apprentissage du polytonalisme, nos ancêtres ont été entraînés, par le *déchant* et le *motet*, dans l'étrange formule du « polyverbalisme ». Et, en présence d'un pareil écartèlement de l'ouïe, on se demande s'il faut plaindre les mélomanes du XII^e siècle d'avoir été condamnés à ce strabisme du tympan, ou envier la « sélectivité » extraordinaire de leur oreille, si elle était vraiment capable de suivre avec fruit le déroulement simultané de quatre mélodies indépendantes et de quatre textes bilingues n'ayant entre eux aucun rapport !

## Le conduit

Le « conduit » est une réalisation polyphonique analogue au motet. Il superpose, comme lui, deux, trois ou quatre parties, mais son ténor n'est plus astreint à chanter un texte liturgique. Le compositeur lui confie une mélodie et un texte de son choix dans lesquels il déploie librement sa fantaisie créatrice. C'est une annexion et une exploitation par l'art profane d'une des plus riches formules de composition du répertoire ecclésiastique. Sa pratique ouvrait la voie aux musiciens de la Renaissance qui allaient, plus tard, mettre au point l'architecture de la chanson polyphonique et du madrigal.

## Le gymel

Bien que l'apport de nos compositeurs et de nos théoriciens nationaux ait été, de beaucoup, le plus important dans la genèse de l'art polyphonique en Occident, il faut signaler la contribution que l'Angleterre et les pays scandinaves vinrent apporter à cette évolution du goût musical. Le désir d'entendre des sons superposés et de créer entre eux des lois d'association méthodiques était, si l'on peut dire, « dans l'air ». Et, sans se consulter, les musiciens de tous les pays cherchaient à résoudre ce problème à leur façon.

La solution que découvrirent les Nordiques fut le *gymel.* C'était un *organum* dans lequel la mélodie d'accompagnement suivait le chant à distance de tierce. On devine que, pour des oreilles latines, un tel accouplement devait sembler barbare, car nos aïeux, qui se délectaient aux rugueuses successions de quartes et de quintes, considéraient la tierce et la sixte — qui nous semblent aujourd'hui si douces — comme des dissonances agressives.

### Le faux-bourdon

Du *gymel* sortit bientôt le *faux-bourdon* qui, au lieu d'établir son parallélisme à la tierce inférieure, l'éleva d'une octave pour placer la ligne accompagnatrice à la sixte supérieure. Et, lorsque le compositeur voulait écrire à trois voix, il « meublait » cet intervalle en y intercalant la tierce intermédiaire. Il créa ainsi une chaîne d'accords de sixte qui, après avoir, sans doute, scandalisé les oreilles gauloises, les accoutumèrent progressivement à ces prétendues dissonances.

Tels étaient, dans le domaine vocal et instrumental, les matériaux sonores dont disposaient les musiciens européens au moment où quelques créateurs de génie allaient utiliser ces modestes ressources avec une ingéniosité, une logique et une méthode qui firent de notre pays le berceau de l'art polyphonique occidental.

# 5

# Du XIIᵉ au XIVᵉ siècle

*L'École Notre-Dame. — L'*Ars antiqua*. — Léonin. — Pérotin. — Chant populaire. — Chant seigneurial. — Trouvères et Troubadours. — Pastourelles et Jeux. — Adam de la Halle. — L'*Ars nova*. — Philippe de Vitry. — Guillaume de Machaut. — L'*Ars nova *à travers l'Europe.*

C'est, en effet, à la fameuse école de Notre-Dame de Paris que revient l'honneur d'avoir créé un corps de doctrine et une série de réalisations qui ont imposé, du milieu du XIIᵉ siècle au second tiers du XIVᵉ, l'idéal esthétique précurseur qui porte le nom d'*Ars antiqua*.

Cinq noms de musiciens français dominent, à des titres divers, ce mouvement artistique : ce sont, dans l'*Ars antiqua*, ceux de Léonin, de Pérotin et d'Adam de la Halle, et, dans l'*Ars nova*, ceux de Philippe de Vitry et de Guillaume de Machaut.

## Ars antiqua

LÉONIN était organiste à Notre-Dame. Autour de lui se groupaient de nombreux disciples, parmi lesquels on comptait beaucoup d'étrangers, attirés par le rayonnement spirituel de Paris qui, à cette époque, était déjà considérable. Léonin avait écrit un *Magnus liber organi* où l'on pouvait étudier les innovations saisissantes de ses *organa* composés avec une science et une solidité de métier universellement admirées. La réputation de ce technicien se répandit rapidement au-delà de nos frontières.

Les textes de ce recueil qui nous ont été conservés nous révèlent un assouplissement sensible de l'écriture du *duplum* et de celle de l'*organum*. Non seulement le *duplum* se déroule avec une liberté inattendue, mais le ténor, lui-même, n'est plus aussi étroitement asservi au rythme du thème grégorien qu'il expose. Les deux voix prennent de l'indépendance et s'enrichissent de toutes les acquisitions rythmiques des chants profanes. Cet accouplement, jusqu'alors assez laborieux, de lignes mélodiques trop visiblement attentives à entrer dans l'engrenage du mécanisme anguleux des quintes et des quartes, n'est plus un simple calcul cérébral mais une œuvre d'art. C'est un jeu d'arabesques où l'emploi des mouvements contraires allège et équilibre le profil ondulé des parties qui s'éloignent et se rapprochent désormais avec plus d'aisance.

PÉROTIN, dit PÉROTIN LE GRAND, était l'élève le plus brillant de Léonin. Il lui succéda à la tribune de l'orgue de Notre-Dame et, comme lui, dirigea une Schola où se formèrent de sérieux techniciens. Pérotin était un virtuose du déchant. On appelait son prédécesseur *Magister Leoninus, optimus organista,* mais lui-même devint *Magister Perotinus, discantor optimus.*

Ses œuvres affirment une maîtrise plus complète encore que celle de Léonin. Il use de ressources audacieuses, il introduit le chromatisme dans son langage, il invente le procédé fécond de l'imitation, il jongle habilement avec les trois ou quatre parties de ses ensembles et ajoute à ses *organa* les formes plus libres du *motet* et du *conduit*.

Bientôt il commence à s'affranchir de la tyrannie des modes ecclésiastiques pour réhabiliter les échelles diatoniques de FA et d'UT tenues jusqu'alors à l'écart et d'où devaient sortir la notion du mode majeur et le sentiment de la tonalité moderne. En outre, il s'appliqua à perfectionner la technique de la notation en substituant au graphisme purement symbolique du système neumatique l'indication mathématique de la durée et de la valeur proportionnelles des notes. Réforme capitale qui nous dotait de la notation « mesurée » dont les ressources ne sont pas encore épuisées à l'heure actuelle.

Cette importante acquisition devait en entraîner une autre, celle de la division progressive de l'unité de mesure. Ce fut l'œuvre des élèves de Pérotin et, tout spécialement, de l'*optimus notator* Pierre de la Croix. Pour suivre l'animation croissante du discours musical, l'unité de temps, la *brevis*, prit les anciennes fonctions de la *longa*, et à la *semi-brevis* il fallut bientôt adjoindre la *minime*. L'alphabet musical moderne était constitué.

Telles sont les conquêtes de l'École de Paris qui joua, comme on le voit, un rôle particulièrement actif dans l'histoire de la polyphonie et dont la doctrine nous a été très fidèlement transmise par les traités de Jean de Garlande, de Jean Ballox, de Walter Odington, de Wulfstam de Winchester et des deux Francon.

Henry Prunières a combattu avec quelque vivacité la thèse qui tend à accorder aux Anglais une priorité de date dans ce glorieux enfantement. Il est certain que les insulaires étaient nombreux à la Schola de Pérotin, mais leur présence au pied de la chaire d'un tel maître semble bien prouver, au contraire, que, de l'aveu même de l'Angleterre, la source la plus pure de la science polyphonique jaillissait à Paris.

Une petite énigme historique trouble pourtant les curieux. Nous possédons le manuscrit d'un rondeau anglais de la première moitié du XIIIe siècle qui célèbre à six parties et dans l'échelle du futur mode majeur la naissance de l'été annoncée par le chant du coucou. Cette pièce vocale est construite en sextuple canon avec une virtuosité déconcertante, cent ans avant la découverte de ce procédé scolastique d'écriture. On attribue ce chef-d'œuvre de technique et ce tour de force d'anticipation à un religieux du monastère de Reading. Cet échantillon surprenant est tout de même un peu trop exceptionnel pour qu'il soit légitime d'en tirer des conclusions valables en ce qui concerne le niveau général des études polyphoniques en Angleterre au temps de Pérotin le Grand.

Notre *Ars antiqua* colonisa sans peine l'Espagne et l'Italie. Dans ce dernier pays, le goût public apporta une modification curieuse au style français. Celui-ci avait conservé l'antique tradition de la division ternaire de la mesure considérée comme le « temps parfait » parce qu'elle rendait hommage au dogme de la Sainte Trinité. Le rythme binaire était condamné comme « imparfait ». L'habitude des saltarelles et des tarentelles à deux temps ne permit pas aux Italiens d'approuver un pareil ostracisme et, en dépit des fondements mystiques du ternaire, c'est le binaire qui conserva chez eux tout son ancien prestige.

## Le chant populaire

Comme nous avons eu l'occasion de le constater dans la genèse du motet, le chant populaire prenait une part indirecte mais active au développement de toutes les formes musicales de l'époque. On le trouve partout, vivace et obstiné, associé ou non aux danses, accompagné ou non par les instruments, aussi fidèle compagnon des « jeux de vilains » que des divertissements de châtelains. Renversant l'axiome classique, on peut affirmer que, dans l'histoire de la musique, « en France, tout a commencé par des chansons ».

Ces chansons, dont l'origine lointaine demeure encore mystérieuse — Gastoué a retrouvé quelques-unes de leurs racines profondes dans les écrits des grammairiens et théoriciens des califes de Cordoue et dans certains chants berbères —, ont constitué pendant longtemps, pour nos ancêtres, un mode d'expression qui contentait indifféremment leurs aspirations religieuses, sociales, morales, politiques, satiriques ou sentimentales. La rigidité de la formule « couplet-refrain », qui imposait à des récits très nuancés une traduction musicale uniforme, ne gênait pas les auditeurs de l'époque. Et, lorsque naquit le spectacle lyrique, le texte, seul, introduisit dans le jeu une préoccupation dramatique et expressive, car la musique n'y apportait que la coupe stéréotypée de ses chansons dont les couplets s'enchaînaient comme les grains d'un rosaire.

La tradition de la chanson — dans le sens le plus général du terme — avait été, en effet, très solidement enracinée dans notre pays par les bateleurs, les jongleurs, les ménestrels, les troubadours et les trouvères, véritables commis voyageurs de l'art qui prospectaient les clientèles les plus diverses et alimentaient en refrains variés toutes les classes de la société.

L'âme populaire, dans sa naïve simplicité, découvrit, d'instinct, une utilisation collective de ces fredons dans des soli et des chœurs mêlés de danses, dans des divertissements mimés et des rondes analogues aux jeux rythmés par les enfants qui se partagent ingénument les rôles dans leurs essais de chorégraphie et de dramaturgie élémentaires.

## Le chant seigneurial

A cette marchandise courante les colporteurs musicaux allaient ajouter bientôt un article de luxe à l'usage des châteaux. Ce fut l'œuvre des troubadours et des trouvères, les premiers éduquant, au sud de la Loire, les provinces de langue d'oc, les seconds évangélisant, au nord du fleuve, les territoires de langue d'oïl.

Leur propagande est sensiblement la même dans les deux zones. On peut toutefois observer un spiritualisme plus accentué chez les troubadours, créateurs du genre, instruits, pour la plupart, dans les monastères limousins. Les troubadours choisissent volontiers des sujets d'inspiration religieuse, tandis que les trouvères se sentent moins liés par cette tradition. C'est, d'ailleurs, l'époque où les dogmes de la chevalerie instaurent un mysticisme laïque d'une singulière noblesse qui séduit châtelaines et châtelains.

Le XIᵉ siècle voit naître, en effet, une race de seigneurs moins rude et moins fière de son ignorance que celle que nous décrit « le Pas d'Armes du Roi Jean ». Un chevalier n'a plus honte d'apprendre à lire et à écrire comme un vulgaire clerc. Les bénédictins lui ont révélé la théorie de la musique, la prosodie latine, le chant liturgique, l'art de composer des vers et de jouer des instruments. Aussi rencontre-t-on parmi les troubadours et les trouvères la fine fleur de l'aristocratie : Guillaume VII, comte de Poitiers et duc d'Aquitaine; Bertrand de Born, Conon de Béthune, Jean de Brienne, qui allait devenir roi de Jérusalem. Pierre Mauclère, duc de Bretagne; Thibaut, comte de Champagne et roi de Navarre, ne rougissaient pas d'utiliser le luth ou la vielle des Marcabru, des Faidit, des Jaufré Rudel et des Guiraut Riquier.

Ces nobles chanteurs célébraient la beauté et les vertus de leur Dame en termes d'autant plus délicats que les rites de l'« amour courtois » plaçaient très haut la conception purement platonique de la passion. Devenir le vassal spirituel d'une inconnue ou d'une belle sur laquelle on n'osera jamais lever les yeux représente un idéal supérieur propre à engendrer les plus sublimes méditations poétiques et les chants les plus émouvants.


Pendant que les demeures patriciennes retentissent de ces subtils accents, la chanson poursuit sa course dans les cités, les bourgades et les villages et s'adapte à toutes les exigences de la vie bourgeoise, artisanale ou paysanne. Elle rythme les gestes des travailleurs ou les divertissements des oisifs. On chante en tissant la toile, en battant le cuir, en frappant l'enclume, en pétrissant le pain, en gardant les troupeaux et l'on chante en dansant. Une ville comme Arras engendre, au XIIIᵉ siècle, une école de trouvères-citadins qui, dans une atmosphère bourgeoise, moins spiritualisée que celle des châteaux, traitent des sujets plus prosaïques, mais développent agréablement leur technique poétique et musicale.

On attache alors la plus grande importance à la forme. La tradition religieuse des litanies, des hymnes, des versets ou des séquences inspire la *Chanson de geste*, la *Rotrouenge*, la *Laisse strophique*, la *Notule*, le *Vers* et la *Chanson sans refrain*, tandis que le Rondeau engendre indirectement le *Canon*, la *Ballade* et le *Virelai*. D'autres formules — comme la *Sirventès* et l'*Enueg* qui décongestionnent la vésicule biliaire des sarcastiques et des mécontents, la *Planh* qui est un hommage funèbre, l'*Aube* qui préfigure *Roméo* et *Tristan* en soulignant l'imprudence des amants trahis par la brièveté des heures nocturnes — permettent le développement complaisant de thèmes familiers dont la foule ne se rassasie jamais.

On arrive ainsi aux *Jeux-Partis*, sorte de dialogues chantés, consacrés à la discussion de quelque plaisant cas de conscience; aux *Pastourelles* qui ne se lassent pas de mettre en présence une séduisante bergère et un seigneur entreprenant, aux *Chantefables* dont les modalités d'exécution nous sont mal connues, aux *Mystères* et aux *Jeux* de grand style dont celui de *Robin et Marion* représente, pour les historiens, le prototype et l'échantillon le plus instructif.

ADAM DE LA HALLE     *1230?-1286?*

Ce *Jeu de Robin et de Marion* est dû au remarquable compositeur de rondeaux polyphoniques et de motets dont nous avons déjà salué la science et la virtuosité, le fameux Adam de la Halle, dit le Bossu d'Arras, personnage pittoresque, frondeur, narquois et polygraphe, qui avait suivi en Italie Robert II, comte d'Artois, et qui, pour distraire ses compagnons d'armes, leur avait offert à Naples la primeur de ce divertissement de choix.

On s'accorde à voir dans cet essai de théâtre chanté la première réalisation typique de notre opéra-comique. On l'a dit également de son *Jeu de la Feuillée*, du *Jeu de saint Nicolas* de Jean Bodel et du *Miracle de sainte Catherine* de Rutebeuf. Mais, au fond, le principe musical de ces spectacles n'est pas celui qui devait engendrer le répertoire de la salle Favart. Leurs partitions ne sont pas écrites sur mesure : on y utilise des air connus, des chansons en vogue qui n'ont aucune préoccupation expressive. C'est la technique de nos « revues » qui ajustent les « lyrics » à des « timbres » familiers à la foule. Le malin Bossu d'Arras fut, en réalité, l'ancêtre de Rip et non celui de Monsigny et de Philidor.

C'est également dans la même région — Arras ou Tournai — et à la même époque, que dut naître, de père inconnu, la chantefable *Aucassin et Nicolette*, saynète mêlée de chants qui exposait, pour la première fois, un thème dont des dramaturges des siècles suivants devaient tirer d'inépuisables variations, celui du fils de famille épris d'une enfant trouvée et persécuté par ses parents jusqu'au jour où l'on découvre que l'humble jeune fille est de haute naissance et s'avère digne de l'amour qu'elle a inspiré.

On a retrouvé — diversement orthographiés, d'ailleurs — les noms de nombreux trouvères et troubadours mais trop rarement leurs ouvrages. Ces noms, dont la particule n'est pas toujours nobiliaire, nous renseignent sur la variété du recrutement de ces aèdes. Faut-il citer le joyeux Colin Muset, Blondel de Nesle, Gasse Brulé, Peire Rogiers, Moniot d'Arras, Gaultier d'Épinal, Chardon de Reims, Pierre de Corbie, Gilbert de Berneville, Jean Érars, Bernard de Ventadour, Jehan d'Arcors, Rambaud d'Orange, Guiraud de Borneuilh, Hugues de Lusignan, Robert Mauvoisin, Jehan Bretel, Guillaume de Ferrière, les deux Hue d'Oisy et de la Ferté, Huon de Villemer, les moines Gauthier de Coincy et Folquet de Marseille, Adonis le Roy, Pierre le Borgne et Guillaume au

Court-Nez? Tous ces poètes, chanteurs, musiciens et leurs auxiliaires les jongleurs, ont joué un rôle important non seulement dans l'histoire de la musique française mais dans celle de l'art européen, puisqu'ils furent les créateurs et les propagateurs d'une formule imitée avec docilité par les Minnesänger, puis par les Meistersinger, en Allemagne, par les chanteurs franciscains errants en Italie et par les disciples que nos troubadours de Provence formèrent en Espagne et au Portugal.

La qualité d'inspiration de nos compatriotes s'affirme dans des recueils manuscrits, tels que le *Chansonnier de Saint-Germain*, le *Chansonnier d'Arras*, le *Chansonnier du Roy*, le *Chansonnier de l'Arsenal* où des chansons, généralement anonymes, traduisent les sentiments les plus délicats avec une poésie, une finesse et une grâce surprenantes.

De leur côté, les troubadours allemands, tout en demeurant fidèles à la morphologie française — *pastourelle, aube; lai, canso provençale* — imprègnent leur chant d'un sentiment de la nature et d'une couleur harmonique très personnels. On peut observer, d'ailleurs, qu'un curieux parallélisme va imposer aux Minnesänger et à leurs successeurs les Meistersinger la même évolution que celle qui avait conduit nos trouvères-bourgeois à accorder une importance exagérée à la forme. Et c'est ainsi que Wagner a pu railler, en créant son personnage symbolique de Beckmesser, les chinoiseries de la Tablature qui emprisonnèrent, peu à peu, dans des lois ridicules les successeurs de Neidhart von Reuenthal, de Walther von der Vogelweide, de Wolfram von Eschenbach et du Moine de Salzbourg.

## Ars Nova

Tel était le climat musical créé dans notre pays par les chansons populaires, les chansons de cour, les divertissements de château, les danses, les offices liturgiques et les premières constructions polyphoni-

ques de l'*Ars antiqua* lorsque au début du XIVᵉ siècle,
Philippe de Vitry, évêque de Meaux, composa un
remarquable traité donnant satisfaction à certaines
aspirations artistiques encore confuses et consacrant,
dans le domaine de la composition, des conquêtes
techniques d'une haute importance qui allaient constituer le corps de doctrine de l'*Ars nova*.

## PHILIPPE DE VITRY          *1291-1361*

L'*Ars nova* n'était pas un évangile révolutionnaire
destiné à combattre l'*Ars antiqua*. Il représentait
simplement une étape caractéristique dans le développement logique du vocabulaire et de la syntaxe
des successeurs de Léonin et de Pérotin. Obéissant à
l'éternel instinct de découverte des créateurs, les
compositeurs d'alors cherchaient à perfectionner
leurs outils de prospection, à les rendre à la fois plus
souples et plus robustes pour en obtenir un rendement plus efficace et pousser plus loin l'exploration
des zones inconnues de l'expression musicale. C'est
Philippe de Vitry qui parvint à codifier les acquisitions récentes de l'écriture et inventorier dans un
manuel technique le butin des conquérants.

Butin considérable. La tyrannie des modes ecclésiastiques se trouve ébranlée par l'investiture officielle de la *sensible* dont le demi-ton glissant va
imposer à l'oreille la notion de tonalité majeure et
mineure. La gamme moderne et les harmonies qui en
découlent s'amorcent avec les deux ressorts tendus,
en sens contraire, du quatrième et du septième degré.
Le *Diabolus in musica* cesse de répandre la terreur.
La cadence parfaite impose sa loi péremptoire. La
discipline de la barre de mesure s'affermit et s'enrichit par l'accession du binaire aux emplois réservés
jusqu'alors au ternaire. La technique de la notation
en tient compte : on divisera en deux aussi bien qu'en
trois la *longue*, la *brève*, la *semi-brève*, la *minime*, la
*semi-minime* et la *fusa*. La tierce et la sixte révèlent
leur douceur et obtiennent droit de cité dans la poly-

phonie, mettant ainsi en évidence, par comparaison, la creuse rudesse de la quarte et de la quinte dont les enchaînements directs vont devenir suspects et seront bientôt prohibés. L'usage plus fréquent et plus méthodique de l'altération prépare l'avènement du chromatisme.

### GUILLAUME DE MACHAUT *1300-1377*

Toutes ces précieuses acquisitions, cataloguées par l'évêque de Meaux, puis, plus tard, par Jean des Murs, allaient être utilisées avec maîtrise par un créateur de génie, le Champenois Guillaume de Machaut, paisible chanoine de la cathédrale de Reims sur ses vieux jours mais voué dans son jeune âge aux expéditions les plus aventureuses. Jean de Luxembourg, l'audacieux roi de Bohême, l'avait engagé comme secrétaire et lui avait fait parcourir toute l'Europe. Ces voyages mouvementés avaient, sans doute, développé chez le hardi compagnon ce tempérament de « descubridor » qui s'affirme dans ses partitions.

Guillaume de Machaut, en musique comme en poésie, est un intrépide « découvreur ». De plus, les séjours à la Cour qui lui furent imposés, plus tard, par ses fonctions auprès de Charles de Navarre, du duc de Berry et du Dauphin Charles, duc de Normandie, firent de lui un être cultivé, ingénieux et nuancé, apte à toutes les gymnastiques de l'esprit. Il était donc particulièrement bien armé pour tirer le meilleur parti des nouveautés grammaticales et syntaxiques dont les théoriciens venaient de lui révéler la richesse.

Nous le constatons dans l'écriture raffinée des quarante ballades, des trente-deux virelais, des vingt-trois motets, des vingt rondels et des dix-huit lais qui constituent le trésor intact de son œuvre profane. Nous l'observons plus encore dans sa célèbre *Messe* à quatre voix dont le style inattendu marque une date dans l'histoire de la composition. Pour la première fois, en effet, le *Kyrie*, le *Gloria*, le *Credo*, le *Sanctus*, l'*Agnus* et le *Deo gratias* ne sont plus des morceaux isolés qu'aucun lien musical ne rattache l'un à l'autre et que l'on juxtapose ainsi que des cantiques : Guillaume de Machaut a voulu faire de la « musique de scène » de l'office divin une œuvre cohérente et équilibrée formant un tout organique complet. Il a réalisé dans la « messe en musique » une construction architecturale soumise à la préoccupation de l'unité. Innovation saisissante dont l'histoire de l'art religieux a démontré l'importance. Désormais, la *Messe* deviendra un genre musical consacré, comme la Symphonie, le Concerto ou la Sonate et chaque siècle lui devra quelques hauts chefs-d'œuvre.

La *Messe* de Guillaume de Machaut est, en outre, remarquable par la hardiesse et le relief de sa polyphonie. Les audacieuses superpositions de sons qu'elle nous propose ne sont pas toujours créées par les points de contact de plusieurs mélodies entrelacées, comme dans le motet ou le conduit, mais par la volonté très nette d'édifier des piliers sonores, des *accords* déterminés. L'analyse verticale cherche à se substituer à l'horizontale dans la grammaire des sons. C'est un événement considérable. Les lois de l'harmonie tendent à se dégager de l'écriture contrapuntique et à conquérir leur indépendance. Le résultat obtenu apparaît encore bien rude aux observateurs d'aujourd'hui; il n'en demeure pas moins acquis pour l'historien que Machaut fut un étonnant précurseur et que sa magistrale utilisation des ressources de l'*Ars nova* a fait de la France, au XIVe siècle, le professeur de musique de toute l'Europe.

## Ars italiana

L'*Ars nova*, tout en étendant sa sphère d'influence au-delà de nos frontières, et en fécondant l'imagination des musiciens étrangers, n'inspira pas de la même façon les artistes nés sous d'autres cieux. Le terroir réagit toujours sur la sève. Un arbre d'Ile-de-France, transplanté au-delà des Pyrénées, des Alpes ou du Rhin, donne des fruits d'une saveur nouvelle. C'est ainsi que la technique de Philippe de Vitry et de Guillaume de Machaut, qui devait orienter les musiciens allemands, flamands et anglais vers les recherches harmoniques et polyphoniques et révéler aux Espagnols un style constructif sans affaiblir leur sens de la couleur folklorique, allait trouver, en Italie, une résonance encore différente.

Les compositeurs italiens du xiv<sup>e</sup> siècle les plus dociles aux leçons de l'École de Paris aménagent cet enseignement à leur usage en obéissant aux instincts les plus profonds de leur race. Leur amour du chant, leurs dons naturels pour l'art vocal dominèrent immédiatement leurs préoccupations techniques. Ils ne résistèrent pas longtemps à la douceur des intervalles de tierce et de sixte qui scandalisaient les autres peuples et furent les premiers à se détacher des effets de quarte et de quinte dont la dureté offensait leur oreille. La patrie du *bel canto* et des ténors aux voix ensoleillées demanda à la musique des sensations aimables, de la grâce, de la tendresse et de la sensualité. Elle avait sollicité dans le même sens ses peintres et ses poètes et se mit à cultiver sans fausse honte la joliesse, la suavité et l'élégance.

Un maître florentin, l'organiste aveugle Francesco Landino *(1320-1397)*, brille au premier rang des musiciens italiens de cette époque. Exécutant sans rival, il possédait, en même temps, un don d'invention mélodique d'une irrésistible séduction et souvent d'une grande noblesse. Ses œuvres, dont nous possédons plus d'une centaine, ne sacrifient jamais aux recherches purement cérébrales des architectes de l'*Ars nova*. Elles n'empruntent à nos théoriciens que les éléments techniques et le vocabulaire qui peuvent accroître le charme et la souplesse d'une inflexion vocale.

Tous ses compatriotes ne furent pas aussi sages et sombrèrent souvent dans un formalisme stérile. On doit pourtant retenir les noms de musiciens de valeur comme Mathieu de Pérouge, dom Paolo de Florence, Ghirardello, Piero, Nicolo Preposito, Giovanni da Firenze et Pietro Casella dont Dante nous a vanté les mérites.

Les genres qu'ils ont illustrés le plus volontiers dérivent des formes françaises. On retrouve l'esprit de notre *virelai* dans leur *ballata* qui est un chant « ballé » écrit à trois parties dont une seule est chantée, les deux autres étant confiées à des instruments. La polyphonie italienne évolue d'instinct vers le chant accompagné, pour mettre mieux en valeur la mélodie que fleurissent de gracieux ornements.

La virtuosité vocale se donne libre cours également dans le *madrigale* que l'on cultive avec beaucoup d'adresse. Enfin, de notre *chace* ils ont tiré leur *caccia*, fantaisie cynégétique descriptive à trois voix qui utilise ingénieusement le décalage d'écriture du « canon » de la façon suivante : l'une des parties étant instrumentale, les deux lignes vocales, qui suivent scrupuleusement la même route, évoquent avec précision la poursuite du chasseur qui ne perd pas de vue la piste du gibier et marche, pas à pas, sur ses traces.

Mais les héritiers spirituels de Guillaume de Machaut et de Landino n'ayant pas leur tact et leur prudence, les virtuoses français, italiens et allemands de l'*Ars nova* s'égarèrent bientôt dans les subtilités d'écriture et les raffinements excessifs de la construction polyphonique. Leur musique devient une épure d'architecte privée de sentiment et de vie et vouée à une perpétuelle surenchère dans le domaine de la complexité des règles. Une période de médiocrité relative va donc précéder le renouveau que nous apportera bientôt le xve siècle avec l'école franco-flamande.

# 6

# Le XVᵉ siècle

*Dunstable. — Les Franco-Flamands. — Guillaume Dufay. — Gilles Binchois. — Ockeghem. — Obrecht. — Josquin des Prés. — L'outillage musical allemand.*

Entre l'*Ars nova* et l'art polyphonique du xvᵉ siècle il n'y a pas rupture de contact : un courant souterrain a relié les deux esthétiques pendant la période de transition qui vit naître les travaux sans gloire de Césaris, de Tapissier, de Grenon, de Carmen, de Velut, de Billart, de Civitate et de Ciconia. Ici, les événements politiques allaient jouer leur rôle. Lorsque les Normands occupaient l'Angleterre, notre École Notre-Dame imposait aisément son prestige et son autorité aux insulaires : la défaite de la France à Azincourt (1415) renversa la situation. Les Anglais, installés chez nous, y parlèrent en maîtres et y importèrent leurs artistes. Loi éternelle de la guerre : une armée victorieuse est précédée par des trompettes et suivie par des professeurs de musique. Voilà pourquoi c'est le nom d'un Anglais, John Dunstable — ou Dunstaple — qui s'inscrit au fronton du nouveau temple d'Euterpe.

Jᴏʜɴ Dᴜɴsᴛᴀʙʟᴇ    *1370?-1453*

La biographie de ce chef de file, qui mourut en 1453, nous est à peu près inconnue. Il paraît probable qu'il voyagea beaucoup en France et en Italie, car ses œuvres sont profondément imprégnées de l'esprit franco-latin. C'est lui qui assure la liaison spirituelle entre l'époque de Machaut et de Landino et celle de Dufay et de Binchois. Il possède de rares qualités. Son art n'est pas esclave de l'écriture et des règles académiques. Sa pensée a de la grâce, de la souplesse et de la poésie et ne laisse pas deviner le travail technique pourtant remarquable qui en assure l'expression. Il a le goût des rythmes francs, des consonances agréables et des agrégations harmoniques ponctuant solidement le discours. Par hérédité britannique et par osmose italienne, il cherche dans les enchaînements de tierces et de sixtes l'euphonie qu'il ne trouve plus dans les jeux de quintes et de quartes conjointes. C'est un artiste très complet qui ouvre largement la porte des temps nouveaux.

Mais ce n'est pas à Paris que s'épanouira la floraison. Pendant que les seigneurs anglais installent en pays conquis leurs instrumentistes, leurs théoriciens et leurs chantres, nos musiciens s'en écartent pour chercher fortune dans des régions plus accueillantes. La vie musicale française reprend racine dans l'Artois, les Flandres, la principauté de Liège et les Pays-Bas bourguignons. C'est alors que surgit Guillaume Dufay (1400-1474) qui va tenir dans son siècle la place glorieuse que Guillaume de Machaut occupait dans le précédent.

GUILLAUME DUFAY          *1400-1474*

Dufay avait été formé à la célèbre maîtrise de la cathédrale de Cambrai par Nicolas Grenon et avait reçu une solide éducation musicale. Il la compléta, à Rome, par son entrée à la Chapelle Pontificale où étaient engagés de nombreux artistes franco-flamands, par son exploration de toute l'Italie et par ses séjours successifs à la Cour du duc de Savoie. Docteur en droit canon, conseiller des princes qui l'employaient, maître de chapelle et grand voyageur, cet artiste de haute culture sut opérer d'heureuses synthèses entre les divers éléments techniques codifiés par ses prédécesseurs. Il assouplit le contrepoint, l'incline vers un sens harmonique plus précis en usant méthodiquement avec une parfaite aisance de l'écriture à quatre parties. Ses compositions profanes sont délicatement ciselées, ses œuvres religieuses ont du souffle et de l'ampleur. Ses *Messes* présentent une unité organique de plus en plus affirmée. Partout l'élocution est digne de la pensée et du sentiment. Car le sentiment défend ici ses droits dans ces formes rigides que vient vivifier enfin une palpitation du cœur.

Nous possédons une grande partie de l'œuvre de Dufay : de nombreuses chansons d'une fraîcheur exquise *(Ce moys de may, J'attendrai, Resvellons-nous, ce jour de l'an, Bon jour bon moys, Adieu m'amour)*; des rondeaux, des virelais, des ballades d'une facture extrêmement soignée, des motets religieux et profanes; des pièces de circonstance écrites à l'occasion d'un mariage *(Vassilissa ergo)*, d'un événement historique *(Omnes amici ejus)*, de la signature d'un traité d'alliance *(Nexus amicitiae)*, d'un hommage à la jeunesse de Florence *(Salve flos Tuscae gentis)* ou de l'achèvement du Dôme de Brunelleschi *(Super rosarum flores)*; des motets dédiés à la Vierge Marie *(Ave Regina cœlorum, Flos florens, Alma redemptoris Mater, Virgina bella che di sol vestita)* dont la pureté, la tendresse et la ferveur sont incomparables et ses cinq Messes *(Se la face ay pâle, L'Homme armé, Caput, Ecce ancilla Domini* et *Ave Regina cœlorum)*. De plus, il s'est intéressé aux progrès de la notation musicale qui s'efforçait de s'adapter à l'emploi de plus en plus fréquent des valeurs brèves. On prétend lui devoir la simplification d'écriture qui a substitué aux valeurs notées à l'encre rouge les disques évidés dont le principe s'est maintenu dans la ronde et la blanche actuelles. Dans tous les domaines de la musique Guillaume Dufay a laissé son empreinte souveraine.

## GILLES BINCHOIS          *1400?-1460*

On fait de Gilles Binchois l'ami, l'émule ou le rival de Dufay. Dans un manuscrit de l'époque une miniature célèbre nous montre les deux compositeurs en tête à tête. Dufay a près de lui un orgue portatif et Binchois s'appuie sur une harpe. Une conversation animée semble les mettre aux prises et leurs mains droites s'élèvent pour jeter dans la discussion des arguments contradictoires.

Cette vignette a jumelé ainsi pour l'éternité deux artistes de valeur assez inégale. Binchois était un simple homme d'armes qui déposa l'arbalète pour entrer dans les ordres et s'engager dans la chapelle de Philippe le Bon. Il y demeura jusqu'à sa mort qui survint en 1460. Cette existence médiocre et sédentaire ne lui permit évidemment pas d'orner aussi brillamment son esprit que le grand voyageur qu'avait été le maître de Cambrai. Binchois n'est pas un cerveau de grande envergure. Mais c'est un musicien bien doué qui découvre à chaque instant les formules neuves d'une certaine audace. Il use hardiment des altérations chromatiques et des harmonies rares. Il a plus d'instinct que de culture profonde. Aussi brille-t-il moins dans la musique religieuse que son état l'oblige à cultiver que dans la chanson profane où il fait preuve d'ingéniosité, d'invention et de tempérament.

Comme ses contemporains, qui ne sont plus des trouvères, il n'écrit pas lui-même les textes qu'il met en musique, mais il choisit avec goût ses poètes qui s'appellent Alain Chartier ou Christine de Pisan. Ce chapelain n'est donc pas indigne du respect qui s'attache à sa mémoire, depuis que son nom a été associé à ceux de Dufay et de Dunstable sur le livre d'or musical de la première moitié du xv⁰ siècle.

Trois autres noms en jalonneront la seconde moitié. Ockeghem, Obrecht et Josquin des Prés forment

une nouvelle trinité franco-flamande dont le rayonnement va se propager à travers les âges.

## OCKEGHEM    *1430?-1495*

Jean van Ockeghem, qui vit probablement le jour
dans le village flamand dont il porte le nom, fit des
études musicales à la chapelle d'Anvers où il était
chantre. Il passe ensuite au service de Charles I<sup>er</sup> duc
de Bourbon, de Charles VII, de Louis XI et de Charles III. Comblé de faveurs et d'enviables prébendes,
investi à l'étranger des missions les plus honorables,
jouissant d'une réputation extraordinaire, il devait
achever ses jours à Tours où lui avait été accordée la
charge rémunératrice de trésorier de Saint-Martin.
Sa popularité était immense. Sa disparition fut pleu-
rée théâtralement par les musiciens et les poètes qui
lui consacrèrent de nombreux hommages funèbres.
On honorait en lui l'auteur de motets religieux
d'une grande beauté de pensée et d'expression, de
chansons dont l'originalité n'est pas saisissante, et de
nombreuses *Messes (Fors seulement, Au travail suis,
Ecce ancilla Domini, L'Homme armé, De plus en
plus, Cujus vis toni, Missa quarti toni,* etc.) qui contiennent de magnifiques trouvailles. On observe chez
ce technicien qu'aucun tour de force scriptural n'inti-
midait — c'est lui qui écrivit un *Deo Gratias* en quatre canons à neuf voix formant un échafaudage de
trente-six parties — une grande variété d'effets, un
sens harmonique assez subtil, un goût nouveau des
vocalises sensibles et une docilité curieuse aux
suggestions expressives de chaque mot de ses textes.
Son enseignement précieux fut recueilli par d'innombrables disciples.

## OBRECHT    *1450?-1505*

Jacob Obrecht était originaire d'Utrecht ou de
Berg-op-Zoom. Il passe pour avoir été le profes-

seur de musique du jeune Érasme à la maîtrise
d'Utrecht. On le retrouve successivement à Cambrai,
à Bruges, à Ferrare et à Anvers. Il mourut, croit-on,
de la peste en Italie. Comme son glorieux contemporain Ockeghem, il s'attacha à enrichir et à assouplir
les procédés d'écriture de son époque. Du canon et de
l'imitation il sut obtenir des effets nouveaux en leur
faisant jouer un rôle expressif dans la construction
et le développement. Confusément, ces appels et ces
réponses pressent l'idéal lointain de la fugue. En
pleine possession d'une technique scripturale acrobatique — c'est l'époque où l'on jongle avec les canons
« à l'écrevisse », les canons renversés, circulaires,
exposés par augmentation ou diminution — Obrecht
éprouve le besoin d'humaniser toute cette science, de
sensibiliser cette virtuosité pure. Et son œuvre est
toute vibrante de ces élans, de ces aspirations et de
ces exaltations qu'emprisonne encore la discipline
sévère de l'école.

Ses motets à la Vierge Marie ont le même charme
suave et la même pureté que ceux d'Ockeghem, ses
messes contiennent des innovations harmoniques
hardies et c'est lui qui, pour la première fois, osa
donner une forme polyphonique à l'office des morts
qui n'avait jamais dépassé jusqu'alors le stade de la
monodie.

## Josquin des Prés  *1450?-1521*

Le troisième conquérant du XVᵉ siècle est Josquin
des Prés (Josquinus Pratensis). Les Pays-Bas, la
Picardie, le Hainaut, Cambrai et la Toscane se disputent l'honneur d'avoir donné le jour à celui qui, de
son vivant, reçut le titre glorieux de « Prince des
Musiciens » et porta ce sceptre avec grâce et autorité.

Sa biographie est faite d'hypothèses et de déduc-
tions. On prétend qu'il fut l'élève d'Ockeghem, on
croit qu'il fut enfant de chœur à la collégiale de
Saint-Quentin, on relève les traces de son passage à

Rome où il appartint à la Chapelle Pontificale, on le trouve au service du duc de Milan, puis du cardinal Ascanio Sforza, d'Hercule Iᵉʳ d'Este, duc de Ferrare, et enfin de Louis XII. Il acheva sa glorieuse carrière en France et mourut à Condé-sur-l'Escaut.

Son œuvre est abondante et brillante. Elle se compose de cinquante motets, de trente-deux messes, de soixante-quinze chansons, de psaumes et de diverses pièces de moindre importance. Dans toutes ces compositions s'affirme une maîtrise éclatante. La pensée et la forme, sans renier les traditions scolastiques, évoluent vers une souplesse et une liberté caractéristiques. Josquin recherche l'émotion et la vie. Avec sa musique le mot « pathétique » commence à prendre un sens.

Comme la plupart des compositeurs religieux de son temps il introduit dans ses *Messes* non seulement des refrains profanes et parfois même libertins — la chanson légère de *L'Homme armé* qui avait déjà inspiré dans les mêmes conditions Ockeghem et Dufay va lui fournir le thème de deux nouvelles messes — mais toutes sortes d'allusions, de remarques malicieuses et de préoccupations assez peu liturgiques. Telle messe ou tel motet font discrètement allusion à l'avarice de son protecteur le cardinal Sforza, à la triste condition matérielle d'un artiste ou à l'amnésie du roi de France qui lui avait fait de belles promesses trop vite oubliées. Et, malgré tout, ces œuvres conservent une grandeur et une sensibilité étonnantes, car Josquin des Prés excelle à extraire d'un texte ou d'un mot tout leur contenu expressif ou dramatique et à donner à n'importe quel sujet un relief inattendu. Luther a dit de ses mélodies qu'elles jaillissaient « libres comme le chant d'un pinson »; cette image est bien celle qui convient à ce génie primesautier chez qui le don naturel et l'instinct n'ont jamais été étouffés par les disciplines d'écriture et qui, pendant ses séjours à Milan ou à Ferrare, cultiva la *canzonetta*, la *villanella* et la *frottola* avec une désinvolture, une élégance et une grâce tout italiennes.

Il serait injuste de ne pas rapprocher des trois noms glorieux que nous venons de rassembler ceux d'autres franco-flamands : Heinrich ou Hendrik Isaac, musicien voyageur qui évangélisa l'Allemagne en abandonnant le service de Laurent le Magnifique pour celui de l'empereur Maximilien et qui écrivit avec une égale aisance sur des textes italiens, français ou allemands des chansons d'un très vif intérêt; son aîné Busnois, musicien de Charles le Téméraire, auteur de chansons alertes et vivantes et de *Messes* dont l'une ramène, une fois de plus, l'Homme armé au pied des autels; Pierre de la Ruë, qui fut au service de Philippe le Beau, de la régente Marguerite et de l'archiduc Charles et mourut à Courtrai en 1518 après avoir composé trente-six messes et des chants profanes d'un sentiment généralement sérieux et méditatif; Loyset Compère, mort à Saint-Quentin en 1518, dont les chansons ont de la verve, de la gaieté et de l'ironie; Brumel, Alexandre Agricola, Antoine Divitis, Jean L'Héritier, Japart, van Werbecke, de Ghiseling et, surtout, Jean de Hollingue, dit Mouton, qui dirigea la maîtrise d'Amiens; Antoine de Févin, qu'admirait le roi Louis XII, et Eleazar Genet, dit Carpentras (1475-1548).

Tous ces bénéficiaires du riche héritage de l'*Ars nova* ont fait fructifier méthodiquement leurs legs et ont préparé non pas en valets mais en maîtres l'avènement de l'esthétique de la Renaissance. Leurs exploits de pionniers ont été très efficaces et leurs successeurs ont trouvé, grâce à eux, des pistes largement défrichées pour marcher à de nouvelles conquêtes.

## Les instruments

Pendant toute cette période c'est uniquement dans les recherches quintessenciées de la polyphonie vocale que se cantonne l'effort des créateurs. Les instruments jouent auprès des voix superposées un rôle singulièrement effacé de parents pauvres. Sans attacher la moindre importance à leur timbre et à leur couleur et en ne tenant compte que de leur étendue, on leur permet parfois de se substituer à un chanteur dans l'échafaudage sonore d'un motet. On les utilise également pour les danses, — *caroles, estampies* ou *ducties* — et pour le *Cantus coronatus* dont nous connaissons mal les lois. Des fragments du *Roman de Fauvel* ont bénéficié de quelques transcriptions instrumentales mais il paraît évident que ce n'est pas dans cette direction que s'orientait la curiosité des chercheurs.

L'instrument ne paraît avoir été alors autre chose qu'un outil familier, un guide-son, un modeste serviteur pour lequel on ne songeait pas à se mettre en frais d'ingéniosité comme on le faisait pour les édifices vocaux. Si les compositeurs avaient apporté dans l'écriture des parties de *vielle*, de *harpe*, de *luth*, de *trompette*, de *chifoine*, de *flûte à bec* ou d'*organo di legno* la science raffinée qu'ils prodiguaient dans les partitions qu'ils destinaient aux chanteurs, il est probable qu'on nous aurait conservé des échantillons de ce beau travail ainsi qu'on l'a fait pour les chansons polyphoniques profanes de la même époque. Pour qu'aucune partition instrumentale originale des maîtres que nous venons d'énumérer ne nous soit parvenue, il faut bien que la collaboration artistique des instruments ait été médiocre et que ces humbles auxiliaires aient été voués à des emplois subalternes puisqu'ils n'ont fait surgir chez nous aucun virtuose dont le nom ait paru digne de passer à la postérité.

Dès qu'un outil musical se perfectionne il suscite, en effet, ses bons ouvriers. L'Allemagne, qui, au xvᵉ siècle, ne suivait que lentement la brillante marche à l'étoile de l'école franco-italo-flamande dans le domaine de la composition, avait pris rapidement le pas sur elle dans celui de la facture instrumentale. L'orgue et les premiers instruments à clavier — échiquiers, épinettes et clavicordes — lui devaient de sérieux progrès. Ils lui devaient également l'enfantement de grands virtuoses.

A Nuremberg, un organiste aveugle du nom de Conrad Paumann se couvrit de gloire et accomplit de triomphales tournées de concerts dans toute l'Italie. Les manicordistes allemands étaient également célèbres par leur remarquable technique et les grands seigneurs de tous les pays s'arrachaient ces incomparables spécialistes qui exécutaient, en les enrichissant de brillants ornements, des transcriptions de grandes œuvres polyphoniques en vogue.

Et c'est ainsi que, sous des latitudes différentes, naquirent et se développèrent, isolément, les deux cellules constitutives du langage musical moderne — le chant et l'orchestre — dont les artistes du XVIᵉ siècle allaient opérer bientôt les premières tentatives de synthèse.

# 7

# Le XVIᵉ siècle

*Renaissance. — Néo-hellénisme. — La chanson poly-*
*phonique. — L'art religieux. — Baïf. — Italia redi-*
*viva. — Palestrina. — Victoria. — Nationalismes. —*
*Raffinements d'écriture. — Les théoriciens. — Les*
*artisans. — Éclosion de la tonalité.*

Le XVIᵉ siècle a été pour la musique européenne un
creuset où furent jetés pêle-mêle, malaxés et soumis
à une vive ébullition, toutes sortes d'éléments hétéroclites dont la fusion allait créer un alliage nouveau,
matière première du futur art classique. Au-dessus de
la porte du laboratoire où s'opérait cette alchimie les
historiens et les esthéticiens ont suspendu, une fois
pour toutes, une enseigne portant le mot « Renaissance ». Signalisation commode mais un peu trop
sommaire étant donné la variété, l'incohérence et
l'antagonisme des éléments rassemblés sous cette éti-
quette complaisante qui couvre indifféremment le
voluptueux retour à la sensualité païenne, l'austérité
luthérienne et calviniste, le formalisme et l'huma-
nisme, l'hédonisme, l'intolérance de Savonarole, le
scepticisme, le mysticisme, le plus bas matérialisme
et le spiritualisme le plus élevé. A laquelle de ces
impulsions désordonnées la civilisation de ce temps
aurait-elle dû le privilège de « renaître » ?
Ce n'est donc pas d'un idéal commun mais d'une
série de réactions violemment contradictoires qu'est
né le climat spirituel désigné par ce seul nom de baptême.

## Néo-hellénisme

Une manifestation de snobisme l'orienta. Une coquetterie intellectuelle teintée de pédantisme avait remis à la mode l'antiquité gréco-romaine, son atmosphère, son décor, ses héros et son langage. Sans grand discernement, on voulut imiter à tout prix la poétique et la métrique helléniques, ressusciter la notion des syllabes longues et brèves, prosodier les vers en dactyles, en anapestes, en trochées et en spondées et, surtout, ne jamais les séparer d'une traduction musicale. On estimait, comme Ronsard, que la poésie sans musique est sans grâce et que la musique sans poésie est inanimée. Ce puéril malentendu aggrava encore la confusion provoquée par le paradoxal mélange d'ambition novatrice et de conformisme scolaire qui caractérisait l'esprit de conquête des artistes de ce temps. Ces révolutionnaires, qui partaient en guerre en brandissant naïvement l'étendard de l'imitation servile, s'engageaient fatalement dans une impasse. L'expérience ingénue mais, malgré tout, féconde, de l'Académie de Musique et de Poésie de Baïf se chargea de le leur démontrer.

Avant d'en arriver à ce stade, les musiciens de chez nous avaient simplifié systématiquement le style polyphonique trop somptueusement surchargé qu'un Josquin des Prés n'hésitait pas à employer dans la plus modeste de ses chansons profanes. On avait fini par s'apercevoir que cette surenchère de science scolastique, acceptable dans une œuvre religieuse, convenait mal à une musique dont le premier devoir était d'être légère et court-vêtue pour aller à grands pas dans la mémoire des hommes.

## La chanson polyphonique

Une réaction très nette contre l'académisme et le formalisme de l'écriture vocale se dessine chez les nouveaux venus préoccupés de ne plus sacrifier le sens nuancé de leurs textes à des conventions d'écriture musicale et soucieux d'alléger les pesants engrenages de leurs contrepoints trop serrés.

Ils se servent d'« entrées » plus aérées, d'imitations plus déliées, utilisent une prosodie rapide, une articulation syllabique vive comme un *pizzicato* et découvrent souvent des effets d'harmonie pure. Sous leur plume, la chanson française devient particulièrement fine, alerte et spirituelle. Elle constitue désormais un genre caractérisé dans lequel on reconnaît notre maîtrise.

Faut-il citer les chefs-d'œuvre de Nicolas Gombert, l'ancêtre *(1500?-1556?)*, élève de Josquin; du joyeux curé Passereau *(1490-?)* *(Il est bel et bon)*, grand amateur de poèmes grivois; de Claudin de Sermisy, novateur intelligent *(1490-1562)*; de Clément Janequin *(1485-1558)*, le mystérieux passant dont nous ne savons guère, sinon qu'il sut révéler à ses contemporains l'agrément et les ressources infinies du style descriptif *(Bataille de Marignan, Siège de Metz, Prise de Boulogne, Caquet des femmes, Chant des oiseaux, Chasses, Cris de Paris)* et qui peut être considéré comme l'inventeur de la musique à programme; de Clemens non Papa *(1510-1555)*, de Créquillon, de Richafort, de Courtois, de Pierre Certon, d'A. de Bertrand, de Nicolas de Bussy, de Philippe de Monte (Van der Berghe) *(1521-1603)* qui mit en musique des poèmes de Ronsard, de Jean de Castro et de ces admirables musiciens qui s'appellent Roland de Lassus (Orlando Lasso) *(1532?-1594)*, Claude le Jeune *(1530?-1600)*, Guillaume Costeley *(1531?-1606)*, Eustache du Caurroy *(1549 1609)* et Jacques Mauduit *(1557-1627)*. Nous leur devons des œuvres d'une étonnante perfection dont le rayonnement fut considérable et qui suscitèrent d'innombrables imitateurs.

## Art religieux

Nous retrouvons les noms de beaucoup de ces auteurs de chansons dans le livre d'or de la musique religieuse qui, de son côté, évolue dans un sens particulier. La Réforme protestante crée dans les temples un répertoire nouveau destiné à la foule des fidèles. Le cantique, le psaume et le choral remplissent ici le rôle que jouaient les hymnes au temps de saint Ambroise de Milan. Luther et Calvin leur confient la mission d'évangéliser familièrement le peuple en lui restituant, à l'occasion, des tournures mélodiques et des accents empruntés à la musique profane. Au xvie siècle, comme au ive, la fin sanctifiait les moyens.

En même temps que ces manifestations de piété populaire et collective, les réformateurs favorisaient le développement d'un art plus noble. Le *choral* bénéficiait d'exécutions polyphoniques soignées, et des musiciens de classe apportaient à l'Église nouvelle le concours de leur grand talent. Hans von Hassler (1564-1612), Johannes Eccard (1553-1611), Johann Walter (1496-1570), Melchior Vulpius (1570?-1615), Michel Prætorius (1571-1621) élèvent le niveau des offices luthériens, tandis que Claude le Jeune, Claude Goudimel (1520?-1572), Loys Bourgeois et Philibert Jambe-de-Fer se consacrent à la foi calviniste.

Les catholiques, de leur côté, voient s'enrichir merveilleusement leurs cérémonies par la précieuse collaboration des maîtres que nous avons énumérés en parlant de la chanson française, et qui passaient de l'art profane à la musique sacrée avec la plus parfaite aisance. Roland de Lassus était à leur tête. Il a écrit un nombre prodigieux de motets, sept Psaumes de la Pénitence et plus de cinquante Messes où se trouvent souvent spiritualisés de la plus noble façon des thèmes empruntés au répertoire le moins édifiant des chansons et madrigaux en vogue.

Auprès de lui brillèrent Philippe de Monte (Van der Berghe) qui nous a laissé trente-huit messes et trois cents motets; Thomas Créquillon, le maître de chapelle de Charles Quint; Gombert (1500?-1556?), Jacques Clément (Clemens non Papa) et Jacques Arcadelt (1500?-1568) qui termina en France sa brillante carrière italienne et publia chez nous des mes-

ses, des lamentations et des motets d'une si haute
tenue.

## Antoine de Baïf *1532-1589*

Séparés par leur obédience cultuelle, les musiciens du Temple et de l'Église se retrouvent parfois
fraternellement unis dans les jeux raffinés et précieux auxquels les convie le poète Antoine de Baïf en
son Académie de Musique et de Poésie (1571), proté-
gée par Charles IX, cénacle de lettrés qui s'embras-
saient pour l'amour du grec et déformaient laborieusement la sonorité, le rythme et l'accent tonique de la
langue française en lui imposant l'illogique esclavage
des vers « mesurés à l'antique ». La tentative, qui
était puérile et arbitraire obtint, indirectement, quelques résultats heureux.

Tout d'abord, l'obligation de souligner et de rendre
perceptible à l'oreille l'accentuation anapestique, iam-
bique ou spondéique fit abandonner l'enchevêtrement
excessif des phrases superposées de l'ancienne polyphonie. La règle du jeu contraignit les musiciens à
faire coïncider dans toutes les parties les longues et les
brèves. Ce fut non seulement un progrès accompli
dans le sens de la clarté de l'ensemble mais un achemi-
nement heureux vers une écriture harmonique plus
logique et plus équilibrée. On prit l'habitude de suivre
de plus près une ligne mélodique déterminée et de lui
donner une importance expressive qui allait acclimater la formule du chant accompagné.

Enfin, les compositeurs, soumis à une discipline
cérébrale tyrannique, surent, comme toujours, « danser dans les chaînes » et découvrir les plus ingénieuses façons de triompher des pièges semés sur leur
route. La contrainte a toujours été pour les auteurs
de poèmes à forme fixe un excellent stimulant. L'obstacle survolte l'effort. Les remarquables collaborateurs musicaux de Baïf, qui s'appelaient Thibaut de
Courville, de Beaulieu, Claude le Jeune, du Caurroy
et Jacques Mauduit, le démontrèrent, un fois de plus,

en faisant preuve d'une aisance, d'une élégance et d'une grâce sans égales dans la traduction de ces textes alambiqués, alourdis par leurs préoccupations néo-helléniques.

## Renaissance italienne

La nation qui prit la part la plus active aux conquêtes musicales du XVIe siècle fut assurément l'Italie. Jusqu'à cette époque les centres artistiques de Rome, de Milan, de Ferrare ou de Florence avaient été tributaires de l'esthétique française ou franco-flamande. Nous avons pu constater que la péninsule était un lieu de pèlerinage pour tous les grands compositeurs, maîtres de chapelle, chantres ou virtuoses de l'Europe. C'est dire qu'elle avait été peu à peu colonisée par les éminents visiteurs qui séjournaient dans ses centres musicaux. Et, soudain, une brusque poussée de sève rendit à ce pays envahi toute son indépendance et sa personnalité.

Ce renouveau lui vint de ses traditions populaires. Le peuple italien est sensible à la caresse d'une inflexion vocale tendre ou enjouée, et son goût sensuel du chant monodique le rendait assez indifférent aux tours de force d'écriture qui noyaient une mélodie dans le moutonnement des vagues de la polyphonie contrapuntique. Les maîtres italiens du XVIe siècle, obéissant à cet appel de leur race, cultivèrent des modes d'expression imprégnés de ce voluptueux instinct. La *lauda*, la *frottola*, la *canzonetta*, le *strombotto*, la *villanella* et, plus tard, le *madrigale* et les *balletti* représentent l'aimable apport du génie populaire italien dans les formes qui, sous d'autres cieux, n'arrivaient pas à se libérer d'un académisme inflexible et d'un byzantinisme de métier réellement excessif. L'esprit latin commençait déjà à défendre dans le langage des Muses les fameux « droits de la Méditerranée ». On songe à Walter de Stolzing opposant à la science tâtillonne des Maîtres Chanteurs les voix de la nature et le souffle du printemps.

L'influence du terroir était si puissante que certaines de ces formules spécifiquement italiennes ont envoûté les maîtres étrangers qui les découvrirent et qui en tirèrent les plus brillants effets. On peut dire qu'un ADRIEN WILLAERT *(1490?-1562)*, musicien flamand, qui fut maître de chapelle à Venise, et à qui l'on attribue l'invention du *ricercare*, a contribué aussi efficacement que les plus grands créateurs autochtones à donner à la musique italienne de cette époque ses lettres de noblesse. Josquin des Prés a écrit de ravissantes *frottole* et Roland de Lassus n'a pas été moins sensible aux séductions du *madrigale*. Antoine Barré, Cyprien de Rore, Philippe de Monte, Philippe Verdelot et Arcadelt, en s'emparant de ces genres locaux, en ont tiré maint chef-d'œuvre.

Mais, dans le même temps, le sol italien enfantait ses propres artistes, les Bartolomeo Tromboncino, les Nicolas Pifaro, les Costanzo Festa, les Orazio Vecchi (1550-1605), les Luca Marenzio, les deux Gabrieli (Andrea, 1510?-1586, et son neveu Giovanni, 1557?-1612), Marc-Antonio Ingegneri (1547?-1592), Gesualdo di Venosa (1560?-1613) et le grand Giovanni Pierluigi da Palestrina. Ce dernier allait faire rayonner son nom glorieux sur le mouvement artistique de toute son époque dont il synthétise l'esprit et les tendances.

## PALESTRINA    *1526?-1594*

Né à Palestrina, qui lui fournit son nom, Giovanni Pierluigi n'aurait jamais eu d'autre ambition que celle de remplir paisiblement toute sa vie les fonctions de maître de musique à la cathédrale de sa ville natale, si son évêque, devenu le pape Jules III, ne l'avait appelé auprès de lui à Rome pour lui confier la maîtrise de la chapelle Julia, puis celle de la chapelle Sixtine. Toute la carrière de Palestrina se déroula dans la Ville Éternelle avec la dignité, le sérieux et la sérénité qu'on retrouve dans ses œuvres.

Le destin le faisait surgir dans les sanctuaires au

moment où le Concile de Trente s'efforçait de réglementer la musique religieuse et d'en bannir les éléments profanes et les apports suspects. Dans cette simple coïncidence on a voulu voir une relation de cause à effet qui semble peu vraisemblable. La nature et le talent de Palestrina correspondaient exactement à l'idéal pontifical et n'eurent qu'à s'exprimer librement pour réaliser les vœux du Concile.

Ce grand musicien était, à la fois, un technicien accompli, rompu à toutes les subtilités de son métier, et un croyant sincère, disciple du pieux Philippe de Néri. Sa musique n'est que pureté, quiétude et extatique apaisement. La foi cuirasse de sa rassurante certitude l'âme de ce juste qui n'éprouve plus les terreurs, les angoisses et les troubles de conscience que trahissaient les œuvres de ses prédécesseurs. Son style est angélique sans mièvrerie et céleste sans fadeur. Il maintient entre l'écriture contrapuntique et le sentiment harmonique un équilibre parfait. Il réagit contre la conception fastueuse et théâtrale des offices vénitiens mis en scène par Willaert et, en même temps, contre les aspirations chromatiques des compositeurs de madrigaux qui l'entourent. Il ramène l'art religieux à la décence, à la simplicité et à la noblesse.

Sa production est considérable : six cents motets, deux cents madrigaux, quarante-deux psaumes, quatre-vingt-treize Messes (*Messes du pape Marcel. Assumpta est, Ecce ego Johannes, Te Deum laudamus, O admirabile commercium, Ascendo ad Patrem*) et de nombreux *ricercari.* Elle complète l'effort d'évangélisation d'Animuccia et de Nanini dont les œuvres s'inspirent du même idéal et prépare celles de Francesco Soriano (1549-1621), de Felice Anexio et du précurseur que fut Luca Marenzio (1553 ou 1554-1599) à qui Monteverdi doit une partie des découvertes qui l'ont immortalisé.

VICTORIA     *1548?-1611*

Auprès de Philippe de Néri, à l'Oratoire, nous voyons s'installer un autre grand musicien qui arrive d'Ávila. Il se nomme Thomas Luis de Victoria. Il entre au Collège germanique de Rome, y devient *cantor*, puis est ordonné prêtre. Sa biographie est mal connue. On sait qu'il retourna quelque temps en Espagne, mais c'est à Rome qu'il mourut, en 1611, laissant derrière lui de nombreuses compositions dont aucune n'est profane. Son expression mystique est très différente de celle de Palestrina. Elle est passionnée et plus ardente. L'hispanisme de sa compatriote sainte Thérèse colore cette musique moins désincarnée que celle du séraphique Pierluigi.

Car l'Espagne du xviᵉ siècle a comme l'Italie son style religieux. Des compositeurs comme Francesco de Salinas, théoricien érudit; comme Fernando de las Infantas, philosophe et théologien; comme Antonio Guerrero, modèle de piété; comme Cristobal de Morales qui n'ignore rien de la musique européenne, et un organiste comme celui de Philippe II, Antonio de Cabezon (1510-1566), auteur de *préludes*, de *versets* et de *tientos* célèbres, ont créé un climat caractéristique de musique sacrée chez les contemporains du Greco.

## Nationalismes

Et voici que le xviᵉ siècle, où la logique ne cesse de perdre ses droits, voit naître en musique un sentiment nouveau, celui du nationalisme artistique. L'activité des échanges, au siècle précédent, avait pratiquement aboli les frontières entre les compositeurs de toutes les races. Les voyages incessants des maîtres français et flamands, les émigrations des créateurs et des théoriciens qui suivaient leurs protecteurs dans toutes les directions, l'émulation qui s'établissait entre des Cours princières rivalisant de faste dans le domaine des arts avaient fait bénéficier l'Europe d'une magnifique décentralisation. A force de mettre en commun leurs acquisitions, leurs inventions et leurs trouvailles, de confronter leurs techniques et de colporter leurs méthodes, les musiciens étaient en train d'enrichir leur langage d'un caractère de puissante universalité.

Soudain, au moment où cette fusion semble devoir porter ses fruits, les nations se ressaisissent et repoussent la colonisation. Réaction purement ethnique dans laquelle n'entre pas une idée préconçue. Aucun plan concerté, aucune campagne d'opinion n'ont invité les peuples à cultiver leur propre jardin : la voix du sol a été la plus forte. Si l'on accueille toujours aussi généreusement les maîtres étrangers; si on leur confie toujours les chapelles, les orgues et les maîtrises; si l'on recueille toujours leur enseignement avec la même avidité, ce qu'on leur emprunte va servir à créer un art national. L'action du terroir est si vigoureuse que les initiateurs ne tardent pas à prendre l'accent du pays. Nous avons vu le Flamand Willaert, envoûté par saint Marc, fonder une authentique école vénitienne de compositeurs; Josquin des Prés s'adonner à la *frottola*; Arcadelt, Verdelot, Barré, de Monte italianiser le *madrigal* dont Roland de Lassus n'hésitera pas à utiliser le procédé dans ses motets religieux. Les apôtres se convertissent à la religion du pays qu'ils venaient évangéliser.

Ainsi vont naître des écoles nationales de plus en plus fortement racées qui relèveront partout les poteaux frontières abattus par les musiciens et les pédagogues ambulants. Nous venons de constater que l'Italie avait donné l'exemple d'un nationalisme caractérisé. L'Espagne, on le sait, en avait fait autant de son côté. Nous voyons maintenant le Portugal aménager à son usage et cultiver, longtemps après l'évolution de ce style dans toute l'Europe, une polyphonie religieuse *a cappella* très personnelle que défendent et perpétuent à Coimbra, à Braga, à Evora et à Lisbonne des maîtres comme Manuel Rodrigo

Coelho, Nicolas de Fonseca, Pedro de Gomboa, Cosme Delgado, Manoel Mendès, Heliodore de Païva ou Milheiro.

En Allemagne, Heinrich Finck, qui, comme Mozart, fut au service de l'archevêque de Salzbourg; Hendrick Isaac, devenu Arigo Tedesco; Ludwig Senfl, Gregor Aischinger, Jacob Handl (Jacobus Gallus) sont les artisans inconscients d'une centralisation qui se développera bientôt avec vigueur. Et un climat musical spécifiquement anglais commence à devenir perceptible grâce aux œuvres de Thomas Tallis, de Christopher Tye, d'Orlando Gibbons, harmoniste hardi, de John Bull (1563?-1628) et surtout de William Byrd (1543?-1623) dont la personnalité est fortement accusée et qui, dans ses *Variations* et sa musique religieuse, montre une curieuse prescience des procédés de développement qui seront exploités au cours des siècles suivants. Et les Franco-Flamands, qui avaient fécondé les écoles de musique de toute l'Europe, se trouvent maintenant un peu isolés, un peu épuisés et parfois nettement dépassés par leurs anciens élèves.

## Calligraphie

Une fois de plus se vérifie ici la permanence trop souvent oubliée de la loi qui soumet le génie créateur à l'esclavage de la matière. Pour les raisons historiques, religieuses et sociales que nous avons exposées, la matière musicale sur laquelle travaillaient, au Moyen Age, les sculpteurs, les ciseleurs, les orfèvres, les peintres et les architectes du son était, comme nous l'avons vu, la voix humaine. Insuffisamment perfectionnés et traditionnellement sous-estimés pour des motifs extra-musicaux, les instruments étaient relégués au second plan et ne retenaient pas l'attention des compositeurs qui ne songeaient pas à se mettre en frais d'imagination pour leur arracher des secrets. La matière vocale, au contraire, était travaillée, modelée, burinée avec les soins les plus minutieux. Aux mains des praticiens du son, ébauchoirs et ciseaux attaquaient en tous sens et sur toutes ses faces le bloc invisible, mais homogène et organisé, que dressent dans les airs les souffles harmonieusement agrégés des chanteurs.

Lentement et patiemment dégrossi par les tailleurs de pierre de l'*organum* et du *déchant*, puis creusé, fouillé, ajouré, évidé par les habiles spécialistes du contrepoint, ce bloc s'était mis à vivre comme un ivoire japonais.

Tout l'effort musical du Moyen Age s'est si bien concentré et acharné sur ce mode d'expression que la fin du xviᵉ siècle nous laisse deviner l'essoufflement des virtuoses qui en ont épuisé les possibilités et se heurtent aux limites désormais atteintes de la complexité et du raffinement. Et c'est si vrai qu'aucun compositeur moderne n'a pu tirer des voix humaines un meilleur parti et que le jour où un Claude Debussy s'avisera, par jeu, d'offrir à Charles d'Orléans un hommage *a cappella*, il ne pourra pas dépasser la finesse d'écriture d'un Costeley, d'un Janequin ou d'un Josquin des Prés. L'outil est usé, son tranchant est émoussé, il faut en inventer un autre.

## Les théoriciens

Déjà des théoriciens s'en sont aperçus et justifient par des observations d'ordre scientifique et acoustique les tentatives d'évasion des musiciens de leur temps. Un élève de Willaert, le savant Gioseffo Zarlino (1517-1590), compose un ouvrage technique d'une haute valeur dans lequel les fondements acoustiques de l'harmonie, de la construction scientifique des accords et les problèmes du chromatisme et du contrepoint sont étudiés avec une clairvoyance à laquelle les techniciens d'aujourd'hui rendent encore hommage.

Ce livre dénonce toutes les équivoques et tous les malentendus que feront naître au cours des âges les conventions d'écriture qui faussent la valeur exacte de certains intervalles dans lesquels interviennent des demi-tons d'inégale dimension ramenés par l'homophonie à une trompeuse similitude. Zarlino n'hésite pas à opposer à la gamme pythagoricienne une échelle plus rationnellement construite. Et, aussi hardi que son ami Nicola Vicentino (1511-1576) qui avait, quelques années plus tôt, fabriqué un clavecin dans lequel des touches distinctes étaient réservées aux dièses et aux bémols, il construisait — quatre siècles avant Emmanuel Moor — un clavier permettant de diviser la gamme en quarts de ton.

On voit que de fécondes inquiétudes tourmentent les héritiers des grands polyphonistes du XVe siècle. Par leurs soins la densité de l'écriture vocale tend à diminuer, la touffe trop serrée des mélodies liées en gerbe se dénoue peu à peu; on s'oriente visiblement vers une expression musicale plus souple et plus libre qu'on ne rencontrera que dans la monodie proposée par le madrigal italien.

Pourtant, l'oreille occidentale ne saurait désormais se passer d'échafaudages sonores. Elle ne renoncera à la polyphonie vocale que lorsqu'un accompagnement instrumental pourra suspendre au fil solide de la mélodie les grappes des accords ou les feuillages des arpèges.

## Les artisans

Car, précisément, les instruments commencent à faire parler d'eux. Des artisans ingénieux ne cessent de perfectionner leur facture et de les enrichir de ressources techniques précieuses. L'Allemagne construit avec art des orgues et des instruments à clavier. On invente des procédés inédits pour pincer, gratter ou frapper une corde. Le sautereau armé d'un bec de plume de corbeau, le levier muni d'une lame métallique égratignent, chatouillent, heurtent ou caressent le fil d'acier pour en tirer des frémissements inconnus. L'Angleterre fabrique le « virginal », l'élégante épinette rectangulaire, chère à la reine Élizabeth —

la femme sans homme — l'instrument délicat qui fait fleurir miraculeusement sur le sol britannique l'attachante École des Virginalistes. Chez nous, l'échiquier, le manicordion, l'épinette, le clavicymbalum, le clavicorde et bientôt le clavecin vont agrandir le domaine du luth et de la harpe. Le rebec est devenu viole, la viole devient violon.

Vers tous ces beaux jouets se tendent des mains vite savantes, des doigts promptement déliés. Chaque mécanisme nouveau enfante ses virtuoses. Ceux-ci apprennent rapidement à transcrire pour d'agiles phalanges les polyphonies vocales les plus complexes. On voit des luthistes exécuter avec brio des arrangements de *La Bataille de Marignan.*

Le clavier, en libérant la main gauche de son obligation de presser les cordes, va augmenter de cinq bons ouvriers l'équipe des petits forgerons qui martèlent les mélodies et tressent leurs entrelacs. Il n'en faudra pas davantage pour créer chez les compositeurs l'instinct de la basse indépendante et la notion du socle harmonique supportant tout le poids de la construction sonore.

De plus, chaque partie n'étant plus tenue de respecter les inflexibles limites que la nature assigne à l'étendue et à la tessiture des voix humaines, l'écriture se libère et se meut plus aisément dans l'espace. La ligne mélodique supérieure prend hardiment son vol et gagne les hauteurs, tandis que les accompagnements s'enfoncent dans des régions sonores inexplorées où l'on découvre des ressources nouvelles de gravité et de noblesse.

Enfin, les doigts de la main droite, en explorant plus allégrement, en tous sens, l'escalier des touches et en cherchant à tirer de la corde des effets expressifs, inventent l'ornement, le trait, la broderie et la fioriture sensible ou décorative. Il en résulte des habitudes d'oreille qui deviendront vite impérieuses et détermineront la création d'un style moins compact et d'un tissu musical plus ajouré.

Tous les autres instruments tiendront compte de ces conquêtes et s'y adapteront peu à peu en se partageant la besogne. Ainsi, en reculant les frontières de son empire par le haut et par le bas, la musique, qui évoluait jusqu'ici dans une zone assez étroite, commencera à régner sur un territoire de quatre octaves. Extension territoriale de la plus haute importance qui donnera aux compositeurs des ambitions nouvelles et leur suggérera des possibilités d'expression auxquelles ils n'auraient jamais pu songer jusqu'alors. Réunir en faisceau des instruments comme on le faisait jusqu'ici pour les voix devient un jeu passionnant. Offrir aux compositeurs des ressources sonores plus étendues que celles que leur apportaient les cordes vocales c'est développer chez eux un sens plus raffiné de l'harmonie et un appétit de sonorités inédites. Dès qu'on associera les instrumentistes et les chanteurs on dégagera définitivement le rôle harmonique de la basse et on la rendra indépendante du bloc polyphonique. L'écriture en sera profondément influencée.

## Conquêtes

L'instrument — qui est un larynx artificiel — possède des privilèges refusés à l'outil musical humain. Il a des facilités d'articulation, de vélocité, de respiration, d'accentuation et d'étendue qui nous sont interdites et nous humilient. Il est dans les mains du compositeur un outil de travail souple et puissant qui va lui permettre de modifier toutes ses méthodes dans la recherche de l'inentendu.

On lui doit d'autres bienfaits techniques encore plus importants dans le domaine de l'écriture et dans celui de la composition. La voix humaine n'était pas capable de nous faire entendre la série des sons harmoniques engendrés par chaque note de la gamme. C'est l'instrument de musique qui nous a révélé cette mystérieuse efflorescence qui naît d'un corps sonore et s'irradie dans les airs comme les ondes d'un foyer lumineux. Or, la découverte des sons harmoniques a été pour les acousticiens et les compositeurs une révélation saisissante qui a éclairé les plus obscures énigmes de l'harmonie.

C'est donc dans l'atelier des luthiers et des facteurs que s'élaborait secrètement, à l'insu des artisans que guidait le plus naïf empirisme, la grande réforme de la tonalité. Car c'est à ces révélations instrumentales et à l'aisance avec laquelle la main des exécutants s'emparait des échelles des modes que l'on doit cette orientation irrésistible de l'oreille des créateurs et des auditeurs vers la dictature du ton d'UT et le régime de la tonalité majeure et mineure qui imposent encore aux musiciens aujourd'hui leurs lois souveraines.

La vulgarisation de l'intervalle jadis abhorré du *triton*, la révélation que fut pour les mélomanes d'alors l'*aimantation* de certaines notes qui attirent leur voisine immédiate dès qu'on diminue entre elles l'intervalle isolant du ton entier, le plaisir procuré par le doux glissement de la sensible sur la tonique et du quatrième degré sur le troisième, la satisfaction engendrée par la découverte de la cadence parfaite avaient fait rechercher instinctivement l'échelle la plus favorable à une heureuse répartition des tons et des demi-tons. La formule : 2 tons, 1/2 ton, 3 tons, 1/2 ton offrait des avantages techniques exceptionnels. Or, la seule gamme qui, sans avoir besoin d'altérations, était naturellement construite sur ce gabarit était celle d'UT. Elle fut donc appelée, peu à peu, à prendre le pas sur toutes les autres et à leur servir de modèle. Docilement, en s'imposant les altérations ascendantes et descendantes nécessaires pour respecter l'emplacement des demi-tons, les anciens « tons » copièrent la gamme-reine qui incarnait le mode majeur et reproduisirent son profil caractéristique. Les vieux modes avaient signé leur abdication.

## La tonalité

Cette « conquête » est très diversement appréciée par les historiens. Certains s'en félicitent parce

qu'elle a permis la naissance des grandes formes classiques — la fugue, la sonate, la symphonie — et favorisé les progrès de la syntaxe musicale et de l'harmonie; d'autres nous font observer que l'abandon de la
riche collection des modes anciens — véritable arc-
en-ciel de couleurs — constituait un appauvrissement
regrettable.

Maurice Emmanuel, qui nous a laissé sur l'histoire
de la langue musicale d'admirables travaux, ne s'est
jamais consolé de la brutalité avec laquelle le mode
majeur, c'est-à-dire la gamme d'UT, avait exterminé
tous les autres pour imposer sa dictature. Il nous
rappelle fort à propos que la langue littéraire française connut la même épreuve le jour où le goût de la
logique, de l'équilibre et de la clarté conduisit des
élagueurs comme Malherbe et Descartes à dépouiller
le vocabulaire de leur époque de toutes les luxurian-
tes frondaisons verbales dont l'avaient enrichi les
Ronsard, les Rabelais et les Montaigne. La pureté de
notre art classique était à ce prix et exigeait ces sacri-
fices douloureux, mais nombreux sont encore les
artistes qui estiment qu'en littérature aussi bien
qu'en musique l'abandon de la couleur au profit de la
netteté de la ligne nous a fait payer trop cher un
scrupule académique.

Quoi qu'il en soit, le XVIᵉ siècle, en expirant, lègue
aux compositeurs tous les éléments d'un armement
ingénieux qui va leur permettre des offensives de
grand style sur plusieurs fronts nouveaux et leur
livrer de vastes territoires que n'avait foulés jusqu'ici
aucun explorateur et dont nul ne soupçonnait les
richesses.

# 8

# Le XVIIᵉ siècle

*L'opéra italien.* — *L'apport de Monteverdi.* — *Le style lyrique.* — *La dissonance expressive.* — *Émancipation de l'harmonie.*

## MONTEVERDI     *1567-1643*

Un pont reliant le XVIᵉ siècle au XVIIᵉ fut jeté par un ingénieur d'une rare hardiesse. Il s'appelait Claudio Monteverdi. Il était né à Crémone, comme un violon de race. Il avait travaillé avec Ingegneri et, dès l'âge de seize ans, avait publié un recueil de *Madrigali spirituali*. A vingt ans il était célèbre.

Il fut joueur de viole et chanteur de la Cour de Mantoue avant d'y devenir maître de chapelle. Quelques années après avoir perdu sa femme qu'il aimait tendrement, il quitta Mantoue pour Venise où il termina ses jours dans les ordres après avoir occupé pendant trente ans le poste de maître de chapelle à l'église Saint-Marc et avoir connu la gloire la plus enviable en deçà et au-delà des frontières de sa terre natale.

Son souvenir demeure attaché à l'une des conquêtes les plus éclatantes non seulement de l'art italien, mais de la musique universelle. On associe, en effet, son nom à la naissance du spectacle lyrique, à la création du genre « opéra » qui représente l'apport le plus personnel du XVIIᵉ siècle dans l'histoire des formes musicales à travers les âges. En réalité, comme la plupart des grandes découvertes, celle-ci bénéficia de collaborations et de complicité diverses; cependant la maîtrise avec laquelle Monteverdi apposa sur cette charte musicale nouvelle, immédiatement après son apparition, le sceau de sa forte personnalité justifie cet hommage de l'histoire.

## Ses ascendants

Depuis longtemps la musique cherchait, d'instinct, à se mêler à la technique du spectacle, qu'il soit sérieux ou badin, tragique ou comique. Dès le Xᵉ siècle les cérémonies du culte catholique lui révèlent des éléments de mise en scène qui l'encouragent à jouer un rôle spectaculaire dans la liturgie.

Elle donne un relief vigoureux aux deux embryons de « mystères » que les officiants organisent devant l'autel au début de la messe de Noël et de celle de Pâques en faisant, comme au théâtre grec, dialoguer des « chœurs » qui se posent de pieuses questions sur les prodiges de la Nativité et de la Résurrection. Elle prête une voix déjà dramatique à Hérode, à Rachel, aux trois Marie et aux Anges. Elle « sonorise » des paraboles, raconte en latin et en français l'équipée des *Vierges sages* et des *Vierges folles*, commente le *Jeu d'Adam*, celui de *Sainte Agnès* et triomphe dans les *Passions* et les *Miracles de Notre-Dame*. Le drame liturgique et le *Mystère* ont désormais des traditions et des lois. Leurs spécialistes s'organisent en corporations, des auteurs s'y illustrent, tels Rutebeuf, Arnould Gréban, Marcadé et Jean Michel. Ces « jeux » comportent souvent une importante figuration, des costumes somptueux, des décors et des évolutions scéniques ingénieuses qui transforment le parvis des cathédrales en théâtre lyrique. Premier pas dans la direction de l'opéra futur.

Une seconde contribution est apportée à la formule par les jeux laïques, les pastorales dialoguées, — *Jeu de Robin et Marion, Jeu de la Feuillée* — les Moralités, les Soties, les Farces des clercs de la Basoche.

Une troisième par les danses, les « ballets » populaires ou les ballets de Cour mêlés de récits chantés, d'airs, de chœurs et d'entrées pittoresques. Le *Ballet comique de la reine* (1581) constitue déjà un spectacle musical très complet.

Toute cette lente découverte du théâtre lyrique est, hélas! paralysée par une erreur fondamentale de conception. La musique n'y avait été admise que sous la forme de chansons, généralement connues, de refrains à la mode qui n'avaient pas été composés en vue de cette utilisation et d'airs conventionnels qui se trouvaient « plaqués » sur le drame au lieu de naître de l'action. La musique jouait dans ces spectacles un rôle décoratif et non pathétique. Elle demeurait extérieure au sujet traité. Il faudra vraiment attendre le XVIIᵉ siècle pour qu'elle fasse enfin corps avec le texte et collabore directement à l'émotion du spectateur.

Dès 1600, ce coup d'État est réalisé. Il éclate au même instant à Florence et à Rome.

Un cénacle de poètes et de musiciens florentins, fidèles à l'idéal hellénisant de Baïf, luttait contre la polyphonie franco-flamande et cherchait à ressusciter le théâtre grec. Réunis d'abord dans le palais du comte Bardi di Vernio, puis autour de Jacopo Corsi, ces réformateurs, parmi lesquels se trouvaient Vincenzo Galilei, le père de l'astronome, les chanteurs-compositeurs Giulio Caccini (1550?-1618) et Péri, Emilio de Cavalieri et le poète Ottavio Rinuccini, s'efforcent de créer un style monodique expressif serrant de près le sens des mots.

Après un essai de pastorale — *Dafné* — Ottavio Rinuccini *(1562-1621)* et Jacopo Peri *(1561-1633)* réalisent plus nettement leur dessein avec une *Euridice*, qui émerveille par son audace et sa nouveauté les auditeurs privilégiés à qui cette primeur avait été offerte à l'occasion du mariage de Marie de Médicis avec le roi de France (6 octobre 1600). Monteverdi assistait à cette représentation et dut y prendre un intérêt tout particulier.

La même année, à Rome, EMILIO DE CAVALIERI *(1550?-1602)* appliquait une technique identique au drame sacré, à l'*oratorio*, en faisant exécuter à l'oratoire de saint Philippe de Néri la *Rappresentazione di anima e di corpo*, dialogue philosophique comportant des récitatifs, des airs, des chœurs, un ballet, des préludes et des intermèdes symphoniques. Le terrain était donc bien préparé pour le conquérant qui, sept ans plus tard, à Mantoue, allait frapper un coup décisif.

Il paraît prouvé que ce sont bien les représentations de l'*Euridice* de Rinuccini et Peri qui ont amené le duc de Mantoue à demander à son maître de chapelle de composer une œuvre du même genre. On ne s'embarrassait guère, à l'époque, de scrupules concernant la propriété artistique. Aussi, de même que le chanteur Caccini n'avait pas hésité à écrire une partition nouvelle sur l'*Euridice* de Rinuccini, deux ans après la création de l'ouvrage, de même Monteverdi se crut autorisé à traiter une troisième fois le même sujet sous le titre *Orfeo*.

Et ce fut, immédiatement, un triomphe. La musique parlait enfin un langage direct, émouvant et persuasif. Les récits et les airs avaient une puissance dramatique irrésistible, la déclamation chantée donnait au texte un relief surprenant et les accents bouleversaient les auditeurs par leur justesse et leur vigueur. Le drame lyrique venait de sortir, tout armé, du cerveau d'un musicien de génie.

Monteverdi entreprit aussitôt la composition d'un second opéra, une *Ariane* dont nous ne possédons qu'un poignant *lamento*, écrit, si l'on en croit la légende, devant la couche funèbre de son épouse Claudia qui venait d'expirer.

De nombreux ouvrages lyriques ont suivi ces deux premières partitions; malheureusement, nous ne possédons que les deux derniers : *Le Retour d'Ulysse* (1640?) et *Le Couronnement de Poppée* (1642) qui nous prouvent que, pendant son séjour à Rome, le musicien n'avait pas cessé d'améliorer son expression dramatique.

## Ses trouvailles

La victoire éclatante que l'auteur d'*Orfeo* venait de remporter en ouvrant à la composition une voie nouvelle s'accompagnait d'une conquête technique fort importante qui, d'ailleurs, avait joué un rôle actif dans le succès de la formule. Monteverdi venait de découvrir le pouvoir expressif et passionné d'une certaine agrégation sonore et en avait tiré très méthodiquement parti.

Cette agrégation n'avait pas été inventée de toutes pièces par le compositeur d'*Ariane*. Elle avait déjà frappé les oreilles des musiciens des générations précédentes, car les jeux savants du contrepoint avaient épuisé d'innombrables combinaisons sonores en entrelaçant des mélodies superposées. Mais Monteverdi réservait à cet assemblage de sons un emploi très spécial.

Il s'agissait de l'accord de septième mineure, placé sur le cinquième degré de la gamme. Dissonance utilisée souvent par ses prédécesseurs mais peureusement, honteusement, sous forme d'effet transitoire, instable, fugace, astreinte aux prudentes précautions oratoires de la « préparation » et aux humbles excuses de la « résolution ».

Toute l'histoire de la langue musicale — et par conséquent de la musique, car c'est un domaine où les mots nouveaux engendrent des idées nouvelles — tient dans l'annexion progressive de chocs auriculaires savamment dosés et calibrés pour atteindre la subconscience de l'auditeur. Ces chocs, assenés généralement sous forme de dissonances, le surprennent d'abord, ébranlent ses nerfs, le troublent, le font souffrir et, souvent, l'indignent. Puis ces impulsions déterminent en lui d'étranges réactions, font vibrer des cordes insoupçonnées, libèrent des sensations secrètes qui n'attendaient que ce contact pour s'épanouir. Et le heurt qui lui avait paru cruel devient peu à peu voluptueux. Car rien ne s'émousse et ne se métamorphose plus vite que les souffrances ou les joies de l'oreille.

Il arrive donc qu'une pousse sonore se développe lentement sur l'arbre de la musique et éclate, un beau jour, comme un bourgeon au soleil. Ce fut le cas pour l'accord de septième de dominante qui mûrissait invisible, sous l'épais feuillage polyphonique, et qui fut soudain, d'un geste audacieux, détaché de sa branche par Monteverdi et présenté « en liberté ». Plus de préparations cérémonieuses, plus de résolutions craintives : l'agrégation des trois tierces superposées, désormais affranchie et indépendante, vit d'une vie autonome et laisse se détendre librement les puissants ressorts du « triton » qui l'habite.

Ce n'était qu'un mot de plus dans le dictionnaire des compositeurs, mais un maître mot possédant une telle radio-activité harmonique qu'il allait permettre à Monteverdi et à ses successeurs de donner au langage des passions une chaleur et une éloquence insoupçonnées. La cueillette des accords de neuvième, de onzième et de treizième échelonnée à travers les siècles suivants ne devait pas être moins féconde. La découverte d'une pierre précieuse inconnue ne suffit-elle pas à entraîner la création de nouveaux chefs-d'œuvre de joaillerie ? En léguant à ses successeurs la formule de l'opéra, un style dramatique et la cellule si chargée de fluide de l'accord de septième de dominante, le maître de Mantoue leur transmettait un magnifique héritage.

## Ses héritiers

Cet héritage fut aussitôt recueilli par des musiciens de valeur. Pier Francesco Cavalli *(1602-1676)*, élève de Monteverdi, écrivit un nombre considérable d'opéras sur des sujets choisis de préférence dans la mythologie (*Didon, Jason, Thétis et Pélée, Hercule amoureux,* etc.). Il cède déjà un peu trop complaisamment à l'engouement du public pour les prouesses des chanteurs. On lui fait grief d'avoir multiplié imprudemment les airs brillants et d'avoir favorisé les excès du *bel canto* qui allait, plus tard, déséquilibrer l'opéra italien en sacrifiant au succès personnel du ténor et de la *prima donna* l'unité dramatique de l'action.

A Rome, après une nouvelle *Dafné* mise en musique par Marco de Gagliano, les Mazzochi, les Stefano Landi, les Filippo Vitali, les Michel-Angelo Rossi, les Luigi Rossi exploitent le genre opéra en l'orientant vers la féerie sous l'impulsion de trois directeurs fastueux, les frères Barberini, amateurs d'ouvrages à grand spectacle où les changements à vue et les tours de force de machinerie éblouissent l'assistance.

Venise suit le mouvement mais en flattant les goûts du grand public pour qui avait été construit en 1637 le théâtre de San-Cassiano. L'*opéra* avait été jusqu'ici un genre aristocratique, un divertissement de cour : ce théâtre populaire le mettait à la portée de la foule. Il fallut bien tenir compte des préférences de cette nouvelle clientèle.

La qualité musicale du spectacle fit les frais de cette vulgarisation. On diminua l'effectif de l'orchestre, on supprima les chœurs, on sacrifia les partitions aux livrets. On abandonna les sujets mythologiques, chers aux cours princières, et on chercha dans l'Histoire les drames, les romans, les imbroglios, les intrigues romanesques et les coups de théâtre qui ont toujours foisonné dans les annales de l'humanité. Ainsi s'est établi pour longtemps ce double courant qui devait nous donner les opéras du style *Alceste* et ceux du type *Huguenots*.

Le compositeur Francesco Manelli *(1595-1667)*, avec son *Andromède*, avait bien tenté de conserver à l'opéra vénitien un niveau musical élevé : son exemple ne fut pas suivi. Un rival de Cavallli, artiste cosmopolite doué d'un sens mélodique fort agréable, Marc-Antoine Cesti *(1623-1669)*, défendit également les droits de la musique dans ses opéras de cour. Giovanni Legrenzi (1626-1690), Alessandro Stradella (1644-1682) et un certain nombre de compositeurs rompus comme eux au style de la cantate et de la musique de chambre résistèrent de leur mieux à cette tentative de nivellement par le bas. D'ailleurs, la création de sept théâtres de musique à Venise permit bientôt à toutes les tendances de se faire jour et à toutes les variétés d'amateurs d'encourager leurs artistes préférés.

Naples ne pouvait se résigner à rester dans l'ombre alors que Rome et Venise présentaient aux étrangers de si attractives nouveautés. Une active propagande et l'enseignement des brillants conservatoires de la ville favorisèrent la naissance d'un opéra spécifiquement napolitain. Bien que sa forme n'ait pas été très différente de celle des opéras romains et vénitiens, la forte personnalité de deux musiciens de classe parvint à créer la notion d'une école napolitaine.

Ce fut d'abord Francesco Provenzale *(1627-1704)*, organiste, maître de chapelle et pédagogue réputé, qui nous a laissé quelques ouvrages écrits avec solidité et hardiesse et qui semble avoir possédé un sentiment dramatique assez puissant.

Ce fut ensuite Alessandro Scarlatti *(1660-1725)*, le père de Domenico, qui, par l'abondance de sa production et l'intransigeance de sa conscience artistique, domine toute cette époque de l'histoire musicale de Naples. Peu soucieux de plaire, il brave l'impopularité en demeurant fidèle à un style soigné, à une écriture impeccable et à une orchestration exceptionnellement raffinée pour l'époque. Dans un hautain isolement — car il se voit préférer des compositeurs parlant un langage plus frivole — il écrivit cent quinze opéras d'une parfaite tenue.

Arrêtons-nous sur ce chiffre qui nous permet de mesurer la distance qui sépare un opéra du XVIIᵉ siècle d'un ouvrage lyrique du XXᵉ. Alessandro Scarlatti, qui prodiguait à ses partitions lyriques les soins les plus minutieux, trouva le loisir, malgré ses nombreux changements de résidence de Naples à Rome et son activité de professeur et de directeur du conservatoire de San Onofro, d'en composer, coup sur coup, cent quinze! Imagine-t-on un compositeur d'aujourd'hui écrivant successivement cent quinze ouvrages de l'importance des *Maîtres Chanteurs*, de *Pelléas*, de *Louise*, de *Pénélope*, d'*Ariane et Barbe-Bleue*, de *La Bohème* ou de *Salomé*?

Quand on songe qu'un musicien lyrique aussi prodigieusement fécond que Massenet a stupéfié ses contemporains en produisant, au cours de sa longue carrière, une vingtaine d'œuvres de théâtre, on est bien obligé de reconnaître que l'effort qu'exige de son auteur un ouvrage lyrique moderne est infiniment plus respectable que celui que déployaient, au XVII<sup>e</sup> siècle, les spécialistes d'un genre dans lequel les conventions d'écriture, les locutions stéréotypées, les traditions de style et les formules de remplissage allégeaient singulièrement leur tâche.

Si Scarlatti n'eut pas la satisfaction de se voir honoré dans son pays comme un prophète, il eut celle d'exercer au-delà des frontières italiennes une influence sérieuse et durable. Avec Francesco Mancini et, surtout, Giovanni Battista Bononcini (1670-1747) qui fut en France et en Angleterre un ambassadeur particulièrement actif et écouté de l'art de la péninsule, il servit de modèle à de nombreux disciples qui, jusqu'au cœur du XVIII<sup>e</sup> siècle, s'inspirèrent de sa conception de l'opéra.

Son fils DOMENICO SCARLATTI (*1685-1757*) devait conquérir une gloire égale à la sienne par son talent de virtuose et par la qualité rare des cinq cents pièces de clavecin qu'il nous a laissées. Précurseur de Clementi, il a pratiqué un style instrumental qui annonce déjà la technique du piano et créé des formes exquises de composition absolument nouvelles pour son époque.

## La cantate

Il ne faut pas oublier, si l'on veut bien comprendre le style du théâtre chanté de cette époque, que les compositeurs s'y trouvaient préparés, pour la plupart, par la pratique assidue de la *cantate*, genre particulièrement en faveur en Italie.

La *cantate* et l'*oratorio* avaient subi, avant la partition de théâtre, cette orientation irrésistible qui inclinait déjà le *madrigale* vers une expression pathétique et dramatique inattendue. La lecture des livres de madrigaux de Monteverdi est, à cet égard, particulièrement édifiante. On y trouve des pages — le *Combattimento di Tancredi e Clorinda* par exemple — qui sont construites et traitées en cantates et l'on rencontre dans les cantates de Mazzochi des récitatifs qui appartiennent déjà au style de l'opéra.

Luigi Rossi, Cesti, Stradella cultivèrent la *cantate* avec bonheur. Bassani, Banoncini et Scarlatti en perfectionnèrent la technique. Elle devint un champ d'expérience pour l'enchaînement adroit des récits et des airs, un « banc d'essai » pour les conquêtes harmoniques et les effets lyriques dont l'opéra saura tirer parti.

## L'oratorio

L'*oratorio*, créé par les « oratoriens » de Philippe de Néri, est une cantate sacrée qui ne diffère de la cantate profane que par l'atmosphère imposée par le choix des sujets. Les textes des *oratorios* sont pris dans l'Ancien et le Nouveau Testament. Ils sont, peu à peu, soumis à la forme dialoguée et à la technique théâtrale du récit. On a pu dire que l'oratorio intitulé la *Rappresentazione di anima e di corpo* de Cavalieri était un véritable opéra sacré.

Et c'est ainsi qu'à travers les cheminements du motet, du madrigal, de l'oratorio et de la cantate, les artistes italiens du XVIIe siècle étaient arrivés, par tâtonnements, jusqu'au seuil éblouissant du théâtre lyrique, formule d'enchantement qui, dans le monde entier, allait accomplir des miracles.

# 9

# Le XVIIᵉ siècle

*Le ballet lyrique français. — L'assaut de l'opéra italien. — La contre-attaque de Lully. — L'opéra en Europe.*

Résignée à voir l'Italie prendre ainsi une avance considérable sur la culture artistique des autres peuples, la France, progressivement distancée, semblait avoir renoncé à son rôle d'initiatrice et de professeur de musique de l'Europe. Pendant toute la première moitié du XVIIᵉ siècle, elle a joué un rôle assez effacé dans la société des nations musiciennes.

Nos compatriotes, qui ont pourtant la réputation d'être des postes récepteurs ultra-sensibles, n'avaient-ils donc pas capté les ondes qui, parties de Florence, de Rome, de Venise et de Naples, annonçaient à l'univers la nativité d'une idole nouvelle? Rien n'indique, en effet, une réaction apparente des compositeurs français qui continuaient paisiblement à cultiver les formes traditionnelles de la polyphonie vocale en se contentant de les alléger par degrés pour arriver à isoler une ligne mélodique et à l'enrichir du relief nécessaire.

Il serait injuste, pourtant, de déclarer que la France n'avait rien soupçonné de l'importante évolution du goût qui allait provoquer, au-delà des Alpes, les événements artistiques considérables que nous venons de relater. Pour ménager notre amour-propre national, rappelons que les fondateurs de l'opéra italien étaient, au fond, des disciples de notre Antoine Baïf et que c'est en cherchant, sur ses conseils, à ressusciter la dramaturgie de l'Antiquité qu'ils avaient découvert leur formule de théâtre musical. Notre Pléiade fut donc, par anticipation, la marraine spirituelle de ce nouveau-né.

## Le ballet de cour

De plus, il faut reconnaître que, si nous n'avons pas pénétré les premiers dans la Terre Promise du spectacle lyrique, nous étions en train de marcher d'un bon pas dans sa direction en suivant une route différente. Obéissant à leurs tempéraments respectifs, les Italiens avaient franchi sa frontière en chantant : les Français s'en approchaient en dansant.

La danse, on le sait, avait pris chez nous une importance artistique considérable. Les ballets de cour, en particulier, étaient devenus des spectacles d'une extrême richesse. Nous avons parlé du *Ballet comique de la reine* qui, dès 1581, associait sur une scène tous les éléments d'un ouvrage lyrique. Ce divertissement n'était pas une fantaisie isolée, un caprice sans lendemain. Les *Ballets du roi*, dans lesquels le souverain tenait l'emploi de danseur étoile, représentaient une tradition respectée. Ils comportaient une ouverture orchestrale, des récits chantés, des airs, des chœurs, des entrées, des intermèdes de baladins, des pantomimes et exigeaient des décors splendides et une machinerie compliquée. Aussi, lorsque les glorieux créateurs de l'opéra florentin, Caccini et Rinuccini, appelés à la Cour de France par Marie de Médicis qui n'avait pas oublié l'*Euridice* créée le jour de son mariage, vinrent révéler à Paris leur nouvelle conception du théâtre il suffit d'ajouter bien peu de choses à notre ballet de cour pour le transformer en opéra.

En attendant, on se contenta de donner aux thèmes de ballet un caractère plus dramatique et de puiser dans la mythologie — éternelle ressource des courtisans! — des épisodes favorables aux opulentes mises en scène, en même temps qu'aux symboles et aux allusions apportant aux souverains les basses flagorneries dont ils ne se lassaient pas de respirer l'encens avec délices.

De nombreux compositeurs s'illustrèrent dans ce genre à la mode. Les plus intéressants furent assurément PIERRE GUÉDRON *(1570?-1620?)*, surintendant de la musique du Roi sous Henri IV et Louis XIII, qui commença à rendre plus dramatiques les récits et les airs et qui, dans des ouvrages comme *La délivrance de Renaud, Les Argonautes, Le Triomphe de Minerve, Les Aventures de Tancrède, Alcine, Roland* ou *Psyché* fait preuve d'intelligente prescience; son gendre, ANTOINE BOESSET *(1586-1643)*, qui fut sensible à l'influence italienne et cultiva avec succès la grâce mélodique; Moulinié, Cambefort et les instrumentistes compositeurs Bocan, Lazarin, Dumanoir, Brulard et Mazuel, qui eurent l'idée excellente de tirer des partitions de ballets des « suites » orchestrales, cellules génératrices de la future sonate.

## Made in Italy

Cependant, les musiciens français qui avaient eu l'occasion d'aller faire un voyage en Italie et d'entendre les premiers opéras florentins ne cachaient pas à leurs compatriotes leur surprise émerveillée en présence de cette étonnante trouvaille. Marie de Médicis avait déjà attiré à la Cour quelques-uns des plus actifs propagandistes de la formule nouvelle, mais ce fut Mazarin qui accomplit le geste d'initiation décisif en organisant à Paris, en 1645, la représentation d'un opéra de Francesco Sacrati, *La Finta Pazza*.

Il avait fait venir de Florence le célèbre décorateur-machiniste Torelli et le maître de ballet Battista Balbi pour mettre en scène cette pièce déclamée, chantée et dansée qui nous montrait Achille s'enfuyant prudemment de Scyros sous un déguisement féminin pour ne pas être contraint d'épouser Deidamie, la fille du roi, qu'il avait séduite.

Torelli s'était surpassé en faisant évoluer le bouillant Achille à Scyros dans un paysage réunissant sur le plateau le Pont-Neuf, la statue d'Henri IV, la place Dauphine, les tours de Notre-Dame et la Sainte-Chapelle. De son côté, le maître de ballet, soucieux de plaire au roi de France qui était alors âgé de sept ans, avait formulé la profession de foi suivante : « J'essaie de rencontrer le goût du roi qui, comme petit, vraisemblablement demande des choses proportionnées à son âge. » Se mettre à la portée d'un enfant de sept ans représentait donc un idéal parfaitement acceptable pour un auteur lyrique de l'époque.

L'année suivante, Mazarin montait une pastorale de Cavalli, l'*Egisto*, suivie, un an plus tard, de l'*Orfeo* de Luigi Rossi, puis, à plus grande distance, des *Noces de Pélée et Thétys* de Caproli et de deux œuvres importantes de Cavalli, *Serse* et *Ercole amante*.

La politique d'importation du cardinal était assurément méthodique et obstinée. Elle fut efficace mais à une échéance assez lointaine. Alors que les compositeurs avaient fort bien compris tout le parti que l'on pouvait tirer de cette expression d'art inédite, le public ne retint d'abord de cette révélation que la magnificence de la mise en scène et l'ingéniosité de la machinerie. En définitive, Mazarin n'avait travaillé que pour Torelli.

Il ne faut pas trop s'étonner de cette résistance de nos compatriotes à la formule du théâtre chanté. L'impertinent Lully n'avait pas tout à fait tort lorsqu'il affirmait que les Français étaient trop médiocres musiciens pour comprendre l'intérêt de cette innovation. Il aurait dû ajouter qu'ils ne possédaient pas, comme les Italiens, cette passion atavique du chant qui permet à un auditoire transalpin de savourer pendant toute une soirée un discours musical entièrement confié à la voix humaine. Ajoutons que les grands chanteurs étaient rares chez nous, alors qu'ils foisonnaient chez nos voisins et que, de ce fait, notre public n'avait pas eu la possibilité d'acquérir une grande compétence en matière de performances vocales.

D'autres raisons psychologiques peuvent encore expliquer la lenteur avec laquelle notre foule s'adapta au genre nouveau. Le Français se flatte, avec quelque raison, d'être épris de logique et de bon sens. Or le genre opéra ne tient pas un grand compte de cette tournure d'esprit. Il faut se résigner à toutes sortes d'invraisemblances et d'absurdités conventionnelles lorsqu'on s'installe devant un tréteau pour entendre des dieux ou des héros vous crier leurs secrets en musique, analyser leurs états d'âme avec accompagnement d'orchestre et s'abandonner au désordre des passions en respectant scrupuleusement les injonctions d'un batteur de musique. Il est probable que, pour un Français moyen de 1645 à l'esprit simple et positif, un drame entièrement chanté a dû paraître un passe-temps un peu saugrenu.

Notre fidélité à la formule du spectacle dansé n'était donc pas inexplicable. D'ailleurs, ne se justifie-t-elle pas encore, de nos jours, d'une façon assez piquante par l'attitude de notre jeunesse actuelle qui, trois cents ans après l'importation du théâtre chanté à Paris, éprouve exactement les mêmes réflexes que les sujets de Louis XIII en présence d'une représentation d'opéra et d'une soirée de ballets? Et n'est-ce pas être ingrats pour le lyrisme de la danse que d'oublier ses véritables origines? L'audacieuse innovation d'un Serge de Diaghilev faisant incarner les personnages du *Coq d'Or* de Rimsky-Korsakov par des danseurs doublés par des chanteurs immobiles ne faisait que ressusciter une technique du xviiᵉ siècle tenant compte des goûts de notre public qui n'entend pas sacrifier le plaisir des yeux à celui de l'oreille.

LULLY     *1632-1687*

Cependant, l'année 1646 voit se produire un petit événement qui ne fit alors aucun bruit dans le monde et qui devait pourtant exercer, par la suite, sur l'histoire du théâtre lyrique en France, une influence capitale. Le chevalier de Guise, traversant Florence, avait engagé et emmené dans ses bagages, pour l'offrir à Mlle de Montpensier, un petit pitre de treize ans nommé Jean-Baptiste Lully. Cet étrange gamin, spirituel et vicieux, employé d'abord dans les cuisines où il amuse tout le monde, montre bientôt des dispositions exceptionnelles pour la musique, travaille le violon, la composition et la danse, passe au service du roi et capte sa confiance par son talent et sa souplesse d'échine. Il devient compositeur de la Cour tout en brillant dans les ballets comme danseur fantaisiste. Il fonde la bande des « petits violons » qui éclipsera celle des vingt-quatre violons du roi, et se fait nommer surintendant de la musique après avoir obtenu sa naturalisation française dès 1661.

Trois ans plus tard, le roi, qui ne peut plus se passer des bouffonneries de ce baladin qui connaît à fond le métier de courtisan, le met en rapport avec Molière, ce qui amène Lully à écrire la musique du *Mariage forcé*. Cette collaboration obtient un tel succès qu'elle se prolonge pendant huit ans et nous vaut les divertissements de Versailles, *La Princesse d'Élide*, *L'Amour médecin*, *Le Sicilien ou l'Amour peintre*, *Monsieur de Pourceaugnac*, *George Dandin*, *Les Amants magnifiques* et *Le Bourgeois gentilhomme*. La fourberie de Lully interrompra seule cette féconde association des « deux Jean-Baptiste ».

Comme nous venons de le voir, cet Italien ne croit pas à l'avenir du théâtre chanté en France et, au lieu d'aider ses illustres compatriotes à conquérir Paris en y introduisant leurs opéras, il s'efforce de leur barrer la route en défendant avec acharnement la formule de la comédie-ballet et du grand divertisse-

ment de cour. Mais cet habile homme est prompt aux
volte-face dès que ses intérêts l'exigent. Ayant constaté que deux aventuriers, le marquis de Sourdéac et
de Champeron, avaient fait de brillantes affaires en
présentant dans leur « Académie de Musique » de la
rue Mazarine les premiers opéras composés par des
Français — la *Pomone* de l'abbé Perrin et de l'organiste Cambert, et *Les Peines et les plaisirs de l'amour*
de Cambert et Gilbert — il décide de s'emparer de
cette nouvelle source de profits.

Le droit d'exploiter une scène lyrique ayant été
accordé en exclusivité par Colbert à l'abbé Pierre
Perrin *(1620?-1675)*, le librettiste de *Pomone*, Lully
comprend la nécessité de se substituer à cet ecclésiastique de fantaisie, un Lyonnais besogneux qui passait
le plus clair de son temps à la prison pour dettes pendant que ses associés s'enrichissaient à ses dépens.
C'est un jeu pour le rusé Florentin d'acheter à vil
prix, à travers les barreaux de son cachot à la Con-
ciergerie, le privilège du pauvre hère, de déloger
Sourdéac et Champeron de leur théâtre, d'ouvrir une
nouvelle salle rue de Vaugirard, puis de se faire
accorder gratuitement la salle du Palais-Royal, après
avoir obtenu du roi un statut qui faisait de lui le dic-
tateur du théâtre musical en France. Non seulement,
en effet, il possédait seul le droit de faire représenter
un ouvrage chanté, mais il détenait le privilège exor-
bitant d'interdire à tous les directeurs de théâtres
d'employer, pour accompagner leurs comédies, plus
de deux chanteurs et de deux violonistes! Ce potentat
n'avait plus à redouter désormais aucune concur-
rence.

Faisant front à ses compatriotes dont il ruine les
entreprises, il les oblige à repasser les Alpes et
exploite à son seul profit la tragédie musicale et la
comédie-ballet. Sur des livrets de poètes comme Quinault, Molière, Campistron ou Thomas Corneille, il
donne tour à tour *Cadmus et Hermione*, *Alceste*,
*Atys*, *Thésée*, *Psyché*, *Bellérophon*, *Proserpine*, *Le
Triomphe de l'Amour*, *Phaéton*, *Armide*, *Amadis*,
*Roland*, *Persée*, *Acis et Galathée* et laisse inachevé

*Achille et Polyxène.* Ces ouvrages diffèrent des prototypes italiens par l'importance nouvelle et inattendue
accordée à l'orchestre, par la construction très soignée de l'ouverture instrumentale, par l'introduction
systématique de scènes dansées, par une prosodie
calquée sur le rythme de la déclamation française et
par l'assouplissement du récitatif et des airs, moins
académiques, moins solennels et plus variés que ceux
des spécialistes du *bel canto.* Lully connaît trop bien
le public français pour heurter ses goûts en lui
offrant des « opéras-concerts » italiens où les grands
chanteurs n'hésitaient pas à remplacer l'air qu'ils
avaient à interpréter dans une tragédie lyrique par
n'importe quel morceau à succès de leur répertoire.
Ce Florentin, loin d'altérer nos traditions nationales,
les a donc très honnêtement défendues.

Protégé par Louis XIV qui a pour lui une indulgence que rien ne décourage, l'auteur du *Bourgeois
gentilhomme* termine sa carrière en apothéose en
dépit des protestations et des mésaventures que pro-
voquent son ivrognerie et son immoralité scandaleuse. Le titre de conseiller du roi et les lettres de
noblesse que le souverain lui accorde, pour bien affirmer la faveur dont il entend continuer à l'honorer,
achèvent de paralyser ses adversaires en consolidant
son crédit.

On sait qu'il mourut d'un curieux accident professionnel en dirigeant, à l'église des Feuillants, son *Te
Deum* chanté en l'honneur de la guérison de son
royal protecteur : la haute canne avec laquelle il bat-
tait la mesure en martelant le sol, suivant la mode du
temps, lui meurtrit un orteil et provoqua un abcès
gangreneux qui mit fin à ses jours.

Lully ne fit pas école. Ses successeurs ne purent
défendre aussi efficacement que lui le prestige du
théâtre lyrique. Trois de ses élèves essayèrent pourtant de marcher sur ses traces. Pascal Colasse
(1649-1709), Marin-Marais (1656-1728) et Henri Desmarets (1661-1741) ont laissé des ouvrages fort honora-

bles. Toutefois, ne disposant pas des puissants moyens d'action de leur maître, ils ne purent prolonger la dictature de l'opéra français.

Tout en rendant hommage au talent de Lully les historiens font observer qu'en empêchant pendant quinze ans les compositeurs de son temps de travailler pour le théâtre, ce despote nous a peut-être privés de quelques remarquables musiciens lyriques. On est amené à se poser cette question en voyant un Marc-Antoine Charpentier (1634?-1704), auteur de chefs-d'œuvre de musique religieuse, faire montre de si hautes qualités dans sa *Médée*, le seul opéra qu'il ait eu le droit d'écrire après la disparition de son tout-puissant rival.

## A travers l'Europe

La colonisation de l'Europe par l'opéra italien se poursuivit avec méthode. Après la France, les pays germaniques reçoivent la visite des Florentins. Chaque grand centre héberge un spécialiste de la nouvelle formule. On relève la présence de Cavalli et de Steffani à Munich, de Pallavicini et de Bontempi à Dresde et de Cesti et Draghi à Vienne. Leur enseignement est vite compris et des musiciens locaux se consacrent au théâtre chanté. Un Reinhart Keiser (1674-1739) et un Küsser (1660-1727) à Hambourg, un Strungk (1640-1700), un von Krieger (1649-1725) et un J. W. Franck (1644?-1696?) s'efforcent d'instaurer un art lyrique allemand.

C'est à la même époque, d'ailleurs, que des compositeurs comme Krieger (1634-1666), Albert (1604-1651), Erlebach (1657-1714) donnent au *lied* un équilibre nouveau et une couleur ethnique très caractérisée. Dans le style de l'opéra, l'école de Hambourg résiste seule aux infiltrations des modes italiennes et françaises. Dès le début du siècle, en 1627, le grand Heinrich Schutz avait bien accompli un geste de précurseur en mettant en musique la *Dafné* de Rinuccini et en dotant ainsi l'Allemagne de son premier opéra national, mais la guerre de Trente Ans ne permit pas de poursuivre des expériences de ce genre et cette tentative hardie fut sans lendemain.

L'Angleterre était préparée depuis longtemps à l'importation du théâtre lyrique. Une tradition médiévale l'avait dotée d'une forme de spectacle, désignée sous le nom de « mask », dans laquelle la musique jouait déjà un rôle actif. Elle avait pris l'habitude des exigences musicales d'un Shakespeare qui, dans ses drames féeriques, prévoyait des chants, des danses, des marches et des dialogues rythmés. Elle n'ignorait pas le ballet de cour français et savait ordonner de riches mises en scène. Des compositeurs comme Ferrabosco, Campion, Nicolas Lanier (1588-1666), Henry Lawes (1596-1662), et des auteurs comme Ben Jonson, Middleton, Flechter et Beaumont peuvent être considérés comme des précurseurs.

Dès 1656, l'opéra prend officiellement possession de la scène anglaise avec William Davenant qui fait représenter un grand nombre d'ouvrages, malheureusement disparus, avec la collaboration de musiciens tels que Matthew Locke (1622-1677), Charles Coleman, Henry Lawes, Captain Cook et George Hudson. L'engagement d'instrumentistes français, la présence à Londres de notre compatriote Cambert évincé par Lully, et les nombreux séjours de maîtres italiens à la Cour de Charles II contribuent à développer l'intérêt du public pour le théâtre lyrique sans parvenir à hâter la naissance d'une esthétique autochtone. L'opéra britannique est ingénument franco-italien.

## PURCELL    *1659-1695*

Un artiste doué d'une forte personnalité, Henry Purcell, vient alors opportunément défendre avec éclat les droits de l'esprit anglais. Formé à l'école de Lully, il ne se laisse pas envoûter par le style français, malgré les emprunts nombreux qu'il fait au répertoire lulliste. Il s'inspire beaucoup, également, des tournures italiennes les plus caractéristiques et trouve le moyen de demeurer original. Avec d'incroyables négligences, ses œuvres, fort inégales, conservent une élégance et une aristocratie surprenantes. L'Angleterre n'a jamais produit, au cours des siècles, un compositeur aussi fin et aussi distingué.

Sa carrière fut courte et bien remplie. Elle se déroule entièrement à Westminster où il fut, pendant quinze ans, organiste de l'Abbaye. La phtisie l'emporta à trente-sept ans. Cette fin prématurée ne l'empêcha pas de nous laisser un très grand nombre de partitions religieuses et profanes. Sa production instrumentale — sonates, fantaisies, ouvertures, danses, pièces de clavecin et d'orgue — est particulièrement abondante et précieuse. Il écrivit une trentaine d'*Odes* et une cinquantaine de partitions de théâtre dont une seule, *Didon et Énée* (1689), réalise complètement la formule de l'opéra. Les autres (*King Arthur, King Richard the second, Timon d'Athènes, La Tempête, The Indian Queen, Fairy Queen...,* etc.) se rapprochent plutôt de la technique des musiques de scène shakespeariennes. On lui doit également de brèves compositions de style populaire qui ont connu, à son époque, un extraordinaire succès. L'ensemble de sa contribution à l'art de la fin du XVIIe siècle est d'une telle importance et d'une telle qualité qu'on s'accorde à y reconnaître des signes avant-coureurs de l'avènement de Haendel et de Bach.

L'Espagne et le Portugal ont résisté plus longtemps que les autres nations d'Europe à la colonisation de l'opéra italien. La tradition populaire de la *zarzuela*, des *farsas*, des *eglogas*, des *comedias harmonicas* dont les livrets étaient écrits par des auteurs de la valeur de Calderon, de Lope de Vega et de Tirso de Molina, était si fortement ancrée chez ces deux peuples que ces formules de théâtre musical suffisaient à combler leur vœux. Elles étaient, d'ailleurs, vivantes et pittoresques et plongeaient dans la terre ibérique de si profondes racines que l'on comprend fort bien leur longue survivance.

# 10

# Le XVII<sup>e</sup> siècle

*Conquêtes de la monodie. — L'offensive des instruments. — Naissance du concert. — La monodie dans la musique religieuse.*

L'opéra, né en Italie, accomplissait ainsi, méthodiquement, son tour d'Europe, mais les forces obscures qui l'avaient engendré exerçaient leur action sur tous les autres modes d'expression de la musique universelle.

Une conquête aussi importante que celle de la monodie accompagnée, substituée progressivement à la polyphonie compacte des siècles précédents, devait forcément s'étendre, dans chaque nation, aux diverses formes du langage musical. Ne nous étonnons donc pas de voir la musique instrumentale et la musique religieuse subir profondément le contrecoup de cette orientation de la technique vers un individualisme nettement affirmé.

## Conquêtes de la monodie

Les instrumentistes y trouvent une invitation à briller dans les *soli* et à cultiver une flatteuse virtuosité. La mise en relief d'une ligne mélodique prédominante crée toutes sortes de possibilités inespérées. Le soliste devient un orateur respectueusement écouté qui prononce un discours d'un sens élevé. Sa personnalité peut s'affirmer dans les nuances de son interprétation. Cette éminente fonction entraînera la naissance de la *sonate* qui tirera un heureux parti des oppositions de mouvements utilisés jusqu'ici avec moins de science architecturale par la *suite*, issue du ballet et des danses populaires. Le *concerto* verra le jour de la même façon. Ces deux genres, qui sont deux apothéoses caractéristiques de la monodie, seront la récompense de l'offensive victorieuse qui a permis aux archets et aux claviers de conquérir leur place au soleil et de démontrer que la polyphonie vocale n'était pas seule capable de traduire de nobles pensées.

Car, le plus individualiste et le plus ambitieux des instruments venait de prendre, soudain, grâce à l'Italie, une importance souveraine. Le *violon*, qui avait fait une assez timide entrée dans le monde, au cours du XVIe siècle, est devenu entre les mains des grands luthiers crémonais, un outil musical d'une extraordinaire qualité. Les Amati, les Guarneri, les Stradivari et leurs émules l'ont enrichi de perfectionnements qui en font le roi de l'orchestre. Il va détrôner et remplacer les violes dont il copiera les différentes variétés. L'*alto* et le *violoncelle* feront disparaître la *viola da braccio* et la *viola da gamba*. Et ce splendide outillage engendrera tout le riche répertoire de la musique de chambre. En développant par son étendue et ses ressources d'articulation le champ d'action du *luth*, le *clavecin* à 45 notes fascinera lui aussi une légion de compositeurs qui, pour en tirer parti, découvriront des formes musicales nouvelles.

## L'offensive des instruments

Encore une fois, en dépit des idées reçues, nous sommes bien obligés de constater qu'en musique l'instrument fut souvent un maître avant de devenir un serviteur.

Ce n'était pas pour obéir aux instructions des compositeurs désireux d'enrichir leur écriture d'ingénieuses broderies que les facteurs de clavecins tendaient leurs cordes et armaient leurs sautereaux d'une certaine façon : c'est parce que les cordes ainsi tendues et griffées produisaient un son trop sec et leur refusaient une inflexion expressive que les compositeurs ont été amenés à utiliser le *gruppetto*, le mordant ou l'appoggiature afin de prolonger artificiellement une résonance trop prompte à s'évanouir.

Dans un atelier l'outil travaille pour l'ouvrier : en musique, l'ouvrier des sons est à chaque instant contraint de travailler pour l'outil. C'est, d'ailleurs, ce qui l'engage dans les sentiers de la découverte, développe son ingéniosité et lui révèle des secrets insoupçonnés touchant la sensibilité et, si l'on ose dire, l'émotivité de la matière.

Les luthiers, les fabricants de clavecins et les organiers du XVII<sup>e</sup> siècle ont donc été les « éveilleurs » de toute une génération de grands créateurs et d'illustres virtuoses. Leur responsabilité est si nette que, chez beaucoup de compositeurs de cette époque, la préoccupation d'obéir à l'instrument, de le flatter et de le mettre en valeur domine celle de servir la musique pure. Et cette servilité qui n'a, d'ailleurs, qu'un temps, crée, malgré tout, autour de la machine-outil inconnue, un courant de curiosité, d'intérêt et, bientôt, de ferveur dont la musique bénéficie.

## Naissance du concert

C'est ainsi qu'a pu naître dans la foule le goût du « concert » qui n'apparut qu'au XVII<sup>e</sup> siècle. Jusqu'alors, les joueurs d'instruments n'étaient chargés que de missions domestiques particulières. Ils n'étaient que des valets spécialisés, attachés à la personne des grands seigneurs pour accompagner les danses, donner de l'éclat à leurs réceptions ou à leurs festins. Ils faisaient partie du personnel de luxe des châteaux au même titre que les cuisiniers et les échansons. Au XV<sup>e</sup> siècle les morceaux qu'exécutaient les ménétriers s'appelaient, sans façon, des « entremets », parce qu'ils n'avaient, en effet, d'autre utilité que celle de distraire les convives pendant l'intervalle qui séparait deux services. Et longtemps encore, on appela « cadeaux en musique » des réunions tout à fait exceptionnelles au cours desquelles un mécène avait la générosité et l'audace de présenter à ses hôtes des instrumentistes et des chanteurs.

La musique instrumentale demeura donc, jusqu'en 1656, date du premier concert public payant, au Palais-Royal, un plaisir confidentiel et familial réservé à une élite. Et, pourtant, la musique de chambre exerçait déjà, à cette époque, sur les amateurs, un envoûtement qu'une page souvent citée nous décrit avec une savoureuse complaisance.

Un orateur sacré, le père René François, nous y affirme qu'un joueur de luth « n'a si tôt donné trois pinçades et entamé l'air d'un fredon qu'il attire les yeux et les aureilles de tout le monde. S'il veut faire mourir les cordes sous ses doigts il transporte tous ces gens et les charme d'une gaie mélancolie, si bien que l'un laisse tomber son menton sur sa poitrine, l'autre sur sa main. Qui, lâchement, s'estend tout de son long comme tiré par l'aureille; l'autre a yeux tout ouverts ou bouche entr'ouverte, comme s'il avait cloué son esprit sur les cordes. Vous diriez que tous sont privés de sentiment hormis l'ouïe, comme si l'âme ayant abandonné tous les sens se fut retirée au bord des aureilles pour jouir plus à son aise de si puissante harmonie ».

Rien n'a changé, on le voit, depuis quatre cents ans, puisque le père François avait déjà sous les yeux, dans leurs postures extatiques, les mélomanes du XXe siècle, tels que le peintre Balestrieri les a popularisés dans un tableau devenu célèbre!

Dans la vulgarisation de la musique instrumentale au XVIIe siècle la France joue un rôle assez actif, du moins en ce qui concerne le luth, l'épinette, le clavecin et l'orgue, car l'Italie la devancera dans l'utilisation concertante du violon comme elle l'avait fait pour la révélation de l'opéra. Notre sol produit une floraison abondante de virtuoses compositeurs qui défendent brillamment notre prestige.

Parmi nos luthistes célèbres il convient de retenir les noms d'Ennemond, Jacques et Denis Gaultier, des deux Du Fault, de Pinel, de Racquet, de Charles de Mouton, des Gallot, de Marandé, de Robert de Visée et du père de Ninon de Lenclos. Divers recueils tels que *Le Trésor d'Orphée* d'Antoine Francisque, le *Thésaurus harmonicus* de Jean-Baptiste Besard, illustre virtuose bisontin, et les albums de Robert Ballard nous ont conservé une partie du répertoire des luthistes de cette époque où les danses classiques, voltes, branles, courantes, pavanes et gaillardes occupent une place d'honneur.

Les clavecinistes ne découvriront pas du premier coup le style qui convient à leur instrument. Une patiente adaptation leur sera nécessaire pour s'affranchir des traditions du luth. Mais JACQUES CHAMPION DE CHAMBONNIÈRES *(1602?-1672)* trouve le moyen de donner aux danses et aux pièces descriptives qu'il écrit pour le clavier une légèreté et une élégance pleine de promesses; Jean-Henri d'Anglebert (1628-1691), Louis Couperin (1626?-1661), Guillaume-Gabriel Nivers (1632-1714) suivent son exemple.

Pour rendre pleine justice aux musiciens qui ont honoré le clavecin il faut pénétrer dans le domaine de l'orgue, car les deux instruments, malgré la profonde différence de leur technique et de leur toucher, étaient généralement confiés au même exécutant. Or, nous avons eu, au XVII<sup>e</sup> siècle, de très grands organistes clavecinistes, comme JEHAN TITELOUZE *(1563?-1633)*, chanoine de Rouen, dont nous possédons des ouvrages remarquables par leur science d'écriture et leur richesse polyphonique, de la Barre, Charles Thibault, Robert Cambert, Etienne Richard, Louis Marchand, André Raison, Jacques Boyvin, Nicolas Gigault, François Roberday, et surtout NICOLAS DE GRIGNY *(1672-1703)*, compositeur de haute valeur dont l'influence à l'étranger fut considérable et dont les œuvres figurent encore, de nos jours, au répertoire de nos plus grands organistes.

C'est encore à notre xviie siècle qu'appartient pour la plus grande partie de sa carrière le glorieux MICHEL DELALANDE *(1657-1726)* qui, malgré la tyrannie de Lully auquel il succéda dans les fonctions de surintendant de la musique, parvint à composer des partitions de musique pure d'une très haute qualité. Tout en se consacrant à la musique religieuse qu'il a enrichie de quarante *motets* admirables, parmi lesquels son *De profundis*, son *Miserere* et ses *Leçons des Ténèbres* gardent toute leur noble majesté, il avait écrit pour les soupers du Roi des « symphonies » — au sens qu'on attribuait alors à ce terme — que Philidor a recueillies dans son anthologie et qui nous émerveillent par la qualité et la force de leur pensée.

Toute l'Europe voit se développer le goût de la musique instrumentale. Comme en France, le luth fut contraint, en Italie, de s'effacer peu à peu devant le clavecin, et celui-ci devient l'instrument secondaire des organistes. C'est ainsi qu'un BERNARDO PASQUINI *(1637-1710)*, extraordinaire improvisateur, écrit pour le clavecin des sonates d'une perfection rare qui constituent de véritables anticipations. Le génial GIROLAMO FRESCOBALDI *(1583-1643)* avait, de son côté, composé des *partite*, des *canzone*, des *toccatas* et des *caprices* d'une conception originale et hardie. Dario Castello publie, en 1621, des sonates pour orgue ou clavecin avec accompagnement musical.

Mais l'Italie, nous l'avons vu, venait de découvrir un trésor : le violon crémonais et son archet magique. Aussitôt la race des magiciens foisonne dans la péninsule. ARCANGELO CORELLI *(1653-1713)*, élève de Benevoli et d'Allegri, véritable chef d'école, nous donne des recueils de sonates et des *concerti grossi* d'un équilibre déjà classique qui ont servi de modèles à tous ses successeurs et dirige un orchestre à cordes qui enthousiasme la haute société romaine. GIUSEPPE TORELLI *(1658-1709)* fait preuve d'un tempérament vigoureux et original et joue un rôle de premier plan dans la création et la diffusion du genre *concerto*. Nous retrouvons Legrenzi, ainsi que Stradella qui se montre aussi brillant dans la *sonate* instrumentale que dans la *cantate* et l'*opéra*. Giovanni Battista Bassani (1657?-1716) contribue à l'établissement du plan tonal de la sonate; Giovanni Maria Bononcini (1642-1678), Maurizio Cazzati, Tomaso Albinoni (1671-1750), l'admirable Vitali (1632-1692) qui ressent déjà le « tourment de l'unité », Benedetto Marcello (1686-1739) et Giambattista Mazzaferrata aux tendances « modernistes », complètent un bataillon d'élite qui impose victorieusement aux amateurs de musique de l'Europe entière la suprématie de l'école italienne du violon.

Dans le domaine de la composition les Italiens font triompher également leurs conceptions particulières en donnant une forme solide à la sonate de chambre *(sonata da camera)*, à la sonate d'église *(da chiesa)* et surtout à la *sonate en trio* qui ouvre la porte à la future symphonie classique. On sait que Bach étudiait avec un soin particulier les maîtres italiens de cette époque dont il recopiait respectueusement les partitions pour mieux s'assimiler leur technique. Il accordait une estime particulière à Vivaldi.

ANTONIO VIVALDI *(1678-1741)*, né à Venise, était un prêtre dont la santé fragile avait entravé la carrière ecclésiastique et encouragé la vocation musicale. Surnommé « il prete rosso » (le prêtre roux) à cause de sa chevelure flamboyante, il était le maître de chapelle d'un orphelinat de jeunes filles et il y connut de très grands succès comme chef d'orchestre, compositeur, professeur et violoniste virtuose. Il écrivit 30 opéras, des symphonies, des sonates et quelques rares œuvres religieuses mais marqua d'une forte empreinte personnelle la formule du *concerto*. Il en composa des centaines et on lui doit l'innovation du concerto de soliste. Bach ne pouvait demeurer insensible à l'ingéniosité d'écriture, à la richesse d'invention rythmique et à la vie ardente des chefs-d'œuvre de ce précurseur qui exerça sur ses contemporains et ses descendants une influence dont les récents travaux de Marc Pincherle ont mis en pleine lumière l'importance exceptionnelle.

L'Allemagne du XVIIe siècle ne se signale pas alors, en matière de musique instrumentale, par une bien grande originalité. Elle imite docilement les Français et les Italiens, tout en prolongeant le règne de la *Suite* et en n'abordant qu'avec timidité la forme nouvelle de la *sonate.* Johann Rosenmuller (1619-1684), Matthias Kelz, Samuel Scheidt (1587-1654), J. H. Schein (1586-1630), H. von Biber (1644-1704) qui, dit-on, écrivit, le premier, des sonates pour violon sans accompagnement; Johann Kuhnau *(1660-1722)* à qui l'on attribue l'initiative de la sonate pour clavecin seul, et J. P. Krieger *(1649-1725)* méritent pourtant de recevoir l'hommage de la postérité.

Quant à Dietrich Buxtehude *(1637-1707)* qui passa la plus grande partie de sa vie à Lubeck, il exerce un tel rayonnement sur l'Allemagne entière, comme virtuose et comme compositeur, que Bach, à vingt ans, accomplira, en pèlerin fervent, un voyage d'un mois pour lui rendre visite et lui demander des conseils. Buxtehude avec J. A. Reinken, Scheidemann, Praetorius et Scheidt, représentait les tendances musicales de l'Allemagne du Nord : en face de lui, J. J. Froberger (1616-1667), Ebner, Kerl, Georg Muffat (1653-1704) et Johann Pachelbel (1653-1706) défendent l'idéal plus italianisé de l'Allemagne du Sud. Comme nous l'avons vu pour l'opéra, c'est la ville de Hambourg qui centralise ici les forces spirituelles nordiques de l'art germanique, tandis que l'influence tyrannique de Frescobaldi se fait sentir sur tout le reste du territoire.

En Angleterre, depuis la fin du XVIe siècle, brillait une très belle école de virginalistes qui, sous l'impulsion de William Byrd *(1543?-1623)*, de John Bull *(1563?-1628)*, de G. Farnaby *(1565?-1640)* ou d'Orlando Gibbons *(1583-1625)* créeront un style véritablement national dont les caractéristiques sont si nettes qu'on les reconnaîtra chez le Néerlandais PETER SWEELINCK *(1562-1621)*, élève des grands organistes vénitiens, qui s'efforce de conserver les plus précieuses acquisitions de la polyphonie savante dans le nouveau style qui tend à s'acclimater partout en Europe. Ses *Variations* et ses *Fantaisies* préparent l'avènement de la grande fugue d'école.

L'Espagne et le Portugal suivent avec quelque retard, dans le domaine instrumental, le mouvement qui détrône la polyphonie au profit de la monodie accompagnée. La péninsule ibérique y participe pourtant, car ses *Villancicos*, ses *cantarcillos* utilisent la nouvelle écriture harmonique avec accompagnement de *vihuela*. Jusqu'au XVIIIe siècle le style instrumental ibérique ne se laissera pas entamer par l'infiltration italienne. Sans pouvoir s'appuyer sur l'examen de leurs œuvres, aujourd'hui perdues, les musicologues rendent hommage à la célébrité de quelques compositeurs de ce temps : Juan Hidalgo, Vicente Espinel, Juan de la Boada, Joseph Bassa, Alvaro et Pedro Gonzalez, Juan Blas de Castro, Carlos Patino et Juan de Palomares.

## Musique religieuse

On devine bien que l'offensive victorieuse de la monodie ne pouvait manquer d'avoir son retentissement sur la technique de la musique religieuse en Europe. Les tribunes de nos églises, qui étaient les dernières citadelles de la polyphonie vocale du Moyen Age, sont investies et occupées les unes après les autres par l'esthétique nouvelle.

L'histoire de cette lente conquête peut s'étudier chez nous, dans les œuvres de Du Caurroy, de Bournonville, de Gantez, de François Cosset et de Jean Veillot.

L'apport de Lully dans ce domaine a été trop souvent sous-estimé. Le témoignage péremptoire de Mme de Sévigné affirmant qu'il ne saurait y avoir dans les cieux d'autre musique que celle de son *Mise-*

*rere* peut nous laisser sceptique, la compétence technique de la spirituelle marquise n'étant pas de celles qui s'imposent sans discussion. Cependant, des œuvres comme ses grands motets, son *De profundis*, son *Te Deum* préberliozien et ses *Élévations* si recueillies nous prouvent que le Florentin a tenu dans cette évolution une place fort honorable.

Ce fut lui, d'ailleurs, qui forma l'admirable Delalande et qui influença profondément MARC-ANTOINE CHARPENTIER dont les *Histoires sacrées*, inspirées de Carissimi, constituent une curieuse synthèse de tous les courants contradictoires qui s'affrontaient à cette époque. Charpentier devait, d'ailleurs, se séparer de Lully en soutenant ouvertement l'école italienne dont le chanoine Ouvrard et Paolo Lorenzani s'étaient faits les propagandistes officiels.

Le XVIIᵉ siècle a donné également à la musique religieuse française la curieuse formule des messes d'HENRY DU MONT *(1610-1684)* qui ont fait longtemps les beaux jours de nos paroisses provinciales parce qu'elles vulgarisent d'une façon aimable et facile une formule approximative de plain-chant modernisé accessible aux masses ignorantes qui entonnaient le populaire *Credo* avec la foi touchante des « charbonniers » du chant grégorien. Ajoutons que Du Mont a composé, d'autre part, de grands *Motets pour la chapelle du Roy* d'une écriture et d'un style beaucoup plus relevés.

En Italie, où la diffusion des modes et des engouements est toujours assez rapide, la musique religieuse obéit à toutes les sollicitations des techniques nouvelles. Après avoir sacrifié au goût de la mise en scène fastueuse en multipliant la division des chœurs dans les églises — c'est l'époque des messes à douze, seize, quarante-huit et cinquante-trois parties — le style religieux admet le procédé significatif de la « basse chiffrée » qui consacre ostensiblement le triomphe de l'harmonie sur le contrepoint. Abbatini, Agostini, Orazio Benevoli, Colonna sont les premiers à adopter ce dispositif révolutionnaire. Francesco Foggia et Antonio Cifra essaient de défendre la tradition, alors que Viadana, Biancheri, Kapsberger, Bernardi et Marinoni imposent la formule du motet monodique avec accompagnement d'orgue et adoptent une prosodie récitative nettement inspirée de l'opéra florentin.

Nous avons signalé, en étudiant les sources du théâtre lyrique, le succès des *oratorios* qui habituèrent l'oreille italienne au style du récitatif et du dialogue. Dans ce domaine comme dans les autres, les conquêtes de l'écriture renversent tous les obstacles. C'est en vain que les derniers défenseurs de la polyphonie médiévale s'accrochent désespérément aux formules traditionnelles et cherchent à les sauver en multipliant les tours de force d'écriture : ces jongleries de plume n'intéressent plus les amateurs et la fameuse messe à quarante-huit voix réelles de Benevoli, aussi bien que ses motets à douze chœurs, ne faisaient que rendre plus agréable à la foule la clarté monodique des partitions nouvelles. Ajoutons que cette évolution du style sacré était favorisée par un Souverain Pontife dilettante, Urbain VIII, qui avait un goût personnel très vif pour l'opéra et qui invitait ses religieux et ses nonnes à mettre en scène dans leurs monastères des épisodes de la Légende Dorée.

Le destin fit surgir à point nommé l'admirable Giacomo Carissimi *(1605-1674)* pour donner au style nouveau ses lettres de noblesse. Elève de Manelli, ce jeune organiste de vingt-cinq ans entra au Collège germanique de Rome et y exerça jusqu'à sa mort les fonctions de maître de musique. Malgré la simplicité de sa vie, son autorité artistique fut considérable et rayonna sur de nombreux disciples venus des pays les plus divers. Il composa des ouvrages pédagogiques ayant trait à la musique religieuse et fit preuve, dans cet enseignement, d'une vive intelligence et d'un esprit très libéral. Mais c'est dans ses cantates et ses *Histoires sacrées* que l'on peut apprécier les qualités rares de ce musicien si bien doué. Son *Histoire de Jephté*, son *Histoire de Jonas*, son *Jugement de Salo-*

*mon* sont des œuvres narratives et descriptives d'une étonnante ingéniosité. Ces petits tableaux ont un mouvement, une couleur et une vie extraordinaires et les doivent à des procédés qui sont pour l'époque de véritables révélations.

MONTEVERDI, maître de chapelle de Saint-Marc, avait, lui aussi, apporté à l'art religieux de son époque une contribution importante qui avait tiré parti de toutes les ressources nouvelles de l'écriture sans altérer le caractère mystique élevé et même austère des messes, motets, hymnes, psaumes et litanies qu'il écrivait avec sa maîtrise habituelle, n'hésitant pas à employer pour l'accompagnement de nombreux instruments à cordes et à vent. Sa *Sonata sopra Sancta Maria* ajoute à l'orgue des violes, des violons, des cornets et des trombones et ses *Vêpres de la Vierge* font appel à des trompettes bouchées, des flûtes, des cornets, des trombones, des théorbes, des luths, des harpes, des violes, des violons et des contrebasses. Et l'on retrouve dans ces nobles ouvrages ce sens profond de la dissonance expressive qui est la marque caractéristique de son génie.

L'oratorio, les moralités, les histoires sacrées, les présentations chantées de paraboles et de pieuses légendes complètent la littérature musicale religieuse de cette époque où s'illustrent encore Stradella, Lorenzani, Provenzale et Alexandre Scarlatti.

L'évolution de la musique religieuse en Allemagne est dominée par la grande figure de HEINRICH SCHÜTZ *(1585-1672)* qui ne pouvait manquer d'y faire triompher sa forte personnalité.

Schütz, après avoir fait ses études à Cassel, avait été l'élève de Giovanni Gabrieli à Venise, était revenu à Dresde, puis avait été appelé à Copenhague par le roi de Danemark Christian IV. Ces voyages, ces confrontations de races et de techniques avaient développé en lui une hauteur de vues et une maîtrise dont toute son œuvre nous apporte le témoignage. Nous avons vu que, le premier, en Allemagne, il avait osé composer un opéra, à une époque où les Italiens pouvaient se flatter de posséder l'exclusivité de la formule. Les circonstances ne lui ayant pas permis de renouveler cette tentative, c'est vers la musique religieuse que se retourna ce musicien robuste et délicat à la fois, qui traite chacun de ses textes avec une intelligence et une variété d'inflexions tout à fait exceptionnelles. Si l'on compare la fraîcheur et la poésie de son *Oratorio de Noël* au tragique réalisme de ses *Passions*, la tendresse humaine de *Jésus au Temple* à la spiritualité désincarnée des *Sept paroles de Jésus en croix*, on est émerveillé d'une telle souplesse d'écriture et de pensée. Et toute l'importante collection de ses *Concerts spirituels*, de ses *Psaumes*, de ses *Symphonies sacrées*, de ses *Cantiques* et de ses *Histoires sacrées* confirme l'originalité foncière et l'ethnicité germanique de ce grand musicien qui impose l'admiration et le respect par son grand talent et la dignité de sa vie.

Auprès de lui, Franz Tinder, Zachow, les frères Krieger, Erlebach, Kulman, Buxtehude, qui fonda des concerts spirituels nommés *Musique du soir*, Scherer, Hammerschmidt, Schein, Scheidt, Walliser, Alterburg et les premiers représentants de la famille Bach (Heinrich, Jean-Michel et Jean-Christophe) travaillent à la même tâche avec conscience et valeur et déblaient la route sur laquelle va s'engager le génial Jean-Sébastien.

La musique religieuse anglaise connaît au XVIIᵉ siècle une période assez brillante grâce à Orlando Gibbons (1583-1625), John Blow (1649-1708), Humphrey (1647-1674), Jeremiah Clarke et, bien entendu, Henry Purcell qui, là, comme ailleurs, manifeste dans ses *Hymnes* et ses *Psaumes* son attachante et aristocratique personnalité.

L'Ibérie qui n'ignore pas les modes nouvelles lancées par les musiciens italiens n'adopte que celles qui intéressent la présentation extérieure de la musique et en enrichissent le décor pittoresque ou théâtral.

C'est ainsi qu'on empruntera à l'église Saint-Marc de Venise la disposition des chœurs multiples et qu'on admettra auprès de l'orgue des instruments profanes. Mais on ne changera rien à l'écriture polyphonique traditionnelle jusqu'à la fin du siècle, en dépit des objurgations du roi Jean IV de Portugal qui avait en musique des opinions « avancées » et les défendait avec une certaine compétence.

On cite parmi les compositeurs les plus intéressants de l'époque l'étonnant contrapuntiste Aniceto Baylon, Graciano Baban, Battista Cornes, Aquilera de Heredia, Manuel Correa, Romero, Juan Pujol, Antonio Ortells, Vertugo, et l'on n'a pas hésité à qualifier de « Frescobaldi espagnol » Juan Cabanilles (1644-1712) qui a publié de belles pièces d'orgue d'un accent très personnel. On doit également retenir les noms de trois maîtres portugais : Duarte Lobo (1565?-1646), Manoel Cardero et Diogo Dias Melgas (1638-1700) dont les premières œuvres récemment publiées présentent un vif intérêt.

En s'achevant, le xviiᵉ siècle laisse donc aux musiciens européens une série de modes d'expression de la plus grande variété. Beaucoup d'entraves ont été brisées, beaucoup de bastilles ont été prises. La dictature de la polyphonie vocale est terminée. Les instruments, si longtemps méconnus, sont désormais à l'honneur et engendrent toute une littérature nouvelle d'un raffinement extrême.

Le lyrisme est né avec la cantate, l'oratorio, les récits, les airs et le théâtre chanté.

Dénoué et rendu indépendant par l'harmonie verticale, le fil de la mélodie qui, jusqu'ici, était savamment replié et entortillé sur lui-même par le métier à dentelles du contrepoint, flotte et ondule désormais librement avec une souplesse parfaite.

La notion de l'accord est si bien admise et son caractère individuel si nettement affirmé qu'un simple indice placé sur sa basse suffit désormais à l'évoquer mathématiquement et à le placer tout vivant dans la main de l'exécutant, avec son système nerveux, ses élans secrets et ses tendances.

La dissonance expressive vivifie et humanise tout le discours harmonique.

Les matériaux de construction de la sonate, du trio et de la symphonie sont rassemblés et amenés à pied d'œuvre.

Les genres les plus nobles et les plus « fermés » ne sont plus le privilège exclusif des cours royales et des châteaux princiers. On a ouvert pour la grande foule des théâtres d'opéra et des salles de concert.

Tout est prêt pour permettre aux grands musiciens du XVIIIe siècle d'utiliser magistralement toutes ces richesses, de les ordonner, de les classer et de porter chacune de ces formes essentielles à son point de perfection.

# 11

# Le XVIIIᵉ siècle

*Le style lyrique. — Rameau. — Les Bouffons. — Les
contemporains. — L'opéra-comique : Monsigny, Philidor, Grétry. — Le style instrumental. — L'époque
Couperin.*

A partir du XVIIIᵉ siècle la vie musicale et, par conséquent, son histoire changent, l'une et l'autre, de
rythme et d'aspect. Jusqu'ici l'arbre symbolique de la
musique, touffu et bouillonnant de sève, poussait
vers le ciel mille rameaux enchevêtrés qui cherchaient le soleil. A l'extrémité de chaque branche
bourgeonnait une promesse. Partout de petites feuilles vertes pointaient et commençaient à se déplier
dans la lumière. Témoins de ce foisonnement émouvant, les musicologues consciencieux étaient con-
traints de multiplier les fiches, les observations, les
dates et les exhumations d'auteurs oubliés à qui il
était nécessaire de rendre justice.

Mais voici que l'arbre a grandi. Il a été soigné par
des jardiniers méthodiques. On l'a taillé, on l'a débarrassé de ses pousses parasites et de ses ramilles des-
séchées. Il a maintenant une structure simple et logique ramenée à quelques branches maîtresses sur
lesquelles on découvrira d'un seul coup d'œil les
fleurs éclatantes et les beaux fruits sélectionnés, qui
vont y naître à chaque saison. Quelques noms illustres suffiront désormais à ressusciter toute une époque. Et, comme chacun des musiciens qu'ils évoquent
a été l'objet de monographies très complètes et très

vulgarisées, on pourra, sans les trahir, débroussailler leur biographie et leur catalogue de tous les détails qui empêchent l'observateur d'avoir une vue d'ensemble sur leur œuvre et le rôle qu'ils ont joué dans l'histoire de leur art.

Lorsque le chiffre 1700 apparaît au cadran du taximètre de la civilisation européenne, Rameau a dix-sept ans, Bach et Haendel en ont quinze. L'un après l'autre, avec la régularité et la ponctualité d'entrées fuguées, Gluck, Haydn et Mozart les suivront, à distance respectueuse, pour compléter l'éblouissant sextuor de génies qui vont donner le ton à leur siècle.

Une anomalie nous frappe immédiatement. Eh quoi! sur six têtes couronnées — un Français et cinq Allemands — pas un seul héritier des glorieuses dynasties italiennes qui, depuis deux cents ans, avaient fourni à l'Europe tant de puissants souverains ?

Pas un seul, en effet, car les races latines ont formé de si bons élèves que ceux-ci vont maintenant éclipser leurs maîtres. Studieux, appliqués, consciencieux, les musiciens allemands ont étudié avec respect la technique franco-italienne, absorbant tout, digérant tout, avec lenteur, sans doute, mais avec une inflexible méthode. Et, comme la nature a doté la race germanique d'un sens musical solide et profond, cette transplantation en terre nordique des boutures méditerranéennes a donné des fleurs surprenantes. L'Allemagne va exercer maintenant sur la seconde moitié du XVIIIᵉ siècle et la plus grande partie du XIXᵉ une souveraineté incontestée.

## J.-PH. RAMEAU     *1683-1764*

Cependant, grâce à l'aîné de ces six chefs de pupitre, la France conserva encore un brillant soliste. Le Dijonnais Jean-Philippe Rameau défendit nos couleurs avec une magnifique autorité.

Ce fils d'organiste avait l'esprit clair et la cervelle raisonneuse. Intransigeant, volontaire et amoureux de la solitude, il traversa son siècle avec une hautaine indépendance qui lui valut une réputation d'insociabilité bien établie. Épris de logique et de précision scientifique dans un milieu professionnel où l'on s'accommode si bien du plus naïf empirisme, il ne pouvait évidemment faire très bon ménage avec les musiciens de son temps et dut, plus d'une fois, les rabrouer sans ménagements, ce qui explique l'aigreur des commentaires dont ses contemporains ont entouré sa mémoire en stigmatisant sa dureté de cœur et sa sordide avarice.

Lorsqu'il eut atteint ses dix-huit ans, il fut envoyé par son père en Italie pour y compléter son instruction musicale commencée à Dijon. L'esprit de cigales des artistes italiens lui déplut et il revint immédiatement en France. Nous le voyons traverser, toujours hâtivement et avec de brusques changements de direction, les églises où il obtient un poste d'organiste. Sans aller toujours jusqu'au bout de ses contrats, il passe successivement d'Avignon à Clermont-Ferrand, de Paris à Dijon, de Dijon à Lyon, retourne à Clermont et revient à Paris où il se fixe définitivement.

Il a alors quarante ans et a déjà soulagé sa conscience de technicien en publiant son *Traité de l'harmonie réduite à ses principes naturels* qui met au point avec une lucidité et une intelligence supérieure tous les problèmes que pose la nouvelle écriture verticale que l'on avait employée d'instinct sans en analyser les fondements acoustiques. Favorisé de la protection de l'opulent mécène qu'était le financier La Pouplinière, il est accueilli avec faveur dans ses salons de Passy où il rencontre l'abbé Pellegrin et Voltaire qui deviendront tous deux ses librettistes, le premier avec *Hippolyte et Aricie*, le second avec un *Samson* dont nous ne possédons pas la partition et dont une cabale religieuse fit interdire la représentation.

*Hippolyte et Aricie* fut créé à l'Opéra en 1733. La nouveauté et le sérieux de cette partition déconcertèrent d'abord le public, puis, peu à peu, le rayonnement du chef-d'œuvre triompha de toutes les hostilités qu'avait suscitées au nouveau compositeur lyrique sa redoutable renommée de « savant » et de théoricien de son art. On le discute, d'ailleurs, avec tant de passion que sa notoriété grandit rapidement et qu'il peut faire jouer successivement ses *Indes galantes*, son *Castor et Pollux*, ses *Fêtes d'Hébé* et *Dardanus* avec le plus grand succès.

Les honneurs, qu'il a toujours dédaignés, viennent le chercher. Le roi le nomme « compositeur de la musique de la Chambre », l'anoblit et lui attribue une pension importante, car, disent les uns, cet honnête homme ne s'est pas enrichi au cours de sa brillante carrière, ou, si l'on en croit Henry Prunières, simule la pauvreté et « vit misérablement auprès de ses coffres remplis d'or ».

Il produit encore, avec la collaboration de Voltaire, *Le Temple de la Gloire* et *La Princesse de Navarre*, *Zaïre*, *Pygmalion*, *Les Surprises de l'Amour*, *Zéphire*, *Zoroastre* et *Les Paladins*. Il allait faire répéter *Les Boréades* lorsqu'à quatre-vingt-un ans il est enlevé par une courte maladie.


Cet homme maigre et sec comme un cep de vigne de sa Côte d'Or natale, cet être opiniâtre et envoûté que rien ne décourageait, cet escogriffe au profil aigu qui était physiquement le sosie de son collaborateur Voltaire, aura joué dans l'histoire du XVIIIe siècle un rôle d'une importance exceptionnelle. Il aura été le catalyseur du classicisme international.

Ses travaux techniques — sa *Méthode d'accompagnement*, son *Traité de la musique harmonique et poétique*, sa *Démonstration du principe de l'harmonie* — ont fixé les bases essentielles de la langue musicale avec une rare clairvoyance. Sa théorie des accords engendrés par la résonance naturelle des corps sonores et construits par superposition de tierces supérieures et inférieures, son interprétation harmonique des renversements, sa conception de la tonalité, des cadences et des modulations ont encore force de loi aujourd'hui. Ses œuvres religieuses, *cantates* et *motets*, ses livres de pièces pour clavecin, ses danses présentent un intérêt de premier ordre.

Mais c'est dans le domaine du théâtre musical que son action fut décisive. C'est à tort qu'on l'a opposé à Lully et qu'on a tenté de créer un antagonisme de principe entre ces deux formules lyriques. L'auteur de *Dardanus* n'a fait que clarifier et consolider la technique du compositeur d'*Amadis* et poursuivre sa « défense et illustration » du style français de l'opéra en face des audacieuses offensives de l'école italienne contre lesquelles ils eurent, l'un et l'autre, à se défendre. La fameuse querelle des Bouffons fut, à cet égard, tout à fait instructive, car elle situe et résume d'une façon parfaite un conflit d'opinion qui renaît à chaque génération et qui pose des problèmes d'une actualité éternelle.

## La guerre des Bouffons

Le succès parisien de *La Serva Padrona* de Pergolèse en fut le prétexte mais non la cause. En 1752, comme de nos jours, les amateurs de musique se divisaient en deux clans ennemis. L'un rassemblait les auditeurs qui considèrent la musique comme un art de digestion et ne lui demandent qu'un délassement aimable n'exigeant ni effort d'attention ni culture spéciale; l'autre réunissait les mélomanes qui trouvent un plaisir plus vif dans la prospection de l'inconnu, quitte à payer par des études préparatoires et un travail d'adaptation parfois douloureux la rançon de leurs conquêtes. C'est ce qu'on résume d'un mot en disant que les premiers aiment la musique facile et les seconds la musique savante.

Les Italiens étaient les fournisseurs attitrés des auditeurs nonchalants, tandis que Rameau passait pour le fabricant patenté des harmonies intimidantes. Les partisans de l'*opera-buffa* que la troupe italienne, dite des « Bouffons », avait installé en plein

Opéra, le choisirent donc aussitôt comme bouc émissaire.

Ajoutons que le genre de l'*opera-buffa* n'était pas celui que nous appelons aujourd'hui l'*opéra-bouffe*. C'était un spectacle léger et aimable que les Italiens intercalaient comme intermède dans une soirée d'*opera seria* et qui correspondait non pas à une lourde bouffonnerie mais à un opéra-comique où le récitatif remplaçait le dialogue parlé.

Cette banale et traditionnelle querelle d'amateurs s'envenima du fait que la famille royale s'en mêla, entraînant à sa suite la race éternelle des snobs.

La reine soutenait les Bouffons, le roi et la Pompadour protégeaient la musique française. Aux représentations de *La Servante Maîtresse* de Pergolèse et des œuvres assez banales de Durante, de Jommelli ou de Rinaldo da Capua, les deux partis, groupés sous les deux loges respectives des souverains — le « coin du Roi » et le « coin de la Reine » — se livrèrent de rudes assauts qui entraînèrent des altercations, des voies de fait, des duels, des lettres de cachet et une avalanche de violents pamphlets.

Les « Ramoneurs » avaient une cote mondaine moins brillante que les italophiles. Le coin de la Reine disposait, en effet, des puissants « haut-parleurs » que constituaient les encyclopédistes et les philosophes de salon. Il était de bon ton de faire partie de cette petite chapelle littéraire. Notons cependant que Voltaire et Diderot s'en tenaient à l'écart.

Il ne faut pas être surpris de ce rassemblement significatif des beaux esprits. A toutes les époques, les « intellectuels » purs, habitués à dominer tous les problèmes de l'esprit et mortifiés de ne pouvoir parler en maîtres dans un domaine où l'on ne pénètre que grâce à une réceptivité organique spéciale accordée à tel ignorant et refusée à tel agrégé des lettres, ont trouvé d'excellents arguments pour condamner les modes d'expression qui leur résistent. Pour discréditer l'art de Rameau, leur allié Jean-Jacques Rousseau n'eut pas de peine à invoquer les droits de la maternelle nature qui aime la simplicité, la candeur, l'ingénuité au point de rechercher dans l'accompagnement d'une mélodie les joies pures de l'unisson et qui réprouve les coupables enchevêtrements de sons d'où ne résultent, dit-il, que « de la confusion et du bruit ».

Rousseau prêchait pour son saint. La musique qu'il écrivait appartenait au genre aimable et facile et s'accommodait plus volontiers de la gentillesse italienne que de la noble intransigeance ramiste. Pierre Lalo a été trop sévère pour *Le Devin de Village* qui est un petit ouvrage sans prétention dont les ariettes ont de la fraîcheur mais il n'a pas eu tort de nous faire observer que la querelle des Bouffons ne fut pas une guerre civile mais le résultat d'une offensive étrangère déclenchée sur notre sol par un Genevois, le bouillant Jean-Jacques, et un Allemand, le baron Grimm.

Il faut relire un fragment significatif de la *Lettre sur la musique française* de Rousseau pour comprendre que le « coin de la Reine » n'était pas précisément installé en territoire national. « Il n'y a, écrit l'auteur des *Confessions*, ni mesure ni mélodie dans la musique française parce que la langue n'en est pas susceptible, que le chant français n'est qu'un aboiement continuel, insupportable à toute oreille non prévenue, que l'harmonie en est brute, sans expression et sentant uniquement son remplissage d'écolier, que les airs français ne sont pas des airs, que le récitatif français n'est point du récitatif. D'où je conclus que les Français n'ont point de musique et n'en peuvent avoir ou que, si jamais ils en ont une, ce sera tant pis pour eux. »

Voilà comment s'exprimait le porte-parole des philosophes et des encyclopédistes qui fréquentaient l'Opéra à une époque où Rameau ne cessait, depuis vingt ans, d'y faire représenter des chefs-d'œuvre! Il faut reconnaître que leur parti avait choisi un excellent nom de baptême, car est-il rien de plus bouffon, en effet, qu'une telle outrecuidance et un pareil aveuglement?

Ces escarmouches furent violentes mais durèrent peu. En 1754 les Bouffons reprirent la route de l'Italie et les passions s'apaisèrent. Rameau, après avoir vertement répondu aux impertinences de Jean-Jacques et relevé sans pitié ses bévues dans les articles techniques qu'il avait eu l'audace de publier dans l'*Encyclopédie*, poursuivit paisiblement sa carrière et conserva la confiance des habitués de l'Opéra.

Bien que toutes les contributions nouvelles qu'il apportait à la formule n'aient pas été immédiatement comprises par ses contemporains, il paraît impossible que ses auditeurs n'aient pas été frappés par le caractère nouveau, plus sensible et plus vivant de son récitatif, les riches couleurs de son orchestre et, surtout, la forme inattendue et si prenante de ses Ouvertures qui cessaient d'être des « morceaux » symphoniques construits sur un gabarit académique immuable comme l'ouverture « à la française » cultivée par Lully, mais devenaient descriptives, évocatrices et résumaient l'action du drame dans un esprit déjà pré-wagnérien.

Pourtant, ce n'est que beaucoup plus tard — car le succès de Gluck allait pour un temps faire pâlir son étoile — qu'on a mis en lumière les qualités de distinction, de tact, de goût, le pathétique discret, l'émotion sobre et retenue qui sont les vertus incomparables de ce mathématicien lyrique que Voltaire appelait avec tant de justesse Euclide-Orphée et qui demeure un grand bienfaiteur de notre art national.

### Les contemporains

Éclipsés par leur glorieux contemporain, quelques compositeurs de valeur ont défendu courageusement à cette époque les genres nobles de l'opéra et du ballet lyrique. Précédant de peu Rameau, le maître de chapelle de Toulon, d'Arles, d'Aix-en-Provence, de Toulouse, de Paris et de Versailles, André Campra

*(1660-1744)*, tout en écrivant des messes, des motets et des cantates d'un très grand intérêt, a doté le théâtre musical de vingt-cinq ouvrages importants, parmi lesquels *L'Europe galante* marque vraiment une date dans l'histoire de l'opéra-ballet. Son style emprunte à l'art italien sa souplesse et sa grâce, son orchestration est ingénieuse, ses modulations sont hardies et l'on trouve dans son *Tancrède*, son *Hésione* ou ses *Fêtes vénitiennes* des pages qui attestent des dons musicaux remarquables. Deux ans après la création d'*Hippolyte et Aricie* il donnait encore, à soixante-quinze ans, un opéra intitulé *Achille et Déidamie*.

Son élève ANDRÉ-CARDINAL DESTOUCHES *(1672-1749)* connut de très légitimes succès avec sa pastorale *Issé* et son opéra-ballet *Les Éléments* qu'avaient précédés une *Omphale* et une *Callirhoé*.

MICHEL PINOLET DE MONTÉCLAIR *(1667-1737)* a certainement exercé une certaine influence sur Rameau avec son opéra *Jephté* qui eut un grand retentissement en 1732 et qui précéda la naissance d'*Hippolyte*. On lui fit grief d'avoir osé porter au théâtre un sujet tiré de la Bible mais la valeur de l'ouvrage imposa silence aux mécontents. Un ballet chanté, *Les Fêtes de l'été*, avait, quinze ans plus tôt, consacré son réel talent.

JEAN-JOSEPH MOURET *(1682-1738)*, le musicien de la duchesse du Maine, qui a attaché son nom aux « Grandes nuits de Sceaux », était célèbre pour le charme et la séduction de sa mélodie. On l'avait surnommé le « musicien des Grâces ». Il a laissé, outre des cantates profanes fort agréables, des divertissements élégants et légers : *Les Sens*, *Les Grâces*, *Les Fêtes de Thalie*, *Les Amours des dieux*, *Les Amours de Ragonde* qui justifient la faveur dont il fut l'objet. Il mourut dans un asile d'aliénés.

MONDONVILLE *(1711-1772)* a partagé son activité entre la musique religieuse et la musique profane. On a reproché à ses motets des coquetteries d'écriture et une recherche excessive du détail et de la virtuosité vocale, tout en rendant hommage à son métier solide qui s'est affirmé brillamment dans son opéra *Triton et Aurore*, dans son *Carnaval du Parnasse*, dans une pastorale en patois languedocien intitulée *Daphnis et Alcimadure* et dans ses opéras-ballets.

Deux musiciens, que nous retrouverons parmi les classiques de littérature du violon, Francœur et Leclair, abordèrent également l'art lyrique. François Francœur *(1698-1787)*, en collaboration avec François Rebel (1701-1775), a connu de grands succès avec *Pyrame et Thisbé*, *Scanderberg et Zélindor*, et sut ménager à Mme de Pompadour d'agréables satisfactions d'amour-propre en lui confiant un travesti avantageux dans *Le Prince de Noisy*, opéra druidique que l'on monta au Théâtre des Petits Appartements à Versailles.

Jean-Marie Leclair *(1697-1764)* n'a fait qu'une seule infidélité à la musique instrumentale pure qui a établi sa réputation, mais l'unique opéra qu'il nous a donné, *Scylla et Glaucus*, est un ouvrage de valeur.

Il convient de signaler l'amusant subterfuge — souvent utilisé depuis — qu'employa, pour se faire jouer en pleine période d'italomanie, le compositeur français Antoine d'Auvergne *(1713-1797)* qui présenta son opéra-comique, *Les Troqueurs*, comme l'œuvre d'un Milanais résidant à Vienne et connaissant bien notre langue. Le succès éclatant et durable qui accueillit cet ouvrage irrita violemment les Bouffons lorsqu'ils découvrirent la supercherie, car il était désormais prouvé que nos contemporains étaient capables de briller dans ce genre aimable dont les artistes transalpins prétendaient posséder seuls le secret.

Aussitôt, de nombreux musiciens de chez nous s'empressèrent de cultiver une réplique française de l'*opera-buffa* qui allait devenir l'opéra-comique. D'Auvergne n'avait fait que rendre indiscutable une vérité que l'on était en train de soupçonner : l'aptitude évidente des musiciens français à traiter musicalement des comédies légères. Déjà l'on avait pu constater que *La Serva padrona*, qui n'avait pas obtenu à Paris un bien grand succès lors de sa première apparition, en 1751, n'avait triomphé, trois ans plus tard, que lorsque Favart l'eut « francisée » en la retouchant, en l'agrémentant d'un dialogue versifié et en l'enrichissant de trois airs nouveaux dont, si l'on en croit Henri de Curzon, Pergolèse n'était pas l'auteur.

Retenons aussi, en la rapprochant de l'anathème lancé par Jean-Jacques Rousseau, cette déclaration significative du compositeur italien Antonio Duni, joué chez les Bouffons : « Pour moi, Napolitain vivant à Parme, je n'ai jamais mis en musique que des paroles françaises et je suis venu en France rendre hommage à la langue qui m'a fourni de la mélodie, du sentiment et des images. » On ne pouvait confondre avec plus d'autorité et de pertinence le féroce citoyen de Genève.

La clairvoyance de notre hôte fut prouvée par l'entrée en scène des Monsigny, des Philidor, des Blaise, des La Ruette et des Grétry qui allaient donner à cette formule de théâtre chanté sa qualité française et son équilibre définitif.

## MONSIGNY  *1729-1817*

Pierre-Alexandre Monsigny était un simple amateur à qui *La Serva padrona* révéla brusquement sa vocation de compositeur. N'ayant commencé qu'à trente ans l'apprentissage de son métier, il ne fut pas un virtuose de l'écriture et, cependant, la grâce de ses mélodies, la fraîcheur et la sensibilité de son inspiration lui ont permis d'écrire ces partitions délicieuses qui s'appellent *Les Aveux indiscrets, Le Maître en droit, Le Cadi dupé, On ne s'avise jamais de tout, Le Roi et le Fermier, Rose et Colas, La Belle Arsène, Félix ou l'enfant trouvé*, sans compter son chef-d'œuvre : *Le Déserteur* dont le retentissement fut considérable et son ballet héroïque : *Aline, reine de Golconde*, qui eut les honneurs de l'Opéra.

Monsigny termina d'ailleurs sa carrière à l'Institut, après avoir démontré avec éclat que le sens de l'opéra-comique était si spontané chez les Français qu'un amateur sans culture technique profonde et guidé par son seul instinct était capable d'exceller dans ce genre charmant.

## PHILIDOR     *1726-1795*

Philidor, qui s'appelait en réalité Danican (François-André), commença, au contraire, de très bonne heure son éducation technique. Élève de Campra, à Versailles, il poursuivit de brillantes études musicales tout en faisant preuve, dans la science du jeu d'échecs, d'une maîtrise qui lui permit, à seize ans, de parcourir l'Europe en qualité de champion français. Il en profita pour s'initier aux secrets de la musique italienne, allemande et anglaise et, à vingt-huit ans, commençait en France une belle carrière jalonnée de nombreux succès (*Blaise le Savetier, L'Huître et les Plaideurs, Le Quiproquo, Le Soldat magicien, Le Jardinier et son seigneur, Le Maréchal ferrant, Sancho Pança, Le Bûcheron, Le Sorcier, La Rosières de Salency, La Nouvelle École des femmes, La Belle Esclave*). S'évadant à l'occasion du genre léger, il mit en musique un livret pathétique tiré d'un roman de Fielding, *Tom Jones,* une tragédie lyrique pour l'opéra, *Ernelinde, princesse de Norvège* et le *Carmen seculare* d'Horace. Dans tous ces ouvrages s'affirme le plus solide métier. Quelques-uns d'entre eux ont des qualités de pittoresque et de couleur qui le placent à l'avant-garde des musiciens de son temps.

Blaise et La Ruette appartenaient tous deux à la Comédie italienne, le premier en qualité de chef d'orchestre, le second comme acteur. L'un a laissé une œuvre célèbre, *Annette et Lubin*; l'autre, *Cendrillon* et la *Fête des druides*. Le célèbre flûtiste de Besançon, MICHEL BLAVET *(1700-1768),* nous a donné un *Jaloux corrigé* qui fit grand bruit à l'époque. Et CHARLES-SIMON FAVART *(1710-1792),* dont le nom décore à juste titre notre seconde scène lyrique dont il fut l'intelligent bienfaiteur, avait trouvé le moyen d'envoyer à Gluck des livrets français que l'auteur

d'*Orphée* mit en musique à Vienne et qui furent créés
à Paris.

Tous ces auteurs continuent à transformer la formule de la comédie à couplets, à ariettes, à récits et à
dialogues qui, devançant la vogue des Bouffons,
triompha dans les théâtres de la Foire Saint-Germain
et de la Foire Saint-Laurent avant d'être absorbée par
la Comédie italienne. Celle-ci, d'ailleurs, en dépit de
son nom, devait être le berceau de notre opéra-
comique français. Et c'est un Belge, le Liégeois
Modeste Grétry, qui acheva de donner au genre nouveau son aspect définitif.

## Grétry    *1741-1813*

Après avoir quitté sa ville natale pour aller par-
faire sa formation artistique en Italie, au collège liégeois de Rome, où il passa huit années; après avoir, à
vingt-cinq ans, donné au théâtre Aliberti un premier
ouvrage lyrique *Les Vendangeuses*, Grétry vint se
fixer à Paris où il devait poursuivre toute sa carrière.
Peu doué pour l'opéra, il décida de se consacrer à
l'opéra-comique dont la forme était désormais à peu
près établie. Et il enrichit le répertoire français d'une
série de partitions fort réussies comme *Le Huron,
Lucile, Le Tableau parlant, Les deux Avares, Zémire
et Azor, L'Ami de la maison, L'Amant jaloux, Sylvain,
Aucassin et Nicolette* et *Richard Cœur de Lion*.
La musique de Grétry retient l'attention par la sincérité et la sensibilité de sa mélodie beaucoup plus
que par son écriture harmonique assez gauche et son
orchestration un peu sommaire. Elle correspond à
l'attendrissement pré-romantique de Sedaine, à ce
goût du mélodrame vertueux et des sujets lar-
moyants qui évoque déjà l'atmosphère littéraire de la
période révolutionnaire dont on devine confusément
l'approche. Et c'est ce qui explique l'enthousiasme
instinctif de Méhul qui voyait dans ce musicien « le
Molière de la comédie lyrique ». Ajoutons que Grétry
a publié de beaux travaux critiques sur son art et que

ses *Essais sur la Musique* contiennent des jugements excellents et des appréciations très pénétrantes qui nous font découvrir chez ce technicien sans audace une vive intelligence de précurseur.

Depuis 1762 la Comédie italienne, issue des théâtres de la Foire, avait opéré sa fusion avec le nouvel Opéra-Comique. Et, bien qu'on ait gardé l'habitude d'appeler la première salle Favart « les Italiens » et de donner ce nom au boulevard auquel elle est adossée, la naturalisation française de cette forme de spectacle est définitive. On ne chantera plus qu'en français sur cette scène, où triomphent les Elleviou, les Dugazon, les Trial, les Clairval et les Thomassin. Et, jusqu'à nos jours, notre foule demeurera fidèle à un genre qui lui a donné tant de populaires chefs-d'œuvre.

## Le style instrumental

Ce n'est pas seulement par sa fiévreuse gestation de la tragédie et de la comédie lyrique que la France aura joué un rôle important dans le développement de notre art au XVIII<sup>e</sup> siècle. Elle a mérité la reconnaissance des musiciens par sa contribution discrète mais féconde à l'évolution du style instrumental de son temps. C'est, en effet, l'époque où, de la glorieuse lignée des Couperin dont nous avons déjà salué le patriarche, on vit surgir François Couperin le Grand qui allait dominer toute notre littérature du clavecin.

## COUPERIN LE GRAND    *1668-1733*

Issu de cette légendaire tribu d'organistes, qui, pendant deux siècles, se sont installés à la tribune de l'église Saint-Gervais, il se fit remarquer d'abord comme virtuose. Au début de sa carrière il semble avoir attaché assez peu de prix à ses œuvres d'orgue. Le clavecin, seul, l'attirait et il en obtenait des effets d'une extraordinaire richesse. En dépit de ses absorbantes fonctions à la Cour il trouva le moyen de nous laisser un très abondant catalogue.

Son apport le plus caractéristique est celui de la pièce descriptive présentée dans une série de *Suites* élégantes et spirituelles qu'il a réunies et équilibrées sous le titre : *Ordres*. Les diverses variétés de danses et le rondeau lui fournissent des cadres dont il tire le plus ingénieux parti pour nous offrir des tableautins malicieux ou attendris qu'il baptisa avec humour ou poésie. Il y a là des portraits : *La Vauvert, La Conti, La Manon, La Mimi, La Reine, La Babet, Sœur Monique*; des caractères : *L'Ingénue, L'Enjouée, La Voluptueuse, La Majestueuse*; des scènes de guerre : *Les Vieux Galants et les Trésorières surannées, Le Bavolet flottant, Les Dominos*; des visions pastorales : *Les Vendangeurs, Les Moissonneurs, Les Bergeries*; des transpositions visuelles d'effets harmoniques : *Les Barricades mystérieuses*; des satires : *Les Fastes de la Grande Ménestrandise*; des pièces imitatives : *Le Rossignol en amour, La Fauvette plaintive, La Linotte effarouchée, Tic toc choc ou les Maillotins*, etc. Tous ces médaillons sont peints avec une délicieuse finesse dans un style galant qu'on a souvent comparé à celui de Watteau.

Ce n'est là, d'ailleurs, qu'une face du talent de Couperin qui, dans ses *Concerts royaux*, ses *Nations*, son *Apothéose de Lully*, son *Apothéose de Corelli*, ses *Goûts réunis* et ses *Leçons de Ténèbres*, s'est exprimé avec une noblesse d'accent, une dignité d'expression et un sérieux qui peuvent surprendre chez un artiste si merveilleusement doué pour la malice et la fantaisie. Et l'on s'explique l'admiration profonde que Bach affichait pour notre compatriote à qui le clavecin doit vraiment son chant du cygne au moment où l'invention du *pianoforte* allait modifier de fond en comble non seulement la technique instrumentale mais le langage mélodique et harmonique des compositeurs placés, une fois de plus, en présence de ressources nouvelles dans le domaine du mécanisme, de la sonorité, de la nuance et de l'expression.

A l'ombre de Couperin le Grand ont grandi quelques clavecinistes et organistes de bonne race. Faut-il citer Nicolas Clérambault _(1676-1749)_ dont l'œuvre a tant de distinction et de charme; J.-F. Dandrieu _(1682-1738)_, un peu trop préoccupé de plaire; Louis Marchand _(1669-1732)_ que l'on voulut un jour opposer à Bach dans un « match » dont notre compatriote eut la sagesse de décliner le périlleux honneur; ses élèves, Pierre Du Mage et Jean-Adam Guilain; Claude Balbastre _(1727-1799)_; Charles Dieupart et Nicolas Siret; François d'Agincour _(1684-1758)_, négligé par quelques historiens, passionnément exalté par d'autres, et le charmant Claude Daquin _(1694-1772)_ qui doit maudire, dans sa tombe, le succès trop éclatant de son _Coucou_ qui a rejeté dans l'ombre tout le reste de son œuvre pourtant digne de respect.

## Musique de chambre

Dans le domaine de la musique de chambre on voit se développer de plus en plus le goût de la _sonate_ pour flûte, violoncelle ou violon. Le bon ton est de ne jouer en famille que des auteurs italiens. Pour faire prendre au sérieux ses _Sonates en trio_ qu'il écrit dans le style de Corelli, Couperin, renouvelant le subterfuge de d'Auvergne, est obligé de les présenter d'abord sous un nom italien et d'attendre que leur succès soit consacré pour en revendiquer la paternité.

Cependant quelques compositeurs français comme Francœur (1698-1787), Jacques Aubert (1689-1753), Jean-Pierre Guignon (1702-1774), Michel Corrette (1709-1795), de Boismortier (1689-1755), Senaillé, Jean-Baptiste Anet, Quentin le Jeune, Huguenet et François du Val parviennent à s'imposer en écrivant des _Suites_ et des _Sonates_ pour violon et clavecin. Et Jean-Marie Leclair, dont le nom résume toutes les conquêtes de l'époque, achève d'équilibrer la formule en donnant à l'instrument soliste tout le relief sou-

haitable et en mettant en valeur son caractère propre, ce qui constitue une originalité à une époque où
l'on écrivait des soli instrumentaux interchangeables,
sans aucun souci des différences de sonorité, d'articulation et de timbre qu'entraînait le remplacement
d'un violon par une flûte ou celui d'un hautbois par
un pardessus de viole.

Leclair recherche, en outre, une certaine unité thématique et obtient d'un instrument dont il joue en
virtuose des ressources techniques inattendues.
Grâce à lui, à Couperin et à Rameau, le style instrumental français conserve toute son aristocratie et
son élégance dans le répertoire profane, tandis que la
vogue du théâtre corrompt le goût des virtuoses de la
musique sacrée dont le niveau artistique s'abaisse
rapidement.

# 12

# Bach et Hændel

Pendant que la France défend de son mieux son esthétique nationale dans le domaine du théâtre lyrique et de la musique de chambre, l'Allemagne prépare son hégémonic, sans politique révolutionnaire ni coup d'Etat, mais par un patient et méthodique labeur conduit par cinq compositeurs de génie.

## J.-S. BACH       *1685-1750*

Tous les historiens de la musique soulignent l'étrange fait que Jean-Sébastien Bach, le plus représentatif des maîtres allemands, n'a jamais été tourmenté par le souci d'être original. Avec une philosophie et une modestie touchantes il a voulu se contenter du langage de tout le monde, utiliser les formes courantes, respecter les usages et perpétuer les traditions de ses prédécesseurs. Très humblement il a étudié de près le « tour de main » de ses aînés dont il copiait patiemment les œuvres pour s'assimiler leur technique et leurs procédés. On connaît le résultat de ce patient apprentissage qui a conduit ce bon artisan à la plus éclatante maîtrise et lui a permis de trouver, sans la chercher, la plus glorieuse originalité.

Depuis plus d'un siècle déjà la famille Bach « musicalisait » la Thuringe. Son fondateur, le meunier Veit Bach, venu de Hongrie, jouait du luth, son fils Hans, de la guitare, trois de ses petits-fils et cinq de ses arrière-petits-fils étaient organistes ou instrumentistes professionnels et engendraient à leur tour des virtuoses de l'orgue et des compositeurs. Quant au patriarche Jean-Sébastien, issu de cette lignée d'artistes, il allait multiplier les bons serviteurs de l'art en procréant, à son tour, plusieurs générations de musiciens de valeur.

La tribu des Bach était devenue si vaste qu'on avait été obligé d'en distinguer les différents chefs par des indications géographiques. Il y avait le Bach de Halle, le Bach de Milan, le Bach de Londres, le Bach de Berlin ou de Hambourg, etc. On ne peut se fixer dans l'esprit la filiation de tous ces musiciens qu'en consultant le tableau ci-contre, dressé d'après Riemann, indiquant la généalogie de vingt et un des plus célèbres d'entre eux.

Né à Eisenach, Jean-Sébastien Bach, orphelin dès l'âge de dix ans, est élevé par son frère aîné Jean-Christophe, excellent musicien, qui l'oriente aussitôt vers la carrière traditionnelle de la famille. C'est là qu'il commence à s'imprégner de l'atmosphère italianisée de l'Allemagne du Sud en étudiant les œuvres de Froberger et celles de Pachelbel qui avait été le maître de Jean-Christophe. Il est bientôt admis à la chorale de l'église Saint-Michel, à Lunebourg, travaille l'orgue et se fait remarquer par ses brillantes qualités d'exécutant. A dix-huit ans il fait partie de la Chapelle du duc de Weimar en qualité de violoniste, devient bientôt organiste à Arnstadt, puis à Mulhausen.

A vingt-deux ans il épouse sa cousine Maria Barbara, puis entre au service du duc de Saxe-Weimar qui n'apprécie guère en lui que le virtuose. Pour obtenir le poste de maître de chapelle qu'il sollicite en vain, il est contraint de changer de protecteur et voit son désir enfin exaucé par le prince d'Anhalt-Cœthen qui, pendant sept années, le gardera affectueusement à sa Cour et lui permettra de se consacrer librement à la composition.

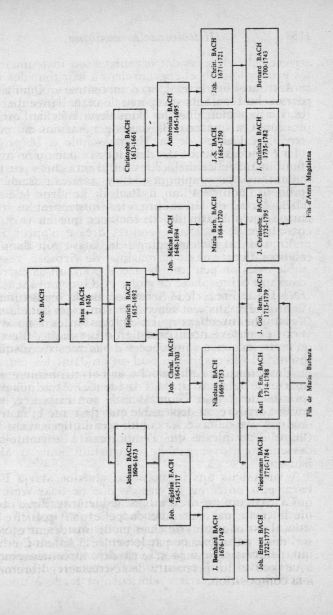

QUELQUES BACH CÉLÈBRES

Veit BACH

Hans BACH † 1626

Christophe BACH 1613-1661

Johann BACH 1604-1673

Ambrosius BACH 1645-1695

Heinrich BACH 1615-1692

Joh. Ægidius BACH 1645-1717

Joh. Chr. BACH 1671-1721

J.-S. BACH 1685-1750

Maria Barb. BACH 1684-1720

Joh. Michael BACH 1648-1694

Joh. Christ. BACH 1642-1703

Bernard BACH 1700-1743

J. Christian BACH 1735-1782

J. Christoph. BACH 1732-1795

Nikolaus BACH 1669-1753

J. Gottfr. Bern. BACH 1715-1739

Karl Ph. Em. BACH 1714-1788

Friedemann BACH 1710-1784

J. Bernhard BACH 1676-1749

Joh. Ernest BACH 1722-1777

Fils d'Anna Magdalena

Fils de Maria Barbara

A trente-cinq ans, il perd sa femme qui lui avait donné huit enfants et épouse, l'année suivante, une bonne musicienne, Anna Magdalena Wilcken, qui lui en donnera quatorze. Il succède à Kuhnau au poste envié de Cantor de la Thomasschule à Leipzig, y mène une existence de rude labeur dans des conditions matérielles difficiles avec d'écrasantes responsabilités pédagogiques et administratives qui ne l'empêchent pourtant ni d'allonger la liste de ses chefs-d'œuvre ni d'exécuter les innombrables commandes d'ouvrages de circonstance que lui vaut son titre officiel.

Victime du malentendu qui ne laisse voir dans ses compositions que de la musique de virtuose, respectable mais un peu compliquée, il poursuit sa carrière dans une atmosphère de gloire et d'incompréhension. Et lorsque Frédéric II, intéressé par la réputation du Cantor, l'invitera à venir à Berlin et à Potsdam et s'enthousiasmera pour les éblouissantes improvisations de son visiteur, on est en droit de se demander si cette fâcheuse équivoque n'a pas persisté jusqu'au bout.

Mais, toujours philosophe et chrétiennement soumis aux desseins de la Providence, Bach achèvera paisiblement à la Thomasschule son existence laborieuse, malgré un déplorable état de santé et la terrible épreuve de la cécité qui lui sera infligée avant l'attaque d'apoplexie qui l'emportera à soixante-cinq ans.

La production de cet infatigable travailleur nous déconcerte par son abondance et sa qualité. Les moralistes n'admireront pas moins que les musiciens le noble paradoxe que représente l'existence de cet artiste insensible à la griserie des applaudissements que pouvait lui procurer sa virtuosité célèbre, et sacrifiant une carrière glorieuse et facile à une vie patriarcale obscure et modeste, uniquement remplie par d'austères devoirs. Car Bach procréait ses cantates hebdomadaires et ses motets comme ses vingt-deux enfants *ad majorem Dei gloriam*.

Il les écrivait, chaque semaine, pour l'office du dimanche suivant, sachant fort bien qu'elles ne seraient exécutées qu'une fois, en faisait copier les parties par sa femme et ses enfants et traitait ces compositions, destinées à des auditeurs distraits ou ignorants, avec les mêmes soins minutieux que s'il s'agissait de livrer une bataille artistique décisive. Il y déployait une science d'écriture prodigieuse en même temps qu'une sincérité d'accent qu'il puisait dans la ferveur de sa foi.

Ses œuvres principales sont : pour l'orgue, des séries de *préludes et fugues* et de *chorals variés*, des *toccatas*, des *sonates* et les vingt variations de sa *Grande Passacaille* en ut mineur; pour le clavecin, les *Inventions*, la *Fantaisie chromatique*, les *sonates*, les *suites françaises* et *anglaises*, les fameuses *Variations Goldberg* et le *Clavecin bien tempéré*; pour le violon, trois *partitas* et trois *sonates* sans accompagnement, six *sonates* avec clavecin; pour la viole de gambe, trois *sonates* et six *suites*; pour la flûte, sept *sonates* sans compter ses *Concertos* pour plusieurs instruments.

Mettons à part ses quatre *Passions* dont nous ne possédons plus que celle selon saint Jean et celle selon saint Matthieu, ses six *Concertos brandebourgeois*, son *Magnificat*, sa *Messe en si mineur* et, sur la fin de sa vie, les deux tours de force de technique conservant la plus haute valeur de musique pure qui s'appellent *L'Offrande musicale* à Frédéric le Grand et son testament polyphonique : *L'Art de la fugue*.

Dans ces genres si variés dont il avait docilement accepté les cadres traditionnels sans manifester la moindre ambition de rénovation, Bach affirme sa puissante personnalité en opérant, avec cette sérénité et cette aisance qui ne sont qu'à lui, la synthèse la plus harmonieuse entre les apports techniques de l'Italie et de la France, entre ceux de l'Allemagne méridionale et ceux de l'école de Hambourg. Ce technicien, qui, dès son adolescence, avait passé de longues semaines à copier le *Livre d'orgue* de notre Nicolas de Grigny et les albums de clavecin de notre Couperin, qui avait accompli d'héroïques voyages à pied pour aller à Hambourg écouter le vieil organiste Reinken ou à Lubeck pour recueillir les conseils de Buxtehude, qui avait au bout des doigts toutes les formules de Vivaldi, de Corelli, de Palestrina et de Frescobaldi, qui pratiquait avec la même maîtrise l'écriture contrapuntique la plus complexe et le style harmonique le plus sobre et le plus pur, a fait le tour de tous les vocabulaires, de toutes les grammaires et de toutes les syntaxes. Il ne prend pas parti. Il s'est assimilé tous ces procédés, en apparence contradictoires, et en a tiré un langage personnel si souple et si riche qu'on le reconnaît immédiatement sans qu'on puisse en définir techniquement l'originalité.

Mais ce qui fait sa supériorité écrasante sur tous les compositeurs de son temps c'est le caractère profondément sensible qui transfigure ses partitions les plus formalistes. Nous ne parlons pas, bien entendu, de la poignante émotion qui se dégage de ses *Passions*, de sa *Messe* ou de ses *Motets*, mais de cette palpitation secrète que l'on perçoit dans ses œuvres de musique pure, de cette tiédeur humaine qui réchauffe ses *préludes* et ses *fugues*. La musique est pour Bach une façon si quotidienne et si naturelle de s'exprimer qu'elle remplace pour lui le langage articulé avec toute sa simplicité familière, sa cordialité, sa volubilité, ses confidences et sa tendresse. Et c'est ce qui a prolongé jusqu'à nos jours, avec une intensité aussi surprenante, la radio-activité de cette musique qui nous apporte la profession de foi d'un croyant et qu'habite toujours l'âme généreuse d'un grand honnête homme.

## HAENDEL *1685-1759*

Trois semaines avant la naissance de Bach à Eisenach, le petit Georges-Frédéric Hændel voyait le jour, à Halle, dans une famille bourgeoise où sa vocation musicale fut combattue par son père qui tenait à faire de lui un juriste. Le duc de Saxe, ayant entendu cet enfant de huit ans jouer de l'orgue avec une virtuosité précoce, dut intervenir pour qu'on autorise l'excellent organiste Zachow à lui donner des leçons. A dix-huit ans, son père étant mort, le jeune étudiant en droit se rendit à Hambourg pour se consacrer entièrement à son art et se fit engager comme violoniste à l'orchestre de l'Opéra. Un an plus tard il écrivait son premier oratorio, *La Passion selon saint Jean*, et à vingt ans il faisait représenter avec succès deux opéras : *Almira et Nero*.

Il visita ensuite l'Italie, séjourna à Florence, Rome, Naples et Venise, partout fêté comme organiste-claveciniste virtuose et comme compositeur d'opéras et d'oratorios. Il fut accueilli fraternellement par Corelli, Pasquini et la famille Scarlatti. De là il suivit l'évêque Steffani à Hanovre.

Mais, après avoir obtenu le poste de maître de chapelle du prince électeur, il demanda un congé, se lança brusquement à la conquête de l'Angleterre en présentant à Londres son opéra *Rinaldo* dont la création fut très applaudie. Son congé expiré, il revint à son poste mais garda la nostalgie de la Cour et des salons britanniques où il avait été si bien accueilli. Il demanda alors un second congé et retourna à Londres, auprès de la Reine Anne avec l'intention bien arrêtée de fausser définitivement compagnie au Hanovre. Encouragé par des mécènes et jouissant d'une situation très brillante, Hændel ne pensait plus au prince électeur lorsque celui-ci monta sur le trône d'Angleterre en 1714. Hændel se crut perdu, mais le nouveau souverain ne châtia point le déserteur et lui conserva sa faveur. Et sa gloire brilla de nouveaux feux.

Hélas! l'apothéose de sa carrière théâtrale allait lui réserver de cruelles épreuves. La fondation d'une Académie d'opéra italien dont on lui avait confié la direction musicale en collaboration avec Bononcini et Arioti l'entraîna dans une humiliante faillite et commença à faire pâlir son étoile. S'obstinant à relever, seul, le théâtre, il lutta désespérément contre ses rivaux, s'imposa une fatigue surhumaine et ne put échapper ni à une seconde déconfiture ni à une attaque de paralysie qui mit sa raison en danger. Il guérit pourtant, reprit toute son activité créatrice, mais le vent avait tourné et il se vit en butte à la malveillance de ses anciens protecteurs et de ses ex-associés qui s'acharnèrent à sa perte. L'Irlande l'ayant recueilli il retrouva à Dublin, pendant près d'un an, une atmosphère de sympathie favorable à son travail. Il remercia ce généreux pays en lui offrant son oratorio, *Le Messie*.

Revenu à Londres il essaie en vain de remonter le courant d'hostilité qui l'avait découragé : troisième faillite, qui entraîne une nouvelle attaque de paralysie, terrasse l'infatigable lutteur. Il se redresse encore et, soulevé par le sentiment de solidarité nationale pour sa seconde patrie qui lui avait fait écrire jadis son magnifique *Te Deum* à l'occasion du traité d'Utrecht, il compose, pour encourager les Anglais à la résistance contre les Stuart, son *Occasional Oratorio* et célèbre leur victoire avec son *Judas Macchabée*.

Ces deux manifestations de loyalisme émeuvent l'opinion publique et lui rendent enfin la confiance et la gratitude de son pays d'adoption. Il connaîtra de nouveaux succès pendant quatre ans. Cependant, devenu aveugle comme Bach, à soixante-cinq ans, il sera forcé d'abandonner la composition et passera les dernières années de sa vie dans une édifiante retraite d'où il ne sortira que pour prêter son concours comme organiste à quelques concerts religieux. Il mourra la veille de la Fête de Pâques et l'Angleterre lui offrira de solennelles funérailles et un tombeau à l'abbaye de Westminster.

Hændel a laissé une production extrêmement abondante. Quarante opéras, trente-deux oratorios, dix-sept *concerti grossi*, douze *concertos* pour orgue et orchestre, trente-sept *sonates*, plus de cent *cantates* et pièces vocales, cinq *Te Deum*, de nombreux *anthems*, plusieurs recueils de pièces pour clavecin constituent son important bagage. Si la postérité ne s'est pas intéressée à ses opéras, qui sont pour la plupart tombés dans l'oubli, ses oratorios *(Le Messie, La Fête d'Alexandre, Esther, Déborah, Saul, Héraclès, Israël en Égypte, Judas Maccabée, Joseph, Josué, Samson, Salomon, Jephté, l'Ode à sainte Cécile, Théodora..., etc.)* ont conservé toute leur puissance et leur majesté souveraine. Leur clarté, leur équilibre, leur magnifique utilisation des chœurs n'ont pas cessé d'émerveiller les foules.

Placé, comme Bach, au carrefour des esthétiques les plus contradictoires, Hændel a su emprunter aux Italiens leur science de l'écriture vocale, aux Allemands leur technique de la cantate, aux Français leur style du clavecin et l'opéra lulliste. Il s'inspire souvent de Delalande dans ses partitions religieuses, de Corelli et de Vivaldi dans ses concertos, de Buxtehude dans ses œuvres d'orgue et il doit à Purcell un souci de netteté et d'élégance mélodiques qui a favorisé ses succès en Angleterre. Il a su, comme son contemporain le grand Cantor, réaliser la synthèse de tous ces éléments divers et en tirer une façon très personnelle de s'exprimer et une éloquence large et aisée facilement reconnaissable. Et c'est ainsi qu'en faisant de cet artiste allemand leur musicien national les Anglais ont consacré la gloire du plus international des compositeurs.

Il est, d'ailleurs, assez piquant de constater que l'auteur du *Messie* nourrissait assez peu d'illusions sur les dispositions musicales du peuple qui l'avait adopté. Il tenait le goût britannique en fort médiocre estime. Lorsque Gluck arriva à Londres pour faire représenter sa *Chute des géants*, Hændel déclara à

son jeune collègue que sa partition témoignait de
scrupules artistiques bien inutiles et qu'il avait eu
grand tort de se mettre en frais pour un pareil
public, car l'idéal musical anglais, raide et mécanique, ne dépassait guère « le bruit tumultueux des
baguettes sur un tambour ». Ingratitude ou clairvoyance?...

# 13

# Gluck, Haydn et Mozart

Bach et Hændel avaient vingt-neuf ans, lorsque le 4 juillet 1714, la cloche de Weidenwang — village de Franconie situé entre Carlsbad et Bayreuth — sonna pour annoncer le baptême du fils d'un garde-chasse, le petit Christoph Willibald né l'avant-veille. Sur le registre de la paroisse, l'heureux père venait de calligraphier sa signature : « Alexandre Klukh ». Ce détail orthographique semble bien confirmer la thèse des historiens qui attribuent à l'auteur d'*Orphée* une origine tchèque et une hérédité bohémienne et donner raison aux Italiens qui l'appelaient « il divino Boemo ».

Jusqu'à l'âge de douze ans l'enfant fut associé à la rude mais saine existence de son père et développa dans de quotidiennes tournées forestières la robustesse physique et morale qui allait lui permettre de jouer avec tant d'autorité en Europe son rôle de réformateur et de conquérant. Cependant le garde-chasse de Weidenwang, étant entré au service du prince Lobkowitz, à Eisenberg, voulut faire donner à son fils une instruction sérieuse et cultiver ses dons musicaux nettement affirmés.

Après avoir, en vrai Bohémien, gagné durement sa vie, pendant ses études, comme violoncelliste ambulant dans les villages d'alentour, le jeune Christoph Willibald apprend la composition à Prague, puis à Vienne. Il fait la connaissance d'un grand seigneur lombard, le comte Melzi, qui s'intéresse à lui et l'emmène en Italie pour le confier à l'illustre Sammartini qui, pendant quatre ans, s'efforcera de lui donner une solide formation technique. Gluck ne se passionna ni pour la fugue ni pour le contrepoint et se contenta d'observer attentivement autour de lui les musiciens de théâtre en vogue pour se forger un vocabulaire vigoureux et expressif, affranchi de toutes les conventions et de tous les snobismes qui heurtaient violemment son bon sens plébéien. Le théâtre chanté était alors victime, en Italie, d'un engouement sportif pour la virtuosité pure qui faussait complètement la règle du jeu lyrique. Ici, comme ailleurs, l'instrument avait imposé sa tyrannie à la pensée créatrice. L'art vocal monodique, fier de sa victoire récente sur le style polyphonique, triomphait sans retenue et sans modestie. Tout lui était désormais sacrifié.

C'était, d'ailleurs, l'époque de la dictature des castrats, pudiquement appelés « sopranistes ». Le timbre pur et séduisant de ces chanteurs émasculés exerçait sur les amateurs distingués une véritable fascination. Ces enfants gâtés du public imposaient aux directeurs, aux auteurs, aux compositeurs et aux auditeurs leurs volonté souveraine. Leur despotisme était cent fois plus redoutable que celui que nous dénonçons aujourd'hui chez les *stars* de nos écrans. Les fantaisies ahurissantes de ces acrobates de la vocalise suraiguë nous paraissent aujourd'hui à peine croyables. Elles avaient ramené l'art lyrique à une forme bâtarde de récital de chant dégagé de tout lien avec l'action dramatique, isolé du livret et de la partition et développant chez les interprètes et dans le public un mépris scandaleux de la vraisemblance la plus élémentaire.

Dans ces conditions, le retour à une conception plus saine du théâtre chanté prenait l'aspect d'un coup d'État révolutionnaire et l'irruption brutale du fils du garde-chasse, de cet Allemand de forte carrure, au masque puissant taraudé par la petite vérole, aux manières brusques et dominatrices évoquait l'arrivée d'Hercule dans les écuries d'Augias. Et, pourtant, Gluck se contentait de restaurer la tradition rationnelle de l'opéra de Peri, de Rinuccini, de Monteverdi, de Cesti et de Stradella où les droits de la musique et du drame étaient respectés.

Il remonta, d'ailleurs, lentement le courant en prenant successivement contact avec les publics les plus divers. Selon la coutume du temps il se déplaçait, en effet, avec la plus grande facilité. Cette particularité peut nous étonner étant donné la lenteur et la précarité des moyens de transport de l'époque, mais n'avons-nous pas observé que, dès le XVe siècle, les compositeurs semblent posséder le don d'ubiquité? Les musiciens d'hier, avec le seul secours d'une chaise de poste accomplissaient des randonnées que les artistes d'aujourd'hui hésitent à entreprendre au siècle de l'automobile et de l'avion. C'est ainsi que nous voyons Gluck monter à Milan son premier opéra *Artaxercès*, diriger le second, *Demetrio*, à Venise, créer *Il Tigrane* à Crémone, répandre dans toute l'Italie *Demofoonte*, *La Sophonisba*, *Hypermnestre*, *Le Roi Poro*, *Hippolyte*, donner à Londres *La Caduta di Giganti* et *Artamène*, à Dresde *Les Noces d'Hercule et d'Hébé*, à Vienne *Semiramide riconosciuta*, à Hambourg *Arsace*, à Charlottenbourg *La comtesse de Numi*, à Prague *Ezio*, *Issipile*, à Naples *La Clémence de Titus*, à Rome *Antigone*, en Autriche *Le Roi pasteur*, *L'Innocence justifiée*, à Paris une série d'opéras-comiques (*Les Amours champêtres*, *L'Ivrogne corrigé*, *Cythère assiégée*, *Le Chinois poli en France*, *Le Diable à quatre*, *Le Déguisement pastoral*, *L'Ile de Merlin*, *Isabelle et Galande*, *Le Cadi dupé*, *Les Pèlerins de La Mecque...*, etc.), puis à Vienne et à Paris *Orphée*, *La Rencontre imprévue*, *Il Parnasso confuso*, *Alceste*, *Télémaque*, les deux *Iphigénie*, *Pâris et Hélène*, *Les Fêtes d'Apollon*, *Armide*, *Écho et Narcisse*, *Les Danaïdes*, *Le Jugement dernier...*, etc.

Son existence n'est qu'un va-et-vient perpétuel entre les grands théâtres lyriques d'Europe. Il accepte, en outre, çà et là, les fonctions les plus inattendues. Nous le voyons chef d'orchestre à Copenhague et à Dresde, concertiste à Londres et au Danemark sur « Glas-harmonica », c'est-à-dire clown musical tirant des vibrations éoliennes d'une rangée de verres à boire dont il effleure les bords d'un doigt savant, maître de chapelle du prince de Saxe-Hildsburghauser, chef d'orchestre de l'Opéra de Vienne, directeur des théâtres viennois (parmi lesquels figurait un « Amphithéâtre » où l'on faisait déchirer des ours par des chiens et dévorer vivants des taureaux par des loups), marchand de diamants, organisateur de galas princiers..., etc. Son activité s'exerce dans tous les domaines avec décision et énergie. Partout Gluck s'impose par sa volonté de fer et une autorité physique naturelle dont il use, à l'occasion, avec une certaine brutalité.

Il sait pourtant montrer de la diplomatie dans la conduite de ses affaires. Il s'est aisément frayé un chemin dans les cours, ce qui dénote toujours une certaine souplesse d'échine. La façon dont il a triomphé chez nous de son rival Piccini, protégé pourtant par la Du Barry, prouve bien son habileté politique faite d'un dosage savant d'intransigeance et d'adresse. Chacun de ses séjours en France lui fut une profitable leçon de psychologie. Il avait trente et un ans lorsqu'en se rendant à Londres il s'attarda quelques mois dans notre capitale. Il put y étudier les détails stratégiques de la guerre des Lullystes et des Ramistes et prouva, plus tard, qu'il en avait fait son profit. Il y découvrit les spirituels opéras-comiques de Favart et s'empressa d'en utiliser la formule. C'est, d'ailleurs, au cours de ce voyage que s'éveilla son esprit de réforme, car, jusqu'alors, ses premiers opéras avaient respecté la tradition italienne la plus rassurante.

Mais ce n'est qu'en atteignant la cinquantaine que Gluck conclut avec le poète Calzabigi — qui allait lui fournir les livrets d'*Orphée*, d'*Alceste* et de *Pâris et Hélène* — une alliance offensive contre les routines du théâtre transalpin. A partir de ce moment il applique systématiquement à son œuvre des principes directeurs extrêmement stricts. Sans cesser toute collaboration avec son précédent librettiste Métastase, il se détache progressivement de cette esthétique périmée. A Paris, il demande au bailli du Roullet une *Iphigénie en Aulide* d'après Racine, puis à Guillard une *Iphigénie en Tauride* qui lui permit de prendre définitivement le pas sur son rival Piccini en affirmant son écrasante supériorité, non pas musicale mais dramatique, sur son adversaire italien. Las des querelles idéologiques et sentant ses forces décliner, il rentre à Vienne en 1779 où il mourra sept ans plus tard, à soixante-treize ans, entouré de la déférence et des égards les plus respectueux de l'élite et de la foule.

Les principes réformateurs que Gluck se proposait de faire triompher au théâtre — principes dont Calzabigi se flattait d'être l'auteur — sont résumés dans la célèbre épître dédicatoire au grand-duc de Toscane qui sert de préface à son *Alceste*. Le compositeur y préconise le retour à la simplicité dans le choix du sujet, dans son expression dramatique et dans sa traduction musicale. La véritable fonction de la musique de théâtre, dit-il, consiste à « seconder la poésie pour fortifier l'expression des sentiments et l'intérêt des situations sans interrompre l'action et la refroidir par des ornements superflus ». Dans ces conditions, plus de hors-d'œuvre, plus de ballets coupant l'intrigue, plus de ritournelles immobilisant le chanteur, plus de fioritures vocales et de broderies improvisées. Une grande dignité dans la mélodie et dans l'harmonie, une subordination volontaire de la musique au caractère émotif du texte, une recherche constante de l'effet théâtral, de la noblesse, de la chaleur et de la clarté, voilà ce que souhaite réaliser ce réformateur. Encore une fois, ce sont là des idées novatrices pour l'Italie de 1767 mais ces dogmes ne font que nous ramener à l'évangile lyrique du début du XVIIᵉ siècle.

Certains axiomes y sont formulés d'une façon un peu inquiétante : « Il n'y a aucune règle que je n'aie cru devoir sacrifier de bonne grâce en faveur de l'effet », nous déclare ce rigide théoricien. Ne s'aperçoit-il pas qu'il absout ainsi les libertés coupables prises avec les règles du bon sens par les musiciens qu'il condamne et qui, pour se justifier, peuvent invoquer leur désir d'obtenir comme lui un « effet » déterminé ?

D'autre part, son parti pris de donner au texte le pas sur la mélodie le conduit à une impasse. Comme s'il avait pressenti la sévérité des jugements que porteraient sur la valeur intrinsèque de sa musique certains des plus grands artistes de notre temps, il devance leurs critiques en disant : « La musique est un art très borné et qui l'est surtout dans la partie que l'on nomme *mélodie*. On chercherait en vain dans la combinaison des notes qui composent un chant un caractère propre à certaines passions : il n'en existe point. »

Quelle humiliante abdication! On comprend maintenant pourquoi Gluck affirmait que sa musique ne pouvait être séparée des paroles qui l'avaient inspirée sans perdre immédiatement toute sa signification. Il n'avait que trop raison, comme le faisait remarquer en ces termes le critique du *Mercure* : « On peut chanter tout ce qu'on veut sur l'air : « J'ai perdu mon Eurydice. » Tout y va. Au moment où j'écris ces lignes je chante à part moi : « Quel plaisir d'aller en guerre » ou « Donnez-moi cette bouteille », etc. »

Il est bien certain que, dans le domaine purement musical, Gluck n'a pas découvert d'accents émouvants par eux-mêmes, comme ceux que Wagner a créés dans le Prélude de *Tristan* ou dans *La Mort d'Isolde* même séparée de son texte. Et il confesse lui-même l'indigence de son apport musical dans l'émotion en écrivant : « Avant d'entreprendre un opéra je ne fais qu'un vœu, c'est d'oublier que je suis musicien. » Claude Debussy estimait que ce vœu avait été trop bien exaucé! Gluck fut un admirable auteur de tragédie lyriques « sonorisées » avec magnificence et noblesse, mais ce n'était pas un grand compositeur au sens profond du mot. Cet homme de théâtre n'était pas doué pour la « musique pure ».

Il utilisait le vocabulaire des sons dans un esprit uniquement théâtral. Il se servait des instruments pour leur seule valeur d'accent et de couleur. C'est ainsi qu'il a tiré des trombones, des hautbois et des flûtes des effets nouveaux et saisissants pour l'époque, mais ces effets sont plus extérieurs qu'intérieurs dans l'expression dramatique ou symphonique. Reynaldo Hahn a caractérisé le style musical de Gluck de la façon suivante : « Tantôt par des ralentissements ou des accélérations du débit, tantôt par des silences, tantôt par des interventions expressives et parfois même imitatives de l'orchestre, il conféra à la musique de théâtre des *jeux de physionomie* et des *attitudes* par lesquels elle réussissait à traduire ce qui se passait dans l'âme des personnages. » Gluck, on le voit, aurait été, de nos jours, un incomparable compositeur de musique de films. Mais on s'explique fort bien pourquoi la sonate et la symphonie — en dépit des rares incursions qu'il fit dans ce domaine — n'étaient pas pour lui des modes d'expression naturels.

Malgré sa spécialisation un peu trop rigoureuse, Gluck a pourtant exercé une influence bienfaisante sur l'art de son temps en faisant triompher des ouvrages qui ne flattaient pas le goût perverti du public de l'époque. *Alceste*, *Orphée*, *Armide*, les deux *Iphigénie* sont des œuvres hautes et fortes qui honorèrent le théâtre lyrique avec des moyens musicaux assurément conventionnels mais dignes de respect, étant donné la technique facile du XVIIIᵉ siècle qui, ne l'oublions pas, a permis à Gluck d'écrire cent sept opéras en moins de quarante ans !

On a porté sur son talent les jugements les plus surprenants et les plus inconciliables. On l'a exalté et dénigré avec passion, mais il faut bien reconnaître que ce grand « international » dont le style est fait de perpétuelles contradictions n'a cessé de fournir des armes à ses adversaires. Son hérédité tchèque, son éducation allemande, sa formation italienne, sa rapide adaptation aux modes françaises, son esprit dogmatique de doctrinaire du théâtre ont fait de son œuvre un carrefour où s'entrecroisent et se heurtent les tendances les plus diverses. Un André Suarès lui reproche avec véhémence un italianisme sans mesure, alors qu'un Favart s'émerveille de son parisianisme et qu'un J.-J. Rousseau déclare que cet Allemand est le seul compositeur qui lui ait prouvé qu'on pouvait écrire de la bonne musique sur des paroles françaises!

On comprend assez bien l'origine de tous ces malentendus. Ils proviennent de l'absence d'une solide substance musicale personnelle dans l'œuvre d'un réformateur qui faisait dans son vocabulaire un usage constant des poncifs de son époque mais en les orientant vers une dignité et une majesté qui laissent à certains auditeurs une impression de froideur et de monotonie et donnent à d'autres la sensation du sublime. Le style pompeux des héros gluckistes irrite ou enchante selon le degré de sensibilité musicale que l'on possède et la tendresse relative que l'on éprouve pour les artifices et les conventions du théâtre. Dans le domaine de la musique descriptive nous retrouverons exactement les mêmes controverses lorsque nous verrons apparaître Hector Berlioz.

Quoi qu'il en soit, Gluck aura joué dans son siècle le rôle flatteur de porte-drapeau d'un idéal lyrique affranchi de ses basses servitudes. Ce libérateur eut à livrer d'assez rudes combats au cours de sa carrière. Il en sortit toujours à son honneur. La bataille des gluckistes et des piccinistes, qui était la réplique exacte de la querelle des Bouffons, permit de constater que ses qualités de tacticien étaient supérieures à celles de Rameau, mais que ses vertus de musicien étaient bien inférieures à celles de l'auteur de *Castor et Pollux*. Intelligent et avisé, adroit en affaires, très soucieux de ses intérêts, doué de solides vertus familiales, fastueux et avare, tendre et brutal, ce « rustre de génie » offre un mélange de traits psychologiques singulièrement contrastés. On devine qu'un tel homme aurait pu réussir tout aussi brillamment dans des carrières entièrement différentes de celle qu'il fut amené à embrasser. Mais il apporta à la dramaturgie lyrique le bienfait de sa lucidité, de sa force de caractère, de sa logique, de sa raison et de son bon sens réaliste et constructif. Ce ne furent pas là, avouons-le, pour les artistes de son temps, des libéralités négligeables. La gloire qui s'attache au nom de l'auteur d'*Orphée* est donc parfaitement légitime et mérite d'être consacrée par l'Histoire.

## Haydn    *1732-1809*

Après le fils d'un garde-chasse, celui d'un charron villageois allait devenir le bienfaiteur de la musique de son temps. A Rohrau, en 1732, naissait François-Joseph Haydn qui, à huit ans, commençait son éducation artistique à la maîtrise de la cathédrale Saint-Étienne, à Vienne, et gagnait promptement sa vie comme claveciniste, organiste et violoniste, avant d'entrer « en condition », comme la plupart des musiciens de son époque, chez un grand seigneur mélomane.

Joseph Haydn avait un frère, prénommé Jean-Michel (1737-1806), qui, lui aussi, manifesta de bonne heure des dispositions musicales et rejoignit son aîné à la cathédrale Saint-Étienne. A vingt ans il était déjà maître de chapelle et, cinq ans plus tard, occupait ce poste à l'archevêché de Salzbourg. Devenu organiste de l'église des Bénédictins, il se fixa pour toujours dans la ville natale de Mozart et y poursuivit pendant un demi-siècle une carrière sérieuse et appliquée. Il a laissé trente symphonies, vingt-quatre messes, trois quatuors à cordes et un grand nombre de pièces d'orgue, de chœurs *a cappella*, de pièces religieuses, sans compter quelques opéras. Il fut pour le jeune Mozart un guide éclairé et un ami fidèle.

Pendant ce temps Joseph Haydn faisait l'apprentissage du rude métier de compositeur-domestique. Le premier de ses mécènes fut le baron de Furnberg, le second, le comte de Morzin, et le troisième, le prince Antoine Esterhazy. Entré à vingt-huit ans dans cette dernière famille, Haydn ne devait en prendre congé qu'aux approches de la soixantaine après avoir servi successivement le prince Antoine, le prince Nicolas et le prince Paul-Antoine avec la plus souriante docilité. Habitué par une épouse autoritaire et acariâtre à renoncer aux joies de la liberté, cet aimable philosophe s'accommoda de toutes les situations et supporta sans amertume toutes les servitudes que la vie lui imposa. Son heureux caractère, sa foi religieuse confiante et sa bonne humeur lui permirent d'opposer un visage serein aux cruautés du sort.

A deux reprises, il fut appelé à Londres pour y présenter et y conduire ses œuvres. Un succès considérable et de grands honneurs l'attendaient dans la capitale britannique où sa réputation grandit rapidement. Toujours disposée à adopter des enfants de génie pour tromper son instinct maternel déçu et accroître sa richesse spirituelle, l'Angleterre essaya de retenir Haydn sur son territoire. Hændel étant mort depuis trente ans, la place de musicien « national » était vacante : le compositeur autrichien pouvait y remplacer le Saxon avec honneur. Mais le fils du charron aimait trop sa terre natale pour s'expatrier. Après avoir écrit pour les orchestres de Londres douze belles symphonies — parmi lesquelles la fameuse *Oxford-Symphonie*, créée à l'occasion de sa promotion au doctorat honoraire de cette université — et s'être familiarisé avec les ressources et le mécanisme des premiers piano-forte qui commençaient à se perfectionner en Angleterre, Haydn revint s'installer à Vienne, rapportant de son séjour parmi les insulaires les textes de deux oratorios, *La Création* et *Les Saisons*, qu'il écrivit au seuil de la vieillesse. Puis ses forces déclinèrent et le chagrin que lui causa l'entrée victorieuse des troupes françaises à Vienne hâta sa fin qui survint le 31 mai 1809.

Le grand musicien, que l'on appelait — avec autant de familiarité affectueuse que de respect — le « père Haydn », méritait mieux que cet hommage un peu condescendant. C'était un musicien de classe qui joignait à des dons naturels remarquables une science parfaite de son métier. On sait quelle heureuse influence il eut sur Mozart qu'il admirait et aimait tendrement et il est indiscutable que les leçons qu'il donna à Beethoven furent efficaces. A tous ceux qui étudièrent ses œuvres il apprit l'art d'une construction claire et logique, d'une expression mélodique simple et directe et la science des développements à la fois aisés et ingénieux.

Car c'est dans le domaine de la symphonie et de la musique de chambre que ce technicien sans morgue fit preuve de la plus solide maîtrise. Ce n'était pas un lyrique. Le théâtre ne le tentait pas. Il ne savait pas tirer d'un poème une palpitation musicale profonde. Les airs de concert, les quatorze messes, les chants religieux, les vingt-quatre opéras et les opérettes qu'il a composés nous prouvent que son inspiration mélodique n'était pas très docile aux suggestions des mots et bornait souvent son ambition à cheminer aux côtés d'un texte avec une aimable désinvolture. Ses oratorios comme *Le Retour de Tobie*, *La Création* et *Les Saisons*, s'efforcent loyalement de serrer d'un peu plus près les indications du verbe, mais la traduction musicale qui en résulte est bien superficielle et demeure formaliste et rebelle à l'émotion. Rien ne prouve mieux, d'ailleurs, le tempérament anti lyrique de Haydn que la façon dont il conçut son oratorio *Les Sept Paroles du Christ* en écrivant d'abord une version purement symphonique de tout l'ouvrage avant d'y ajouter une partie chorale complémentaire.

Mais, si le chant n'était pas pour lui un mode d'expression naturel, l'écriture de la musique pure convenait à merveille à son tempérament. Il ne composa pas moins de cent quatre *symphonies* et de quinze *ouvertures d'opéras*. Il écrivit soixante-dix-sept *quatuors à cordes*, vingt *concertos* de clavecin, soixante-quinze *trios*, trente-trois *sonates*. Dans toutes ces œuvres il affirme des qualités de grâce, de finesse et d'élégance qui donnent à sa musique la « silhouette » apparente de celle de Mozart. Même coupe, même ligne légère et précise, même volubilité souriante, même pureté mélodique, même vivacité spirituelle. Les ressemblances sont si frappantes qu'on a parfois attribué à Mozart la paternité d'œuvres écrites par son fraternel Mentor. Et pourtant la sensibilité délicate et inquiète de l'effusion mozartienne diffère profondément de la certitude paisible et du serein optimisme de l'auteur de la *Symphonie du départ*. Mais ce sont là des nuances plus psychologiques que musicales et il ne faut pas s'étonner de les voir méconnues par des observateurs superficiels plus sensibles à la lettre qu'à l'esprit.

On a beaucoup reproché à cet artiste honnête, à ce brave homme, son équilibre intellectuel et sa robuste santé morale. On a qualifié son art de « bourgeois » et déclaré que sa poésie était prosaïque. C'est être fort injuste. Haydn n'était pas un anxieux et un torturé, il n'était pas intoxiqué de littérature, il ne ressentait pas la fièvre romantique mais il aimait la musique pour elle-même, savait créer des rythmes clairs et vivants et en tirer un excellent parti, possédait un certain instinct descriptif et un naïf amour de la nature, vue, naturellement, à travers les lunettes spéciales de son siècle. Un vrai musicien ne peut pas refuser à ce loyal serviteur de son art une sympathie et une estime qu'il marchandera peut-être à des compositeurs plus universellement admirés.

## MOZART    *1756-1791*

Le 27 janvier 1756, un musicien de la Cour du prince-archevêque de Salzbourg, le violoniste-compositeur bavarois Léopold Mozart, dont les cinq premiers enfants étaient morts en bas âge et qui avait pu conserver à grand-peine, depuis quatre ans, sa fillette Marie-Anne, fêtait joyeusement la naissance d'un frêle petit garçon auquel il donna les prénoms de Johannes Chrysostome Wolfgang Gottlieb.

Les amateurs d'onomancie auraient dû reconnaître quelques avertissements du destin dans le parrainage de ce « saint Jean-Bouche-d'Or » annonçant la miraculeuse éloquence de cet enfant de génie et, hélas! de ce « Gottlieb », transformé successivement en « Théophilus » et en « Amadeus » pour leur notifier trois fois, en trois langues différentes, que cet être rare mourrait jeune puisqu'il était « aimé des dieux ».

Léopold Mozart était un technicien cultivé fort apprécié pour sa conscience professionnelle et possédant un tempérament d'éducateur et de pédagogue nettement caractérisé. Il eut, grâce à ses deux enfants, l'occasion d'en donner toute la mesure car la petite Nannerl et le petit Wolferl manifestèrent de bonne heure des dispositions exceptionnelles pour la musique et reçurent de leur père les plus précieuses leçons.

Sur la psychologie de la famille Mozart les observations contradictoires abondent. En étudiant de près l'activité de ce père-imprésario qui organisait dans toutes les capitales d'Europe l'exhibition de ses deux enfants prodiges, on ne sait si l'on doit condamner en lui une tyrannique avidité et un féroce égoïsme de *manager* ou admirer une héroïque ténacité paternelle mise au service du génie de sa descendance. Même embarras lorsqu'on se plonge dans la correspondance du divin Wolfgang : sommes-nous en présence de l'être d'élite amoureusement imaginé par les poètes ou d'un de ces cerveaux organiquement condamnés à la puérilité et à la débilité par le développement de cette monstrueuse tumeur qu'on nomme le génie et dont l'hypertrophie envahissante anémie les cellules voisines?... Laissons aux amoureux du pur document humain la responsabilité de trancher cette question délicate.

Ayant constaté qu'à l'âge de quatre ans son dernier-né était capable de composer une ébauche de *concerto* et d'improviser avec un surprenant instinct de l'équilibre et de la symétrie, Léopold poussa activement les études de clavecin, d'orgue et de violon du bambin. En même temps il faisait de Marie-Anne une excellente claveciniste et une chanteuse. Deux ans plus tard, il s'embarquait pour Munich et Vienne avec la fillette et le garçonnet, inaugurant ainsi les vastes tournées de concerts qui allaient entraîner le trio familial en Belgique, en France, en Angleterre, en Hollande, en Suisse, en Allemagne et en Italie. Pendant dix ans le jeune Mozart mènera cette vie errante de virtuose qui lui procurera plus de succès mondains que d'argent mais lui fera connaître des maîtres dont l'influence jouera un rôle bienfaisant dans l'évolution de sa technique et de son goût.

Car tout en émerveillant les impératrices, les reines et les princesses que stupéfient ses petites acrobaties de chien savant, l'enfant cultive méthodiquement ses dons de compositeur. A Paris il se met à l'école de Jean Schobert et d'Eckard; à Londres il recueille les leçons de Jean-Chrétien Bach et étudie Hændel; à Vienne il aura la révélation de Joseph Haydn et celle de Michel Haydn à Salzbourg; à Milan il connaîtra Jean-Baptiste Sammartini et à Bologne le savant contrapuntiste Martini.

Ces contacts successifs laissent dans ses œuvres des traces aisément reconnaissables. Mozart ne possédait pas l'esprit dogmatique et les théories préconçues d'un Rameau ou d'un Gluck. Il n'abordait pas la musique avec un programme de réformes et un plan de conquêtes minutieusement tracé. Pendant toute sa carrière il n'a jamais été tenté de renouveler ou de modifier la syntaxe et le vocabulaire des musiciens de son temps. Il passa dans son siècle comme une harpe éolienne, vibrant docilement à toutes les caresses qui l'effleuraient et transformant en suaves résonances tous les souffles qui faisaient frissonner ses cordes délicates.

Il ne faut donc pas s'étonner de découvrir tant d'imprégnations diverses, tant d'italianismes, de germanismes ou de gallicismes dans le langage d'un adolescent qui, à l'heure des impressions vives et des souvenirs profondément enracinés, parcourait l'Europe en tous sens et captait tant d'ondes sonores venues des quatre points cardinaux. Mais le propre du génie de Mozart a été d'opérer la transmutation de tous ces apports et d'enrichir des pensées exquises ou sublimes d'un accent absolument neuf et personnel en se servant des mots les plus usuels et de la technique de tout le monde.

Jusqu'à dix-sept ans le jeune voyageur écrit des concertos, des symphonies, des sonates, des trios, des chœurs, de la musique religieuse, des cantates, des motets, des oratorios, des « cassations », des sérénades, un opéra-bouffe comme *La Finta semplice*, une opérette comme *Bastien et Bastienne*, un opéra italien comme *Mitridate*, un opéra-ballet comme *Ascanio in Alba*, puis rentre à Salzbourg où, pendant quatre ans, il s'adonne plus spécialement à la musique sacrée et à la musique de chambre.

En 1777, il revient à Paris avec sa mère par le chemin des écoliers qui passe par Mannheim. Beaucoup de déceptions l'y attendent. Ses anciens protecteurs l'abandonnent. Cependant quelques sonates, la *Symphonie « parisienne »*, le ballet des *Petits Riens* et une *Ouverture* voient successivement le jour. Sa mère meurt, il retourne à Mannheim, constate que la jeune cantatrice Aloysia Weber qu'il comptait épouser n'est pas disposée à exaucer ce vœu et rentre mélancoliquement au bercail, dans ce Salzbourg où la tyrannie du prince-archevêque l'humilie et l'irrite.

C'est alors qu'une commande providentielle l'arrache à son esclavage. Munich lui demande d'écrire un *Idoménée* qui est créé avec succès. Encouragé par cette réussite, le jeune compositeur brise sa chaîne salzbourgeoise, épouse Constance Weber, sœur de la cantatrice qui l'avait dédaigné et se fixe à Vienne. Sa production s'intensifie. *L'Enlèvement au sérail*, la *Messe en ut mineur*, la *Symphonie en ut*, le premier acte de *L'Oie du Caire*, des scènes de *L'Epoux berné*, *Les Noces de Figaro*, *Les Pèlerins de La Mecque*, les deux *Concertos* de piano en *la* et en *ut mineur*, la *Symphonie* de Prague, le *Quatuor en ré majeur* et maint autre chef-d'œuvre jalonnent cette période de sa vie pendant laquelle il fit le triste apprentissage des angoisses budgétaires et de la vie conjugale avec une compagne médiocre.

Viennent enfin, en noble cortège, les œuvres glorieuses de ses dernières années : *Don Juan* (1787) qui triomphe à Prague et échoue à Vienne, *Cosi fan tutte*, *La Flûte enchantée*, *La Clémence de Titus*, les trois dernières *Symphonies* en *mi bémol*, en *sol mineur* et en *ut majeur*, le *Concerto du Couronnement*, le *Quintette* avec clarinette, l'*Ave Verum*..., etc. La commande mystérieuse d'un *Requiem* lui apparut comme un avertissement surnaturel de sa fin prochaine. Il composa avec une admirable sérénité cet adieu à la vie, mais expira avant d'avoir pu l'achever. Et la fosse commune du cimetière Saint-Marc engloutit anonymement, le 7 décembre 1791, la dépouille de ce jeune musicien besogneux dont l'œuvre allait laisser sur l'océan des siècles un long sillage de lumière.

Il n'est pas aisé de caractériser le génie de Mozart. Il échappe à toute définition. Sa maîtrise est faite de grâce, d'aisance et d'élégance naturelles. Entre une phrase de Haydn et une phrase de Mozart il est bien difficile de découvrir une différence essentielle de conception ou de facture et, pourtant, une sorte d'aristocratie, faite d'impondérables, ennoblit tout ce qui tombe de la plume de l'auteur des *Petits Riens* et lui donne une couleur inimitable. Cette spontanéité se manifeste aussi bien dans le style le plus dramatique et l'accent le plus noble que dans la volubilité souriante et la tendresse légère. Le privilège unique de Mozart est d'avoir su parler musicalement avec la même facilité et la même infaillibilité le langage de Don Juan et celui de Zerline, celui de Sarastro et celui de Papageno, celui de dona Anna et celui de Chérubin.

Encore une fois ce n'est pas par le bouleversement

de la technique de son temps que ce prodigieux musicien réalisa ses conquêtes. Rien de cérébral dans ce génie instinctif. Mozart composait comme l'oiseau chante. La rapidité avec laquelle, dans une aussi courte carrière, il écrivit en se jouant ses quinze messes, ses vingt ouvrages scéniques, ses quarante et une symphonies, ses cinquante concertos et ses cent œuvres de musique de chambre prouve bien la divine facilité d'élocution dont il avait été doué par la nature.

La sévère orthodoxie musicale que lui avait imposée son père et la complaisance de son époque pour les locutions consacrées, les formules stéréotypées et les « clichés » interchangeables ne lui permirent pas d'affranchir son style des aimables lieux communs qui faisaient partie des traditions les plus respectables du « savoir-écrire » des compositeurs du XVIIIe siècle. Mais, malgré tout, la fraîcheur de ses idées mélodiques, l'ingéniosité de ses dessins rythmiques, la variété des inflexions souples et gracieuses de sa phrase ailée lui ont constitué une façon très personnelle d'exprimer sa pensée.

D'ailleurs, dans un domaine particulier de l'expression musicale, Mozart a fait très nettement œuvre de novateur et de conquérant. En un siècle où le timbre des instruments retenait peu l'attention des compositeurs, l'auteur de *Don Juan* s'est montré extrêmement sensible à la couleur des outils orchestraux mis à sa disposition. Cette curiosité constituait une sorte d'anomalie. Ses prédécesseurs et ses contemporains utilisaient un instrument en fonction de sa tessiture et de son étendue mais attachaient peu d'importance à sa sonorité personnelle. On ne voyait aucun inconvénient à confier indifféremment à une flûte, un hautbois, une clarinette, un basson, un violon ou un violoncelle, un *aria*, une sonate ou un concerto. Mozart n'admettait pas cette conception. Son oreille ultra-sensible se délectait aux vibrations nuancées et variées à l'infini que l'archet tire d'une corde ou que le souffle humain fait naître dans un tube sonore. C'est pourquoi il écrivit, avec des recherches d'une subtilité surprenante, un quintette pour quatuor à cordes et cor, un quintette pour hautbois, clarinette, cor, basson et piano, un quatuor pour hautbois et trio d'archets, un trio pour clarinette, alto et piano, des concertos pour deux cors, pour clarinette, alto et piano, des concertos pour deux cors, pour clarinette, pour basson, pour cors de basset, pour harmonica, flûte, hautbois, alto et violoncelle, sans compter une *Fantaisie* pour glockenspiel et un *Andante* pour orgue de Barbarie.

Ce sentiment de la couleur ne lui permit pas seulement d'enrichir d'effets nouveaux sa musique de chambre ou son écriture symphonique : il lui ouvrit, dans le domaine de l'expression lyrique, des perspectives inattendues. Dans *Les Noces de Figaro* et, à plus forte raison, dans *Don Juan* et surtout dans *La Flûte enchantée*, l'orchestre collabore audacieusement à l'action en faisant intervenir la puissance pathétique du timbre de tel ou tel de ses instruments. C'est là une hardiesse dont on n'a pas suffisamment souligné l'importance historique, car elle dépasse la solution adoptée par un Gluck placé en face du même problème. Wagner disait que les instruments, dans l'orchestre de Mozart, avaient une « voix humaine ». C'était souligner l'acquisition précieuse que venait de faire le théâtre musical en s'annexant une incomparable ressource expressive qui allait être exploitée si brillamment et si efficacement par les compositeurs du siècle suivant.

A part cette indication féconde, Mozart n'a pas légué à ses héritiers des formules d'une exploitation fructueuse. Indifférent aux théories, aux systèmes et aux esthétiques dogmatiques, il ne possédait pas d'autre richesse que son génial instinct qui n'était pas transmissible. Voilà pourquoi, bien qu'il ait pressenti et amorcé toutes sortes de conquêtes, deviné par éclairs l'idéal romantique, agrandi le champ sonore de la dissonance et dissimulé dans sa conversation familière, toujours amène et cordiale, des néologismes d'une rare intrépidité, le divin Mozart, qui fut l'enfant chéri des Muses, ne disputa pas, à des musiciens beaucoup moins doués que lui mais plus enclins à l'analyse, les lauriers dont on orne le front des pédagogues et des chefs d'école.

# 14

# L'École de Mannheim
# La Révolution

*L'École de Mannheim. — La Symphonie en Italie. —*
*La Révolution. — Gossec. — Méhul. — Cherubini. —*
*Lesueur.*

Autour des cinq astres éblouissants qui ont illuminé tout le ciel de l'Europe au XVIIIᵉ siècle brillèrent
plus discrètement quelques constellations et quelques nébuleuses dont la gravitation mérite d'être étu-
diée. Certains compositeurs, parfois injustement
oubliés, ont joué un rôle fort utile dans le développement de la technique des musiciens de leur époque et
ont exercé une influence heureuse sur les plus illustres maîtres qui ont bénéficié de leurs découvertes.

## L'école de Mannheim

De ce nombre sont assurément les « symphonistes » de l'école de Mannheim. On désigne sous ce nom
une vingtaine de compositeurs sérieux et méthodiques, d'origines assez diverses, qui se groupèrent
autour de Stamitz et s'appliquèrent à tirer du matériel sonore mis, depuis peu, à leur disposition le meilleur parti possible en créant un style instrumental
logiquement équilibré et en perfectionnant l'architecture de la forme symphonique.

Johann Stamitz *(1717-1757)*, brillant virtuose du violon, originaire de la Bohême, fut engagé par le prince-électeur palatin Charles-Théodore comme directeur de la musique de chambre et capellmeister à Mannheim où son activité fit naître un mouvement musical d'une intensité extraordinaire. Un admirable orchestre, célèbre dans le monde entier, fut l'instrument de travail et l'outil de prospection de tous ces chercheurs penchés sur les problèmes de l'écriture symphonique. On s'efforça de créer dans la polyphonie orchestrale un sentiment nouveau des timbres, des nuances, des volumes, des plans et des contrastes de rythmes et de mouvements.

Ces acquisitions si nécessaires et si logiques, ces utilisations ingénieuses et fécondes des ressources du matériel instrumental ne furent pas immédiatement appréciées à leur valeur par les compatriotes de Stamitz qui combattirent ces innovations, tandis que la France et l'Angleterre les accueillaient avec enthousiasme. Stamitz fut appelé à Paris et y fit entendre, chez le fastueux La Pouplinière, des œuvres écrites dans ce nouvel esprit, pour un orchestre où les « bois » et les « cuivres » partageaient enfin les responsabilités des cordes. La hardiesse des oppositions, la mobilité des basses, l'équilibre heureux de la construction et de la sonorité symphoniques étaient, en 1755, de véritables révélations qui apportèrent à tous les compositeurs des époques suivantes des indications décisives.

Stamitz ne fut pas le seul artisan de ces conquêtes. Tout d'abord, il avait été entouré des techniciens remarquables dont le groupement fut élevé à la dignité d'une École. Et puis il n'avait fait que concrétiser, classifier et signer des annexions déjà réalisées plus ou moins timidement et fragmentairement par tel ou tel artiste isolé qui n'avait pu faire homologuer ses victoires. Mais il serait tout à fait injuste de ne pas saluer l'action bienfaisante de l'École de Mannheim sur tous les musiciens de la seconde moitié du

XVIIIᵉ siècle et, en particulier, sur Haydn et Mozart. Auprès de Stamitz nous trouvons, en effet, ses deux fils, KARL et JEAN-ANTOINE, excellents propagandistes, FRANZ XAVIER RICHTER *(1709-1789)* qui composa soixante-dix symphonies remarquablement écrites; IGNACE HOLZBAUER dont Mozart admirait les œuvres et qui, lui aussi, laissa soixante-cinq symphonies; CANNABICH, CRAMER, RITTER, TOESCHI, WENDLING et tant d'autres artistes qui, à travers l'Europe, se firent les missionnaires et les apôtres de ce nouvel évangile et qui s'appelaient SCHOBERT, BOCCHERINI, GOSSEC, HOFFMANN, KARL DITTERS VON DITTERSDORF, EDELMANN, etc.

La musique de chambre bénéficia, elle aussi, de cette heureuse transformation de l'écriture. Schobert, en particulier, confia au piano dans les trios et les quatuors un rôle d'une importance toute nouvelle. L'École de Mannheim sut vraiment spiritualiser les matériaux musicaux que les progrès de la facture instrumentale mettaient, à cette époque, à la disposition des compositeurs et son influence se fit sentir pendant plus d'un siècle. Beethoven lui doit beaucoup et a utilisé méthodiquement les solutions que ces techniciens consciencieux ont inventées ou simplement codifiées pour résoudre les problèmes les plus sérieux de l'architecture musicale de leur temps.

L'intérêt croissant qu'éveille le timbre instrumental engendre une nouvelle forme de composition, la symphonie dite « concertante ». C'est un *concerto* à solistes multiples mettant en valeur tels ou tels instruments à clavier, à vent ou à cordes placés au premier plan sonore et en faisant briller les ressources techniques par des alliances, des oppositions ou des dialogues. On interroge avidement le « matériel » musical; on développe la virtuosité, on se passionne pour des effets nouveaux. Lors de son second voyage à Paris, en 1778, Mozart avait voulu présenter, dans une symphonie de ce genre, quatre chefs de pupitres de l'orchestre de Mannheim. La France, d'ailleurs, cultive avec une ardeur particulière la symphonie concertante et en prolongera longtemps le succès.

Mais la symphonie orchestrale pure, celle qui consacre et consolide l'équilibre de l'orchestre « moderne », continue sa brillante carrière. Depuis que Stamitz en avait révélé la formule dans les salons parisiens en 1754, nos compatriotes lui portaient le plus vif intérêt. Un compositeur comme Gossec qui, précisément, avait été placé par Rameau comme maître de chapelle chez La Pouplinière, dont Stamitz avait été l'hôte, joua un rôle actif dans sa diffusion. Les dix principales symphonies qu'il a laissées trahissent de fort intéressantes préoccupations dans le domaine de l'instrumentation et dans l'emploi des instruments à vent. Bien que son activité se soit orientée ensuite plus méthodiquement — comme nous le verrons plus loin — vers le théâtre, les œuvres chorales, les hymnes patriotiques et les chants révolutionnaires que la mystique républicaine allait faire foisonner sur notre sol, Gossec, qui fonda, en 1770, le *Concert des Amateurs* et dirigea les *Concerts spirituels*, aura tenu une place d'honneur dans la phalange des symphonistes français.

Avant lui, Jean-Marie Leclair *(1697-1764)* avait eu l'occasion, dans ses *Symphonies* pour orchestre à cordes et ses *Concertos*, d'affirmer ses qualités de chef d'école en enrichissant le répertoire français du violon d'œuvres admirablement écrites pour un instrument qu'il dominait en virtuose. L'apport d'un autre violoniste français, Guillemain *(1705-1770)*, et celui de Pierre Gaviniès *(1728-1800)* dans le domaine de la composition orchestrale et concertante sont également dignes de retenir notre attention.

## Italie

En Italie, malgré la prédominance traditionnelle du goût national pour la musique vocale, l'art orchestral progresse et s'affine au XVIIIᵉ siècle avec des compositeurs pédagogues comme Sammartini ou le Père Martini qui ont formé de nombreux élèves.

Jean-Baptiste Sammartini *(1701?-1775)*, qui ne quitta jamais la ville de Milan, fut le pionnier de l'art symphonique en Italie. Il osa, le premier, composer de grandes sonates d'orchestre au plan clair et logique, aux développements bien étudiés, à l'architecture solidement équilibrée. Il fut le maître de Gluck et l'inspirateur de Jean-Chrétien Bach et de Mozart. Il a abordé toutes les formes de la musique pour instruments et y a obtenu un succès qui dépassa les frontières de sa patrie. Dans toute l'Europe centrale on lui commandait des symphonies et l'on peut s'étonner de constater que ce vaste et brillant répertoire est totalement ignoré par nos chefs d'orchestre modernes et nos sociétés de concerts.

Le Père Martini *(1706-1784)*, franciscain bolonais, était un historien, un érudit et un remarquable théoricien du contrepoint. Il a écrit de nombreux ouvrages de musicologie et de technique. Son enseignement était très recherché. Il a composé des messes, des cantates, des oratorios et une vingtaine de sonates pour orgue ou clavecin.

Il eut Mozart pour élève lorsque celui-ci passa trois mois à Bologne lors de son premier séjour en Italie avec son père en 1770. Le jeune Wolfgang avait alors quatorze ans et ses premiers devoirs de contrepoint émerveillèrent le vieux moine qui se prit d'une sincère affection pour un disciple si bien doué. C'est à l'amicale influence du Père Martini que Mozart dut le diplôme qui lui attribua un fauteuil à l'Académie Philharmonique de Bologne après un examen qu'il passa, d'ailleurs, avec son brio coutumier. Mozart conserva toujours pour son vénérable professeur une tendre gratitude et dans une lettre qu'il écrit plus tard à son « Maître bien-aimé » il se désole de vivre loin de l'homme « qu'il aime, qu'il estime et qu'il vénère le plus au monde ».

Un violoniste-théoricien comme Giuseppe Tartini *(1692-1770)* exerça également une action certaine sur les compositeurs de son temps non seulement en perfectionnant la technique de son instrument, mais encore en donnant dans ses concertos, ses sonates et ses symphonies des exemples de l'heureux parti que l'on pouvait tirer de ces acquisitions nouvelles.

C'est encore un Italien, Luigi Boccherini *(1743-1805)*, qui prêcha jusqu'en Espagne l'évangile de Mannheim et qui composa vingt symphonies, cinquante-quatre trios, quatre-vingt-dix quatuors, cent vingt-cinq quintettes d'un style aimable et élégant. Il est curieux de constater qu'un spécialiste du clavier comme Muzio Clementi *(1752-1832)*, après nous avoir laissé une énorme production pianistique, voulut, lui aussi, s'attaquer à la symphonie et s'en faire le propagandiste au cours de nombreux voyages à travers l'Europe.

## Allemagne

Mais c'est, naturellement, en Allemagne que nous trouvons les grands précurseurs parmi les héritiers de Stamitz. Un compositeur comme Georges-Philippe Telemann *(1681-1767)* occupa, au xviii^e siècle, dans les milieux musicaux, une place plus considérable que J.-S. Bach dont il était l'ami et l'admirateur. A la mort de Kuhnau le poste de Cantor de la Thomaskirche ne fut attribué à Bach que parce que Telemann l'avait refusé malgré les supplications des autorités de Leipzig. Partout fêté et honoré, il occupa à Eisenach, à Francfort et à Hambourg les plus brillantes situations.

Son œuvre est gigantesque et son chiffrage nous confond : six cents ouvertures à la française, quarante-quatre *Passions*, trente-deux oratorios précédés de symphonies-préludes, des recueils de cantates et de motets formant une quarantaine de séries annuelles, quarante-cinq compositions pour orchestre, soli et chœurs, quarante opéras et d'innombrables œuvres de musique de chambre composent la partie de son bagage qui a pu être inventoriée, tâche qu'il se déclarait lui-même incapable d'exécuter. Sous l'anagramme de « Melante » il a signé des œuvres extrêmement variées et n'a pas craint d'aborder parfois le

domaine de la bouffonnerie. Très sensible aux
courants musicaux dont la source jaillissait à Paris,
n'ignorant rien du mouvement italien et unissant à
une science inattaquable une grande souplesse d'esprit et une fantaisie rare, Telemann fut un artiste
extrêmement complet.

A ce maître de l'Allemagne du Nord s'oppose un
musicien qui brilla dans l'Allemagne du Sud, JOHANN
ADOLF HASSE *(1699-1783)*, qui, ayant épousé une illustre
cantatrice vénitienne, la Faustina, s'orienta résolument vers une formule italienne du théâtre lyrique.
C'est dans ce domaine qu'il exerça une influence
réelle sur Haydn et sur Mozart qui avaient pour lui
une très grande admiration.

Les fils de J.-S. Bach, eux aussi, étaient des maîtres
dont les leçons furent très écoutées. Le vénérable
Cantor semblait avoir confié à ses enfants une mission apostolique : « Allez et évangélisez toutes les
nations! » Nous avons vu que le Bach de Londres, le
Bach de Halle, le Bach de Berlin, le Bach de Milan, le
Bach de Buckebourg et leurs frères furent des missionnaires qui portèrent partout la bonne parole.
Mais chacun de ces apôtres apportait dans sa prédi-
cation un accent particulier.

Deux d'entre eux marquèrent de leur empreinte les
plus grands artistes de leur temps. KARL PHILIPP
EMANUEL, le Bach de Berlin *(1714-1788)*, occupa à la
Cour de Prusse, auprès du royal flûtiste Frédéric II,
une situation très brillante qui lui assura la plus glorieuse carrière. Son style est fort différent de celui de
son père. Il est, à la fois, plus fantaisiste, plus chatoyant et plus léger. Il recherche l'originalité et s'affranchit du ton de noble onction et de religieuse
grandeur qui était naturel au génial organiste de la
Thomaskirche. Karl Philipp était un chercheur. Il
creusa les problèmes sonores que lui posait le clavecin et découvrit des solutions ingénieuses qui lui permirent de publier un remarquable ouvrage sur la
« véritable façon » de jouer de cet instrument. Ses
nombreuses compositions — cinquante-deux concertos, vingt-deux Passions, deux cents pièces diverses

— sont attachantes et particulièrement vivantes et ont été étudiées avec profit par Haydn et Beethoven. Le Bach de Berlin est appelé parfois Bach de Hambourg parce que c'est dans cette ville qu'il prit la succession de Telemann et qu'il passa les vingt dernières années de sa vie.

Jean-Chrétien Bach, son cadet *(1735-1782)* qui avait vingt et un ans de moins que lui, et qui, pourtant, le précéda dans la tombe, avait été son élève. Mais il alla chercher à Bologne, auprès du Père Martini, une orientation différente de sa pensée et de son langage. Il s'y imprégna du style italien dans ses seize opéras, ses cantates, ses oratorios, ses concertos et ses nombreuses pièces de musique de chambre. Ayant embrassé la religion catholique, il put devenir organiste de la cathédrale de Milan. Deux ans plus tard, il se rendait à Londres où la reine Charlotte ne tarda pas à se l'attacher comme maître de musique. Il fonda, avec le gambiste K.F. Abel *(1723-1787)* qui avait été l'élève de son père à Leipzig, des concerts dont le succès fut considérable. C'est en Angleterre qu'il connut le jeune Mozart et devint son guide et son ami. Il lui révéla les théories symphoniques et orchestrales de Stamitz et sut lui inspirer une très vive sympathie et une profonde admiration.

## La Révolution

Cependant la politique intervient soudain, avec une brusquerie singulière, dans le domaine de la composition. L'approche de la Révolution engendre en France une mystique populaire, inspirée de poncifs romains et helléniques, qui favorise l'éclosion d'une musique spectaculaire. Les Muses sortent des palais et des salons pour descendre dans la rue. L'art devient à la fois une branche du civisme et un instrument de gouvernement. La musique se démocratise dans la chanson patriotique, l'hymne et la cantate laïque. Les chœurs symbolisent la voix et le cœur du peuple.

Les compositeurs doivent écrire la musique de

scène de ce film tumultueux où les scènes sanglantes
alternent avec les épisodes attendris, les visions idyl-
liques et les symboles philosophiques. La mort des
tyrans, la Fête des Mères, l'apothéose du Travail,
l'hommage aux Époux, le Credo à la Nature, la Car-
magnole et l'Hymne à l'Être Suprême réclament leur
part de lyrisme collectif. Des milliers d'œuvres de circonstance poussent entre les pavés arrosés de sang.
Pendant dix ans la musique va exécuter des commandes pour commémorer des anniversaires, célébrer
des événements nationaux, rugir, s'enthousiasmer ou
pleurer par ordre supérieur. Ainsi s'achèvera dans
une rude et austère discipline sociale le développement de l'art aimable, élégant et aristocratique du
xviiie siècle qui avait donné naissance à tant d'authentiques chefs-d'œuvre conçus dans l'insouciance et
l'euphorie.

GOSSEC     *1734-1829*

L'un des compositeurs qui jouèrent un rôle actif
dans le développement de la musique d'inspiration
révolutionnaire fut le symphoniste François-Joseph
Gossec qui, après avoir triomphé dans les salons aristocratiques du régime précédent et avoir écrit de
nombreux ouvrages de théâtre *(Le Faux Lord, Les
Pêcheurs, Le Double Déguisement, Toinon et Toi-
nette, Rosine, Sabinus, Alexis et Daphné, Philémon et
Baucis, Hylas et Sylvie, La Fête du Village, Thésée,
La Reprise de Toulon, Berthe..., etc.)* devint l'un des
Tyrtées de la République naissante. Son lyrisme civique fut chaleureux et démonstratif. Les titres de ses
hymnes et de ses cantates sont des professions de
foi : *Chant du 14 juillet, A la Nature, À la Divinité, A
l'Être suprême, A l'Humanité, A l'Égalité, A la
Liberté, Le Serment républicain, L'Apothéose de
Rousseau, Offrande à la Patrie, Le Triomphe de la
République, Le Triomphe de la Liberté...,* etc. Ces
ouvrages de circonstance sont imprégnés d'un
enthousiasme sincère et d'une ferveur touchante. Ils

sont écrits avec une austère simplicité dans le style « romain » qu'affectionnaient les peintres et les poètes officiels du temps. Son *Te Deum* et sa *Marche lugubre*, interprétés, l'un par douze mille choristes et l'autre par un millier d'instruments à vent, traduisirent, tour à tour, l'allégresse et la douleur de la foule parisienne avec une éloquence irrésistible.

## Méhul    *1763-1817*

Moins « engagé » que Gossec, Etienne-Nicolas Méhul ne peut cependant résister au souffle violent qui balaie toute la France depuis que Rouget de Lisle y a déchaîné son *Chant des Marseillais*. Il composera donc, lui aussi, des hymnes et des cantates patriotiques. Son *Chant du Départ*, sur des vers enflammés de Marie-Joseph Chénier, connut une fortune égale à celle de la *Marseillaise* et l'on trouve de généreux et pathétiques accents dans son *Chant du Retour* et son *Chant du 25 Messidor* exécuté aux Invalides par deux grands orchestres et trois chœurs, pendant que des harpes, des cors et des voix de femmes faisaient descendre de la coupole de suaves harmonies préfigurant la « mise en ondes » utilisée par Wagner dans *Parsifal*.

Mais l'inspiration de Méhul tranfigura d'autres sujets. Le théâtre lui doit de belles réalisations comme *Euphrosine et Coradin* dont la vigueur dramatique fit sensation, *Stratonice, Cora, Mélidore et Phrosine, Le Jeune Henry*, dont l'ouverture fut un triomphe, *Adrien, Ariodant, L'Oriflamme, L'Irato, Une Folie, Helena, Gabrielle d'Estrées* et cet admirable *Joseph* dont l'émouvante pureté a conservé jusqu'à nos jours toute sa séduction. Quatre *Symphonies*, orchestrées avec ingéniosité, des ballets, des sonates de piano et quelques œuvres religieuses complètent l'apport de ce musicien de qualité à l'art de son époque troublée mais riche en fécondes inquiétudes.

## CHERUBINI    *1760-1842*

Ce Florentin naturalisé français, enfant prodige, élève de Sarti et du Père Martini, vint se fixer à Paris avant d'avoir atteint la trentaine. Il avait acquis une grande maîtrise dans l'écriture vocale polyphonique et se consacra d'abord à la musique religieuse. L'art révolutionnaire lui doit quelques cantates et œuvres décoratives de circonstance, comme *Le Salpêtre républicain*, *L'Hymne à la Victoire*, *L'Hymne funèbre*, *L'Hymne à la Fraternité*. Mais il fut surtout attiré par le théâtre. A vingt ans, il avait déjà abordé la scène en Italie avec *Quinto Fabio*, puis avec une demi-douzaine d'ouvrages lyriques. A Paris il donna successivement *Démophon*, *Lodoïska*, *Médée*, *Elisa*, *L'Hôtellerie portugaise*, *Le Porteur d'eau*, *Epicure* (en collaboration avec Méhul), *Anacréon*, *Pygmalion*, *Crescendo*, *Les Abencérages*, *Ali-Baba*..., etc. L'hostilité de Napoléon entrava sa carrière. Il avait été pourtant nommé, en compagnie de Gossec et de Méhul, inspecteur du Conservatoire, mais dut attendre l'année 1821 pour en devenir directeur après y avoir professé la composition depuis 1816. Il enrichit la musique religieuse de onze messes, de deux *Requiem*, d'un *Te Deum*, de trente-huit motets, de litanies, d'antiennes, et la musique de chambre de six quatuors, d'un quintette et de six sonates pour piano et nous a laissé, outre une symphonie et de nombreuses mélodies, un *Cours de Contrepoint*, ouvrage pédagogique où s'affirme le solide métier qui lui valut, de son temps, de la part du public toujours amateur de musique facile, plus de remontrances que de compliments.

## LE SUEUR    *1760-1837*

Une vingtaine d'hymnes et œuvres de circonstance associent Jean-François Le Sueur à Gossec, Méhul, Cherubini et aux autres compositeurs qui mirent leur art au service de la nation pendant la période exaltée du lyrisme civique et révolutionnaire. Mais cet artiste ingénieux et hardi, ce chercheur infatigable aborda d'autres domaines musicaux avec des ambitions novatrices qui firent de sa carrière artistique une longue bataille. Dès ses débuts il donne l'assaut aux traditions de la musique d'église. Après avoir été maître de chapelle ou directeur de la musique à Amiens, à Sées, au Mans, à Tours, à Dijon et aux Saints-Innocents de Paris, il finit par triompher d'un concours qui lui procure la direction musicale de Notre-Dame. Mais le clergé s'épouvante de la nouveauté de ses conceptions et, en particulier, de sa création d'un grand orchestre pour enrichir le décor sonore des offices. La magnificence de ces exécutions théâtrales attirait une telle foule qu'on avait surnommé la cathédrale de Paris « l'Opéra des gueux ». Ce succès trop fracassant lui fit perdre son poste.

Il se tourna alors du côté du théâtre profane et obtint un succès immédiat avec sa *Caverne*, tirée du *Gil Blas* de Le Sage, puis avec *Paul et Virginie*. Après de nombreuses difficultés avec l'Opéra il put faire jouer *Télémaque dans l'île de Calypso*, *Ossian ou les Bardes*, *Le Triomphe de Trajan*, *La Mort d'Adam* et composa un *Alexandre à Babylone* dont la fastueuse mise en scène ne fut jamais réalisée, pas plus que celle d'*Artaxercès* et de *Tyrtée*. Dans tous ces ouvrages, Le Sueur recherche des effets scéniques nouveaux, exige des décors compliqués, une figuration considérable, des accessoires saisissants, des animaux dressés, et dépense une érudition déconcertante dans le domaine de l'Antiquité classique et dans celui d'un exotisme plus ou moins conjectural. Il est hanté par les présentations grandioses et les instrumentations exceptionnelles.

Professeur de composition au Conservatoire, il eut d'illustres élèves dont les plus célèbres sont Hector Berlioz, Charles Gounod et Ambroise Thomas. Son influence sur le développement de leur talent fut indéniable. En tout cas on ne saurait sans ingratitude et sans offenser la vérité historique attribuer à Ber-

lioz, comme on le fait si souvent, l'initiative des exécutions à grands effectifs avec intervention d'instruments spectaculaires et d'accents « apocalyptiques,
ninivites et babyloniens » : l'auteur de la *Fantastique*
n'a fait qu'imiter docilement son maître effervescent
et les musiciens de la Révolution qui, bien avant lui,
avaient fait entrer dans leurs cantates en plein air les
canons, les cloches, les salves de mousqueterie, les
fanfares, les orchestres géants, les chœurs monstres
et les trompettes de Jéricho. Il fallait, d'ailleurs, le
survoltage d'un bouleversement social comme celui
qui enfiévra les hommes de ce temps pour donner à
nos artistes cet appétit du « colossal », si étranger au
goût français. Berlioz fut, chez nous, non pas le premier, mais le dernier malade atteint de cette fièvre
éruptive et de gigantisme auriculaire qui annonçaient
le romantisme, mais dont le romantisme allait assez
rapidement s'affranchir.

# 15

# Beethoven et Weber

BEETHOVEN    *1770-1827*

Un nom — ne disons pas un homme ni une œuvre — domine tout le XIXᵉ siècle. C'est le nom de Beethoven. Il a le poids, l'autorité et l'éclat d'un symbole. Il occupe dans l'histoire de la musique une place singulière : celle d'un souverain plébiscité et porté sur le trône par le consentement unanime des peuples. Il tient, en effet, son pouvoir dictatorial du suffrage universel. En art, c'est une particularité tout à fait exceptionnelle.

L'élite et la foule, les professionnels et les amateurs, les aristocrates et les démagogues n'ont pas coutume d'admirer les mêmes hommes et les mêmes œuvres. Ils sont automatiquement divisés par leur éducation, leur milieu, leurs goûts héréditaires, leur tempérament et les limites de leur technicité. L'unanimité de la ferveur ne s'est jamais faite autour de Rameau, de Bach, de Mozart, de Schubert, de Wagner, de Debussy et d'autres génies créateurs qui ont enrichi la musique de trouvailles plus fécondes, plus originales et plus décisives que celles de Beethoven : elle s'est réalisée, au contraire, sans effort, sur le nom de l'auteur de *Fidelio*.

Depuis quelques années, certains musiciens, et non des moindres, commencent à s'étonner de cette anomalie et estiment que la postérité sera amenée à

inventorier avec plus de précision et d'équité l'apport
d'un musicien de génie dont la littérature a innocemment déformé les traits et altéré l'image. Il est frappant de constater, en effet, que c'est moins aux musiciens qu'aux romanciers et aux poètes que Beethoven
doit sa dictature. Il leur doit aussi son titre de «Titan
de la Musique » que l'on a tendance aujourd'hui à
remettre en discussion. Or le goût musical des hommes de lettres a toujours été sujet à caution et l'on
ne compte plus les fâcheux malentendus que l'on doit
au cours des siècles à l'intervention abusive de la littérature dans l'histoire de la musique.

Le « cas » Beethoven semble bien le démontrer une
fois de plus. Car le fait d'admirer en bloc et sans
nuances une production aussi disparate et de ne pas
soupçonner l'existence de l'abîme qui sépare les lieux
communs qui foisonnent dans les neuf *Symphonies*
des pensées sublimes qui abondent dans les *Sonates*
et les *Quatuors* enlève à cet hommage peu éclairé une
bonne partie de sa pertinence. Et la préoccupation de
découvrir à tout prix de la sublimité dans les propos
les plus familiers de ce compositeur « romantisé » à
l'excès dans sa vie et dans son œuvre a trop souvent
faussé leur véritable caractère.


Issu d'une famille plébéienne originaire de Malines
mais transplantée à Bonn, fils d'un chantre héréditairement alcoolique et de la veuve tuberculeuse d'un
valet de chambre de l'électeur de Trèves, Ludwig van
Beethoven vit le jour en 1770. Son père, comme celui
de Mozart, voulut le transformer en enfant prodige et
lui fit aborder à quatre ans l'étude du piano et, à
huit, la carrière de virtuose. L'éducation musicale de
l'enfant fut conduite sans grand discernement. Un
violoniste, un ténor, un compositeur et deux organistes en furent tour à tour chargés, mais Beethoven ne
dut, en réalité, qu'à sa curiosité et à son acharnement
d'autodidacte sa culture littéraire et artistique. Organiste, pianiste et altiste, il acquit rapidement une

réputation d'improvisateur qui éclipsa ses mérites d'exécutant.

Protégé par de riches familles, il put bientôt suivre sans contrainte et sans soucis matériels sa vocation de compositeur. Le comte Waldstein voulut lui faire prendre, à Vienne, des leçons de Mozart; malheureusement la mort de sa mère, en le rappelant brusquement à Bonn, ne permit pas la réalisation de ce projet. Lorsque Beethoven retourna à Vienne, en 1792, Mozart était mort et ce fut Haydn qui se chargea de le faire travailler.

On a prétendu que cet enseignement n'avait eu aucune influence sur la technique du jeune musicien déjà attiré par les recherches de l'école de Mannheim : l'examen de ses premières symphonies démontre, au contraire, que ce compositeur de vingt-deux ans avait tiré le plus grand profit de ses contacts avec le vieux Maître des *Saisons*. Après Haydn, des professeurs comme Schenk, Salieri et Albrechtsberger complétèrent sa formation technique.

Nous le retrouvons à Vienne chez le prince Lichnowsky et dans quelques nobles familles qui l'entourent de prévenances et d'égards. Les jeunes filles de la plus haute société se disputent ses leçons. C'est au cours de son professorat mondain que Beethoven s'enflamma pour un certain nombre de ses élèves, la petite comtesse Babette Keglevics, Giulietta Guicciardi, Thérèse de Brunswick et sa sœur Joséphine, Bettina Brentano, Amalie Sebald, Thérèse Malfatti, sans compter la cantatrice Magdalena Willmann, Mme de Frank et quelques autres grandes dames ou artistes.

Le mystère de la vie sexuelle de l'auteur de *Fidelio* n'ayant jamais été éclairci, nous n'ajouterons pas de commentaires nouveaux à l'abondante documentation contradictoire accumulée par les historiens qui, après avoir étudié de près cette énigme, n'ont pu ni se mettre d'accord sur l'identité réelle de la fameuse « immortelle bien-aimée », ni découvrir le véritable caractère des relations que le musicien entretint avec ses idoles successives. Beethoven fut-il un puritain, un amoureux transi, un « platonique », un sensuel ou un galantin ? Nul n'a le droit de l'affirmer avec certitude.

A vingt-six ans, les premiers symptômes de l'affection qui allait le priver du sens de l'ouïe commencent à altérer son caractère et à faire naître en lui une maussaderie et une misanthropie qui ne cesseront de se développer. A quarante-neuf ans il est devenu complètement sourd et ne peut plus communiquer avec ses semblables qu'à l'aide de petits « cahiers de conversation » dont nous possédons de nombreux exemplaires et qui nous apportent sur la vie intime et les réflexes du malheureux « emmuré » des révélations aussi instructives qu'inattendues.

A la disgrâce de cette infirmité qui mit fin à sa carrière de pianiste et de chef d'orchestre vinrent s'ajouter d'irritants soucis familiaux. Son frère Kaspar Anton étant mort, Beethoven, avec son habituel sentiment du devoir, se consacra à la tutelle de son neveu Karl qu'il se proposait d'arracher à l'influence d'une mère dont il n'approuvait pas la conduite. Menant cette lutte avec la rudesse naturelle de son tempérament emporté, il ne tarda pas à s'engager dans d'inextricables difficultés, d'autant plus que son pupille, adolescent peu recommandable, se révéla indigne de sa sollicitude passionnée. Ses dernières années furent assombries par la cruauté de ces épreuves physiques et morales, et c'est après un douloureux déclin qu'il s'éteignit à cinquante-sept ans.

L'étude attentive de son caractère ne nous livre que des indications psychologiques contradictoires. Tendre et grossier, sensible et brutal, idéaliste et matérialiste, apôtre de la fraternité humaine et misanthrope irréductible, libertaire agressif acceptant docilement les libéralités de ses aristocratiques mécènes, moraliste austère titubant dans les estaminets, être affectueux et insociable partagé entre les réflexes de son âme de sensitive et de son humeur d'ours des cavernes, Beethoven offre un mélange déconcertant de qualités et de défauts antinomiques. Son hérédité chargée, à défaut de son infirmité personnelle, suffirait à expliquer ce déséquilibre que les louanges outrancières de ses panégyristes s'efforcent en vain de dissimuler. Et c'est par leurs pieux mensonges que les auteurs des biographies trop titanesques du « surhomme » lui ont fait du tort, car ils n'ont pas compris que le surhumain est beaucoup moins émouvant que l'humain et qu'en nous révélant les tares et les faiblesses de ce pauvre être torturé, les historiens sans préjugés l'ont rapproché de nous au lieu de l'éloigner.

L'œuvre de Beethoven révèle un tempérament foncièrement classique, progressivement troublé par les effluves du romantisme qui commencent à imprégner l'air qu'il respire. Ses premiers ouvrages trahissent son conformisme instinctif. Les deux symphonies qui précèdent l'*Héroïque*, ses premiers trios, ses premières sonates proclament sa fidélité à la grammaire, à la syntaxe et aux gabarits architecturaux de Mozart et de Haydn. Et, jusqu'à la fin de sa production orchestrale, ces formes traditionnelles un peu rigides lui paraîtront parfaitement satisfaisantes pour exprimer sa pensée. Le goût classique de la carrure, de l'équilibre, de la symétrie et des substructures géométriques est profondément enraciné en lui et l'on sent fort bien qu'il n'a jamais pressenti ni recherché la formule libératrice du poème symphonique dont la souplesse et la plasticité allaient bientôt s'adapter plus efficacement à l'idéal inquiet et passionné des artistes de cette époque.

Et pourtant le bacille romantique est déjà dans son sang. Il cède au besoin de se confesser dans son œuvre, de lui imposer un anthropocentrisme diffus, de jeter le poids de ses passions dans la balance et de prendre les battements de son cœur pour métronome. Il s'installe au centre d'une symphonie de coupe réglementaire, soit pour nous faire part des impressions qu'il éprouve en regardant couler un ruisseau, danser des paysans ou éclater un orage, soit pour nous dire ce qu'il pense du glorieux destin d'un héros, soit pour inviter les habitants de la planète à s'unir dans une fraternelle tendresse.

Le vocabulaire dont il use pour traduire ses sensations en présence de la nature n'est pas très différent de celui qu'emploie Haydn dans ses oratorios, et sa façon de peindre rationnellement une averse ou une éclaircie est, au fond, tout aussi conventionnelle que les paysages de la *Création* ou des *Saisons*.

Mais la sereine impassibilité de ce qu'il est convenu d'appeler la musique « pure » tend à disparaître de ses œuvres non descriptives et même de sa musique de chambre. Mozart, dans ses symphonies ou ses sonates, jouait avec les rythmes, les thèmes et les inflexions mélodiques à la façon souriante et détachée d'une jeune fille lançant élégamment dans les airs les anneaux d'un « jeu de grâces » : Beethoven imprègne de pathétique le moindre dessin rythmique, enrichit chacune de ses phrases d'un élément passionnel, les engage dans des conflits fiévreux, entretient en elles une ardeur intérieure, une chaleur humaine qui sont les premières manifestations de la « maladie des enfants du siècle ».

Et c'est peut-être bien la perception constante de cette palpitation secrète dans un discours musical que son architecture classique rend toujours familier et accessible qui explique la gratitude spontanée de la foule pour un orateur dont l'éloquence simple, puissante et directe utilise un langage d'une parfaite clarté. N'oublions pas que Beethoven se conformait ainsi à l'idéal de son époque résumé dans le vers célèbre d'André Chénier : « Sur des pensers nouveaux faisons des vers antiques. » Son élocution orchestrale est sans audace et la nouveauté de ses propos est généralement d'ordre purement sentimental. Il profère avec une chaleur entraînante des vérités élémentaires et des banalités qui deviennent soudain grandioses parce qu'elles éveillent dans l'âme des masses une résonance profonde. Beethoven a les qualités et les défauts d'un magnifique tribun populaire : pour bouleverser le cœur innombrable des peuples il est condamné à des grossissements et à des simplifications nécessaires qui déçoivent les délicats et les raffinés. C'est dans ce sens que son pouvoir souverain s'exerce à l'occasion, au-delà des frontières de la musique et qu'il a été investi de cette dictature d'origine littéraire, philosophique et sociale que nous signalions tout à l'heure et qui arrache certaines de ses œuvres au domaine de l'art pur.

Un tel point de vue est si contraire au « consentement unanime » des critiques musicaux et du public de notre temps qu'il choquera sans doute profondément certains de nos lecteurs, mais les réactions, encore timides et confidentielles, de beaucoup de compositeurs contemporains qui ne croient pas outrager l'auteur de *Fidelio* en essayant de libérer la religion beethovenienne de ses servitudes démagogiques, nous faisaient un devoir d'honnêteté de l'exposer.

Le catalogue des œuvres de Beethoven est moins abondant que celui de la plupart de ses contemporains. Il réunit pourtant neuf *symphonies*, cinq *concertos* de piano, un *concerto* de violon, l'opéra *Fidelio*, les musiques de scène d'*Egmont*, de *Prométhée*, du *Roi Etienne* et des *Ruines d'Athènes*, les trois ouvertures de *Léonore*, celles de *Coriolan* et de *Zur Weihe des Hauses*, deux messes — dont la célèbre *Missa solemnis* en ré — un oratorio : *Le Christ au mont des Oliviers* et de nombreux ouvrages de musique de chambre.

Dans ce dernier domaine il nous a laissé dix *sonates* pour violon, cinq pour violoncelles, des *trios*, un *quintette*, un *septuor* et des pièces diverses pour chant ou instruments. Mais la partie la plus significative de son œuvre se compose de ses dix-sept *quatuors* à cordes, de ses huit *sonatines* et de ses trente-deux *sonates* pour piano. C'est dans cette double série de constructions formalistes que nous pouvons suivre le plus aisément l'évolution de sa pensée, de sa technique et même de son caractère, car son mécontentement, ses aigreurs, ses révoltes se trahissent dans sa façon de secouer impatiemment le joug des lois traditionnelles du genre, en dépit du sage conseil de Chénier.

On a coutume de diviser en deux ou en trois étapes la route esthétique parcourue par Beethoven au cours de sa carrière. Il y a, en effet, un synchronisme de tendances dans les symphonies, les sonates et les quatuors écrits avant 1802 et dans celles des œuvres de sa maturité. On peut y observer, de bonne heure, cette propension de l'auteur à « sentimentaliser » sa musique de chambre. Son op. 13 s'appelle *Sonate pathétique*, et son op. 57 *Sonate appassionata*, ce qui est une antinomie pour une composition abstraite par définition; l'op. 81 s'intitule : *l'Adieu, l'Absence et le Retour*, l'op. 78 se propose de résumer un roman d'amour, l'op. 28 est une sonate « pastorale », une caille chante déjà dans l'op. 31, l'Aurore se lève dans l'op. 53, les cinq « grandes » ne sont que des confessions tumultueuses et douloureuses, et si ce n'est pas lui qui a salué l'irisation d'un clair de lune dans la seconde sonate de l'op. 27, on peut être assuré que cette indication ne lui aurait pas déplu.

En réalité, le style, la forme, le volume et la technique harmonique des grandes œuvres de Beethoven ont suivi tout naturellement la voie élargie que leur ouvraient les perfectionnements du pianoforte remplaçant progressivement le clavecin. Les trouvailles de Streicher furent pour Beethoven une date « instrumentale » qui eut son retentissement sur l'histoire de la composition en l'orientant vers des horizons nouveaux. Dès que les compositeurs de cette époque eurent sous les doigts un clavier permettant de heurter la corde de front, d'éveiller de puissants accords, d'égrener de brillants arpèges, de lier mélodiquement les sons, d'user d'un nouveau *staccato* et de renforcer les soubassements de l'harmonie par des « batteries », des trémolos et des effets empruntés aux timbales d'orchestre, ils découvrirent des locutions musicales inattendues et s'attaquèrent à des sujets qu'ils auraient été incapables de traiter et même de concevoir au temps du sautereau et de la corde grattée.

C'est donc, encore une fois, le labeur intelligent d'un artisan qui a décuplé la puissance créatrice d'un artiste de génie. La courbe enregistrant le développement de l'imagination de Beethoven suit docilement celle des progrès du *Hammerklavier*. C'est l'invention du marteau qui a révélé à eux-mêmes tant de « forgerons harmonieux ». C'est elle qui a permis à Beethoven d'enrichir un *scherzo* de piano de tant de détails ingénieux et d'une vivacité si souple et si élégante que ce preste badinage va supplanter aisément le cérémonieux *menuet* — héritage de la *Suite* — dans l'architecture classique de la symphonie. Et c'est grâce aux ressources précieuses des aigus lumineux et des basses ténébreuses de la corde frappée que le musicien a pu charger sa palette de couleurs nouvelles, qui lui ont permis de pénétrer dans des zones jusque-là inaccessibles de la poésie et du pathétique. Les exégètes romantiques du « Titan » trouveront cette explication prosaïque, elle n'a pourtant rien de désobligeant dans notre esprit, car, comme tous les travailleurs intellectuels ou manuels, un compositeur n'a pas à rougir d'être favorisé par les progrès de son outillage.

## WEBER *1786-1826*

L'auteur de *L'Invitation à la Valse* reconnaissait volontiers l'influence de l'outil sur le travail et n'en éprouvait aucune honte. C'est lui qui, en parlant avec un affectueux dépit de ses « damnés doigts de pianiste », de leur secrète personnalité, de leurs penchants obstinés, de leurs instincts et de leurs curiosités intelligentes, les appelait très justement « les tyrans de la création musicale ». Weber possédait une main très étendue qui lui permettait d'embrasser, sans l'arpéger, l'intervalle de dixième. Cette prise de possession large et aisée du clavier lui a dicté des traits et des accords insoupçonnés et a éveillé en lui des appétits harmoniques nouveaux.

Il y aurait, d'ailleurs, toute une étude à faire sur les transformations d'écriture qu'engendra — à l'insu même des compositeurs — la promotion du pouce à la dignité de sculpteur sur ivoire qui lui fut si longtemps refusée. L'expédient du « passage du pouce » dont on attribue l'invention à Bach avait eu déjà sur la composition une action indirecte d'une importance incalculable. En augmentant la mobilité, la portée, la souplesse et la puissance de ce magnifique instrument d'exploration et de conquête qu'est la main d'un virtuose on a frayé aux créateurs de rythmes ou d'harmonies des chemins inattendus dans des contrées vierges. Les vastes filets à papillons qu'étaient les grandes mains de Weber lui ont rendu les plus précieux services dans sa chasse aux impondérables.

Aussi, ces impondérables sont-ils exceptionnellement nombreux dans sa musique. On est toujours surpris, en confrontant les dates, de constater que toute la production de Weber est antérieure à la mort de Beethoven. Or, l'écriture harmonique pianistique et orchestrale de l'auteur d'*Euryanthe* est infiniment plus évoluée et plus subtile que celle du père de *Fidelio*. Car, si l'on parle volontiers du romantisme de Beethoven lorsqu'on rapproche ses œuvres de celles de Haydn ou de Mozart, on ne pense plus qu'à son classicisme si on les compare à celles de son contemporain Carl-Maria von Weber.


Cet artiste aux dons multiples incarne, en effet, de la façon la plus complète le véritable idéal romantique allemand, idéal de synthèse qui conçoit une œuvre d'art comme l'harmonieuse fusion de modes d'expression empruntés à la poésie, à la sculpture, à la peinture, à la danse et à l'art dramatique aussi bien qu'à la musique.

Weber réunissait en lui les qualités les plus rares. Il était fin et intelligent, admirablement doué pour les lettres et pour les arts plastiques; il possédait un sens critique très développé; en même temps, il concevait son art comme un apostolat et cherchait à éduquer le goût de la foule par ses travaux d'analyse musicale. Il avait nourri d'autre part, avant Wagner, l'ambition de doter sa patrie d'un art vraiment national et s'efforçait de créer une formule de théâtre lyrique capable de détrôner les frivoles opéras français, et surtout les opéras italiens dont les séductions faciles détournaient la masse de la véritable conception du drame musical. C'était, en même temps, un musicien accompli, virtuose brillant, chanteur adroit, improvisateur génial et très habile chef d'orchestre. Il avait donc parfaitement le droit de réclamer pour son tombeau cette fière épitaphe : « Ci-gît un homme qui aima les hommes et l'art en toute honnêteté et en toute pureté. »

Il avait commencé ses études musicales avec un de ses frères, avec Heuschkel et avec Michel Haydn, mais les termina avec un certain abbé Vogler dont l'enseignement lui fut précieux, car Weber était fort sensible à sa pédagogie affranchie de l'empirisme pur, appuyée sur des bases rationnelles et étayée de considérations philosophiques. Ce raisonneur aimait comprendre une discipline avant de l'accepter.

Malgré l'extrême émotivité de son imagination et son amour de la féerie, de l'exotisme et du fantastique, l'auteur d'*Obéron* était un romantique parfaitement équilibré. Il contrôlait intelligemment son délire. La nature lui faisait de grisantes confidences musicales, mais il n'avait pas le souci puéril de nous laisser croire, comme se plaisait à le faire Berlioz, qu'il les notait dans une agitation fébrile, le front brûlant, les yeux hagards, la main tremblante et le corps secoué de grands frissons. Il détestait toutes les manifestations du désordre et avait la loyauté de proclamer que le labeur du compositeur le plus exalté exige du calme, du recueillement et de la méthode.

Son visage était déjà une profession de foi. Weber n'avait ni le masque léonin et soucieux de Beethoven, ni la chevelure orageuse et l'œil de gerfaut de Berlioz. Il portait, sur un corps débile, une tête aux traits affinés par la maladie et éclairée par des yeux expressifs. Une ancienne coxalgie rendait sa démarche hésitante et son pas inégal. Mince et élégant, il portait des costumes impeccables. Ses succès féminins furent nombreux mais il ne sacrifia jamais à la mode des passions spectaculaires et des ruptures tumultueuses si répandue à son époque. Ses liaisons furent de bonne compagnie et se dénouèrent toujours sans fracas. A trente ans, il épousa une de ses interprètes, la charmante Caroline Brandt, après l'avoir prudemment décidée à renoncer à sa carrière artistique et goûta près d'elle un paisible bonheur.

Il exerça les fonctions de chef d'orchestre ou de directeur de la musique à Breslau, à Karlsruhe, à Stuttgart — où il fut victime d'une erreur judiciaire qui le conduisit quelques jours en prison — puis à Prague et à Dresde où le roi de Saxe lui confia la direction de l'« Opéra allemand ».

Comme Mozart et comme Beethoven il avait dû, sous la direction d'un père ambitieux, s'entraîner de bonne heure à la carrière profitable d'enfant prodige en voyageant sans cesse et en composant prématurément des pièces de piano, des mélodies, des variations, un concertino, des sonates, une messe, et même des ouvrages dramatiques comme *La Puissance de l'amour et du vin*, *La Fille des bois* et *Peter Schmoll*. Du second de ses essais il tira les éléments d'une *Silvana*, écrivit un *Abu-Hassan*, des musiques de scène pour *Turandot*, *Yngurd*, *Preciosa*, *Les trois Pinto*, mais ne livra ses batailles décisives qu'avec *Le Freischütz* (1820), *Euryanthe* (1823) et *Obéron* (1826).

Deux *symphonies*, de nombreux *concertos*, parmi lesquels son célèbre *Concertstuck* pour piano et orchestre, deux messes, des cantates religieuses et profanes, des chœurs, des mélodies, un quintette, un quatuor et une abondante production pianistique prouvent la variété de ses dons.

Très intéressé par des recherches de timbres, il acquit son étonnante virtuosité d'orchestrateur et son sens du coloris instrumental en composant des œuvres concertantes pour la flûte, le basson, le cor, la trompette, l'alto, le violoncelle, la harpe ou la guitare. Et son intimité avec l'illustre Baermann lui fit approfondir la technique de la clarinette dont il fit valoir toutes les précieuses ressources dans des pièces demeurées célèbres comme ses *Variations* et son *Duo concertant*.

Berlin eut la primeur du *Freischütz*, œuvre éblouissante de couleur, dont l'importance dans l'histoire du théâtre lyrique est capitale. Vienne créa *Euryanthe* qui exerça sur Wagner une influence profonde, et Londres vit naître *Obéron*, opéra dans lequel le fantastique reçoit, au pays de Shakespeare, une traduction musicale saisissante. C'est à la suite de cette création que Weber, miné par la phtisie, mourut loin des siens, en territoire britannique, et fut inhumé dans la crypte de Moorfield. Dix-huit ans plus tard, en 1844, le gouvernement de Dresde réclama ses cendres et ce fut Richard Wagner qui donna à cette manifestation un caractère d'obsèques nationales en organisant une mise en scène grandiose. La cérémonie eut lieu, la nuit, à la lueur des torches, au bord de l'Elbe. Les restes de l'auteur du *Freischütz* furent placés sur une barque transformée en chapelle ardente. Traversant majestueusement le fleuve, ce reposoir flottant aborda la rive où étaient massés les assistants pendant qu'une ingénieuse machinerie soulevait le cercueil qui parut se hausser comme un ostensoir au-dessus de la foule pour recevoir son hommage. Et un orchestre attaqua une marche funèbre composée par Wagner sur des thèmes d'*Euryanthe*.

L'auteur de *Lohengrin* acquittait ainsi publiquement la dette de reconnaissance qu'il avait contractée à l'égard de ce précurseur de génie. L'œuvre de Weber est, en effet, remplie d'indications prophétiques. Ses trouvailles harmoniques ont été exploitées avec fruit par ses plus illustres successeurs. Son orchestre regorge d'innovations saisissantes et de sonorités pré-wagnériennes. Son *Concertstuck*, en suivant docilement les péripéties d'un scénario anecdotique sous-entendu — le roman d'une châtelaine séparée de son époux qui guerroie en Palestine — annonce déjà la formule du poème symphonique de Liszt. L'utilisation de rappels de thèmes devance l'entrée dans la technique lyrique du procédé du *leitmotiv*. La soif d'exotisme qui caractérise tous les artistes romantiques se trahit, chez Weber, dans l'hispanisme de sa *Preciosa*, l'orientalisme d'*Obéron*, la turquerie d'*Abu-Hassan* et les nombreux emprunts qu'il fit, çà et là, à des thèmes russes, anglais, français, polonais, hongrois et chinois.

Mais son grand mérite fut de donner enfin au sentiment de la nature une traduction musicale soustraite à la stylisation et à la convention. Ce contemporain de Beethoven ne décrit pas un paysage comme le fait l'auteur de l'orage enfantin de la *Pastorale* : il n'a pas honte de faire de la *Malerei* et de la meilleure, en même temps qu'il donne son véritable sens à l'*Ausdruck der Empfindung*. Et cette peinture a une variété et une puissance de couleurs, une force de suggestion, un sentiment de l'atmosphère, un pouvoir de féerie et cet « arôme sauvage » dont parle Berlioz qui sont, pour l'époque, des acquisitions absolument neuves dont il est inutile de souligner la haute valeur. Au milieu de ses arbres et de ses rochers de carton, *Le Freischütz* fait passer sur toutes les scènes un souffle d'air pur profondément imprégné de tous les parfums des forêts et chargé des messages fantasmagoriques des vieilles légendes. Weber est le bienfaiteur direct de Wagner, de Liszt, de Berlioz, de Mendelssohn, de Chopin et son influence s'est fait sentir chez nous jusque dans les œuvres de Bizet, de Lalo et de Chabrier.

Comme beaucoup de créateurs remarquablement doués que les dieux prétendent aimer, Weber mourut jeune. Il a partagé cette redoutable faveur divine avec Stradella, avec Purcell, avec Nicolas de Grigny, avec Pergolèse, avec Stamitz, avec Mozart, avec Schubert, avec Mendelssohn, Bellini, Chopin et Bizet.

Mais, comme eux, il trouva le moyen, au cours de son bref séjour sur la terre, de nous laisser des œuvres dont la radio-activité ne s'affaiblit pas. Le rapide passage de Weber sur notre planète constitue un des grands événements de l'histoire du romantisme international.

# 16

# Schubert et Mendelssohn

Les historiens de la musique qui abordent l'étude de ce second représentant hautement qualifié du romantisme germanique ont généralement coutume de s'excuser de présenter à leurs lecteurs un artiste aussi peu pittoresque. Certains d'entre eux font grief à l'auteur du *Roi des Aulnes* d'avoir mené une existence aussi médiocrement photogénique et si pauvre en péripéties dignes d'échauffer l'imagination de ses biographes. L'un d'eux même n'hésite pas à lui reprocher durement d'être dépourvu de « ce rapport de convenance de l'homme à l'œuvre qui est la condition primordiale de toute admiration ».

Ce verdict nous semble fort injuste et fondé, d'ailleurs, sur une jurisprudence contestable. Tout d'abord, entre des chefs-d'œuvre tels que *La Belle Meunière* ou *Le Voyage d'hiver* et l'homme simple, modeste et affectueux qui a voulu traduire dans cette musique les sentiments les plus élémentaires, les plus familiers et les plus quotidiens, le « rapport de convenance » nous semble parfaitement établi. D'autre part, beaucoup de grands créateurs n'ayant pas été les hommes de leurs œuvres il est tout à fait arbitraire de faire de cet accord préalable « la condition primordiale de toute admiration ». Quoi qu'il en soit, même en acceptant cet étrange postulat, nous avons le droit d'admirer Schubert en toute tranquillité de conscience.

Il incarne, en effet, une des formes les plus respec-

tables et les plus persuasives du romantisme. Le
« mal du siècle » avait provoqué chez les artistes qui
en furent atteints les réactions organiques les plus
diverses : alors que Weber fut un méditatif pondéré,
Schumann, un hypocondriaque et Berlioz, un épileptique, Schubert n'était atteint que d'une hypertrophie
du cœur dont aucun signe extérieur ne pouvait révéler l'existence. C'était un être timide, cordial et casanier dont l'exaltation intérieure possédait le miracu-
leux privilège d'arracher secrètement au prosaïsme
de la vie des trésors insoupçonnés de poésie, une
abeille qui, du suc des plus pauvres fleurs, savait
tirer un miel délicieux. Et ce fut, en réalité, la manifestation la plus humaine et la plus durable de cet
idéal artistique collectif engendré par une trop forte
épidémie d'individualisme.

Franz Schubert est né à Liechtenthal, faubourg de
Vienne, où son père exerçait les fonctions de maître
d'école. Enfance banale, dans une ambiance de labeur
et de discipline assez sévère, mais poétisée, malgré
tout, par l'éveil du sentiment musical. Le père et les
frères du petit Franz-Peter jouaient tous d'un instrument et faisaient fréquemment de la musique d'ensemble. De très bonne heure Schubert reçut de son
père des leçons de violon et de son frère Ignaz des
leçons de piano. Il travailla ensuite le chant, l'harmonie et l'orgue avec Michael Holzer, maître de chapelle
de sa paroisse. Dans un autre milieu les dons musicaux extraordinaires de cet enfant auraient provoqué
des manifestations d'enthousiasme spectaculaires et
créé autour de lui une atmosphère de griserie qui
aurait pu modifier profondément son tempérament
et sa mentalité. Chez ces modestes travailleurs l'apparition de ce jeune génie ne fut pas saluée bruyamment comme l'aurait été ailleurs la découverte d'un
enfant prodige. Son père se contenta de lui donner de
bonnes notes pour ses rapides progrès musicaux, tandis que ses premiers maîtres déclaraient avec attendrissement qu'ils ne pouvaient rien apprendre à ce

garçonnet qui devinait tout et méritait d'être « admiré en silence ».

C'est cette admiration muette qui a entretenu chez ce fils d'instituteur la simplicité et la modestie qui ont toujours réglé ses rapports avec ses semblables. Sans en tirer la moindre vanité, à treize ans, il compose déjà une *Fantaisie* pour piano à quatre mains. A quatorze ans, il aborde le *lied* avec *La Plainte d'Agar*. A quinze ans, il écrit des *Quatuors à cordes*, à seize, sa première *Symphonie* et un opéra-féerique, et à dix-sept, une *Messe*, un *Quatuor*, une seconde *Symphonie* et la sublime *Marguerite au rouet*. Et son catalogue s'enrichira à un rythme progressivement accéléré, lui permettant d'accumuler, en moins de quinze années d'activité, une telle quantité de partitions que personne ne peut se flatter, à l'heure actuelle, de connaître à fond, jusqu'à sa dernière note, l'œuvre intégrale de Franz Schubert.

Et c'est ce qui explique l'injuste oubli dans lequel a sombré la majeure partie de ses six cents *lieder*, de ses dix symphonies, de ses quinze quatuors à cordes, de ses dix-sept opéras et « Singspiele », de ses sept messes, de ses cantates, motets, hymnes et chœurs accompagnés d'instruments divers, de son abondante musique de chambre, et de ses innombrables pièces pour piano, *Fantaisies*, *Impromptus*, *Divertissements*, *Moments musicaux*, *Valses nobles*, *Valses sentimentales*, *Sonates*, etc.

L'agréable voix de soprano que possédait le jeune Schubert l'avait fait admettre, à onze ans, dans les chœurs de la chapelle impériale. En même temps il entra au « Stadtkonvikt », collège municipal où il fut l'élève de Salieri et de Rucziska. Pour être dispensé du service militaire dont la durée était alors de quatorze ans, il s'inscrivit à l'école normale d'instituteurs de Sainte-Anna et devint l'adjoint de son père à Liechtenthal. Mais ses obligations scolaires ne firent aucun tort à sa carrière de compositeur qui se poursuivit avec un paisible automatisme.

Il écrivait, d'ailleurs, avec une facilité et une rapidité inconcevables. Lorsqu'il était encore au collège on lui apporta le poème du *Roi des Aulnes*. Il le lut, puis le déclama à haute voix devant quelques amis, s'assit brusquement à sa table de travail et en écrivit, d'un seul jet, l'admirable traduction musicale. Le soir même, ses camarades, s'emparant du manuscrit qui avait été griffonné loin de tout instrument, lui firent entendre au piano cette page saisissante qui émerveilla tout le monde. Il avait alors dix-huit ans et jeta négligemment sur le papier, au cours de cette année-là, cent quarante-quatre lieder, deux messes, une symphonie et un *Singspiel*.

Aussi sociable que Beethoven était misanthrope, Schubert avait besoin d'être entouré de joyeux compagnons pour se sentir pleinement à l'aise. Dépourvu de toute ambition, il aimait l'existence simple et cordiale qu'il menait dans les cabarets et les guinguettes des faubourgs de Vienne, dans les « Weinstuben » et les brasseries où ses camarades le fêtaient affectueusement et où il composait ses *lieder* sur un coin de table, dans la fumée des cigares, avec plus d'euphorie que dans le silence de sa petite chambre sans grâce et sans gaieté.

La médiocrité de sa vie amoureuse explique fort bien le goût qu'avait Schubert pour ces réunions amicales. Trop jeune pour épouser une certaine Thérèse Grob — douce adolescente sans beauté qui l'aimait sincèrement, l'attendit en vain et se laissa marier contre son gré à un boulanger — il éprouva un chagrin si profond de cette première déconvenue sentimentale qu'il ne parvint jamais à en chasser la hantise. Il devint timide et méfiant à l'égard des femmes, et ce n'est que dans ses biographies romancées qu'on trouve les éléments des idylles purement légendaires qui ont été popularisées par l'opérette et le cinéma. Son séjour estival au château du comte Esterhazy où il donnait des leçons de musique aux deux jeunes filles de son hôte n'eut jamais le caractère romanesque qu'on lui a prêté. Tout en étant particulièrement sensible au charme de son élève Caroline — moins toutefois qu'à celui de sa jolie camériste — il ne considère cette aristocratique villégiature que comme une servitude professionnelle qui le privait fâcheusement de la société de ses amis et des bonnes soirées passées dans les tavernes viennoises. Car, dans le domaine de l'amitié, Schubert fut plus favorisé que dans celui de l'amour.

Pendant toute sa carrière il fut soutenu par d'excellents camarades qui se dévouèrent pour faciliter la tâche de cet artiste incapable de défendre seul ses intérêts. Les poètes Grillparzer, Mayrhofer, Schober, les frères Huttenbrenner, Spaun, les peintres von Schwind et Kupelwieser et quelques autres admirateurs formèrent autour de lui une garde d'honneur et parvinrent à intéresser à son sort l'illustre chanteur Vogl qui devint son meilleur interprète et son propagandiste le plus actif. C'est avec ces bons compagnons que furent organisées les fameuses « schubertiades », joyeuses parties de campagne et réunions musicales auxquelles s'associaient quelques jeunes filles, heureuses de respirer cette atmosphère d'insouciance et d'art qui allait bientôt enchanter chez nous les bohèmes de notre Henri Murger. Car Schubert, malgré le complexe d'infériorité qu'il devait à son physique un peu ingrat et à son premier chagrin d'amour, recherchait la camaraderie féminine. Il la rencontra chez les quatre sœurs Frolich et à Steyr, où il se félicitait d'habiter une maison où se trouvaient huit jeunes filles, toutes jolies. Mais il est probable que ces gentilles compagnes traitaient avec une familiarité assez protectrice le bon gros garçon à lunettes qu'on avait surnommé *Schwammerl*, le petit champignon!

Que faut-il penser de la fameuse disgrâce physique de Schubert? Était-il vraiment laid? Contentons-nous de recueillir sur ce point le témoignage d'un médecin, le Dr Eckel, qui dirigeait à Vienne l'Institut vétérinaire, et qui, avec la même précision professionnelle que s'il s'agissait d'un de ses clients habituels, nous a laissé, du musicien, cette consciencieuse fiche signalétique : « Corps petit mais vigoureux, avec une forte ossature et une musculature robuste, sans angles, plutôt arrondie. Nuque courte et trapue. Epaules, poitrine et bassin larges, bien développés. Bras et jambes arrondis, pieds et mains petits, démarche vive et énergique. Crâne, assez vaste, rond et solide, abondante chevelure brune. Le visage a moins de beauté que d'expression. Les yeux doux, brun-clair, brillent comme la flamme dans les moments d'animation. Arcades sourcilières proéminentes et sourcils touffus. Nez moyen, épaté, un peu retroussé, lèvres pleines, charnues, presque jointes et, la plupart du temps, fermées. Grains de beauté au menton. » Et, très simplement, le praticien conclut : « En somme, le visage de Schubert offrait l'expression classique d'harmonie, de force et de douceur d'un Olympien. » Ce certificat médical n'est-il pas d'un optimisme rassurant ?

N'éprouvant pas l'appétit des honneurs mais cherchant à équilibrer son budget vacillant, Schubert brigua timidement, trois ou quatre fois, un poste officiel : sa candidature ne fut jamais retenue. Ne voyageant pas, comme le faisaient si méthodiquement les artistes de son époque, il végéta, sans amertume, dans sa ville natale, y mourut du typhus à trente et un ans et demanda à être inhumé auprès de Beethoven qui, depuis un an, l'avait précédé dans la tombe. Son vœu fut exaucé et, au cours de deux exhumations successives, le cercueil de l'auteur de *Rosamunde* ne fut pas séparé de celui de l'auteur de *Fidelio*. Après un sommeil de soixante années à la nécropole de Wahring, les deux compositeurs reposent actuellement, côte à côte, au cimetière central de Vienne. La mort seule est parvenue à réunir ces deux hommes de génie dont les deux destins se frôlèrent dans la même ville, mais à qui la vie n'avait pas fourni l'occasion de se fréquenter et de se lier d'amitié, malgré la sincère admiration qu'ils éprouvaient l'un pour l'autre.

Une gloire posthume, qui grandit d'année en année, a vengé Schubert de la médiocrité de son sort pendant sa trop brève existence terrestre. Elle ne s'attache encore qu'à un trop petit nombre de ses chefs-d'œuvre. Deux de ses dix Symphonies — l'*ut majeur* et l'*Inachevée* — l'entracte et les airs de ballet de *Rosamunde*, sa *Marche militaire*, deux de ses *Moments musicaux*, deux *Sonates*, un *Trio*, quelques *Valses* et *Impromptus*, une *Fantaisie*, le *Quatuor* de *La Jeune Fille et la Mort*, le *Quintette* de la *Truite* et les deux cycles de mélodies de *La Belle Meunière* et du *Voyage d'hiver*, une vingtaine de ses six cents lieder et d'innombrables transcriptions et arrangements de sa *Sérénade* et de son *Ave Maria*, voilà, hélas! à peu près tout ce que la foule connaît de sa production gigantesque.

Cet artiste sensible et bon aura joué, au centre du romantisme autrichien, le rôle d'une viole d'amour qui vibrait docilement à toutes les sollicitations et traduisait avec une sincérité touchante la mélancolie et la tendresse des humbles en face de la tristesse et de la douceur de vivre. Il l'a fait dans une langue musicale admirable qui ne doit rien aux procédés scolastiques — Schubert n'a jamais étudié le contrepoint et a résolu par son seul instinct les problèmes les plus complexes de la composition — et qui regorge de trouvailles harmoniques saisissantes.

C'est dans son œuvre que l'on peut observer l'étonnante puissance de prolifération d'un accord ou d'un enchaînement d'accords nouveaux qui engendrent automatiquement d'innombrables locutions inattendues permettant de rendre plus exacte et plus nuancée l'expression d'un sentiment ou d'une pensée. Les harmonies de Schubert, qui n'ont rien perdu de leur pouvoir émotif, ont enrichi pour toujours le vocabulaire sentimental des musiciens qui l'ont suivi. Elles ont fixé d'une façon durable certaines réactions humaines en face de la nature ou de l'amour. Elles ont surtout appris aux musiciens qu'on pouvait, même dans une époque de délirante exaltation collective, traduire sans aucune grandiloquence les messages les plus pathétiques du cœur. Et c'est dans ce sens que, par-dessus les années, les frontières et les tables de tavernes, un Schubert et un Verlaine peuvent se tendre affectueusement la main.

## MENDELSSOHN　*1809-1847*

Encore un romantique ennemi de l'emphase et des explosions volcaniques dans sa vie et dans son œuvre. Encore un artiste sensible qui n'a pas cru devoir prendre une attitude théâtrale devant la postérité. Mais la discrétion élégante et distinguée du fils du banquier berlinois ne rappelle en rien la bonhomie résignée de l'humble bohème habitué des « Weinstuben » qui griffonnait sa musique au verso des « additions » oubliées par les buveurs.

Félix Mendelssohn Bartholdy naquit à Hambourg, mais il avait deux ans à peine lorsque son père Abraham Mendelssohn s'installa avec sa famille à Berlin où il venait de transférer son établissement financier. Abraham Mendelssohn possédait de hautes capacités et une vive intelligence, mais il avait été favorisé par le destin d'un ascendant si illustre et d'un descendant si glorieux qu'il croyait devoir s'excuser, avec une spirituelle modestie, de n'avoir cessé d'être le « fils de son père » que pour devenir le « père de son fils ».

Il était, en effet, le second enfant de Moïse Mendelssohn, philosophe réformateur, mathématicien éminent, écrivain de grand talent à qui l'on doit une *Jérusalem*, un *Phédon* et une traduction de la Bible qui l'avaient rendu célèbre. Toutes les ramifications de la famille Mendelssohn ont, d'ailleurs, engendré des hommes remarquables qui réussirent brillamment dans toutes leurs entreprises.

Le jeune Félix — le bien-nommé — n'eut autour de lui, dès son enfance, que des exemples de droiture, de travail, de devoir et de discipline familiale. La devise de son foyer était « Fidèle et obéissant jusqu'à la mort ». Il la respecta aussi scrupuleusement que sa sœur aînée Fanny, sa sœur cadette Rebecca et son frère Paul. Les solides traditions patriarcales de son hérédité israélite, la pieuse observance de la religion protestante qu'avait embrassée cette branche de sa famille — qui, pour souligner cette orientation séparatiste avait ajouté au nom des Mendelssohn celui des Bartholdy — et les conditions exceptionnellement euphoriques dans lesquelles vivait cet enfant intelligent, affectueux, doué de sentiments délicats et possédant autant de séduction extérieure que de talent, lui rendirent aisée la pratique des plus nobles vertus.

Élevé par des parents très cultivés qui surent encourager sa vocation et développer ses dons artistiques — le jeune musicien était, en même temps, un excellent dessinateur — habitant un somptueux hôtel entouré d'un parc splendide, s'avançant paisiblement sur une route dont on aplanissait devant lui tous les obstacles, Mendelssohn ne connut aucune des laideurs et des rigueurs de la vie. Alors que tant de grands créateurs eurent des existences de martyrs, cet artiste, comblé par les dieux, put enfanter dans la joie et ignorer l'envers de la gloire.

Les philosophes n'ont pas manqué de nous faire observer que cette faveur du destin était dangereuse, car c'est elle qui a donné à toute la production du musicien cette aimable facilité et cette sérénité souriante qui lui ont été souvent reprochées comme des tares. Les cruautés du sort, l'âpre obligation de la lutte décuplent les facultés créatrices et survoltent les énergies. L'opposition du visage affable de Mendelssohn et du masque douloureux et maussade de Beethoven demeure, sur ce point, plus éloquente que la plus longue dissertation.

La formation technique de l'enfant, confiée aux meilleurs professeurs de Berlin, fut complétée judicieusement par d'instructifs voyages. Son père le conduisit à Paris, puis à Rome. Il fut reçu très affectueusement, à Weimar, par Gœthe, qui, après l'avoir accueilli avec sa méfiance habituelle, ne put résister à son charme et lui accorda une sympathie qu'il refusa tour à tour à un Weber et à un Berlioz.

Puis ce furent des tournées triomphales en Angleterre, de nouveaux voyages en France et en Italie, de brillants succès de chef d'orchestre dans les festivals de Düsseldorf, de Cologne et de Leipzig, son mariage avec la fille d'un pasteur, sa nomination à la direction des concerts du Gewandhaus, sa création d'un Conservatoire où il fit entrer Schumann comme professeur et sa brusque disparition, à trente-huit ans, en pleine apothéose.

On observe un parallélisme assez curieux entre le début de la carrière musicale de Mendelssohn et celui des années d'apprentissage de Mozart. Comme l'auteur de *La Flûte enchantée*, le compositeur du *Songe d'une nuit d'été* fut un artiste précoce qui, à onze ans, avait déjà écrit des sonates, des *lieder*, des quatuors vocaux et, de douze à seize ans, treize *Symphonies pour orchestre à cordes*; comme lui, il donna de bonne heure des concerts très remarqués; et, comme lui, il avait une sœur admirablement douée, qu'il aimait tendrement et qui partageait ses succès. Mais, alors que le père de Wolfgang ne songeait qu'à exploiter commercialement « l'attraction » que constituaient ses deux enfants prodiges, celui de Félix laissa s'épanouir librement les dons de son petit couple de virtuoses, affranchis, grâce à lui, de toute servitude matérielle et possédant le privilège insigne de se consacrer à leur art en toute indépendance.

Ici, encore, le climat familial a joué un rôle décisif sur le développement intellectuel des deux compositeurs dont l'un menait une existence harassante de chien savant, alors que l'autre partageait ses loisirs dorés entre les leçons de Moscheles et les cours de Hegel à l'université de Berlin.

Mais, tandis que Mozart ne cessait d'agrandir son champ de vision, Mendelssohn ne dépassa guère le point de perfectionnement qu'il atteignit, à dix-sept ans, avec son Ouverture du *Songe d'une nuit d'été* qui représente son apport le plus personnel à l'idéal et à la technique de son temps. Clarté et solidité de la forme, élégance impeccable de l'écriture, suavité des courbes mélodiques, ingéniosité de dessin, féerie de bonne compagnie, orchestration lumineuse et transparente avec de ravissantes trouvailles de détail que tous ses successeurs lui ont empruntés sans scrupules, charme sans bassesse et séduction sans vulgarité, voilà ce que cet adolescent apportait aux mélomanes de 1826.

On retrouve ces vertus — dont il est de bon ton de parler avec dédain — dans les œuvres maîtresses qu'il écrivit plus tard. Elles brillent dans son *Concerto* de violon aussi bien que dans l'Ouverture de *La Grotte de Fingal*, dans sa *Symphonie italienne* comme dans l'*Écossaise* ou la *Réformation*, dans sa musique de chambre et dans sa musique d'orgue.

On fait assez bon marché, aujourd'hui, du reste de sa production, de ses oratorios comme *Élie*, *Paulus* ou le *Christus* inachevé, des deux premières de ses cinq *Symphonies*, des ouvertures du *Calme de la mer*, de *Ruy Blas*, des *Trompettes* ou de *La Belle Mélusine*, de ses deux *Concertos* de piano, de ses musiques de scène pour *Athalie*, *Œdipe* ou *Antigone*, de ses chœurs religieux et de son abondante collection de *Caprices*, de *Fantaisies* et de *Romances sans paroles*. Car le romantisme pondéré a peu de prestige sur la foule. La perfection aisée, la maîtrise élégante ne la séduisent pas autant que la gestation spectaculaire et haletante d'une œuvre médiocre. L'ignorant a besoin qu'un créateur souffre et peine sous ses yeux pour croire à son génie.

Mendelssohn s'est heurté aux préjugés qui devaient, plus tard, discréditer un styliste aussi remarquable que Saint-Saëns. Une élocution claire, une construction logique, un développement sans obscurités, un instinct profond de l'équilibre et une pureté absolue de vocabulaire, de grammaire et de syntaxe passent trop souvent de nos jours — où la crise de l'apprentissage et la décadence de la technique sévissent en musique comme ailleurs — pour des survivances d'un académisme suranné. Il faut en accuser les deux guerres mondiales qui ont privé deux générations d'adolescents des bienfaits d'une formation professionnelle normale. Le travail de maître-ouvrier de Mendelssohn n'est plus apprécié que d'une élite de connaisseurs et de spécialistes. Celui de Saint-Saëns est victime du même malentendu. Mais il est bien évident que les fluctuations de la mode et du goût, qui nous conduisent déjà, depuis quelque temps, à la recherche d'un néo-classicisme expiatoire, réhabiliteront, un jour, ces chefs-d'œuvre d'un artisanat supérieur au même titre que ceux qui, dans le domaine des arts plastiques, émerveillent les collectionneurs éclairés.

N'oublions pas, en tout cas, que Mendelssohn ne se contenta pas de servir la musique en l'enrichissant de partitions charmantes mais qu'il se fit l'apôtre dévoué des grands musiciens de son temps. Chef d'orchestre remarquable, il mit sa baguette au service de Bach et de Beethoven qui avaient besoin, l'un et l'autre, d'être défendus contre l'indifférence ou l'hostilité de leurs compatriotes. A vingt-six ans il imposait avec Clara Wieck, au festival de Leipzig, le *Concerto* à trois pianos de Bach et faisait acclamer son interprétation magistrale de la *Neuvième Symphonie* de Beethoven. Et, bientôt après, il rendait au grand Cantor un hommage éclatant en donnant à la Thomaskirche une exécution grandiose de la *Passion selon saint Matthieu* et en dirigeant, à Londres, la *Messe en si mineur* avec une autorité irrésistible.

Mendelssohn a été un bon serviteur de l'art et un compositeur d'une rare distinction. On a cru le diminuer en disant qu'il était le « Murillo de la musique ». Beaucoup d'amateurs de peinture admettront que la comparaison n'a rien d'humiliant et que l'on ne rencontre pas tous les jours des musiciens méritant un pareil hommage.

# 17

# Schumann et Chopin

SCHUMANN     *1810-1856*

Amené, un jour, à définir sa personnalité, en se confectionnant, par jeu, un sosie symbolique, Robert Schumann ne put résoudre ce problème de psychologie qu'en se dédoublant et en se réincarnant dans deux frères jumeaux et ennemis : Eusebius et Florestan. C'était là une indication dont tous ses biographes ont été obligés de reconnaître la clairvoyance. Schumann portait en lui deux hommes étrangers l'un à l'autre : un rêveur élégiaque et un apôtre passionné. Eusebius s'enivrait de clair de lune pendant que Florestan partait en guerre contre les Philistins. Le premier vivant dans un *andante* éternel, tandis que le second ne respirait à l'aise que dans le tumulte d'un *allegro furioso*. Toute la vie de Schumann est dominée par cette dualité d'instincts, d'appétits et de tendances philosophiques et artistiques. Ce déséquilibre intérieur devait, d'ailleurs, aboutir au tragique paroxysme dans lequel sombra sa raison.

Le génie de l'auteur de *Manfred* a été lié à des phénomènes pathologiques sur lesquels la science médicale a eu son mot à dire. Dans un sentiment de piété familiale que l'on comprend fort bien, la fille de Schumann a consacré une longue et généreuse étude à ce douloureux sujet. Elle y affirme que son père a été victime de biographes malveillants, que sa démence n'était pas organique et héréditaire comme on l'affirme, qu'elle ne fut précédée d'aucun symp-

tôme révélateur et qu'elle fut provoquée accidentellement par un excès de travail et par les trop cruelles
souffrances morales qu'endura le malheureux fiancé
de Clara Wieck avant de pouvoir fonder son foyer.
Cette protestation se justifie par des mobiles si respectables qu'on ne peut refuser de l'accueillir avec
déférence et sympathie. Elle est faite pour troubler
profondément tous ceux qui s'intéressent à ce problème. Mais une simple citation du livre d'Eugénie
Schumann invitera les redresseurs de torts, tentés de
se lancer trop fougueusement sur cette piste, à ne pas
perdre leur sang-froid.

Se trouvant avec une amie dans un jardin zoologi-
que devant la cage d'un lion, au moment du repas des
fauves, la fille du musicien analyse ses impressions
de la façon suivante : « Le gardien passa entre les
barreaux la nourriture saignante. Croyez-vous que le
lion se précipita pour la dévorer? Point. De ses deux
pattes puissantes il serra fortement sa proie contre
sa poitrine : puis il leva les yeux et son admirable
regard eut une expression de gratitude et d'extase
indicibles. Par-dessus le gardien, par-dessus les spectateurs, ce regard montait vers le ciel, il remerciait
Celui à qui l'on est redevable de tout. Emues, frémissantes, comme devant une révélation, nous nous
regardâmes et je passai mon chemin, songeuse... »

Une notation de ce genre révèle assurément chez
son auteur la plus chrétienne délicatesse d'âme mais
ne plaide pas impérieusement en faveur de l'acuité de
son sens critique. Le « benedicite du lion » nous conseille d'accueillir avec une certaine circonspection
une thèse dans laquelle les droits de l'amour filial
ont dû être plus passionnément défendus que ceux de
la vérité historique et de l'observation scientifique.

Robert Schumann est né à Zwickau, dans une
famille parfaitement apte à comprendre et à respecter les valeurs spirituelles mais où la culture littéraire était plus développée que la culture musicale.
Son père, qu'il perdit à seize ans, était libraire, édi-

teur et auteur et s'intéressa avec intelligence au développement des dons surprenants de son dernier-né. Il disparut avant de pouvoir aider ce fils bien-aimé à s'engager dans la carrière musicale qui effrayait la prudence bourgeoise de son épouse.

Celle-ci, après la mort de son mari, obligea le jeune Robert à entreprendre des études juridiques. Dès ses premières années, Schumann, dont l'âme était pure et sensible, connut donc les épreuves morales, le découragement et la contrainte. On avoue, d'ailleurs, dans son entourage, que c'est à ce moment-là que son caractère se modifia. L'enfant joyeux et affectueux devint un adolescent taciturne et mélancolique. La lecture des rêveries passionnées et nébuleuses de Jean-Paul Richter, dont il s'enivrait, achevait de désaxer cette jeune imagination exaltée. Lorsqu'il partit pour Leipzig, l'étudiant en droit avait pourtant ébauché des études musicales avec l'organiste Kuntzsch, organisé un petit orchestre de chambre avec des camarades et acquis une certaine virtuosité pianistique.

A Leipzig, il fait la connaissance du professeur de musique Friedrich Wieck et s'émerveille du talent précoce de sa meilleure élève, sa fille Clara, qui, à neuf ans, donne déjà des exécutions éblouissantes. Le destin de Schumann est fixé à partir de cette rencontre. Il devient l'élève de Wieck, habite chez lui et s'attache à Clara par les liens progressivement resserrés d'une camaraderie d'écoliers transmuée en amitié, en admiration artistique, en tendresse émue, en amour, puis en passion douloureuse le jour où il se verra refuser la main de sa bien-aimée.

Jusqu'à sa vingtième année il n'avait pas réussi à triompher de la résistance de sa mère qui ne pouvait se résigner à faire de lui un artiste. Et, lorsqu'il parvint enfin à la fléchir, sa sensibilité vint se meurtrir à un autre obstacle : le père de Clara Wieck ayant surpris les tendres espoirs des deux jeunes gens repoussa la demande en mariage de Robert avec une violence et une brutalité qui le démoralisèrent. Pendant cinq ans il eut à lutter contre cette opposition féroce et à subir les plus cruelles humiliations et les plus viles calomnies avant d'obtenir des tribunaux l'autorisation de conduire sa fiancée devant le pasteur Wildeshan.

Il a maintenant trente ans. Son cerveau n'a plus que quatorze années à vivre mais son corps végétera encore deux ans après l'extinction de cette flamme. Une courte période d'euphorie va lui apporter la récompense de ses efforts.

A l'époque où il travaillait avec Wieck, un accident, dont il est responsable, ne lui avait pas permis de poursuivre ses études techniques de haute virtuosité. Pour obtenir un meilleur rendement musculaire de sa main droite, il avait eu l'idée étrange de ligaturer un de ses doigts pour développer la force des phalanges voisines. Il en résulta une atrophie inguérissable des ligaments ainsi immobilisés et Schumann avait dû renoncer à la carrière de concertiste. C'est alors qu'il décida de se consacrer à une initiation musicale du public. Il fonda une revue dans laquelle il prodigua des dons remarquables d'analyste et de critique constructif. Il avait le privilège de transposer dans les mots, l'émotion, l'atmosphère et la couleur des œuvres qu'il voulait faire comprendre et aimer. Il entreprit, avec Wieck, Knorr et Schunke, les plus courageuses campagnes contre le mauvais goût de la foule et les réputations usurpées. Il eut alors des collaborateurs illustres tels que Mendelssohn, Stephen Heller, Berlioz, Liszt et Richard Wagner.

Il avait, en même temps, cédé à son esprit de prosélytisme en créant un bataillon de choc composé d'artistes disposés à donner l'assaut à la paresse d'esprit des « Philistins ». Ce cénacle d'avant-garde portait le nom de *Davidsbund*. Les « Compagnons de David », les *Davidsbündler*, au premier rang desquels s'avançaient naturellement les jumeaux Eusebius et Florestan — dont le *Carnaval* nous a conservé les silhouettes caractéristiques — furent les preux chevaliers de toutes les nobles causes de l'art et symbolisèrent le généreux esprit de progrès en face de la routine. Des danses et une marche conquérante leur ont donné une existence fantaisiste dans les œuvres de Schumann.

Quelques voyages d'agrément, quelques poétiques idylles probablement platoniques — Nanni, Liddy, Agnès Carus, Clara de Kurrer, Ernestine de Fricken, Henriette Voigt, Anna Laidlau — furent les seules émotions heureuses que connut, avant son mariage, le fidèle époux de Clara Wieck. Lorsque son foyer fut créé, il consacra toutes ses heures au travail et à la vie familiale. L'altération progressive de sa santé, les menaces obscures que faisait peser sur lui la hantise des troubles mentaux dont il redoutait l'approche, le poussèrent à hâter son labeur. Il s'adonna aux pratiques du spiritisme, enregistra des messages musicaux d'outre-tombe sous la dictée de Schubert et de Mendelssohn, eut des hallucinations de l'ouïe, fut obsédé par la note *la* qui le poursuivait sans répit, réclama anxieusement son internement pour prévenir les dangers que pouvait faire courir à sa famille une irresponsabilité dont il devinait l'imminence... puis alla, sans mot dire, se jeter dans le Rhin.

Sauvé par des bateliers, il fut ramené chez lui mais il avait définitivement perdu la raison et dut être enfermé à l'asile d'Endenich, aux environs de Bonn. Il y languit pendant deux années et s'y éteignit le 29 juillet 1856 sans avoir recouvré l'usage de ses facultés. Il fut enterré dans la ville natale de Beethoven. Il laissait quatre filles et trois fils. Clara lui survécut pendant quarante ans, soutenue par l'affection de Brahms qui, avec Joachim, avait été le plus fidèle ami de Schumann pendant les dernières étapes de son calvaire. Cette intimité très tendre provoqua naturellement les commentaires qu'on devine. Une pénétrante étude de Litzmann permet d'apporter plus d'équité dans l'examen de cette situation délicate qui comporte tant de subtiles nuances. Ce qui demeure hors de discussion c'est que Brahms et Clara se consacrèrent à la diffusion et à la défense de l'œuvre de Schumann avec un zèle, une méthode et un dévouement admirables et qu'on leur doit la naissance d'une religion schumannienne à une époque où les plus nobles chefs-d'œuvre du maître de Zwickau rebutaient les amateurs de musique.

L'art étant pour les romantiques une confession publique quotidienne on retrouve sans cesse dans l'œuvre de Schumann les pulsations secrètes du rythme de sa vie. Ses premières compositions sont inspirées exclusivement par l'instrument qu'il étudie avec tant de zèle : le piano. Elles reflètent les préoccupations d'un adolescent de dix-neuf ans qui vient d'obtenir enfin le droit de suivre sa vocation musicale et qui se lance dans les luttes de l'esthétique. Jusqu'à trente ans il ne se confiera qu'à son clavier en nous donnant les *Variations sur le nom Abegg*, les *Papillons*, les *Etudes* d'après Paganini, l'éblouissant *Carnaval* qui est, à la fois, un album de portraits et un manifeste, les *Danses des Davidsbündler* qui transposent dans un dynamisme chorégraphique les élans juvéniles d'une petite chapelle d'artistes fervents, les *Etudes symphoniques*, la grande *Fantaisie* op. 17, les *Kreisleriana*, les *Novelettes*, *Le Carnaval de Vienne*, trois *sonates*, les *Scènes d'Enfants*, des *Impromptus*, l'*Arabesque*, des *Intermezzi*, les *Blumenstücke*, les *Nachtstücke*..., etc.

A trente ans, il épouse Clara Wieck et, aussitôt, éprouve le besoin de chanter son bonheur. Une floraison de *lieder* jaillit soudain de son cœur. Les cycles et les albums se succèdent sur des poèmes de Henri Heine, de Chamisso, de Gœthe, de Rückert, de Kerner, d'Andersen ou de Eichendorff. *Les Myrtes*, *Le Printemps de l'Amour*, les *Romances et Ballades*, *Balthazar* et les admirables recueils intitulés *L'Amour et la Vie d'une femme* et *Les Amours du Poète*, c'est-à-dire près de quatre-vingts mélodies s'épanouissent au cours d'une seule année d'extase nuptiale. Viennent ensuite sa première *Symphonie* en si bémol majeur, trois *Quatuors* à cordes, son *Quintette*, et son premier oratorio : *Le Paradis et la Péri.*

Il est maintenant à Dresde et sa neurasthénie se développe. Il se consacre à la patiente élaboration de son *Faust,* termine son *Concerto* de piano, compose sa seconde *Symphonie* en ut majeur, sa *Geneviève* et son *Manfred* qui est l'aveu de sa nostalgie maladive. Il revient au piano avec des *Études,* des *Esquisses,* des *Fugues,* un *Album pour la jeunesse* et des pièces à quatre mains; il écrit de nouveau des *lieder* et des ensembles vocaux et des ouvrages de musique de chambre.

Et c'est l'étape finale de Düsseldorf, la ville qui l'avait toujours effrayé parce qu'elle possédait un trop célèbre asile d'aliénés. Il a quarante ans. Il nous donne sa *Troisième Symphonie* en mi bémol majeur — la « Rhénane » — son *Concerto* pour violoncelle, les ouvertures de *La Fiancée de Messine,* de *Jules César* et d'*Hermann et Dorothée,* sa quatrième *Symphonie* en ré mineur, son troisième *Trio,* ses *Marchenbilder,* sa *Fantaisie* pour violon et orchestre, des *Ballades* de Uhland, une *Messe,* un *Requiem,* le *Bal d'enfants,* trois *Sonates pour la jeunesse,* des *Scènes de bal* à quatre mains, deux *Sonates* pour piano et violon..., etc. L'un de ses derniers travaux fut la réalisation d'un accompagnement de piano pour six sonates de Bach écrites pour violon seul.

Cette magnifique production est imprégnée tout entière d'une inquiétude et d'une angoisse diffuses, mais traversée sans cesse d'élans fiévreux vers on ne sait quel idéal inaccessible. La musique de Schumann est rythmée par de perpétuels coups d'ailes. De là ces départs fougueux, ces tressaillements, ces sursauts d'énergie et cette façon de répondre, avec la ferveur désespérée d'un prisonnier, à une perpétuelle invitation à l'évasion.

Mais ses ailes se referment vite. Il n'est pas créé pour les longs vols planés. Son lyrisme se trouve dépaysé au théâtre, malgré l'attrait qu'offrait ce mode d'expression à un artiste de sa culture. Sa *Geneviève* reflète bien imparfaitement son génie.

C'est dans son œuvre de piano, dans ses _lieder_ et dans son _Manfred_, qu'il nous a laissé ses plus pathétiques confidences.

Son écriture pianistique est d'une splendide richesse. Elle lui a permis d'exprimer sa pensée, dès sa jeunesse, avec une perfection qui n'a pas été dépassée par les œuvres de sa maturité. Il y superpose les rythmes avec une hardiesse surprenante pour l'époque. Obéissant à son instinct plus qu'à la discipline scolastique, il cherche et trouve dans l'harmonie des accents que le contrepoint n'aurait jamais pu lui fournir. Son oreille perçoit de riches interférences de sons. La matière vibrante qu'il malaxe est raffinée. On est surpris de constater que ses _Études symphoniques_ ont été écrites sept ans seulement après la disparition de Beethoven dont la conception harmonique et pianistique semble singulièrement pauvre auprès de celle-ci.

Schumann tire d'un clavier des effets d'un prémodernisme surprenant. Et toute sa musique en est imprégnée et vivifiée car on la sent issue de la sensibilité digitale de son créateur. Elle est née d'une palpation attentive et voluptueuse de la touche. Jusqu'à trente ans, Schumann s'est confié uniquement à son piano qu'il a su faire chanter comme un violon et dont il a étudié passionnément les plus mystérieuses résonances. Pour lui, comme pour Weber, Liszt et Chopin, l'instrument a été un confident et un guide. C'est parce que ses dix doigts lui ont suffi pour enserrer et modeler l'argile sonore que son écriture d'orchestre nous paraît un peu terne, alors qu'un Berlioz, au contraire, a demandé à l'orchestration les ressources de couleurs qu'il était incapable d'obtenir de son écriture de piano. La musique de Schumann est tout entière tissée « à la main ».

La voix humaine fut pour lui une seconde révélation. Lorsqu'il composa ses premiers _lieder_ il s'émerveilla des possibilités qu'il découvrait dans le chant. Il proclama sa joie d'écrire des cycles de mélodie. Il a inventé des accents et des inflexions d'une tendresse très différente de celle de Schubert mais d'une égale émotivité humaine. Toute la littérature vocale et pianistique du XIXᵉ siècle doit au vocabulaire de Schumann beaucoup de précieux éléments de pathétique.

Son influence a été moins sensible dans les autres domaines de la composition. Si son *Manfred* est une poignante confession qui nous permet de le mieux connaître, ses *Scènes de Faust, Le Paradis et la Péri,* son *Requiem pour Mignon* et sa *Malédiction du poète* ne nous ont pas apporté de révélations bien saisissantes. Par contre, ses *Trios*, son *Quatuor* avec piano et son prodigieux *Quintette* nous livrent plus complètement son âme ardente et son cœur inquiet. Schumann aura partagé avec Schubert le rare privilège — refusé à presque tous les romantiques — de donner à l'effusion sentimentale un style mélodique et harmonique dont les musiciens qui l'ont suivi ont pu s'inspirer sans anachronisme. On a souvent reproché à Clara Wieck d'avoir voulu opposer l'esprit conservateur de Schumann, de Mendelssohn et de Brahms à la fièvre révolutionnaire de Liszt et de Wagner. Ce point de vue ne manquait pas de clairvoyance et la postérité a ratifié ce jugement. La sagesse et la pondération d'Eusebius ont su faire entrer dans l'ordre classique le bouillonnant romantisme de Florestan.

CHOPIN     *1810-1849*

Tout ce que nous venons de noter en observant le développement initial du style de Schumann, l'attentive docilité du compositeur aux réactions du clavier, sa patiente auscultation des vibrations de la corde frappée et son système harmonique forgé et retouché au marteau de velours s'applique avec plus de rigueur encore à la musique de Chopin. Son univers sonore est enfermé tout entier dans le coffre magique du piano. L'orchestre, la voix humaine, le théâtre lyrique, la polyphonie chorale, les sonorités instrumentales l'ont laissé indifférent : l'imposition des mains sur les touches d'ivoire et d'ébène lui a suffi pendant toute sa vie pour provoquer la germination et l'épanouissement de sa pensée.

Cette spécialisation si étroite a fait longtemps méconnaître l'importance considérable du rôle qu'a joué Chopin dans l'évolution du langage musical. On éprouve toujours une certaine hésitation à prendre au sérieux la production d'un virtuose. Liszt et Chopin ont été, l'un et l'autre, victimes de cette injuste prévention. L'expression « musique de pianiste » est nettement péjorative. Et les pages brillantes écrites par un jongleur de clavier sont trop souvent assimilées à l'outillage professionnel indispensable à un illusionniste ou à un prestidigitateur.

On a fini par s'apercevoir que l'œuvre de Chopin, aussi bien que celle de Liszt, était tout autre chose que du « matériel d'estrade ». Tout un style, toute une syntaxe, toute une conception nouvelle de l'expression mélodique et de l'écriture harmonique sont sorties de ces *Nocturnes*, de ces *Préludes*, de ces *Ballades* et de ces *Polonaises*. Les deux mains de Chopin ont fait jaillir du piano des sources fraîches de poésie et de tendresse dont personne avant lui n'avait soupçonné l'existence. Un Debussy, un Ravel, un Fauré se sont toujours fait un devoir de rendre le plus fervent hommage à ce précurseur et de proclamer qu'il leur avait ouvert des chemins enchantés dans des zones encore inexplorées de l'harmonie et de la mystérieuse résonance pianistique.

Né à Zélazowa-Wola, près de Varsovie, Frédéric Chopin était polonais par sa mère et français par son père originaire de la Lorraine. Comme la plupart des grands musiciens de cette époque, il fit preuve d'une virtuosité précoce, donna des concerts à neuf ans et triompha à Varsovie, à Berlin, à Vienne et à Munich avant de se lancer à la conquête de Paris. Il trouva chez nous une atmosphère particulièrement accueillante : on admirait le virtuose, on fêtait le dandy élégant et l'on s'attendrissait sur le messager de la Pologne martyre.

Il devint rapidement l'idole des salons parisiens.

Sa séduction personnelle, sa pâleur distinguée, sa grâce fragile enchantaient les milieux mondains pour qui la maladie était un charme et la chlorose une élégance. Déjà menacé par la phtisie qui avait emporté l'une de ses sœurs, la gracieuse et spirituelle Emilie, il bénéficiait d'un snobisme d'une époque où la bonne santé n'était pas à la mode et où il était de bon ton pour un jeune homme « d'être pâle et de paraître exténué ».

Son aspect était d'autant plus touchant pour les sujets de Louis-Philippe qu'on pouvait lire sur son visage la pathétique mélancolie d'un cœur brisé. Il venait, en effet, d'être séparé d'une ravissante cantatrice polonaise, Constance Gladkowska, pour laquelle il brûlait d'une passion délicate et respectueuse. Ce premier chagrin d'amour avait été suivi d'une épreuve sentimentale encore plus douloureuse. La rencontre inattendue d'une amie d'enfance tendrement chérie, Marie Wodzinska, avait de nouveau éveillé dans son cœur un sentiment passionné. Des fiançailles secrètes lui avaient permis de croire à son bonheur prochain lorsque le père de la jeune fille opposa au mariage projeté un veto inébranlable. Le chagrin et le désarroi dans lesquels le plongea ce nouveau déchirement fit de lui une proie facile pour une troisième Muse qui, sans se soucier des scrupules et de la réserve un peu effrayée de cet amoureux transi, s'empara impérieusement du jeune artiste et l'enchaîna pendant dix ans à son char.

C'était la romancière George Sand, qui venait de rompre ses liaisons avec Musset et Pagello et dont la sensualité blasée avait été attirée par la candeur et la délicatesse du frêle musicien. Autoritaire et dominatrice et plus âgée que son nouvel amant, elle imposa son joug viril à cette sensibilité féminine. Chopin, le mondain fashionable, le raffiné, l'arbitre des élégances avait ainsi pour Égérie une virago qui portait une blouse grossière, des pantalons d'homme en drap rouge, des bottes de roulier et fumait continuellement la pipe ou le cigare; ce Polonais aristocrate dans l'âme et profondément catholique devait subir les professions de foi démagogiques et panthéistes d'une plébéienne; cet esthète, qui aimait la grâce, la faiblesse et le charme évanescent, unissait son sort à une créature de type « bovin », reconnaissant, elle-même, qu'elle n'avait jamais eu de beauté ni d'expression et que « l'habitude contractée presque dès le berceau d'une rêverie dont il lui serait impossible de se rendre compte à elle-même, lui avait donné de bonne heure l'air bête ». En la rencontrant pour la première fois, Chopin, qui détestait les « bas-bleus », s'était écrié : « Quelle femme antipathique que cette Sand! Est-ce vraiment une femme? Je suis prêt à en douter... »

Telle était la paradoxale incompatibilité d'esprit et de caractère qui donna naissance à cette singulière liaison. La romancière s'y montra tantôt énergiquement sensuelle, tantôt maternellement protectrice : Chopin subit avec une docile passivité cet envoûtement redoutable. Très soucieux de respectabilité, il s'affligeait de l'irrégularité sociale d'une union « que le ciel n'avait pas bénie » et cherchait à sauvegarder les apparences aux yeux du monde. Il consentit pourtant à suivre George Sand et ses enfants aux îles Baléares et à séjourner avec eux dans la chartreuse abandonnée de Valdemosa, pendant un hiver où sa santé eut beaucoup à souffrir de l'égoïsme inconscient de ses compagnons de voyage. Il fut aussi un des hôtes du domaine de Nohant et vint habiter à Paris dans l'un des pavillons jumeaux de la rue Pigalle mais les froissements qu'engendra cette promiscuité pseudo-familiale amenèrent la rupture discrète des relations de ce couple si mal assorti.

Les dernières forces de Chopin furent consacrées à sa carrière de virtuose. Il fit un assez long séjour en Angleterre où il remporta d'éclatants succès. L'amitié très pure et la sollicitude active d'une de ses élèves, Jane Stirling, adoucirent les épreuves morales et matérielles de la fin de sa vie. Il mourut à Paris, à l'âge de trente-neuf ans. Son corps repose au Père-

Lachaise, mais, comme il était hanté par la crainte d'être enterré vivant, il avait exigé que son cœur soit retiré de sa poitrine avant son inhumation. Ce vœu fut respecté. Ce cœur, enfermé dans un reliquaire, fut restitué à la Pologne et scellé à l'intérieur d'une des murailles de l'église de la Sainte-Croix à Varsovie. La guerre de 1914 avait détruit sa maison natale, à Zéla-zowa-Wola : celle de 1939 a fait disparaître le lieu d'asile où l'on pouvait croire en sécurité, après sa mort, cette émouvante relique. Aux deux extrémités de la chaîne de son destin le doux Frédéric Chopin, le tendre poète des sons, le « Raphaël du piano », le plus délicat et le plus sensible des amoureux de l'amour, aura été victime de la férocité des hommes.

Le catalogue de ses œuvres comprend deux *concertos*, trois *sonates*, un *trio*, cinquante-six *mazurkas*, dix-neuf *nocturnes*, vingt-cinq *préludes*, quinze *valses*, quatre *impromptus*, quatre *ballades*, vingt-sept *études de concert*, quatre *scherzos*, douze *polonaises*, une *polonaise-fantaisie*, trois *écossaises*, une *berceuse*, trois *fantaisies*, trois *rondos*, une *sonate* pour piano et violoncelle, dix-sept *chants polonais*, des *variations* et quelques pages de moindre importance. Tous ces ouvrages révèlent une sensibilité passionnée. Les éléments de virtuosité qu'ils contiennent sont toujours subordonnés à la discipline de l'émotion. Les « traits » les plus brillants, les « pluies de perles » les plus éblouissantes qui naissent sous ses doigts n'appartiennent pas à la technique purement ornementale et décorative des grands écrivains pianistiques. L'arabesque étincelante qu'un Liszt projette dans les airs comme une fusée sonore ne dépasse pas le domaine miroitant de la pyrotechnie, tandis que, dans une œuvre de Chopin, les fiers élans, les sveltes ondulations, les courbes suaves ou hardies, les volutes rêveuses, les élégances cambrées ou la voluptueuse caresse des trilles, des *gruppetti*, des arpèges enivrés, des gammes frémissantes et des ruissellements chromatiques ont le privilège d'être toujours expressifs et de participer au sens profond de la phrase mélodique dont ils ne font que traduire une poussée d'exaltation fiévreuse ou une minute de tendre alanguissement.

Deux sentiments régnèrent tyranniquement dans le cœur de Chopin : la nostalgie de l'amour et la nostalgie de la patrie perdue. Il souffrit toujours d'un double chagrin d'exilé. Le fiancé évincé de Marie Wodzinska ne se consola jamais de l'écroulement de ses rêves et ce n'est pas l'orage passionnel dans lequel l'entraîna une fougueuse et trop virile amante qui pouvait lui faire oublier les deux adorables adolescentes — la blonde Constance et la brune Marie — qui l'avaient si profondément troublé au printemps de sa vie. Aussi les plus touchantes effusions amoureuses qui correspondent à la période de son intimité avec l'auteur d'*Indiana* sont-elles toujours teintées d'une secrète mélancolie.

Le second voile de tristesse qui enveloppe toute l'œuvre de Chopin a été tissé lentement dans son âme de patriote par le sentiment de révolte impuissante que lui inspirait le martyre de la Pologne. Ses *Polonaises* et ses *Mazurkas* sont imprégnées de cette ardente fidélité à sa terre natale. Dans cette âme d'élégiaque il n'y eut jamais place pour l'allégresse insouciante et la robuste joie de vivre. Sa musique révèle en lui des rétractions et des pudeurs de sensitive.

Ce caractère de son œuvre est confirmé par ce que nous savons de sa technique d'exécutant. Il tenait, avant tout, au charme et la poésie de la sonorité. Son jeu était celui d'un séducteur et d'un enchanteur. Il exigeait de ses élèves un grand raffinement du toucher. Ses doigtés, qui ont souvent scandalisé les pédagogues, se justifiaient par la préoccupation de conserver le plus possible à la main la position idéale qui était, selon lui, l'appui des cinq doigts sur les notes *mi, fa dièse, sol dièse, la dièse* et *si*. Il avait horreur des sons secs et durs. Il cultivait l'art du *legato*, du *cantabile*, de l'effleurement, de l'enlacement et de l'étreinte insistante qui trahissait dans le domaine

des sons sa nature d'amoureux. Et ce style d'envoûtement et de caresse était complété par son emploi du
*rubato*, ce délicat assouplissement du rythme et de la
mesure, « cette sorte de balancement accentué et pro-
sodié » dont parle Liszt qui n'a rien de commun avec
la désarticulation maladroite que font subir à ses
pures mélodies les virtuoses qui recherchent préten-
tieusement un effet d'expression passionnée aux
dépens du bon goût.

L'amour de Chopin et la compréhension de son
style sont deux pierres de touche qui permettent de
reconnaître immédiatement chez un professionnel ou
un amateur une véritable nature de musicien. D'instinct, les « pions » de notre art sont hostiles à ce
génial inspiré, coupable à leurs yeux de s'être élevé
aux plus hauts sommets du style sans avoir eu
recours aux formes scolastiques de l'écriture et
d'avoir trouvé, sans s'être servi des recettes brevetées
de la fugue et du contrepoint, le moyen de faire
accomplir au langage de la musique un pas de géant.
Plus encore que dans le cas Schumann il est instructif de se souvenir que Chopin est un contemporain de
Beethoven. Il avait déjà dix-sept ans et avait fait ses
débuts de compositeur lorsque le Titan mourut alors
qu'un intervalle d'un siècle semble séparer les conceptions techniques, l'écriture pianistique, le vocabulaire, le sens harmonique, et, surtout, la sensibilité
d'oreille de ces deux créateurs. Rien dans les œuvres
les plus audacieuses de Beethoven ne laisse pressentir l'orientation future de la musique au xxᵉ siècle :
dans celles de Chopin, au contraire, des détails frappants annoncent Fauré, Debussy et Ravel, agrandissent démesurément le domaine féerique de la sensualité auriculaire et, d'un seul coup, créent une
technique moderne du clavier dont les ressources
n'ont pas encore été épuisées par les plus appliqués
de nos chercheurs. Un explorateur aussi intrépide
que Stravinsky, spécialiste des annexions instrumentales hardies, constatant son impuissance à dépasser

Chopin dans le domaine des trouvailles pianistiques, a fait une brutale marche arrière en renonçant à toutes les conquêtes du clavier et en obligeant le magnifique instrument à tenir entre le xylophone et le glockenspiel le rôle humiliant de simple accessoire de batterie. Comme tous les gestes trahissant le dépit amoureux, cet hommage indirect a son prix.

# 18

# Liszt et Wagner

C'est encore à l'école du clavier que s'est formé le représentant le plus qualifié du romantisme « flamboyant » de l'Europe centrale, le noble et chevaleresque Franz Liszt. Lui aussi eut à lutter contre le préjugé défavorable qui s'attache à la musique de « pianiste » et beaucoup de nos contemporains hésitent encore à considérer le prestidigitateur des *Rhapsodies hongroises* comme un des maîtres de la composition moderne et comme un des grands bienfaiteurs de l'art musical de son temps. Ces deux titres ne lui seront pourtant pas disputés par la postérité.

Franz Liszt, issu d'une famille hongroise attachée à l'intendance des domaines du prince Nicolas Esterhazy, trouva de bonne heure chez son père — pianiste et violoniste amateur — la compréhension et les encouragements dont furent privés tant d'artistes de valeur. À six ans il aborda l'étude du piano et y fit preuve de tels dons que le prince, avec le concours de quelques seigneurs de ses amis, donna à la famille Liszt les moyens matériels de s'installer à Vienne et de confier cet enfant exceptionnel à des maîtres dignes de lui. L'extraordinaire garçonnet qui, à neuf ans, exécutait déjà des *concertos* avec une incroyable autorité, travailla d'abord avec Czerny et Salieri, puis se rendit à Paris pour y suivre les cours de notre Conservatoire. Luigi Cherubini, qui dirigeait alors notre « Ecole royale de musique » et n'aimait pas les enfants prodiges, invoqua un article du règlement pour refuser d'y admettre le futur auteur des *Préludes*. Celui-ci termina donc seul, sans aucun guide, son éducation pianistique en donnant des récitals de plus en plus brillants et en faisant, comme Chopin, la conquête des salons aristocratiques, mais il poursuivit ses études de composition avec Reicha et Paër.

Sa réussite fut rapide. Il n'avait que quatorze ans lorsque fut créé à notre Académie royale de musique son opéra *Don Sanche ou le Château d'amour*. Et lorsque, deux ans plus tard, il fut livré à ses propres forces par la mort de son père et l'expiration du contrat qui lui avait assuré, pendant six ans, une pension de six cents florins versée par les amis du prince, il put faire venir sa mère à Paris et subvenir, seul, aux besoins du foyer qu'il fondait dans notre capitale. Car le jeune Hongrois respirait avec délices l'atmosphère littéraire, artistique, philosophique et sociale de la France de l'époque exaltée de 1830. Les inspirateurs de son idéologie furent Lammenais, Saint-Simon, Fourier, le Père Enfantin, Lamartine, Montalembert, Chateaubriand, Victor Hugo, Delacroix et Petrus Borel. Il fréquentait Chopin et Berlioz et son premier contact avec Paganini fit jaillir en lui, en même temps qu'une flamme créatrice qui ne devait plus s'éteindre, la révélation des possibilités magiques de la virtuosité transcendante qu'il appliqua aussitôt à la technique du piano.

C'est en France également qu'il rencontra ses premières Muses. Une passion contrariée pour une de ses élèves, Mlle de Saint-Cricq, fille d'un ministre qui avait écarté dédaigneusement un aussi dérisoire soupirant, lui avait laissé au cœur une blessure cruelle et une propension au mysticisme religieux, lorsque la rencontre de la comtesse d'Agoult — en littérature Daniel Stern — vint exercer sur l'orientation de son esprit une influence décisive. Intelligente et séduisante, Marie d'Agoult, qui possédait à Paris une situation mondaine enviée, n'hésita pas à quitter son mari et à rompre avec tous les siens pour suivre dans sa course à la gloire le virtuose qui l'avait éblouie.

Leur intimité dura dix ans. Elle fut cérébrale autant que sensuelle. Liszt avait trouvé là sa première Égérie. On prétend même que cette compagne fervente était le véritable auteur des articles et des études que Liszt eut l'occasion de publier pendant cette période de sa carrière. De toute façon elle combla fort utilement les lacunes de la formation intellectuelle du musicien hongrois qui, en fréquentant également les familiers de George Sand, devint le plus parisien des artistes et le plus français des romantiques.

De cette liaison naquirent trois enfants : Blandine, qui devint la femme d'Émile Ollivier; Cosima, qui allait épouser Hans de Bülow et l'abandonner pour Richard Wagner, et Daniel, qui mourut, phtisique, à vingt ans. Repris progressivement par les exigences de sa gravitation d'astre errant, Liszt se détacha peu à peu de sa première inspiratrice mais garda toujours avec ses deux filles le contact le plus tendrement affectueux, ainsi qu'en témoigne l'abondante correspondance qui nous a été conservée.

Une seconde Égérie succéda trois ans plus tard à la première. La princesse Carolyna de Sayn-Wittgenstein, que Liszt avait rencontrée et fascinée au cours d'un séjour à Kiev, abandonna son mari et la Russie pour venir, avec sa fille, se fixer à Weimar auprès de l'irrésistible séducteur dont elle devint la conseillère attentive et éclairée. Cette femme supérieure eut sur lui l'influence la plus heureuse. Sa très haute culture lui permit de reprendre la plume tombée des mains de la comtesse d'Agoult et de faire signer, de nouveau, à son illustre compagnon des écrits fort brillants qui lui firent grand honneur. Mais elle eut surtout l'intelligence de l'empêcher de sacrifier à ses triomphes de pianiste sa carrière de compositeur. C'est elle qui créa autour de lui, à Weimar, une ambiance de cénacle d'avant-garde éminemment favorable à l'éclosion de l'idéal esthétique de l'auteur de *Mazeppa*. Liszt et son protégé Richard

Wagner ne tardèrent pas à devenir les représentants officiels des tendances révolutionnaires dénoncées et condamnées par Robert et Clara Schumann, par Brahms et par tous les romantiques « classicants » de l'époque. L'hérétique « École de Weimar » symbolisa bientôt l'indiscipline et les révoltes coupables contre l'orthodoxie de « l'École de Dresde ».

Après avoir régné sur le cerveau de Liszt pendant dix-huit ans, la princesse vit, comme la comtesse, son captif rompre discrètement ses chaînes. Soucieux de régulariser leur situation, les deux amants avaient introduit, depuis longtemps, en Cour de Rome une requête tendant à faire annuler le premier mariage de Carolyna Ivanovna. La décision du Saint-Siège se faisant attendre d'année en année, découragés par une nouvelle réouverture de l'enquête, les deux amants se séparèrent et Liszt prit la décision d'entrer en religion. Après un noviciat éclair il se fit conférer les ordres mineurs, reçut la tonsure et prit la soutane en attendant le canonicat dont il devait recueillir plus tard le bénéfice. L'abbé Liszt — toujours suivi de son cortège d'esclaves amoureuses — ne tarda pas, d'ailleurs, à introduire dans la discipline ecclésiastique toutes les libertés laïques dont il avait besoin pour reprendre ses randonnées triomphales dans les capitales d'Europe où il était appelé à diriger ou exécuter des œuvres. Il fonda une Académie de musique à Budapest et y enseigna le piano, tout en conservant son activité à Weimar et à Rome. Au cours du voyage qui le conduisait au Festival de Bayreuth de 1886, il fut frappé d'une congestion pulmonaire, voulut assister, malgré tout, à une représentation de *Tristan* et mourut dans les bras de sa fille Cosima. Weimar et Budapest se disputèrent en vain l'honneur de recueillir ses cendres : ce fut à Bayreuth, où le corps de Richard Wagner reposait depuis trois ans, qu'il voulut dormir son dernier sommeil.

La vie artistique de Franz Liszt est le reflet fidèle de sa vie sentimentale. Sa carrière de virtuose est dominée tout entière, à ses débuts, par l'influence de son père qui fut pour lui le plus affectueux des guides. Elle se développe et s'épanouit magistralement sous la régence de la comtesse d'Agoult. Elle atteindra son apogée lorsque la rupture de cette liaison laissera au glorieux voyageur une liberté totale. La princesse Carolyna interviendra alors et l'obligera à se consacrer plus sérieusement à la composition. Ainsi naîtront les grands poèmes symphoniques dont la formule libératoire allait transformer si profondément le style orchestral de tout un siècle. Et son entrée dans les ordres déterminera, tout naturellement, l'éclosion des messes, des oratorios et des cantates religieuses qui sanctifieront ses dernières années.

Ses œuvres de piano sont très variées. Deux *concertos*, une *sonate*, dix-neuf *rhapsodies hongroises*, les vingt-six morceaux des *Années de Pèlerinage*, deux *ballades*, deux *légendes*, deux *élégies*, trois *valses-caprices*, une *Danse macabre* avec orchestre, trois *études de concert*, des *études d'exécution transcendante*, un *galop chromatique*, des *fantaisies*, des *variations*, des *Consolations*, des *Apparitions*, des *Harmonies poétiques et religieuses* et de nombreuses transcriptions et réductions éblouissantes lui ont permis d'enrichir la technique du clavier de possibilités insoupçonnées. La main souveraine de ce Paganini de la corde d'acier s'est emparée, impérieusement, de toutes les ressources nouvelles de vélocité, d'articulation, de sonorité, d'expression, d'éclat, de puissance et de profondeur que le mécanisme du « double échappement », récemment découvert par Sébastien Érard, mettait à la disposition des pianistes.

Il est intéressant de constater qu'à son arrivée à Paris le jeune Liszt fut immédiatement protégé par notre célèbre facteur de pianos qui lui confia ses plus merveilleux outils de travail. Et c'est ainsi que le génial jongleur hongrois parvint à épuiser miraculeusement, dans son écriture pianistique, tout le vocabulaire de la touche d'ivoire, créant d'avance les locutions et les formules digitales qui permettraient à ses héritiers d'écrire avec aisance les *Jardins sous la pluie, L'Isle joyeuse, Ondine* ou les *Jeux d'eau.* Et son hypersensibilité d'oreille était telle qu'on rencontre déjà chez lui cette curiosité aiguë des interférences sonores et du « battement » vibratoire, ce goût raffiné de la dissonance subtile et de la division plus nuancée du demi-ton qui lui faisaient rechercher, lorsqu'il improvisait dans l'intimité, les instruments légèrement désaccordés dont allait s'enchanter, un siècle plus tard, la délicate perversité auriculaire d'un Maurice Ravel.

Cette prodigieuse organisation musicale se manifeste plus clairement encore dans ses compositions pour orchestre. L'époque classique ne concevait pas d'autre forme symphonique que celle de la sonate orchestrale obéissant à de sévères règlements architecturaux. Ces jeux abstraits de la construction géométrique, des lignes symétriques et des volumes standards, contentaient pleinement la curiosité des compositeurs et des auditeurs d'alors. Et lorsque, sous la poussée secrète de la sève romantique, un Beethoven osa imprégner sa musique d'un peu de fluide sentimental, ce fut le gabarit réglementaire des formules compartimentées qu'il imposa à ses confidences. La confession publique ne renonçait pas à la protection de l'abstraction, respectant ainsi la tradition des tragédiens grecs qui dissimulaient l'expression passionnée de leur visage sous un masque sévèrement stylisé.

En créant le « poème symphonique », les romantiques affranchirent la musique d'une très lourde servitude. Leur appétit des synthèses artistiques, leur désir d'harmoniser leurs sensations visuelles et auditives, leurs pensées et leurs sentiments, leurs rêveries et leurs passions et leur souci d'imposer une cadence unique aux images, aux couleurs, aux ombres, aux lumières et aux sons les contraignirent à rechercher une syntaxe et une « prosodie » mélodique

moins rigides que celles de leurs aînés. Leur communion plus intime avec la nature leur avait fait comprendre qu'elle obéit à de très souples disciplines
architecturales tout en respectant les plus nobles
rythmes de la vie. Le vent et la mer dansent librement dans leurs chaînes. Une plante crée son unité et
son équilibre en s'affranchissant des scrupules
étroits de la symétrie. Pourquoi la musique ne sui-
vrait-elle pas ce magnifique exemple en développant
librement mais harmonieusement ses frondaisons au
lieu de les soumettre à la taille impitoyable qui les
crucifie sur le treillage d'un espalier ?

C'est ce sentiment obscur qui a poussé les musiciens de 1830 à abattre les cloisons qui divisaient en
quatre cellules étanches le logement type de la sonate
d'orchestre. Ils réalisaient, par anticipation, un vœu
des architectes modernes qui se plaisent à transformer un appartement de quatre pièces, traditionnellement spécialisées, en studio ou en *living-room* offrant
des solutions décoratives plus ingénieuses et plus
variées. Et c'est ainsi que, grâce au génie d'un Franz
Liszt, la musique a pu passer des paysages quadran-
gulaires et conventionnels de la *Pastorale* à l'étonnante liberté de pinceau qui a permis à un Debussy
de capter les enchantements voluptueux du sous-bois
mallarméen propice aux rêveries d'un Faune, la féerie changeante des nuages ou les jeux des vagues.

Bien que la chronologie consacre le droit d'aînesse
de notre Berlioz dans la famille internationale des
compositeurs de musique descriptive, il est difficile
de refuser à Liszt l'honneur d'avoir été le véritable
créateur du poème symphonique pur. C'est lui qui lui
a donné sa forme essentielle, qui lui a apporté sa
logique interne et son indépendance d'élocution. La
*Symphonie fantastique* reconnaît par son titre son
impuissance à rompre avec la morphologie consacrée, tandis que les poèmes symphoniques de Liszt
proposent une conception neuve de l'équilibre et de
l'unité d'une composition orchestrale. De plus, les
descriptions musicales de Berlioz sont beaucoup plus
superficielles et plus arbitraires que celles de Liszt

qui ne s'arrête pas à la solution facile de la notation anecdotique ou imitative et va au fond du sujet dont il extrait musicalement toute la substance. Enfin, Berlioz, virtuose de la palette instrumentale, n'a pas la « musicalité » profonde de son émule. Alors que Liszt, devinant tout, devançant tout, comprenant tout, s'était fait, depuis longtemps, l'apôtre de Wagner et des musiciens hardis de son époque, Berlioz était incapable d'écouter jusqu'au bout le premier acte de *Lohengrin* et disait de la *Messe de Gran* : « C'est la négation de l'art! » Il ne faut donc pas s'attendre à trouver dans le *Retour à la vie* ou dans *Harold en Italie* une matière musicale aussi riche et une mise en œuvre aussi magistrale que celles qui brillent dans *Les Préludes, Mazeppa, Hungaria, Le Tasse, Orphée, Prométhée, Ce qu'on entend sur la montagne, Les Idéals, L'Héroïde funèbre, Hamlet, Du berceau à la tombe,* la *Dante-symphonie,* les trois tableaux de *Faust, Mephisto-Walzer* ou *La Bataille des Huns.* Liszt a su éviter la forme puérile de la musique à programme trop esclave de son contrat avec la littérature, tout en donnant une unité supérieure à son discours symphonique grâce à un centre d'intérêt sentimental, philosophique, anecdotique ou pictural qui n'en altère pas l'intérêt strictement musical.

Quelques œuvres d'orgue, la *Messe de Gran,* la *Messe hongroise du couronnement,* un *Requiem,* des *Psaumes,* des oratorios comme *Christus* et *La Légende de sainte Élisabeth,* des cantates, des pièces religieuses et des *lieder* complètent le catalogue de cet admirable musicien qui se laisse entraîner parfois à une exaltation qui lui a été parfois reprochée comme une faute de goût mais qui traduit la chaleur enivrée de son lyrisme et l'ardeur de son tempérament de tzigane mystique.

L'homme fut prodigieusement radio-actif. Il envoûta les foules et les femmes. Toujours entouré d'un bataillon serré d'admirateurs et d'adoratrices, il ne fut jamais grisé par ses triomphes. Il resta bon, généreux et serviable. Son âme d'apôtre et sa charité chrétienne trouvaient une volupté dans le dévouement et l'abnégation. Il ignorait l'« égoïsme sacré » de certains grands créateurs. Il fut le bienfaiteur de Wagner, de Berlioz, de Schubert, de Cornelius, de Brahms, de Smetana, de César Franck, de Saint-Saëns et de Moussorgsky et ne fut jamais découragé lorsqu'il obligea des ingrats. Le recul des années ne pourra que grandir la belle figure de ce prophète qui a rendu tant de services à la musique et aux musiciens.

RICHARD WAGNER     *1813-1883*

La bibliographie wagnérienne est si considérable et si riche en ouvrages d'apologétique, de mystique philosophique et d'exégèse passionnée qu'on éprouve une certaine difficulté à ramener à l'échelle humaine le génial auteur de *Tristan*. On a soumis le récit de sa vie et l'analyse de son œuvre à tant de rigides classifications et d'ingénieux systèmes que l'apport des commentateurs a fini par donner à la fiction le pas sur la réalité. Il y a, en effet, dans la logique d'une belle théorie solidement construite un élément de séduction beaucoup plus puissant que les prosaïques données de la vérité historique. Richard Wagner demeurera donc toujours le prisonnier de sa légende.

C'est ainsi qu'en établissant une hiérarchie — parfaitement légitime — entre ses partitions, qui sont les étapes caractéristiques de ses annexions et de ses conquêtes, et en étudiant les incidences de sa vie sentimentale sur la conception de ses œuvres on a fini par oublier que la production wagnérienne ne s'est pas réalisée par blocs homogènes, étagés comme des paliers au cours de son ascension artistique ininterrompue. Ses créations ne cessent, au contraire, de s'entremêler et de se chevaucher.

La forme première de *Parsifal* apparaît dans une de ses œuvres de jeunesse, *Jésus de Nazareth*; c'est en composant *Tannhäuser* que Wagner eut l'idée des *Maîtres Chanteurs*; dès 1854, il songeait, en écrivant *Tristan et Isolde*, à faire intervenir dans l'action le personnage de Parsifal arrivant en pèlerin à Karéol; et c'est sur un intervalle de vingt-deux années que s'étale la composition de la *Tétralogie*, interrompue et reprise après de longs entractes pendant lesquels naissaient d'autres chefs-d'œuvre d'un caractère tout différent. Le rapprochement de ces dates déconcertantes prouve qu'il ne faut pas chercher à établir une corrélation trop absolue entre les styles successifs de Wagner et les épisodes de sa vie, tout en reconnaissant que certains liens subtils existent entre son catalogue et sa biographie.

Fils d'un fonctionnaire de la police de Leipzig, Wilhelm-Richard Wagner vit le jour dans cette ville, le 22 mai 1813. Il avait six mois lorsque son père mourut et deux ans quand sa mère, s'étant remariée avec l'acteur-auteur-peintre et chanteur Ludwig Geyer, s'installa à Dresde, résidence de son nouvel époux. A huit ans il perdit son beau-père, être attachant et bien doué, qui le chérissait si tendrement que la malignité publique interpréta cette affection comme un aveu rétrospectif de paternité. Richard Wagner avait huit frères et sœurs dont quatre se distinguèrent dans les carrières artistiques. Un engagement de sa sœur Rosalie au théâtre de Leipzig ramena la famille dans cette ville.

Après avoir montré pour les lettres et la philosophie des aptitudes remarquables, après avoir composé un mélodrame shakespearien et s'être passionné pour la mythologie grecque et latine, l'enfant qui demeurait, malgré tout, un écolier fantasque et indiscipliné, se voua à la musique. Il travailla avec l'organiste Müller, apprit le contrepoint en six mois avec Théodore Weinlig et découvrit avec extase Mozart, Beethoven et Weber.

A vingt ans, le jeune artiste connaissait admirablement son métier de musicien et possédait une culture littéraire d'une qualité exceptionnelle. Il put, grâce à un de ses frères, se faire engager comme chef de chœurs au théâtre de Wurtzbourg et entreprit immédiatement la composition de son prémier ouvrage lyrique, *Les Fées*, opéra naïvement wéberien dans lequel sa personnalité ne s'affirmait pas avec beaucoup de relief. Il ne parvint pas à faire jouer cette œuvre ingénue, mais se fit apprécier comme capellmeister à Magdebourg, à Kœnigsberg et à Riga, tout en écrivant un second opéra de style plus secrètement italien, *La Défense d'aimer*, qui, joué une seule fois, ne lui procura pas plus de satisfactions que le premier.

A Magdebourg il s'éprit d'une jeune et gracieuse cantatrice, Minna Planer, et l'épousa en arrivant à Kœnigsberg. Cette union avec une petite créature sans élévation, frivole, coquette, volage et radicalement incapable de comprendre le hautain idéal de son génial compagnon, pesa assez lourdement sur la première période de la destinée de Wagner. Minna sut, pourtant, pendant les années de misère, montrer un courage et un dévouement de bonne ménagère en acceptant les plus dures servitudes matérielles, mais l'incompatibilité d'humeur spirituelle qui régnait entre les deux époux n'allait pas tarder — du fait de l'inflammable Richard — à désagréger ce foyer sans joie.

Le rayonnement de Paris, phare de l'Occident, fascina le jeune Allemand déçu par ses compatriotes. Richard et Minna, héros balzaciens, vinrent conquérir notre capitale. Ils n'y trouvèrent qu'une vie de privations, des travaux humiliants, l'appui trompeur de Meyerbeer et une indifférence générale pour le débutant qui venait pourtant de terminer *Rienzi* et l'*Ouverture pour Faust*, d'écrire *Le Vaisseau fantôme* et de concevoir *Tannhäuser* et *Lohengrin*. Repoussé par la France, Wagner rentra en Allemagne où la grande cantatrice Schrœder-Devrient parvint à imposer *Rienzi* à Dresde et à le faire triompher. On joua également *Le Vaisseau fantôme* à Berlin, Cassel et Riga et Wagner fut nommé chef d'orchestre à la Cour de Saxe. Au cours des sept années pendant lesquelles il exerça ces fonctions, il fit connaître son *Tannhäuser* que Franz Liszt allait reprendre à Weimar, en attendant *Lohengrin*, lorsque la révolution de 1849 vint ruiner ses espoirs.

Ardent, généreux et combatif, Wagner avait une vocation de briseur de chaînes. Déjà, à dix-sept ans, il avait affiché des opinions libertaires et avait voulu, en 1830, « secouer le joug des tyrans ». En 1849, son intimité avec l'agitateur russe Bakounine et avec Auguste Rœckel le fit classer parmi les anarchistes dangereux. C'était qualifier bien sévèrement un simple délit d'opinion, car le musicien n'avait aucune activité politique, mais Liszt, toujours providentiel, apprenant qu'on allait l'emprisonner, devança les policiers chargés de l'arrêter et lui fit franchir la frontière française grâce à un faux passeport qui le mit hors de danger.

Le proscrit ne séjourna pas longtemps à Paris et préféra s'installer en Suisse. Les rives enchantées de deux lacs helvétiques allaient, désormais, jouer un rôle décisif dans l'orientation de son destin. Jusqu'alors, en dehors de Minna, dont le prosaïsme l'avait découragé, Wagner n'avait élu pour Égéries que deux amies dévouées : en France, Jessie Laussot et, en Suisse, Eliza Wille qui, l'une et l'autre, l'admirèrent et l'encouragèrent avec une sincère ferveur; mais une présence féminine plus émouvante et plus exaltante, celle de Mathilde Wesendonk, allait exercer sur son imagination une action décisive.

Wagner a toujours considéré l'art, et, en particulier, l'art lyrique, comme une spiritualisation des passions humaines, une synthèse, enrichie d'un caractère d'universalité, de nos joies et de nos douleurs. Il s'est toujours flatté de prendre son inspiration dans le spectacle de la vie, dans l'observation du drame quotidien de l'existence et, par conséquent, dans l'auscultation de son propre cœur. L'idylle de la « colline d'émeraude » allait en apporter la preuve.

Cette colline, où l'exilé s'était vu offrir par ses

amis Otto et Mathilde Wesendonk une paisible demeure qu'il appelait l'Asile, était une oasis de verdure dominant le lac de Zurich. Dans cette ambiance heureuse, il composait *L'Or du Rhin* et *La Walkyrie* lorsqu'il commença à ressentir les effets du philtre de Brangaene en brûlant d'une chaste et dévorante ardeur pour la jeune épouse de son hôte. C'est dans cette atmosphère de trouble passionné que naquirent les deux premières « journées » de la *Tétralogie*. Mais lorsque la volupté l'emporta, lorsque la jalouse Minna vint crier au scandale, lorsque Wagner et sa bien-aimée, comprenant que l'enchantement qui les grisait allait sombrer dans un dénouement prosaïque et vulgaire, eurent pris la décision héroïque de se séparer et de renoncer au bonheur, aussitôt la composition de la *Tétralogie* fut abandonnée. Wagner l'interrompit pour se confesser plus pathétiquement dans son *Tristan*.

Il ne se décida à terminer *Siegfried* et *Le Crépuscule des Dieux* que quinze ans plus tard, sur une autre « colline d'émeraude », au bord d'un autre lac, celui de Lucerne, dans cette poétique villa de Tribschen où l'une des filles de Liszt, l'ardente et intelligente Cosima de Bülow, abandonnant son foyer, était venue partager la vie de l'enchanteur dont le génie l'avait envoûtée. Le parallélisme qui existe entre ces deux stades de la vie amoureuse de Wagner et entre les deux décors si particuliers qui les encadrèrent n'est pas moins saisissant que celui qui a permis à ce nouveau Tristan de rencontrer, tour à tour, chez Otto Wesendonk et chez Hans de Bülow la grandeur d'âme et la douloureuse abnégation qui ennoblissent la figure émouvante du roi Marke! Ici, la vie et l'art ont conclu, par deux fois, une bien pathétique alliance.

L'exil helvétique, fécond en partitions capitales et en ouvrages d'esthétique de haute valeur, fut également marqué par quelques tentatives de colonisation en Italie, en France et en Autriche. La plus tumultueuse des trois fut l'échauffourée de *Tannhäuser* à l'Opéra, en 1861, qui valut au proscrit de cruelles humiliations de la part des snobs du Jockey-Club, mais, en même temps, de précieuses amitiés comme celles de Théophile Gautier, de Baudelaire, du doc- teur Gaspérini, de Champfleury, de Jules Janin, de Léon Leroy, de Nuitter, de la famille Ollivier, de Mme Kalergi, de Catulle Mendès, de la princesse de Metternich, du comte Henri de Pourtalès et du prince Edmond de Polignac. Une amnistie vint, l'année sui- vante, lui rouvrir les portes de l'Allemagne et lui per- mettre d'entreprendre quelques tournées de concerts où il dirigea avec maîtrise des œuvres de Beethoven et des fragments de ses propres ouvrages. Mais sa carrière demeura précaire et médiocre et d'inces- sants soucis d'argent ne cessèrent de l'accabler.

C'est alors qu'un ange gardien couronné entra miraculeusement dans sa vie. Le jeune roi Louis II de Bavière, esthète raffiné et enthousiaste, vit dans Richard Wagner l'homme qui pouvait réaliser ses rêves artistiques. Les théories esthétiques, les auda- ces du précurseur, les ambitions réformatrices de cet énergique lutteur l'enchantaient aussi puissamment que sa musique. Il le fit venir à Munich, désintéressa tous ses créanciers, le couvrit d'or, lui ouvrit son beau théâtre pour *Tannhäuser* et *Le Vaisseau fan- tôme* et y fit créer *Tristan et Isolde*, avec le ténor Schnorr, dans des conditions de perfection exception- nelles. Mais, en dépit du triomphe de ces représenta- tions, une violente cabale politique dénonça l'in- fluence néfaste que ce dangereux aventurier exerçait sur l'esprit du jeune souverain et le péril que faisait courir aux finances de l'État cet ex-révolutionnaire aux dents longues à qui Louis II avait promis la cons- truction d'un théâtre modèle et d'un Conservatoire personnel et la création d'un journal destiné à favori- ser ses ruineuses fantaisies. La mort dans l'âme, le roi fut obligé de se séparer officiellement de son favori en lui promettant de demeurer en secret son ami fervent et son Mécène. Sa tendresse passionnée, inquiète, jalouse, traversée de colères, de révoltes et de repentirs, accompagna le musicien pendant toute sa carrière.

Wagner retourna en Suisse et s'installa dans une villa genevoise. A Munich, il s'était étroitement lié avec son chef d'orchestre Hans de Bülow et sa femme Cosima, fille de Franz Liszt et de la comtesse d'Agoult. Le jeune ménage ne tarda pas à le rejoindre dans son nouvel exil, car l'éternel magicien, après avoir envoûté quelque temps l'innocente Mathilde Maier et la fringante Frédérique Meyer, avait fasciné Cosima qui était tombée dans ses bras et ne songeait plus qu'à s'associer à son destin. Un nouvel « Azyl » fut découvert à Tribschen, au bord du lac de Lucerne, et c'est là que Wagner termina *Les Maîtres Chanteurs* et les deux dernières parties de *L'Anneau des Nibelungen*, épousa Cosima après la mort de Minna et vit naître son fils Siegfried que saluera l'exquise aubade tétralogique de *Siegfried-Idyll*. C'est là qu'il fit la connaissance de Nietzsche et se réconcilia avec Liszt qui n'avait pu ouvertement approuver la conduite de sa fille. C'est là qu'il subit les dernières sautes d'humeur de son royal protecteur qui, tantôt, venait humblement mendier un peu de tendresse et, tantôt, refusait d'obéir à son « ami bien-aimé » qui lui interdisait de faire représenter isolément les deux premières « journées » du *Ring*. C'est dans cette retraite, où, de son propre aveu, il passa les six meilleures années de sa vie, que Wagner mit au point son plan de théâtre-modèle, refusa de l'édifier dans la capitale de Louis II et fonda une société financière pour le construire sur la colline sainte de Bayreuth.

L'ambitieux projet se réalisa. En 1872, Wagner quitta la Suisse, s'installa dans son futur royaume et ouvrit les chantiers du Festspielhaus. Quatre ans plus tard, la première saison était donnée avec un succès éclatant mais insuffisamment rémunérateur. Après une seule année d'exploitation, il fallut fermer le théâtre jusqu'en 1882. Dans l'intervalle, Wagner composa *Parsifal* et put l'ajouter au programme des festivals qui, théoriquement, ne devaient être consacrés qu'à trois séries de représentations intégrales du

*Ring.* Sans se détacher de Cosima, qui, de plus en plus, se dévouait passionnément à sa mission apostolique, il n'avait pas hésité, depuis quelque temps, à poétiser le crépuscule de sa vie en demandant à une Française, l'enthousiaste Judith Gautier, une suprême exaltation de ses sens et de son cerveau. Le climat de la Bavière ne lui étant pas favorable, c'est en Italie qu'il chercha à rétablir sa santé et c'est à Venise, au palais Vendramin, qu'il mourut en 1883, après avoir présidé seulement aux trois premières saisons de son théâtre qui représentait pour lui quarante années de luttes et d'espoirs et auprès duquel il goûte enfin le repos d'un vainqueur.

L'addition des détails que nous possédons sur cet être « hors série » donne un résultat assez troublant. Physiquement et moralement, l'homme nous déconcerte. Ce séducteur qui n'avait qu'un signe à faire pour que les femmes abandonnent tout pour le suivre dans la bonne et la mauvaise fortune était de petite taille, peu élégant et offrait aux photographes un visage revêche aux traits durs que le portrait de Renoir semble avoir, seul, indiscrètement dépouillé de son masque. Son caractère était difficile, son orgueil démesuré et son égoïsme incommensurable. Conscient de son génie, il estimait qu'en lui confiant cette étincelle divine la nature lui avait créé, en même temps, le devoir impérieux de la protéger par tous les moyens, fussent-ils en désaccord avec les lois sociales et morales qui règlent les rapports du commun des mortels. De là cette absence totale de scrupules dans tous les actes de sa vie, ce tranquille cynisme dans ses relations avec les amis qu'il attelait à son char, cette attitude de mendiant arrogant qu'il adoptait à l'égard de ses bienfaiteurs et sa brutale devise : « Le monde me doit ce dont j'ai besoin! » Dans sa pensée il trouvait tout naturel de se faire ouvrir par ses contemporains un crédit illimité puisqu'il avait la certitude de pouvoir les rembourser en chefs-d'œuvre.

Observés à distance, ces traits de caractère semblent évidemment fort déplaisants, mais nous sommes bien obligés d'admettre que cet étrange sorcier
possédait un mystérieux pouvoir de domination et de
séduction qui anesthésiait ses victimes et ne leur permettait pas de lui tenir rigueur de son sans-gêne, de
son indélicatesse ou de sa cruauté. L'incroyable lon-
ganimité d'un Liszt, d'un Hans de Bülow, d'un Otto
Wesendonk et d'un Louis II de Bavière dont l'amitié
fut mise à de si rudes épreuves nous prouve que nous
ne possédons pas tous les éléments psychologiques
nécessaires pour juger équitablement sans l'avoir
approché celui qui fut leur tyran et parfois leur bour-
reau et dont Frédéric Nietzsche subissait le puissant
magnétisme et « l'ensorcelante gentillesse ». En tout
cas, l'emprise de son génie s'exerça sur eux avec une
force anormale puisque l'infortuné Hans de Bülow,
dont la trahison de sa femme et de son ami avait
déchiré le cœur, eut l'héroïque loyauté de dire en sor-
tant d'une représentation de *Tristan* : « A l'homme
qui a écrit cela on doit tout pardonner! » Dans toute
l'histoire de la musique, un autre compositeur
reçut-il jamais pareil brevet de surhumanité?

L'autorité irrésistible de Wagner sur les plus intel-
ligents et les mieux doués de ses contemporains
s'explique aussi par l'ascendant dont l'enrichissait
auprès d'eux son étonnante puissance de synthèse.
L'esprit de synthèse fut toujours la grande coquetterie germanique. Jusque dans sa langue, l'Allemagne
affirme son goût instinctif de la fusion, de l'amal-
game et de l'agglutination. Wagner, poète, dramaturge, philosophe, musicien, architecte, décorateur,
sociologue et passionné pour toutes les synesthésies,
a mis fin au « tourment de l'unité » qui a toujours torturé les esthéticiens allemands. D'un seul coup il
enrégimentait toutes les Muses et les soumettait à la
même discipline. La « colline sainte » était le nouveau
Bois-Sacré dans lequel il construisait pour les filles
d'Apollon une caserne-modèle. La noble amertume de
Schopenhauer et l'agilité d'esprit de Nietzsche donnaient, en outre, à ses théories une classe et un

attrait exceptionnels. Ce que Gluck, Beethoven et Weber avaient tour à tour rêvé d'accomplir, sous une forme beaucoup plus modeste, se trouvait réalisé dans le « Tondrama » avec une magnificence vraiment inespérée. Le demi-dieu qui édifiait le temple de la religion bayreuthienne surgissait à point pour cristalliser une immense espérance nationale et même nationaliste. Tous les éléments d'une brillante dictature spirituelle se trouvaient réunis chez cet artiste méditatif et opiniâtre que rien ne put jamais détourner de la mission qu'il s'était assignée. Ne nous étonnons donc pas trop du prestige dont bénéficia dans le monde entier sa réussite éclatante.

On sait que le retentissement mondial de la révolution wagnérienne provoqua bientôt de violentes réactions. Nietzsche fut le premier à dénoncer le danger de cet idéal dominateur et à saluer dans notre Georges Bizet un libérateur apte à défendre les droits de la Méditerranée. En France, où la politique ne fut pas toujours étrangère aux campagnes de dénigrement organisées contre les dogmes bayreuthiens, on s'effraya de voir beaucoup de nos compositeurs lyriques se convertir à ce culte nouveau. Ces inquiétudes n'étaient pas fondées. Assurément, certains artistes de chez nous, ne possédant pas une personnalité musicale très affirmée, empruntèrent un peu effrontément à Wagner des locutions et des expressions caractéristiques et s'emparèrent sans pudeur des mots de son vocabulaire. Mais ces parasites ne pouvaient vivre que de larcins, et s'ils n'avaient pas pillé l'auteur du *Ring* ils auraient dévalisé d'autres passants. Leur cas n'est donc pas intéressant.

Ce qui demeure important c'est la leçon de cette réforme dont il était dangereux de respecter la lettre mais utile de conserver l'esprit. Et, en définitive, Wagner a atteint son but puisque après lui le théâtre lyrique n'a jamais pu revenir en arrière et renouer avec les formules du passé. Ses adversaires les plus acharnés lui ont, malgré eux, rendu un profond hommage en utilisant à d'autres fins ses plus riches acquisitions. Tout en jetant l'anathème sur le satanisme de ce Klingsor, ses ennemis ont trouvé dans son héritage beaucoup de valeurs négociables. L'assouplissement du discours mélodique définitivement libéré de la discipline géométrique de l'air, du récitatif et de la ritournelle, le développement de la « mélodie continue », l'accession de l'orchestre aux régions les plus secrètes de l'émotion dramatique, les missions pathétiques du commentaire symphonique ininterrompu auquel la voix des chanteurs s'associe docilement sans imposer sa dictature, le choix de sujets élevés abordant les plus hauts problèmes humains traduits en ingénieux symboles d'une portée universelle, la cohésion parfaite de tous les éléments du spectacle..., voilà, entre cent autres, des conquêtes wagnériennes tombées désormais dans le domaine public et dont les compositeurs les plus anti-wagnériens ont recueilli le bienfait.

On a accumulé les malentendus autour de la fameuse question du « leitmotiv ». Avec une incroyable puérilité on en a fait l'élément essentiel de la réforme bayreuthienne et l'on affecte d'y voir une exigence artificielle et insupportable de toute la dramaturgie de Wagner. C'est associer l'ignorance à la mauvaise foi. L'idée de souder un thème aisément reconnaissable à une idée, un sentiment, une situation ou un personnage est un mode d'expression logique, qui a été exploité bien avant Wagner et qui aide puissamment l'auditeur à garder un contact étroit et constant avec la pensée profonde d'un auteur. Au pied de la scène, dans la douve de l'orchestre, le lac de la symphonie lyrique devient un miroir d'eau qui double l'image des héros du drame dès qu'ils s'approchent de ses rives. Le leitmotiv, reflet ou ombre portée de tel détail essentiel de l'action, lie étroitement la partition au poème, atteste l'union parfaite de la note et du mot, et transforme un ouvrage lyrique en un être vivant dont tous les organes possèdent les mêmes réflexes et réagissent solidairement de la même façon sous le même choc. Cette façon de rendre le commentaire orchestral intelligemment attentif à tout ce qui se passe sur la scène est donc parfaitement légitime et ne saurait être reprochée comme une tare à celui qui n'a fait qu'utiliser ce procédé avec plus de méthode et d'ingéniosité que ses prédécesseurs. Condamner le principe du leitmotiv dans le théâtre lyrique serait tout aussi absurde que de refuser à un écrivain le droit d'user d'un style enrichi d'allusions et de sous-entendus. En tout cas, les musiciens les plus naturellement affranchis du wagnérisme, comme Gabriel Fauré, ou les plus systématiquement hostiles à son esthétique, comme Claude Debussy, n'ont pas hésité, l'un dans *Pénélope* et l'autre dans *Pelléas*, à user du leitmotiv et du rappel de thème avec infiniment de goût, de tact et d'adresse, rendant ainsi hommage à l'efficacité de la formule.

On doit également à Wagner des progrès techniques considérables dans le domaine de l'écriture et de l'orchestration. Les effets qu'il a tirés de l'exploitation expressive du chromatisme mélodique et harmonique et son utilisation des accords de quinte augmentée ont transformé le vocabulaire lyrique de son époque. Et c'est parce que tous les compositeurs de son temps se sont précipités sur ces trouvailles si précieuses qu'on a dénoncé le wagnérisme comme « un mal qui répand la terreur » et dont toutes les nations doivent se protéger par un cordon sanitaire. En réalité, il a eu le mérite d'acclimater au théâtre un style para-symphonique noble et nuancé qui a détrôné à jamais le simple « accompagnement » instrumental.

Il a accordé à la « section des vents » une importance inattendue. Non seulement il a pu disposer ainsi d'une palette sonore plus opulente que celle des cordes, mais il a été le premier à organiser la prospection méthodique de la zone « cuprifère » de l'orchestre et à mettre à l'honneur des instruments dont le prestige n'a cessé, depuis, de grandir d'année en année. Avant Wagner on utilisait fugitivement,

comme une discrète et rapide touche de c
flamme brillante d'une trompette, l'accent
d'un trombone ou le timbre poétique d'un cor, mais
on n'avait pas songé à traiter comme un ensemble
indépendant, équilibré et homogène la belle famille
des cuivres. Et ici, comme toujours, nous voyons les
artisans servir d'éclaireurs aux artistes. La tribu
franco-flamande des Sax, en améliorant, dès le début
du siècle, la perce, les perforations, les proportions
et la résonance des instruments de l'harmonie —
anches et cuivres — et en inventant des modèles inédits, mit à la disposition des créateurs des outils
musicaux perfectionnés qui les engagèrent dans des
voies nouvelles. Adolphe Sax, en particulier, pour
réserver à chacun des instruments qu'il inventait une
tessiture aisée, divisait l'échelle sonore en sept com-
partiments successifs dont chacun était attribué à un
des sept enfants — sopranino, soprano, alto, ténor,
baryton, basse et contrebasse — qui composaient la
famille des saxhorns, des saxophones ou des saxo-
trombas nommés aussi *Basstuben*. Wagner, qui cherchait des fondations robustes pour soutenir ses édifices instrumentaux, s'empara aussitôt de ces tuyaux
grondants qui lui permirent d'obtenir sous l'orgue de
ses cors, de ses trompettes et de ses trombones un
véritable clavier de pédalier où l'on trouve des trom-
pettes-basses, des trombones-basses et contrebasses,
des ténors-tuben, des basses-tuben et des contrebas-
ses-tuben qui forment un ensemble puissant et grandiose. La sonorité du thème de Hunding dans *La
Walkyrie* doit à un quintette de *Basstuben* sa majestueuse rudesse.

Wagner n'a, d'ailleurs, employé ces ressources
mégaphoniques d'une nouveauté saisissante que dans
*La Tétralogie* où leur intervention se justifiait par le
caractère héroïque et mythique du sujet : dans ses
autres ouvrages il a su varier avec la plus heureuse
opportunité l'atmosphère orchestrale. *Lohengrin* et
*Parsifal* ont une couleur mystique très différente de
la chaleur humaine de *Tristan* et la fine et tendre
bonhomie des *Maîtres Chanteurs* n'a rien de commun

...tisme de *Tannhäuser*. Car
...es extra-musicaux soulevés par
...ienne, la violence des escarmou-
... précédent ou suivirent son expansion
... conceptions philosophiques de ce
... préoccupations politiques et socia-
..., son antisémitisme combatif, ses théories esthéti-
...d'une rigueur presque scientifique ont provoqué
au... de ses chefs-d'œuvre tant de controverses passionné... qu'on a fini par perdre de vue leur abondant
contenu de musique pure. Et c'est trop souvent avec
une sorte de surprise impertinente que des auditeurs
de notre époque, en écoutant les préludes de *Tristan*,
de *Lohengrin*, de *Parsifal* ou des *Maîtres Chanteurs*,
*Les Murmures de la Forêt*, *L'Enchantement du Vendredi Saint*, *Siegfried-Idyll* ou la marche funèbre du
*Crépuscule des Dieux*, découvrent ingénument que
Richard Wagner était, avant tout, un musicien de
génie.

# 19

# Reicha et Berlioz

Il n'est pas arbitraire de rapprocher du flamboyant demi-autodidacte que fut toujours Hector Berlioz le technicien transcendant et réfléchi qui l'avait eu quelque temps pour élève. Car ici, les extrêmes se touchent. Antonin Reicha n'a jamais bénéficié de la vedette dans les histoires de la musique, mais des travaux récents et, en premier lieu, ceux de Maurice Emmanuel, ont mis en lumière les mérites exceptionnels de ce compositeur-pédagogue dont les conceptions révèlent une claivoyance, une hauteur de vues et une prescience qui méritent d'être soulignées.

Ce Tchèque, dont l'enfance fut un modèle de courage, de labeur et d'héroïque obstination, apprit son métier en jouant de la flûte dans les orchestres. A Bonn il eut pour camarade le jeune Beethoven avec lequel il se lia d'une amitié qui dura quatorze ans. Il faut retenir de cette période d'intimité artistique l'amusante confidence que voici et qui nous montre dans quel esprit le rude lutteur qu'était déjà le futur auteur de *L'Héroïque* interprétait la délicate musique de Mozart : « Beethoven exécuta à la Cour un *concerto* de Mozart pour le piano et me pria de lui tourner les pages. A tout moment, les cordes de l'instrument cassaient, et sautaient en l'air; les marteaux s'embarrassaient dans les cordes cassées. Beethoven, voulant à tout prix terminer son morceau, me pria de dégager les marteaux à mesure qu'ils s'arrêtaient et d'enlever les cordes cassées. Ma besogne était plus grande que la sienne, car il me fallait sans cesse sauter à droite, à gauche et tourner autour du piano pour faire face à tous ces malheurs... »

Reicha possédait une haute conscience artistique. Non seulement il refusait à un musicien le droit de s'enrichir — « Mozart est mort pauvre », disait-il — mais il n'admettait pas qu'un compositeur puisse accepter une commande rémunérée. Grand admirateur de Haydn dont il avait reçu le précieux enseignement, Reicha, naturalisé français en 1829, fit à Paris une brillante carrière. Malgré l'hostilité sournoise de Cherubini, il parvint à donner une très grande réputation à sa classe de contrepoint au Conservatoire où il eut des élèves comme Habeneck, Ravina, Dancla, Elwart, Reber, Henri Herz, Baillot, Rode, César Franck, Liszt, Gounod et Berlioz. Ce dernier, dont l'éducation technique demeura toujours très sommaire, appréciait peu l'enseignement strict et puriste de son maître. Au bout de deux ans il le quitta sans avoir rien appris, tandis que César Franck s'imprégnait profondément de ces procédés d'écriture qui allaient lui créer un style noble et sérieux.

Les ouvrages didactiques de Reicha contiennent des observations fort originales, en avance d'un siècle sur les préoccupations les plus hardies des musiciens modernes. On y trouve un plaidoyer éloquent en faveur de l'enrichissement du langage musical par l'adoption des modes anciens. Il est l'adversaire de la convention qui a remplacé par un seul mode mineur et un seul mode majeur les six échelles que l'on peut observer dans le folklore et le chant liturgique. Il déplorait la pauvreté de notre rythmique, protestait contre la dictature métrique du binaire et du ternaire et écrivait des chœurs à cinq temps, des phrases sans barres de mesures et des mélodies affranchies de toute carrure. Il allait même jusqu'à réclamer l'usage du quart de ton en invoquant l'exemple des Anciens et il préconisait la notation musicale du rythme de la déclamation parlée. Ce professeur austère, esclave de la logique, arrivait ainsi, par le seul respect des enseignements de l'histoire, à des solutions dont l'audace prophétique nous étonne encore aujourd'hui. Il justifiait d'avance les revendications d'un Bourgault-Ducoudray et d'un Maurice Emmanuel.

Ses ouvrages techniques sont nombreux et importants. Les plus significatifs sont son *Traité de haute composition musicale*, son *Traité de Mélodie* avec son supplément sur *L'Art d'accompagner la Mélodie par l'Harmonie*, son *Traité d'harmonie pratique*, *L'Art du compositeur dramatique*, un recueil de trente-six *Fugues* pour piano et ses *Philosophisch-praktische Anmerkungen zu den praktischen Beispielen* qui s'élèvent à des considérations métaphysiques un peu grandiloquentes mais d'un vif intérêt, tout en imposant à l'élève des exercices de *polyrythmie* et de *polytonie*.

Reicha a composé, en outre, douze opéras ou opéras-comiques — *Sapho, Obaldi, L'Ouragan, Argine, Cagliostro, Natalie, Philoctète...*, etc. — quatre grandes *Symphonies*, deux « symphonies de salon » pour petit orchestre de solistes, huit *Ouvertures*, cinq *Contertos*, une *Cantate (Circé)*, des chœurs et un très grand nombre de pièces instrumentales, de quatuors, quintettes, trios, duos, fugues, sonates, fantaisies, variations, études pour vents et pour cordes.

Tel fut le grand éducateur dont Berlioz fut l'élève pendant deux années sans rien retirer de son magnifique enseignement. Ce virtuose de l'écriture contrapuntique, ce styliste accompli, ce grammairien cérébral était, en effet, l'antithèse vivante de l'auteur de Lélio dont la plume était fort peu savante et dont l'esprit n'était pas très apte à s'intéresser à de tels problèmes. Malgré l'indifférence affichée du disciple pour le maître on doit observer que les conseils donnés par Reicha dans le domaine de l'orchestration créaient une doctrine pré-berliozienne et que cette technique de précurseur a certainement exercé sur l'élève ingrat une bienfaisante influence.

Antonin Reicha, en pleine effervescence romantique, aura donc donné l'exemple de la lucidité, du sang-froid et de la science la plus inattaquable dans une époque où l'on méprisait assez volontiers ces anachroniques vertus. A ce seul titre son nom aurait déjà mérité de ne pas sombrer dans un injuste oubli.

BERLIOZ    *1803-1869*

Le mouvement romantique de l'Europe centrale avait pu trouver une expression complète dans le langage de la musique pure. Schubert, Schumann, Mendelssohn, Weber, Liszt et leur voisin Frédéric Chopin traduisirent l'état d'âme caractéristique des « enfants du siècle » avec le seul secours des notes : en France, le romantisme musical fut beaucoup plus imprégné de littérature et de peinture. Ce n'est qu'à travers la poésie, l'épopée, le drame, le mélodrame et le tableau que nos compositeurs ressentirent les effets du délire fébrile qui s'était répandu comme une affection contagieuse parmi les artistes de cette époque.

Plus que tous les autres, Hector Berlioz, le plus représentatif des musiciens romantiques de chez nous, nous offre un exemple frappant de cette transmutation des valeurs et de cette création au second degré. On a même pu se demander, sans paradoxe, si l'auteur des *Troyens* n'avait pas été victime d'une erreur d'orientation professionnelle en embrassant la carrière de compositeur alors qu'il aurait pu réussir tout aussi brillamment, mais avec une technique plus parfaite, dans les lettres ou les arts plastiques.

Rien, d'ailleurs, ne semblait le désigner impérieusement, à sa naissance, comme un héritier d'Orphée. Ce fils d'un médecin de La Côte Saint-André ne donna, pendant son enfance, aucun signe sérieux de vocation musicale. Un flageolet l'amusa pendant quelque temps, mais lorsqu'il voulut s'initier aux rudiments de la théorie et étudier le mécanisme des accords sur sa guitare il fut très vite découragé. Ce n'est qu'à Paris où son père l'avait envoyé faire ses études de médecine qu'il éprouva, à dix-neuf ans, un choc émotif violent en entendant, à l'Opéra, les tragédies lyriques de Gluck. Il est instructif d'observer que la révélation de son art ne lui vint pas à l'audition de chefs-d'œuvre de musique pure comme ceux de Mozart, de Haydn, de Bach ou de Hændel mais fut provoquée par des spectacles pendant lesquels le dramaturge lyrique cherchait, de son propre aveu, à oublier qu'il était musicien. C'était ce mélange d'exaltation littéraire, théâtrale, picturale, verbale et plastique survoltée par la déclamation chantée qui enivrait le jeune étudiant dont la sensibilité vibrante était bouleversée par ces contrepoints de sensations et d'émotions. Ce sont les mêmes transpositions littéraires qu'il chercha dans les symphonies de Beethoven qui s'y prêtaient complaisamment et qui furent pour lui un second noyau de cristallisation pour ses rêves tumultueux. Enfin, le grand opéra romantique wébérien, avec sa fantasmagorie satanique, acheva de lui indiquer la route qu'il devait suivre. Désormais, il traduirait dans le langage des sons les visions fiévreuses et les images volcaniques dont son cerveau était rempli.

Les parents du jeune Louis Hector — qui semblent avoir servi de modèles aux inoubliables portraits que Jules Renard nous a laissés de M. et de Mme Lepic — ne s'étaient pas résignés immédiatement à ce brusque changement de vocation. Pendant de longues années, l'imagination déjà naturellement surchauffée du musicien fut portée à l'incandescence par le sentiment qu'il jouait le rôle pathétique d'un révolté et d'un martyr. Et, à dater de cet instant, nous voyons le caractère du plus déconcertant des artistes se développer dans un sens tortueux où abondent les illogismes et les contradictions.

Décidé à apprendre honnêtement son métier, Berlioz entre, à vingt-trois ans, au Conservatoire où il profite mal du solide enseignement de Reicha mais où il trouve en Le Sueur le maître le plus apte à favoriser ses tendances, car l'auteur d'*Ossian* avait un goût très vif pour la musique descriptive, les formidables ensembles vocaux et instrumentaux, les couleurs orchestrales violentes, les échelles modales et les scènes de l'Antiquité grecque et latine. Aussi l'ex-maître de chapelle de Napoléon accueillit-il avec une bienveillance particulière ce disciple qui partageait son enthousiasme pour les spectacles grandioses et les recherches extra-musicales.

Effervescent, bouillonnant, névropathe et mytho-mane, Berlioz commence à jouer le « double jeu » qui nous désorientera pendant toute son existence mou-vementée et qui consistera à ne pas se croire lié dans ses actes par les conceptions théoriques, les dogmes tranchants et les paroles enflammées dont il se grise. Avec son profil agressif, son nez en bec d'aigle, ses yeux d'acier bleu, son menton volontaire, ses lèvres minces et sa chevelure orageuse aux reflets roux, il est en possession d'un masque admirable de conqué-rant et d'insurgé. Il ne manquera pas de multiplier les jeux de physionomie héroïques et d'adopter le vocabulaire impétueux et offensif qui conviennent à un homme armé d'un tel visage de proue. Mais ces manifestations extérieures suffisent parfaitement à régulariser le régime du moteur à explosions qui actionne cet adolescent dont la turbulence cache une sagacité d'impresario intrigant et un sens fort avisé de ses intérêts.

C'est ainsi qu'en entrant au Conservatoire, dans cet asile de « podagres », dans cet antre de l'obscuran-tisme, dans ce « temple officiel de la routine » qu'il exècre et qu'il voue à l'écroulement, il devient, tout en rugissant et en lançant le feu par les narines, le plus docile et le plus patient des candidats au con-cours de Rome. Avec son sens pratique de Dauphi-nois, il s'est juré d'obtenir cette récompense à laquelle sont attachés des avantages matériels qui le tentent. Pendant quatre ans, après chaque échec, il reviendra sagement sur la ligne de départ, sans se laisser décourager par le dédain du jury et, à la qua-trième tentative, en 1830, il passera le poteau en s'écriant fièrement : « L'Institut est vaincu! »

Si l'on veut juger sans colère cet être d'exception il faut faire un sérieux effort pour se résigner, une fois pour toutes, à ses hyperboles rocambolesques, à ses attitudes théâtrales, à ses mensonges puérils et à ses impostures calculées dont la déloyauté et le cynisme sont fort irritants. Adolphe Boschot, qui a reconstitué, jour par jour, la vie de Berlioz avec une conscience admirable et une documentation inattaquable, n'a eu aucune peine à démontrer la fausseté des renseignements tendancieux que le compositeur nous a donnés sur ses faits et gestes dans ses *Mémoires* résolument trompeurs et à dévoiler les tares du caractère un peu trop astucieux de ce comédien-né, sans cesse en représentation pour se faire applaudir dans des rôles avantageux. Ces révélations, dont quelques-unes sont assez affligeantes, n'altèrent pas, d'ailleurs, chez l'historiographe de ce simulateur une indulgence qu'il n'arrive pas toujours à nous faire partager.

Les rodomontades et les hâbleries de Berlioz cachent, hélas! un destin douloureux. Cet artiste, admirablement doué pour souffrir, a mené une triste existence. La vie, cependant, n'avait pas été cruelle pour lui et lui avait, au contraire, offert sans cesse des chances dont il n'a pas su tirer parti. Dès le début de sa carrière, il trouve en Le Sueur, non seulement un maître éclairé mais un guide sûr et un ami d'un dévouement et d'une générosité rares. Avant même d'entrer au Conservatoire, le jeune étudiant avait pu, grâce à son appui, faire exécuter une *Messe* avec orchestre à l'église Saint-Roch, aubaine assez exceptionnelle pour un apprenti-musicien de vingt-deux ans. A peine terminées, les *Huit scènes de Faust* de ce débutant inconnu sont éditées chez Schlesinger. Il organise au Conservatoire des Festivals de ses œuvres avec des orchestres de cent dix musiciens. Sa *Tempête* est inscrite au programme d'un grand concert à l'Opéra. Il fait exécuter avec le plus éclatant succès sa *Symphonie fantastique* avant même de se rendre à la Villa Médicis dont son prix de Rome venait de lui ouvrir les portes. Voilà pour un petit provincial un assez encourageant départ.

A la Villa, son directeur, Horace Vernet, le prend

en affection, excuse toutes ses incartades, couvre ses fautes, se fait le complice amical de ses indisciplines et de ses désertions. A son retour à Paris, il se fait immédiatement un nom dans la critique musicale; il compose *Harold en Italie* qui est aussitôt joué devant un public de choix; il devient chroniqueur aux *Débats*, au *Rénovateur*, à la *Gazette Musicale* et au *Monde dramatique*; le duc d'Orléans, Liszt, Meyerbeer et la direction des *Débats* assiègent pour lui Duponchel, directeur de l'Opéra, et malgré sa résistance, l'obligent à recevoir *Benvenuto Cellini* avant même que la partition en soit terminée; un ministre de l'Intérieur lui ayant demandé d'écrire un *Requiem* pour six cents exécutants et son successeur ayant annulé la commande, Berlioz lance le duc d'Orléans à l'assaut du ministère et rétablit aussitôt la situation; ses protecteurs et ses fidèles font des miracles, les « Jeune-France » le portent en triomphe; les concerts d'orchestre consacrés à ses œuvres se multiplient : au cours de l'un d'eux le glorieux Paganini, l'idole de la foule, entre en scène, s'agenouille devant lui et lui baise la main; on lui fait donner une sinécure : la place de Conservateur de la Bibliothèque du Conservatoire et on lui offre, à trente-cinq ans, la croix de la Légion d'honneur; il écrit *Roméo et Juliette* qui est instantanément interprété par deux cents exécutants avec un succès triomphal; sans perdre de temps il se fait donner par le gouvernement la commande d'une *Symphonie funèbre* à la mémoire des victimes de la Révolution de Juillet. L'œuvre est jouée avec faste par deux cents musiciens habillés en soldats et cet orchestre héroïque défile dans les rues de Paris, précédé par Berlioz qui bat la mesure avec un sabre.

La fortune semble se lasser un instant. La mort lui enlève quelques amis puissants, *Benvenuto* n'a pas été un succès, il commence à fatiguer le public par son arrivisme un peu indiscret et son insatiable appétit de gloire : qu'à cela ne tienne, il changera de cheval de bataille. Le voilà parti à l'assaut des forteresses étrangères. Il est reçu magnifiquement à Bruxelles, attaque Mayence, Francfort, Stuttgart,

Carlsruhe, Mannheim, Weimar, Leipzig, Dresde, Brunswick, Hambourg avec plus ou moins de bonheur, bénéficie de l'appui fraternel de Mendelssohn, de Schumann et de Liszt et termine sa campagne d'Allemagne par un séjour triomphal à Berlin qui lui procure un mois d'apothéose.

Rentré en France, il dirige, à l'Exposition des Produits de l'Industrie, un orchestre gigantesque et Franconi lui ouvre pour des festivals spectaculaires son Cirque Olympique. Nouveau départ pour l'étranger, deux mois de victoire à Vienne, éclatante réussite à Prague, triomphe total à Budapest où les Hongrois sont bouleversés par la façon dont ce Français a traité leur *Marche de Racoczy*. Il revient à Paris où il achève *La Damnation de Faust* aussitôt jouée à l'Opéra-Comique; fructueuse campagne de Russie, concerts rémunérateurs à Moscou et Saint-Pétersbourg; engagement de chef d'orchestre et concerts à Londres; Liszt organise une splendide « semaine Berlioz » à Weimar; le théâtre de Bade lui commande *Béatrice et Bénédict*; sa « trilogie sacrée » *L'Enfance du Christ* est créée avec un grand succès; il est élu membre de l'Institut; écartés de l'Opéra, ses *Troyens* sont aussitôt accueillis au Théâtre lyrique et de nouvelles tournées à l'étranger terminent cette carrière dont un dieu bienveillant semble avoir surveillé l'ordonnance avec la plus attentive sollicitude en remettant à l'étrier le pied de ce cavalier fougueux chaque fois qu'il était désarçonné. Professionnellement, Berlioz bénéficia de constantes faveurs du destin.

Mais avec toutes ces « chances » il fut le plus malheureux des hommes. Les inestimables appuis qui lui furent assurés, son infatigable entregent de « démarcheur », sa technique publicitaire effrontée, ses audacieux mensonges de commis voyageur et de placier sans scrupules, son étonnante virtuosité dans la pratique anticipée de ce que nous appelons aujourd'hui le *bluff* n'empêchèrent pas le public de se détourner souvent de lui avec une indifférence insultante et ne le sauvèrent pas d'une fin assez misérable après une vieillesse amère et aigrie.

De plus, il déséquilibra sa vie en y introduisant successivement, avec une naïveté et une maladresse insignes, deux compagnes encombrantes et acariâtres. A vingt-quatre ans, il s'était épris d'une tragédienne irlandaise, Harriet Smithson, belle créature sans talent dont la jeunesse était le seul attrait. Elle avait repoussé ce soupirant agité que l'on prétendait épileptique. Il tomba alors aux mains d'une coquette, la gracieuse Camille Moke, qui le dupa avec une allègre désinvolture. Il revint alors à sa tragédienne, prématurément épaissie, vieillie et professionnellement discréditée. Pour se l'attacher, il l'épousa, la rendit mère et se créa un foyer infernal. Las des persécutions de cette matrone adipeuse, jalouse et injurieuse, il l'abandonna pour une cantatrice sans voix, Maria Recio, qui le réduisit au plus humiliant esclavage, voulut être l'interprète exclusive de ses œuvres, le chambra, lassa tous ses amis, compromit le succès de ses entreprises et l'obligea à commettre de véritables bassesses pour imposer sa collaboration indésirable aux organisateurs de ses tournées. La responsabilité personnelle de Berlioz dans les déceptions que lui apporta sa carrière est donc assez sérieusement engagée. Mais, encore une fois, qu'il ait été ou non l'artisan de sa propre infortune, l'artiste qui « gâcha » les extraordinaires possibilités que lui offrit le sort mérite notre compassion, car son existence ne fut que la lente et pitoyable « marche au supplice » dont il avait noté, d'avance, à vingt-sept ans, le rythme désespéré.

La place qu'occupe dans l'histoire de la musique française l'auteur de *La Damnation de Faust* est considérable mais n'est pas celle qui lui est généralement assignée. Comme Beethoven, Berlioz est devenu l'idole des littérateurs et, par là même, leur prisonnier. Son exaltation frénétique, le choix de ses sujets, son lyrisme spectaculaire présentent pour un auditeur à l'oreille peu éduquée un indéniable attrait : les musiciens souffrent, au contraire, de la maladresse de son écriture, de la gaucherie de son style, de l'incohérence et du désordre de sa composition. La lecture d'une partition de Berlioz au piano dénonce ces vices de forme originels. La pauvreté de sa pensée, l'indigence de la substance purement musicale de ses œuvres apparaissent alors en pleine lumière. Mais, dès que l'orchestre s'empare de ces médiocres propos, tout se trouve miraculeusement transformé. Il possède un tel génie de coloriste qu'un instinct infaillible le guide dans le choix des timbres instrumentaux. Il éprouve alors en présence d'un paysage ou d'un sentiment des réactions de peintre. Par l'opposition saisissante de leurs rayons et de leurs ombres certaines pages orchestrales de Berlioz parlent à la rétine autant qu'au tympan et c'est une des raisons de leur succès populaire.

On a voulu faire de lui le créateur du poème symphonique : nous avons vu, en étudiant l'apport de Liszt dans ce domaine, que la recherche de la paternité de cette formule nous conseille de réserver cet honneur à l'auteur de *Mazeppa* et des *Préludes* plutôt qu'à celui de la *Fantastique* ou de *Lélio*. La morphologie des symphonies de Beethoven exerça toujours sur Berlioz, architecte peu inventif, une influence trop tyrannique pour lui permettre de créer une forme nouvelle. Il est également bien arbitraire de chercher à faire de Wagner son obligé dans le domaine de la composition. Certes, le génie orchestral de ce Delacroix du timbre n'a pu laisser indifférent aucun de ses contemporains et tout compositeur sensible à la couleur a dû étudier sa palette avec intérêt. Certains musiciens russes reconnaissent avoir puisé d'utiles conseils dans son beau *Traité d'instrumentation*. D'autre part, il a donné de magnifiques exemples d'orchestration pittoresque ou expressive. Mais, musicalement, il serait bien difficile de découvrir dans toute sa production des trouvailles de vocabulaire susceptibles d'être utilisées par des techniciens qui parlaient couramment une langue beaucoup plus riche et plus originale que la sienne. Adrien Barthe, qui fut un remarquable professeur d'harmonie au Conservatoire de Paris, a noté ce souvenir qui en dit long sur l'étrange façon dont l'auteur de *Benvenuto* pratiquait la composition. Berlioz l'ayant rencontré, un jour, le pria de venir chez lui entendre un fragment des *Troyens* qu'il était en train d'achever : « Je tiens à vous montrer cela, lui dit-il, mais je vous préviens, je n'ai pas encore trouvé les accords! » L'amateur le plus maladroit hésiterait à faire un pareil aveu qui trahit une organisation musicale singulièrement rudimentaire.

Berlioz est un indépendant qui, par sa nature même, ne pouvait faire école. Et ce splendide isolement fut le drame de sa vie. On connaît l'incident « dantesque et shakespearien » qui matérialisa, au seuil de son tombeau, l'amer et hautain symbole de sa destinée. Le jour de ses obsèques, les deux chevaux attelés à son char funèbre s'emportèrent brusquement à l'entrée du cimetière Montmartre. Lancé au galop, le corbillard s'évadant du cortège et arrachant les cordons du poêle aux mains d'Ambroise Thomas, du baron Taylor, de Reyer et de Gounod, pénétra seul, orgueilleusement seul, dans le champ de repos pour conduire le musicien à sa dernière demeure. La scène aurait rempli d'une sombre fierté l'auteur de *La Damnation*! Mais, au fond, « ces deux noirs chevaux prompts comme la pensée », nous les reconnaissons. Ils s'appellent Vortex et Giaour, et n'est-ce pas Berlioz lui-même qui les avait choisis pour pouvoir, du fond de son cercueil, leur donner dans sa « course à l'abîme » le signal de cette suprême révolte? Magnifique façon, pour un artiste romantique, d'entrer dans l'au-delà... et dans la gloire!

Car c'est à larges foulées que le compositeur méconnu va désormais s'élancer vers l'immortalité. Aussitôt après sa disparition, ses œuvres triomphent partout. Son théâtre, qui n'est pas la meilleure partie de sa production, n'arrive pas à s'imposer chez nous, mais ses ouvrages symphoniques sont sans cesse à l'honneur. *La Damnation de Faust*, la *Symphonie fantastique*, l'*Ouverture* du *Carnaval romain*, *L'Enfance du Christ*, *Roméo et Juliette* et le *Requiem* obtiennent, sur toute la surface du globe, un succès inépuisable et mérité. L'élan fougueux des deux coursiers funèbres a renversé toutes les barrières qui avaient jusqu'alors séparé de la foule ingrate ce visionnaire enivré qui, pourtant, n'avait travaillé que pour elle!

# 20

# L'opéra-comique français

*Dalayrac. — Boïeldieu. — Nicolo. — Hérold. —*
*Adam. — Berton. — Divers.*

La France a payé fort cher, au cours de son histoire, le privilège dangereux de posséder une capitale
considérée par les artistes du monde entier comme la
meilleure des vitrines d'exposition. Paris a trop souvent connu l'honneur discutable d'être choisi comme
champ clos pour les grands tournois internationaux
de l'esthétique.

En musique, cette multiplication des « champion-
nats du goût » sur notre territoire a eu des conséquences souvent déplorables, car ces manifestations
trop spectaculaires ont, plus d'une fois, faussé le
jugement de notre foule, altéré son sens critique et
consacré des injustices. Les légendaires querelles
d'où sortirent les bataillons rivaux des lullystes, des
Bouffons, des ramistes, des gluckistes ou des piccinistes, les interventions des souverains, des souveraines, des favorites, des courtisans et des clans littéraires jetés dans la bagarre furent extrêmement
néfastes à notre culture artistique en créant dans l'esprit de nos compatriotes, devenus spectateurs de
matches, toutes sortes de préjugés et d'erreurs.

A la fin du XVIIIᵉ siècle, la double offensive allemande et italienne avait introduit chez nous de telles
habitudes d'oreille que, dans le domaine strictement
musical, nos compositeurs avaient vu s'affaiblir et
presque disparaître nos véritables traditions nationa-

les. Gluck, aussi bien que Piccini, que les Bouffons et que Lully lui-même, avait détourné l'attention du public des formes les plus nobles de la musique au seul profit du théâtre. Tout en se disputant la maîtrise de la formule, ces frères ennemis étaient secrètement d'accord sur un point essentiel : la suprématie du drame chanté sur tous les autres modes d'expression de la pensée. C'est de cette époque que date, chez nous, le prestige démesuré des musiciens de théâtre dont les symphonistes et les compositeurs de musique de chambre devinrent rapidement les parents pauvres.

Le triomphe international de Wagner et celui des grands Italiens du XIXᵉ siècle allait prolonger et consolider ce malentendu. Il fallut attendre la guerre de 70 pour provoquer chez nous le sursaut d'amour-propre qui favorisa, ailleurs que sur la scène, la renaissance de l'*ars gallica*. Jusqu'à cette date il n'est pas toujours aisé de suivre le cheminement, tantôt visible, tantôt souterrain, de cette fraîche et limpide rivière qui s'appelle la tradition française et qui se glisse sous le théâtre musical de cette époque comme la Grange-Batelière sous le Palais Garnier.

Il est curieux de constater que c'est par la musique de demi-caractère et non par le grand lyrisme que s'est assurée la continuité de cette irrigation secrète. L'emphase et la grandiloquence germaniques, les « hauts cris » et les roucoulements transalpins allaient, en effet, engendrer le style composite des Meyerbeer et des Halévy, mais, pendant ce temps, en se cantonnant dans un genre aimable et sans prétention, les Dalayrac, les Boïeldieu, les Nicolo et les Hérold défendaient victorieusement les droits du goût français dans des ouvrages qui se relient directement, en amont, à ceux de Monsigny, de Philidor et de Méhul et, en aval, à ceux de Gounod, de Lalo, de Delibes et de Bizet.

## DALAYRAC  *1753-1809*

Originaire de la Haute-Garonne et fils d'un magistrat toulousain, ce protégé du comte d'Artois fit rapidement son chemin dans le monde. L'époque troublée dans laquelle il vécut ne parvint pas à altérer sa bonne humeur et son insouciance et à entraver sa production, réalisée avec la plus agréable facilité. Il ne composa pas moins de soixante opéras-comiques et ne connut jamais d'échec. La grâce de ses mélodies, la souplesse de son écriture, son sentiment très juste des exigences de la scène, une orchestration claire lui assurèrent l'inaltérable sympathie du public parisien sous les divers régimes qui bouleversèrent l'atmosphère artistique et sociale de la capitale au cours de sa carrière. Peu de compositeurs auront connu la faveur d'une pareille fidélité de la foule.

Le succès de certains de ses ouvrages s'étendit au-delà de nos frontières. L'Allemagne accueillit avec faveur ses *Deux petits Savoyards, Sargines, La Dot* et la fameuse *Nina, ou la Folle par amour* qui contient l'air touchant : « Quand le bien-aimé reviendra » dont la vogue fut si éclatante et si durable. Parmi les partitions qui n'ont pas entièrement sombré dans l'oubli, on peut citer *Le Château de Monte-Nero, Vert-Vert, Maison à vendre, Camille ou le souterrain, Philippe et Georgette, La Maison isolée, Une heure de mariage, Picaros et Diego, Adolphe et Clara, Gulnare ou l'esclave persan, Azémia et Gullistan.*

Nicolas-Marie Dalayrac, né décidément sous une heureuse étoile, eut la chance supplémentaire d'avoir pour interprètes des artistes aussi remarquables et aussi populaires que le célèbre ténor Elleviou, ancienne basse devenu chanteur de charme, et Mme Dugazon — créatrice de Nina — qui a attaché son nom aux rôles de son emploi.

BOÏELDIEU        *1775-1834*

Ce que ces deux chanteurs avaient fait pour Dalayrac, l'illustre Garat et le baryton Martin — qui, lui
aussi, baptisa son emploi comme Trial et Mme Falcon — le firent pour François-Adrien Boïeldieu en
attirant l'attention de leurs admirateurs sur les dons
de mélodiste de ce jeune compositeur de romances
qui arrivait de Rouen plus riche d'espérances que de
savoir. Il ne devait pas les décevoir.

Sa carrière fut facile. Pianiste brillant, mais
dépourvu de toute éducation sérieuse en matière de
composition, il écrivit de bonne heure quelques
œuvres instrumentales agréables, puis des ouvrages
lyriques comme *La Fille coupable, Rosalie et Myrza,
La Dot de Suzette, La Famille suisse*, dans lesquels
l'instinct et le goût remplaçaient la science. Il comprit pourtant, au contact de musiciens comme Méhul
et Cherubini, que l'étude ne pourrait que développer
son talent et se mit courageusement au travail pour
apprendre son métier. Ses partitions suivantes,
*Zoraïme et Zulnar, Le Calife de Bagdad, Ma Tante
Aurore* témoignent de louables recherches d'écriture.
Mais on sent fort bien que cet improvisateur si bien
doué ne sacrifiera jamais à la rhétorique d'école la
spontanéité de son inspiration gracieuse et qu'il
n'éprouvera pas le besoin de demander à la fugue et
au contrepoint des procédés de développement et de
remplissage qui ne lui rendaient aucun service, étant
donné la fécondité et la facilité de son imagination
créatrice.

Après un séjour de sept ans à la Cour de Russie,
pendant lequel il composa *Aline, reine de Golconde,
Télémaque, Les Voitures versées, Rien de trop, La
Dame invisible, La jeune femme colère*, il revint à
Paris où l'attendaient de nouveaux succès. Son *Jean
de Paris* fut un triomphe. Il fut suivi de réussites non
moins heureuses : *Le Nouveau seigneur du village, La
Fête du village voisin, Le Petit Chaperon Rouge,
Angela, Les Béarnais, La France et l'Espagne, Phara-*

mond, *La Marquise de Brinvilliers*..., etc., et enfin, après un silence de plusieurs années, son chef-d'œuvre *La Dame blanche* dont l'originalité, la couleur et le charme ont un pouvoir de séduction exceptionnel. Ce fut là son chant du cygne, car il n'écrivit plus, par la suite, que les *Deux nuits* dont le livret médiocre amoindrit le succès. Atteint d'une laryngite tuberculeuse qui lui enleva l'usage de la parole, il mourut comblé d'honneurs mais dans une situation matérielle assez précaire en dépit des hautes fonctions dont il avait été investi en se voyant confier successivement au Conservatoire une classe de piano et une classe de composition, en devenant compositeur et accompagnateur de la musique particulière du roi Louis XVIII et en succédant à Méhul à l'Institut.

L'estime dont les techniciens les plus sérieux entouraient ce dilettante s'affirme dans le fait que Cherubini, Méhul, Paër, Kreutzer, Catel, Hérold, Berton et Nicolo s'honorèrent de joindre leur signature à la sienne dans des opéras-comiques composés en collaboration avec lui. Boïeldieu possède, en effet, des dons d'invention d'une telle fraîcheur que tous ses biographes évoquent à son sujet le souvenir de Mozart. Et l'on sait quelle admiration Wagner, après Schumann et Weber, éprouvait pour ce compositeur si bien doué qui, seul à son époque, essayait de réaliser en France une union intime de tous les éléments qui entrent dans la composition d'un spectacle lyrique. Non seulement il traduisait musicalement ses textes avec une fidélité d'expression parfaite mais il avait l'art d'accorder la couleur de son orchestre à l'atmosphère du sujet qu'il traitait. De plus, il se préoccupait de donner une « psychologie musicale » à chacun de ses personnages, ce qui était une innovation singulièrement hardie dans un genre tel que celui qu'il cultivait. Il possédait un sens dramatique très sûr et savait varier à l'infini l'accent de chacune de ses partitions. Dans une époque où la convention et le conformisme unifiaient et nivelaient tant de musiques interchangeables, Boïeldieu commence à

jouer avec les impondérables. Ils flottent autour de
*La Dame blanche* et y font régner une mystérieuse
ambiance qu'on ne retrouvera dans aucune autre de
ses pièces. Il est tendre et sensible sans indiscrétion
ni mièvrerie, il est fin, il est spirituel, il a le sens des
nuances, il est spécifiquement français. Au seuil du
XX⁰ siècle, ce génie printanier fut, pour la musique de
chez nous, une vivante promesse de renouveau.

## NICOLO          *1775-1818*

Nicolo Isouard, dit Nicolo, était né dans l'île de
Malte et avait fait ses études musicales à Palerme, à
Naples et à Florence avant de devenir maître de chapelle de l'ordre des Chevaliers Hospitaliers de Jérusalem. Il avait abordé le théâtre lyrique à Livourne
avec un *Artaxercès* qui fut bien accueilli, mais ce fut
à Paris qu'il livra ses plus importantes batailles. Né
la même année que Boïeldieu, il devint son camarade
de luttes, collabora à son *Bayard à Mézières* mais ne
tarda pas à entrer en rivalité avec lui. Protégé par
Kreutzer, il débuta à l'Opéra-Comique avec *Le Tonne-
lier* et conquit rapidement une notoriété enviable
avec *Michel-Ange, L'intrigue aux fenêtres, Léonce,
Les Rendez-vous bourgeois, Cendrillon, Le Billet de
loterie, Joconde* et *Jeannot et Colin*. Il n'écrivit pas
moins d'une cinquantaine d'opéras-comiques qui connurent une heureuse fortune et dont certaines pages
sont demeurées au répertoire des chanteurs d'aujourd'hui.

Le talent de Nicolo, moins original et moins distingué que celui de Boïeldieu, possède pourtant des qualités de vivacité et de finesse fort précieuses. Son
style est alerte, gai et léger, son orchestration est
adroite et son esprit mélodique a de la grâce et du
charme. La contribution de cet Italien francisé à
l'histoire de notre théâtre lyrique n'est donc pas si
négligeable. Elle consacre, en tout cas, par un hommage significatif, l'autorité de la formule que les
musiciens de chez nous étaient en train de créer pour

échapper à l'influence germano-italienne et sauvegarder quelques-unes de nos plus aimables traditions nationales.

## HÉROLD     *1791-1833*

On a coutume de ranger parmi les « dissidents » de la musique française deux élèves de Boïeldieu qui ne méritent assurément pas ce reproche : Ferdinand Hérold et Adolphe Adam. L'un et l'autre ont fait honneur à leur maître et n'ont pas trahi son esthétique. Il est donc juste de rapprocher leurs noms de ceux des compositeurs de leur époque dont l'italianisme triomphant n'avait pas trop altéré le langage.

Hérold naquit à Paris d'une famille alsacienne où la musique était cultivée avec méthode. Il reçut d'abord des leçons de son père, qui avait été l'élève de Philippe-Emmanuel Bach, puis entra au Conservatoire, dans la classe de piano de Louis Adam — le père d'Adolphe — et dans la classe de composition de Méhul. Après avoir obtenu son prix de Rome, il travailla avec Boïeldieu et devint son collaborateur pour la partition de *Charles de France*. Il avait déjà fait jouer à Naples sa *Jeunesse d'Henri IV* et fit applaudir à notre Opéra-Comique *Les Rosières* et *La Clochette* qui établirent sa réputation. De médiocres livrets compromirent ses chances avec *Les Troqueurs*, *Le Premier venu*, *L'Amour platonique*, *l'Auteur mort et vivant*, *Le Muletier*, *Le Roi René*, *L'Asthénie*, *Le Lapin blanc*, mais *Marie* le réhabilita. Il fut un des neuf collaborateurs de Boïeldieu pour *La Marquise de Brinvilliers*, écrivit seul *Emmeline* et *L'Illusion*, puis, avec Carafa, *L'Auberge d'Auray*. Enfin il couronna sa carrière par deux ouvrages importants, *Zampa* et *Le Pré-aux-Clercs* qui ont assuré sa gloire jusqu'à nos jours, en France et à l'étranger. Il mourut tuberculeux à quarante-deux ans.

La musique de théâtre fut sa seule préoccupation. Il avait le sens de la scène et possédait naturellement un instinct dramatique. Aussi trouva-t-il le moyen,

pendant sa brève existence, de composer une trentaine d'ouvrages lyriques. Son style a de l'accent et
de la couleur et son écriture est plus habile que celle
de la plupart de ses contemporains. Dans le domaine
de l'harmonie, par exemple, il montre plus d'adresse
et d'audace que son maître. On trouve dans *Zampa* et
dans *Le Pré-aux-Clercs* des modulations inattendues
et des effets d'orchestre hardis pour l'époque. Une
poésie assez pénétrante émane de certaines de ses
œuvres et, si l'on a péché par exagération en l'appelant le Weber français, cette assimilation, ramenée à
des proportions plus modestes, doit être retenue
comme une indication significative.

### Adolphe Adam     *1803-1856*

C'est également un Alsacien de Paris que le second
disciple de Boïeldieu dont un *Noël* populacier a
immortalisé le nom à bon compte. Cinquante-trois
ouvrages de théâtre forment son imposant bagage.
Ils ne visent pas à une distinction suprême ni à une
grande originalité de forme et de pensée, car Adam
aimait à plaire et cherchait dans la clarté et la simplicité les éléments d'un succès immédiat. Mais
l'homme qui a écrit *Le Postillon de Longjumeau*, *Si
j'étais roi* et *Le Chalet* a de la verve, de l'invention
mélodique, une certaine élégance rythmique qui s'est
affirmée dans sa célèbre *Giselle*, une facilité et une
rapidité de travail demeurées légendaires et un
métier sûr qui a fait de lui un honnête professeur de
composition au Conservatoire. Son style familier, s'il
n'est pas toujours d'un niveau très élevé, ne peut pas
renier ses origines, car on ne saurait décemment
attribuer à l'influence de l'Italie ses intonations
caractéristiques de Français moyen.

Les ouvrages qui ont le plus de notoriété dans la
vaste production d'Adolphe Adam sont *Le Toréador*,
*Le Fidèle Berger*, *Le Bijou perdu*, *Le Roi d'Yvetot*, *La
Rose de Péronne*, *La Poupée de Nuremberg* et
*Giralda*. Les théâtres étrangers, et, tout particulière-

ment ceux de l'Allemagne, sont demeurés plus fidèles que les nôtres à ce répertoire démocratique. Seuls, nos danseurs assurent pieusement la pérennité de *Giselle* qui leur fournit une série irremplaçable d'images romantiques d'une attendrissante candeur.

## BERTON       *1767-1844*

Fils de Pierre-Montan Berton, qui avait été chanteur, chef d'orchestre, compositeur et directeur de l'Opéra, Henri-Montan Berton fut plongé de bonne heure dans une ambiance musicale favorable à sa rapide formation. Les excellentes leçons de Sacchini firent de lui un technicien très complet qui devait, plus tard, nous donner un *Traité des accords* remarquable par sa hardiesse et la nouveauté de ses conceptions. On lui confia, au Conservatoire, une classe de composition et l'Institut l'accueillit dans son sein.

Depuis l'âge de dix-huit ans, il avait abordé le théâtre et le concert et s'y était fait remarquer par un goût très affirmé des sujets saisissants. Il aimait la couleur, le relief et recherchait les livrets offrant des situations originales. *Les Rigueurs du Cloître, Montano et Stéphanie*, le curieux et audacieux *Délire, Françoise de Foix* et *Aline, reine de Golconde* — sujet que Boïeldieu allait traiter l'année suivante — sont les titres qui sont le plus souvent cités par ceux qui ont feuilleté la cinquantaine de partitions lyriques écrites par ce compositeur fécond à qui l'on doit également des ballets, des oratorios, des cantates et quelques pièces de musique de chambre.

Intelligent et combatif, maniant adroitement les idées générales, Berton a concrétisé sa doctrine, son goût musical et son idéal esthétique dans des écrits fort courageux qui défendent avec vigueur l'orthodoxie française contre les infiltrations dangereuses de l'italianisme dont il souligne les tares et les faiblesses. Il eut l'héroïsme de dénoncer le « rossinisme » triomphant. De la chaîne ininterrompue de nos traditions dont nous dégageons, un à un, les anneaux enchevêtrés, Berton est un des maillons les plus solides.

## Divers

Parmi les musiciens de cette période qui ont pris part à la vie artistique de Paris dans le même esprit de tradition nationale mais sans grande originalité, on peut retenir les noms de CHARLES CATEL *(1773-1830)*, élève de Gossec, auteur d'un remarquable traité d'harmonie, professeur au Conservatoire, membre de l'Institut, qui aborda le théâtre avec *Les Bayadères, Les Aubergistes de qualité, Wallace ou Le Ménestrel écossais* et *Sémiramis*; de RODOLPHE KREUTZER *(1766-1831)* qui, après avoir composé des cantates révolutionnaires en 1792 *(Le Siège de Lille)*, écrivit une quarantaine d'opéras et d'opéras-comiques fort bien accueillis à leur naissance mais vite oubliés *(Lodoïska, Paul et Virginie, Mathilde...,* etc) et qui brilla, surtout, comme violoniste-virtuose spécialisé dans les plus savantes prouesses d'improvisateur; de FRANÇOIS-DEVIENNE *(1759-1803)* qui mena de front la composition symphonique et la composition lyrique *(Les Visitandines)*; de DANIEL STEIBELT *(1765-1823)*, pianiste berlinois à la carrière mouvementée, qui brilla successivement à Paris et à Saint-Pétersbourg où il avait pris la succession de Boïeldieu, et qui donna au théâtre des ouvrages comme *Roméo et Juliette, La Princesse de Babylone, Sargines* et *Cendrillon*; de PIERRE GAVEAUX *(1761-1825)*, chanteur et compositeur, à qui l'on doit une trentaine d'opéras, parmi lesquels une *Léonore ou l'amour conjugal* qui eut la fortune singulière de plaire tellement à Paër et à Beethoven que ces deux musiciens s'empressèrent l'un et l'autre... de la mettre en musique! Paër ne prit même pas la peine d'en modifier le titre mais Beethoven la baptisa *Fidelio*.

Ces sortes d'emprunts, qui nous étonnent aujourd'hui, étaient parfaitement admis à l'époque. L'énumération des opéras-comiques et des opéras que nous avons eu l'occasion de citer ramène fréquemment le même livret dans les catalogues de compositeurs différents. Le public d'alors assistait sans déplaisir à ces sortes de concours sur un sujet donné et trouvait, au contraire, l'épreuve fort instructive. Ce simple détail souligne les progrès accomplis, depuis cent cinquante ans, dans la dramaturgie musicale sous le rapport de la personnalité des auteurs. L'idée d'écrire une musique nouvelle sur les livrets de *Carmen*, des *Maîtres Chanteurs*, de *Pelléas*, de *Louise* ou de *L'Heure espagnole* — même s'ils n'étaient pas protégés par les lois — n'effleurerait le cerveau d'aucun compositeur d'aujourd'hui doué de bon sens. Le langage musical moderne marque un texte d'une empreinte beaucoup plus profonde que les accents toujours un peu conventionnels et souvent interchangeables des auteurs à succès d'autrefois.

# 21

# Le lyrisme italien en France

*Sacchini. — Salieri. — Spontini. — Rossini. — Donizetti. — Bellini. — Paër.*

Pendant que la tradition française cherchait ainsi, dans de modestes asiles, un refuge et un abri, nos palais officiels s'ouvraient largement à l'invasion étrangère. Les assaillants étaient, d'ailleurs, des stratèges de marque, d'autant plus dangereux qu'ils avaient plus de talent. Devant cet investissement de grand style les défenseurs de notre patrimoine national, inférieurs en force et en nombre, ne pouvaient que se retrancher provisoirement sur des positions de repli.

### Sacchini     *1730-1786*

La victoire de Gluck — qui ne pouvait passer pour une victoire française — n'avait entraîné qu'un armistice. Les belligérants s'observaient avec méfiance et quelques escarmouches isolées prouvaient que les Italiens n'avaient pas renoncé à la lutte. Deux francs-tireurs transalpins réussirent d'heureux coups de main. L'un était Antonio Sacchini, violoniste napolitain, élève de composition de Durante, qui avait fait d'assez bonne heure la conquête de l'Allemagne et de la Hollande et s'était fixé en Angleterre au moment de notre grande querelle lyrique. Piccini rêvait de s'en faire un allié. Sacchini, qui avait déjà écrit *Sémiramis, Alexandre, Tamerlan, Lucio Vero, Persée, Le Cid, L'Amour soldat, Montezuma, Rinaldo ed Armida,* émerveilla Paris avec son *Ile d'Amour.* Aussi fut-il accueilli avec enthousiasme lorsqu'il vint s'installer chez nous. Et les quatre grands ouvrages qu'il fit représenter en France — *Rinaldo* devenu *Renaud, Le Cid,* baptisé *Chimène, Dardanus* et *Œdipe à Colone* — remportèrent un très grand succès que justifiaient le charme et la pureté presque classique de son inspiration mélodique.

## SALIERI        *1750-1825*

L'autre était Antonio Salieri, jeune chanteur italien transplanté à Vienne où il travailla la composition avec Gassmann. Adroit et intrigant, il eut l'habileté de se glisser dans l'état-major de Gluck pour mieux arriver à ses fins. Après avoir attiré l'attention sur son talent avec son opéra-comique *Le Donne letterate* et son opéra *La Fiera di Venezia,* il lança ses *Danaïdes* en décidant l'auteur d'*Orphée* à joindre sa signature à la sienne pendant les premières représentations de l'ouvrage dont il revendiqua ensuite la glorieuse paternité dès que la réussite en fut assurée. Jetant alors le masque, il travailla pour son propre compte, tout en faisant son profit de certaines conquêtes gluckistes, en donnant successivement *Les Horaces, Tarare, Axur re d'Ormus, Semiramide, Armide, Falstaff* et de nombreuses œuvres vocales et instrumentales. On sait qu'il fut accusé d'avoir empoisonné Mozart. On prétend même que, sur son lit de mort, il aurait fait l'aveu de son crime. Mais, faute d'éléments d'information assez précis, ce sombre fait divers risque de demeurer longtemps encore à mi-chemin de l'histoire et de la légende.

SPONTINI     *1774-1851*

Cependant, les deux Antonio n'avaient fait que frayer la route à des combattants mieux armés et plus méthodiques à l'avant-garde desquels marchait le comte du Pape di Sant'Andrea, c'est-à-dire l'humble fils de paysans qui était devenu l'illustre auteur de *La Vestale.*

Sur le terrain abandonné jadis par les Bouffons, sur le champ de bataille où Piccini avait subi sa défaite, son élève Gasparo-Luigi-Pacifico Spontini, faisant mentir son prénom rassurant, ralluma la guerre sur notre sol en servant de fourrier à une nouvelle invasion italienne. C'était un artiste de race, possédant à fond son métier. Il avait travaillé à Naples avec Cimarosa avant de prendre Piccini pour maître. Il aborda de bonne heure la scène lyrique en faisant ses débuts au théâtre Argentina, à Rome, avec *I Puntigli delle donne,* connut plusieurs succès à Florence, Naples, Venise et Palerme avec *L'Eroismo ridicolo, Il Finto pittore, Il Teseo riconosciuto, L'Amore segreto...* et vint s'installer à Paris où il se concilia la faveur de l'impératrice Joséphine et flatta adroitement Napoléon.

Parmi ses premiers ouvrages, *La Finta Filosofa* eut du succès, *La Petite Maison* fit scandale et *Julie ou le pot de fleurs* fut aimablement accueillie. *Milton* et *La Vestale,* au contraire, s'imposèrent dès leur apparition par leur style plus relevé et classèrent aussitôt leur auteur au premier rang des grands lyriques. La justesse de ses accents, la puissance de son pathétique, la force expressive de son langage mélodique et la chaleur de sa musique passionnée bouleversèrent notre public. Il enleva à Le Sueur le grand prix décennal de composition institué par Napoléon et bénéficia d'une apothéose qui contribua à développer chez lui une vanité naturelle qui tourna bientôt à la plus ridicule mégalomanie. Sa suffisance bouffonne est restée légendaire.

Deux ans après *La Vestale,* son *Ferdinand Cortez*

*ou la conquête du Mexique* lui valait un nouveau triomphe. Il inaugurait, dans cet ouvrage, la formule de l'opéra historique à grand spectacle — on y voyait la cavalerie du cirque Franconi traverser au galop la scène de l'Opéra — qui allait bientôt être exploitée brillamment par ses successeurs. Cette partition égalait la précédente en puissance et en émotion et acheva de faire de Spontini un maître universellement respecté et admiré. Il consolidait, d'ailleurs, méthodiquement sa situation parisienne en épousant une nièce de Sébastien Erard, en se faisant nommer directeur de l'Opéra italien, puis, après la chute de l'Empire, en captant la confiance de Louis XVIII qui le nomma compositeur de la Cour. De cette époque datent *Pélage* ou *Le Roi et la Paix*, œuvre de courtisan, *Les Dieux rivaux* et *Olympie*.

Cependant les difficultés que lui suscitaient en France son orgueil démesuré le décidèrent à traiter avec le roi Frédéric-Guillaume III de Prusse pour prendre la direction des organisations musicales de Berlin. Il occupa ce poste pendant vingt années, au cours desquelles il créa *Lalla Rookh, Nurmahal, Alcidor, Agnes von Hohenstaufen*, mais trouva le moyen de se faire détester si cordialement que le public berlinois interrompit une représentation de *Don Juan* pour l'arracher à son pupitre de chef et le contraindre à démissionner. Profondément humilié, il revint en France, n'osa plus rien composer, connut la disgrâce beethovenienne de la surdité et termina tristement, à soixante-dix-sept ans, une existence que le destin s'était complu à rendre exceptionnellement enviable mais qui aboutit à une faillite morale dont il fut le seul artisan.

Il faut saluer son génie lyrique incontestable qui a consacré, sous l'Empire et la Restauration, la dictature internationale du théâtre italien. Berlioz affichait pour *La Vestale* et pour *Ferdinand Cortez* une admiration sans bornes, alors qu'il méconnaissait les chefs-d'œuvre de Wagner. C'est dire le succès et l'efficacité de l'offensive de ce conquérant qui découvrit à Paris des alliés de cette classe si prompts à lui livrer les clefs des portes de la ville. Ces portes, il sut les ouvrir à deux battants et, bientôt, les couleurs italiennes flottèrent joyeusement sur notre capitale asservie.

## ROSSINI *1792-1868*

Car, à partir de ce moment, les Italiens authentiques et les « italianisants » allaient parler en maîtres. Fils d'un « tubatore », Gioacchino-Antonio Rossini, surnommé respectueusement le « Cygne de Pesaro », fut vraiment un « cygne buccinator » dont la trompette familiale lança sur toute l'Europe des notes éclatantes. A peine sorti du Lycée philharmonique de Bologne, il inaugurait, à dix-huit ans, l'imposante série de ses opéras, de ses opéras-bouffes et de ses « farces ». Doué d'une facilité exceptionnelle et travaillant avec une rapidité vertigineuse — la rapidité qui convenait à sa technique d'improvisateur — il exécuta pendant près de vingt ans, à Venise, à Rome, à Milan, à Naples, à Florence, à Ferrare, à Bologne, à Vienne, à Londres et à Paris, toutes les commandes que lui passèrent les directeurs de théâtre. Puis, lorsqu'il eut atteint trente-sept ans, cet infatigable créateur, riche, heureux, célèbre et entouré de la sympathie universelle, déclara tranquillement qu'il avait assez travaillé et, en souriant, brisa sa plume.

Pendant les trente-neuf ans qu'il passa encore sur cette terre, il conserva cette attitude détachée avec une sérénité parfaite, jouissant paisiblement de sa gloire et de sa fortune en homme d'esprit, cultivant l'amitié et l'art délicat de la gastronomie et ne rompant fugitivement ce silence que pour composer un *Stabat Mater* dont le succès considérable ne le fit pas sortir de son nirvana philosophique et ne l'arracha pas au plaisir de donner son nom à un tournedos plutôt qu'à un opéra.

Partout où il séjourna, Rossini, qui avait la rondeur cordiale d'un bon vivant et l'aspect extérieur d'un Renan goguenard, enchanta son entourage par sa spirituelle fantaisie, la malice de ses bons mots et la finesse de ses réparties. Les princes et les rois se disputaient sa compagnie. A Vienne, il éclipsa Beethoven et Schubert; à Londres, la cour royale le combla d'attentions et de faveurs; à Paris, Charles X lui offrit la direction de l'Opéra italien, le poste d'inspecteur général du chant et le titre d'intendant général de la musique royale avec de magnifiques appointements. Les plus grands écrivains de son temps l'adulèrent : il eut pour admirateurs fervents Stendhal, Henri Heine, Chateaubriand et Alfred de Musset. Seuls, des confrères jaloux et des musiciens inquiets de l'orientation que cet étranger imposait au goût français osaient lui lancer quelques flèches timides. L'honnête Berton l'appelait « Monsieur Crescendo » ou « Il signor Vacarmini », mais Rossini ne faisait qu'en rire avec indulgence, car il avait la sagesse de ne pas prendre trop au sérieux ses aimables tours de force qui lui coûtaient si peu de peine. On lui prête cet aveu mélancolique au cours d'une de ses entrevues avec Wagner : « J'avais de la facilité, j'aurais pu faire quelque chose! » Vrai ou faux, ce propos reflète bien le sentiment que ce critique clairvoyant, qui ne considéra jamais son métier de jongleur comme un sacerdoce, pouvait avoir des limites de son incontestable talent. Et l'on insinue que sa retraite prématurée eut pour cause son refus d'engager contre Meyerbeer une lutte que réprouvaient d'égale façon son scepticisme et sa paresse épicurienne.

La liste des ouvrages lyriques de Rossini est intimidante. Elle contient une quarantaine d'opéras, une vingtaine d'oratorios et de cantates, des chœurs et des pièces vocales et instrumentales. Dans son catalogue théâtral il convient de souligner les titres de ses premiers essais comme *Demetrio e Polibion, La Cambiale di matrimonio, L'Equivoco stravagante, L'Inganno felice, Ciro in Babilonia, L'Échelle de soie* dont l'ouverture ravissante a été popularisée par la baguette de Toscanini, *Tancrède, L'Italienne à Alger,*

*Sigismond, Elisabetta...*, etc., puis de noter ses réussites exceptionnelles comme *Le Barbier de Séville, Otello, La Cenerentola, La Gazza ladra, Moïse en Égypte, La Donna del lago,* l'étincelant *Comte Ory* et *Guillaume Tell.*

Ces sujets si différents ont tous été traités avec ce brio lucide et intelligent qui est le propre de cet improvisateur éblouissant dont la virtuosité n'altéra jamais le sang-froid. Rossini n'était pas envoûté, asservi et conduit par un démon intérieur et n'attendait pas anxieusement les capricieux réveils de l'inspiration. Il a dominé sans cesse son art et son métier avec une sorte de désinvolture élégante qui lui a permis de ne leur sacrifier que la première moitié de son existence et de s'en désintéresser complètement le jour où il éprouva l'envie de se reposer sur ses lauriers. Et pourtant, avec des dons beaucoup moins rares, combien de compositeurs ont été « habités » jusqu'à la perte de tout sens critique, par un tyrannique instinct créateur! Rossini ne visait pas au sublime et ne cherchait pas à s'affranchir d'un style de bonne compagnie, mais tout ce qu'il écrit porte la marque d'une maîtrise parfaite. C'est un équilibre supérieur qui donne cette autorité inimitable à ses propos les plus familiers.

Il possède aussi le privilège, bien italien, d'une vivacité d'élocution, d'une verve piaffante et d'une volubilité naturelle qui rappellent celles de Scarlatti. Une *saltarelle* endiablée comme sa *Danza* synthétise en quelques mesures son génie de la turbulence et de l'impétuosité qui donne cette vie frénétique à l'air d'entrée de son Figaro. Il a, de plus, un sens de l'instrumentation qui permet à son orchestre non seulement de « jouer le jeu » en enveloppant sans l'alourdir le chant acrobatique et trépidant des marionnettes lyriques qui s'agitent sur la scène mais de briller de vives et plaisantes couleurs s'il lui plaît de devenir descriptif et évocateur. La symphonie en miniature que représente l'ouverture-chromo de *Guillaume Tell* est, à cet égard, tout à fait significative. Mais ce qu'il y a de plus étonnant dans le cas de ce musicien « italianissime », c'est la leçon de sagacité et d'ironie qu'il a donnée, en pleine épidémie de fièvre romantique, à tous les grands exaltés de son temps. Son romantisme est « dirigé » et c'est sans doute pour cette raison qu'il s'est démodé moins rapidement que celui des victimes passives de l'ébriété collective des artistes de 1830.

DONIZETTI    *1797-1848*

Pour juger équitablement les musiciens italiens de cette époque et leurs héritiers directs il ne faut pas oublier que, malgré son caractère de langue universelle, la musique ne saurait se soustraire à l'influence profonde de son terroir natal. La nature a des caprices et des exigences dont il serait puéril de méconnaître l'importance. L'Italie est le pays des belles voix ensoleillées. Dans ce climat béni les ténors chaleureux et les soprani brillants et veloutés à la fois poussent en pleine terre comme les basses en Russie. De plus, la langue italienne est naturellement chantante avec une élasticité et une variété d'accents toniques qui constituent déjà des amorces de mélodies. Il ne faut donc pas s'étonner de voir les compositeurs transalpins tirer systématiquement parti de ces richesses locales et réserver à la voix humaine un rôle prépondérant dans l'expression de leur pensée. De là leur propension instinctive à l'effusion mélodique très extériorisée et leur goût des acrobaties verbales que comporte le *bel canto*.

Mais les peuples dont le larynx n'est pas constitué de la même façon ne comprennent pas, hélas! que cet art est strictement national et qu'il s'altère et se déforme en franchissant ses frontières. Une mélodie italienne chantée par une voix française, anglaise ou allemande, sur un texte dont une traduction a détruit la « mélodicité » verbale, est cruellement défigurée. L'art italien cherche et trouve un élément très efficace de pathétique dans la beauté de la « matière sonore » à l'état pur. Lorsqu'on entend un air de Rossini, de Bellini ou de Verdi chanté dans sa version originale par une voix milanaise ou napolitaine on comprend les raisons qui l'empêcheront toujours de devenir un article d'exportation. L'opéra italien doit se consommer sur place, car une vocalise ou un contre-ut ne sont émouvants par eux-mêmes que dans certains gosiers de rossignols.

Voilà ce qu'il convient de se répéter en écoutant les œuvres de Gaetano Donizetti qui, plus encore que celles de Rossini, ne peuvent pas se passer des cordes vocales indigènes. Ce compositeur sans grande personnalité fut le rival de Bellini. La disparition prématurée de ce musicien charmant et la retraite de Rossini dont les œuvres lui servaient de modèle lui laissèrent le champ libre et lui permirent d'affronter le public de son temps sans être victime de comparaisons dangereuses. Il avait travaillé à Bergame, sa ville natale, et à Bologne avant de donner à Venise son premier opéra *Henri, comte de Bourgogne*. Vinrent ensuite *Anne Boleyn, Marino Falieri, Lucie de Lammermoor* et *Polyeucte*. Un premier séjour à Paris ne lui procura pas les satisfactions qu'il en attendait et la création de sa *Fille du Régiment* et de sa *Favorite* ne laissa pas deviner le succès prodigieux dont ces œuvres devaient bénéficier chez nous par la suite. Vienne fit meilleur accueil à *Linda de Chamonix* et Donizetti fut nommé maître de chapelle de la Cour impériale. Il donna son dernier ouvrage *Caterina Cornaro* à Naples avant de revenir en France où sa santé s'altéra. Il termina ses jours à Bergame dans un état de neurasthénie aiguë.

Parmi les soixante-dix opéras qu'il a laissés il faut retenir les noms de *Lucrèce Borgia*, de *Don Pasquale*, de *La Zingara*, de *Parisina*, de *La Reine de Golconde* et du fameux *Élixir d'amour*. La facture adroite, l'aisance mélodique et l'habile écriture vocale des airs de Donizetti, inspirés des meilleurs modèles, leur ont valu l'estime et la faveur des professeurs de chant qui leur ont assuré jusqu'à nos jours une enviable longévité.

## BELLINI     *1801-1835*

C'est une touchante figure que celle de Vincenzo Bellini. La grâce et la sensibilité de sa musique, l'aménité de son caractère, son charme personnel de grand amoureux de l'amour l'avaient fait aimer de son vivant : la brièveté de sa carrière l'ont fait plaindre après sa mort. Les ennemis les plus résolus de l'italianisme ont eu pour lui toutes les indulgences; Chopin l'admirait sincèrement. Berlioz, qui l'avait d'abord traité de « petit polisson », fut bientôt désarmé et vanta la justesse et la vérité de son expression ainsi que la mélancolique tendresse de son inspiration. Et Wagner n'a pas hésité à dire de la *Norma* que « tous les adversaires de la musique italienne rendent justice à cette grande partition, disant qu'elle parle au cœur et que c'est une œuvre de génie ».

Ce Sicilien qui fut, à Naples, l'élève de Zingarelli, avait vingt-quatre ans lorsqu'il aborda la composition lyrique et trente-quatre lorsqu'il mourut à Puteaux. Il n'eut donc que dix années pour nous donner le meilleur de lui-même dans sa production italienne qui comprend *Adelson e Salvini, Bianca e Fernando, Il Pirata, La Straniera, Zaïra, Montaigus et Capulets, La Somnambule, La Norma, Béatrice de Tende, Il fu ed il sarà* et l'ouvrage capital qu'il écrivit en France, *Les Puritains*.

La technique de Bellini n'est pas différente de celle de ses compatriotes d'alors. Son écriture est sommaire, son harmonie simplifiée à l'extrême et son orchestre n'est qu'une grande guitare d'accompagnement sans aucune recherche de couleur. Mais les inflexions de ses mélodies ont un caractère si tendre, si sincère et si humain qu'on ne résiste pas à leur émouvante éloquence. Les belles voix y trouvent d'ailleurs de si fréquentes occasions d'y affirmer leur souplesse, leur sensualité et leur éclat que l'on peut compter sur la gratitude et l'intérêt des cantatrices pour défendre le répertoire bellinien à travers les âges.

PAËR    *1771-1839*

La petite partition du *Maître de Chapelle* constitue pour nos contemporains le seul titre de gloire de Ferdinand Paër qui, pourtant, eut une activité professionnelle brillante et composa plus de quarante opéras, une *Symphonie bacchante*, deux oratorios, des cantates, une Passion et de nombreuses œuvres vocales et instrumentales. Originaire de Parme, il connut de grands succès dans sa ville natale, à Venise, à Vienne et à Dresde. Comme Spontini, il fut « découvert » par Napoléon qui le ramena en France et l'imposa à notre public en le nommant chef d'orchestre impérial et en lui confiant la succession de Spontini à la direction de l'Opéra Italien. Il eut l'habileté de conserver sous la Restauration sa renommée, ses postes officiels et son prestige. Une *Circé, L'Astuzia amorosa, I Pretendenti burlati, Sargine* — sujet fort exploité à cette époque — *Camilla*, sont les titres les plus souvents extraits de son catalogue qui contient également une *Léonore ou l'amour conjugal*, composée six ans après celle de Gaveaux et un an avant le *Fidelio* de Beethoven. La réussite éclatante de Rossini fit dangereusement pâlir son étoile et excita sa jalousie mais, de toute façon, Paër, qui a de la verve et de l'aisance, n'avait pas l'étoffe d'un grand maître, et l'indifférence qu'éprouvent à son égard les générations actuelles ne saurait être dénoncée comme une révoltante ingratitude.

# 22

# Les « italianisants »

*Meyerbeer. — Halévy. — Auber. — Ambroise Thomas. — Divers.*

Après les Italiens authentiques, les « italianisants » conscients et organisés. Ce sont ces derniers qui ont peut-être exercé sur le goût théâtral de l'époque la pression la plus énergique. Un Meyerbeer, par exemple, a pesé sur les scènes françaises beaucoup plus lourdement que Spontini, Bellini et même Rossini.

## MEYERBEER    *1791-1864*

Son entrée dans la vie et dans la musique avait été la réplique exacte de celle de Mendelssohn. Comme l'auteur du *Songe d'une nuit d'été*, le compositeur des *Huguenots* était riche, allemand, israélite, fils d'un banquier établi à Berlin, et avait reçu une éducation littéraire et musicale fort soignée. Comme lui il donna des signes éclatants de précocité musicale et fut un petit pianiste prodige. Comme lui il fit de solides études techniques en Allemagne et en Autriche et les compléta par des voyages en France et en Italie où le charme de la péninsule l'ensorcela. Mais ici s'arrête le parallélisme de ces deux existences.

Possédant un sens pratique beaucoup plus développé que celui de Mendelssohn, le jeune Meyerbeer organisa fortement son destin. Il s'appelait Beer, mais un Meyer de sa famille n'ayant consenti à en faire son héritier que s'il perpétuait son nom, le jeune Jacob Beer s'appela désormais Giacomo Meyerbeer. Il avait travaillé le piano avec Clementi et la composition avec l'abbé Vogler. Après avoir abordé la scène à Munich et à Stuttgart avec *Jephtas Gelübde* et *Abimelech*, il apprit en Italie à donner à son style un tour plus avantageusement rossinien et gagna les suffrages de la foule avec *Semiramide riconosciuta*, *Romilda e Costanza*, *Emma di Resburgo*, *Margherita d'Angiu*, *L'Esule di Granata*, et *Il Crociato in Egitto*. On prétend que Weber, dont il était l'ami, lui fit grief de son empressement à copier les formules à la mode et le décida à abandonner l'Italie pour la France. A Paris, Meyerbeer ne montra pas moins d'opportunisme et de facilité d'adaptation aux goûts de notre public. Tout en conservant les recettes de succès des grands Italiens il eut l'adresse de simplifier le *bel canto* interdit aux Français et de s'orienter vers des effets dramatiques plus poussés, ce qui lui permit de triompher, coup sur coup, avec *Robert le Diable* et *Les Huguenots* qui firent de lui l'idole de la foule.

Cette apothéose fut si éclatante que le roi de Prusse Frédéric-Guillaume IV, se souvenant de ce que son père Frédéric-Guillaume III avait fait dans le même cas pour Spontini, attira la nouvelle « vedette » à Berlin en lui offrant le poste de directeur général de la musique. Pendant son séjour de douze ans dans cette capitale, Meyerbeer composa *Le Camp de Silésie*, transformé dix ans plus tard en *Étoile du Nord*, *Le Pardon de Ploërmel*, la musique de scène de *Struensee*, des marches, des chœurs et des cantates. Puis il revint définitivement à Paris pour y faire représenter *Le Prophète*. Il venait d'achever *L'Africaine*, commencée depuis vingt ans, et en préparait la création à l'Opéra lorsque la mort le surprit brusquement et ne lui permit pas d'assister à l'éclatante réussite de sa dernière œuvre qui fut aussi chaleureusement fêtée que les précédentes.

Comme toutes les conceptions de seconde main trop adroitement calculées et trop savamment opportunistes, les formules meyerbeeriennes ont vieilli plus rapidement que le vocabulaire ingénu et sincère d'un Bellini. Strictement adaptée aux modes de son temps, l'esthétique de cet habile homme est devenue promptement désuète. On ne saurait nier ses dons d'homme de théâtre, son sens de l'effet dramatique et même mélodramatique, son aptitude à faire participer les masses à une action lyrique, l'heureux parti qu'il a su tirer d'épisodes historiques riches en suggestions politiques, morales ou religieuses, et l'ingénieuse intervention du pittoresque et du fantastique dans son idéal spectaculaire. On rend justice à la solidité de son écriture et au relief de son orchestration. Mais on est bien forcé de reconnaître que sa puissance est trop souvent à base de vulgarité, que sa force n'est que de la brutalité, que ses rythmes sont plats et que tous les moyens lui sont bons pour obtenir le succès. On ne sent pas chez lui un lyrisme sincère, un idéal élevé, un coup d'aile, une foi.

Les vrais romantiques de son époque ne s'y sont pas trompés. Alors que les apparences les invitaient à saluer dans l'auteur triomphant de *Robert le Diable* faisant danser sous la lune, dans un cimetière de couvent, des spectres de nonnes damnées, un allié providentiel — bévue que ne manqua pas, d'ailleurs, de commettre le naïf Hector Berlioz — les « gilets rouges » flairèrent l'artifice et ne pactisèrent pas avec ce faux « ménétrier d'enfer ». Henri Heine le caractérisa avec une clairvoyante malice en disant : « Meyerbeer a mis le fantastique à la portée des bourgeois de la rue Saint-Denis! » Ce jugement dénonce avec précision le prosaïsme secret de cet art trop commercialisé qui, pour flatter fructueusement le goût timide d'un public moyen, dédaigna imprudemment l'estime de ses pairs et le suffrage des élites.

## HALÉVY *1799-1862*

Jacques Fromental-Élie Lévy, dit Halévy, marcha docilement sur les traces de son coreligionnaire

Meyerbeer en multipliant les concessions à ses auditeurs et en flattant leurs habitudes d'oreille les moins
respectables. La recherche de la formule à la mode
égara ce musicien qui avait pourtant une nature d'artiste et qui avait été un ami et un admirateur de
Méhul, un excellent élève de Cherubini et de Berton,
un prix de Rome distingué et un professeur d'harmonie, de contrepoint et de composition au Conservatoire très justement estimé. On s'étonne de voir un
technicien de cette valeur multiplier dans son style
des trivialités et des banalités qu'il n'avait pas
l'excuse d'y introduire par ignorance. Le grand *De
profundis* qu'il écrivit à vingt ans à l'occasion de la
mort du duc de Berry l'avait fait immédiatement
classer parmi les jeunes compositeurs sérieux et
réfléchis sur lesquels on était en droit de compter
pour réagir contre la déplorable frivolité du public
parisien de l'époque. Et, en effet, lorsqu'il passa quelque temps à Vienne, son *Psaume* pour orchestre, son
*Ouverture* et le finale de l'opéra *Marco Curzio* semblaient bien justifier cette confiance.

Mais, à son retour à Paris, le triple refus qu'il
essuya pour les trois partitions qu'il présenta à
l'Opéra et à l'Opéra-Comique (*Les Bohémiennes, Les
Deux Pavillons* et *Pygmalion*) dut lui conseiller de
changer son fusil d'épaule. Il aborda des sujets plus
légers. Le théâtre Feydeau accepta son *Artisan* et *Le
Roi et le batelier*, le théâtre italien représenta *Clari*,
l'Opéra-Comique s'ouvrit enfin à son *Dilettante d'Avignon* et l'Opéra à son ballet *Manon Lescaut*. Dès lors,
ses créations se succédèrent avec rapidité. *La Langue
musicale, La Tentation, Les Souvenirs de Lafleur,
Ludovic*, précèdent de peu son chef-d'œuvre *La Juive*
et un charmant opéra-comique *L'Éclair* qui, dans
deux genres absolument opposés, remportèrent un
égal succès.

Halévy qui vient d'entrer à l'Institut, où il succède
à Reicha, connaît alors la gloire et la fortune. Son
nom ne quitte plus les affiches des théâtres lyriques.
Sa *Reine de Chypre* réussit brillamment. Elle est précédée et suivie de *Guido et Ginevra*, du *Shériff*, des

*Treize*, du *Drapier*, du *Guitarero*, de *Charles VI*, du *Lazzarone*, des *Mousquetaires de la Reine*, du *Val d'Andorre*, de *La Fée aux roses*, de *La Dame de pique*, du *Juif errant*, du *Nabab*, de *Jaguarita*, de *Valentine d'Aubigny*, de *La Magicienne*..., etc., partitions qui, à l'exception des *Mousquetaires de la Reine*, sont accueillies avec plus de courtoisie que de véritable enthousiasme. En fait, une part infime de l'énorme production d'Halévy lui aura survécu. Ce musicien, qui méritait mieux que cette carrière entachée d'opportunisme, aura payé bien cher son infidélité à son véritable tempérament et son empressement à prendre pour modèles des enfants gâtés de la foule qui ne possédaient ni ses dons, ni sa science, ni la réelle dignité de son caractère.

AUBER    *1782-1871*

Le cas de Daniel-François-Esprit Auber, le plus parisien des Normands, est plus démonstratif encore que celui de Fromentin Halévy en ce qui concerne la facilité avec laquelle on pouvait, à l'époque, s'assimiler des recettes d'écritures brevetées et s'imposer au public sans avoir besoin de lutter pour son idéal et souffrir pour sa foi. Ce fils d'un marchand d'estampes de Caen était un amateur bien doué que ne tourmentait certes pas un puissant esprit créateur. Spectateur amusé des fluctuations de la mode musicale, il comprit que la technique rossinienne pouvait rendre à un compositeur français de précieux services. Son amitié avec Scribe fit le reste. Bientôt l'ex-dilettante devint le plus actif des professionnels et produisit près de cinquante ouvrages de théâtre, quelques-uns fort remarqués comme *La Muette de Portici*, qui contenait tant de révélations originales chaleureusement louées par Wagner, *Le Maçon*, *Le Cheval de bronze*, *Le Lac des fées*, *Le Dieu et la bayadère*, *Le Domino noir*, *Les Diamants de la Couronne*, *Haydée*, *Fra Diavolo* et *Manon Lescaut*, d'autres plus rapidement entrés dans l'oubli comme *Le Séjour militaire*, *Marco*

*Spada, La Bergère châtelaine, Emma, Leicester, La Neige, Léocadie, La Fiancée, Le Serment, Le Philtre, Actéon, Zanetta, La Part du Diable, Zerline, L'Enfant prodigue...,* etc.

Auber collectionna les honneurs réservés aux fournisseurs patentés de nos théâtres lyriques : il recueillit la succession de Gossec à l'Institut, fut nommé directeur du Conservatoire, puis maître de chapelle de la Cour impériale de Napoléon III. C'est ainsi qu'étaient récompensés, dès cette époque, les compositeurs que ne troublaient aucun instinct révolutionnaire, aucune ambition novatrice et qui apportaient tout leur zèle à parler honnêtement le langage de leur temps en respectant un conformisme de bonne compagnie. Auber, avec son métier très sûr, sa plume facile, son invention mélodique claire et sans audace et son sens avisé du théâtre bourgeois remplissait si parfaitement ces conditions que ces consécrations officielles lui revenaient de droit.

## Ambroise Thomas    *1811-1896*

Le fauteuil à l'Institut, la direction du Conservatoire, les croix, les médailles et les honneurs les plus enviés furent aussi le lot d'Ambroise Thomas, mais ce patriarche apporta dans son art un peu plus de dignité que la plupart des musiciens officiels de son époque. On l'a encensé et dénigré sans mesure. Adulé de son vivant, il devint, après sa mort, le symbole parfait de la médiocrité, du misonéisme et du plus bas académisme. On s'est ainsi vengé sur le compositeur de l'obstination avec laquelle le directeur du Conservatoire avait essayé de barrer la route à certains jeunes musiciens dont les audaces lui paraissaient criminelles. Les élèves de César Franck, en particulier, ne lui ont pas pardonné le dédain avec lequel il traita l'humble et génial professeur d'orgue qui lui faisait l'honneur de travailler sous ses ordres. On peut, en effet, lui faire grief de son étroitesse d'esprit dans ses jugements esthétiques. On l'accusa également de posséder le « mauvais œil » lorsqu'on s'aperçut que la lecture de la décision du jury qui venait de lui attribuer le Grand Prix de Rome avait provoqué la mort d'un de ses camarades qui tomba foudroyé en voyant cette récompense lui échapper, et lorsqu'on put constater que ses œuvres portaient malheur aux théâtres qui les accueillaient, puisque, par deux fois, *Mignon* y occasionna de tragiques incendies. Celui de l'Opéra-Comique, en 1887, causa la mort de quatre cents spectateurs. Cette « jettature » finit par se retourner contre lui puisque c'est l'émotion trop vive que lui causa le succès de *Françoise de Rimini* qui mit fin à ses jours. Mais, ces concessions faites à sa légende maléfique, on doit rendre justice à ce musicien injustement vilipendé.

Ambroise Thomas fut, évidemment, influencé par l'italomanie musicale de son époque et doit être rangé parmi les frères d'armes d'Halévy et de Meyerbeer, mais il n'est pas un imitateur servile des triomphateurs du jour. Sa musique, malgré sa coupe stéréotypée, ses inflexions romancées et ses vocalises traditionnelles, cherche à s'affranchir du joug étranger et commence à découvrir des expressions personnelles qui ont l'accent français. Son sentiment du théâtre est moins vulgaire que celui de ses modèles. Et son orchestration est remarquable. L'ouverture de *Raymond*, celle de *Mignon*, certaines pages d'*Hamlet* et le prologue de *Françoise de Rimini* sont des chefs-d'œuvre d'instrumentation. Son écriture orchestrale est claire, riche de timbres et merveilleusement équilibrée. Elle fait aujourd'hui encore l'admiration des techniciens et représente, pour l'époque, une conquête fort importante.

Ambroise Thomas eut, dans le plus noble sens du terme, le respect de son métier et y déploya une réelle habileté. On peut lui reprocher de s'être montré trop ambitieux dans le choix des thèmes auxquels il s'attaqua : Dante, Shakespeare et Gœthe n'étaient assurément pas les collaborateurs qui convenaient à un artiste aussi « bourgeois ». Il n'a pas pu se hausser à leur niveau. D'autre part, la popularité démesurée de *Mignon* et son entrée au répertoire classique des orgues de Barbarie ont indisposé contre lui les mélomanes qu'irritent le suffrage de la rue et les succès de carrefour.

Toutes ces considérations expliquent mais ne justifient pas l'hostilité qu'a soulevée contre lui l'auteur du *Caïd*, du *Songe d'une nuit d'été*, d'*Hamlet*, de *Mignon*, de *La Tempête*, de *Françoise de Rimini*, à qui l'on doit, en outre, de nombreux ouvrages lyriques parmi lesquels *La Double Echelle*, *Le Perruquier de la Régence*, *La Gypsy*, *Le Panier fleuri*, *Mina*, *Angélique et Médor*, *Betty*, *Le Guerillero*, *Carline*, *Le Comte de Carmagnolo*, *Raymond*, *La Tonelli*, *Psyché*, *La Cour de Célimène*, *Le Carnaval de Venise*, *Le Roman d'Elvire* et quelques œuvres de musique religieuse dont un *Requiem* est la plus remarquable.

Charles-Louis-Ambroise Thomas passa toute son existence à Paris. Il était né à Metz et était venu, à dix-sept ans, commencer au Conservatoire des études qui furent brillantes. Il ne s'absenta de la capitale que pour accomplir son séjour réglementaire à la Villa Médicis où il rencontra Berlioz qui fut émerveillé par ses premiers essais. La postérité sera, peut-être, plus indulgente que nous à ce musicien consciencieux dont certaines locutions harmoniques, très hardies pour l'époque, annoncent déjà quelques expressions heureuses du vocabulaire de Charles Gounod et préparent la renaissance d'un style français.

## Divers

Quelques autres compositeurs, aujourd'hui délaissés, ont connu dans cette période italo-française une notoriété flatteuse. Celle de Victor Massé *(1822-1884)* s'est prolongée jusqu'à nos jours grâce à ses *Noces de Jeannette* dont le succès inépuisable a rejeté dans l'ombre ses autres ouvrages comme *La Favorite et l'Esclave*, *La Chambre gothique*, *La Chanteuse voilée*, *Galatée*, *La Fiancée du Diable*, *Miss Fauvette*, *Les Sai-*

sons, *La Reine Topaze*, *La Fée Carabosse*, *La Mule de Pedro*, *Fior d'Aliza*, *Le Fils du brigadier*, *Paul et Virginie*, *Pétrarque* et *La Nuit de Cléopâtre*. Ce professeur de composition au Conservatoire, qui fut le successeur d'Auber à l'Institut, avait de la grâce, de l'élégance et une certaine distinction. Lui aussi annonce discrètement une évolution rassurante du langage lyrique.

Le Napolitain ANTOINE-LOUIS CLAPISSON *(1808-1866)* vint de bonne heure en France, travailla la musique à Bordeaux, puis à Paris où il fut l'élève de Reicha et d'Habeneck. Il a laissé une vingtaine d'opéras et d'opéras-comiques *(Jeanne la Folle, La Fanchonnette, Gilly, La Cornemuse, La Promise, Margot..., etc.)* dont quelques-uns obtinrent un succès durable. Sa collection d'instruments de musique, léguée au Musée du Conservatoire dont il avait été le conservateur, a empêché nos contemporains d'oublier son nom.

Celui de CARAFA *(1787-1872)*, autre Napolitain naturalisé Parisien, ne s'est perpétué jusqu'à nos jours qu'en souvenir de l'obstruction haineuse et déloyale qu'il fit aux admirables découvertes d'Adolphe Sax et des batailles mémorables que se livrèrent les « Saxons » et les « Carafons », surnoms donnés aux partisans et aux adversaires passionnés de l'inventeur du saxophone. Mais, en dehors de cet épisode peu honorable pour sa mémoire, sa carrière fut assez brillante. Il a composé trente-six opéras, des ballets, des cantates et de la musique religieuse. Très joué en Italie, il reçut, chez nous, l'hospitalité du théâtre Feydeau, devint professeur de composition au Conservatoire et fut élu au fauteuil de Le Sueur à l'Institut.

Sans *Le Voyage en Chine*, qui classe d'ailleurs inexactement FRANÇOIS BAZIN *(1816-1878)* parmi les compositeurs d'opérettes, ce musicien marseillais aurait également sombré dans l'oubli. Il occupa, cependant, à son époque une place de choix parmi les élèves d'Halévy qui se consacrèrent à l'enseignement en même temps qu'à la composition. Après s'être fait remarquer par une cantate et des envois de Rome particulièrement intéressants, il remporte de très vifs succès à l'Opéra-Comique avec *La Saint-Sylvestre*, *La Trompette de M. le Prince*, *Madelon* et surtout *Maître Pathelin* qui le rendit célèbre. La création du *Voyage en Chine* et celle de *L'Ours et le Pacha* achevèrent de l'imposer au public. Il fut excellent professeur d'harmonie et de composition au Conservatoire et a laissé un *Traité d'harmonie* qui lui fait le plus grand honneur et qui a été pendant longtemps un instrument pédagogique de premier ordre.

Parmi les auteurs à succès de cette époque il faut inscrire également un autre élève d'Halévy, AIMÉ MAILLART *(1817-1871)* qui, dès ses débuts, triompha avec son *Gastibelza* et put maintenir son renom avec *Le Moulin des Tilleuls*, *La Croix de Marie*, *Les Pêcheurs de Catane* et *Lara*. Mais son meilleur ouvrage fut *Les Dragons de Villars* dont la réussite fut si éclatante qu'elle s'est prolongée jusqu'à nos jours et que l'œuvre a poursuivi une fructueuse carrière en Europe centrale sous le nom *Das Glockchen des Eremiten*.

Pour venir travailler la composition avec Reicha, le baron FRIEDRICH VON FLOTOW *(1812-1883)* quitta le Mecklembourg pour la France d'où deux révolutions successives le chassèrent, mais où il fit néanmoins représenter la plupart de ses œuvres dont le succès fut international. Après avoir écrit avec son camarade de classe Grisar *Lady Melvil* et *L'Eau merveilleuse*, il obtint les suffrages de notre public avec *Le Naufrage de la Méduse*, *Les Matelots*, *L'Ame en peine*, *L'Esclave de Camoëns*, et, plus tard, avec des ouvrages plus légers comme *La Veuve Grapin*, *Pianella*, *Zilda*. Mais ses grandes victoires furent remportées par *Stradella*, *Martha* et *L'Ombre* qui ont éclipsé ses autres œuvres représentées à l'étranger : *Hilda*, *Der Müller von Meran*, *Rübezahl*, *Die Hexe...*, etc. La musique de Flotow a du charme et de la grâce avec une certaine poésie qui enveloppe ses mélodies que leur facilité aurait pu aisément faire tomber dans la banalité.

Le Belge ALBERT GRISAR *(1808-1869)* qui, lui aussi, était venu à Paris à vingt ans pour suivre l'enseignement de Reicha, fit ses débuts à Bruxelles avec *Le Mariage impossible*, mais vint aussitôt en France pour y faire représenter *Sarah, L'An mille, La Suisse à Trianon, Lady Melvil* et *L'Eau merveilleuse*, écrits en collaboration avec Flotow, *Les Travestissements, L'Opéra à la Cour, Gilles ravisseur, Les Percherons, Bonsoir, monsieur Pantalon, Le Carillonneur de Bruges, Les Amours du Diable, Le Chien du jardinier, Le Voyage autour de la chambre, Le Joaillier de Saint-James, Bégaiements d'amour, Douze innocentes.* De nombreuses romances lui avaient assuré également une clientèle fidèle d'admirateurs qui chantaient avec extase : *Au nom du père, Mon beau rouet, que filez-vous? Une Lumière dans le lointain* et *L'Enfant du chasseur.*

Car l'italianisme romantique étendit aux salons parisiens sa dictature théâtrale. Un compositeur comme HIPPOLYTE MONPOU *(1804-1841)* ne dut pas à ses opéras — *Les Deux reines, Le Luthier de Vienne, Piquitto, Un Conte d'autrefois, Perugina, Le Planteur, La Chaste Suzanne, La Reine Jeanne...,* etc. — son immense popularité mais bien à ses romances *Si j'étais petit oiseau, Sara la Baigneuse, Le Fou de Tolède, Adio Teresa, La Chanson de Mignon...,* etc., qui enchantaient les poètes et les cantatrices mondaines. C'était, d'ailleurs, l'époque où les éditeurs de musique refusaient comme invendables les quatuors et les sonates, mais n'hésitaient pas à payer 6 000 francs — somme considérable pour l'époque — un recueil de six romances de salon. Et c'est sur cette naïve formule musicale que Lamartine, Musset, Victor Hugo, Théophile Gautier, Alexandre Dumas et Balzac ont innocemment échafaudé leurs rêves. Car leurs porte-lyres s'appelaient alors PANSERON, AMÉDÉE DE BEAUPLAN, THÉODORE LABARRE, SOPHIE GAIL, DELPHINE GAY et PAULINE DUCHAMBGE.

Mais la technique des « italianisants » était hybride et ne pouvait triompher bien longtemps chez nous, car elle ne tenait pas compte de cette dictature secrète de l'instrument dont nous découvrons la toute-puissance à toutes les époques de l'histoire musicale. Le théâtre italien lui devait sa fortune. C'est parce que les compositeurs de la péninsule disposaient de claviers vocaux d'une souplesse, d'une qualité de timbre et d'une étendue exceptionnelles qu'ils avaient été amenés à réserver, dans leurs ouvrages lyriques, la place d'honneur au *bel canto* et à faire assez bon marché des autres éléments du spectacle. Élevés dans le culte des belles prouesses sportives des « voix d'or », les mélomanes milanais, florentins, romains, vénitiens ou napolitains possédaient une compétence indiscutable en matière de chant. On trouvait chez eux cette fiévreuse attention et cette vigilance passionnée que l'on observe de nos jours, dans un stade, chez les fervents du rugby. Tout ce qui n'appartenait pas à l'envoûtement vocal passait pour eux au second plan. De là cette indulgence pour les livrets médiocres, les situations absurdes, les illogismes et les invraisemblances des opéras des plus illustres maîtres du genre. Les voluptés dont les grands chanteurs grisaient leurs auditeurs suffisaient à combler leurs vœux.

Les vieux compositeurs français qui voulurent exploiter chez nous cette réussite n'eurent pas la sagesse de comprendre que la qualité beaucoup moins brillante des voix de leurs compatriotes allait déséquilibrer leurs drames chantés. Une heureuse fortune permit à un Meyerbeer et à un Halévy d'avoir pour interprètes une génération de chanteurs de haute classe. Ce fut l'époque vraiment exceptionnelle des Nourrit, des Duprez, des Lablache, des Rubini, des Levasseur, des Tamburini, des Garcia, des Tamberlick, des Cornélie Falcon, des sœurs Grisi, de Mmes Dorus, Cinti-Damoreau, Stoltz, Pisaroni, Sontag, de la Malibran et de Pauline Viardot.

Mais l'éloquence purement laryngienne n'est pas héréditaire dans notre pays et notre public — d'ailleurs assez peu connaisseur en matière de science vocale — devait forcément exiger de nos auteurs d'autres éléments d'intérêt que la virtuosité transcen-

dante dans la vocalise et le *colpo di gola*. C'est pour
avoir méconnu cette loi que les imitateurs trop dociles des grands Italiens ont abouti chez nous à une
impasse et que, pour en sortir, leurs successeurs ont
dû chercher dans des préoccupations artistiques plus
conformes à l'esprit de notre race un renouvellement
et une réhabilitation du spectacle lyrique en même
temps qu'un retour aux formes les plus sérieuses de
la musique pure.

# 23

# La tradition française

Ce retour à un style plus digne et à une esthétique moins frivole, ce respect retrouvé pour la musique de chambre et la musique symphonique sont encore des bienfaits dont nous sommes redevables, en grande partie, à un outil musical placé soudain entre les mains de bons ouvriers. Depuis le xviiie siècle les trois instruments qui avaient impérieusement orienté le goût des mélomanes étaient, pour l'élite, le clavecin dont les limites d'expression étaient étroites et, pour la foule, le violon et la voix humaine, deux dangereux professeurs d'acrobatie qui avaient développé automatiquement chez leurs élèves la fièvre sportive de la virtuosité aux dépens de la qualité de la pensée. C'est alors que les intérêts supérieurs de la musique pure furent sauvés par le piano.

Le piano, ce grand serviteur de l'art, cette réplique moderne de la lyre d'Apollon, fut assez mal accueilli à sa naissance et n'a pas encore triomphé aujourd'hui de tous les préjugés dont l'entourent les illettrés de la musique. Les simples — et dans cette catégorie d'auditeurs ingénus il faut, hélas! ranger les poètes — considèrent ce lourd coffre de bois rempli de ferraille et d'engrenages mécaniques comme une machine-outil terriblement prosaïque et lui préfèrent le violon qui « chante », qui sanglote, qui vibre, qui

« frémit comme un cœur qu'on afflige » et qui contente pleinement leur appétit de sentimentalité et de romanesque. Mais le violon, condamné à un langage monophonique — car on ne saurait considérer comme un vocabulaire polyphonique le procédé puéril des grinçantes « doubles cordes » — ne peut pas intervenir efficacement dans le développement de la langue musicale. Le piano, au contraire, permet à un artiste de saisir la musique à deux mains, de la pétrir dans ses dix doigts, de la présenter dans toute sa richesse harmonique et dans son équilibre architectural complet. Aucune note d'une partition d'orchestre ne lui échappe. Il est le traducteur fidèle de la pensée intégrale d'un auteur et, si tous les instruments de musique inventés par les hommes disparaissaient un jour de la surface du globe, le piano serait seul capable de les remplacer tous pour conserver à l'humanité les trésors musicaux accumulés depuis des siècles par le génie des Maîtres.

Mais, après la disparition du clavecin, le pianoforte fut considéré avec une certaine méfiance et l'apparition du piano ne fut pas applaudie à grands cris par le cercle de famille. Les amoureux de la corde grattée ou pincée trouvaient brutal et grossier le son forgé au marteau. Rajeunissant la thèse des théologiens du Moyen Age qui avaient fait le même reproche aux animaux et aux femmes, on accusait cet instrument nouveau de ne pas posséder une âme. C'est alors qu'au début du XIXe siècle, des compositeurs comme Mendelssohn, Schumann, Liszt et Chopin firent, tous en même temps, « chanter » le clavier et qu'une génération de merveilleux professeurs ou exécutants, les Dussek, les Kalkbrenner, les Thalberg, les Field, les Henri Herz, les Moscheles, les Litolff, les Zimmermann et tant d'autres, fit comprendre à notre public que le délicat mécanisme qui relie la touche à la corde avait une sensibilité et pouvait traduire les plus subtiles intentions d'un auteur et transmettre fidèlement les inflexions les plus souples d'un exécutant. Les splendides récitals de piano, qui se multiplièrent à ce moment-là, habituèrent les amateurs de musique à s'intéresser à des sonates, des fantaisies, des préludes, des thèmes variés et des ballades. L'état d'esprit et d'oreille créé par de tels programmes était évidemment fort différent de celui qu'engendrait le théâtre lyrique italien ou italianisé. Toute une catégorie d'auditeurs s'initiait ainsi progressivement au plaisir raffiné de la musique de chambre et du langage symphonique et préparait l'avènement d'un répertoire beaucoup plus sérieux et traduisant mieux le génie secret de notre race.

## CHORON    *1771-1834*

D'autres influences heureuses jouèrent dans le même sens. Il faut noter celle d'Alexandre-Etienne Choron, homme de science qui ne vint à la musique qu'après avoir approfondi tous les mystères des mathématiques et de la philologie. Cet érudit était un remarquable théoricien de son art. Après avoir ressuscité notre Conservatoire, fermé en 1815, et en avoir été promptement évincé à cause de la hardiesse de ses conceptions, il fonda une « École de musique classique et religieuse » qui organisa des « exercices d'élèves » très assidûment suivis. Le succès de ces exécutions publiques provoque, en 1828, la création de la Société des Concerts du Conservatoire. Choron donnait à son enseignement de solides bases classiques. Il révéla à ses élèves les magnifiques vertus pédagogiques de J.-S. Bach et prépara ainsi toute une génération de musiciens plus méditatifs, soustraits aux tentations du succès facile, indifférents au snobisme et insoucieux des fluctuations de la mode. Au point de vue moral aussi bien qu'au point de vue artistique, l'influence de Choron fut extrêmement bienfaisante.

## NIEDERMEYER        *1802-1861*

Supprimée par la Révolution de juillet, l'École de Choron devait être restaurée en 1853 par Louis Niedermeyer qui eut la sagesse d'y défendre la même esthétique. Compositeur assez conformiste qui essaya vainement de se faire un nom au théâtre avec *Il reo per amore*, *La casa nel bosco*, *Stradella*, *Marie Stuart* et *La Fronde*, l'auteur du *Lac* et de quelques romances à succès se consacra à l'enseignement avec une élévation d'esprit remarquable. En dépit de la sévérité de sa discipline et de l'austérité de son idéal, l'École Niedermeyer, qui se proposait surtout de former des organistes et des maîtres de chapelle, — et d'où sont sortis, en effet, les Gigout, les Périlhou et les Boëllmann — a pu nous donner des compositeurs aussi divers que Gabriel Fauré, André Messager, Henri Busser, Alexandre Georges, Edmond Audran, Claude Terrasse, Henry Expert, Omer Letorey, Pierre et Aymé Kunc..., etc., qui, dans les domaines les plus opposés, ont affirmé l'excellence de leur éducation technique.

## FÉLICIEN DAVID        *1810-1876*

La révélation du pittoresque oriental permit à un autre compositeur français d'offrir à notre public des images musicales assez dégagées des routines de l'italianisme. Félicien-César David, dont la jeunesse provinciale fut fertile en épreuves, avait pu, à grand-peine, apprendre son métier de musicien au Conservatoire de Paris, tout en gagnant péniblement sa vie. Enthousiasmé par la générosité de l'évangile saint-simonien, Félicien David ne put s'incliner devant l'interdit dont furent frappés les membres de sa secte et partit comme missionnaire, avec quelques apôtres de ses amis, pour porter la bonne parole à Constantinople, à Smyrne et en Haute-Égypte. Il en ramena des visions richement colorées qu'il voulut fixer dans des œuvres d'un accent nouveau.

Cet exotisme sincère dans la composition fut, en effet, une innovation fort goûtée. Son premier souvenir de voyage, une ode-symphonie intitulée *Le Désert*, obtint un triomphe. On y admirait un pittoresque, un sentiment de l'atmosphère et du décor, une vision des vastes horizons qui représentaient pour l'époque des acquisitions extrêmement précieuses. La couleur éclatante de cette musique nous étonne encore aujourd'hui.

Cet ouvrage fut suivi par d'autres peintures non moins lumineuses : un oratorio *Moïse sur le mont Sinaï*, *Christophe Colomb*, *l'Éden*, *La Fin du Monde* qui devint *Herculanum*, *Le Saphir* qui échoua et *Lalla-Roukh* qui réussit magnifiquement. Les cantatrices douées d'une voix agile ont sauvé de l'oubli un air à vocalises de sa *Perle du Brésil*. Ses œuvres de musique de chambre sont complètement délaissées. Il recueillit à la Bibliothèque du Conservatoire la succession de Berlioz et mourut dans la petite ville de Saint-Germain-en-Laye où, quatorze ans plus tôt, Claude-Achille Debussy avait ouvert les yeux à la lumière.

GOUNOD     *1818-1893*

Mais le musicien qui allait rendre à notre art son véritable accent de terroir fut Charles Gounod. C'est lui qui nous remet en main le fil conducteur qui, à travers les révolutions, les batailles idéologiques, les importations, les invasions, les colonisations et les bouleversements de l'esthétisme, nous permet de constater la continuité, la solidité et la logique de la véritable tradition française.

Cet élève de Reicha — qui travailla également avec Berton, Lesueur et Halévy — put, grâce à son prix de Rome, s'imprégner en Italie de l'art de Palestrina et, au cours d'un voyage en Allemagne, rencontrer Mendelssohn qui le familiarisa avec le génie de Mozart et de Bach. Cette triple initiation devait avoir sur son talent la plus durable influence. Très attiré par la musique religieuse, il conserva toute sa vie une tendance au mysticisme qu'il parvint à concilier — à la manière de Liszt — avec son exaltation voluptueuse de chantre passionné de l'amour. Dès ses débuts ces deux formes de la sensibilité s'affrontent et s'opposent : il suit des cours de théologie, prend la soutane, écrit une *Messe solennelle* et se prépare à entrer au séminaire lorsque sa rencontre avec Pauline Viardot l'oriente vers le théâtre lyrique et le lance dans la composition de *Sapho*, bientôt suivie de *La Nonne sanglante* et de la musique de scène d'*Ulysse* qu'accompagneront la *Messe de sainte Cécile*, celle des *Orphéonistes*, deux symphonies et le ravissant *Médecin malgré lui*.

A quarante et un ans, Gounod, qui, jusqu'alors, n'avait connu que des réussites médiocres, s'empara victorieusement du public avec *Faust*, créé d'abord au Théâtre Lyrique, puis installé à l'Opéra qui, depuis quatre-vingt-dix ans, n'arrive pas à en épuiser le succès. *Philémon et Baucis*, *La Reine de Saba* et *La Colombe* reçurent un accueil moins chaleureux, *Mireille* et *Roméo et Juliette* retrouvèrent la grande faveur de la foule, tandis que *Cinq-Mars*, *Polyeucte* et *Le Tribut de Zamora* firent de nouveau pâlir son étoile. Quinze messes, des oratorios, des cantates, des tableaux religieux comme *Mors et Vita*, *Rédemption*, *Gallia*, *Les Sept Paroles du Christ*, *Tobie*, *Jésus au lac de Tibériade*, un *Te Deum*, un *Requiem*, un opéra inachevé, *Maître Pierre*, dont les fragments récemment exhumés ont émerveillé les connaisseurs, des musiques de scène — *Jeanne d'Arc* et *Les Deux Reines* — des recueils de mélodies et des pièces diverses complètent son catalogue.

La foule du monde entier ne s'est pas trompée sur la valeur exceptionnelle de la musique de Gounod : la critique s'est montrée beaucoup moins clairvoyante. Au moment de la création de *Faust*, certains arbitres du goût dénoncèrent le wagnérisme et le travail purement cérébral de cette partition de grammairien trop savant privé d'inspiration et de sensibilité et incapable de « chanter » et d'inventer une phrase mélodique. A peine avait-on eu le temps de se scandaliser d'une pareille aberration que l'opinion des snobs, opérant une brusque volte-face, se cristallisait dans la direction opposée. Il fut de bon ton, dans le milieu des amateurs distingués, de voir en Gounod le plus fade et le plus sirupeux des fabricants de romances, de railler la banalité de sa mélodie et de dénoncer son incompréhension totale du texte de Gœthe. Beaucoup de mélomanes timides n'ont pas osé protester contre ces calomnies et demeurent naïvement persuadés que le *Faust* de Berlioz est un chef-d'œuvre sublime, alors que celui de Gounod ne peut être pris au sérieux que par des midinettes sentimentales.

En face de cette oscillation pendulaire entre les deux pôles de l'opinion, le jugement rationnel des auditeurs sans préjugés s'est stabilisé à égale distance de ces deux points extrêmes. Gounod leur apparaît comme le génial inventeur d'un langage lyrique si directement et si profondément humain que tous les habitants de la planète sont sensibles à son éloquence.

Il a rendu à la musique de théâtre une dignité qu'elle avait perdue, et cela en l'affranchissant de ses ridicules prétentions à la solennité et à la majesté. Il l'a rendue persuasive par la simplicité et la sincérité de ses accents. Il l'a enveloppée d'un manteau d'impondérables en la baignant dans des atmosphères chaque fois renouvelées par la couleur de ses décors sonores qui se transforment miraculeusement de *Sapho* à *Roméo*, de *Faust* à *Mireille* et de *Philémon et Baucis* à *Polyeucte*. On lui doit une recherche inattendue de la couleur locale et de la poésie évocatrice. Mais, surtout, il faut le louer d'avoir su traduire les émois de l'amour avec une pureté, une grâce et un charme qui voilent une sensualité ardente dont l'emprise est irrésistible. La scène du jardin de *Faust* est un voluptueux enchantement auquel aucun autre duo d'amour du « répertoire » ne saurait être comparé. Et les premières mesures du prélude suffisent à classer Gounod au premier rang des compositeurs qui ont su apporter des innovations fécondes à l'harmonie et à l'orchestration de leur époque.

Car, si l'auteur de *Mors et Vita* a su tirer profit dans ses œuvres chorales et religieuses des admirables leçons que Bach lui a données dans le domaine du contrepoint, c'est par la nouveauté de son écriture harmonique qu'il a enrichi, assoupli et agrandi le vocabulaire de la musique française. Les techniciens s'étonnent des hardiesses que l'on rencontre à chaque instant sous sa plume, qu'il s'agisse des audacieux enchaînements de septièmes conjointes de *Faust* (Fleurs écloses près d'elle, dites-lui qu'elle est belle) ou des balancements de tonalités qui bercent les gondoles de sa *Venise*. Or, l'harmonie est la cellule vivante et radio-active de l'expression musicale et c'est elle, et elle seule, qui crée un style et qui transmet le flambeau au coureur qui veut s'engager sur une piste nouvelle.

Ce n'est pas mettre en doute l'originalité foncière de Ravel que de noter les affinités d'écriture qui le rattachent à Debussy, ce n'est pas diminuer le génie de Debussy que de rechercher la trace antérieure des pas de Gabriel Fauré sur les routes où il marcha avec intrépidité, et ce n'est pas faire injure à l'auteur de *La Bonne Chanson* que de saluer dans son œuvre des inflexions exquises qui sont des efflorescences nouvelles de la roseraie plantée par Gounod. Fauré, d'ailleurs, non seulement ne s'en défendait pas mais tenait à honneur de le proclamer. C'est lui qui, le premier, a eu le courage et la loyauté d'écrire : « Trop de musiciens ne se doutent pas de ce qu'ils doivent à Gounod. Moi, je sais ce que je lui dois et je lui en garde une infinie reconnaissance et une ardente tendresse. » Et, sans parler de Massenet et de ses élèves qui allaient devenir ses débiteurs insolvables, nous allons découvrir, sans cesse, chez les compositeurs lyriques les plus divers de la fin du XIXᵉ siècle, l'influence secrète du grand musicien à qui l'on doit la création d'une « mélodicité française » dont la clarté, l'équilibre, la franchise et la séduction sont immédiatement reconnaissables et qui a engendré, jusqu'à nos jours, d'innombrables chefs-d'œuvre dont notre pays a le droit d'être fier. L'œuvre de Charles Gounod, trop longtemps sous-estimée et maintenant appréciée à sa juste valeur, est considérée à l'étranger comme une des plus indiscutables de nos richesses nationales dans le domaine du répertoire lyrique classique.

## ÉDOUARD LALO    *1823-1892*

C'est également un génie spécifiquement français que celui d'Édouard-Victor Lalo dont le talent aristocratique fut, comme celui de Gounod, condamné par la critique et réhabilité par la foule. Appartenant à une famille d'hérédité espagnole fixée à Lille, le jeune Lalo dont la vocation musicale ne fut pas contrariée, travailla d'abord le violon et l'alto avant d'entrer au Conservatoire de Paris dans la classe d'Habeneck et d'étudier la composition avec Schulhoff et Crèvecœur. Tout en se consacrant à sa carrière d'instrumentiste et en tenant la partie d'alto dans le Quatuor Armingaud, aux côtés de Léon Jacquard et de Mas, il écrivit un certain nombre d'œuvres de musique de chambre — deux *trios*, une *sonate* pour piano et violon, une *sonate* pour piano et violoncelle, un *quatuor à cordes* et des pièces diverses qui n'ont pas été retrouvées — dans lesquelles sa personnalité et sa distinction naturelle s'affirmaient déjà de la façon la plus nette. Ces partitions furent accueillies avec indifférence et, pendant une dizaine d'années, Lalo sembla se décourager et cessa d'écrire. Un concours ouvert pour un ouvrage lyrique le fit sortir de son silence. Il avait largement dépassé la quarantaine et voulut essayer de sortir de son obscurité. Mais sa partition de *Fiesque*, honorée d'un troisième prix, ne fut pas retenue par le jury pour être exécutée au Théâtre Lyrique qui, d'ailleurs, allait bientôt faire faillite.

Nouveau silence de sept années. La guerre de 70

terminée, un groupe de musiciens français fonde la Société Nationale qui devient rapidement un foyer ardent de réaction contre les importations étrangères et d'encouragement pour les compositeurs de chez nous décidés à défendre nos traditions artistiques. Lalo reprend confiance et nous donne son *Divertissement*, sa *Symphonie espagnole*, son *Concerto en fa*, sa *Rhapsodie norvégienne*, son *Trio en la*, son *Concerto de violoncelle*, son *Concerto russe* et sa *Symphonie en sol mineur*.

Mais il n'avait pas renoncé à se faire connaître au théâtre et avait, entre-temps, composé son *Roi d'Ys*. Quelques fragments en ayant été exécutés au concert, Vaucorbeil, inspecteur des Beaux-Arts, déclara à son ministre que « la France se déshonorerait » en ne créant pas immédiatement à l'Opéra un pareil chef-d'œuvre. On devine la joie d'Édouard Lalo lorsqu'il apprit un peu plus tard que son courageux défenseur se voyait précisément confier la direction de l'Opéra! Mais le point de vue d'un directeur de théâtre n'est sans doute pas le même que celui d'un inspecteur des Beaux-Arts : Vaucorbeil refusa le chef-d'œuvre et accepta le déshonneur.

On transigea avec la commande d'un ballet. Lalo, toujours plein de bonne volonté, s'attela à la composition hâtive de *Namouna*, faillit mourir à la peine et, frappé de paralysie, fut obligé d'appeler à son aide Charles Gounod qui acheva l'orchestration de cette partition admirable dont l'échec fut retentissant. Six ans plus tard, *Le Roi d'Ys* voyait enfin les feux de la rampe, scandalisait les professionnels et enthousiasmait la foule. Dès lors il fut admis que l'auteur de *Namouna* était un homme de génie. Mais il était bien tard pour réparer quarante ans d'injustice. Lalo, très diminué physiquement, travaille avec peine, écrit encore un *Concerto* pour piano, commence un opéra, *La Jacquerie*, qui sera terminé après sa mort par Arthur Coquard, utilise des fragments de *Fiesque* dans un *Néron* que crée l'Hippodrome et disparaît à soixante-neuf ans, entouré du respect et de la tendresse des auditeurs clairvoyants qui avaient été sensibles aux révélations que leur apportait sa musique.

Ces révélations ne sont pas de celles qui se notifient à son de trompe. Elles sont mystérieuses et confidentielles. A part *Namouna*, partition radio-active, gonflée du fluide vital dont elle avait dépouillé cet organisme surmené, les œuvres de Lalo nous envoûtent avec discrétion et pudeur. Elles envahissent notre sensibilité par des chemins secrets. Des harmonies d'une couleur inimitable, des mélodies d'une distinction et d'un charme inconnus jusqu'alors, une orchestration fine et élégante composent à ce poète des sons un style extrêmement personnel dont la force persuasive ne s'analyse pas. Il y a dans son *Roi d'Ys*, comme dans sa musique de chambre, un élément d'aristocratique nostalgie, de mélancolique douceur, de tendre fierté qui n'appartient qu'à lui. On y trouve cet indéfinissable accent français dans l'émotion, plus réservé que celui de Gounod mais non moins troublant pour ceux dont il atteint la subconscience dans ses régions les plus profondes. Très attaché aux formes classiques il sait pourtant donner à son écriture orchestrale une souplesse, une ardeur, une couleur et une vibration toutes romantiques grâce à l'admirable connaissance des ressources du quatuor dont l'avait enrichi son passage dans le groupe d'Armingaud. Mais il n'hésite pas non plus à chercher des combinaisons de timbres absolument neuves et à diviser sa polyphonie instrumentale en familles adroitement groupées et équilibrées avec une rare sûreté.

Tout en demeurant parfaitement claire, sa mélodie sait être, par instants, aussi libre et aussi « continue » que celle de Wagner. Certaines phrases du *Roi d'Ys*, qui semblent respecter les disciplines de la carrure classique, se déroulent avec une indépendance, un renouvellement constant du rythme et une asymétrie dont l'audace ne se révèle qu'à un examen attentif. Sous sa discrétion apparente l'art de Lalo cache une très forte originalité de forme et de pensée et lorsqu'on rapproche ses partitions de théâtre si vivantes, si émouvantes et si riches de celles que les

« italianisants » faisaient triompher à la même époque avec une telle indigence de moyens, on mesure toute l'importance des innovations fécondes que l'art français doit à ce délicat précurseur.

## SAINT-SAËNS     *1835-1921*

C'est en pratiquant une politique musicale très différente que Camille Saint-Saëns a défendu également les intérêts artistiques de son pays. Patriote jusqu'au chauvinisme, Français jusqu'au « gallicanisme », ce Normand à demi champenois avait fait de la xénophobie le dogme essentiel de son évangile. Les exagérations ridicules et les mesquineries auxquelles l'entraîna ce parti pris auraient fort bien pu discréditer la noble cause dont il se faisait l'agressif champion, mais la qualité de ses œuvres vint heureusement conjurer ce péril. Saint-Saëns résume en lui quelques-unes des particularités caractéristiques du génie de notre race : le goût de la netteté, de la clarté et de la logique, l'amour de la pureté néo-classique, l'intellectualisme raisonneur et l'intransigeance nationaliste. Cette solide armature l'a évidemment préservé des abandons enivrés et des délires hallucinés du romantisme, mais elle a comprimé si fortement son cœur que nous regrettons d'avoir souvent tant de peine à en percevoir les battements.

La vie de cet artiste, né dans l'aisance et encouragé dans sa vocation, fut celle d'un dilettante laborieux. Affranchi des soucis matériels qui écrasent trop souvent les compositeurs, il accepta temporairement quelques obligations professionnelles comme l'enseignement du piano à l'École Niedermeyer, et les fonctions d'organiste à Saint-Merry, puis à la Madeleine, mais conserva toujours assez de liberté pour concilier son amour du travail et son goût des voyages. Merveilleusement doué pour le piano, qu'il aborda à deux ans et demi, il put, à cinq ans, accomplir de surprenantes performances comme exécutant et comme improvisateur et, à dix ans, donner un grand récital composé d'œuvres maîtresses de Hændel, Bach et Beethoven. Il avait travaillé avec Stamaty; il étudia l'orgue avec Benoist et déserta souvent la classe de composition d'Halévy pour recueillir l'enseignement de Gounod.

Chose étrange et déconcertante, ce virtuose de la composition, ce type du « fort en thème » et de l'élève docile et conformiste échoua par deux fois au Concours de Rome dont le règlement semblait pourtant fait pour mettre en valeur toutes ses vertus scolaires. Il n'insista pas et se remit tranquillement à la composition pour nous donner, à dix-huit ans, sa première *Symphonie* en mi bémol et, bientôt, *L'Ode à sainte Cécile* et deux *Symphonies* en fa et en ré qui ne furent pas publiées. Ses succès de pianiste ralentissent son effort créateur pendant quelques années, mais ce travailleur acharné ne tarda pas à reprendre la plume. Son catalogue comprend près de deux cents ouvrages. Les principaux sont, dans la musique orchestrale, ses cinq *Concertos* de piano, ses trois *Concertos* de violon, ses trois *Symphonies*, sa *Marche héroïque*, sa *Suite algérienne*, sa *Jota aragonèse*, sa *Nuit à Lisbonne*, son *Allegro appassionato*, sa *Rhapsodie d'Auvergne*, son *Africa* pour piano et orchestre, sa *Havanaise* pour violon et orchestre et son *Carnaval des Animaux*; dans le musique de chambre, ses deux *Trios*, ses deux *Sonates* de violon, ses deux *Sonates* de violoncelle, son *Quatuor* à cordes, son *Quatuor* avec piano, son *Quintette*, son *Septuor* avec trompette, ses *Romances*, sa *Sérénade*, son *Allegro appassionato* pour violoncelle ou violon, son *Wedding-Cake* pour piano et quatuor et de nombreuses pièces pour piano à deux et à quatre mains — *valses, études, mazurkas, variations...*, etc.

Cette partie de son œuvre aurait suffi à assurer la gloire et à remplir la carrière normale d'un compositeur. Mais Saint-Saëns trouva le moyen de briller dans beaucoup d'autres genres. Tout d'abord il écrivit plus de quatre-vingts mélodies, trop ignorées des chanteurs qui ne connaissent que le recueil des *Mélodies persanes* et *Le Pas d'armes du roi Jean*, des chœurs, des cantates, des scènes lyriques, comme *Le Déluge*, *La Lyre et la Harpe*, *Les Noces de Prométhée*, *La Nuit persane*, *La Fiancée du timbalier*, *Pallas-Athénée*, *Lever de soleil sur le Nil*..., etc., puis de la musique religieuse, une *Messe* pour soli, chœurs, orchestre et orgue, un *Oratorio de Noël*, *Le Psaume XVIII*, le *Psaume CL*, un *Requiem*, de nombreux motets et cantiques, et des pièces d'orgue — *Marche religieuse*, *Bénédiction nuptiale*, *Trois rhapsodies sur des cantiques bretons*, deux livres de *Préludes et fugues*..., etc.

Enfin il enrichit deux autres répertoires très différents : celui du grand poème symphonique dont il fut le Liszt français avec *Le Rouet d'Omphale*, *Phaéton*, *La Danse macabre*, *La Jeunesse d'Hercule*, et celui du théâtre lyrique avec *La Princesse Jaune*, *Phryné*, *Samson et Dalila*, *Le Timbre d'argent*, *Étienne Marcel*, *Henri VIII*, *Proserpine*, *Ascanio*, *Frédégonde*, les deux versions de *Déjanire*, *Les Barbares*, *Parysatis*, *Hélène*, *L'Ancêtre*, sans compter le ballet de *Javotte* et les musiques de scène d'*Antigone*, d'*Andromaque* et de *La Foi*. Et nous ne parlons pas des arrangements, transcriptions, orchestrations, réductions fort remarquables d'œuvres de Bach, de Mozart, de Haydn, de Beethoven, de Berlioz, de Chopin, de Gluck, de Wagner, de Mendelssohn, de Schumann, de Liszt, de Gounod, de Bizet, de Duparc..., etc., et de la paraphrase de concert qu'il composa sur la *Thaïs* de son ennemi n° 1...

Dans tous ces domaines Saint-Saëns fit preuve d'une lucidité, d'une maîtrise aisée, d'une sûreté de main et d'un imperturbable sang-froid qui lui ont été reprochés comme des tares. Il est certain que, dans la plus grande partie de sa production, son intelligence aiguë a joué un rôle plus actif que sa sensibilité. On ne saurait s'en plaindre en présence d'un chef-d'œuvre aussi accompli que sa *Symphonie avec orgue* où rien n'est laissé au hasard et où un cerveau supérieurement organisé conduit avec une virtuosité infaillible une polyphonie élégante et déliée dont toutes les courbes sont dessinées par un Ingres de la mélodie et dont les moindres rouages sont mis en place avec une minutieuse adresse. Il n'est pas inutile d'avoir la tête froide pour inventer, ajuster et engrener un mécanisme d'horlogerie aussi parfait que celui-ci. A-t-on jamais songé à exiger d'un horloger qu'il fasse intervenir les spasmes d'un cœur tumultueux dans la construction d'une montre ? Une symphonie n'est pas forcément pathétique. Or, même quand il n'est pas ému lui-même, Saint-Saëns arrive à provoquer chez les auditeurs une émotion de l'esprit qui naît de la grandeur et de la noblesse des lignes et des volumes de ses architectures. L'*andante* de sa *Symphonie en ut mineur* en est un exemple frappant. La passion n'a pas à intervenir davantage dans ses admirables *concertos* qui émerveillaient Ravel et qui lui ont servi de modèles pour les siens. Par contre, une tragédie lyrique comme *Samson et Dalila*, en dépit de son livret d'oratorio, ne renferme-t-elle pas des pages sensibles, des plaintes poignantes et de voluptueuses effusions ?

Le tort de Saint-Saëns a été de se rejeter, par haine du wagnérisme, dans la formule artificielle et rétrograde de l'opéra historique français et de se condamner ainsi à un style que Meyerbeer avait déjà banalisé de son empreinte et alourdi de fâcheuses conventions. C'est pourquoi, malgré de très belles pages, le théâtre lyrique de Saint-Saëns n'est probablement pas destiné à bénéficier de la longévité qui semble promise au seul *Samson*. Dans l'histoire du poème symphonique, au contraire, l'auteur de *La Danse macabre* et de *Phaéton* occupera une place d'honneur. Il a, en effet, réalisé quatre modèles du genre traités dans le goût français le plus caractérisé, c'est-à-dire présentant une synthèse admirablement équilibrée de tous les éléments constitutifs de la formule. S'opposant au désordre, à la grandiloquence, à la boursouflure et à la gaucherie des toiles violemment coloriées de Berlioz, les poèmes symphoniques de Saint-Saëns offrent un dosage parfait de la science architecturale, de la précision descriptive, de la puissance évocatrice, de la limpidité du style, de la virtuosité orchestrale et du tact dans le choix des volumes et des couleurs. Au moment où ces lignes sont écrites ces vertus ne sont plus à la mode mais il faudrait n'avoir rien retenu des leçons que nous donne le passé pour ne pas être persuadé que l'art intelligent et rationnel de ce parfait écrivain français retrouvera bientôt parmi ses compatriotes la vaste audience que mérite un classique de sa valeur.

# 24

# La tradition française *(suite)*

*Bizet. — Delibes. — Chabrier. — Massenet. — Poise.*

BIZET     *1838-1875*

Trois ans après la naissance de Saint-Saëns, rue du Jardinet, au Quartier Latin, un professeur de chant informait la mairie du IX<sup>e</sup> arrondissement que notre capitale comptait un Parisien de plus en la personne de son fils Alexandre-César-Léopold Bizet. C'est sous ce triolet de prénoms impériaux et royaux que les officiers de l'état civil ont immatriculé l'auteur de *Carmen*, mais, le lendemain, sa famille qui, décidément, tenait à rendre hommage aux têtes couronnées, décida de l'appeler Georges et c'est ce prénom supplémentaire qui, seul, a passé à la postérité. Comme Saint-Saëns, le petit Georges se vit encouragé dans sa vocation musicale, entra de bonne heure au Conservatoire, y remporta de nombreux prix et, à dix-neuf ans, devint pensionnaire de la Villa Médicis. Il avait travaillé le piano avec Marmontel, le contrepoint et la fugue avec Zimmermann et Gounod et la composition avec son futur beau-père, Fromental Halévy. Avant d'avoir obtenu son Grand Prix de Rome, il avait déjà fait ses débuts de musicien de théâtre avec deux opérettes, *La Prêtresse* et *Le Docteur Miracle*. Et l'un de ses « envois de Rome » fut un opéra-bouffe, *Don Procopio*.

Dès son retour à Paris, d'heureuses occasions de se

faire connaître lui sont prodiguées. L'Opéra-Comique lui commande *La Guzla de l'Émir*, le Théâtre Lyrique lui fait abandonner ce projet en lui confiant le livret des *Pêcheurs de Perles*, puis celui d'*Ivan le Terrible* dont la partition, entièrement terminée et orchestrée, a disparu mystérieusement. Carvalho lui fait écrire *La Jolie fille de Perth*; on le charge de terminer *Noé* qu'Halévy, en mourant, avait laissé inachevé; une nouvelle commande de l'Opéra-Comique lui fait entreprendre un *Calendal*, une *Grisélidis* et une *Clarisse Harlowe*; pour un concours d'opéras, il compose une *Coupe du roi de Thulé* à laquelle le jury préféra celle de Diaz dont un air est demeuré classique; à un concours d'opéra-comique il présente *Le Florentin*; Louis Gallet retire à Duprato pour l'offrir au jeune maître le livret de sa *Djamileh*; Carvalho, devenu directeur du Vaudeville, lui demande une partition de scène pour *L'Arlésienne*; l'Opéra-Comique lui apporte le sujet de *Carmen* et, tout en exécutant cette commande, il compose pour le grand chanteur Faure un *Cid* en cinq actes destiné à l'Opéra. Mais la mort le terrasse brusquement à trente-sept ans, en plein travail, et met fin à sa carrière assurément courte mais particulièrement bien remplie si l'on songe qu'il faut ajouter aux œuvres déjà énumérées sa *Symphonie*, ses *Jeux d'enfants* orchestrés, son ouverture de *Patrie*, son *Vasco de Gama*, sa *Roma*, un opéra inachevé, *Les Templiers*, avec Halévy, une quarantaine de mélodies, des chœurs, des pièces de piano, deux opérettes pour les Menus-Plaisirs — *Sol-si-ré-pif-pan* et, en collaboration avec Delibes, Legouix et Jonas, *Malborough s'en va-t-en guerre* — et de nombreuses transcriptions de Mozart, Hændel, Grétry, Gounod, Schumann, Ambroise Thomas, Thalberg, Saint-Saëns et Massenet.

Cette abondante production fut réalisée sans effort par un jeune maître en possession d'un « métier » étourdissant. Georges Bizet était un pianiste remarquable, un lecteur infaillible réduisant à vue au piano une partition d'orchestre manuscrite avec une prodigieuse facilité, un improvisateur brillant dont la fantaisie et l'humour étaient célèbres. La composition n'était donc pas pour lui un labeur ardu et absorbant mais une tâche aisée qu'il dominait en se jouant. Un don naturel aussi exceptionnel comporte des dangers. La facilité n'est pas, pour un créateur, une école d'énergie; c'est la lutte, c'est l'effort, c'est l'obstacle qui donnent des ailes au génie. Bizet n'a pas connu les fécondes angoisses du créateur inquiet qui développe et décuple ses forces en secouant désespérément les barreaux de sa prison. Il a fait preuve, pendant toute sa carrière, d'une sorte d'opportunisme complaisant qui ne l'a pas empêché d'écrire des chefs-d'œuvre mais qui a certainement limité son essor. A vingt ans il se félicitait de posséder quelques « atouts » précieux qui lui donnaient « beaucoup d'espoir pour sa carrière » : il s'enorgueillissait, disait-il, d'avoir de l'aplomb à revendre et de posséder « moins de talent et des convictions moins arrêtées que Gounod, ce qui, par le temps qui court, ajoutait-il, est une chance de succès ».

Une telle prudence chez un jeune artiste est un peu inquiétante mais c'est elle qui explique sa docilité constante aux vœux de ses « employeurs », son empressement à flatter les directeurs de théâtre, sa recherche obstinée des commandes et son étrange indifférence à la qualité de ses livrets qu'il s'est toujours laissé imposer par ses protecteurs. Il est vraiment déconcertant de penser que ce compositeur n'a jamais été hanté par un idéal personnel, tenté par un sujet, obsédé par un besoin de se réaliser dans un thème dramatique de son choix. Et c'est ce qui explique la banalité de ses premiers ouvrages italianisés à l'excès et sa fidélité aux coupes stéréotypées des opéras et opéras-comiques de son époque. Songez qu'au moment où il écrivait *Carmen* dans les formes les plus conventionnelles, Édouard Lalo était en train de fixer sur le papier les longues et souples effusions lyriques du *Roi d'Ys*, affranchies de toutes les routines et de tous les lieux communs que l'on rencontre à chaque page dans les partitions de Bizet. Et ce n'est pas un des moindres paradoxes de l'histoire que la réputation de révolutionnaire attachée au nom du très conformiste auteur de *Djamileh* qui n'a pas été récompensé des concessions qu'il accordait diplomatiquement au mauvais goût de la foule. Aucun de ses ouvrages n'a connu un franc succès de son vivant. *Carmen* n'a pas été sifflée le jour de sa création, comme le prétend la légende accréditée par Henri Rochefort, mais lorsque son auteur disparut, trois mois après la première, l'œuvre n'avait pas encore triomphé de l'indifférence qui avait accueilli sa naissance.

On croit rêver en lisant, sous des signatures célèbres, les comptes rendus des œuvres de Bizet. A chaque instant revient le stupéfiant reproche de « wagnérisme » adressé à cette musique si foncièrement anti-wagnérienne. De cette écriture si nette, si claire, si franche, si constamment lisible on dit : « La tonalité s'y dérobe avec affectation à l'oreille qui la voudrait saisir... Figurez-vous l'auditeur marchant sur des dissonances étagées en nuages superposés et perdant l'équilibre à la suite du musicien en posant le pied à vide : c'est cette sorte de sensation que donne l'orchestre de M. Bizet... un tel système doit nécessairement produire des œuvres confuses... M. Bizet vaporise l'idée musicale au lieu de la resserrer dans des contours définis... Cet opéra n'est ni scénique ni dramatique... C'est de la musique cochinchinoise, on n'y comprend rien ! »

Quelques rares critiques comme Weber et Adolphe Jullien furent clairvoyants et déplorèrent le manque de dignité d'un artiste si merveilleusement doué qui ne songeait qu'à satisfaire le goût du public et aller de compromis en compromis. Et ils lui reprochèrent avec raison de s'être déprécié et humilié en pure perte, puisque sa faiblesse de caractère n'avait fait qu'accroître l'arrogance de ses ennemis qui ne lui savaient aucun gré de ses palinodies et continuaient à dénoncer la cacophonie wagnérienne de ses pages les plus limpidement françaises.

Bizet incarne, en effet, à un si haut degré les qualités qui charment le Latin moyen que, pour guérir ses compatriotes du poison que représentait pour lui l'art de Wagner, Frédéric Nietzsche ne trouva pas de meilleur antidote à leur proposer que la musique de ce Parisien de Paris. Il estimait que l'auteur de *Carmen* était, dans la culture artistique européenne, le défenseur le plus qualifié des « droits de la Méditerranée ». Le philosophe allemand ne se trompait pas. Il y a dans l'esthétique habile et raisonnable, généreuse et prudente, brillante et sage de ce parfait musicien, un optimisme, une santé morale à base de rationalisme bourgeois parfaitement apte à immuniser une sensibilité contre le virus du pessimisme germanique.

Nous savons tout ce que ce solennel hommage pouvait contenir de secrète impertinence, mais il ne convient pas d'en faire bon marché. Car si l'art de Bizet manque de solides fondements philosophiques, s'il se préoccupe peu de nous asservir à de hautes disciplines morales et artistiques et si le sublime n'est pas son climat idéal, en revanche il possède des prérogatives que l'Europe n'a pas tort de lui envier. Cette pensée élégante et forte, ce vocabulaire précis, ce sens harmonique savoureux, cette orchestration transparente et riche à la fois, ce sens de la couleur qui lui a permis de brosser, sans avoir jamais quitté son atelier, des décors musicaux italiens, égyptiens, écossais, ceylanais, arlésiens et sévillans avec une singulière puissance de suggestion, cette invention mélodique et rythmique d'un dessin si ferme et cette faculté d'adaptation qui imprègne tour à tour sa musique de toute la poésie de la Provence et de toute la lumière de l'Espagne sont des libéralités du destin dont un compositeur a le droit d'être fier et dont sa patrie peut concevoir un légitime orgueil.

## DELIBES     *1836-1891*

Né à Saint-Germain-du-Val, non loin de La Flèche, Clément-Philibert-Léo Delibes, petit-fils du célèbre baryton Batiste et neveu de l'organiste Édouard Batiste qui fut professeur au Conservatoire, vint de bonne heure à Paris pour se préparer à la carrière musicale. Élève de Bazin, d'Adam, de Benoist et de Le Couppey, il gagna courageusement sa vie comme accompagnateur, organiste de Saint-Jean-François et professeur de piano et aborda le théâtre en écrivant une série de petites opérettes pour les Folies-Nouvelles, les Bouffes-Parisiens, les Variétés et le Théâtre Lyrique. Offenbach, qui avait immédiatement compris ce qu'on pouvait attendre de ce jeune débutant, multiplia les commandes et l'on vit paraître successivement ces joyeuses fantaisies qui s'appellent *Deux sous de charbon, Les Deux vieilles Gardes, Six Demoiselles à marier, L'Omelette à la Follembuche, Monsieur de Bonne-Étoile, Les Musiciens de l'orchestre, Mon ami Pierrot, Le Serpent à plumes, le Bœuf Apis, L'Écossais de Chatou, la Cour du roi Pétaud, La Fille du golfe* ainsi que des opéras-comiques d'une tenue plus sérieuse, comme *Monsieur Griffard* et *Le Jardinier et son seigneur.*

Son emploi de chef des chœurs à l'Opéra lui donna l'occasion de composer une partie de la musique d'un ballet intitulé *La Source.* On lui en avait confié le deuxième et le troisième actes, le premier et le quatrième étant écrits par le compositeur austro-russe Minkous. Cette expérience fut démonstrative : les deux tableaux dus à la plume de Delibes écrasèrent ceux de son co-équipier. Son succès fut tel que, dès l'année suivante, on lui demandait d'écrire un divertissement pour la reprise du *Corsaire* de son maître Adolphe Adam : et ce fut le fameux « Pas des fleurs » qui fait encore partie du répertoire de nos orchestres de genre.

Trois ans s'écoulent et voici *Coppélia ou la Fille aux yeux d'émail* qui accompagne, à l'Opéra, une reprise du *Freischütz*. Nous sommes en 1870 : Édouard Lalo ne composera sa *Namouna* que douze ans plus tard. Delibes a donc créé de toutes pièces un genre nouveau, le ballet symphonique, le ballet dont la partition présente un intérêt musical constant et possède un équilibre parfaitement indépendant de l'anecdote et de la chorégraphie, le ballet dont la partition peut passer sans dommage du théâtre au concert. Jusqu'alors la musique de ballet n'était qu'un humble accessoire rythmique du spectacle de danse : *Coppélia*, tout en suivant minutieusement la pantomime et la composition chorégraphique, impose la pensée du musicien et donne une unité parfaite à l'action. L'innovation est capitale. Elle rayonnera sur toute l'Europe et orientera toute la production de Tchaïkovsky dont *Le Lac des Cygnes* n'apparaîtra que six ans plus tard, suivi par *La Belle au Bois Dormant* et *Casse-Noisette*. Dans l'intervalle avait paru *Sylvia* ou la *Nymphe de Diane* qui achevait de consacrer la maîtrise et les droits d'antériorité du musicien français dans un genre où son adresse et sa souplesse n'ont jamais été dépassées. Il devait nous donner encore six *Airs de danse dans le style ancien*, d'une facture élégante et délicate, pour *Le Roi s'amuse* de Victor Hugo.

Après avoir triomphé dans l'opérette et le ballet, Léo Delibes, qui va occuper une chaire de composition au Conservatoire et le fauteuil de Reber à l'Institut, aborde le théâtre lyrique avec un petit chef-d'œuvre de grâce et d'esprit, *Le roi l'a dit*, qu'il est scandaleux de voir exclu du répertoire de l'Opéra-Comique, puis avec *Jean de Nivelle* et, enfin, avec *Lakmé* qui n'a jamais abandonné l'affiche depuis sa création et constitue comme *Manon*, *Carmen*, *Werther*, *La Bohème* et *La Tosca* le pain hebdomadaire des directeurs de la salle Favart. La cantate *Alger*, la scène lyrique *La Mort d'Orphée*, l'opéra inachevé *Kassya*, terminé par Massenet, de nombreux chœurs, une Messe et de charmantes mélodies, achèvent de situer ce musicien de race qu'une mort subite frappa en pleine force mais qui joua dans l'histoire de la musique française un rôle dont l'importance n'a pas encore été reconnue.

Les critiques musicaux admettent volontiers l'intérêt que présentent dans l'évolution du spectacle de danse les partitions de *Coppélia* et de *Sylvia*, mais se montrent, en général, protecteurs ou dédaigneux dès qu'ils parlent de celle de *Lakmé* qui leur est infiniment supérieure. Rien n'est plus injuste. Le succès populaire de cet ouvrage les empêche d'observer la distinction aristocratique de son écriture harmonique, l'audace de ses enchaînements d'accords et de ses modulations, la virtuosité de son orchestration qui sont d'un véritable précurseur. Ecrite en 1883, cette musique devance les plus raffinés de nos stylistes. Sans les trouvailles exquises d'un Delibes il manquerait un maillon essentiel dans la chaîne qui relie Gounod à Fauré. Personne n'écrivait alors avec cette élégance et cette originalité. L'étude attentive de la partition de *Lakmé* est un enchantement pour les gourmets de l'harmonie, et des maîtres comme Fauré, Debussy et Ravel ont toujours proclamé leur admiration pour la finesse d'oreille de Delibes et l'importance de son apport dans le langage musical de son temps.

## CHABRIER     *1841-1894*

Autre bienfaiteur du vocabulaire moderne, Alexis-Emmanuel Chabrier, Auvergnat jovial et explosif, fit longtemps la joie de ses collègues et le désespoir de ses chefs dans les bureaux du ministère de l'Intérieur où il gagna modestement sa vie comme expéditionnaire jusqu'à l'âge de quarante ans. Ce fonctionnaire fantaisiste, dont les cartons verts recélaient plus de papier à musique que de feuilles d'ampliation, était déjà connu comme pianiste excentrique doué d'un mécanisme d'acrobate. Mais, bien qu'il eût travaillé très sérieusement le piano avec le Polonais Édouard Wolff, l'harmonie avec Semet et le contrepoint avec Hignard, sa familiarité et sa bonne humeur empêchaient son entourage de prendre son talent au sérieux. C'est donc en amateur qu'il fit ses premiers pas dans la carrière avec sa *Marche des Cipayes*, son *Impromptu* et deux opérettes sur des livrets de Verlaine : *Fisch-ton-Khan* et *Vaucochard et Fils I*er. La création de *L'Étoile* aux Bouffes-Parisiens et celle de *L'Éducation manquée* ne le classèrent pas davantage mais lui valurent la sympathie admirative de Gabriel Fauré, d'André Messager et d'Henri Duparc qui s'émerveillèrent des trouvailles que renfermaient ces partitions. Un voyage en Allemagne, où la révélation de *Tristan* le terrassa comme Paul sur le chemin de Damas, lui fit abandonner son rond de cuir.

Charles Lamoureux ayant à monter *Tristan et Isolde* et *Lohengrin* engagea aussitôt ce wagnérien passionné comme chef des chœurs et secrétaire particulier. Et Chabrier devint rapidement un professionnel respecté. Il allait se muer brusquement en compositeur glorieux le jour où il rapporta d'un voyage son éblouissante *España* qui lui valut une popularité immédiate. Après avoir trouvé sa sensibilité mélodique et sa hardiesse d'écriture dans sa *Sulamite*, dans ses *Dix pièces pittoresques*, dans sa *Habanera* et ses *Valses romantiques*, il composa la partition de *Gwendoline* dont le wagnérisme extérieur effraya la direction de l'Opéra. Ce n'est qu'après avoir été jouée à Bruxelles, à Karlsruhe, à Leipzig, à Dresde, à Munich, à Düsseldorf et enfin à Lyon que l'œuvre put entrer à Paris. *Le Roi malgré lui* avait fait une brève apparition à l'Opéra-Comique, mais l'incendie du théâtre avait immédiatement mis fin à sa carrière qui s'annonçait brillante.

Chabrier commence à se décourager. De secrets malaises l'inquiètent. Il n'écrira plus que l'*Ode à la Musique*, *Joyeuse Marche*, *Bourrée fantasque*, des mélodies comme *L'Ile heureuse*, *Les Cigales*, la *Villanelle des petits canards*, la *Ballade des gros Dindons*, la *Pastorale des Cochons roses*..., etc., et commencera la compositions de *Briséis* que viendra interrompre la paralysie cérébrale qui le retranchera du monde des vivants neuf mois avant de le laisser pénétrer dans le royaume des morts. Son admirateur le plus sincère, Maurice Ravel, allait connaître, quarante ans plus tard, la même fin tragique.

La vie, la carrière et l'esthétisme d'Emmanuel Chabrier se refusent aux classifications méthodiques. Tout y est tumultueux, désordonné et contradictoire. On le considère tantôt comme un homme de métier, tantôt comme un amateur. Ses grosses plaisanteries scandalisent les gens sérieux, ses partitions délicates déconcertent les humoristes qui le prenaient pour un amuseur. C'est le plus actif des propagandistes de la religion wagnérienne et c'est, en même temps, l'un des amis de la première heure des fondateurs de la Société Nationale qui veut sauver la tradition française. Il est, d'ailleurs, superlativement français dans ses trouvailles harmoniques et orchestrales, tout en sacrifiant, dans *Gwendoline*, aux habitudes d'oreille de Bayreuth. Il se lance dans le grand drame lyrique alors qu'il n'est pas doué pour cette formule théâtrale. Il connaît de grands succès populaires et mondains, est adulé chez les poètes, fêté chez les maîtres impressionnistes dont les plus belles toiles ornent son logis et, en même temps, se voit accablé par une malchance persistante dans toutes ses entreprises musicales où il est sans cesse berné et humilié. Enfin, ce robuste Auvergnat, taillé en force, voit sa santé entièrement ruinée après quinze ans de carrière parisienne.

Cet étrange destin ne l'a pas empêché de nous donner la mesure de son génie incomplet mais fulgurant dont les lueurs intermittentes ont illuminé son siècle. Chabrier n'a pas su se créer un style entièrement personnel : gaie ou sérieuse, sa musique demeure souvent encombrée de truismes et de banalités dont il n'a pu s'affranchir. D'autre part son wagnérisme foncier ne lui permet pas de se soustraire à certaines réminiscences caractéristiques. Mais, malgré tout, il trouve le moyen de nous éblouir par des découvertes saisissantes, des rythmes entièrement neufs, des harmonies d'une folle témérité, des cadences émouvantes, des inflexions d'un charme inimitable, des tournures mélodiques qui n'appartiennent qu'à lui. Et cette succession d'étincelles a fini par créer un foyer dont le rayonnement a été considérable. L'influence de Chabrier sur ses frères d'armes et sur ses cadets apparaît à tous les observateurs attentifs. Maurice Ravel reconnaissait volontiers l'action que l'auteur de l'*Ode à la Musique* avait exercée sur son vocabulaire harmonique. De plus, à travers les suavités orchestrales et les douces irisations de l'impressionnisme, le dynamisme brutal de Chabrier aura orienté d'avance l'imagination de nos plus jeunes musiciens vers des horizons nouveaux.

## MASSENET     *1842-1912*

Un an après Chabrier, à Montaud, près de Saint-Etienne, naissait le vingt et unième enfant d'un officier impérial en demi-solde, Jules-Émile-Frédéric Massenet, qui allait marquer non seulement une date mais une étape décisive dans le développement de notre style lyrique national. Pendant sa longue carrière qui va de 1867 à 1912, cet habile stratège a livré plus de trente batailles théâtrales et les a presque toutes gagnées. Une pareille continuité dans la fortune lui a valu bien des jalousies mais la postérité commence à le juger avec un peu plus de sang-froid. Il vint de très bonne heure à Paris où sa vie fut consacrée tout entière à son art ou, plus exactement, à son absorbant métier. Après de brillants succès au Conservatoire dans les classes de Bazin, de Reber et d'Ambroise Thomas, il obtient le Grand Prix de Rome, et ses « envois » scolaires de la Villa Médicis attestent déjà la maturité de son talent puisqu'on y trouve, à côté d'une *Ouverture symphonique* fort bien venue et d'un *Requiem* demeuré inédit, une œuvre aussi complète que sa *Marie-Madeleine* qui compte parmi les productions les plus significatives de toute sa carrière.

A son retour à Paris il reçoit un bon accueil dans les concerts symphoniques, puis inaugure sa prestigieuse campagne théâtrale avec sa *Grand'Tante* qui lui ouvre les portes de l'Opéra-Comique. Il a vingt-cinq ans. A partir de ce moment ce travailleur méthodique et acharné va nous donner vingt-trois opéras et opéras-comiques, dix partitions de musique de scène, trois ballets, six drames sacrés, vingt ouvrages symphoniques, deux cents mélodies, une trentaine de duos, trios et chœurs, de la musique religieuse et des pièces de piano. Une pareille production lui a assuré une influence considérable sur le climat musical de son temps : cette influence a été rendue décisive encore par son enseignement technique. Massenet, en effet, nommé professeur de composition au Conservatoire, a formé un très grand nombre de disciples qui, tout en conservant leur personnalité, ont tous gardé l'empreinte plus ou moins nette du génie mélodique de leur maître. Qu'il suffise de nommer parmi eux Gustave Charpentier, Xavier Leroux, Alfred Bruneau, Gabriel Pierné, Reynaldo Hahn, Paul Vidal, Henri Rabaud, Georges Marty, Gustave Doret, Gaston Carraud, Savard, Charles Levadé, André Bloch, Silver et Max d'Ollone, et de rappeler tout ce que *L'Enfant prodigue* et *La Demoiselle élue* de Debussy doivent à ce spécialiste de la « mélodie avouée » pour souligner l'importance des éléments de grâce, de tendresse et de charme affectueux qu'a vulgarisés le style massenétique.

Massenet était un remarquable musicien. Ce n'est évidemment pas dans certaines romances trop complaisantes et dans certaines pâmoisons mélodiques trop faciles qu'on en trouvera la preuve. Mais si l'on étudie ses *Suites* d'orchestre, ses ballets et certains de ses drames sacrés ou profanes écrits en marge du théâtre, on s'aperçoit vite des dons exceptionnels que possédait ce compositeur dont la seule faiblesse était le désir de plaire et de plaire à n'importe quel prix. Il a développé en l'affadissant et en la rapprochant de la sensibilité populaire la tradition nettement française de Charles Gounod, aussi peut-on valablement, en tenant compte de cette nuance, comparer l'auteur de *Faust* à Ingres et celui de *Manon* à Bouguereau.

Il a pourtant subi, très superficiellement, certaines influences étrangères. Attentif à tous les courants de la mode et même du snobisme, et soucieux de prouver sa virtuosité de plume, il fut wagnérien avec *Esclarmonde* et mascagniste avec *La Navarraise*, mais ces manifestations d'opportunisme ne modifièrent pas le fond de sa nature qui est tout simplement celle d'un peintre de l'éternel féminin. Quatorze de ses opéras portent des noms de femmes, et lorsqu'il s'écarte un instant du théâtre c'est pour chanter Ève, la Vierge ou Marie-Madeleine. Quel que soit le sujet traité c'est toujours dans un chant d'amour que ce musicien met l'essentiel de sa pensée. Tout le reste n'est là que pour dépayser cette obsédante hantise par le décor et l'atmosphère.

Massenet, qui cherche l'essentiel sous l'accidentel, semble vouloir nous prouver que toutes les amoureuses sont sœurs et parlent le même langage. Dans *Don César de Bazan*, la belle Maritana nous fait entendre le cri d'amour de l'Espagne que reprendront, dans d'autres ambiances, Dulcinée, Chimène et Anita. Dans *Le Roi de Lahore* nous recueillons, grâce à Sita, les mystérieux sortilèges de l'Inde; dans *Le Mage*, Varedha et Anahita nous apporteront le parfum de la Perse; Thaïs et Cléopâtre, la voix de l'Égypte; Ariane, celle de la Grèce; Grisélidis, celle du Moyen Age français; Esclarmonde, celle de Byzance; Hérodiade, celle de la Judée; Fausta, celle de la Rome antique; Manon, celle de notre siècle galant; Thérèse, celle de la Révolution; Charlotte, celle du romantisme allemand; Sapho, celle du Paris moderne, et Cendrillon celle du royaume des fées. A travers le temps et l'espace c'est toujours le même appel sensuel qui retentit dans toutes ces partitions.

Ce cri passionné de Massenet s'est répercuté dans tout le théâtre lyrique depuis trois quarts de siècle. Il a obsédé l'imagination d'un nombre incalculable de compositeurs qui, grâce à lui, ont appris au-delà de nos frontières à parler d'amour avec l'accent français. Ce cri a une sincérité charnelle qui ne brille ni par la distinction ni par la pudeur, mais la pudeur et la distinction ont-elles jamais été des vertus compatibles avec la farouche violence de Vénus « tout entière à sa proie attachée » ? D'autre part, l'accent profondément humain de ces effusions amoureuses atteint parfois, comme dans *Werther* par exemple, à un pathétique réel qui trouble notre subconscience, même lorsque notre conscience lui résiste. Massenet a su féminiser le vocabulaire lyrique en lui donnant de la grâce, du charme, de la douceur, de la flexibilité et un abandon voluptueux. Comme l'a noté Alfred Bruneau : « Il entreprit de créer un langage de tendresse et il le créa. » On a évidemment commercialisé la formule à l'excès et ce sont les imitateurs maladroits de Massenet qui ont fini par nous lasser de ce style érotique standardisé, mais l'inventeur de ces caresses vocales a donné tant de joies aux belles écouteuses de son temps que les historiens doivent saluer avec déférence le règne glorieux de Jules le Bien-Aimé !

D'ailleurs, si l'on doutait encore de la valeur artistique profonde de la musique de Massenet il suffirait de relire l'article qu'Henry Maret consacrait à *Manon* au lendemain de sa création. « Pauvre Manon, écrivait-il, qui t'aurait prédit qu'un jour tu serais entourée de tout ce vacarme ? Toi, jolie fille de ce siècle élégant et léger, te voilà, de par la musique savante, égalée aux Walkyries ! Que de tapage, bon Dieu ! Je ne sais pas si M. Massenet a jamais lu *Manon Lescaut* mais on ne s'en douterait pas à entendre son drame lyrique. De ce pastel simple et gracieux il a fait une fresque effroyable !... » Pour qu'une partition qui nous paraît si simple ait dérouté et offensé à ce point, en 1884, les oreilles d'un critique respecté qui souffre de son wagnérisme, il faut bien qu'elle ait contenu, malgré tout, en dépit des apparences, de précieux éléments d'originalité et de nouveauté pour les auditeurs de son temps !

FERDINAND POISE     *1828-1892*

Pendant plus de trente ans, ce remarquable élève d'Adolphe Adam connut à l'Opéra-Comique et au Théâtre Lyrique des succès ininterrompus. A cette glorieuse renommée a succédé une injuste indifférence. Poise nous a laissé, en effet, des modèles accomplis du véritable style de l'opéra-comique gracieux et léger, écrit avec simplicité, clarté et élégance. Une indéfinissable distinction — qui fait songer, dans une technique toute différente, à celle de Messager — enrichit ses ariettes les plus familières d'un charme inimitable. Il est inconcevable que nos théâtres de musique où *Le Chalet* et *Les Noces de Jeannette* ont toujours leurs entrées, aient abandonné ces petits chefs-d'œuvre d'une pureté toute mozartienne et d'une grâce et d'une ingéniosité singulières qui se nomment *Joli Gilles, Bonsoir Voisin, Les Charmeurs, Les Deux billets, Corricolo, Le Roi don Pèdre, Les Absents, La Surprise de l'Amour, L'Embarras des richesses* et *L'Amour médecin*. Tant que le mot « opéra-comique » aura un sens, le nom de Ferdinand Poise devra être honoré par les musiciens comme celui d'un souriant virtuose de ce genre où triomphèrent si longtemps la finesse et la bonne humeur françaises.

# 25

# César Franck et ses disciples

CÉSAR FRANCK      *1822-1890*

Parmi les chevaliers du goût français, les champions de nos traditions ancestrales, les présidents de la patriotique Société Nationale, figurait un être angélique, un artiste d'une loyauté et d'une pureté exceptionnelles qui vint de l'étranger, une cocarde belge à son chapeau, signer, au bureau de recrutement des défenseurs de notre patrimoine, un engagement volontaire. Il était né à Liège et s'appelait César-Auguste Franck. Après avoir commencé en Belgique ses études musicales, il vint les achever au Conservatoire de Paris dans les classes de Reicha, de Leborne, de Zimmermann et de Benoist. Son père, qui entendait monnayer promptement le talent de son fils, l'empêcha de concourir pour le Prix de Rome et lui fit embrasser la carrière de concertiste et de professeur. La modestie et la candeur du jeune artiste le prédisposaient mal à la lutte pour la vie sur le « ring » des estrades de concert : jusqu'à la fin de son existence il connut le médiocre destin des coureurs de cachet. Acceptant chrétiennement cette épreuve, il dérobait à grand-peine à son humble labeur les instants consolants où il pouvait se livrer à la composition. Organiste de la Trinité, puis de Saint-Jean-Saint-François et enfin de Sainte-Clotilde, il fut nommé professeur d'orgue au Conservatoire où son directeur Ambroise Thomas le traitait avec un coupable dédain. Le jeune Claude-Achille Debussy fréquenta fugitivement sa classe, mais, rebuté par ses conceptions architecturales de l'improvisation et son parti pris de la modulation incessante, refusa de se plier à ces disciplines trop formalistes, s'enfuit et ne reparut plus à ses cours.

La vie de cet apôtre fut faite de douce résignation. La création de ses oratorios passa généralement inaperçue, ses deux opéras ne furent pas joués de son vivant, sa *Symphonie* ne fut pas comprise : seul, son *Quatuor* à cordes fut accueilli avec enthousiasme par le public averti de la Nationale, mais, quelques mois plus tard, son auteur succombait sans avoir recueilli la récompense que méritait son effort.

Les premières compositions de César Franck sont d'un intérêt médiocre. Ses pièces de piano, ses mélodies, ses trios respectent les routines de son époque. Ce n'est qu'à partir de son oratorio *Ruth* que sa personnalité commence à s'affirmer. Elle se précise dans *Rédemption*, *Les Djinns*, *Les Éolides* et dans *Les Béatitudes* qui ne furent exécutées que trois ans après sa mort. Elle triomphe dans sa *Symphonie*, ses *Variations symphoniques*, son *Chasseur maudit*, sa *Psyché*, son *Quintette*, son *Quatuor*, son *Prélude, Choral et Fugue* et son *Prélude, Aria et Finale*.

Deux incursions dans l'art lyrique dénoncent son inexpérience du genre. Sur deux livrets indigents dont il admirait naïvement les banales péripéties meyerbeeriennes — *Hulda* et *Ghiselle* — il composa des pages dont la puissance dramatique est insuffisante mais qu'on a tort de ne pas recueillir au concert où leur musicalité serait appréciée. Comme ses *Béatitudes* qu'il n'entendit jamais, ces deux ouvrages lyriques ne virent le jour à Monte-Carlo qu'en 1894 et 1896, c'est-à-dire quatre ans et six ans après sa disparition. Enfin, chose curieuse, cet organiste divinement inspiré dont les improvisations étaient prestigieuses et qui avait une foi séraphique a écrit une musique religieuse assez conventionnelle où l'on cherche en vain ses qualités maîtresses. Son *Psaume CL* et son *Panis angelicus*, qui sont les plus populaires de ses œuvres d'église, ne laissent pas deviner sa véritable nature musicale et respectent un conformisme paroissial qui étonne chez l'auteur de tant d'œuvres profanes plus généreusement indépendantes.

Le « cas » de César Franck est assez singulier. Sa bonté légendaire, son innocence et sa mansuétude chrétienne ont fait de lui un personnage symbolique et débonnaire auquel on a prêté rétrospectivement, avec un peu trop de désinvolture, toutes sortes de préoccupations et d'intentions qui ne semblent pas avoir joué un grand rôle dans sa vie. Ces disciples fervents, plus dogmatiques et plus énergiques que leur maître, ont cru lui rendre un hommage éclatant en lui faisant patronner leurs théories pédagogiques et en nous le présentant comme le pieux fondateur d'une congrégation musicale. Tout ce que nous savons du *Pater seraphicus* s'accorde mal avec cette politique artistique un peu tendancieuse. César Franck fut un Maître dont l'influence fut considérable sur toute une génération de musiciens français; il peut être considéré comme un chef d'école et le « franckisme » constitue un mouvement esthétique aussi parfaitement caractérisé que le wagnérisme ou le debussysme. Mais l'auteur des *Béatitudes*, en dépit de son tempérament évangélique, ne fut ni un missionnaire ni un catéchiste.

C'était un pédagogue sans rigueur et un théoricien sans intransigeance. S'il a suscité tant de disciples fidèles c'est parce qu'il leur a donné le haut enseignement de l'exemple, le plus noble et le plus efficace de tous. Il ne leur a pas imposé des méthodes, des procédés et des « recettes » d'écriture, il leur a appris à aimer et à respecter la musique, à la servir avec dévouement et abnégation. Il a réhabilité les formes les plus hautes de l'expression musicale, a rattaché aux disciplines morales aussi bien qu'artistiques de Bach l'idéal qu'il défendait devant ses élèves, leur a fait mépriser le snobisme, les courants de la mode, les succès faciles, les concessions à la foule, la gloriole et l'argent. Voilà le seul corps de doctrine qu'il proposa à un Pierné, un Duparc, un Alexis de Castillon, un Guy Ropartz, un Chausson, un Vincent d'Indy, un Pierre de Bréville, un Lekeu, un Tournemire, un Charles Bordes et à tant d'autres qui développèrent librement, dans des sens divers, leurs qualités personnelles dont il sut favoriser la croissance et la floraison.

S'il était encore besoin de dissiper le malentendu qui a laissé croire à tant d'amateurs mal renseignés que César Franck était le doctrinaire de la *Schola Cantorum*, il suffirait d'observer que, dans son enseignement, cette école a toujours donné au contrepoint classique le pas sur l'harmonie, alors que l'auteur de *Rédemption* qui n'ignorait rien de la technique contrapuntique était, avant tout, un harmoniste qui demandait à la force expressive de l'accord les accents les plus caractéristiques de son langage. C'est Vincent d'Indy et non César Franck qui a rédigé la charte de la rue Saint-Jacques à laquelle la plupart des compositeurs cités plus haut ne se seraient pas soumis sans objections.

Un autre thème de controverse a été créé autour de César Franck par ceux de ses élèves qui veulent, à tout prix, démontrer que son art est purement français et ne doit rien à des influences étrangères. Parler du wagnérisme de Franck constitue à leurs yeux une accusation injurieuse et infamante contre laquelle ils ne cessent de protester avec indignation. On comprend mal leur émoi. Si le prétendu wagnérisme de Gounod et de Bizet nous fait sourire, celui de César Franck — qui, d'ailleurs, ne nous scandalise nullement — nous paraît difficilement contestable. Il n'a rien d'une imitation servile et représente plutôt un climat qu'une technique.

Ce climat est celui des provinces germaniques et flamandes auquel un compositeur belge est adapté en naissant. C'est une prédisposition ethnique à une certaine conception de l'art, plus grave, plus digne, plus méditative et plus volontiers solennelle que la nôtre. Cette tradition doit autant à Beethoven qu'à Wagner. Elle engendre des compositeurs peu accessibles à l'humour, à l'ironie, à la fantaisie et à la légèreté d'esprit et enclins à se servir d'un vocabulaire plus sérieux et plus austère que celui des musiciens français. Un César Franck a utilisé d'instinct avec son habitude de l'orgue, non pas la langue même de Wagner mais le volume, la densité, le rythme, la sonorité de son élocution et l'ampleur de sa syntaxe. Les trombones de l'entracte symphonique de *Rédemption* parlent français avec l'accent orchestral du *Vaisseau fantôme* et de *Tannhäuser*. Il n'y a là rien d'inavouable mais il serait puéril de nier l'évidence.

Wagner a légué à ses imitateurs le goût d'une écriture et d'une musicalité un peu « grasses » qui les fait reconnaître aussitôt, même lorsqu'il se sont libérés de ses disciplines extérieures. Un Liégeois wagnérien ne pouvait pas s'exprimer dans l'idiome aéré de Gounod, de Lalo et de Saint-Saëns : c'est donc avec son tempérament particulier et l'âme profonde de sa race que l'auteur des *Béatitudes* est venu combattre dans les rangs des soldats de l'*Ars Gallica* en y déployant le courage et la vaillance que l'on connaît. Il avait les mêmes objectifs. Il réagissait contre la frivolité et la facilité des italianisants de Paris : si, dans cette guerre sainte, il s'est inspiré des hautes disciplines germaniques et si ses élèves ont suivi cet exemple, qui oserait le leur reprocher puisque, menée sur plusieurs fronts, avec des armes différentes, l'offensive a été victorieuse ?

La tâche de César Franck a été bienfaisante pour son pays d'adoption. Ce croyant sincère a élevé le niveau moral de sa profession. Il a fait comprendre à la foule que l'art n'est pas un commerce, une industrie ou un divertissement mais un sacerdoce. Il a fait subir à la musique une cure de spiritualisme. Techniquement, il a vulgarisé efficacement des façons plus nobles de s'exprimer dans la musique de chambre et dans la musique symphonique. Sa *Symphonie en ré mineur* possédait une éloquence si personnelle qu'elle a déconcerté un Charles Gounod. Il a acclimaté chez nous le chromatisme bayreuthien. Son style a habitué les oreilles françaises à une polyphonie plus riche et plus dense et à des sonorités plus grandioses. Grâce à lui le respect de l'unité thématique d'une composition a donné plus d'équilibre, de cohésion et de logique à une construction de musique pure. Avec la même exagération inexplicable que nous avons eu l'occasion de signaler à propos du procédé wagnérien du leitmotiv, on a voulu faire de cette préoccupation si naturelle — que l'on rencontre déjà chez Beethoven — un élément technique dont l'importance a été démesurément grossie. En saluant bruyamment dans leur maître l'inventeur et le spécialiste patenté du « cyclisme », les élèves de Franck ont monté en épingle un détail qui ne méritait pas d'être souligné avec cette insistance et qui a rejeté dans l'ombre les libéralités beaucoup plus précieuses que nous devons à ce bienfaiteur de la musique de son temps.

Autour de César Franck nous voyons se grouper spontanément des artistes d'une classe très particulière, phénomène qui se reproduira mathématiquement dans l'entourage de son élève Vincent d'Indy. Il s'agit d'amateurs distingués, appartenant généralement à l'aristocratie ou à la haute bourgeoisie, venus tardivement à la musique et éprouvant le désir légitime de s'initier sérieusement à la technique de leur art. Les règlements du Conservatoire opposant la barrière de la limite d'âge à ces ouvriers de la onzième heure, c'est tout naturellement vers un enseignement libre comme celui de Franck ou celui de la Schola que se sont orientés ces retardataires. Voilà pourquoi cet enseignement a rassemblé si curieusement de riches dilettantes, des châtelains, des juristes, des mathématiciens, des officiers de l'armée de terre et de mer, tous pourvus d'une solide culture générale, tous entraînés à l'escrime idéologique, tous familiarisés avec les problèmes de l'esthétique et formant une phalange plus homogène, plus disciplinée et plus unie que les élèves du Conservatoire condamnés par les exigences de leur activité professionnelle, qui les a souvent privés d'une formation de base, à lutter empiriquement et en ordre dispersé. C'est ainsi que les affiliés de ce qu'on a appelé, avec une affectueuse familiarité, la « Bande à Franck » ont fait figure sinon de desservants d'une petite chapelle, du moins de membres d'un tiers ordre musical voués aux pratiques d'un culte très sérieusement étudié. Et c'est ce qui explique la continuité d'un courant franckiste qui, pendant plus d'un demi-siècle, a traversé le fleuve de l'impressionnisme français sans y mêler ses ondes.

## DUPARC    *1848-1933*

Un de ces premiers disciples-dilettantes fut Henri Fouques-Duparc qui, au cours de ses études au collège des jésuites de Vaugirard, ne put résister à l'appel de la vocation qu'éveillait en lui le modeste M. Franck, professeur de piano attaché à l'établissement. Mais ce ne fut qu'après avoir achevé ses études de droit qu'il se consacra à la musique. Sa carrière devait être fort courte puisqu'une maladie nerveuse paralysa ses facultés créatrices trois ans avant qu'il eût atteint la quarantaine. Il vécut dans un mélancolique isolement jusqu'à quatre-vingt-cinq ans, ne nous laissant que deux courts ouvrages symphoniques, *Léonore* et *Aux Étoiles*, et une quinzaine de mélodies, parmi lesquelles des chefs-d'œuvre comme *L'invitation au voyage*, *Chanson triste*, *Phidylé* ou *La vie antérieure* suffiraient à immortaliser son nom. Il règne, en effet, dans ces *lieder* une atmosphère réellement envoûtante obtenue par des moyens très simples mais irrésistibles qui échappent à l'analyse. Il semble que le génie de Duparc, traqué par le mauvais destin, se soit condensé et cristallisé tout entier dans ces quelques pages, retraite sûre dans laquelle il bravera l'épreuve du temps.

Pendant la courte période au cours de laquelle il put fréquenter les musiciens, Duparc s'inscrivit parmi les fondateurs de la Société Nationale aux côtés de son maître, de Camille Saint-Saëns, de Bussine et de Castillon. Mais, en même temps, il faisait du prosélytisme wagnérien en apôtre passionné, et ce fut lui qui entraîna à Bayreuth Emmanuel Chabrier qui allait se convertir avec fougue à la nouvelle religion.

CHAUSSON    *1855-1899*

Encore un licencié en droit touché par la grâce. Ernest Chausson était un être grave et méditatif, un mystique, un scrupuleux, qui trouva auprès de César Franck la sécurité morale dont il avait besoin pour se consacrer à la musique. Riche, heureux, vivant dans un cadre magnifique, entouré d'artistes d'élite, il gardait sans cesse une secrète mélancolie. La mort l'avait-elle prévenu qu'elle l'obligerait, un jour, à interrompre brusquement la composition d'un *scherzo* et à sauter sur sa bicyclette pour courir plus vite au rendez-vous qu'elle lui donnait devant un mur de son parc sur lequel il allait se fracasser le crâne? Il avait quarante-quatre ans. Tout lui souriait. Dès ses premiers essais il avait conquis l'estime de ses pairs. Un poème symphonique *Viviane*, sa belle *Symphonie* en si bémol, son *Hymne védique* et ses mélodies avaient révélé sa sensibilité délicate et la distinction de sa pensée. Son *Poème* pour violon et orchestre, triomphe d'Ysaye, s'imposait partout; son *Concert* pour violon, piano et quatuor, son *Trio*, son *Poème de l'Amour et de la Mer* et sa *Chanson perpétuelle* étaient accueillis avec faveur et son opéra *Le Roi Arthus* allait être créé à Karlsruhe... On s'accordait à louer le tact avec lequel il utilisait le vocabulaire de Wagner et de Franck dans des ouvrages d'inspiration nettement française. Sa carrière qui

s'annonçait glorieuse est une noble « symphonie inachevée ».

## ARTHUR COQUARD    *1846-1910*

Avec Arthur Coquard c'est un docteur en droit qui
vient grossir l'effectif des juristes franckistes. Injustement délaissé, son répertoire est abondant et intéressant à plus d'un titre. C'est à lui que furent confiées deux missions fort honorables : l'achèvement de
*La Jacquerie* d'Édouard Lalo et celui de *Ghisèle* de
César Franck. Il a composé plusieurs ouvrages lyriques tels que *L'Épée du roi*, *Le Mari d'un jour*, *L'Oiseau bleu*, *Jahel* et *La Troupe Jolicœur*. Il a écrit également des scènes dramatiques pour chant et
orchestre, *Le Chant des épées*, *Héro et Léandre*, *Cas-
sandre*, des chœurs, des mélodies et des pièces instrumentales. Musicographe assez recherché, il a connu
une célébrité trop vite évanouie.

## A. DE CASTILLON    *1838-1873*

Duparc amena, un jour, à César Franck un officier
de cuirassiers mélomane, le vicomte Marie-Alexis de
Castillon de Saint-Victor, qui avait travaillé sans
grand plaisir avec Victor Massé et désirait tenter une
autre expérience. Le « père Franck » accueillit ce
guerrier avec son indulgence habituelle et ne tarda
pas à reconnaître en lui une vraie nature de musicien.
Abandonnant casque et cuirasse, le vicomte Alexis se
voua tout entier à la composition et détruisit tout ce
qu'il avait écrit jusqu'alors pour bien affirmer sa foi
dans son nouveau professeur. Mais deux ans s'étaient
à peine écoulés que la guerre de 70 l'obligeait à
reprendre les armes. Quand il en revint, sa santé était
fort ébranlée mais il se remit courageusement au travail. Nommé secrétaire du comité fondateur de la
Société Nationale, il se dévoua corps et âme à cette
œuvre de redressement patriotique. En même temps

il abordait le grand public avec un *Quintette*, deux *Quatuors* à cordes, un *Quatuor* avec piano, deux *Trios*, un *Concerto* de piano, une *Suite* d'orchestre, *Trois pièces* dans le style ancien, l'ouverture de *Torquato Tasso*, des *Esquisses symphoniques* et une paraphrase du *Psaume LXXXIV*. Contact douloureux. La musique de Castillon fut accueillie comme une gageure et un défi. Saint-Saëns qui avait accepté de tenir la partie de piano de son *Concerto* en ré dut le jouer sous les huées et les sifflets qui l'accompagnèrent pendant toute la durée de l'exécution. Trois ans après son retour à la vie artistique, Castillon mourait à trente-cinq ans. Sa carrière effective n'avait duré que cinq années. Elle fut vouée à une incompréhension totale de la foule pour des raisons qui échappent aux auditeurs d'aujourd'hui lorsqu'ils ont — bien rarement — l'occasion de rendre justice à cet artiste méconnu.

## LEKEU　　　*1870-1894*

Né à Verviers, mais transplanté de bonne heure en France, Guillaume Lekeu s'orienta vers les lettres avant de se consacrer à la musique. Il prépara son doctorat et fréquenta le salon de Mallarmé avant de songer à travailler avec César Franck. Ses dons remarquables s'affirmèrent aussitôt et l'on fondait sur son avenir les plus légitimes espoirs lorsque le typhus l'emporta à vingt-quatre ans. Nous ne possédons de lui qu'une *Fantaisie sur des airs angevins*, deux *Études symphoniques*, un *Trio* avec piano, une *Sonate* pour violon et piano qui réussit brillamment, une *Sonate* pour piano et une pour violoncelle et piano, un *Épithalame*, un *Adagio* pour violoncelle et orchestre et deux *Quatuors* inachevés. La haute valeur de ces ouvrages rend plus douloureuse encore la perte d'un artiste qui n'a pas eu le temps de réaliser son rêve.

CHARLES BORDES     *1863-1909*

Un petit Tourangeau, que l'on nommait « l'enfant de chœur », vint, au cours d'une trop brève carrière, apporter à l'œuvre de Franck une collaboration extrêmement active et efficace. Chargé d'une mission officielle au Pays basque par le ministère de l'Instruction Publique, il s'était pris de passion pour le folklore de la région pyrénéenne qu'il avait fini par élire pour seconde patrie. Au cours de ses prospections il recueillit et publia cent chansons populaires basques et des séries de *cantiques, noëls, marches, cortèges, chants satiriques, mélodies, danses, chansons d'amour, chansons légendaires, chansons morales...,* etc., qui nous conservent l'âme et l'atmosphère d'une des provinces les plus personnelles et les plus attachantes de notre pays. Dévoré de prosélytisme, il fonda à Paris le groupe fameux des Chanteurs de Saint-Gervais qui, non seulement assurèrent le service de l'église où il remplissait les fonctions de maître de chapelle mais se vouèrent à la résurrection de tout un répertoire polyphonique sacré et profane dont il se fit dans toute la France le propagandiste et le missionnaire. C'est à lui que l'on doit le retour à la vie des chefs-d'œuvre oubliés de Palestrina, de Victoria, de Josquin des Prés, de Roland de Lassus, de Schütz, d'Allegri et des polyphonistes de la Renaissance et du XVIIᵉ siècle français. Les Concerts d'Harcourt lui permirent d'intensifier cette campagne en compagnie de Paul Dukas et de Gustave Doret dans une instructive série de concerts historiques.

En 1894 il s'associa à Vincent d'Indy et à Alexandre Guilmant pour fonder la *Schola Cantorum,* institution qui, dans sa pensée, devait être une École de musique religieuse destinée à relever le niveau artistique des offices en restaurant la tradition polyphonique palestrienne en même temps que le style grégorien du plain-chant et en favorisant la création d'œuvres modernes respectant les exigences de la liturgie. On sait que, sous l'impulsion de Vincent d'Indy, ce programme fut rapidement dépassé et que la *Schola* devint un véritable Conservatoire privé dont l'enseignement s'étendit à toutes les techniques de la musique profane. Ayant compromis sa santé par excès de travail, Bordes dut quitter Paris pour aller se soigner à Montpellier où il fonda une seconde *Schola*. Cette nouvelle tâche acheva d'épuiser ses forces et il mourut subitement à Toulon à quarante-six ans, au cours d'une tournée de concerts. En dehors de son abondante moisson folklorique ce courageux apôtre nous a laissé quelques pages d'orchestre — une *Suite basque*, une *Rapsodie basque*, des *Danses béarnaises*, un *Divertissement*, une *Ouverture* pour un drame basque, une *Eskual Herria* — une trentaine de mélodies principalement inspirées par Verlaine, autant de cantiques, motets, et pièces de patronage. Des chœurs et des reconstitutions de musique ancienne attestent non seulement son zèle d'éducateur mais ses dons réels de musicien fort peu docile aux disciplines formalistes de son principal associé.

## PIERRE DE BRÉVILLE  *1861-1949*

Une vocation musicale un peu tardive, qui troubla ses études juridiques à la faculté de Droit, arracha Pierre Onfroy de Bréville à la carrière diplomatique dans laquelle ses parents voulaient l'engager. Il travailla d'abord avec Théodore Dubois, puis rejoignit le groupe des élèves de Franck. Il y joua un rôle actif de propagandiste et devint, plus tard, le lieutenant dévoué de Vincent d'Indy. Rigoriste dans ses principes, Pierre de Bréville fait preuve dans sa composition d'une grâce et d'une élégance qui tempèrent fort heureusement l'austérité de sa politique doctrinale. Il y a beaucoup de charme voluptueux dans son *Éros vainqueur* dont il avait demandé le livret à Jean Lorrain. Cet ouvrage, créé à Bruxelles, attendit un quart de siècle sa consécration parisienne. Ses qualités auraient dû lui assurer beaucoup plus tôt une place de choix dans le répertoire de l'Opéra-Comique. Maeterlinck lui inspira une *Ouverture* pour *La Princesse Maleine* et une partition de scène pour *Les Sept Princesses*. Un *poème dramatique* pour orchestre, une musique de scène pour *Sakountala*, *Nuit de décembre*, des chœurs pour voix de femme, des *Sonatines vocales*, *Stamboul*, *Médéia*, *Sainte Rose de Lima*, deux *Sonates* pour piano et violon, deux cahiers de mélodies et des pièces diverses forment un ensemble d'ouvrages qui ont classé leur auteur parmi les compositeurs les plus délicats et les plus nuancés de l'école franckiste.

### GUY ROPARTZ    *1864-1955*

Ayant, lui aussi, déserté la faculté de Droit pour entrer au Conservatoire dans la classe de Massenet et de Théodore Dubois, le Breton Guy Ropartz, comme son camarade Pierre de Bréville, termina ses études de composition avec César Franck. Fortement attaché à son terroir natal il demeura toujours profondément imprégné de l'atmosphère mystique, nostalgique et poétique du pays d'Armor. Esprit fort cultivé, caractère indépendant, artiste distingué et modeste, il a poursuivi jusqu'à sa mort une carrière d'une rare dignité qui lui a valu l'admiration et l'estime de tous. Cinq *Symphonies*, dont l'une avec chœurs, une *Petite Symphonie* de chambre, deux poèmes symphoniques, *Les Landes* et *La Cloche des Morts*, le *Psaume CXXXVI*, *Prélude*, *Marine et Chanson*, *La Chasse du prince Arthur*, *Soir sur les chaumes*, *A Marie endormie*, une *Sérénade*, un *Nocturne*, un *Concert* en ré majeur, une *Rhapsodie* pour violoncelle et orchestre, cinq *Quatuors* à cordes, trois *Sonates* pour violon et piano, deux *Sonates* pour violoncelle, deux *Trios* dont un avec piano, des chœurs, des mélodies et de la musique religieuse nous apportent le témoignage de la solidité de métier et de la sensibilité pleine de pudeur de ce rêveur grave et méditatif qui fut quelquefois comparé à Alfred de Vigny. Et ses brèves incursions dans le domaine du théâtre — *Le Diable couturier, Le Pays*, deux ballets et la musique de scène de *Pêcheurs d'Islande* — ont révélé des aspects tout à fait inattendus de son talent et de sa technique.

Car cet artiste libre et fier ne s'est inféodé à aucune formule systématique : s'il a respecté volontiers et très légitimement le scrupule franckiste du cyclisme dans ses symphonies et sa musique de chambre, son amour de la nature lui a inspiré des accents qui rapprochent parfois son écriture de celle des impressionnistes. N'oublions pas qu'il a osé écrire un jour cette profession de foi hardie : « On peut tout se permettre. Un musicien qui possède son métier ne doit avoir d'autres lois que son bon plaisir, sa sincérité et sa passion. » Pratiquement, il n'abusa pas de ce dogme. Il demeura, avant tout, un indépendant, un sincère, un consciencieux que dominait le sentiment du devoir. C'est ainsi qu'il sacrifia de longues années de sa carrière personnelle pour aller, à Nancy et à Strasbourg, prêcher la bonne parole en prenant la direction des Conservatoires de ces deux villes et en y organisant des saisons de concerts symphoniques d'une haute tenue. Une sereine vieillesse de patriarche biblique dont rien n'entama la robustesse physique et morale a été la récompense de ce loyal serviteur d'un idéal sans faiblesse.

# 26

# Vincent d'Indy et ses élèves

Vincent d'Indy    *1851-1931*

On a pu observer que beaucoup d'élèves de César Franck, prématurément frappés par la mort, comme Alexis de Castillon, Guillaume Lekeu, Chausson, Charles Bordes, ou paralysés dans leur carrière comme Henri Duparc, ne purent donner leur mesure complète et aller jusqu'au bout de leurs conceptions ou de leurs rêves. Tel ne fut pas le cas du comte Paul-Marie-Théodore-Vincent d'Indy qui eut tout le loisir, au cours d'un paisible et confortable séjour de quatre-vingts années sur cette terre, de s'exprimer en toute liberté, de matérialiser ses principes artistiques, d'organiser méthodiquement son apostolat, de rédiger son évangile, de prêcher sa croisade et de mener à bien toutes ses entreprises. Originaire du Vivarais, dont les poétiques et nobles horizons ont eu sur son imagination une influence durable, ce terrien déraciné commença ses études musicales au Conservatoire avec Marmontel, Diémer et Lavignac, mais, après la guerre de 70, fut conduit par Duparc chez César Franck qui ne se contenta pas de le faire entrer dans sa classe d'orgue mais se chargea de sa formation technique de compositeur.

Nous avons vu que les élèves de Franck s'aggloméraient étroitement autour de lui pour des raisons qui n'étaient pas exclusivement musicales. Cette garde d'honneur qui entourait affectueusement l'organiste de Sainte-Clotilde était constituée par des volontaires remplis d'ardeur et de foi que rapprochaient des affinités profondes dans le domaine social, moral, religieux et même politique. La solidité de ces liens multiples se manifesta à maintes reprises et c'est à Vincent d'Indy et non pas à César Franck — trop angéliquement détaché des contingences terrestres — que l'on doit la codification de la doctrine et l'organisation de la discipline du mouvement créé au nom de son maître.

Parmi les esprits cultivés et distingués qui composaient la phalange franckiste le gentilhomme ardéchois était le plus lucide, le plus méthodique et le mieux organisé pour le prosélytisme et l'apostolat. Une dignité naturelle, un sérieux précoce, une réputation d'austérité, une spiritualité élevée lui avaient assuré un ascendant réel sur ses camarades et, lorsque César Franck mourut, il prit tout naturellement le commandement de l'aile marchante et, avec Charles Bordes et Alexandre Guilmant, fonda la *Schola Cantorum* dont il devint l'énergique directeur.

Bien que Vincent d'Indy les ait associés pendant toute sa carrière il convient, pour le juger impartialement, d'étudier séparément les deux éléments essentiels de son activité : sa tâche de pédagogue et sa production de compositeur qui furent beaucoup moins solidaires l'une de l'autre qu'on a bien voulu le dire. L'aptitude au maniement des idées générales, qui était le privilège des élèves de Franck, les entraîna souvent vers un intellectualisme dangereux. Plus que tout autre, le fondateur de la *Schola* fut sensible à l'attrait des constructions cérébrales parfaites appuyées sur des fondements philosophiques et moraux et son enseignement, impitoyablement dogmatique, trahit nettement cette préoccupation.

Tout se tient dans une doctrine minutieusement agencée. Le spiritualisme et les fortes convictions confessionnelles de Vincent d'Indy l'ont tout naturellement conduit à réduire systématiquement dans la création artistique l'intervention de l'instinct et celle de la sensualité de l'oreille qui sont, l'une et l'autre, suspectes de matérialisme. L'artiste qui recherche dans le domaine de la sonorité pure des sensations voluptueuses est une sorte de païen attardé dans le monde chrétien. Les raffinements harmoniques et orchestraux des impressionnistes qui s'adressent directement aux sens ont quelque chose d'impie. Pour sauvegarder les droits de la transposition spirituelle il faut inspirer au créateur un respect profond de la forme qui endigue utilement les indisciplines de l'instinct. Et comme la technique de l'écriture harmonique est influencée par la réceptivité sensorielle particulière de chaque élève, il est préférable d'adopter le mécanisme contrapuntique dont l'engrenage est plus solide et dont un fonctionnement correct peut être assuré par la seule action de l'intelligence et de la volonté.

Au moment où Vincent d'Indy fondait son École d'art sur de tels principes, son effort avait un caractère moralisateur qui lui conciliait toutes les sympathies. Le Conservatoire sortait des mains d'Ambroise Thomas pour tomber dans celles de Théodore Dubois. Dans un esprit terriblement routinier cette usine d'État fabriquait en série des instrumentistes sans culture, uniquement préparés aux succès d'estrade et des compositeurs spécialisés d'avance dans la formule du théâtre commercial par l'épreuve pseudo-lyrique de la cantate de Rome. Dresser en face de cette Faculté officielle un Institut privé où l'on réhabilitait les grandes formes de la musique de chambre et de la symphonie, où l'on remontait aux sources les plus pures de notre art, où l'on ressuscitait non seulement les grands classiques allemands mais des maîtres presque oubliés comme Monteverdi, Carissimi, Palestrina, Delalande, Marc-Antoine Charpentier ou Rameau, représentait une initiative extrêmement heureuse qui fut saluée comme une libération.

Mais les événements n'obéissent pas toujours à la stricte logique. Pendant que Vincent d'Indy livrait indiscutablement un bon combat, avec l'idéal le plus respectable et les méthodes les plus rationnelles, des professeurs sans dogmatisme, sans théories préconçues, sans systèmes pédagogiques bien définis — des Massenet, des Guiraud, des Pessard et des Gabriel Fauré — formaient au Conservatoire toute la génération des compositeurs originaux qui ont fondé l'esthétique de ce temps, alors qu'à l'exception de deux francs-tireurs que leur indépendance naturelle a préservés du nivellement « scholastique », comme Déodat de Séverac et Albert Roussel, l'enseignement de Vincent d'Indy, lorsqu'il a été strictement appliqué, ne nous a donné aucun créateur inspiré pouvant prouver l'excellence de ses méthodes.

Les artisans trop appliqués sortis de la *Schola* n'ont pas pu jouer un rôle efficace dans le développement de la musique contemporaine, tout d'abord parce que leur éducation technique trop formaliste leur avait créé une écriture interchangeable et, ensuite, parce que leurs scrupules pédagogiques les avaient détournés du mouvement vivifiant de rénovation purement « harmonique » créé par Fauré, Debussy, Ravel et leurs disciples et leur avaient fait prendre vis-à-vis des novateurs de l'impressionnisme une attitude nettement hostile. C'est, d'ailleurs, l'esprit d'obstruction qu'ils manifestèrent, à la Société Nationale, contre ces tendances nouvelles de la musique qui avait provoqué la création d'une société rivale, la S.M.I. (Société Musicale Indépendante), présidée par Gabriel Fauré, création qui donna naissance à des polémiques passionnées entre conservateurs et progressistes, entre les partisans de l'écriture « horizontale » et ceux de l'écriture « verticale », entre les apolliniens et les dionysiaques, entre les catholiques et les panthéistes...

Vincent d'Indy, logique avec ses principes, n'avait pas caché ses sentiments en présence de cette révolution. Des amis bien intentionnés ont voulu voir en lui un des premiers défenseurs de Debussy. C'est presque lui faire injure, car cet art était la condamnation de sa doctrine. Aussi, le soir de la création de *Pelléas*, n'hésita-t-il pas à déclarer qu'une telle musique n'était pas viable et, quelques semaines plus tard, dans son article d'*Occident* où il s'efforçait loyalement de rendre hommage à la tentative de Debussy, il trahissait son incompréhension totale de l'ouvrage en écrivant : « Dans cette œuvre, l'émotion ne vient pas de la musique », et, plus loin : « La musique ne joue dans *Pelléas*, la plupart du temps, qu'un rôle secondaire. » Si tel était le langage d'un prétendu défenseur de Debussy, quel pouvait bien être celui de ses adversaires?...

En réalité, un abîme séparait l'évangile d'indyste de l'idéal debussyste, puisque le directeur de la *Schola* se passionnait pour les travaux abstraits de la morphologie, l'ajustage, la fragmentation, la superposition et la trituration des thèmes, l'histologie des cellules génératrices et toutes les subtilités architecturales de l'écriture savante, tandis que l'auteur des *Nocturnes* détestait ces coquetteries de mandarin, proclamait son aversion pour la musique « écrite pour les yeux, pour le papier et non pour les oreilles » et s'efforça, toute sa vie, de prêcher d'exemple pour libérer son art des rhétoriques arbitraires. Il est donc vain de chercher à dissimuler cette très nette incompatibilité d'humeur entre deux prêtres de l'art qui ne servaient pas les mêmes dieux. Et l'on a le droit de faire grief aux prédicateurs de l'Évangile selon Saint-Jacques d'avoir oublié cet axiome prédebussyste de Rameau — un génie dont ils revendiquaient pourtant le parrainage! — : « Sans une certaine sensibilité qui est naturelle pour l'harmonie, on n'est jamais parfait musicien. »

Voilà quelle fut l'attitude intransigeante mais cohérente, logique et rationnelle de Vincent d'Indy éducateur. Tout autre fut celle de d'Indy compositeur. Il suffit d'entendre ses *Souvenirs* ou sa *Symphonie sur un chant montagnard* pour s'apercevoir immédiatement qu'il a su maintenir entre ses théories et ses œuvres une cloison singulièrement étanche. Lorsqu'il se trouve devant du papier à musique il oublie vite le rigorisme dont il fait profession quand il noircit les feuillets d'un traité scolaire. Sa musique échappe à sa propre férule. Elle fut, dès son adolescence, fortement influencée par la révolution wagnérienne. Duparc, qui était décidément un sergent-recruteur de premier ordre pour l'armée bayreuthienne, s'empara de ce nouveau conscrit et l'embrigada sans peine. Dès 1876, d'Indy accomplit le pèlerinage de la colline sainte et, à son retour, comme Chabrier, se mit à la disposition de Charles Lamoureux pour faire répéter les artistes qui préparaient *Lohengrin*. Son orthodoxie wagnérienne était parfaite, car ses compositions attestent la profondeur des « stigmates » que le Dieu de Wahnfried avait imprimés dans le cœur et dans les mains de ce nouveau François d'Assise.

Le wagnérisme de Vincent d'Indy est beaucoup plus accusé que celui de César Franck, ce qui ne l'empêche pas d'être aussi vivement contesté par ses élèves, soucieux de défendre le nationalisme fervent de leur maître. Il est pourtant malaisé de nier l'obsession que révèlent les livrets et les partitions du *Chant de la Cloche*, de *Fervaal*, de *L'Étranger* et de *La Légende de saint Christophe*, aussi bien que l'orchestre de *La Trilogie de Wallenstein* et de *La Forêt enchantée*. Cette hantise, cette façon rituelle de s'exprimer n'a pas empêché cet artiste vivarois de nous faire des confidences très personnelles et, en particulier, de nous décrire les plus français des paysages dans sa *Symphonie Cévenole*, son *Jour d'été à la montagne*, son *Poème des rivages*, son *Diptyque méditerranéen* et son *Poème des montagnes* où l'on trouve une poésie et des visions de la nature très cérébralisées mais néanmoins assez émouvantes.

Les ingénieuses variations inversées d'*Istar*, deux autres *Symphonies*, une *Fantaisie* pour hautbois et orchestre, un *Concert* pour piano, flûte et orchestre, un *Lied* pour violoncelle et orchestre, des pièces de piano, l'album des *Tableaux de voyage*, trois *Sonates*, quatre *Quatuors*, deux *Trios*, un *Quintette*, un *Septuor*, quelques mélodies et de nombreuses harmonisations de chants populaires ont permis à Vincent d'Indy de faire preuve de plus d'indépendance dans son élocution. Toutes ces œuvres prouvent que le sévère professeur de composition savait fort bien se servir à l'occasion de la séduction harmonique contre laquelle il mettait en garde ses élèves. Elles ont une tenue parfaite, une grande noblesse de pensée, un intelligent respect de l'instrument et — seules, hélas! de leur espèce — s'efforcent de répondre aux critiques des étrangers très étonnés de constater que notre folklore musical, qui est le plus riche du monde, n'a joué aucun rôle profond dans les œuvres de nos maîtres. Sans avoir demandé à nos traditions musicales populaires les ressources précieuses que les musiciens russes, hongrois, roumains, norvégiens ou espagnols ont su tirer des leurs, l'auteur de la *Symphonie sur un chant montagnard* a néanmoins essayé de relever le défi et a encouragé ses élèves à l'imiter.

Soit qu'il ait achevé leur initiation commencée par son maître César Franck, soit qu'il ait assuré seul leur formation technique, Vincent d'Indy a groupé autour de lui un certain nombre de compositeurs partageant sa foi dans un idéal élevé et spiritualisé, toujours plus ou moins inspiré du vigoureux lyrisme, des hautains concepts et de l'opulente instrumentation wagnérienne. La plupart sont demeurés fidèles à cette écriture « appuyée » où les pleins sont plus nombreux que les déliés, graphisme contre lequel Debussy allait lutter de toutes ses forces au nom du véritable esprit de notre race.

Cependant, si la rigidité de l'enseignement d'indyste a parfois nivelé l'imagination de ses élèves et si un excès de docilité scolaire a pu standardiser l'art d'un Marcel Labey *(1875-1968)*, d'un Auguste Sérieyx *(1865-1949)*, d'un Pierre Coindreau *(1867-1924)*, d'un Adolphe Piriou *(1878-1964)*, d'un Louis de Serres *(1864-1942)*, d'un Guy de Lioncourt *(1885-1961)*, d'un René de Castéra *(1873-1955)*, d'un Jean Poueigh *(1876-1958)*, spécialiste du folklore, d'un René Doire que la direction d'orchestre et la musicographie arrachèrent à la composition où il avait fait d'heureux débuts, et de tant d'autres, les influences extérieures ont permis à certains « scholistes » d'élargir leur horizon.

L'officier de marine JEAN CRAS *(1879-1932)* qui trouva le moyen de poursuivre sa carrière militaire jusqu'au grade de contre-amiral tout en composant de nombreux ouvrages de musique de chambre, des mélodies, un *Concerto* et des pièces de piano, put dégager, peu à peu, sa personnalité et avait fini par affirmer dans son drame lyrique *Polyphème* un talent sensible et d'une attachante orientation. Le capitaine de cuirassiers GEORGES-MARTIN WITKOWSKY *(1867-1943)* qui fonda, à Lyon, une succursale de la *Schola* de Paris, n'a pas fait preuve d'une très grande personnalité dans sa musique de chambre et ses *Symphonies*, mais, sous la dictée de ses sentiments familiaux et régionalistes, a trouvé des accents touchants pour écrire *Le Poème de la maison* et *Mon Lac*. Et *La Princesse lointaine* d'Edmond Rostand lui a inspiré un drame lyrique dans lequel il s'est affranchi des disciplines d'indystes et a enrichi et assoupli son style de la plus heureuse façon. Le lieutenant de vaisseau ANTOINE MARIOTTE *(1875-1944)* ne rapporta de ses voyages en Orient que ses *Kakémonos*, écrivit un peu de musique de chambre — *Sonate* pour piano, *Sonatines d'automne*, *Trio* pour instruments à vent accompagné par un *Quatuor* d'archets, un recueil de *Canons expressifs*, des *Poèmes de pitié* — mais se tourna vers le théâtre en traitant tour à tour des sujets violemment colorés comme *Esther, princesse d'Israël*, ou *Salomé*, et des thèmes plaisants comme *Gargantua* ou ses deux opérettes *Armande* et *Léontine Sœurs*.

Fils du directeur du *Figaro*, disposant de toutes les facilités pour conquérir sans peine la gloire parisienne, ALBÉRIC MAGNARD *(1865-1914)* fut un artiste solitaire, enfermé dans une farouche réserve. Il avait été l'élève de Massenet et de Théodore Dubois avant de devenir le disciple et le collaborateur de Vincent d'Indy. Il accepta les disciplines contrapuntiques et architecturales de la Schola avec la plus grande loyauté, les enseigna lui-même et les mit en pratique dans sa musique de chambre et ses quatre *Symphonies*. Méprisant le succès, s'éditant lui-même, il pratiquait un style âpre et fort qui convenait à son idéal de noblesse et de grandeur. Toute sa production est auréolée d'une sorte de halo de gravité tragique comme s'il avait eu la mystérieuse prémonition du geste cornélien qui, en 1914, lui fit sacrifier sa vie à son intransigeante conception du patriotisme, le jour où, sur le seuil de sa maison, il voulut barrer symboliquement la route à l'envahisseur en abattant le premier soldat ennemi qui foula son domaine.

C'est le reflet de cette inflexible volonté et de cette fermeté d'âme que l'on retrouve dans son *Chant funèbre*, son *Hymne à la Justice* et ses trois ouvrages lyriques : *Yolande*, *Bérénice* et *Guercœur*. Albéric Magnard avait tous les courages, même celui de son opinion. Au lieu de dissimuler laborieusement comme beaucoup de ses camarades, ses goûts et ses préférences, ce Français au prénom tétralogique, qui n'avait à recevoir de personne des leçons de patriotisme, a donné l'exemple de la franchise à tels de ses pairs en écrivant, narquoisement, dans sa préface de *Bérénice* : « Ma partition est écrite dans le style wagnérien. Dépourvu du génie nécessaire pour créer une nouvelle forme lyrique, j'ai choisi parmi tous les styles existants celui qui convenait le mieux à mes goûts tout classiques et à ma culture toute traditionnelle! » Ce trait situe l'homme et le musicien et achève de lui concilier l'estime et le respect que méritent son œuvre et son caractère.

Organiste et chef d'orchestre, GUSTAVE BRET *(1875-1969)* sacrifia sa carrière de compositeur à sa tâche de directeur de la Société Bach à laquelle il se dévoua avec une ardeur apostolique. Aussi ne nous a-t-il laissé que quelques mélodies et un oratorio : *Les Pèlerins d'Emmaüs*, qui fut créé à Amsterdam avec succès. Bien qu'il ait étudié, puis enseigné le contrepoint à la *Schola*, Paul Le Flem *(1881)* a échappé complètement, dans son esthétique et dans sa technique de compositeur, à l'emprise pédagogique de son maître. Cet artiste breton, extrêmement sensible et pourvu de la plus brillante culture littéraire et philosophique, s'est assimilé très rapidement toutes les finesses d'écriture de Fauré et de Debussy et a écrit dans le style le plus souple et le plus libre une très belle *Symphonie* que nos chefs d'orchestre oublient trop aisément, un triptyque symphonique : *Pour les Morts, Danse et Invocation*, une esquisse symphonique : *La Voix du large*, un *Quintette*, une *Sonate*, des mélodies et deux ouvrages lyrique très adroitement traités, la chantefable *Aucassin et Nicolette* et le fabliau : *Le Rossignol de Saint-Malo*. Toutes ces œuvres révèlent une véritable nature de musicien.

Rien, sinon son attachement à ses maîtres et son ardeur de propagandiste obstiné, ne permet de découvrir dans la carrière de Gustave Samazeuilh *(1877-1967)* une trace de sa formation scholiste. Ce champion officiel des doctrines de Vincent d'Indy écrit la musique la plus ouvertement debussyste que l'on puisse imaginer, ce qui est tout à l'honneur de son goût et de son sens critique mais demeure un peu surprenant chez un défenseur aussi acharné d'une esthétique diamétralement opposée à celle de l'admirable créateur qu'il a choisi pour modèle. Tel est le curieux problème psychologique que des œuvres fluides et élégantes d'un impressionnisme délicat, telles que *La Nef, Naïades au soir, La Nuit, Le sommeil de Canope, Le Cercle des heures* et sa musique de chambre posent sans le résoudre. C'est la passion du folklore qui a permis à un autre élève de la Schola, Joseph Canteloube de Malaret *(1879-1957)* de conserver une technique personnelle. Elle s'affirme non seulement dans ses recueils des chants populaires du Massif Central et du Quercy très heureusement harmonisés et dans des paraphrases pianistiques et orchestrales aussi poétiques et aussi évocatrices d'atmosphères que celles de ses *Chants d'Auvergne*, mais encore dans ses deux drames lyriques : le *Mas* et *Vercingétorix*, profondément imprégnés de sa tendresse pour le terroir français.

De l'École Supérieure de Musique de la rue Saint-Jacques sont sortis également deux artistes qui ont été plus fidèles à l'esprit qu'à la lettre du Code de la route de la Maison. L'un est le Languedocien JOSEPH-MARIE DÉODAT DE SÉVERAC *(1873-1921)*, fils d'un peintre fort attaché à son clocher et qui abandonna ses études de droit pour entrer à la Schola où il travailla le contrepoint avec Magnard et la composition avec d'Indy. Régionaliste convaincu, il regagna promptement sa province natale après avoir sauvegardé jalousement sa personnalité qui s'accommodait mal de l'atmosphère étouffante des petites chapelles de Paris et des règles d'écriture trop sévères. Ses premières compositions trahissent la difficulté qu'il éprouvait à se montrer bon élève. Son écriture est incertaine et maladroite. C'est un musicien qui avait besoin de se créer sa propre technique en écoutant, selon le principe de Debussy, « les conseils du vent qui passe et vous raconte l'histoire du monde ». Séverac, d'ailleurs, comme beaucoup de ses camarades, avait subi profondément l'influence debussyste qui s'infiltrait sournoisement jusqu'au fond de la citadelle scholiste. Cette influence est particulièrement sensible dans son drame lyrique : *Le Cœur du Moulin*, œuvre délicieusement poétique dont l'abandon est coupable. Elle se dilue, peu à peu, dans ses autres ouvrages que les effluves des paysages qu'il aime parfument d'une façon très personnelle. Ce n'est pas à cette musique que Gabriel Fauré aurait songé à adresser le reproche réservé aux descriptions de plein air qui, selon lui, « sentaient le renfermé ». On respire l'oxygène le plus pur dans son *Chant de la Terre*, sa suite *En Languedoc*, sa *Cerdana*, ses *Bai-*

*gneuses au soleil* et ses mélodies dont l'accent est inimitable. Modeste et aimable, Déodat de Séverac était sympathique à tous les artistes de son temps. Sa cordialité et sa bonne humeur rayonnèrent dans ses albums intitulés *En Vacances* ou *Le Soldat de plomb*. Il avait écrit quelques tableaux symphoniques — *Nymphes au crépuscule, Triptyque, Les Grenouilles qui demandent un roi* — qui n'ont pas été publiés et il perdit dans un omnibus le manuscrit d'une suite symphonique intitulée *Didon et Énée*. Des musiques de scène pour *Héliogabale* et pour *Le Mirage*, des recueils de chansons populaires et quelques pièces intrumentales témoignent du talent plein de sève de ce compositeur qui puisa dans son terroir natal tous les éléments de son style si savoureux et si original.

L'autre disciple dont la personnalité s'affirma avec une exceptionnelle autorité fut ALBERT ROUSSEL *(1869-1937)*, qui avait été, comme ses camarades Mariotte et Jean Cras, un brillant officier de marine avant de se consacrer à la composition. Gigout et Vincent d'Indy lui apprirent son nouveau métier. Après avoir étudié le contrepoint à la *Schola*, il l'enseigna pendant douze ans à ses cadets, tout en nous donnant une production personnelle très méthodiquement calculée. Ses premières œuvres sont, naturellement, tout à fait formalistes et ne permettent guère de deviner les curiosités d'oreille ou de plume qui vont bientôt tourmenter ce chercheur. Il écrit d'abord une *Suite* pour piano, *Les Heures passent*, tombée un peu trop rapidement dans l'oubli, puis un *Trio* sagement cyclique et cellulaire dont l'*andante* est déjà singulièrement émouvant. Quatre mélodies sur des poèmes d'Henri de Régnier précèdent de peu ses débuts dans le style orchestral qui s'effectuent avec un *Prélude* pour *Résurrection* très respectueux de l'esthétique de ses professeurs. Une seconde *Suite* pour le piano, les *Rustiques*, marque le début de sa libération. Les émotions qu'il ressent devant l'harmonieuse fantaisie de la nature lui font délaisser les disciplines architecturales trop géométriques. Un *Divertissement* pour instruments à vent et piano lui sert d'étude de timbres et bientôt une véritable *Symphonie*, qui porte le titre de *Poème de la Forêt* et orne de sous-titres ses quatre mouvements traditionnels, élargira encore ses possibilités techniques. Une nouvelle série de *Quatre mélodies* inspirées par Henri de Régnier, les deux estampes chinoises *A un jeune gentilhomme* et *Les Amoureux séparés* ainsi que les agiles *Flammes* lui permettent d'assouplir de plus en plus son élocution. Une *Sonate* pour violon et piano le ramène à un formalisme plus sévère, tandis que la gracieuse musique de scène du *Marchand de sable* le dégage aisément de ces préoccupations. Une troisième *Suite* pour piano — mais, cette fois, privée de nom de baptême — trahit un désir d'émancipation de plus en plus vif, tout en ressuscitant, par sa série de danses précédées d'un *Prélude*, la tradition des « suites » françaises de l'époque Couperin.

Jusqu'ici deux courtes mélodies chinoises nous avaient, seules, rappelé que l'officier de marine Albert Roussel avait connu les prestigieux décors de l'Extrême-Orient. Ses autres ouvrages ne nous faisaient sur ce point aucune confidence. Roussel n'est pas un Loti toujours prêt à « conter son aventure aux curieux de rêve », ce n'est pas un collectionneur de bibelots exotiques, ce n'est pas davantage un peintre impressionniste ou un dessinateur croquant sur le vif des scènes pittoresques et couvrant son carnet de route de notations anecdotiques. Il a, certes, subi l'éblouissement des horizons du Levant, mais il transpose son émotion dans la stylisation d'une architecture classique. La recherche de l'exactitude documentaire dans la couleur locale ne l'intéresse pas. En présence d'un paysage il ne cherche qu'un état d'âme. Il ne consentira que deux fois à nous parler de ses voyages, dans ses *Évocations* d'abord, puis dans son ballet *Padmâvati*. Les trois esquisses symphoniques où sont successivement évoqués *Les Dieux dans l'ombre des Cavernes*, *La Ville rose* et *Les Bords du fleuve sacré* s'imposèrent immédiatement à l'attention de tous les musiciens par l'originalité de leur pensée et de leur forme. Et lorsque, douze ans plus tard, le ballet légendaire et philosophique de Louis Laloy vit le jour, à l'Opéra, la réputation de son collaborateur était solidement établie.

Dans l'intervalle, Roussel nous donna des compositions de styles divers qui, toutes, cherchent à s'évader du vocabulaire courant. Si l'on veut mesurer la profondeur du fossé qui va séparer le disciple de Vincent d'Indy de son maître, il suffira de relire cette appréciation de Blanche Selva — grande prêtresse de la religion scholiste — sur sa *Sonatine* : « Cette œuvre, dit-elle, offre le défaut habituel à son auteur : la dureté continuelle des agrégations harmoniques et leur peu de rapport avec le caractère mélodique du thème... la maladie actuelle de la *note à côté* fait des ravages, dans son harmonie. La beauté de l'ensemble, de ce fait, n'est plus guère perceptible. » Un tel aveu en dit long sur l'amertume que devaient éprouver ses guides en le voyant s'égarer « par des chemins perfides ». Roussel, en effet, s'engagera de plus en plus dans la technique de la « note à côté » dont il aura été le propagandiste, maudit par les uns et béni par les autres. Pour les puristes de la syntaxe basée sur les fonctions tonales des notes, son écriture révèle une maladresse et une impuissance non moins caractéristique à découvrir les « bases » logiques de ses accords. Pour les partisans du polytonalisme cette prétendue gaucherie n'est qu'une merveilleuse prescience des ressources insoupçonnées d'une polyphonie délivrée des boulets qu'on lui avait rivés aux pieds, un progrès qui affranchit l'harmonie des lois de la pesanteur et l'enrichit d'une divine et aérienne indépendance. Nous laissons au phénomène de l'accoutumance et à l'instinct des générations montantes le soin de trancher ce différend qui enfièvre encore aujourd'hui tant de mélomanes de bonne volonté et de bonne foi.

Entre les *Évocations* et *Padmâvati*, se place le délicieux ballet : *Le Festin de l'araignée*, divertissement d'une rare élégance dont, nous dit-on, Roussel rougissait comme Ravel allait le faire pour sa *Pavane* : inutile d'ajouter que la foule aussi bien que l'élite a refusé jusqu'ici de s'associer à ce dédain qui lui semble parfaitement injuste. Quant à *Padmâvati*, sombre féerie et drame poignant, elle met en lumière les dons tragiques du musicien et son aptitude à traduire et à recréer fidèlement dans notre langue musicale d'Occident les étranges envoûtements qui se cachent dans les monodies et les instruments de l'Inde mystérieuse. Dès lors, l'évolution de l'art de Roussel se consolide dans trois nouvelles *Symphonies*, une *Suite en fa*, très remarquée, un poème symphonique *Pour une fête de printemps*, une *Rhapsodie flamande*, deux *Concertos*, un *Psaume*, des chœurs, un *Quatuor*, trois *Trios*, une seconde *Sonate* pour violon et piano, une *Sinfonietta*, un *Concert* pour petit orchestre et trois ouvrages de théâtre : *La Naissance de la Lyre*, *Aeneas* et le ballet *Bacchus et Ariane*.

La place que tient aujourd'hui Albert Roussel dans l'histoire de l'art contemporain est extrêmement curieuse. Il est l'idole des amateurs qui se flattent de marcher avec aisance au flanc des avant-gardes et qui, pourtant, n'ont pas encore compris l'importance de l'entrée de Fauré, de Debussy et de Ravel dans la musique de leur époque. Il n'est cependant pas douteux que ces trois génies novateurs ont été des révolutionnaires de plus grande envergure et des conquérants plus audacieux que l'auteur, infiniment respectable, de *Padmâvati* qui ne nous a pas laissé un héritage aussi considérable et aussi précieux. Et, pourtant, cette éloquence sans séduction, ce vocabulaire dur et dépouillé, ce sérieux intimidant et cette sorte de gaucherie d'élocution presque médiévale qui cachent de si nobles aspirations et qui ne devraient logiquement intéresser qu'une élite, font chaque jour de nouvelles conquêtes. A l'étranger, où l'on n'arrive pas encore à déchiffrer le secret de Gabriel Fauré, on acclame Albert Roussel et, dans certains milieux, on le place au-dessus de Maurice Ravel.

Il y a là une anomalie un peu déconcertante mais, en même temps, un fait indiscutable que l'on a le devoir d'enregistrer. Il est évident que cet idéal plus sévère symbolise un mouvement de réaction d'une partie des auditeurs d'aujourd'hui que découragent les subtilités et les raffinements des virtuoses du chatoiement et de la nuance. D'autre part, les pionniers de la dissonance brutale, de l'atonalisme, du bitonalisme, du polytonalisme, du dodécaphonisme et du contrepoint d'accords ont trouvé dans les recherches de cet artiste probe et sincère, que dévore toujours une secrète angoisse, un encouragement et une caution dont ils ont compris toute l'opportunité. Sans l'avoir consulté ils se réclament de son parrainage dont la dignité est inattaquable. Toutes ces raisons expliquent l'utilisation parfois tendancieuse que l'on fait, çà et là, du répertoire d'Albert Roussel agité comme un drapeau dans les batailles de l'esthétique. L'avenir nous dira si l'on a eu raison ou non d'essayer de transformer rétrospectivement en chef d'école cet artiste indépendant et désintéressé qui aurait sans doute été le premier à décliner ce dangereux honneur.

# 27

# Gabriel Fauré
*1845-1924*

Au moment où, dans le sillage wagnérien, l'école franckiste cherchait à revigorer notre art national et où la technique musicale internationale du XIXᵉ siècle paraissait aboutir, dans toute l'Europe, à la codification pure et simple des conquêtes plus ou moins camouflées du romantisme allemand dans le domaine de la symphonie, du théâtre lyrique et de la musique de chambre, trois compositeurs surgissant, coup sur coup, sur notre sol, découvrirent brusquement trois solutions purement françaises du problème qui embarrassait les artistes du monde entier. En 1845 naissait Gabriel Fauré; dix-sept ans plus tard Claude Debussy voyait le jour et, treize ans après, apparaissait Maurice Ravel. Du Languedoc, de l'Ile-de-France et du Pays basque nous arrivaient successivement trois messages qui allaient bouleverser l'esthétique de l'époque et proposer au monde entier trois aspects nouveaux de notre pensée et de notre langage.

Les trois messagers étaient unis par une secrète parenté spirituelle, car, sans s'être concertés, ils eurent devant leur époque, avec des moyens d'expression très différents, une attitude semblable qui leur fit heurter de front les routines de leurs contemporains. Au début de ce siècle le public français ne concevait pas la gloire musicale sous une autre forme que celle qu'assurent à un compositeur les affiches de la salle Favart et du Palais Garnier. La musique symphonique et la musique de chambre n'avaient aucun prestige aux yeux de la foule : seul, un ouvrage lyrique pouvait consacrer la notoriété d'un créateur.

Cette conception s'était enracinée dans les esprits avec tant de force que l'enseignement officiel lui-même l'avait adoptée et l'imposait méthodiquement. La récompense suprême des hautes études musicales était à l'époque l'institution du Prix de Rome dont le programme est strictement théâtral. La « cantate » réglementaire n'est qu'un échantillon de théâtre chanté sur lequel on juge les aptitudes des fournisseurs futurs de nos deux théâtres subventionnés auxquels cette récompense donne accès. Ce fut une des grandes originalités de Gabriel Fauré, de Claude Debussy et de Maurice Ravel de réagir courageusement contre cet idéal trop exclusif et cette spécialisation dangereuse. Tous trois ont fait du théâtre mais avec une discrétion et une modération très significatives. Rompant avec les habitudes de leurs illustres aînés qui écrivaient régulièrement un ouvrage lyrique par saison, ces trois grands maîtres n'ont abordé la scène que dans des conditions exceptionnelles et n'ont pas cru déchoir en consacrant toute leur activité créatrice à des modes d'expression moins populaires et moins rémunérateurs mais qui ont exercé sur le développement de l'esthétique de leur temps une influence décisive. Fauré était presque septuagénaire lorsqu'il nous donna son unique drame lyrique : *Pénélope*; Debussy n'écrivit qu'un seul ouvrage chanté : *Pelléas*, et Ravel ne fut tenté par les livrets de *L'Enfant et les sortilèges* et de *L'Heure espagnole* que parce que le premier semblait appartenir au domaine fantastique du dessin animé et que le second ne sortait pas de celui des marionnettes. Jusque dans leurs expériences théâtrales ces trois vaillants « éclaireurs » trouvèrent ainsi le moyen de sortir des sentiers battus et de créer du nouveau. Leur triple activité allait transformer profondément la vie musicale française.

Dernier-né des six enfants d'un sous-inspecteur de l'Instruction primaire résidant à Pamiers, Gabriel Fauré descendait de toute une lignée de modestes artisans et commerçants dont aucun ne s'était jamais intéressé à la musique. Le génie délicat, subtil, quintessencié et si foncièrement aristocratique de cet artiste raffiné dont les ancêtres étaient bouchers et forgerons constitue un curieux défi aux lois de l'hérédité. Tout l'art de Gabriel Fauré repose non pas sur l'étude mais sur « le doux accord patricien » dont parle sa *Bonne chanson*. Ce fils et petit-fils de plébéiens a donné à son siècle des leçons de distinction suprême et a su parler, d'instinct, un langage délicieusement choisi qui l'a placé au plus haut rang de l'élite spirituelle de notre pays.

Sa vie fut simple et discrète. Lorsque M. de Saubiac, député de l'Ariège, frappé par les dispositions que manifestait pour la musique le fils d'un de ses électeurs, conseilla aux parents du jeune Gabriel-Urbain de favoriser cette vocation imprévue, l'enfant, nanti d'une bourse, fut envoyé, à neuf ans, en apprentissage à l'École Niedermeyer comme un petit artisan destiné à s'initier aux secrets d'un métier manuel. En le faisant entrer dans cette usine réputée où l'on fabriquait en série des maîtres de chapelle et des organistes, son père n'avait d'autre ambition que celle de lui procurer, dans une profession honorable, un travail décemment rémunérateur. Niedermeyer s'intéressa vivement à un élève aussi bien doué et, pendant sept ans, cultiva ce champ fertile avec l'application et la discipline austères qui caractérisaient les méthodes pédagogiques de la maison. L'enfant s'y plia sans effort.

Condisciple d'André Messager et de Gigout qui devinrent vite ses meilleurs amis, il entra bientôt dans la classe de Dietsch et dans celle d'un jeune maître déjà célèbre qui s'appelait Camille Saint-Saëns. Le nouveau professeur prit immédiatement en affection l'étonnant garçon qui lui présentait, à quinze ans, comme devoirs d'élève, deux mélodies

aussi élégamment écrites que *Le Papillon et la fleur*
et *Mai* et allait composer, avant de quitter l'École,
une page chorale aussi pure et accomplie que *Le Cantique de Racine*. Ces études sérieuses et fécondes
furent couronnées par l'obtention des premiers prix
d'orgue, de piano, d'harmonie et de composition qui
lui permirent d'être nommé organiste de l'église
Saint-Sauveur, à Rennes. Quatre ans plus tard, il
revint à Paris où lui fut confié l'orgue d'accompagnement de Notre-Dame de Clignancourt.

La guerre de 70 éclate. Le jeune organiste s'engage
dans un régiment de voltigeurs et, après l'armistice,
s'installe à la tribune de Saint-Honoré d'Eylau, puis à
celles de Saint-Sulpice et de la Madeleine en qualité
de maître de chapelle. Il est enfin nommé titulaire du
grand orgue de cette paroisse mondaine où les gourmets de la musique viennent, le dimanche, savourer
ses improvisations à la fois savantes et exquises. Ce
régal hebdomadaire était, d'ailleurs, peu apprécié par
son curé qui ne lui pardonnait pas son refus inébranlable d'utiliser, le jour de la Pentecôte, le jeu du
« tonnerre », invention saugrenue destinée à symboli-
ser la descente bruyante et spectaculaire des langues
de feu de l'Esprit-Saint. Nous reconnaissons ici l'un
des traits significatifs de la psychologie de Gabriel
Fauré : une souplesse nonchalante de sceptique aimable masquant une secrète obstination de montagnard
ariégeois dont on ne pouvait briser la souriante résistance. C'est ainsi que cet incroyant, dépourvu de tout
sectarisme et de toute intolérance, traversa, avec la
plus affable sérénité, une grande école religieuse et
fréquenta, professionnellement, les milieux ecclésiastiques les plus variés, sans rien perdre de son indépendance d'esprit.

Toute sa carrière se déroula dans ce style libre et
aisé, sans heurts violents, sans gestes brusques, avec
une sorte de docilité souriante à la « fidélité des événements » dont parle le vieil Arkel. Ce provincial
sans ambition ni snobisme vit rapidement s'ouvrir
devant lui les salons les plus parisiens; cet élève de
l'enseignement musical privé fut invité par les pou-

voirs publics à rehausser l'éclat de notre Conservatoire National où il fut tour à tour inspecteur général et professeur de composition avant d'y occuper le cabinet directorial. L'Institut lui offrit le fauteuil de Reyer, *Le Figaro* lui confia sa rubrique de critique musicale. Cet indépendant, ce frondeur silencieux, ce musicien dont l'orthodoxie n'était pas garantie par le gouvernement puisqu'il n'avait jamais brigué une récompense officielle ni concouru pour le Prix de Rome, ce professeur qui prenait le parti de ses élèves contre l'avis des membres des jurys académiques, ce poète des sons qui « à toute chose préférait le travail et au travail la rêverie », vit venir à lui les consécrations les plus flatteuses sans les avoir sollicitées, ce qui indignait les spécialistes patentés de la chasse aux honneurs. Il mourut à soixante-dix ans, glorieux mais pauvre, après avoir été séparé du monde à la fin de sa carrière par la même infirmité que Beethoven.

Fauré possédait le rare privilège d'être l'homme de son œuvre. Il était séduisant comme elle. Un visage dessiné en lignes douces et hardies à la fois, un beau front dégagé, une noble chevelure aux ondes harmonieuses, une moustache paternelle donnant au sourire de la tendresse et de la bonté, un teint ambré de Sarrasin, une voix voilée et des yeux de gazelle le rendaient irrésistible. De même qu'il avait la pudeur de son génie, il ne semblait pas se rendre compte de son charme qui troublait si profondément ses admiratrices et rendait toutes les petites élèves du Conservatoire amoureuses de cet aimable patriarche aux cheveux d'argent, sensible à la grâce et à la beauté dans sa vie comme dans sa musique. Nous ne possédons pas encore le recul nécessaire pour faire entrer dans l'histoire tous les détails de sa vie sentimentale; notons seulement qu'il crut trouver le bonheur en se fiançant à Marianne Viardot, l'une des filles de la grande cantatrice, et qu'il éprouva un très grand chagrin le jour où ce projet d'union fut rompu. Ici, encore, nous observons la douce ténacité de ce faux indolent qui, en fréquentant la famille de sa fiancée où l'on ne prenait forcément au sérieux que les compositeurs de théâtre, aima mieux compromettre ses chances de prétendant que de trahir l'idéal qui l'entraînait vers la musique d'intimité et l'éloignait du grand lyrisme scénique et orchestral.

Quelques années plus tard il épousa la fille du sculpteur Frémiet qui était un grand ami de Saint-Saëns et se passionnait pour la carrière du délicat musicien dont il allait devenir le beau-père. De cette union naquirent deux fils, Emmanuel et Philippe Fauré-Frémiet qui, l'un et l'autre, ont honoré, dans des carrières différentes, les deux noms glorieux de leur père et de leur aïeul maternel.

Parmi les nombreux titres de gloire de Gabriel Fauré il faut souligner la haute conscience et la largeur de vues dont il fit preuve dans sa carrière d'éducateur. Alors que la plupart des professeurs de composition sont tout naturellement portés à entraîner leurs disciples sur les routes qu'ils ont défrichées à la sueur de leur front et à les faire bénéficier des conquêtes qu'ils sont fiers d'avoir réalisées, Fauré, ennemi des esthétiques dogmatiques et des évangiles infaillibles, se préoccupait uniquement de favoriser le développement des qualités personnelles qu'il rencontrait chez ses élèves. C'est ainsi qu'au lieu de modeler des musiciens interchangeables, comme le faisaient sous ses yeux certains pédagogues trop autoritaires, il forma des artistes aussi différents que Maurice Ravel, Charles Kœchlin, Georges Enesco, Florent Schmitt, Paul Ladmirault, Henri Février, Nadia Boulanger, Louis Aubert, Roger Ducasse, Trémisot, André Caplet, Gabriel Grovlez, Eugène Cools, Raoul Laparra, Morpain, Le Boucher, Mazellier et Mme Herscher. Dans sa classe, comme à la direction du Conservatoire, il fit preuve de ce goût, de ce tact et de cette lucidité d'esprit qui brillent dans son œuvre. Il introduisit, insensiblement, dans notre grande École de musique des réformes qui en relevèrent aussitôt le niveau artistique.

Incapable de sacrifier ses convictions profondes à des considérations de diplomatie, d'opportunité ou d'intérêt personnel, il donna de très beaux exemples de courage intellectuel en entrant ouvertement en lutte contre les milieux officiels que sa situation lui faisait pourtant un devoir de ménager. C'est ainsi qu'il dénonça publiquement le parti pris et l'injustice des membres de l'Institut qui avaient écarté systématiquement du Concours de Rome son élève Maurice Ravel dont il prit énergiquement la défense devant l'opinion. Et, quand il eut constaté que la Société Nationale, dont il faisait partie, et dont les élèves de Vincent d'Indy avaient fini par prendre la direction, pratiquait une politique d'obstruction à l'égard des jeunes compositeurs qui commençaient à s'enthousiasmer pour les conquêtes libératrices aussi bien debussystes que fauréennes, il n'hésita pas à accepter la présidence de la société rivale que ses meilleurs élèves venaient de fonder pour lutter contre cet esprit de chapelle.

Ce geste eut un grand retentissement et scandalisa Camille Saint-Saëns qui reprocha vivement à son ancien élève de favoriser les « jeunes anarchistes » qu'étaient pour lui les membres de ce nouveau groupement. Malgré la déférente affection que Gabriel Fauré gardait à son maître, il lui répondit, avec une respectueuse fermeté, que ces jeunes anarchistes possédaient toute sa confiance et son estime et qu'il considérait comme un devoir d'aider des artistes de talent à combattre pour l'indépendance de leur art menacée par une coalition qui s'efforçait d'étouffer leur voix. C'est donc grâce à lui que la S.M.I. put rompre le barrage que l'esprit conservateur de la *Schola Cantorum* opposait aux tendances nouvelles et révéler les œuvres les plus caractéristiques des meilleurs musiciens français et étrangers de la jeune école d'alors.

Sa loyauté artistique était exemplaire. Alors que les compositeurs de sa génération s'indignaient des transformations trop brutales et trop rapides du langage musical et considéraient comme un barbarisme tout néologisme harmonique, Fauré gardait son sang-froid et refusait de condamner des audaces dont il regrettait seulement de ne pas pouvoir apprécier immédiatement les conséquences heureuses. Et ce n'est pas parce qu'il réprouvait formellement la prosodie trop familière et les élisions de café-concert des *Histoires naturelles* de Ravel, qu'il aurait été tenté de diminuer le crédit qu'il avait toujours accordé au génie de son brillant élève.

Il est vrai que sa propre musique contenait en germe toutes les conquêtes les plus hardies de l'écriture moderne. Ce mélodiste charmeur, qui ne rougissait pas de voir rattacher à celui de Gounod son art de dessiner une arabesque vocale d'une exquise élégance, possédait un sens harmonique d'une richesse et d'une originalité inimitables. Instinctivement fidèle à un idéal de haute discrétion, il savait donner à ses plus téméraires anticipations un caractère aisé et facile qui n'en laissait pas soupçonner l'importance. Il maniait avec une dextérité incroyable les savoureuses altérations, les équivoques tonales, les modulations inattendues, les enchaînements d'accords d'une souplesse inouïe, les effets enharmoniques ouvrant soudain des portes secrètes sur des horizons insoupçonnés et découvrait des conclusions de phrases dont l'ingéniosité et le charme n'ont jamais été égalés.

L'auteur de *Soir* a révélé aux musiciens de son temps — vingt ans avant Debussy et Ravel qui allaient lui donner magnifiquement raison — que le développement et l'enrichissement du langage musical ne pouvaient résulter que des progrès de l'harmonie. Le contrepoint est un procédé d'écriture qui a atteint avec Bach son point de perfection. Toutes ses utilisations ultérieures ont démontré qu'il ne saurait dépasser ce « plafond ». L'harmonie, au contraire, n'a

cessé d'aller d'annexions en annexions et chacune de
ses trouvailles a survolté l'imagination de toute la
génération qui en était témoin. La virtuosité d'un
Bach appliquant avec une maîtrise exceptionnelle des
règles pratiquement immuables n'était pas transmissible et ne pouvait être exploitée par ses héritiers : la
création d'un rouage inattendu dans le mécanisme
harmonique est, au contraire, un bienfait qui enrichit
tout le monde et que tout le monde s'empresse d'utiliser, car il n'y a pas d'exemple qu'une ressource harmonique nouvelle ne se soit pas incorporée immédiatement au vocabulaire courant que les musiciens
trouvent toujours trop pauvre pour traduire leurs
rêves. Un accord inconnu est un bourgeon qui éclot
sur la tige de la musique éternelle. Cette tige était
rugueuse et sèche à l'origine comme le bâton de pèlerin de Tannhäuser et nous l'avons vu, de siècle en siècle, se couvrir comme lui de feuillages et de fleurs.
De Pérotin le Grand à Debussy, que de printanières
conquêtes!

Dans ce domaine, Fauré fut un étonnant précurseur. Il sut assouplir à l'infini ses courbes mélodiques en soumettant son phrasé à des disciplines harmoniques dont nul ne s'était avisé avant lui. A la
palette classique et romantique il ajouta des couleurs
d'une délicatesse et d'une finesse inconnues. Il put
s'emparer ainsi de toute une gamme de sensations
rares, d'émotions subtiles, de caresses, de résonances, de frissons, d'échos, de mystérieuses correspon-
dances pour transposer fidèlement dans le plan
musical des poèmes environnés d'un halo d'impondérables. Qu'aurait-il pu tirer d'un vers de Verlaine s'il
avait été obligé de se contenter du vocabulaire, de la
grammaire et de la syntaxe géométriques de Beethoven et de Mozart?

Et son mérite le plus rare fut de réaliser ce miracle
avec le seul secours de l'écriture du piano. Pour capter des frémissements, des irisations et des reflets,
Debussy et Ravel eurent recours aux mille ressources
d'une orchestration chatoyante et diaprée : Fauré, à
l'instar de Chopin, n'utilisa que ses dix doigts pour

emprisonner un fabuleux trésor de musique pure qui trouble notre inconscient jusque dans ses profondeurs. Il ne « pensait » pas pour orchestre. Il se contenta d'instrumenter avec simplicité ou de faire mettre en partition par un de ses disciples ou amis les œuvres qui exigeaient une intervention orchestrale comme sa *Ballade*, sa *Fantaisie*, sa *Dolly*, ses musiques de scène de *Shylock*, de *Caligula* ou de *Pelléas et Mélisande*, *La Naissance de Vénus*, le *Requiem*, la *Pavane*, *Masques et Bergamasques*, *Prométhée* ou *Pénélope*. Et ces « transcriptions » n'ajoutent jamais un élément important à ses textes.

Ravel, à qui l'on demandait, un jour, de se charger de cette tâche pour une partition de son Maître, répondit avec beaucoup de sagesse que « rien de ce qu'a écrit Fauré n'est orchestrable ». Cette appréciation n'était pas, dans son esprit, une critique mais un hommage à la plénitude de l'écriture fauréenne qui réalise au clavier une synthèse si parfaite de sa pensée qu'aucune adjonction de timbres étrangers ne saurait en accroître la force persuasive. La délicieuse *Ballade* qu'il écrivit en 1881, alors que Debussy était encore sur les bancs de l'école, ne se signale-t-elle pas par un « pré-debussysme » parfaitement affirmé et réalisé avec des moyens d'une simplicité extrême? Et ne retrouve-t-on pas la religion de la musique pure dans son refus de donner à ses œuvres de piano des titres pittoresques ou évocateurs? Il se contente d'appeler *Barcarolles*, *Impromptus*, *Valses-caprices*, *Romances sans paroles*, *Ballade*, *Thèmes et Variations*, *Préludes* ou *Nocturnes* des pages où se condense toute sa sensibilité méditative.

S'il fait appel à la voix humaine pour préciser son rêve, c'est encore le piano qui enveloppera voluptueusement la ligne mélodique et qui, souvent, traduira plus directement qu'elle la pensée profonde du poème. Ce n'est pas la cantatrice, c'est le pianiste qui, en exécutant le menuet-fantôme du *Clair de Lune* et le doux crépitement de *Mandoline* ou en faisant fondre les unes dans les autres les grisantes harmonies de *Soir*, va le plus loin dans l'interprétation du texte.

Car nul n'a su, comme Fauré, déplier un arpège souple et sinueux et le lancer comme un filet de pêcheur sur le frétillement d'harmonies miroitantes.

L'œuvre de piano de Fauré se compose de treize *Barcarolles*, treize *Nocturnes*, six *Impromptus*, trois *Romances sans paroles*, neuf *Préludes*, quatre *Valses-Caprices*, les *Pièces brèves*, une *Mazurka*, *Thème et Variations*, le recueil de *Dolly* et la *Fantaisie* et la *Ballade* qui comportent un « accompagnement » d'orchestre. Trop rarement exécutées, ces pages admirables contiennent des trésors insoupçonnés. Cette écriture révèle sans cesse la volupté de tenir la musique bien serrée entre ses deux mains et de confier à chacun de ses doigts la missions d'en nouer et d'en dénouer délicatement les fils. La suavité y coudoie la force, le charme y voisine avec la grandeur, et les trouvailles d'écriture les plus audacieuses et les plus fécondes ne cessent de faire entrer d'avance les recherches debussystes et ravéliennes dans des cadres volontairement empruntés aux plus classiques suggestions de Schumann, de Mendelssohn et de Chopin. Comparez le *5ᵉ Impromptu* de Fauré à *l'Étude* pour les huit doigts de Debussy et vous constaterez qu'avant le virtuose de la gamme par tons, l'auteur du *Secret* pratiquait cette technique avec la plus tranquille aisance. Bien que le succès plus affirmé de ses mélodies ait un peu rejeté dans l'ombre ces délicats chefs-d'œuvre, c'est peut-être la production pianistique de Gabriel Fauré qui assurera dans les siècles futurs la pérennité de sa gloire. Elle a, en effet, toutes les vertus qui rendent une musique immortelle.

Le catalogue des œuvres vocales de Fauré ne comprend pas moins d'une centaine de mélodies, réparties entre son extrême jeunesse et la dernière période de son existence. Il avait écrit à quinze ans *Le Papillon et la Fleur* et il en avait soixante-dix-sept lorsqu'il composa *L'Horizon chimérique*. Traitant des poèmes isolés de Théophile Gautier, Victor Hugo, Samain,

Leconte de Lisle, Armand Silvestre, Sully-Prudhomme, Catulle Mendès, Jean Richepin, Verlaine, Baudelaire ou des cycles comme les *Mélodies de Venise, La Bonne Chanson, La Chanson d'Ève, Le Jardin clos, Mirages* et *L'Horizon chimérique*, il parcourut une gamme très étendue de sensations subtiles et de sentiments délicats avec un bonheur d'expression toujours égal.

A mi-chemin de la romance et du *lied*, la mélodie de Fauré constitue un genre très personnel qui concilie les grâces de la mélodicité la plus enchanteresse et les voluptés profondes d'une sensualité harmonique sans égale. La variété des accents ainsi obtenus est infinie. La féerie nocturne, les rêves mélancoliques, les fêtes galantes et les parcs verlainiens furent ses thèmes d'inspiration préférés, mais lorsqu'on rapproche son *Clair de Lune* de sa *Diane Séléné* on s'aperçoit que la nature n'était pas pour lui une simple toile de fond offrant un décor pittoresque aux passions humaines et qu'elle savait lui inspirer des méditations dont la sérénité possède la plus émouvante noblesse. Et les évolutions de son style trouvent ici leur justification et leur emploi. Une mélodie de Fauré épuise tout le contenu de rêve et d'infini du texte qui l'inspire. Comme le « Parfum impérissable » qu'elle a immortalisé, cette musique embaume à jamais la strophe qui la tient enfermée et qui s'est imprégnée de « son arôme divin ». Et les amoureux de Verlaine savent que les rimes des *Mélodies de Venise* ne pourront plus se libérer de ce doux esclavage et que les vers de *La Bonne Chanson* ne sauront plus chanter une autre mélodie que celle que leur apprit le Maître du charme.

Les exigences de sa profession amenèrent l'éminent organiste de la Madeleine à composer de la musique religieuse. Il le fit avec un tact, une discrétion, une dignité intellectuelle dont on trouve peu d'exemples dans le répertoire sacré lorsqu'il n'est pas alimenté par de « pieux laïques » comme J.-S. Bach ou César Franck. Aussi éloigné des fades spécialistes de la religiosité mondaine que des jansénistes du contrepoint paroissial, Gabriel Fauré sut trouver un langage d'église d'une spiritualité élevée, d'une calme noblesse, d'un confiant abandon, qui, sans avoir besoin de la foi, nous donne de l'espérance et de la charité une expression parfaitement théologale. Son *Salve Regina,* son *Tantum ergo,* son *Ave Maria,* son *O salutaris,* son *Tu es Petrus,* son *Ave Verum,* son *Ecce fidelis,* son *Maria mater gratiæ* sont, à cet égard, tout à fait caractéristiques.

Mais les chefs-d'œuvre du genre sont ses deux Messes : sa *Messe basse,* pour voix de femmes et orgue, dont la tendresse, l'élégance et la pureté ont un charme si touchant, et son incomparable *Messe de Requiem* qui est unique dans l'histoire de l'art religieux. Ici, Fauré a su regarder la Mort en face en prenant le recul nécessaire pour assigner à notre dernier soupir la modeste place qu'il doit occuper dans l'impitoyable harmonie de la nature. Un souffle s'éteint, une âme s'envole de sa prison de chair, des forces obscures se dissolvent et se dispersent et la vie continue. La musique du *Requiem* de Fauré harmonise avec son habituelle aisance cette inévitable modulation de l'être. Pas de cris, pas d'effroi vulgaire, pas de vociférations romantiques devant la porte du néant. Aucune basse terreur n'altère la raison et la dignité de l'artiste qui entre avec sérénité dans l'au-delà. Cette grande « berceuse de la Mort » est la mélodie la plus noble qu'un mortel sans orgueil ait jamais chantée devant son tombeau.

Rien ne semblait prédisposer Gabriel Fauré à jouer un rôle dans l'histoire du théâtre musical. Son art d'intimité, son goût de la concision et de la discrétion, son indifférence à l'égard des survoltages mélodiques ou orchestraux qu'exige le lyrisme de la scène semblaient devoir lui interdire, par principe, un mode d'expression si peu « accordé » à son tempérament. Et pourtant, dans ce domaine, comme dans tous les autres, cet étonnant créateur a trouvé le moyen d'affirmer sa maîtrise. On est surpris de constater que le théâtre ne fut pas pour lui un simple prolongement de son idéal musical familier : les sujets qu'il y traita sont d'une puissance, d'une noblesse et d'une grandeur qui nous émerveillent. Avec *Prométhée* aussi bien qu'avec *Pénélope*, Fauré s'est attaqué à des thèmes de large envergure et les a traduits avec la plus parfaite aisance.

Bien qu'il n'ait abordé le drame lyrique proprement dit qu'une seule fois, et à la fin de sa carrière, il s'était préparé à cette expérience par un certain nombre de partitions de scène qui prouvent la souplesse et la variété de ses dons. Les interludes, les chœurs de femmes et les airs de ballet de son *Caligula* évoquent avec la sensualité d'un paganisme raffiné l'atmosphère de la décadence de la Rome impériale; son *Shylock* transpose dans son double plan de fantaisie et de poésie l'éternelle équivoque shakespearienne; il a su dégager de la brume psychologique de *Pelléas et Mélisande* l'émotion, la tendresse et la pitié diffuses dont sont enveloppés ces personnages qui errent à mi-chemin de la réalité et du rêve; et *Le Voile du bonheur* lui permit de faire flotter autour d'un conte chinois les timbres légers et évocateurs qui recréaient avec une discrétion rare, autour d'un texte philosophique, l'atmosphère de la sagesse extrême-orientale.

Avec *Prométhée*, Fauré nous a donné un puissant ouvrage de plein air et s'est trouvé paradoxalement à l'aise dans un drame titanesque et eschylien qui faisait monter jusqu'au ciel les clameurs sublimes d'un surhomme foudroyé par les dieux. Deux musiques d'harmonie et un véritable orchestre de harpes emplirent, ce jour-là, la coupe des arènes de Béziers d'accents pathétiques et grandioses, mais ce noble spectacle n'a jamais retrouvé, depuis sa création, le cadre qui lui était indispensable pour demeurer à l'échelle du poème et de la partition.

Enfin l'émouvant chef-d'œuvre qu'est *Pénélope* a couronné magnifiquement l'évolution du langage fauréen qui, non seulement fut toujours secrètement fidèle à un idéal de pureté hellénique, mais s'orientait progressivement, avec l'âge, vers une sérénité supérieure. Dans la traduction de cet épisode de *L'Odyssée*, résumé par René Fauchois avec une simplicité et une familiarité volontaires, le musicien a parlé un langage lyrique extrêmement clair et émouvant parce qu'il est strictement humain et qu'il fait triompher un hellénisme débarrassé du fardeau scolaire d'une archéologie encombrante et incertaine. Une orchestration un peu grise, une mise en scène difficile et la raréfaction des interprètes capables d'incarner les grands héros d'Homère ont retardé jusqu'ici l'acclimatation définitive dans nos théâtres de musique de cette admirable tragédie musicale, mais l'avenir réparera certainement cette injustice.

C'est en nous donnant deux chefs-d'œuvre de musique de chambre que Gabriel Fauré commença et termina sa glorieuse carrière. A trente ans il nous offrait sa délicieuse *sonate* en la, pour piano et violon, et, quelques jours avant sa mort, il terminait son *quatuor* à cordes. Deux *sonates* pour violon et piano, deux *sonates* pour violoncelle et piano, deux *quintettes* et deux *quatuors* pour piano et cordes, un *trio* et le *quatuor* à cordes qui fut son testament artistique constituent une collection de pièces rares qui ont pris rang, dès leur naissance, dans le répertoire classique. Dans sa musique de chambre, comme dans ses pièces de piano, on admire une teneur exceptionnellement élevée de musique pure, une souplesse et une élégance d'écriture incomparables, un charme sans coquetterie, une séduction sans bassesse et une noblesse sans morgue qui n'appartiennent qu'à lui. Ajoutons qu'il a su réaliser entre les archets et le clavier des alliances miraculeuses qui ont toujours étonné les techniciens, car entre les instruments à cordes et le piano règne une légendaire incompatibilité d'humeur.

Incarnation parfaite de la mesure, du tact et du raffinement du goût français, l'art de Gabriel Fauré est tellement racé qu'il réussit difficilement à s'évader de sa terre natale. Les grands artistes de l'étranger se l'assimilent avec peine et sont déconcertés par son aristocratique discrétion. Il demeure donc, pour l'instant, l'enchantement d'une élite qui n'hésite pas à saluer dans l'auteur de tant de pages parfaites l'un des plus grands magiciens de ce temps et de tous les temps.

# 28

# Claude Debussy
## *1862-1918*

Il est curieux de constater que les trois champions
les plus brillants du raffinement et de la quintes-
sence dans l'histoire de la musique moderne ont été
engendrés non par des familles appartenant à l'élite
intellectuelle du pays, mais par des « Français
moyens » traditionnellement réfractaires à toute
émotion artistique. Fauré était de souche artisanale
et villageoise, Ravel avait pour grand-père un boulanger savoyard et Claude Debussy vit le jour dans le
foyer sans grâce d'un boutiquier de la rue au Pain, à
Saint-Germain-en-Laye. Ce n'est donc pas l'ambiance
de ce petit commerce de faïencerie ou celle du
modeste logis de la rue Pigalle — où il devait bientôt
émigrer lorsque son père abandonna son humble
négoce pour entrer comme comptable dans une administration privée — qui ont pu exercer sur l'imagination du jeune Claude-Achille une influence bien exaltante. Rien ne favorisa extérieurement l'éclosion de
son génie qu'il portait enfermé au fond de lui-même
comme un féerique trésor et qu'il fut toujours préoccupé de protéger jalousement contre les ignorants ou
les importuns à qui il opposait un visage hostile et
fermé.

Son enfance ne fut pas choyée. Sa mère, qui s'était
chargée de son éducation, châtiait durement ses
étourderies, son indiscipline, ses distractions et son
indolence de rêveur. Un séjour à Cannes chez un
oncle et une tante qui aimaient la musique lui permit

de déplier un peu les pétales toujours clos de son âme de sensitive. Une sœur de son père, Mme Roustan, lui fit donner des leçons de piano et lui ouvrit ainsi le paradis artificiel où il allait désormais vivre dans un enchantement halluciné. Cette initiation fut complétée par une amie de la famille, Mme Mauté de Fleurville, qui avait travaillé jadis avec Chopin et qui, émerveillée des dispositions exceptionnelles du petit Achille, adjura son père de renoncer aux ambitions navales qu'il nourrissait pour son fils et parvint à faire entrer l'enfant au Conservatoire, dans la classe de Lavignac. Il avait alors onze ans.

Il travailla patiemment avec Émile Durand, Marmontel et Guiraud, conquit avec une sage lenteur quelques accessits et quelques prix de piano, d'harmonie, de fugue et de contrepoint, et triompha, en deux étapes, au concours de Rome. Sa cantate, élégamment massenétique, *L'Enfant prodigue*, fit de lui un pensionnaire résigné de la Villa Médicis.

Au cours de ces années scolaires il avait eu la bonne fortune, à dix-huit ans, d'être engagé comme pianiste familier par la baronne de Meck, l'Égérie de Tchaïkovsky, musicienne passionnée, qui conduisit son jeune compagnon à Moscou, à Venise et à Florence, lui révéla le génie musical de la Russie et l'art des tziganes et ouvrit à sa sensibilité des perspectives d'une enivrante nouveauté.

Ce rapide voyage de vacances eut sur la formation technique de Debussy une action beaucoup plus décisive que son long séjour au Conservatoire de Paris. La révélation des œuvres de Borodine, de Balakirev, de Rimsky-Korsakov et de Tchaïkovsky, la liberté modale des improvisations tziganes et, plus tard, l'illumination du style divinateur de Moussorgsky, l'affranchirent pour toujours des préjugés étroitement académiques de notre écriture officielle. Cet éblouissement de la lumière orientale persista chez cet artiste casanier qui, pendant l'Exposition de 1889 et celle de 1900, recueillait avec ferveur dans les pavillons exotiques les messages des pays lointains qu'il n'avait pas le courage d'aller visiter mais qui exerçaient sur lui une fascination dont un grand nombre de ses œuvres nous ont conservé le témoignàge.

Son séjour à la « caserne » romaine ne lui apporta pas de grandes satisfactions. Insociable et capricieux, il n'appelait pas l'amitié de ses camarades. Sa réputation d'« insoumis » éveillait la méfiance de son entourage, ce qui ne faisait qu'accroître sa propension au pessimisme et à la misanthropie. Un égoïsme d'une grandiose ingénuité favorisait en outre le développement de sa sauvagerie instinctive et de son isolationnisme organisé.

De plus, il regrettait l'intimité charmante de la famille Vasnier qui, à Paris et à Ville-d'Avray, l'avait accueilli avec tant d'affectueuse délicatesse et avait joué un rôle bienfaisant dans sa vie d'artiste. Mme Vasnier avait mis sa voix ravissante au service des premières mélodics du jeune révolutionnaire. M. Vasnier, architecte de valeur, était pour son protégé un Mentor d'excellent conseil, et leur fille Marguerite était sa fidèle compagne de jeux. Avec l'étrange fantaisie qui le caractérisait, Debussy n'allait pas tarder, d'ailleurs, à oublier totalement l'existence de ces délicieux amis.

Dès son retour dans la capitale il se heurta à l'incompréhension des « gardiens de la flamme » : les membres de l'Institut, appelés à examiner ses « envois de Rome » réglementaires — *Printemps* et *La Damoiselle élue* — acceptent le second mais refusent le premier, déclaré inexécutable. Debussy, froissé, retire purement et simplement ses deux partitions. A partir de cet instant, il se consacrera à son art en toute indépendance.

La fréquentation de Pierre Louÿs, de Mallarmé, de P.-J. Toulet et de leurs familiers lui permettra de compléter sa formation littéraire, limitée jusqu'alors à la candide étude du Dictionnaire. Toujours sereinement égocentrique, il organisa sa vie sentimentale avec une désinvolture qui lui a permis, par deux fois, d'offrir une documentation saisissante à

Henry Bataille pour la composition de sa *Femme nue*. L'humble et discrète Gaby avait adouci ses épreuves de débutant par son dévouement d'esclave amoureuse; la jolie Lily Texier vint, temporairement, fleurir la période fiévreuse de la gestation, de la naissance et de l'épanouissement de *Pelléas*, mais ce fut Emma Moyse, femme divorcée du banquier Sigismond Bardac et mère d'un de ses condisciples, qui devint la compagne de ses années glorieuses et de sa triste fin, après lui avoir donné une fille qui devait le suivre de près dans la tombe.

La carrière de Debussy ne fut ni facile ni héroïque. Il joua des parties dangereuses mais les gagna. Ses œuvres, mal accueillies par la critique et suspectes au grand public, étaient soutenues par le zèle pieux de quelques fidèles miraculeusement touchés par la grâce. Leur ferveur eut raison de tous les obstacles. Au milieu des déboires auxquels l'exposait la nouveauté de son style, il eut toujours la chance d'être aidé par les circonstances et de triompher du mauvais sort. Lorsqu'il donna *Pelléas et Mélisande* à l'Opéra-Comique, il fut bafoué par les musiciens d'orchestre et par le personnel de la maison, ridiculisé par le programme que l'on vendait à la porte du théâtre et désavoué par son propre collaborateur, le poète Maeterlinck, qui, le jour de la première, dans une lettre ouverte publiée par *Le Figaro*, souhaita haineusement à son œuvre « une chute prompte et retentissante ». Mais il avait découvert un allié puissant dans la personne d'André Messager qui le défendit avec un courage, une foi et un talent incomparables; il possédait des interprètes de haute classe qui s'appelaient Mary Garden, Jean Périer, Hector Dufranne et Félix Vieuille; et, dans la salle, aux galeries supérieures, cinquante jeunes gens — les cinquante « gilets-rouges » de cette nouvelle bataille d'*Hernani* — étaient là, comme des coqs de combat, prêts à assaillir les Béotiens qui seraient tentés de manquer de respect au chef-d'œuvre.

Leur dévouement ne fut pas inutile. La création de *Pelléas* ne donna pas lieu au tumulte scandaleux dont on a accrédité la légende, mais l'incompréhension et l'ironie de la majorité du public auraient rendu l'exploitation de l'ouvrage impossible si ce bataillon sacré n'était pas venu, à chaque représentation, pendant de longs mois, assurer la police de la salle et y entretenir un climat d'enthousiasme communicatif jusqu'au moment où la pièce put, sans danger, poursuivre seule sa carrière.

Trop méfiant et trop peu sociable pour entrer en contact avec cette généreuse phalange — où Ravel allait, par contre, recruter ses meilleurs amis — Debussy ne connut jamais ces étudiants, ces peintres, ces poètes, ces employés, ces artisans, ces élèves du Conservatoire qui se battaient pour lui avec tant de flamme. Par contre, il fut bientôt cerné par la troupe effrontée des « ralliés » qui, après avoir dénigré son chef-d'œuvre, se glissèrent audacieusement dans les rangs des admirateurs d'un ouvrage dont la beauté s'imposait chaque jour avec plus de force et d'éclat. Les témoins de ces palinodies savent ce qu'il faut penser de ces brevets de debussysme antidatés, décernés frauduleusement à tels grands critiques et à tels illustres compositeurs qui n'avaient assurément pas le droit de figurer sur la liste des « ouvriers de la première heure ».

Debussy n'eut pas à livrer seul d'autres assauts à l'opinion. La troupe anonyme des debussystes était toujours là pour le défendre et l'imposer. Ces engagés volontaires allaient dans les concerts symphoniques acclamer son *Prélude à l'après-midi d'un faune*, ses *Nocturnes*, *Ibéria* ou *La Mer*. Ils fêtaient les Ricardo Vinès, les Jane Bathori, les Blanche Marot, les Ninon Vallin qui révélaient ses pièces de piano et ses mélodies. Ils favorisèrent la création de la « Société Musicale Indépendante », la combative S.M.I., fondée par les élèves de Gabriel Fauré pour lutter contre l'esprit trop étroitement « scholiste » de la Société Nationale devenue le fief des élèves de Vincent d'Indy.

Ce zèle finit par agacer le principal intéressé qui, dit-on, s'écria, un jour : « Les debussystes me tuent! » Vraie ou fausse, cette boutade, qui fut exploitée avec empressement par tous ceux qui considéraient comme un schisme ou comme une perversion d'oreille cette nouvelle religion, était singulièrement injuste. Les debussystes s'appelaient André Caplet, Henri Busser, Louis Aubert, D.E. Inghelbrecht, Louis Laloy..., etc., et, si l'on ne voit pas très bien comment ces excellents artistes auraient pu tuer Debussy, on se rend parfaitement compte, au contraire, que leur ardent prosélytisme a permis à sa musique de vivre, à une époque où tant de gens ne songeaient qu'à l'assassiner.

Les batailles rangées furent, d'ailleurs, peu nombreuses dans la vie artistique de Debussy. Son isolement volontaire, son champ d'action limité aux estrades de concert où il n'apparaissait jamais comme interprète ou chef d'orchestre de ses œuvres, et le petit nombre de ses productions ne favorisaient guère les échauffourées spectaculaires. Seul, le théâtre — avec *Pelléas* et *Le Martyre de saint Sébastien* — lui fit connaître les émotions un peu tumultueuses que peuvent réserver à un artiste en rupture de tour d'ivoire ses rencontres avec le lion populaire. D'ailleurs, à partir de l'instant où ce rêveur nonchalant fut placé, grâce à son second mariage, à l'abri de tout souci matériel, il ne manifesta plus la même ardeur au travail qu'à l'époque de sa vie de bohème. Il fallut lui arracher assez péniblement les « commandes » qu'il avait acceptées : *Jeux*, *Khamma*, la *Rhapsodie* pour saxophone, *Le Martyre*... De plus, le cancer qui allait l'emporter après de longues années de souffrances, commençait à désagréger son organisme. La fin de sa production trahit cet envahissement du mal qui paralyse son imagination. En dépit de quelques trouvailles fulgurantes, les six *Épigraphes antiques*, les trois tableaux d'*En blanc et noir* et les trois *Sonates* font trop souvent penser aux étincelles fugitives d'un foyer qui s'éteint.

L'importance des révélations que Claude Debussy apportait aux musiciens de son temps est considérable. Ce créateur, qui n'avait pourtant rien d'un doctrinaire, nous a prêché, par la seule vertu de l'exemple, un évangile esthétique infiniment plus riche et plus instructif que les catéchismes dogmatiques des pédagogues patentés et des théoriciens férus d'infaillibles systèmes qui raillaient, à l'époque, les prétendues hérésies de ce prophète inspiré.

Tout d'abord, ce révolutionnaire s'appuie solidement sur les traditions les plus pures de la musique française et sur le respect du métier le plus inattaquable. Ce n'est pas seulement la seconde de ses *Images* pour piano qui est un « Hommage à Rameau », c'est son œuvre entière. On connaît le nationalisme presque chauvin de ce wagnérien qu'avait, à ses débuts, envoûté le philtre de Brangaene et qui, honteux d'avoir été victime de cet enchantement, brûla si rageusement ce qu'il avait adoré en proférant des blasphèmes qui dénoncent le caractère extra-musical de son abjuration. Le futur « Claude de France », l'amoureux de sa terre et de sa race qui fait suivre son nom de ce titre de noblesse : « musicien français », a la préoccupation constante de sauvegarder notre patrimoine national et de le préserver de toute influence étrangère.

Il s'agit, bien entendu, d'un « gallicanisme » qui s'attache moins au choix de ses sujets qu'au style dans lequel il les traite. Il serait facile, en effet, de noter malicieusement que rien n'est moins « français » que la brume belge du livret de *Pelléas*, le préraphaélisme de *La Damoiselle élue*, l'érotisme païen et mystique du *Martyre de saint Sébastien*, l'hellénisme des *Chansons de Bilitis* et des *Danseuses de Delphes*, l'anglicisme du *Children's Corner*, de l'*Hommage à Samuel Pickwick*, du *Général Lavine eccentric*, des *Minstrels*, de la *Danse de Puck*, l'hispanisme d'*Iberia*, de la *Puerta del Vino* et de la *Soirée dans Grenade*, l'italianisme des *Collines d'Anacapri* et l'extrême-orientalisme des *Pagodes*. Et pourtant, ce

goût des « motifs » étrangers n'empêche pas leur traducteur de faire preuve, dans leur transposition, des
qualités les plus spécifiquement françaises et de
défendre les vertus ethniques de notre style.

A ce culte de la tradition nationale Debussy joignait celui du « métier » parfait. Il estimait avec raison que la pratique approfondie d'une règle est indispensable à qui se propose de la transgresser
intelligemment. Toute audace d'écriture engendrée
par l'ignorance cesse d'être une audace. Pour goûter
ce qu'il y a de piquant et d'ingénieux dans la « résolution » inattendue qu'un novateur impose à telle ou
telle note d'un accord, il est nécessaire de connaître
la route normale qu'elles auraient dû suivre pour respecter la règle habituelle du jeu. La saveur délicieuse
d'une appoggiature non résolue disparaît si vous
ignorez la fonction harmonique que cette note avait à
remplir et dont elle s'affranchit sournoisement en
refusant de regagner docilement son port d'attache.
Toutes les conquêtes de Debussy reposent donc sur la
base inébranlable d'une solide technique. Rien dans
ses rouéries d'écriture n'échappe à l'analyse logique
que peut en faire un honnête élève d'harmonie. Mais
il se plaît à envelopper toutes ces substructures scolaires de voiles légers qui en masqueront les contours
trop familiers. C'est ainsi qu'il est arrivé à rendre
invisibles les robustes lignes de force de ses œuvres,
tout en respectant les lois les plus nobles de l'architecture.

Un spécialiste aussi averti que Vincent d'Indy s'y
trompa. Lorsqu'il entendit *Pelléas* pour la première
fois, le directeur de la *Schola Cantorum* déclara, en
effet, au compositeur Jean Huré : « Cette musique ne
vivra pas parce qu'elle n'a pas de *forme*! » Habitué
aux gabarits réglementaires de l'école et ne retrou-
vant pas les poutres apparentes de la construction
classique il n'avait pas senti que Debussy, sachant
fort bien qu'un arbre arrive à composer son harmonie sans s'astreindre à la symétrie, créait lui-même sa
« forme » avec infiniment de science et d'art, en
découvrant pour chacune de ses partitions un équili-

bre infaillible qui échappait aux servitudes de la géométrie académique. Le travail architectonique de *La Mer*, des *Nocturnes* ou des *Images* est tout aussi respectable et beaucoup plus étudié que celui d'une symphonie classique, et le nonchalant *Prélude à l'après-midi d'un faune* est irréprochablement « construit ».

Cet allégement méthodique de la charpente de sa phrase lui était utile pour réaliser une autre de ses ambitions. Debussy était avant tout un esprit harmonique. Les jeux académiques du contrepoint ne l'attiraient pas. Il les avait, d'ailleurs, pratiqués avec soin pour avoir le droit de les répudier honnêtement : « Je ne sors de la fugue, a-t-il écrit, que parce que je la connais. » Il avait horreur du développement scolastique obtenu par des procédés presque industriels, de cette technique d'amplification qui acclimate dans le discours musical les pires disciplines rhétoriciennes.

Il s'en est expliqué très franchement et très courageusement dans les déclarations suivantes qui résument son esthétique : « Je crois, a-t-il écrit, que la musique a reposé jusqu'ici sur un principe faux. On cherche trop à *écrire*. On fait de la musique pour le papier, alors qu'elle est faite pour l'oreille. On cherche ses idées en soi, alors qu'on devrait les chercher autour de soi. On combine, on construit, on imagine des thèmes qui veulent exprimer des idées, on les développe, on les modifie à la rencontre d'autres thèmes qui représentent d'autres idées. On fait de la métaphysique, on ne fait pas de la musique. On n'écoute pas autour de soi les mille bruits de la nature, on ne guette pas assez cette musique si variée qu'elle nous offre avec tant d'abondance. Elle nous enveloppe et nous avons vécu au milieu d'elle jusqu'à présent sans nous en apercevoir. » Et il concluait par cette formule célèbre qui mérite d'être méditée : « Voir se lever le soleil est plus utile pour un compositeur que d'entendre la *Symphonie pastorale* de Beethoven. »

Le respect des forces et des rythmes de la nature, la docilité aux conseils de la forêt, de la source, de la brise, de la fleur ou de l'oiseau, le besoin de se fondre, comme le Faune mallarméen, dans la voluptueuse palpitation du cœur innombrable de l'univers, voilà de quoi est fait le frémissant panthéisme de l'auteur des *Nocturnes*. Il écoute avidement « ce qu'a dit le Vent d'Ouest », recueille les « dialogues du Vent et de la Mer », observe les « jeux de vagues », décrit les nuages, les brouillards, les feuilles mortes, les « audiences du clair de lune », les reflets dans l'eau, l'échelonnement des haies, les bruyères et les jardins sous la pluie. Sa première œuvre est une mélodie intitulée *Nuit d'étoiles* et il écrivit ses dernières pièces de piano « Pour invoquer Pan » et « Pour remercier la pluie au matin ». Il a mis ainsi en pratique l'orgueilleux précepte qu'il a laissé à ses disciples : « N'écoutez les conseils de personne, sinon du vent qui passe et vous raconte l'histoire du monde. »

Cette préoccupation constante l'a conduit à se créer un style pianistique et orchestral d'une souplesse et d'une ingéniosité extraordinaires. Peu soucieux de peindre d'après nature et de copier le « motif », il ne cherche à capter que le reflet, le parfum, le rayonnement et le fluide qui s'échappent des choses. Il ne s'empare pas des objets, il les effleure, et cette caresse légère suffit à nous en révéler les contours. Son écriture de piano, pleine de résonances mystérieuses et d'accords riches et indépendants — qui, même en dehors de leurs alliances dans le contexte, arrivent à se créer individuellement tout un univers sonore en s'enveloppant d'un halo de sons harmoniques, comme si chacun d'eux avait l'âme d'une cloche — est d'une fluidité et d'une mobilité extrêmes. Elle se plie à toutes les recherches de la sonorité et du timbre et développe en profondeur les plus brillantes conquêtes de Chopin. C'est Debussy qui, en écoutant sourdre sous ses doigts les ondes harmoniques des cordes en vibration, s'avisa de cueillir et de nouer comme des bouquets de résonances parfaitement indépendantes et libres de toute servitude grammaticale des accords dissonants dont certaines notes avaient été soumises jusqu'alors au régime de la « résidence surveillée » grâce aux formalités de la « préparation » et de la « résolution » qui les soumettaient à un contrôle sévère de leur activité et à une orientation inflexible de leurs itinéraires.

Son orchestre n'est pas moins assoupli et chatoyant. La division fréquente des pupitres du quatuor, l'emploi subtil des sourdines, l'utilisation nouvelle des instruments à vent dont toutes les couleurs sont dosées avec une étonnante adresse mettent à sa disposition une palette aussi nuancée que celle des grands peintres impressionnistes.

Cette évolution caractéristique de l'équilibre instrumental était intimement liée à sa conception particulière de la déclamation lyrique. L'orchestre dense et vigoureux de Wagner convenait aux rudes accents et aux larges intervalles mélodiques des textes qu'il enveloppait. Debussy, qui tenait à défendre les droits de notre art national, instaura, dans ses mélodies et dans *Pelléas*, des façons nouvelles de prosodier et de « musicaliser » une phrase française. Il serra de près la corde de faible amplitude que dessine notre langue parlée. Son chant s'enferma dans les limites d'une arabesque discrète qui dérouta ses premiers auditeurs accoutumés aux profils mouvementés du vocabulaire lyrique italien ou allemand trop docilement utilisé par nos compatriotes. Il parvint ainsi à se créer un pathétique libéré de toute grandiloquence romantique, de toute boursouflure et de tout survoltage théâtral.

Son œuvre entière respecte ces disciplines, qu'il s'agisse de ses *Fêtes galantes*, de ses *Ariettes oubliées*, de ses *Chansons de France*, de ses *Chansons de Charles d'Orléans*, de ses *Chansons de Bilitis*, des *Poèmes de Baudelaire*, du *Promenoir des deux amants* aussi bien que de *La Damoiselle élue*, du *Martyre de saint Sébastien* ou de *Pelléas*. Le même idéal sonore donne une miraculeuse immatérialité à son unique *Quatuor*, à ses ouvrages symphoniques comme le *Prélude à l'après-midi d'un faune*, les trois

*Nocturnes*, *La Mer*, *Khamma*, *Jeux* et les trois *Images* pour orchestre. Et l'on retrouve le même esprit dans son magnifique catalogue de piano qui comprend les élégantes et aimables *Arabesques*, la *Suite Bergamasque*, la *Marche écossaise*, *Prélude*, *Sarabande et Toccata*, les *Estampes*, les *Images*, *Children's Corner*, *L'Isle joyeuse*, le *Cahier d'esquisses*, *La Boîte à joujoux*, les deux recueils de *Préludes*, *Six épigraphes antiques*, *Douze études* et *En blanc et noir*.

Debussy n'a pas écrit une seule page de musique religieuse mais son spiritualisme secret s'est avoué, au début et à la fin de sa carrière, dans deux ouvrages dont le style et la couleur diffèrent nettement de ceux qui caractérisent ses autres compositions : *La Damoiselle élue* et *Le Martyre de saint Sébastien*. Le premier est d'essence purement littéraire et picturale, mais, sur un poème médiéval d'une virtuosité verbale prodigieuse écrit en français du xvᵉ siècle par Gabriele d'Annunzio, Debussy a réalisé une musique de sortilège et d'envoûtement aussi subtilement magique et ensorcelée que son texte. Une troublante synthèse de mythes et de symboles païens et chrétiens, une sensuelle équivoque établie entre Jésus et Adonis, une extase mystique frôlant l'hérésie et de pures effusions de tendresse évangélique comme le chant de la *Vox cœlestis* ou l'épisode du Bon Pasteur y composent une atmosphère étrange qui nous révèle une face inconnue de son génie.

Ses œuvres, malgré leur nationalisme intransigeant, n'ont eu aucune peine à franchir nos frontières et à s'imposer à l'étranger. Il est surprenant de voir un créateur aussi spécifiquement et aussi subtilement attaché à son terroir natal devenir avec une pareille aisance et une telle rapidité un grand classique international. Ce paradoxe est à rapprocher de celui qui a permis à Chopin — autre patriote fervent — de conquérir le monde. Debussy aura eu le privilège de faire connaître et admirer dans l'univers entier les facettes les plus rares et les plus fines de la sensibilité et de l'intelligence françaises et de transformer les plus précieuses de nos vertus ethniques en articles d'exportation. Son génie aura donc dépassé le cadre de la musique pour accroître efficacement notre prestige national.

# 29

# Maurice Ravel
### 1875-1937

La troisième personne de la brillante Trinité qui rayonne sur la musique moderne française est le petit Basque Maurice Ravel, dont la silhouette brève, le profil aigu, les lèvres minces, le sourire usé et le regard inquiet et fureteur passent, en surimpression, sur tous les écrans où apparaissent les vedettes de notre XX$^e$ siècle. Son grand-père était un boulanger savoyard naturalisé suisse et son père, un ingénieur qui épousa, au cours d'un déplacement professionnel en Espagne, une jeune fille originaire des Basses-Pyrénées. Bien que Maurice Ravel ait été transplanté définitivement à Paris trois mois après avoir vu le jour sur un des quais du petit port de Ciboure, l'empreinte puissante du Pays basque a marqué ce pelotari déraciné dont l'invisible *chistera* captait et plaçait les balles blanches et noires des notes avec une prestesse et une habileté étourdissantes.

Henri Ghys a eu l'honneur de lui donner ses premières leçons de piano et Charles René celui de corriger ses premiers devoirs d'harmonie. Anthiome, de Bériot, Émile Pessard, André Gédalge et Gabriel Fauré parachevèrent au Conservatoire sa formation technique dont la solidité et l'orthodoxie furent exemplaires. Il espérait pouvoir logiquement couronner ces études classiques par le Grand Prix de Rome, mais, après avoir obtenu, en 1901, un second Grand Prix, il se vit refuser, quatre ans plus tard, le droit d'affronter de nouveau l'épreuve. Les jurés académiques avaient considéré comme une ironique insolence le style prudemment conventionnel qu'affectait de pratiquer à leur intention le jeune hérésiarque qui avait déjà émerveillé les connaisseurs en écrivant les *Jeux d'eau*, *Shéhérazade* et un *Quatuor* à cordes où s'affirmait hardiment un redoutable anticonformisme. Cette brimade scandaleuse de l'Institut souleva l'indignation générale. Gabriel Fauré prit publiquement le parti de son élève, et, en quelques jours, la victime de cette mesquine vengeance avait conquis une célébrité beaucoup plus enviable que la consécration scolaire dont on l'avait frustré : il était devenu l'espoir de toute une génération.

Dès lors, le jeune pionnier put se consacrer librement à sa mission d'explorateur, prospectant avec méthode des zones inconnues du mystérieux pays des sons. Sa vie, étrangement préservée de tout orage passionnel, sera désormais remplie par un labeur lent et minutieux d'ajusteur de précision, engrenant, la loupe à l'œil, les minuscules roues dentées de ses chefs-d'œuvre dont la perfection mécanique ne sent jamais l'effort. Car, en traitant dédaigneusement Ravel d'« horloger suisse », Stravinsky n'a fait que rendre, malgré lui, un magnifique hommage à la maîtrise artisanale qui assure tant de solidité, d'équilibre et d'aisance à son style éblouissant.

La pièce de piano et la mélodie seront pour lui des moyens d'expression qui, pendant quatorze ans, contenteront ses aspirations les plus ambitieuses. Ce sera l'époque du *Menuet antique*, des *Sites auriculaires*, de la *Pavane pour une infante défunte*, des *Jeux d'eau*, de la *Sonatine* et des *Miroirs*, en même temps que celle de *Sainte*, des deux *Épigrammes* de Clément Marot, de *Shéhérazade*, du *Noël des Jouets*, des *Cinq mélodies populaires grecques* et des *Histoires naturelles*, sans compter, bien entendu, le génial *Quatuor en fa*. A partir de 1907, Ravel commence à « penser orchestralement » et l'on assiste à la féerique floraison de la *Rapsodie espagnole*, de *L'Heure espagnole*, de *Daphnis et Chloé*, de *La Valse*, de *L'Enfant et les Sortilèges*, du *Boléro* et des deux *Con-*

*certos* de piano auxquels viennent s'ajouter les magnifiques orchestrations de *Ma Mère l'Oye*, des *Valses nobles et sentimentales*, du *Tombeau de Couperin* et des *Tableaux d'une exposition* de Moussorgski. Cela n'empêche pas l'auteur de l'admirable *Quatuor en fa* d'enrichir, en même temps, son catalogue de musique de chambre d'un *Trio* et de deux *Sonates*, d'ajouter à son répertoire de piano les romantiques enchantements de *Gaspard de la Nuit*, là version originale de *Ma Mère l'Oye*, des *Valses nobles* et du *Tombeau de Couperin*, et de confier aux chanteurs deux *Mélodies hébraïques*, sept *Chants populaires*, trois *Chansons madécasses*, les *Rêves* de Léon-Paul Fargue, trois *Poèmes* de Mallarmé, trois *Chansons* pour chœur *a cappella* et les trois *Chansons* de Paul Morand qui n'avaient pu trouver place dans le film de *Don Quichotte*.

Cette production, méthodiquement préparée et réalisée par un créateur qui ne laissait rien au hasard, jalonna une existence de flâneur laborieux qui ne rechercha pas les succès de foule, méprisa l'argent, voyagea peu, ne dirigea qu'accidentellement ses œuvres d'une baguette timide et ne connut de véritables plaisirs que dans la fréquentation assidue de quelques salons « select » et l'intimité « bohémienne » d'un petit groupe de camarades choisis. Sa mentalité était, à cet égard, tout à fait déconcertante. Elle offrait un mélange surprenant de naïf snobisme, de puéril dandysme vestimentaire et de conformisme mondain dont s'accommodaient inexplicablement son esprit frondeur, sa philosophie sceptique, son idéologie politique et sociale d'avant-garde et son goût de la gaieté tumultueuse et des libres propos d'une pittoresque tribu d'artistes — les fameux « Apaches » — qui lui constituèrent, dès sa sortie du Conservatoire, une garde du corps active et dévouée.
Cette dernière particularité le distingue de Fauré et de Debussy qui ne connurent jamais la réconfortante ambiance que peuvent apporter à un jeune créateur

les ambassadeurs bénévoles — peintres, poètes, compositeurs, critiques ou interprètes — de sa propre génération. Les révoltantes injustices dont Ravel fut victime de la part des musiciens officiels lui avaient suscité ces ardents défenseurs qui l'escortèrent fidèlement jusqu'à sa mort et qui, par leur clairvoyance et leur vigilance, lui rendirent de précieux services. Le siège social de ce cénacle était fixé chez son élève et ami Maurice Delage qui possédait, dans un jardin de la rue de Civry, un pavillon où l'on pouvait se livrer toute la nuit à des orgies de musique. C'est là que Ravel s'initia à toute la musique russe, à tout le mouvement littéraire et pictural de l'époque et s'imprégna d'un idéal d'art raffiné qu'il aurait eu beaucoup de peine à s'assimiler s'il n'avait joué le rôle de « reine des abeilles » dans cette ruche où l'on distillait pour lui toute la fleur de la civilisation et de la culture esthétique de son temps. Cette réplique musicale du légendaire grenier d'Auteuil fut pour lui un « banc d'essai » où l'intelligence pyrotechnique d'un Léon-Paul Fargue, les subtilités d'un Édouard Benedictus et la virtuosité d'un Ricardo Vinès ou d'un Marcel Chadeigne jouèrent dans sa carrière de chercheur un rôle extrêmement bienfaisant.

Car Maurice Ravel, qui avait une pudeur de ses sentiments au moins égale à celle de Debussy, et qui n'était pas plus expansif que lui, ne possédait pas son insociabilité farouche. Il goûtait fort le plaisir de la conversation et se préoccupait de rechercher des interlocuteurs, même s'il n'avait pas la moindre intention de les honorer de ses confidences. « Il poussait jusqu'au génie, avec une virtuosité rusée, a écrit le plus clairvoyant de ses disciples, l'art de perdre son temps et de le faire perdre aux autres. » Ce qui prouve à quel point il éprouvait le besoin d'une présence humaine à proximité de ses rêveries.

On sait qu'il garda toujours une candeur enfantine qui attendrissait ses familiers mais qui demeurait pour les témoins plus lointains de ses puérils artifices une énigme un peu décevante. Tout d'abord, l'aspect ascétique de son visage aux traits sévères contrastait trop violemment avec cet excès d'ingénuité. On s'irritait de ne pouvoir comprendre comment ce petit cerveau d'écolier espiègle, trop vite satisfait de médiocres gamineries, pouvait enfanter des chefs-d'œuvre aussi profondément étudiés et portant la marque d'une maîtrise si réfléchie. Car l'art de Ravel, plus que tout autre, révèle l'intervention incessante de l'intelligence la plus lucide et de la plus ferme volonté. L'auteur des *Jeux d'eau* prenait grand soin de souligner lui-même son adhésion à la définition de Buffon, qui ne voit dans le génie qu'une longue patience, en affirmant que n'importe quel élève du Conservatoire aurait pu réaliser la gageure du *Boléro* aussi parfaitement que lui et que, pour composer des ouvrages de la même valeur que les siens, il suffisait de « travailler » aussi sérieusement qu'il l'avait fait. Nous avons le droit de faire toutes réserves sur la sincérité et l'efficacité d'un tel axiome pédagogique, mais il est bien certain que la coquetterie intellectuelle constante de cet artiste si prodigieusement doué a été de dénigrer systématiquement le « don » au profit du labeur.

Tout en faisant la part du paradoxe dans cette attitude, on doit reconnaître que Ravel a tout fait pour la justifier dans la plupart de ses œuvres. Sans être un cérébral — car il y a chez lui une sensualité harmonique et une sensibilité mélodique extraordinairement développées — il obéit volontiers, dans le choix de ses sujets, à des curiosités techniques et à un goût secret de l'exploit sportif et de la gageure. Il lui est toujours agréable d'exécuter un tour de force, ambition que ne connurent ni Debussy ni Fauré. S'il fait choix de l'ironique ménagerie présentée par Jules Renard, c'est pour démontrer que l'on peut mettre en musique la prose la plus dépouillée, la plus sèche et les sujets les moins lyriques en utilisant une prosodie respectant les élisions désinvoltes de la conversation familière. C'est une préoccupation analogue qui lui fera aborder le théâtre avec les bouts-rimés pince-sans-rire de *L'Heure espagnole* de Franc-Nohain. Il lui plaira de chercher, dans une *Introduction* et un *Allegro*, les effets de timbres que l'on peut obtenir en enveloppant une harpe d'une draperie sonore tissée par une clarinette, une flûte et un quatuor à cordes. Les trois tableaux pianistiques de *Gaspard de la Nuit* sont nés du désir avoué de battre, dans le record de la virtuosité transcendante, le record de difficulté de l'*Islamey* de Balakirev. Les *Valses nobles et sentimentales*, *La Valse*, les *Trois Chansons* et *Le Tombeau de Couperin* sont de savantes et subtiles transpositions qui pastichent non pas une écriture mais un climat spirituel. *Tzigane* est nettement inspiré d'un esprit de match et de championnat. Le *Boléro* semble être le résultat d'un amusant pari engagé à la suite d'une controverse sur l'instrumentation. La *Sonate* pour piano et violon se propose de souligner l'incompatibilité sonore de deux instruments ennemis sadiquement jumelés. Le *Concerto* pour la main gauche vient compléter la série des performances spectaculaires qui ont permis sans cesse à ce virtuose de la plume de savourer, égoïstement, la volupté de la difficulté vaincue. Et, lorsque l'âge et le déroulement logique de sa carrière développèrent chez lui cette tendance au dépouillement et à la simplification d'écriture que l'on observe chez la plupart des maîtres parvenus à l'automne de leur vie, il dépensa beaucoup d'ingéniosité pour donner l'apparence d'un calcul personnel à cette inévitable dessiccation de la sève qui n'est qu'une loi biologique dont les commentateurs optimistes s'efforcent en vain de nous masquer l'inflexible rigueur. Son *Duo* pour violon et violoncelle, savamment déduit d'un laborieux parti pris, illustre aussi mélancoliquement cette observation que les *Sonates* de Debussy lorsqu'on rapproche le premier des *Miroirs* et les secondes du *Prélude à l'après-midi d'un faune.*

Il faut également noter le curieux attrait qu'exerçait sur Ravel la recherche des effets rares et du rendement exceptionnel dans les instruments dont il se servait. Il criblait de questions les clarinettistes, les hautboïstes, les cornistes, les bassonistes pour essayer de leur arracher quelque secret professionnel afin de forcer les barrières que les traités d'orchestration ont traditionnellement élevées entre les « bons » et les « mauvais » registres de chaque outil musical. Il se risquait alors avec une savante audace dans les chasses gardées et les « sens interdits » et se réjouissait des piquantes découvertes qui récompensaient ses dangereux exploits de braconnier.

A ces satisfactions éminemment désintéressées qui orientent la plus grande partie de l'œuvre de Ravel il convient d'ajouter l'élément psychologique de son goût du divertissement puéril. Dès le début de sa carrière, l'artiste qui tint à composer le poème aussi bien que la musique de son *Noël des jouets* nous livrait un trait essentiel de son caractère. Le joujou, l'artifice, le bibelot enfantin l'enchantèrent dans son œuvre comme dans sa vie. De même que son petit salon de Montfort-l'Amaury était rempli de minuscules objets saugrenus, de « petites horreurs » dont il goûtait l'effronterie dans l'imposture, sa musique nous a conservé sous vitrine l'orchestre-miniature qui poétise le bain de Laideronnette, « les violes faites d'une coquille d'amande et les théorbes sculptés dans une coquille de noix », les pendules à musique, les automates et les coucous de la boutique de l'horloger de Tolède et a recueilli attentivement les confidences des tasses chinoises, des théières, des chats, des grenouilles, des oiseaux et des insectes de *L'Enfant et les sortilèges*.

Les observateurs superficiels ont souvent commis l'erreur de voir dans Ravel le plus brillant élève de Debussy. A l'époque 1900 où certaines hardiesses de l'écriture harmonique et orchestrale, communes aux deux compositeurs, frappaient, seules, l'imagination des premier auditeurs de la *Habanera* et de la *Soirée dans Grenade*, cette confusion était excusable, mais chaque année qui s'écoule fait apparaître plus clairement l'absurdité de ce malentendu. Tout d'abord, on peut observer que les debussystes fervents ne sont pas toujours « accordés » à la musique de Ravel et que les ravéliens de stricte obédience font assez bon marché de l'esthétique de Debussy. Les particularités que nous venons de signaler touchant l'intellectualisme plus caractérisé de l'auteur du *Boléro* suffiraient à prouver la profondeur du fossé qui le sépare du musicien des *Nocturnes*. Mais on relève dans les conceptions de chacun de ces deux maîtres des dissemblances frappantes, qu'il s'agisse de leur métier architectural, de l'accent de leur lyrisme ou de leur technique orchestrale.

Ravel, en face d'un sentiment ou d'un paysage, a plus de retenue morale et une vision plus aiguë des choses que son aîné. Il s'efface volontairement derrière son sujet et redoute les voluptueux abandons auxquels ne résiste pas toujours l'auteur du *Prélude à l'après-midi d'un faune*. Il suffit de juxtaposer le « lever du jour » de *Daphnis* et la sortie des souterrains de *Pelléas* pour constater qu'avec deux palettes à peu près semblables ces deux peintres ont traduit deux impressions visuelles et deux atmosphères lumineuses presque identiques d'une façon très différente. D'autre part, Debussy avait horreur de l'exhibitionnisme romantique : Ravel a trouvé le moyen de le dépasser dans cette voie et de lui donner des leçons de pudeur.

Gardons-nous cependant de l'accuser d'insensibilité. Les sortilèges dont usait cet enfant de génie lui servaient à étouffer le bruit indiscret des battements de son cœur et, pourtant, en dépit de toutes ses précautions, nous en percevons parfois l'écho assourdi. Constatation significative, ce ne sont pas les passions humaines qui, dans une minute d'exaltation, ont trompé sa surveillance et l'ont fait entrer dans la voie des aveux : seule, la nature — qui fut, à la fin de sa vie douloureuse, sa maternelle consolatrice — aura eu le pouvoir de lui arracher furtivement des confidences. Il aimait parcourir, seul, les bois qui lui offraient, à proximité de Montfort-l'Amaury, des promenades enchanteresses. « Le rencontrer dans la forêt de Rambouillet, a écrit Germaine Beaumont, c'était rencontrer un chevreuil. » De même que ces cathédrales de feuillages exaltaient son panthéisme instinctif, c'est en s'égarant dans le « Jardin féerique » de *Ma mère l'Oye* ou en arrivant à la conclusion du conte bleu de Colette qui donne une âme pathétique au règne végétal, que l'ironique rêveur, mis en confiance par l'amitié des arbres et des fleurs, s'est abandonné sans rougir à une minute d'émotion.

On sait quelle fut la terrible agonie morale de Maurice Ravel progressivement emmuré en lui-même par une mystérieuse lésion cérébrale qui laissait son intelligence intacte tout en le privant de la possibilité d'en faire usage dans ses rapports avec ses semblables. Pendant les quatre dernières années de sa vie il connut le supplice atroce d'un prisonnier condamné à être enterré vif et qui, étroitement ligoté et bâillonné, voit s'élever, pierre par pierre, la muraille qui va le retrancher du monde extérieur et le vouer à une lente asphyxie. Une intervention chirurgicale désespérée, tentée par scrupule de conscience, eut pour seul résultat d'abréger son martyre.

Ainsi disparut le magicien basque dont l'extraordinaire maîtrise a exercé et exerce encore sur les musiciens du monde entier une influence considérable. Ses *Jeux d'eau*, sa *Sonatine*, ses *Miroirs*, son *Gaspard de la nuit*, son *Tombeau de Couperin* et ses deux *Concertos* nous ont révélé une technique nouvelle du piano; ses pièces d'orchestre ont été des leçons saisissantes d'instrumentation; son écriture harmonique a jeté les bases solides d'un vocabulaire souple et fort dont toutes les audaces se justifient. Partout, il a fait œuvre de conquérant. Ses trouvailles ont modifié le climat de l'art méditerranéen et, bien qu'elles soient spécifiquement françaises, n'ont eu aucune peine à s'évader de nos frontières pour s'imposer plus rapidement encore que celles de Debussy dans les deux continents.

Ce ne sont peut-être pas les qualités les plus rares

de Maurice Ravel qui ont été les éléments essentiels de cette triomphale diffusion. Le *Boléro* fut assurément un agent de publicité plus actif que la *Sonatine* et ce sont souvent les vertus mineures de ce raffiné qui ont internationalisé son prestige. La foule lui a été reconnaissante d'abriter sa haute science — dont les arcanes lui demeurent inaccessibles — derrière des façades rassurantes et bienveillantes. On lui a su gré de sa tendresse affichée pour le brillant décor sonore de l'Espagne et des hommages répétés qu'il a rendus à toutes les formes de la danse, qu'il s'agisse d'une *Pavane*, d'un *Menuet*, d'une *Malaguena*, d'une *Habanera*, d'une *Forlane*, d'un *Rigaudon*, d'un *Boléro*, d'un *Fox-trot* ou d'une *Valse*. Sans pouvoir analyser leur plaisir, les auditeurs les plus ignorants ont été sensibles à l'infaillibilité de sa technique architecturale qui s'impose irrésistiblement à l'oreille, alors que celle de Debussy se dissimule avec tant de soin. Enfin, la netteté et le relief de son arabesque mélodique ont constitué de précieux attraits pour les amateurs ingénus qui ne se doutent pas qu'une phrase large et contemplative, comme celle de l'adagio de son *Concerto* en sol majeur, n'est pas le résultat d'une effusion spontanée mais le fruit d'un lent et patient tâtonnement de mosaïste taillant et polissant les arêtes et les facettes de chacune de ses mesures pour préparer la juxtaposition parfaite de leurs surfaces de contact.

Sensible à l'ironie des choses et aux sournoises mystifications du destin, Ravel doit trouver, dans l'au-delà, une amusante saveur à tous ces malentendus qui pimentent sa gloire d'une pointe de cette innocente imposture dont les manifestations l'ont si souvent diverti au cours de son existence. Mais ceux qui ont compris toute l'importance de l'œuvre ravélienne ne se résigneront pas aussi aisément à de pareils quiproquos. Ils estimeront, au contraire, que, malgré la réussite éclatante de sa carrière, Ravel n'a pas été l'enfant chéri des fées qu'il aimait tant. Sa vie inquiète de « refoulé », et sa fin tragique en sont déjà, à elles seules, de tristes témoignages. Mais il faut souligner, en outre, la malveillance avec laquelle deux génies hostiles ont choisi la date de sa naissance et celle de sa mort. Dans une période normale de notre histoire son apparition aurait laissé derrière elle un sillage lumineux lent à s'effacer. Or, les voix de deux autres prophètes ont un peu étouffé la sienne. Debussy lui avait dérobé, d'avance, une grande partie de ses fidèles, au début de sa croisade et, alors qu'elle s'achevait, Stravinsky surgit à point nommé pour détourner de lui et entraîner dans une direction opposée toute la génération de compositeurs qui pouvait bénéficier de son enseignement et de son exemple.

En art, aussi bien qu'en agriculture, la nature se plaît à répartir inégalement ses prodigalités en faisant succéder à des saisons stériles des années de surabondance. Dans le domaine musical, cette fantaisie aura entraîné, au début de notre xx$^e$ siècle, un gaspillage de forces vives qui se sont fâcheusement neutralisées et dont la dispersion trop rapide nous a dangereusement appauvris. La bourrasque de deux guerres a achevé d'arracher au sillon le bon grain des récentes semailles. Il ne faut pas trop s'étonner, dans ces conditions, des déceptions que peuvent nous apporter les actuelles moissons.

# 30

# Les indépendants
# et les musiciens de théâtre

En marge des deux grands courants techniques et esthétiques que nous venons d'observer, une abondante floraison de compositeurs français plus ou moins indépendants surgit de toutes parts. Leur nombre, la variété de leurs œuvres et l'inégalité de leurs talents ne permettent pas de les classer avec méthode, mais, tout en renonçant d'avance à traiter chacun d'eux selon son mérite, il convient de les recenser rapidement pour rendre hommage à leurs efforts.

Quelques grands noms dominent cette foule tumultueuse. Le plus glorieux de tous est celui de PAUL DUKAS *(1865-1935)*, musicien d'élite, qui, dans notre époque friande de querelles esthétiques, de polémiques et de controverses, aura joui du privilège unique de n'être discuté par personne. En pleine mêlée, les combattants de tous les partis ont déposé les armes pour saluer sa maîtrise souveraine. Il fut l'élève de Théodore Dubois et de Guiraud, mais par l'esprit et le caractère, Paul Dukas se rattache à la lignée franckiste des grands moralisateurs de notre art. Il y a en lui des attitudes qui évoquent le souvenir de Franck, de Magnard et de d'Indy, et pourtant sa musique échappe à toute influence directe des maîtres qui furent ses meilleurs amis. Travaillant dans un volontaire isolement, jaloux de sa liberté, plus sauvage encore que Debussy, il a ciselé dans la solitude et le silence des chefs-d'œuvre dans lesquels un souci de la forme impeccable, le choix d'une matière sonore somptueuse et le sang-froid d'une volonté réfléchie composent une synthèse que l'on pourrait qualifier de parnassienne. La richesse verbale, la couleur éclatante, le purisme et la hautaine impassibilité de Hérédia, de Leconte de l'Isle et de Villiers de l'Isle-Adam, ce Parnassien d'avant le Parnasse, se retrouvent dans les partitions de Paul Dukas qui réussissent à provoquer l'émotion dans le domaine de l'intelligence et de la perfection réalisée.

Elles sont peu nombreuses parce qu'elles sont toutes les fruits d'une méditation prolongée. Une autocensure impitoyable en a encore réduit le nombre. C'est ainsi qu'il ne laissa publier ni son Ouverture du *Roi Lear* ni celle de *Gœtz von Berlichingen.* Toute sa gloire s'est établie sur ces piliers de marbre que sont sa *Sonate en mi bémol mineur* pour piano, ses *Variations, interlude et final* sur un thème de Rameau, sa *Symphonie* en ut majeur, son Ouverture de *Polyeucte*, son *Apprenti sorcier*, son éblouissante *Péri* et son unique drame lyrique : *Ariane et Barbe-Bleue.* La clarté, la solidité, la logique et la virtuosité supérieure qui caractérisent chacun de ces ouvrages semblent bien devoir en faire des monuments impérissables du génie français dans ce qu'il a de plus lucidement cartésien.

Lorsque César Franck mourut, le poste d'organiste qu'il occupait à Sainte-Clotilde fut confié à son élève Gabriel Pierné *(1863-1937)* qui, pendant huit ans, posa pieusement ses mains sur les touches qu'avait sanctifiées son maître. Ce Lorrain aux dons brillants avait collectionné au Conservatoire toutes les récompenses scolaires. A douze ans il écrivait la gracieuse et élégante *Sérénade* qui a fait le tour du monde et, à vingt ans, son catalogue comprenait déjà un *Intermezzo*, quinze pièces de piano, vingt-cinq mélodies, une *Fugue* pour orgue, sept chœurs, des pièces de musique de chambre, une *Suite de concert*, une cantate : *Édith* et un opéra-comique inédit : *Le Chemin de l'amour*. Travaillant avec une facilité extrême, il aborda tous les genres avec un égal bonheur. S'il se souvint de son intimité avec César Franck en traitant des sujets religieux ou mystiques comme les *Paysages franciscains, Les Enfants à Bethléem* ou *Saint François d'Assise*, il évolua avec la même aisance dans des oratorios profanes comme *L'An Mil* et *La Nuit de Noël 1870*, dans un opéra sérieux, comme *Vendée*, dans les ballets — *Cydalise et le Chèvrepied, Giration, Images, Le Collier de saphirs, Bouton d'or, Les Joyeuses Commères, Impressions de music-hall* — dans la fantaisie lyrique légère — *La Coupe enchantée, On ne badine pas avec l'amour, Sophie Arnould, La Fille de Tabarin, Fragonard* — dans les partitions de scène — *Izéil, la Princesse lointaine, Yanthis, Ramuntcho, La Samaritaine* — dans des mélodies tendres ou humoristiques et dans les genres les plus relevés de la musique de chambre. Le style de la grande fresque chorale et orchestrale lui était familier. Ses oratorios sont plus célèbres encore à l'étranger qu'en France. Tout ce qu'il écrit est plein de finesse, de charme et d'esprit. Son orchestre est un enchantement. Aucune technique ne lui est étrangère, et dans sa magnifique carrière de chef d'orchestre des Concerts Colonne il a prouvé maintes fois qu'aucune audace révolutionnaire ne le prenait au dépourvu. Gabriel Pierné a possédé à un très haut degré le privilège très français d'exécuter en souriant les tours de force les plus redoutables.

Pierné avait travaillé la composition avec ERNEST GUIRAUD *(1837-1892)* qui fut pour lui un maître compréhensif et perspicace comme il l'avait été pour Paul Dukas et Debussy qui passèrent également dans sa classe. Cet excellent musicien, orchestrateur virtuose qui nous a laissé un *Traité* remarquable, a écrit également un petit chef-d'œuvre d'esprit, *Piccolino*, et un ballet *Gretna-Green*, dont le succès fut considérable. Il connut d'heureuses réussites avec des opéras-comiques tels que *Sylvie, Le Kobold, En Prison, Madame Turlupin* et *La Galante aventure*. Son collègue Émile Pessard *(1843-1917)* fera preuve des mêmes qualités de goût et de sens critique lorsque Maurice Ravel deviendra son élève au Conservatoire. Il nous prouvera, en outre, la souplesse de son talent en composant *Le Capitaine Fracasse, La Cruche cassée, Tartarin sur les Alpes, Le Muet, Tabarin, La Dame de trèfle, L'Épave, L'Armée des vierges* et *Mam'zelle Carabin*. En dépit de son austère conformisme, Théodore Dubois *(1837-1924)*, avant de devenir directeur du Conservatoire, fut un professeur de composition fort estimable et ses œuvres — *Les Sept paroles du Christ, Le Paradis perdu, L'Enlèvement de Proserpine, La Guzla de l'émir, Notre-Dame de la Mer, Symphonie française* — ne pèchent que par excès de sagesse et de prudence. Le traité d'harmonie d'Henri Reber *(1807-1880)* lui doit un complément fort important qui a joué un grand rôle dans la pédagogie officielle.

Toute une dynastie de compositeurs de théâtre s'est emparée résolument de nos deux scènes lyriques. Ernest Rey dit Reyer *(1823-1909)* a pratiqué un style pauvre mais honnête dont la sincérité et la franchise ne parviennent pas toujours à faire oublier les incorrections et les maladresses. Son lyrisme peu intimidant lui vaut encore dans les Opéras de province des amitiés fidèles. Avec l'intrépidité des autodidactes, il s'attaqua aux plus ambitieux sujets : vingt ans après Wagner il réalisa sous le titre de *Sigurd* une synthèse bourgeoise de *Siegfried* et du *Crépuscule des Dieux* et n'hésita pas à substituer ses mélodies sans relief à la fière rythmique verbale de la *Salammbô* de Flaubert. Des thèmes plus modestes lui avaient permis de moins forcer son talent dans *La Statue, Sakountala, Maître Wolfram* et *Érostrate*, mais il n'en fut pas récompensé. Son ami Émile Paladilhe *(1844-1926)* qui, lui, connaissait bien son métier, eut son heure de célébrité avec sa musique de scène du *Passant* et son opéra *Patrie* dont certaines pages ont été promues à la dignité de morceaux de concours. *Diana, L'Amour africain, Suzanne* et *Les Saintes Maries de la mer* n'ont pas bénéficié de cette chance de survie. Une petite pianiste prodige, d'origine irlandaise, Augusta Holmès *(1847-1903)*, élève de César Franck, fit l'école buissonnière en écrivant des opéras — *La Montagne noire, Héro et Léandre, Astarté, Lancelot du Lac* — dont le style dut contrister son maître mais qui lui valut une certaine notoriété. Et son *Noël* a connu dans les salons le même succès que celui d'Adam dans les églises.

Un musicien extraordinairement doué, sorti de l'École Niedermeyer, André Messager *(1853-1929)*, traversa son époque d'un pas alerte, un sourire sarcastique aux lèvres sous sa moustache d'officier de cavalerie, maniant avec désinvolture une badine qui lui servait à mater les orchestres et effeuillant négligemment sur sa route une vingtaine de partitions exquises possédant un charme absolument neuf. Rompu à toutes les difficultés de son métier, cet artiste au goût si sûr, à qui l'auteur de *Pelléas* a dû ses meilleures exécutions, et qui fut un merveilleux « éveilleur », invente des mélodies aimables, légères et spirituelles dont la distinction secrète est inimitable. Tout est en lui finesse, élégance et clarté. Il a enrichi le répertoire de l'opéra-comique des deux joyaux que sont *Fortunio* et *La Basoche*, et celui de l'opérette des ravissants chefs-d'œuvre du genre qui se nomment *Véronique, Coup de roulis, Les P'tites Michu, L'Amour masqué, Passionnément, Monsieur Beaucaire, Madame Chrysanthème, Les Dragons de l'Impératrice.* Avec *Les Deux Pigeons, Scaramouche, Le Chevalier aux fleurs, Une aventure de la Guimard* et *Isoline* il triompha dans le ballet, la pantomime et la féerie et il traita dans *Béatrice* un thème lyrique de plus grande envergure. Une *symphonie* de jeunesse, des musiques de scène, des mélodies et quelques pièces instrumentales achèvent de prouver la variété de ses dons qui s'épanouissent dans d'autres opéras-comiques, d'autres opérettes et d'autres ballets oubliés comme *Le Chevalier d'Harmenthal, La Fauvette du Temple, La Béarnaise, Les bourgeois de Calais, Le Mari de la reine, La Fiancée en loterie, Mirette, Miss Dollar, Amants éternels, Vins de France, Fleur d'oranger*, etc. Comme Pierné il partagea sa vie entre la composition et la direction d'orchestre. A la Société des Concerts du Conservatoire, à Covent-Garden, à Buenos Aires, à l'Opéra-Comique et à l'Opéra dont il fut quelque temps directeur il fit admirer la sûreté de sa baguette et la double infaillibilité de sa science et de sa musicalité parfaite.

Travailleur acharné, caractère rude et esprit combatif, un élève de Massenet, ALFRED BRUNEAU *(1857-1934)*, s'écartant résolument de la route fleurie que suivait son maître, orienta notre théâtre lyrique dans une direction inattendue. Ayant noué avec son collaborateur Émile Zola une amitié fervente que la mort seule peut rompre, il chercha à donner au naturalisme une expression lyrique en traitant des sujets familiers, des textes en prose et en choisissant ses héros parmi les humbles afin de prouver que les passions humaines sont aussi émouvantes chez un paysan, un boulanger ou une petite ouvrière que chez les princes et les grands seigneurs qui, depuis tant d'années, avaient monopolisé à leur profit les tragédies du cœur. Cette formule heurta violemment l'opinion. L'apparition des ténors en complet veston et des amoureuses en costume tailleur fit d'abord scandale. Mais la force et la sincérité de partitions comme *Le Rêve, L'Attaque du moulin, Messidor, L'Ouragan, Naïs Micoulin, Les Quatre Journées*, triomphèrent bientôt de ces préjugés et l'innovation de Bruneau allait être bientôt exploitée par ses contemporains et ses cadets. *Le Jardin de Paradis, Le Roi Candaule, Angélo, Virginie* et des partitions de scène comme celle de *La Faute de l'abbé Mouret* lui ont permis d'exprimer dans une langue simple et forte des sentiments profondément humains et de traduire avec une puissance évocatrice singulière l'émotion qui naît d'un spectacle de la nature. L'ondulation des champs de blé et les vastes lignes d'horizon de *Messidor*, les houles puissantes de *L'Ouragan*, la forêt de *L'Attaque du moulin* et la féerie du Paradou dans *La Faute de l'abbé Mouret* ont trouvé en Bruneau un peintre admirable. Ce solitaire, au sens moral et cynégétique du mot, enfermé dans sa foi opiniâtre et son humeur bourrue, a laissé à son époque non seulement un grand exemple mais des formules dramatiques et lyriques dont ses héritiers directs ou indirects ont tiré le plus grand profit.

Passionné, lui aussi, pour la recherche du lyrisme caché dans les plus humbles destinées, Gustave Charpentier *(1860-1956)* allait étendre et consolider cette conquête en nous donnant *Louise* et *Julien*, « romans musicaux » consacrés aux amours d'une midinette et d'un poète montmartrois, et n'hésitant pas à « musicaliser » une mansarde, une ménagère à son fourneau, une lampe à pétrole, un journal, une soupière et un litre de vin. La création de *Louise* qui, avec celle de *Pelléas*, ensoleilla le seuil du XXᵉ siècle, représente dans l'histoire de notre théâtre une date fort importante. Moins naturaliste et moins réaliste qu'Alfred Bruneau, Gustave Charpentier ne dédaigne pas d'enrichir d'un élément secret de romantisme les situations les plus prosaïques de la vie moderne. Il est sensible aux grands symboles moraux et sociaux et donne à son anecdote des prolongements philosophiques grandioses. L'entrée en scène de son « Plaisir de Paris » et le couronnement de son héroïne accédant à un Parnasse populaire résument clairement l'idéologie qui l'a guidé dans la composition de ses deux ouvrages dont le second n'a pas connu la fortune éclatante du premier. Pendant toute sa carrière, Gustave Charpentier qui avait fondé le Conservatoire de « Mimi Pinson » et organisé partout des fêtes démocratiques et des cérémonies consacrées au *Couronnement de la Muse*, a été hanté par de généreuses préoccupations sociales. Il a très peu écrit. Deux albums de *mélodies*, sa Symphonie-drame : *La Vie du poète* et ses délicieuses *Impressions d'Italie* pour orchestre constituent tout son bagage. Il est peut-être le seul compositeur qui n'ait jamais songé à écrire une pièce de piano ou d'instruments à cordes, une sonate, un quatuor, une page de musique pure. Sa sève musicale dont nul ne peut contester la richesse et la chaleur ne s'accommode pas des formes abstraites de la musique de chambre. Il lui faut un contact direct avec la vie. Et ce contact lui inspire aussitôt des accents d'une justesse, d'une vérité et d'une émotion dont l'éloquence directe est irrésistible. Dans le monde entier, *Louise* aura fait entendre aux couples d'amoureux « la chanson du cœur de Paris ».

Il est opportun de rapprocher du nom de Gustave Charpentier celui d'ALBERT DOYEN *(1882-1935)* qui, avec plus de méthode encore et une spécialisation plus apostolique, consacra toute sa vie à l'organisation des « Fêtes du peuple » pour lesquelles il composa de vastes fresques chorales et instrumentales — *Les Noces de la Terre et du Soleil, Chant triomphal, Chœur pour toutes les fêtes, La Voix du vieux monde, Ahasvérus*, etc., prêchant la justice sociale et la réconciliation des peuples dans la patrie internationale de l'Art. Les mêmes aspirations ont guidé FRANCIS CASADESUS *(1870-1954)* qui, lui aussi, prêcha la croisade de l'Art pour le peuple et donna au théâtre quelques œuvres saines et généreuses comme *Le Moissonneur, Cachaprès, Au beau jardin de France, La Chanson de Paris, Bertrand de Born* et, au concert, une *Symphonie scandinave* et *Le Vagabond Malheur*. On peut rapprocher de ces artistes épris d'un idéal philosophique élevé GEORGES DANDELOT *(1895)* qui, seul de sa génération, a voulu recueillir dans son très bel oratorio *Pax* le cri de la conscience humaine devant les charniers de la guerre. Mais ce compositeur nous a donné également une *Symphonie*, un *Trio*, un *Quatuor* à cordes et trois recueils de *Chansons de Bilitis*.

Avec Sylvio Lazzari *(1857-1944)* nous rencontrons un élève de Franck et de Guiraud avouant courageusement son wagnérisme foncier mis au service d'une pensée et d'une sensibilité très personnelles. Son orchestre a la richesse, la puissance, la couleur, le volume, la chaleur bayreuthiennes, tandis que la musique de cet Autrichien naturalisé Breton a le plus pur accent du terroir du pays d'Armor. Farouchement indépendant et aussi bourru qu'un Bruneau ou un Florent Schmitt, il traversa les milieux musicaux de Paris en donnant à droite et à gauche des coups de boutoir en réponse aux blessures que lui infligea le destin. Une étrange cruauté du sort ne cessa de le poursuivre et de contrarier ses entreprises. Il n'a pas recueilli de son vivant la récompense du magnifique labeur qu'il a fourni en nous laissant une admirable *Symphonie*, un *Octuor*, un *Quatuor* à cordes qui fut pour César Franck, en 1884, une véritable révélation, un très beau *Trio*, une *Sonate* pour piano et violon, une *Suite d'orchestre*, deux tableaux symphoniques : *Effet de nuit* et *Ophélie*, une *Marche de fête*, un *Concertstück* pour piano et orchestre, une *Proserpine* pour violon et orchestre, des *Tableaux maritimes*, une cinquantaine de mélodies, une musique de scène pour *Faust* et cinq ouvrages lyriques d'une très grande beauté, *La Lépreuse* dont la puissance émotive est bouleversante, *La Tour de feu* où la plus délicate poésie bretonne et l'accent dramatique le plus vigoureux s'allient sans effort, *Armor*, *Mélaenis* et *Le Sauteriot*. Sans avoir été, à proprement parler, un méconnu, Sylvio Lazzari a souffert d'une longue injustice, car son œuvre aurait dû le classer immédiatement au premier rang des compositeurs lyriques de son temps. *La Lépreuse*, à elle seule, faisait de lui un maître du théâtre musical, puisque le seul reproche qu'on ait jamais fait à ce chef-d'œuvre est d'ébranler trop profondément la sensibilité du public! Voilà un grief qui constitue le plus rare des hommages.

C'est encore à l'influence wagnérienne adaptée au goût français le plus caractérisé qu'un compositeur de grand talent comme Georges Hue *(1858-1948)* doit le mélange de richesse sonore et de souplesse de pensée qui caractérise non seulement ses ouvrages de théâtre comme *Le Roi de Paris*, la délicieuse *Titania*, *Le Miracle*, *Dans l'ombre de la Cathédrale*, *Riquet à la Houpe*, son ballet *Siang-Sin*, mais aussi sa légende orchestrale *Rübezahl*, son poème symphonique *Jeunesse*, sa *Résurrection*, ses musiques de scène pour *Les Romanesques* de Rostand et *La Belle au Bois dormant* d'Henry Bataille, sa *Fantaisie* pour violon et orchestre, ses mélodies élégantes et sensibles et son très beau poème symphonique *Émotion*. Même climat musical avec moins de grâce et plus de sens théâtral chez les frères Hillemacher Paul *(1852-1933)* et Lucien *(1860-1909)*, surnommés les Goncourt de la musique, parce qu'ils ont donné dans le domaine de la création musicale le spectacle surprenant de cerveaux siamois. Tous deux Prix de Rome, ils ont connu le succès avec leur *Loreley*, leur *Saint-Mégrin*, *L'Aventure d'Arlequin*, *Le Régiment qui passe*, *Le Drac*, *Circé*, *Orsola*, une scène dramatique *Héro et Léandre*, une pantomime *One for two* et un *Mystère de la Passion*. Ce fut également un remarquable compositeur de théâtre que Camille Erlanger *(1863-1919)*, élève de Delibes et de Massenet, qui, dès ses débuts, affirmait ses hautes qualités musicales avec sa légende dramatique : *Saint-Julien l'Hospitalier* et son poème symphonique : *La Chasse fantastique*. Un *Requiem* et des mélodies vinrent ensuite justifier les espoirs qu'avaient fait naître ses partitions pittoresques, expressives et colorées. Mais c'est à la scène que triompha l'auteur de *Kermaria*, d'*Hannelé Matern*, du *Fils de l'étoile*, du *Juif polonais*, d'*Aphrodite* et de *Forfaiture*, œuvres fortes, violemment dramatiques, soutenues par une trame musicale serrée, remplies d'intentions descriptives et évocatrices développant l'esprit du texte avec beaucoup d'intelligence.

Plus opportuniste, plus disposé aux concessions mais non moins bon musicien, Xavier Leroux *(1863-1919)* avait appris de Massenet non seulement la technique de son métier mais l'art de réussir. Il en fit la double preuve en passant d'*Évangéline* et d'*Astarté* à *La Reine Fiammette*, au triomphant *Chemineau*, à *Théodora*, au *Carillonneur*, à *La plus forte*, à *L'Ingénu*, à *La Fille de Figaro*, à *William Ratcliff* et à des musiques de scène pour *Les Perses* et *La Sorcière*. Sur un simple album de mélodies, les *Chansons de Miarka* dont le succès fut prodigieux, s'échafauda la renommée d'ALEXANDRE GEORGES *(1850-1938)* qui exploita le terrain si aisément conquis en écrivant tour à tour une *Miarka*, une *Charlotte Corday*, un *Poème d'Amour, Myrrha, La Maison du Péché* et *Sangre y sol*. Une *Passion* nous rappelle opportunément que ce compositeur aux dons sympathiques sortait de l'École Niedermeyer. Et de nombreuses musiques de scène, poèmes dramatiques ou oratorios — *Alceste, Axel, Le Printemps, Bathyle, Le Violon* de Krespel, *Daphnis et Chloé* — firent briller les différents aspects de son talent sans audace mais sincère.

L'académisme précoce et le sérieux d'HENRI RABAUD *(1873-1949)*, membre de l'Institut et Directeur du Conservatoire, ont empêché beaucoup de ses contemporains de découvrir la vraie nature de ce remarquable musicien qui a livré et gagné des batailles aussi diversement engagées que celles de ses deux *Symphonies*, de sa *Procession nocturne*, de *Job*, de *La Fille de Roland*, du *Premier Glaive*, de *Marouf*, de *L'Appel de la mer*, de *Rolande et le mauvais garçon*, et qui trouva le moyen, en atteignant le même âge que Verdi, de transformer complètement, comme lui, sa pensée et son style en nous proposant dans sa *Martine* une conception vraiment neuve du théâtre lyrique.

S'il n'était pas indispensable d'imposer à la présente étude des dimensions prudemment calculées pour rendre maniable le volume qui la contient, nous aurions été heureux de rendre un hommage plus circonstancié et plus équitable qu'une simple énumération à des musiciens dignes d'estime qui firent du théâtre lyrique à leurs heures, comme le chef d'orchestre GEORGES MARTY *(1860-1908) (Le Duc de Ferrare, Daria)* — BENJAMIN GODARD *(1849-1895) (Diane et Actéon, Le Tasse, Jocelyn, Dante et Béatrice, Ruy Blas, La Vivandière)* — VICTORIEN JONCIÈRES *(1839-1903) (Sardanapale, Les derniers jours de Pompéi, Dimitri, La Reine Berthe, Le Chevalier Jean, Lancelot)* — FERNAND LEBORNE *(1862-1929) (Daphnis et Chloé, Mudarra, Hedda, L'Absent, Les Girondins, La Catalane, Cléopâtre, Néréa, Les Borgia, etc.)* — SAMUEL ROUSSEAU *(1853-1904) (Dinorah, Mérowig, Mibia, La Cloche du Rhin, Léone)* — PAUL LACOME *(1838-1920) (Jeanne, Jeannette et Jeanneton, Le Beau Nicolas, Myrtille, Madame Boniface, Ma mie Rosette, Le Maréchal Chaudron, Les Quatre Filles Aymon, La Gardeuse d'oies, etc.)* —CHARLES LENEPVEU *(1840-1910) (Velléda, Le Florentin, Jeanne d'Arc)* — ANDRÉ GÉDALGE, l'admirable pédagogue *(1856-1926) (Le Petit Savoyard, Pris au piège, Hélène et Phœbé)* — JEAN-BAPTISTE WECKERLIN *(1821-1910)*, apôtre du folklore musical *(L'Organiste dans l'embarras, Après Fontenay,* et deux opéras-comiques en dialecte alsacien) — AUGUSTIN SAVARD *(1861-1942) (La Forêt)* — CHARLES LEVADÉ *(1869-1948) (Les Hérétiques, La Rôtisserie de la reine Pédauque)* — OMER LETOREY *(1873-1938) (Le Sicilien ou l'Amour peintre)* — MICHEL-MAURICE LÉVY *(1883-1965) (Psyché, Trois Pantins de bois, Le Cloître, Dolorès, Moïse).*

Tous ces compositeurs ont honoré la scène lyrique française par un talent certain, une science indiscutable, un sens du théâtre très développé. Tous n'ont pas fait preuve d'une originalité saisissante et n'ont pas éprouvé le besoin de créer de toutes pièces une façon nouvelle de s'exprimer, mais tous ont su se servir du langage de leur époque avec ingéniosité et aisance. Ils ont été victimes de leur nombre : l'abondance des bons artisans du théâtre musical les a condamnés à une demi-obscurité. Les rayons de la gloire se sont concentrés sur les chefs de cette petite armée, mais lorsqu'on examine de près les états de service de chacun de ces vaillants combattants, on s'aperçoit qu'en des périodes moins « encombrées » de notre histoire, plus d'un de ces soldats aurait pu devenir général.

Il serait fort injuste d'étudier le développement de la tradition musicale sans y inclure les maîtres de l'opérette, qui, plus que tous les autres, ont su demeurer fidèles à un idéal national modeste mais très caractérisé. Issue directement de l'*opera-buffa* du XVIIIᵉ siècle, l'opérette est un mode d'expression dans lequel nos musiciens ont excellé et qu'ils ont fortement marqué de leur empreinte. L'opérette française a été défendue par des compositeurs de réelle valeur venus quelquefois d'une nation voisine, comme JACQUES OFFENBACH *(1819-1880)*, mais qui, tous lui ont donné une tenue musicale, une fantaisie et une gaieté que ne possèdent généralement pas les opérettes étrangères. Il suffira de citer CHARLES LECOCQ *(1832-1918)*, FLORIMOND HERVÉ *(1825-1892)*, EDMOND AUDRAN *(1842-1901)*, LÉON VASSEUR *(1844-1917)*, LOUIS VARNEY *(1844-1908)*, EDMOND MISSA *(1861-1910)*, ROBERT PLANQUETTE *(1848-1903)*, GASTON SERPETTE *(1846-1904)*, LOUIS GANNE *(1862-1923)*, CLAUDE TERRASSE *(1867-1923)*, ÉDOUARD MATHÉ *(1862-1936)*, HENRI CHRISTINÉ *(1867-1941)*, MAURICE YVAIN *(1891-1965)*, GEORGES VAN PARYS *(1902-1971)*, sans compter, bien entendu, MESSAGER *(1853-1929)*, REYNALDO HAHN *(1875-1947)* et LOUIS BEYDTS *(1895-1953)* pour souligner la qualité musicale d'un répertoire dont la richesse nous fait le plus grand honneur.

# 31

# Le post-wagnérisme
# en Allemagne

*Brahms. — Bruckner. — Mahler. — Hugo Wolf. —
Reger. — Richard Strauss. — Schœnberg. — Hindemith.*

La révolution wagnérienne, ayant apporté au
romantisme germanique une conclusion grandiose et
spectaculaire, les compositeurs qui traversèrent l'histoire de la musique allemande pendant cette aveu-
glante apothéose passèrent forcément inaperçus. Les
seuls noms qui sortent de l'ombre pendant la période
post-romantique sont ceux des musiciens qui cherchèrent à se libérer de la mystique bayreuthienne ou
qui s'efforcèrent d'en découvrir des utilisations inattendues.

## BRAHMS    *1833-1897*

Nous avons vu que Clara Schumann, fidèle gar-
dienne de l'idéal de son époux et de la tradition de
Mendelssohn, avait trouvé, pour combattre les innovations de Liszt et de Wagner, un allié précieux en la
personne de Johannes Brahms. Ce musicien de forte
culture, nourri de la moelle des grands classiques,
demeura toujours fidèle à un idéal de pureté dans la
forme qui l'éloigna des fiévreuses exaltations berlio-

ziennes ou wagnériennes. Il n'était pourtant pas de ceux dont le purisme atrophie et dessèche la sensibilité. Brahms est un émotif qui vibre à tous les chocs et que sa sympathie pour la musique hongroise et l'art nerveux des tziganes a prédisposé à un sentiment de la couleur et de la vie intense qui ne laisse pas sa musique s'enliser dans un académisme impassible. Elle est, au contraire, toute chargée d'un fluide dont la puissance est décuplée par la compression que lui fait subir la discipline d'une écriture demeurée, malgré l'enrichissement du vocabulaire harmonique, inflexiblement classique. Brahms enferme dans ses symphonies et sa musique de chambre un courant musical survolté d'une intensité extrême. Les auditeurs de l'Europe centrale goûtent fort cette concentration qui fait d'un quatuor ou d'une sonate un accumulateur dont le débit est inépuisable. Par contre, les mélomanes français, ne se trouvant pas naturellement adaptés à un pareil voltage, ont été longtemps déconcertés par la densité de musique pure que contient une œuvre de Brahms. Par tempérament, nos chefs d'orchestre et nos virtuoses étaient mal préparés à ce style, et leur traduction, toujours un peu guindée, se ressentait d'une application dont le sérieux engendrait souvent l'ennui. On est, au contraire, surpris de la fraîcheur, de la simplicité et de la cordialité directe de cette musique lorsqu'elle est interprétée par les compatriotes de l'auteur qui la traitent avec plus d'affectueuse familiarité, et l'on y découvre des trésors de poésie, de tendresse et de rêve. Le malentendu qui séparait Brahms du public français paraissait aussi inexorable que celui dont Fauré est victime devant un auditoire allemand, avec chez ces deux maîtres un élément ethnique inanalysable dont la séduction mystérieuse semble s'évaporer en changeant de climat.

Brahms incarne la réaction inévitable que devaient provoquer chez un artiste traditionaliste les désordres de l'individualisme romantique. Il a demandé à la sagesse, à la prudence, à la sérénité de Mozart et de Haydn et à la morphologie beethovenienne les composantes d'une esthétique et d'une technique modernes solidement rattachées au passé. Et c'est ce qui fait le prix et l'autorité de son œuvre considérable qui tient une place de premier plan dans la culture musicale générale. Quatre *Symphonies*, les délicieuses *Variations sur un thème de Haydn*, une *Ouverture tragique*, une *Ouverture de fête académique* et deux *Sérénades* composent sa musique d'orchestre. Le splendide *Requiem allemand* domine la série assez importante de ses ouvrages pour chœurs et orchestre — *Chant de triomphe, Chant funèbre, Chant du destin, Rinaldo, Nänie...*, etc., — tandis que des ensembles vocaux *a cappella* ou accompagnés au piano ou à l'orgue ont enrichi le répertoire profane et religieux de pages extrêmement attachantes comme les *Valses d'Amour*, les *Chants tziganes*, les *Chants populaires allemands* ou *Gedenksprüche*. Deux *Concertos* de piano, un *Concerto* de violon et un *Double Concerto* pour violon et violoncelle, des *Sonates* pour piano, pour violon, pour violoncelle, pour clarinette, deux *Sextuors*, quatre *Quintettes*, six *Quatuors*, cinq *Trios* (dont trois pour piano et cordes) constituent son apport à la musique instrumentale. Sa production de piano comprend quatre cahiers de *Danses Hongroises*, ses célèbres *Valses*, quatre *Ballades*, deux *Rhapsodies*, deux cahiers de *Fantaisies*, des *Intermezzi*, un *Scherzo* et des *Variations* et *Études* sur des thèmes de Schumann, de Chopin, de Weber, de Paganini, de Bach, de Gluck et de Hændel. Enfin une merveilleuse floraison de *lieder* que couronnèrent ses quatre *Chants sérieux* termine la série des compositions magistrales d'un artiste de grande race qui réalisa le tour de force de soumettre aux disciplines les plus rigoureuses du classicisme, sans briser leur élan, et les styliser, des sentiments touchants, des pensées généreuses et des rêves d'une étonnante grandeur.

## BRUCKNER     *1824-1896*

Le wagnérisme imprégnait si profondément l'air que respiraient les musiciens de la seconde moitié du XIXᵉ siècle qu'un fils de maître d'école villageois, un humble autodidacte comme Anton Bruckner fut wagnérien avant d'avoir soupçonné l'existence de Wagner. Enfant de chœur au monastère de Saint-Florian, baigné de musique religieuse, ce jeune mystique était aussi éloigné que possible de l'idéal dramatique, philosophique et érotique de l'auteur de *Tristan*. L'idée d'écrire de la musique pour un théâtre n'a jamais effleuré l'esprit de celui qu'on a surnommé le « Ménestrel de Dieu ». Ce qui prouve bien que le wagnérisme n'est pas un système, mais un état d'oreille qui peut laisser à un créateur une véritable indépendance lorsqu'il n'est pas hanté par l'évangile de Bayreuth. Le « Ménestrel de Dieu »! cette expression suggère bien ce qu'il y a de fervent, de naïf, d'ingénu et de supra-humain à la fois dans la musique de Bruckner qui devait s'apparenter par sa candeur, son innocence et sa foi à l'hommage que le jongleur de la légende fit agréer à Notre-Dame.

C'était bien un frère de ce baladin que le petit violoneux de Saint-Florian qui, pour gagner sa vie, allait de village en village faire danser les couples de paysans tyroliens. Insoucieux de la gloire, résigné à son obscurité, il écrivit jusqu'à soixante-douze ans des choses sublimes avec la plus parfaite simplicité. Sa piété n'était pas maussade. Il aimait la vie, il aimait la nature, il aimait son travail, il aimait boire de la bière fraîche selon des rites respectueusement observés. Un jour, il aima une jeune fille qui le dédaigna : il se détourna pour toujours de l'amour terrestre et vécut chaste jusqu'à sa mort en remerciant Dieu d'avoir créé les femmes si belles. Il travailla jusqu'à son dernier souffle et expira, assis devant son piano où il terminait le finale de sa neuvième symphonie.

L'art de Bruckner fut encore plus méconnu en France que celui de Brahms. Et pourtant sa cordialité, sa franchise, sa bonté communicative auraient dû lui donner accès à tous les cœurs. Comment Beethoven a-t-il pu s'évader si vite d'Allemagne alors que Bruckner est longtemps resté prisonnier en Autriche? Tout ce qui est international et universel dans la pensée et dans le langage beethoveniens se trouve avec plus de dynamisme dans la musique de Bruckner. C'est la même clarté, la même grandeur, la même voix éclatante de tribun et la même soif de tendresse humaine. Le ton fraternel, le « cœur », la générosité de la *Symphonie avec chœurs* sont les éléments propres du style de Bruckner mais présentés avec un vocabulaire infiniment plus riche, une éloquence plus nuancée et une magnificence orchestrale de symphoniste post-wagnérien qui auréolent ce robuste discours d'un prestige incomparable. Les deux maigres trompettes qui forgent la tonique et la dominante dans les symphonies de Beethoven sont remplacées ici par des alliages de cuivres somptueux, veloutés et fulgurants à la fois qui dépassent en splendeur les plus belles sonorités du *Crépuscule des Dieux*. Bruckner a une façon inoubliable d'employer les tubas, les trombones et les cors, et sa *Messe en mi mineur* contient des mélanges de voix, d'orgue et d'instruments à vent d'une originalité saisissante. Sa *quatrième Symphonie* qui est sa *Pastorale* est délicieuse de fraîcheur. Elle chante la forêt tyrolienne, son atmosphère, ses jeux de lumière, ses oiseaux, ses chevreuils ou ses cerfs poursuivis par des veneurs, les danses au pavillon de chasse, la poésie du crépuscule et le doux recueillement du soir. L'adagio de sa *septième Symphonie* est une effusion sublime et sa *huitième Symphonie* est, d'un bout à l'autre, d'une prodigieuse splendeur. Notre éducation musicale classique sera boiteuse tant que nous n'aurons pas su y faire entrer le « chapitre Bruckner » qui, au point de vue de l'évolution logique de l'harmonie moderne, nous apporte des exemples d'une rare valeur.

Bruckner a composé neuf symphonies de dimensions géantes, qu'il n'a pas toutes entendues et dont la dernière n'est pas entièrement terminée. Un *Quin-*

tette à cordes et quelques œuvres chorales complètent la partie profane de sa production. Un *Te Deum* majestueux dans lequel entrent audacieusement deux pianos, le *Psaume CL*, trois *Messes* admirables, des motets et des antiennes confessent sa foi ardente et candide. Son grand talent d'organiste et d'improvisateur lui valut d'être appelé à Vienne où on lui confia deux classes au Conservatoire et l'orgue de la Cour. Dans la capitale autrichienne, il fut le rival de Brahms qui ne pouvait admettre la technique ultra-wagnérienne et le somptueux chromatisme de cet échappé de couvent. En butte à l'hostilité des traditionalistes, raillé par le public viennois, il ne connaîtra la gloire qu'à soixante ans. Il repose à l'abbaye de Saint-Florian, sous son orgue, selon le vœu qu'il avait exprimé. Son tombeau est entouré par six mille auditeurs-fantômes : au cours des terrassements entrepris pour construire cette crypte on avait, en effet, découvert six mille squelettes provenant d'un champ de bataille de l'époque des Huns. On rassembla tous ces ossements blanchis, on les disposa symétriquement comme des matériaux de construction et c'est devant ce parterre hallucinant d'orbites vides, de maxillaires saillants et de dents nues que le Ménestrel de Dieu poursuit ses lyriques entretiens avec le ciel. Une foule sans oreilles et sans yeux monte une garde d'honneur autour du musicien muet dont les chefs-d'œuvre arrivent par bouffées pendant les offices dans ce shakespearien *in pace* !

## MAHLER    *1860-1911*

Le Bohémien Gustav Mahler, qui vint demander au Conservatoire et à l'université de Vienne une sérieuse formation musicale et littéraire, était déjà, à vingt ans, un excellent chef d'orchestre, au théâtre de Hall. Sa réputation de Kapellmeister ne cessa de grandir au cours de sa carrière qui le conduisit de Cassel à Prague, de Leipzig à Budapest, de Hambourg à Vienne et à New York. Il fit preuve au pupitre d'une maîtrise absolue appuyée sur des dons exceptionnels de musicien. Cette brillante spécialisation qui pouvait être dangereuse pour sa réputation de compositeur — car un préjugé défavorable entoure aussi sottement la « musique de chef d'orchestre » que la « musique de pianiste » — ne l'empêcha pas de se classer immédiatement parmi les maîtres de l'école autrichienne. Plus encore que celle de Bruckner et de Brahms, sa musique exige des oreilles latines un effort d'adaptation que nos compatriotes se sont montrés longtemps peu disposés à accomplir. On peut, d'ailleurs, faire à son esthétique certaines objections de principe. Son style assez composite n'est pas toujours exempt de désordre et d'obscurité et on lui a reproché d'alourdir sa musique d'intentions trop littéraires. Il est très éloigné des nobles disciplines de Brahms et de la simplicité de Bruckner et n'échappe pas toujours à certaines vulgarités qui étonnent dans un style aussi riche et aussi sérieux. Mais ces réserves font trop facilement oublier les hautes qualités de ce compositeur d'une technique supérieure.

Ses œuvres relativement peu nombreuses mais très significatives ne s'adressent qu'aux auditeurs de concert. Bien qu'il ait été un très brillant chef d'orchestre de théâtre et qu'il ait même été Directeur de l'Opéra de Budapest et de l'Opéra de Vienne, il n'a écrit pour la scène qu'une œuvre de jeunesse : *Les Argonautes* et une féerie intitulée *Rübezahl*. Il est surprenant que son génie tumultueux et profondément lyrique n'ait pas été attiré par le théâtre chanté où il aurait pu faire briller les meilleures de ses qualités. L'émotion poignante qui se dégage de certains de ses *lieder* et, en particulier, de ses *Kindertotenlieder* prouve que Mahler, avec son élocution souvent « tristanesque », possédait tous les dons nécessaires pour nous donner d'émouvants drames lyriques. Il nous a laissé neuf *symphonies* et une dixième achevée, mais orchestrée en partie seulement, l'intimidant *Chant de la terre* et de nombreuses œuvres vocales comprenant des cycles de *lieder* comme les douze

*Lieder* tirés du « *Knaben Wunderhorn* », les cinq *Kindertotenlieder*, les quatre *Lieder eines fahrenden Gesellen* et autres pages d'un sentiment profond et d'une écriture harmonique singulièrement audacieuse.

HUGO WOLF     *1860-1903*

Le cycle de *lieder* fut aussi pour Hugo Wolf une formule dont il tira les plus heureux effets. Plus vastes que ceux de Mahler et ceux de Schumann et de Schubert, ses recueils de mélodies consacrés aux textes d'un seul auteur comportent cinquante-trois poèmes de Möricke, cinquante et un de Gœthe, quarante-six de Heyse — *Italienisches Liederbuch*, trente-quatre chants profanes et religieux espagnols, vingt poèmes d'Eichendorff, six de Gottfried Keller, trois de Michel-Ange..., etc. Hugo Wolf traite le *lied* dans un esprit très particulier. Non seulement il serre de très près ses textes et en souligne chaque détail dans sa traduction musicale, mais, pour aller plus loin que le verbe chanté et exprimer ce que des mots ne peuvent traduire, il confie au piano ou à l'orchestre une mission de commentaire symphonique indépendant, exactement semblable à celle dont Wagner fit usage dans son théâtre. Le mot « accompagnement » dans le sens banal où on l'emploie généralement ne convient pas aux morceaux de musique très complets et très travaillés qui escortent une mélodie d'Hugo Wolf. C'est dans cette forme d'art qu'il s'est exprimé le plus complètement en nous laissant plus de deux cent trente *lieder* dont aucun n'est indifférent et qui nous révèlent une sensibilité très nuancée et des qualités musicales de premier ordre.

En dehors de cette vaste production chantée, Hugo Wolf a écrit des œuvres chorales et des musiques de scène — *Christnacht, Das Fest auf Solhaug, Elfenlied, Der Feuerreiter*, six *chœurs a cappella* d'après Eichendorff — deux opéras, *Le Corregidor* et *Manuel Venegas* qu'il ne put achever, un poème symphonique : *Penthésilée*, une *Sérénade italienne* pour petit orchestre, l'hymne *Am Vaterland*..., etc. Hugo Wolf était un artiste généreux et courageux, ennemi des compromissions et des opportunismes. La dignité de son caractère et son émotivité de sensitive le rendaient particulièrement apte à souffrir de l'injustice et des bassesses dont la société de son époque lui donnait le spectacle. Ses révoltes douloureuses contre le pharisaïsme universel le conduisirent à une neurasthénie aiguë qui paralysa son cerveau créateur et nécessita son internement dans une maison de santé où il termina ses jours.

MAX REGER     *1873-1916*

N'ayant abordé la composition qu'à trente ans, Max Reger n'eut pour s'exprimer que le court délai de douze années. Nourri de Bach et de Brahms, il se rangea sous la bannière des néo-classiques. Il trouva dans les combinaisons ingénieuses et le mécanisme complexe de l'écriture contrapuntique le vocabulaire qui convenait à son tempérament et, dès l'âge de dix-huit ans, enseigna cette technique au Conservatoire de Wiesbaden. Il se consacra à la même tâche à l'Académie royale de Musique de Munich, puis au Conservatoire de Leipzig. Entraîné par les jeux abstraits et l'engrenage automatique de l'écriture horizontale, il ne sut pas toujours résister à la prolixité et développa souvent à l'excès des compositions qui auraient été plus persuasives sous une forme plus concise. Mais il témoigne d'une musicalité réelle qui s'affirma, hors de toute préoccupation théâtrale, dans quatre *Poèmes symphoniques* d'après Bœcklin, une *Sinfonietta*, une *Sérénade*, des *Variations* sur des thèmes de Mozart et de Hiller, un *Prologue symphonique*, une *Ouverture patriotique*, une *Suite romantique*, un Concert dans le style ancien, un *Concerto* de piano et un de violon. Dans le domaine de la musique de chambre, il écrivit de très nombreuses pièces pour les instruments à archet — dix-huit *sonates* de violon

dont plusieurs pour violon seul, *trios*, *quatuors*, *quintettes* et *sextuors*, des *suites* et des *sérénades* — une
quantité d'œuvres de piano, une très abondante collection de *lieder*, de *cantates*, de *chœurs* religieux et
profanes et des *préludes*, des *fugues*, des *variations*,
des *suites*, des *fantaisies* et des *sonates* pour orgue.
Ce virtuose de l'écriture polyphonique enchevêtrée a,
plus d'une fois, tiré de la scolastique des effets d'une
très grande hardiesse que sa curiosité harmonique
rend particulièrement saisissants.

Un certain nombre de compositeurs post-
wagnériens de l'Europe Centrale se consacrèrent plus
spécialement à l'art lyrique et, naturellement, purent
difficilement se libérer de la tradition bayreuthienne.
Le plus intéressant de ces disciples respectueux fut
ENGELBERT HUMPERDINCK *(1854-1921)*, un remarquable
musicien qui fut professeur de composition aux Conservatoires de Barcelone et de Francfort, puis à l'Académie royale de Berlin. Ayant fait, en Italie, la connaissance de Wagner et l'ayant suivi à Bayreuth pour
collaborer aux études de *Parsifal*, il demeura dans
son sillage et subit docilement son influence, surtout
en ce qui concerne ses procédés caractéristiques d'orchestration, mais il eut la sagesse de traiter des
sujets entièrement différents de ceux que son maître
avait marqués de son empreinte souveraine. Il se can-
tonna dans un art de demi-caractère appliqué à des
légendes enfantines, à des chants populaires, à des
thèmes d'émotion gracieux et légers. Sa sœur, Adé-
laïde Wette, lui fournit l'excellent livret de *Haensel et
Gretel* qui correspond à notre Petit Poucet et qui lui
a permis de réaliser une féerie délicate et familière
écrite avec une rare habileté. Ce « Tondrama » en
miniature a établi sa renommée dans tout l'univers
mais a rejeté dans l'ombre ses autres ouvrages de
théâtre qui ne méritent pas cette indifférence : *Dorn-
röschen*, *Die Kœnigskinder*, *Die Heirat wider Willen*,
*Die Marketenderin*, *Gaudeamus* et *Die sieben Geislein*
contiennent des pages charmantes d'une élégance et

d'une clarté qui rendent accessibles à toutes les oreilles les trouvailles du vocabulaire wagnérien. On lui doit également des *Ballades* pour chœur et orchestre, *Das Glück von Edenhall, Die Wallfahrt nach Kevlaar*, une *Maurische Rhapsodie*, un quatuor à cordes et d'agréables mélodies.

Un de ses élèves, le fils de Richard Wagner, l'enfant privilégié que baptisa à Tribschen l'adorable aubade de *Siegfried-Idyll*, avait fait ses études d'architecture mais ne put résister à l'appel de la musique. SIEGFRIED WAGNER *(1869-1930)* a été handicapé dans sa carrière par le poids du nom qu'il portait et qui rendit trop exigeants ses auditeurs internationaux. Sous une signature plus modeste ses œuvres lui auraient assuré une honnête renommée. Ses opéras : *Der Bärenhäuter, Le Duc Wildfang, Le Kobold, Bruder Lustig, Das Sternengebot, Banadietrich, Schwarzschwanenreich, Sonnenflammen, An allem ist Hütchen schuld, Der Schmid von Marienberg*, son poème symphonique *Sehnsucht* et ses *concertos* de flûte et de violon sont des ouvrages estimables que l'on a jugés avec une sévérité un peu excessive. HANS PFITZNER *(1869-1949)*, éminent professeur de composition et chef d'orchestre applaudi à Mayence, à Munich, à Strasbourg et à Berlin, a produit, dans le domaine de la musique de chambre, des œuvres sérieuses et savantes, de style résolument néo-classique, un certain nombre de *lieder*, des musiques de scène pour *Das Fest auf Solhaug* d'Ibsen qui avait déjà inspiré Hugo Wolf, *Kätchen von Heilbronn, Christelflein*, une cantate romantique sur un poème d'Eichendorff : *Von Deutscher Seele*, dont le succès a été très vif, et trois ouvrages dramatiques : *Palestrina, Der Arme Heinrich* et *Die Rose vom Liebesgarten* qui transportent sur la scène, sans aucune concession à la technique théâtrale, des partitions d'inspiration purement symphonique, d'une expression un peu austère. Un autre chef d'orchestre réputé, FÉLIX WEINGARTNER *(1863-1942)*, qui fit apprécier son talent dans le monde entier, consacra à la composition une partie de son activité. On lui doit plusieurs opéras : *Sakun-*

tala, *Malawika, Genesius, Oreste, Caïn et Abel, Früh-
lingsmarchenspiel, Dame Kobold, Maître André,
Terakoya, L'Apostat,* des partitions de scène pour *La
Tempête* et pour *Faust*, quatre *Symphonies*, deux
poèmes symphoniques : *Le Roi Lear* et *Die Gefilde
der Selingen*, des *Ouvertures*, des *Concertos* et de la
musique de chambre. MAX VON SHILLINGS *(1868-1933)*
partagea également son temps entre la direction des
orchestres et la composition. Il donna au théâtre lyrique *Ingwelde, Der Pfeifertag, Moloch, Mona Lisa* et,
dans un esprit plus sérieux, travailla pour le concert
avec des ouvrages tels que *Zwiegespräch, Meergrüss,
Seemorgen*. Des partitions de scène, des chœurs, des
*lieder* et de la musique de chambre permettent d'apprécier son métier adroit et la variété de ses dons.

Parmi tous ces techniciens sévères de la période
postwagnérienne surgit un poète de la sonorité :
FRANZ SCHREKER *(1878-1934)*. Seul, au milieu de ces
spécialistes de l'écriture scientifique et de la musique
« pour le papier », ce compositeur délicat et sensible
éprouve les mêmes curiosités d'oreille que notre
Claude Debussy, et, dès 1903, écrit un opéra : *Der
ferne Klang*, rempli d'harmonies exquises et hardies
et orchestré avec un raffinement d'impressionniste.
Il est fâcheux qu'un demi-siècle après leur naissance
les ouvrages lyriques de Schreker n'aient pas encore
franchi nos frontières. Ils ont perdu une audience de
choix au moment opportun. La révélation d'opéras,
comme *Flammes, Das Spielwerk und die Prinzessin,
Die Gezeichneten, Der Schatzgräber, Irrelohe*, arrive-
rait aujourd'hui un peu tard, étant donné l'orientation nouvelle des goûts de notre public. Il y a donc
quelque chose d'irréparable dans la destinée de ce
musicien si bien doué qui a laissé, en outre, des
œuvres symphoniques, de la musique de chambre et
une pantomime célèbre : *Der Geburtstag der Infantin*
qui nous font déplorer cette sournoise malveillance
du sort.

### RICHARD STRAUSS     *1864-1949*

Mais, au moment où l'Allemagne semble incapable d'enfanter de nouveaux géants musiciens, un Bavarois surgit et fait entendre sa voix tonnante. Cette voix, durant sa longue vie, n'a rien perdu de sa force et a résonné sur toute l'étendue de la planète. Jusqu'à son dernier jour, ce patriarche de quatre-vingt-cinq ans aura manié avec aisance la massue d'Hercule.

Son enfance ne laissait pas prévoir son athlétique destin. Son père, remarquable corniste munichois, l'avait élevé dans le respect superstitieux des classiques et dans l'horreur de Wagner et de l'écriture chromatique et dissonante. Freud aurait pu prédire à coup sûr le résultat de ce trop énergique refoulement : dès que le jeune Richard rencontra Hans de Bülow et Richter, les interdictions paternelles furent oubliées aussi allégrement que l'avaient été par notre mère Ève les restrictions alimentaires du Paradis Terrestre. L'adolescent attaqua la pomme wagnérienne avec des mâchoires d'ogre. Dès lors, sans qu'on puisse raisonnablement l'accuser de plagiat, ce créateur fécond, secouant énergiquement l'arbre défendu, écrivit une longue série d'œuvres robustes dont la splendeur orchestrale est sans égale et dont la force persuasive est irrésistible.

On leur fit longtemps grise mine. Ne pouvant nier la maîtrise instrumentale et l'écriture éblouissante de ces partitions, on chicana leur auteur sur la qualité de ses idées. Il fut de bon ton de dénoncer la médiocrité des matériaux utilisés dans ces prestigieuses constructions sonores et les délicats se détournèrent avec une moue dédaigneuse de ce lutteur forain qui manquait un peu trop de distinction dans ses propos. Il est bien évident que son langage n'avait pas la finesse patricienne de celui de Gabriel Fauré, mais nous avons entendu, depuis un demi-siècle, tant de discours musicaux prosaïquement incendiaires que nous ne comprenons plus ce qui a pu paraître vulgaire et grossier dans *Don Juan*, dans *Mort et Transfiguration* et dans *Le Chevalier à la rose* au moment de leur naissance.

Comme tous les grands maîtres allemands, Richard Strauss fut un magnifique chef d'orchestre. Alors qu'en France nos plus illustres compositeurs ne montent au pupitre que pour diriger leurs propres œuvres dans une circonstance exceptionnelle et manient généralement la baguette avec une certaine gaucherie, nous avons vu que les musiciens d'outre-Rhin mènent presque toujours de front la carrière de créateur et celle de Kappellmeister professionnel. Richard Strauss n'a pas fait exception à la règle. Il fut un chef de grande classe et fit carrière à Meiningen, à Munich, à Weimar, à Bayreuth, à Berlin et à Vienne et se produisit à la tête des plus grands orchestres de Milan, de Paris, d'Amsterdam, de Londres, de Madrid, de Barcelone et de Moscou. Ses premières œuvres — *Symphonie en ré mineur, Symphonie en fa mineur, Sérénade, Concertos, Sonates, Quatuors, Lieder* et pièces de piano — furent naturellement inspirées de Haydn, de Mozart, de Mendelssohn et de Brahms, mais révélèrent le goût du jeune auteur pour des recherches polyphoniques et instrumentales qui en rendaient l'exécution difficile. A vingt et un ans, il avait déjà écrit sa *Burlesque* pour piano et orchestre que les virtuoses de l'époque déclaraient inexécutable.

A vingt-deux ans l'apprenti devient compagnon en concrétisant des souvenirs de voyage dans un poème symphonique intitulé *Aus Italien*. Cette œuvre, déjà évoluée, oriente son imagination vers les grandes descriptions orchestrales et nous verrons bientôt apparaître des œuvres aussi dégagées de la scolastique et du formalisme que *Macbeth, Don Juan*, et *Mort et Transfiguration*. Quand on songe que ces deux derniers ouvrages ont été écrits par un musicien de vingt-quatre ans, on se rend compte non seulement de la virtuosité technique de leur auteur mais de sa maturité d'esprit et de sa culture philosophique. On verra alors se succéder ces étonnants tableaux que sont *Till Eulenspiegel, Ainsi parlait Zarathoustra, Don Quichotte, La vie d'un Héros, La Symphonie domestique, La Symphonie alpestre*, peints avec une richesse de coloris, un souci minutieux du détail et une unité de réalisation qui en font les chefs-d'œuvre incontestés du poème symphonique.

A vingt-neuf ans il avait abordé le théâtre avec *Guntram*, dont il avait écrit le poème et la partition pendant un congé de convalescence en Égypte et en Sicile. Nous trouvons immédiatement chez ce débutant cette ampleur de vision, cette éloquence intarissable, ce mépris des contingences et cette courageuse intransigeance qui caractériseront toute sa carrière. L'œuvre, créée à Weimar, était si écrasante que lorsqu'on voulut la reprendre, à Munich, les musiciens d'orchestre et les chanteurs se déclarèrent incapables de l'interpréter et réclamèrent une expertise qui leur donna raison en établissant que la durée du rôle principal atteignait les cinq sixièmes de l'ouvrage entier et que le héros avait à chanter des monologues interminables dont l'un excédait trente minutes! Tout Richard Strauss est dans cette tranquille démesure.

Scandalisé de cette incompréhension mais nullement disposé à trahir son idéal, il écrira successivement ces drames lyriques terriblement chargés pour l'orchestre et cruels pour les voix qui s'appellent *Feuersnot, Salomé, Elektra, Le Chevalier à la rose, Ariane à Naxos, La Femme sans ombre, Intermezzo, Hélène d'Égypte, Arabella, La Femme silencieuse, Jour de Paix, Daphné, L'Amour de Danaé, Capriccio* et deux ballets : *La Légende de Joseph* et *Schlagobers* (crème fouettée). Entre-temps, il composera sur les poèmes les plus variés cent cinquante *lieder* remarquables par l'intensité de leur lyrisme et leur préoccupation très moderne de respecter scrupuleusement la prosodie du texte et l'accent de chaque mot.

L'art mégalithique de Richard Strauss s'impose par sa puissance. Debussy, qui avait de la musique une conception bien différente et qui, théoriquement, ne pouvait que jeter l'anathème sur cet héritier de la grandiloquence wagnérienne, a été contraint de lui faire sa soumission : « Je vous répète, a-t-il écrit, qu'il n'y a pas moyen de résister à la domination conquérante d'un tel homme! » L'aveu est caractéristique : on ne vient pas à Strauss sans résistance et l'on est finalement vaincu par sa force. Mais d'autres raisons plus nobles justifient ses victoires. La variété incroyable des dons musicaux qui lui ont permis de traiter d'une façon aussi parfaite des comédies galantes comme le *Rosenkavalier* et des drames sanglants comme *Elektra* ou *Salomé*, des fantaisies humoristiques comme *Till* et des méditations nietzschéennes comme *Zarathoustra*, est un attribut de génie. D'autre part, aucun auditeur de bonne foi ne saurait entendre le trio du *Chevalier à la rose* sans s'apercevoir que sa valeur purement musicale triomphe de toutes les objections que peuvent faire naître les conceptions dramaturgiques de son auteur. Richard Strauss a longtemps déconcerté le goût latin qui s'accommode mal de l'outrance et du gigantesque, mais bien rares sont les musiciens qui ne reconnaissent pas aujourd'hui la justesse de l'hommage que Romain Rolland a rendu au compositeur de tant de chefs-d'œuvre ardents et musclés en admirant son « privilège de rester jeune au milieu de l'art allemand vieillissant ». Cette jeunesse s'est affirmée jusqu'à son dernier jour. Elle a brillé pour la dernière fois dans ses *Métamorphoses*, ce testament artistique écrit pour cinq quatuors à cordes et trois contrebasses, cette noble méditation sur le thème funèbre de la *Symphonie héroïque*, cette synthèse de l'espoir, de l'enthousiasme et de la résignation, suprême message d'une sensibilité dont la palpitation est bouleversante.

Et il faut accorder toute l'importance symbolique qu'il mérite à son audacieux *Capriccio*, ouvrage de doctrine, geste de défi à l'opinion, véritable profession de foi où se révèle la fière et courageuse intransigeance de son caractère. Au moment où les nouvelles générations d'auditeurs reprochent amèrement à la formule du théâtre chanté son « immobilisme », sa lourdeur, sa lenteur, sa pauvreté d'action qui découragent leur attention, Strauss n'hésite pas à relever le gant. « Je me moque des dogmes de coulisses. Je tiens à prouver ici qu'une partition lyrique doit présenter un intérêt musical assez vif pour retenir constamment l'attention d'un mélomane pendant toute une soirée sans le secours d'artifices littéraires ou dramatiques. J'installerai sur la scène, au fond de confortables fauteuils, une dizaine de bavards distingués qui se livreront nonchalamment à d'interminables controverses esthétiques et je veux que ma musique soit assez vivante et assez prenante pour remplacer, à elle seule, toute action extérieure. »

Il a tenu parole et, s'il n'a pas convaincu la grande foule, il a forcé les connaisseurs à reconnaître qu'il avait brillamment gagné son pari.

Richard Strauss a projeté, dans son pays, sur ses contemporains et ses cadets une ombre aussi épaisse que celle du mancenillier de Bayreuth. Peu de noms, dans son entourage, ont pu bénéficier d'un rayon de lumière. Deux grands pianistes adonnés à la composition ont pourtant joué, sous son règne, un rôle qui mérite d'être retenu. EUGÈNE D'ALBERT *(1864-1932)* a tenté de tirer de l'esthétique wagnérienne une formule théâtrale immédiatement accessible au public. Pour atteindre à coup sûr la sensibilité de la foule, ce « vulgarisateur » n'a pas hésité à emprunter aux compositeurs italiens de l'école vériste quelques-unes de leurs recettes éprouvées. Ce singulier mélange de style dosé avec adresse a assuré le succès de ses opéras : *Der Rubin, Ghismonda, Gernot, Die Abreise, Caïn, L'Improvisateur, Flûte solo, Tragaldabas, Die Verschenkte Frau* et surtout *Tiefland* qui est le plus apprécié de tous et figure encore au répertoire de nombreux théâtres lyriques.

Un autre virtuose du clavier, l'Italien FERRUCCIO BUSONI *(1866-1924)* qui, de même qu'Eugène d'Albert prit l'Allemagne pour champ d'expérience, voulut, au contraire, réagir avec violence contre l'esthétique de ses contemporains. Au romantisme expirant et à l'impressionnisme triomphant il opposa des doctrines volontairement « inhumaines » arrachant la musique au domaine de la sensibilité et de la sensualité pour l'engager dans les voies de l'abstraction.

Il convient de souligner l'importance de son initiative, car c'est à lui que tous les compositeurs « cruels » de ces dernières années ont emprunté leurs instruments de torture. C'est lui qui, répondant d'avance à la critique de Debussy, a eu l'agressive loyauté d'abattre ses cartes en déclarant que la musique est faite pour être lue et non pour être entendue! C'est lui qui estimait qu'on ne doit attacher aucune importance à ses qualités de sonorité, de timbre ou de couleur, et que les sens n'ont pas à intervenir dans le plaisir musical qui est d'ordre purement cérébral et intellectuel. C'est lui qui rêvait de corser encore l'écriture dissonante par l'introduction du quart et du sixième de ton dans l'échelle sonore. C'est lui qui a encouragé un Paul Hindemith à combattre, par principe, tout ce qui pouvait apporter une sensation agréable à notre oreille, une volupté à nos nerfs et qui l'a conduit à humilier le piano — l'instrument chantant de Chopin, de Fauré et de Debussy — en le rangeant, comme les timbales ou la grosse caisse, parmi les outils de percussion. Voilà le théoricien qui a fourni à Stravinsky et à ses imitateurs les dogmes de leur nouvel évangile ascétique né de l'impossibilité de pousser plus loin la technique du raffinement et du charme épuisée par les maîtres de l'impressionnisme.

Inutile d'ajouter que le précurseur de ce que Serge de Diaghilev appelait sadiquement la musique « méchante » se gardait bien d'appliquer ses doctrines lorsqu'il se trouvait sur une estrade de concert pour interpréter Liszt, Schumann, Beethoven ou Bach. Busoni fut un merveilleux pianiste mais son intellectualisme exaspéré lui fit adopter un rigorisme impitoyable dans ses théories et dans certaines de ses compositions dont les plus caractéristiques sont dans le domaine théâtral, le *Doktor Faust, Sigune, Die*

*Brautwahl, Turandot, Arlecchino*, dans le domaine symphonique une *Lustspielouvertüre* et dans la musique de chambre une *Fantasia contrapuntistica*, une *Fantaisie sur Bach*, des *Quatuors*, des *Sonates* et des *Concertos*.

C'est également un théoricien de la souffrance rédemptrice que le Viennois Arnold Schœnberg *(1874-1951)* qui chercha à déduire du chromatisme wagnérien la théorie parfaitement cohérente de l'atonalité qui bouleverse toute la syntaxe musicale en usage jusqu'à ce jour. Obéissant à cet instinct désespéré du captif qui veut briser les barreaux de sa prison, ce cérébral échafauda de très ingénieuses théories qui ont guidé ses cadets avec plus ou moins de bonheur mais qui ne l'ont pas empêché de nous donner des œuvres qui sont en contradiction absolue avec ses dogmes. Car Schœnberg est un romantique, un impressionniste et un féerique qui a embrassé la carrière de professeur d'abstraction. Ses *Gurrelieder*, sa troublante *Verklaerte Nacht*, sa musique pour *Pelléas et Mélisande* et son hallucinant *Pierrot lunaire* possèdent toutes les vertus que sa mystique range parmi les vices. Cette musique agit directement sur nos nerfs et fait constamment appel à notre sensualité auriculaire. Ce n'est qu'*a posteriori* que l'analyse grammaticale de ces textes nous dénonce les partis pris laborieux de ce catéchiste dont l'influence a été considérable et qui a converti au vocabulaire atonaliste tous les jeunes compositeurs soucieux de marcher à l'avant-garde du mouvement artistique de leur temps.

Son invention de la musique « sérielle » est encore trop récente pour qu'on puisse juger ce jeune arbre à ses fruits, mais la règle du jeu qui asservit le compositeur à cette chinoiserie d'écriture aussi conventionnelle, aussi puérile et aussi arbitraire que celle de l'acrostiche ou des mots croisés manque un peu trop de dignité et de prestige pour un artiste épris de liberté et d'indépendance. Souhaitons qu'un chef-d'œuvre réalisé dans ces conditions vienne nous détromper.

A ces lignes écrites en 1949 et qui témoignaient de ma bonne foi et de ma bonne volonté en présence d'une prospection dont je n'approuvais pas les principes mais à laquelle je souhaitais bonne chance si elle engendrait des œuvres valables, je dois ajouter d'utiles précisions. En dix ans beaucoup de musiques ont coulé sous les ponts de Paris et le dodécaphonisme a fait son chemin. On peut désormais le juger plus objectivement et l'on trouvera plus loin un chapitre nouveau consacré aux problèmes importants qu'il soulève. Mais il est un fait qu'il ne faut pas ignorer, et qui a une très grande importance car il déplace complètement la question : c'est la déclaration de Schœnberg le jour où il a mis sur pied son « système ».

Ce n'était pas du tout, comme on avait pu le croire, un simple besoin de libération, d'évasion, d'affranchissement qui le poussait à chercher un nouveau vocabulaire, ce n'était pas un réflexe artistique de l'excellent musicien qu'il était, c'était déjà le résultat d'un calcul. Et quel calcul! Le dodécaphonisme et l'écriture « sérielle » sont nés d'une audacieuse ambition « ethnique » de leur inventeur. Cédant à une poussée d'orgueil nationaliste, Schœnberg, qui connaissait bien le chauvinisme de ses compatriotes, leur esprit méthodique et appliqué, leur goût du labeur acharné et leur aveugle discipline, voulut exploiter efficacement ces qualités légendaires en leur fournissant un idéal technique propre à les faire briller avec éclat. Nous devons au plus qualifié des « schœnbergiens », le critique Stuckenschmidt, la révélation de ce fait capital. Il nous apprend, en effet, qu'en 1922, Schœnberg déclara au musicologue Josef Rufer, en parlant du dodécaphonisme : « Je viens de faire une découverte susceptible d'assurer la suprématie de la musique allemande dans le monde pour une centaine d'années. »

Voilà qui bouleverse toute l'idéologie de la réforme et lui donne son vrai sens. En même temps cette pro-

fession de foi fait rentrer dans le domaine de la logique l'attitude musicale de Schœnberg dans cette
étonnante aventure. De l'aveu formel de son auteur le
« système » sériel n'est pas, comme on l'a prétendu
effrontément, l'aboutissement normal du chromatisme wagnérien et de l'écriture moderne : c'est une
« invention », une « découverte » individuelle, une
ingénieuse expérience « au tableau noir » tout à fait
étrangère au rythme évolutif du langage de la musique universelle qui se poursuit depuis dix siècles
sans provoquer de rupture de contact entre les générations successives. On s'explique enfin pourquoi
Schœnberg n'a jamais renoncé dans ses œuvres aux
richesses du vocabulaire classique et, pourquoi, à la
fin de sa vie il se rapprochait volontairement du style
tonal. C'est lui, en effet, qui disait : « Il y a encore
tant de belles choses à écrire en ut majeur! »

Si PAUL HINDEMITH *(1895-1963)* est plus agressif dans
ses conceptions, ses dons personnels lui permettent
généralement de corriger dans la pratique ce que ses
principes peuvent avoir d'excessif. Bien qu'il ne possède pas l'imagination féerique de Schœnberg, son
*Mathis le peintre* est une œuvre fort attachante qui
ne doit rien à ses théories et l'on rencontre dans sa
*Kammermusik,* dans sa *Sinfonietta,* dans son abondante musique de chambre et dans ses opéras *Mör-
der Hoffnung der Frauen, Hin und Zürück, Cardillac,
Sancta Suzanna,* des témoignages certains d'une
musicalité dont il s'efforce d'étouffer les élans pour
demeurer logique avec son mépris de tout attrait sen-
soriel dans le domaine des arts. Il a, en effet, poussé
à ses extrêmes limites l'ascétisme de Busoni, et ce
virtuose de l'alto affecte, paradoxalement, de n'attacher aucun prix à la qualité sonore de ses exécutions.
On devine ce que de pareils axiomes peuvent avoir de
dangereux pour ceux de ses disciples qui ont suivi
son exemple sans avoir son talent.

Parmi les élèves les plus représentatifs de l'esthétique de Schœnberg il convient de citer ANTON VON WEBERN *(1883-1945)* dont la *Passacaille*, les pièces pour orchestre et pour quatuor, les lieder et la *Symphonie* pour neuf instruments sont fort remarquables ; ALBAN BERG *(1885-1935)* qui, dans ses opéras *Wozzeck* et *Lulu* et sa *Suite lyrique* pour quatuor, a fait preuve de qualités musicales exceptionnelles et s'est classé au premier rang non pas des chercheurs mais des découvreurs de notre époque. ERNST KRENEK *(1900-1991)*, moins intransigeant dans ses discours, a obtenu de légitimes succès avec son opéra *Orphée et Eurydice*, son opéra-comique *Der Sprung über den Schatten*, son ballet *Mammon*, son opérette syncopée *Jonny spielt auf*, ses deux *Concerti grossi* et sa musique de chambre. ERNST TOCH *(1887-1964)* a pris une place importante dans la jeune école allemande grâce à l'abondance de son intéressante production de musique de chambre qui ne comporte pas moins de treize quatuors à cordes, des sonates, des concertos et des symphonies *da camera*, de sa *Symphonie avec chœurs et orgue*, de ses partitions de scène et de ses opéras *Wegwende, Die Prinzessin auf der Erbse, Der Fächer, Égon et Émilie*. EGON WELLESZ *(1885-1974)* a consacré la plus grande partie de son activité à la musicologie mais a composé également trois opéras *Opferung des Gefangenen, La Princesse Girnara* et *Alceste*, quatre ballets et de la musique de chambre.

Sourds aux appels de Schœnberg et d'Hindemith qui les invitaient à donner l'assaut aux vieilles forteresses de la tonalité et de l'harmonie, un compositeur-prodige comme ERICH KORNGOLD *(1897-1957)* avec sa *Ville morte* et *Das Wunder der Heliane*, un néo-romantique comme PHILIPP JARNACH *(1892-1982)*, un fervent de Bach comme HEINRICH KAMINSKY *(1886-1946)* se sont fait un nom parmi les jeunes musiciens qui n'ont pas voulu rompre tout lien avec le passé. Un WERNER EGK *(1901-1983)* a donné la mesure d'un talent certain. Et un compositeur indépendant, KURT WEILL *(1900-1950)*, dégagé de toute théorie et de tout système, nous a laissé des œuvres extrêmement personnelles qui possèdent une étrange puissance d'envoûtement — *Marie Galante, l'Opéra de quat'sous, Mahagonny, Royal Palace, Le Protagoniste, Garantie* — dans un style « populiste » d'un accent vigoureux et obsédant qui n'appartient qu'à lui. CARL ORFF *(1895-1982)* cherche d'heureuses alliances entre les éléments souvent hybrides du spectacle lyrique. Il en a trouvé d'excellentes dans des œuvres comme *Der Mond, Die Kluge, Antigone, Œdipus der Tyrann, Prométhée, De temporum fine comoedia* et surtout dans ses *Catulli Carmina* et ses *Carmina Burana* dont l'originalité est saisissante.

Et gardons-nous de dédaigner la fontaine miraculeuse de valses qui, pendant cette période laborieuse, grâce à JOSEPH LANNER *(1801-1843)* et à la dynastie des STRAUSS — Johann *(1804-1849)* et ses fils : Joseph *(1827-1870)* et Johann *(1825-1899)* — jaillit sans interruption du sol viennois de la première à la dernière année du XIX<sup>e</sup> siècle, engendrant, par surcroît, un style d'opérette dont le rayonnement fut considérable. L'auteur du *Beau Danube bleu*, des *Histoires de la Forêt viennoise* et de *La Chauve-Souris*, son père et son frère ont les titres les plus sérieux à l'admiration et à la reconnaissance de tous les vrais musiciens.

Leurs trouvailles ont été recueillies et exploitées en sens divers, jusqu'à nos jours, par les FRANZ LEHAR *(1870-1948)*, les OSCAR STRAUS *(1870-1954)*, les EMMERICH KALMAN *(1882-1953)*, les LÉO FALL *(1873-1925)*, les RALPH BENATZKY *(1884-1957)*, les JEAN GILBERT *(1879-1942)*, les ROBERT STOLZ *(1880-1975)* et leurs cousins d'Amérique, les SIGMUND ROMBERG *(1887-1951)*, les RUDOLF FRIML *(1879-1972)*, les IRVING BERLIN *(1888-1989)*, les VINCENT YOUMANS *(1898-1946)* qui en ont tiré parti avec le sens commercial le plus avisé.

# 32

# Techniques nouvelles

*Le dodécaphonisme. — L'écriture sérielle. — L'atona-
lisme intégral. — Les systèmes mathématiques dans
la composition. — La musique stochastique. — Les
extrémistes et les opportunistes.*

Il n'est pas question d'exposer ici la technique simple en apparence mais, en réalité, très complexe dans
ses détails d'exécution du dodécaphonisme et de
l'écriture sérielle. Nous ne pouvons, pour l'instant,
qu'étudier ses incidences pratiques sur la vie musicale de ce temps. Nous avons vu que le principe de
cette innovation détruit systématiquement tous les
rapports affectifs que le sentiment de la tonalité, les
lois de l'harmonie, les recherches mélodiques et
l'équilibre des modulations ont toujours créés entre
les degrés des échelles diatoniques, chromatiques ou
modales. L'atonalisme absolu dépouille tous les sons
des attributions fonctionnelles qui leur ont été confiées depuis dix siècles. Ils ne peuvent plus être, tour
à tour, des toniques, des dominantes, des sous-
dominantes, des sensibles ou des tritons puisque toutes les échelles existantes sont abandonnées et que
chaque note n'a plus aucun lien avec ses voisines.
Il a donc fallu inventer ce qu'on pourrait appeler
une nouvelle « discipline de succession » entre les
sons qui se juxtaposent ou se superposent. C'est le
rôle de la « série ». La série est une nouvelle gamme

que chaque compositeur doit se fabriquer lui-même en alignant d'avance les douze sons chromatiques disposés selon son caprice. Cette petite gamme individuelle devra se dérouler selon certaines lois très strictes et dans un ordre immuable. Elle est valable horizontalement et verticalement et pourra ressusciter les vieux artifices scolastiques du renversement et du mouvement rétrograde, ce dernier s'appliquant soit à la série initiale, soit à cette série renversée. Avant de donner une forme à sa pensée, le compositeur lui crée donc un moule en chicanes auquel elle devra, coûte que coûte, s'adapter docilement. On songe à un poète qui, avant de prendre son luth, couvrirait d'abord sa page blanche d'un certain nombre de blocs formés de douze rimes dont il s'engagerait à respecter scrupuleusement l'immuable retour. Il y a là une parenté évidente entre cette technique des architectes actuels de la musique et celle des entrepreneurs de constructions modernes qui acceptent fort bien qu'une partie de leur travail soit « préfabriquée ». Signe des temps.

Telle est la silhouette schématique et volontairement simplifiée du dodécaphonisme vu de l'extérieur. Il va sans dire que le règlement intérieur de cette charte libératrice contient beaucoup d'autres restrictions et d'autres entraves à la liberté du libéré. Qui oserait prétendre que les virtuoses du ski, engagés dans un championnat international, se *libèrent* en s'attaquant aux savantes embûches de la technique zigzagante du slalom? Or la « série » dodécaphonique est-elle autre chose qu'un slalom musical, un slalom dont chaque auteur plante lui-même les jalons en fixant d'avance, par les intervalles de son choix, le parcours plus ou moins accidenté, acrobatique et tortueux que devra suivre son discours? Le dodécaphonisme s'est imposé là de dures disciplines « sportives » qui paralysent forcément la spontanéité d'un créateur en l'obligeant à triompher d'obstacles sans cesse renaissants. C'est ce qui a amené Chostakovitch à condamner le « système » parce qu'il « dépersonnalise » les compositeurs. Et l'on sait qu'Ansermet, qui ne saurait passer pour un esprit rétrograde, a publié une importante étude qui démontre que ce mécanisme conduira fatalement à une impasse ceux qui espéraient y découvrir une porte de sortie.

A toute prospection de bonne foi entreprise en vue d'enrichir le vocabulaire musical on doit ouvrir un large crédit, mais il est des cas où les doctrines, les évangiles et les professions de foi préalables des ingénieurs qui se proposent d'ouvrir un chantier nouveau nous invitent à la prudence et appellent quelques commentaires. Depuis la mort de Schœnberg, sa théorie du « dodécaphonisme » et de la musique sérielle a pris chez ses disciples un développement international inattendu mais a subi une déformation que n'aurait certainement pas approuvée son inventeur. Peu de temps avant de disparaître, Schœnberg avait pressenti les dangers de cette vulgarisation trop rapide. A l'un de ses amis qui le félicitait d'avoir suscité un tel enthousiasme chez les jeunes compositeurs d'avant-garde, il avait répondu avec une visible inquiétude : « Oui, mais font-ils, au moins, *de la musique* ? »

Toute la question est là. Malgré la difficulté que l'on éprouve à définir scientifiquement le mot « musique », appliquée abusivement, depuis quelques années, à de simples expériences de laboratoire, on comprend fort bien le sens que lui attribuait ici l'auteur du *Pierrot lunaire*. Faire « de la musique », c'est respecter instinctivement le *la* du diapason inaudible qu'ont entendu résonner en eux les compositeurs de génie de tous les siècles, quelles qu'aient été leurs tendances esthétiques, et qui a maintenu, entre eux, une secrète solidarité. Ce qui n'a pas empêché beaucoup de compositeurs contemporains d'éprouver le besoin de secouer le joug séculaire de la tonalité et la dictature du mode majeur et du mode mineur remplaçant arbitrairement toutes les autres échelles sonores.

Ce désir de libération tourmente les musiciens qui ont proposé à ce problème les solutions les plus variées. Chez nous, un Gabriel Fauré, un Debussy et un Ravel se sont affranchis avec une ingéniosité prodigieuse des strictes disciplines de la tonalité mais sans songer à la détruire. La tonalité est une table d'orientation. Elle donne aux sept notes de la gamme et à leurs altérations — ce qui a, en réalité, toujours fait entrer dans le jeu les douze sons de l'atonalisme — une personnalité, une sensibilité, des antennes, des forces d'attraction et de répulsion qui les rendent vivantes, actives et, si l'on peut dire, intelligentes. Assigner à ces forces des missions nouvelles et fécondes nous apportera plus de satisfactions artistiques que leur destruction pure et simple.

Si la loi de la pesanteur ne l'accablait pas, l'humanité n'aurait jamais pu inventer la technique aérienne de la danseuse classique, de l'acrobate, du trapéziste volant, du sportif ou du jongleur. Si un miracle de la science nous donnait, un jour, le pouvoir de nous dépouiller à volonté de notre poids nous serions appauvris de nombreuses richesses dans les domaines les plus divers. Or, c'est ce dont nous menace le dodécaphonisme intégral qui coupe, d'avance, toutes les connexions que l'on pourrait établir entre les douze sons, les stérilise, les laisse sans élasticité, sans épaisseur, sans réflexes, sans sociabilité, sans système nerveux, en fait des matériaux inertes, des notes mortes que la technique de la « série » achève de dissocier puisque chaque compositeur a le devoir préalable de les éparpiller, selon son caprice, aux quatre vents du ciel.

Cette austère règle du jeu, acceptée héroïquement par des hommes de génie, pourra peut-être, un jour, exaucer le vœu de Schœnberg en engendrant une œuvre « musicale » mais, pour l'instant, toutes les fois que des « dodécaphonistes » patentés comme Alban Berg ou Dallapicola ont réalisé des ouvrages lyriques de valeur comme *Wozzeck, Lulu* ou *Vol de nuit*, ce n'est jamais aux froids calculs de la « série » qu'ils ont eu recours : ils ont laissé parler leur cœur et ont écrit une « musique » sensible, expressive et émouvante qui se rattache étroitement aux plus solides traditions du théâtre chanté et répudie les dogmes sacrilèges — « La musique ne peut et ne doit rien exprimer... Si elle exprime quelque chose elle cesse d'être de la musique... La musique est faite pour être lue et non pour être entendue... On ne doit attendre d'une audition musicale ni plaisir, ni distraction, ni délassement... etc. » — que l'on voudrait leur imposer.

La réforme proposée par Schœnberg ne s'appuie pas sur des axiomes aussi dangereux; malheureusement, beaucoup de jeunes artistes désorientés qui, actuellement, cherchent vainement leur voie dans les carrefours tumultueux de l'esthétique, croient devoir prendre pour unique boussole la discipline rassurante des mathématiques pures et discréditer la sensibilité au profit de l'intelligence et du raisonnement. Pour la plupart d'entre eux, le cérébralisme remplace commodément le « don » musical qui leur fait défaut et cet état d'esprit les conduit inévitablement à l'abstraction.

D'ailleurs une telle conception de l'art suscite déjà des imitations et des surenchères dans un domaine aussi favorable à toutes les spéculations de l'esprit. Au moment où j'écris ces lignes, un compositeur grec, patronné par Olivier Messiaen, a présenté un système de création musicale reposant sur le « calcul des probabilités ». Se référant aux travaux des mathématiciens et aux lois de Poisson qui essaient de discerner un certain équilibre dans les caprices du hasard, et en codifiant ces conquêtes dans sept équations d'algèbre supérieure, l'inventeur de cette musique dite « stochastique » abolit définitivement l'acte créateur en confiant à ces équations le soin d'organiser scientifiquement « les perturbations aléatoires » créées par le hasard.

Sa thèse, en effet, est la suivante. Entre des hommes et des instruments de musique il doit fatalement se produire, un jour ou l'autre, d'imprévisibles « événements sonores ». Les sept équations algébriques, issues du calcul des probabilités, permettront de réaliser ces contacts « sans aucune intervention d'une volonté ordonnée », ce qui, évidemment, libérera cette façon d'assembler des sons — audacieusement baptisée « musique » — de toute discipline humaine et soumettra la composition à l'infaillible dictature du calcul. Voilà le système dodécaphonique et sériel déjà dépassé et démodé. Et l'on se demande où l'on pourra s'arrêter dans cette voie.

Avant de s'engager sur cette pente glissante, la prudence la plus élémentaire nous invite à réserver notre jugement, d'autant plus que les réformateurs mathématiciens ont adopté une attitude qui pose un problème d'une gravité exceptionnelle. Jusqu'à ce jour, les révolutions musicales, qui furent innombrables, n'ont jamais rompu les ponts entre deux générations. Du Moyen Age à l'époque actuelle les conquêtes successives des chercheurs n'ont pas creusé de fossés infranchissables dans l'histoire de la musique universelle et n'ont pas entraîné de rupture brutale entre Stravinsky et Guillaume de Machaut, entre Debussy et Monteverdi, entre Ravel et Couperin, entre Fauré, Bach et Mozart. Aujourd'hui, au contraire, avec une logique indiscutable, les dodécaphonistes de stricte obédience réclament un abandon total de tout l'héritage musical du passé et du présent de notre art.

Ils ont raison : leur nouveau procédé d'assemblage des notes repose sur la destruction radicale de toutes les techniques utilisées jusqu'ici. La musique repart de zéro. Ils l'affirment avec une magnifique opiniâtreté : « Notre génération, proclament leurs manifestes, est arrivée à se définir d'une façon suffisamment précise et explicite pour ne plus accepter de parrainage, pour ne plus subir de hantises et pour prendre congé de nos aînés. » Et ils refusent de respecter désormais « une tradition maintenant vidée de vie ».

Dans l'absolu, ce raisonnement se défend. Si les lois ancestrales plus ou moins évoluées de la mélodie, de l'harmonie, du contrepoint, des modes et des tonalités sont, non plus seulement des procédés d'écriture démodés et périmés mais des erreurs fondamentales de conception, s'il faut, désormais, utiliser les successions de sons d'une tout autre manière annihilant toutes les précédentes, il est bien évident qu'il faut « prendre congé » de toute la musique aberrante du passé et se hâter de débarrasser l'oreille des nouvelles générations de tous ses absurdes « appétits » actuels. On ne peut pas servir en même temps la vérité et l'erreur et concilier l'inconciliable. Si la dictature des mathématiques triomphe, dans vingt ans les auditeurs de musique purifiés de leurs complexes mensongers et de leurs « traditions vidées de vie » ne trouveront plus aucun sens à une symphonie de Mozart, à un drame lyrique de Wagner ou à un poème symphonique de Debussy. Il faudra brûler toutes les partitions existantes désormais inutilisables et uniquement accessibles à quelques archéologues spécialisés dans les langues mortes.

C'est nous demander un bien lourd sacrifice alors qu'on ne nous offre en contrepartie que des travaux de laboratoire d'une médiocrité et d'une monotonie décourageantes. Troquer notre opulent trésor de chefs-d'œuvre contre des chèques demeurés actuellement sans provision constitue, jusqu'à nouvel ordre, une opération peu engageante. On nous permettra donc d'attendre sagement que les nouveaux langages aient prouvé leur supériorité sur ceux qu'ils veulent remplacer pour nous convertir à leur grammaire et à leur syntaxe.


Encore une fois je ne blâme pas les nouveaux évangélistes de leur féroce intransigeance. Ce sont des croyants et des apôtres. Or, jusqu'ici on n'a pas encore découvert pour soulever des montagnes de procédé plus efficace que la foi. Toutes les religions traversent leur crise d'intolérance. Ce qui n'est pas défendable c'est l'attitude opportuniste des commentateurs du système qui s'efforcent prudemment de faire oublier les axiomes un peu gênants des briseurs d'idoles en minimisant leur révolte. Ils leur prêtent, tout à fait gratuitement, un esprit de conciliation qui est en opposition absolue avec leur doctrine et l'affaiblit singulièrement. Si, comme ils l'insinuent, les artisans du Grand Soir ne refusent pas de *flirter* personnellement, à l'occasion, avec la tonalité classique, leur fière décision de « prendre congé » n'a plus de sens puisqu'ils acceptent de renouer avec des traditions désormais « vidées de vie ». J'aime mieux la franchise de l'un d'entre eux écrivant, à propos de la note sensible — qu'il a tort de croire coupable lorsqu'elle est isolée puisqu'il lui faut la collaboration du quatrième degré pour devenir radio-active — : « Il s'agit de tuer définitivement ce qui faisait palpiter le cœur de la musique depuis dix siècles! » Voilà la question nettement et loyalement posée.

Nous ne pouvons prendre au sérieux une expérience que si elle est conduite d'un bout à l'autre, sans concessions ni complaisances. Un dodécaphonisme sensible, expressif, accessible à l'émotion musicale traditionnelle — et c'est là, au fond, la vraie conception atonaliste de Schœnberg, mis à part son « système » de la « musique au tableau noir » inspiré par une préoccupation pangermaniste — perd beaucoup de son intérêt car il est en contradiction avec lui-même. Le point de vue brutal des sérialistes extrémistes est plus rationnel. Attendons les résultats de leur rupture de contact avant d'abjurer nos vieilles croyances et d'obéir à leur mise en demeure de brûler ce que nous avons adoré. Rien ne presse. Les objectifs décisifs ne sont pas atteints, les déceptions sont nombreuses, les désertions se multiplient, des schismes s'amorcent. Nous ne pouvons dominer l'en-

semble du champ de bataille et distinguer les faux
héros des vrais.

Patience! Lorsque le désordre de cette mêlée aura
pris fin, l'heure de la justice sonnera. Et c'est alors
qu'en enterrant les morts et en soignant les blessés,
la Musique reconnaîtra les siens...

# 33

# La Russie

*Glinka. — Balakirev. — César Cui. — Rimsky-Korsakov. — Borodine. — Moussorgsky. — Tchaïkovsky. — Scriabine. — Stravinsky. — Le dirigisme soviétique.*

La vie musicale de la Russie jusqu'au règne de Pierre le Grand fut paralysée par les anathèmes dont l'Église orthodoxe accablait les instrumentistes et les chanteurs considérés comme des messagers de Satan. Nous avons vu, au début de cette étude, que la logique religieuse devait forcément condamner un art dans lequel la volupté des sens jouait un si grand rôle. En Occident la voix humaine avait trouvé grâce devant le clergé; en Russie, hors des sanctuaires, elle était aussi suspecte que les instruments.

L'archevêque Cyrille II considéra l'invasion des Tartares comme une marque évidente du courroux du Ciel châtiant un peuple trop dévoué pour la musique. Une condamnation ecclésiastique formelle s'abattit au XVIe siècle sur toute la musique profane et, en plein XVIIe siècle, on put voir les patriarches faire saisir les instruments de musique, les entasser et les brûler publiquement dans la meilleure tradition florentine des bûchers de Savonarole.

Cette énergique défense n'empêcha pas la musique de pénétrer dans la place au XVIIIe siècle. Son offensive victorieuse avait été conduite par des Italiens qui parvinrent à intéresser la famille impériale à leur répertoire théâtral. On raffola bientôt de l'opéra italien et c'est à des maîtres napolitains ou vénitiens que l'on confia la direction des théâtres lyriques russes et que l'on demanda les principes d'une pédagogie musicale. Vers la fin du XVIII° siècle, l'opéra-comique français fit son apparition dans la bonne société, et nos compatriotes Monsigny, Philidor et Dalayrac y obtinrent de brillants succès. En même temps la musique populaire russe, si longtemps persécutée, commença à s'infiltrer dans les concerts et, sur l'initiative de la grande Catherine, des chorales se consacrèrent à sa diffusion. Le goût du folklore s'étendit à la danse et, au début du XIX° siècle, l'art musical russe se trouva enfin en possession de ses moyens d'expression essentiels.

Les Russes s'accordent à considérer MICHEL GLINKA *(1804-1857)* comme l'ancêtre de leurs glorieux compositeurs nationaux. Avec lui commence, en effet, le règne de ces grands inspirés qui doivent à leur instinct plus qu'à leurs études techniques leur extraordinaire maîtrise. Glinka était un riche amateur fort bien doué pour la musique. Des voyages en Italie et en Espagne l'aidèrent à développer ses dispositions naturelles et à lui donner ce goût passionné de la sève populaire qu'allaient partager avec lui ses illustres successeurs. L'art musical russe plonge dans son sol natal de fortes racines. La chanson et la danse populaires russes imprègnent et colorent le langage de tous les grands créateurs de poèmes symphoniques et de drames lyriques qui vont, à la suite de Glinka, doter leur pays d'un art national. Le premier opéra de Michel Glinka, *La Vie pour le Tsar* (1836), crée immédiatement la formule avec une telle autorité que son succès est foudroyant et demeure inépuisable. Glinka découvre alors Pouchkine qui lui fournit le thème de son grand opéra : *Rousslan et Ludmilla*, et c'est là le point de départ d'une tradition qui va devenir particulièrement féconde pour le lyrisme russe.

Les tournées de concerts de Liszt en Russie avaient

été pour les musiciens slaves une éblouissante révélation. Le poème symphonique leur apparaît alors comme un mode d'expression excellent pour faire valoir leurs dons naturels, leur amour des rythmes et des atmosphères folkloriques et leur goût des orchestrations aussi richement colorées que les costumes nationaux de leurs paysans. Aussi, dès l'année 1847, au moment où Berlioz allait, à son tour, évangéliser la Russie et accroître le prestige du tableau symphonique, Glinka écrit sa *Kamarinskaïa*, page coruscante qui annonce déjà les futurs chefs-d'œuvre de l'École des « Cinq ». Quelques mélodies d'un sentiment profond et de la musique de chambre complètent l'apport de ce précurseur.

Tout en donnant un accent russe authentique à tout ce qu'il écrivait, Glinka n'avait pas conçu le style du théâtre chanté sous une autre forme que celle de la grande effusion mélodique dont les Italiens lui avaient révélé la séduction. Un de ses disciples, Alexandre Dargomijsky *(1813-1869)*, eut l'ambition de serrer de plus près, dans sa musique, la courbe de la phrase, le rythme et le sens du mot. Appliquant au drame lyrique russe un des principes wagnériens, il usa d'une déclamation très libre, à mi-chemin du récitatif et de la mélodie continue. Seconde étape capitale dans l'histoire du théâtre musical national. Ce n'est d'ailleurs qu'à la fin de sa carrière que Dargomijsky réalisa cette évolution avec son *Convive de Pierre*, composé sur un livret de Pouchkine. Ses premiers ouvrages — *Esmeralda* et *Roussalka* — demeuraient encore très influencés par ceux de Glinka et par les partitions italiennes et françaises à la mode et restaient fidèles à la coupe traditionnelle des airs et des romances.

Autour du novateur du *Convive de Pierre* s'étaient groupés cinq compositeurs animés de la même foi, ressentant la même admiration pour Glinka et brûlant du même désir de doter leur pays d'un art spécifiquement russe. Le groupe des « cinq » — Moussorgsky, Balakirev, César Cui, Borodine et Rimsky-Korsakov — se réunissait chez Dargomijsky pour jeter les bases d'une féconde alliance. Leur zèle était le même que celui des fondateurs de notre Société Nationale en 1870. Leurs divergences d'opinion et l'incompatibilité de leurs natures et de leurs caractères n'étaient pas moins sensibles. La phalange comprenait des artistes à tendance académique comme Rimsky-Korsakov, des techniciens purs comme Balakirev, des amateurs distingués comme Cui et Borodine et un farouche autodidacte indépendant comme Moussorgsky. Mais les points communs qui les réunissaient et cimentaient leur union leur permirent d'exercer une action puissante sur l'esthétique de leur époque.

Mily-Alexeievitch Balakirev *(1837-1910)*, tout en appartenant, comme ses quatre amis, à la catégorie des dilettantes, des amateurs et même des autodidactes, était le technicien du groupe. Il n'exerçait pas, comme eux, un second métier : il se consacra entièrement à son art, fonda à Saint-Pétersbourg une École de Musique et une Société de Concerts symphoniques. Il devint vite le directeur de conscience de ses camarades, ne les suivit pas dans leurs expériences théâtrales et n'écrivit qu'un très petit nombre d'ouvrages, tous destinés au concert, comme sa fameuse fantaisie orientale pour piano, *Islamey*, ou son magnifique et somptueux poème symphonique *Thamar*, ses *Ouvertures* et ses deux *Symphonies*. Il composa également de très belles mélodies et harmonisa des chansons populaires russes avec une rare ingéniosité.

César Cui *(1835-1918)* était un ingénieur militaire spécialisé dans la construction des fortifications. Il consacra ses loisirs à la musique et travailla avec Balakirev. L'expression vocale était celle qui convenait le mieux à son tempérament. Aussi n'écrivit-il que des mélodies, d'ailleurs fort remarquables, et des opéras et opéras-comiques peu audacieux mais qui obtinrent un très vif succès, comme *William Ratcliff, Le Prisonnier du Caucase, Le Fils du Mandarin,*

*Angelo, Le Flibustier, Le Sarrasin, Mam'zelle Fifi et Matteo Falcone.*

Les « cinq » eurent leur Saint-Saëns en la personne de l'officier de marine Nicolas Andreievitch Rimsky-Korsakov *(1844-1908)* qui abandonna l'uniforme pour devenir un musicien professionnel après avoir appris un peu empiriquement la composition avec Balakirev. Épris de perfection technique et amoureux du beau « métier », il voulut connaître à fond tous les secrets de son art et n'hésita pas à recommencer courageusement ses études musicales après avoir donné des œuvres aussi importantes que son poème symphonique *Sadko* et son opéra *La Pskovitaine.* Virtuose de l'écriture harmonique et de l'orchestration, il se montra plus apte à la description picturale saisissante qu'au lyrisme du cœur et à l'émotion intime. Ses œuvres ont une précision, une infaillibilité, un éclat un peu froid et une richesse de couleurs très caractéristiques.

On lui a beaucoup reproché d'avoir appauvri, par ses scrupules de puriste, la partition de *Boris Godounov* de Moussorgsky dont il avait été chargé d'atténuer les erreurs et les maladresses. Cette indignation est légitime dans son principe : certaines incorrections géniales sont infiniment plus respectables que les préceptes sacro-saints de l'École. Moussorgsky a eu, plus d'une fois, des hardiesses subversives et séditieuses qu'il était criminel de vouloir ramener au gabarit de l'écriture conformiste. Mais, outre que Rimsky n'avait accepté cette mission que pour permettre au chef-d'œuvre de son ami de forcer les portes des théâtres qui se fermaient devant son amateurisme agressif, il s'acquitta de sa tâche avec un dévouement affectueux et une habileté auxquels on oublie trop souvent de rendre hommage. La version originale de « Boris » a désormais repris sa place auprès de la version corrigée qui a assuré son succès à l'époque où ses audaces paraissaient intolérables. On y a retrouvé avec joie certaines gaucheries magnifiques de Moussorgsky, mais on s'est également aperçu que, dans le tableau du Sacre, par exemple, la virtuosité « descriptive » de Rimsky avait fait merveille et que sa science raffinée de l'orchestration lui avait permis de réaliser le décor sonore de cette scène avec plus d'exactitude que l'auteur. Par des moyens différents, Rimsky a obtenu l'effet précis que Moussorgsky avait vainement cherché à atteindre. On a donc beaucoup exagéré le tort que cette collaboration amicale avait pu faire à cette admirable partition.

Rimsky-Korsakov a laissé une production abondante. Pour la scène il a écrit successivement *La Pskovitaine, Une Nuit de mai, Snegourotchka, Mlada, La Nuit de Noël, Sadko, Mozart et Salieri, La Fiancée du Tsar, Le Tsar Saltan, Servilia, Katschei l'immortel, Le Voiévode, La Légende de Kitège, Le Coq d'or.* Ses poèmes symphoniques s'appellent *Antar, La Grande Pâque Russe, Sadko, Légende, Conte féerique, Capriccio espagnol, Shéhérazade.* Et de nombreux ouvrages de musique de chambre nous apportent le témoignage de l'extrême variété de ses dons.

Parmi les élèves les plus remarquables et les plus orthodoxes de Rimsky-Korsakov il convient de citer Anatole Liadov *(1855-1914)*, l'auteur de *Baba-Yaga*, de *Kikimora*, du *Lac enchanté*, de chœurs pour *Sœur Béatrice* et pour *La Fiancée de Messine* et de charmantes pièces de piano; Alexandre Glazounov *(1865-1936)*, qui écrivit huit *Symphonies*, six *Ouvertures*, cinq *Suites d'orchestre*, des tableaux symphoniques, de nombreuses pièces d'orchestre et de musique de chambre et un très beau poème symphonique, *Stenka Razine*, qui a fait le tour du monde; Alexandre Gretchaninov *(1864-1956)*, auteur de quatre *Symphonies*, de deux opéras, de plusieurs musiques de scène, de trois *quatuors*, d'un trio, d'une sonate, de concertos et d'œuvres religieuses dont ses trois *Liturgies* sont les plus célèbres; Nicolas Tchérepnine *(1873-1945)* dont la production est abondante et dont les ballets : *Le Pavillon d'Armide, Le Masque de la Mort rouge, Contes russes, Narcisse et Écho,* son ouverture pour *La Princesse lointaine* et ses chœurs connurent un grand succès; son fils ALEXANDRE TCHÉREPNINE *(1899)*, qui commença ses études musicales en Russie et les acheva à Paris, honore par ses compositions et sa carrière de chef d'orchestre le nom respecté de son père.

C'est un chimiste distingué, professeur à l'Académie médico-chirurgicale de Saint-Pétersbourg, médecin militaire, que Balakirev attira vers la musique en la personne d'ALEXANDRE PORPHIRIEVITCH BORODINE *(1834-1887)*, qui partagea équitablement sa vie entre la science et l'art. Esprit très distingué, caractère affectueux et généreux, il fut entouré de l'estime et de la sympathie générales. Il n'eut pas l'ambition de créer un style musical nouveau. Les formes traditionnelles de l'opéra italien lui suffirent pour écrire une partition aussi profondément pittoresque et émouvante que celle du *Prince Igor* où se trouvent les célèbres « Danses Polovtsiennes » et qu'il laissa inachevée comme sa troisième Symphonie. Les scrupules professionnels qui l'empêchèrent d'abandonner complètement la science pour la musique ont réduit fâcheusement sa production. Un unique opéra, un seul poème symphonique : *Dans les steppes de l'Asie centrale*, trois symphonies dont la dernière n'est pas terminée, un ballet incomplet, *Mlada*, deux quatuors à cordes, un trio, quelques *lieder* et quelques morceaux de piano constituent tout son bagage. Mais le parfum caractéristique de sa musique demeure impérissable.

Le dernier membre du groupe était un officier du régiment de la garde Préobrajensky, MODESTE PÉTROVITCH MOUSSORGSKY *(1839-1881)*, être étrange et hallucinant, issu d'une excellente famille dont la ruine le fit sombrer peu à peu dans la neurasthénie, la misère et l'alcoolisme avant de l'envoyer mourir à l'hôpital. Ce destin douloureux ne l'empêcha pas de s'adonner à la composition avec une sorte de passion fiévreuse et d'y faire preuve d'une originalité et d'une hardiesse exceptionnelles. Moussorgsky n'apprit pas à fond la musique. Son génial instinct lui fit deviner ce qu'il ignorait et lui permit de se constituer un langage personnel souvent incorrect mais toujours extrêmement musical, riche en trouvailles harmoniques prophétiques et capable de traduire des pensées d'une nouveauté saisissante. Sans s'embarrasser de dogmes et de théories, sans se tracer un plan d'action préconçu, Moussorgsky fut, en art, un pionnier du réalisme et du pathétique populaire. Il s'intéressa aux souffrances des humbles et les plus belles pages de son œuvre lyrique sont celles que lui inspirèrent la tendresse et la pitié. Il inventa des façons absolument neuves de s'exprimer en musique. Son art enferme une vérité humaine bouleversante et il eut le privilège de prêter à une foule chantante des accents d'une sincérité si poignante que l'on oublie en les écoutant les conventions qui discréditent le genre périmé du chœur d'opéra. Certaines pages de *Boris* sont, à cet égard, de véritables dates dans l'histoire du théâtre.

Moussorgsky ne fut jamais attiré par les formes abstraites de la musique pure. Il n'écrivit ni sonates, ni trios, ni quatuors à cordes et les quelques pièces de piano qu'il composa portent des titres évocateurs : *La Couturière, Au village, Méditation, Une Larme, Au sud de la Crimée*. Son art était si près de la vie qu'il n'avait d'autre ambition que d'en capter et d'en fixer la palpitation. Le chant était, naturellement, son mode d'expression préféré mais il trouva le moyen d'enclore des visions et des notations d'un prodigieux relief dans un tableau symphonique comme *Une Nuit sur le mont Chauve*, ou dans un simple album de piano comme les *Tableaux d'une Exposition* dont Maurice Ravel nous a donné une orchestration si éblouissante qu'il est désormais impossible de prendre au sérieux les scrupules des rigoristes qui condamnent par principe, comme une trahison, toute instrumentation d'une pièce pianistique.

De la voix humaine il a tiré une éloquence simple et directe dont la force persuasive était inconnue avant lui. Dans son album *La Chambre d'enfants*, la déclamation chantée suit de si près les textes qu'elle n'est que l'agrandissement sonore du rythme des mots et la notation à peine amplifiée des courbes verbales de la conversation courante. On a beaucoup parlé de l'influence que Moussorgsky avait exercée sur Debussy et sur Ravel : on peut être assuré que *La Chambre d'enfants*, écrite en 1868, a été pour tous deux une révélation prosodique foudroyante et que, beaucoup plus encore que *Boris*, elle leur a montré ce qu'on pouvait obtenir de la mélodicité du verbe. Trente ans avant *Pelléas* et *L'Heure espagnole*, le problème de la souple déclamation lyrique aussi éloignée du récitatif que de l'*arioso* se trouvait ainsi résolu. Et, dans ce langage nouveau, le contenu de musique pure demeurait si considérable qu'un Liszt avait l'intention de tirer de cet étonnant recueil une transcription pour piano seul! C'est en faisant intelligemment leur profit d'une leçon de ce genre et non pas en lui empruntant des formules et des locutions harmoniques ou orchestrales que Ravel et Debussy sont devenus les débiteurs du génial autodidacte de Saint-Pétersbourg.

Deux autres albums — *Sans soleil* et *Chants et danses de la Mort* — des mélodies isolées et des œuvres chorales comme *Œdipe, Josué, La Défaite de Sennachérib* et *Salammbô* ont achevé de consolider ces précieuses acquisitions. Enfin, deux drames lyriques d'une grandeur, d'une simplicité et d'une humanité profonde : *Boris Godounov* et *La Kovanchtchina*, et deux essais de comédie musicale populaire — *Le Mariage* et *La Foire de Sorotchintsy* — complètent la série courte mais substantielle des chefs-d'œuvre de Moussorgsky, bienfaiteur de la musique de son temps qui lui doit de magnifiques leçons d'indépendance, de sincérité et de générosité d'âme et de cœur.

Fait paradoxal que nous avons déjà observé dans l'art de Chopin, c'est en se créant un langage essentiellement national, c'est en étant aussi profondément russe que Chopin était polonais, c'est en prenant les éléments les plus solides de son style dans les modes ecclésiastiques et les chants populaires de son pays que Moussorgsky a composé des œuvres que l'univers entier aime et comprend sans effort. Son nationalisme fervent a fait de lui un grand international. Son *Boris*, qui a la richesse féerique et multicolore d'une icône, est un des plus précieux joyaux du répertoire lyrique des deux continents, car la puissance d'irradiation des sentiments simples et forts qu'il traduit est de celles auxquelles aucun être humain ne saurait résister.

Pendant que les « Cinq » créaient à Saint-Pétersbourg ce climat musical inattendu dont les incidences artistiques allaient devenir si importantes, les deux frères Rubinstein, par leur production personnelle et, plus encore, par leur prosélytisme et leur activité pédagogique, exerçaient une influence sérieuse sur un autre groupe de compositeurs poursuivant un idéal assez différent de celui des musiciens nationalistes et réformateurs. L'aîné, Anton Rubinstein *(1830-1894)*, était un admirable pianiste qui se fit applaudir dans le monde entier avant de se consacrer à la composition et à l'enseignement. Il avait appris l'harmonie et le contrepoint à Berlin avec Dehn, et c'est la technique de l'Europe Centrale qu'il voulut acclimater en Russie. Devenu pianiste de la Cour, il put, grâce à la protection de la Grande-Duchesse Hélène, fonder et diriger une grande Société de concerts et un Conservatoire. Sans renoncer complètement à ses grandes tournées triomphales dans l'ancien et le nouveau monde, il forma toute une génération d'élèves dans un esprit de classicisme « oriental » et écrivit de nombreux opéras dont les plus célèbres dont *Dimitri Donskoï, Toms le fou, Les Chasseurs Sibériens, Kalachnikov, Le Marchand de Moscou, Le Démon, Die Kinder der Heide, Lalla Rookh, Der Papagei, Sulamith, Gorjuschka, Néro,* etc., une quantité d'œuvres symphoniques, d'oratorios, de suites, d'ouvertures, de musique de chambre et, bien entendu, une abondante production pianistique. Son frère NICOLAS RUBINSTEIN *(1835-1884)*, formé, lui aussi, à l'école berlinoise, réalisa à Moscou une réplique exacte de l'œuvre de propagande de son aîné. Il prit, comme lui, la direction d'une Société de Concerts symphoniques et d'un Conservatoire, y fit preuve des plus grandes qualités comme pianiste, et surtout comme chef d'orchestre, mais ne sacrifia pas à la composition sa mission de pédagogue qui l'absorba tout entier.

Ce double enseignement parallèle représentait une réaction très nette du formalisme, de l'académie, du traditionalisme européen et de la culture classique germanique contre les tendances progressistes, populistes et anticonformistes du groupe fondé par Balakirev. Parmi les nombreux compositeurs et virtuoses soumis à ces disciplines, le plus caractéristique est PIERRE ILITCH TCHAIKOVSKY *(1840-1893)*, artiste hypersensible et un peu névrosé dont la carrière fut extrêmement féconde et la vie assez déconcertante. Sa production considérable lui a valu des succès éclatants et durables dans le monde entier. En Russie les musiciens qui, logiquement, devraient être les adversaires les plus déclarés de son esthétique ont pour lui une admiration sans bornes qui étonne les mélomanes français pour qui l'art des « Cinq » représente une richesse nationale beaucoup plus précieuse que cette musique trop européanisée pour leur goût. D'autre part, nous découvrons souvent dans les partitions de Tchaïkovsky des fadeurs, des banalités et des vulgarités qui nous choquent. Une telle opinion a toujours scandalisé des Russes aussi peu suspects de conformisme que Serge de Diaghilev ou Igor Stravinsky pour qui Tchaïkovsky est un maître très supérieur à tous ses rivaux, ce qui tendrait à prouver que sa musique renferme des éléments secrets de slavisme qui nous échappent.

A l'étranger son succès est éclatant et tout son répertoire est devenu classique. Sa *Symphonie pathétique* qui, chez nous, a peu de prestige parce que sa sentimentalité nous paraît trop facile, est une œuvre de fond pour tous les grands concerts symphoniques internationaux. Par contre, ses ballets ne soulèvent aucune objection. Ingénieusement rythmés, admirablement écrits pour la danse et bénéficiant de la merveilleuse orchestration dont Tchaïkovsky a le secret, ils sont à la base de tout spectacle chorégraphique. Son éblouissant *Casse-Noisette*, son touchant et nostalgique *Lac des Cygnes* et sa *Belle au Bois dormant* ne quittent jamais longtemps l'affiche.

Ses opéras n'ont pas encore pu s'acclimater en France, alors qu'ils sont joués dans toutes les grandes capitales d'Europe et d'Amérique. *Eugène Onéguine, La Dame de pique, Opritchnik, Le Forgeron Vacula, La Sorcière, Mazeppa, La Pucelle d'Orléans, Yolanthe* contiennent des pages remarquables et des situations dramatiques traitées avec beaucoup d'émotion. Toute la musique de Tchaïkovsky est sensible, même lorsqu'elle adopte des formes abstraites comme ses sept *Symphonies*, ses six *Suites* d'orchestre, ses *Ouvertures*, ses *Fantaisies* et ses *Concertos* pour piano et pour violon. Sa musique de chambre présente les mêmes caractères. Ses trois *quatuors* à cordes, son *trio* pour cordes et piano, son *sextuor*, ses pièces pour violon se rattachent presque toujours à un sentiment, un souvenir ou une pensée. Certains portent des titres significatifs : *Souvenir d'un lieu cher, A la mémoire d'un grand artiste, Souvenirs de Florence*, attestant ainsi sa préoccupation constante d'enfermer des éléments concrets dans des cadres abstraits. Des chœurs, des cantates, des quatuors vocaux et des mélodies révèlent les dons un peu disparates mais indiscutables d'un musicien qui tiendra dans l'histoire de son temps une place de premier plan. Et l'on peut citer parmi les compositeurs russes qui ont subi directement son influence des artistes comme SERGE IVANOVITCH TANÉIEV *(1856-1915)*, comme ANTOINE STEPANOVITCH ARENSKY *(1861-1906)*, comme MICHAIL IVANOV *(1849-1927)* et SERGE RACHMANINOV *(1873-1943)* dont l'activité de compositeur ne fut pas moins brillante que la carrière de virtuose.

Mais c'est pour chercher d'autres solutions du même problème qu'ALEXANDRE NICOLAIEVITCH SCRIABINE *(1872-1915)* introduisit dans son esthétique des préoccupations philosophiques, religieuses et théosophiques. Ce musicien moscovite qui mena une existence très cosmopolite avait le goût wagnérien des grandes synthèses et poussait cette recherche jusqu'aux expériences de synesthésie les plus hardies. C'est lui qui, dans son *Prométhée*, inventa, pour compléter son orchestration et donner toute sa signification à ce *Poème du feu*, des jeux de lumière obéissant à un clavier dont les interventions étaient minutieusement réglées dans la partition d'orchestre comme celles des autres instruments. Indifférent à l'expression théâtrale et au chant, il ne composa que pour le piano — dix *Sonates*, *Allegro de concert*, *Polonaises*, *Valses*, *Nocturnes*, *Mazurkas*, *Fantaisies* — et, pour l'orchestre, trois *Symphonies*, *Prométhée* et *L'Acte préalable*, prologue d'une vaste composition de mystique hindoue que la mort vint interrompre. Sa troisième *Symphonie* qui porte comme titre *Le Divin Poème* et son fameux *Poème de l'Extase* sont les œuvres les plus connues de ce mystagogue dont l'évolution harmonique fut extrêmement curieuse et qui, partant du vocabulaire de Chopin et s'annexant celui de Wagner, parvint à se constituer un système personnel appliquant à un accord type son principe obstiné de la synthèse.

Toutes ces expériences, toutes ces tentatives, tous ces essais trahissent l'éternelle inquiétude et la légendaire instabilité du tempérament slave. Un créateur génial allait pousser plus loin encore ces recherches dans un esprit de hardiesse sans précédent. IGOR FEODOROVITCH STRAVINSKY *(1882-1971)*, fils d'un chanteur du théâtre impérial de Saint-Pétersbourg, travailla la composition et surtout l'orchestration avec Rimsky-Korsakov mais chercha seul sa voie. Ses premières compositions — *Symphonie en mi bémol*, *Le Faune et la Bergère*, un *Scherzo fantastique* et *Feu d'artifice* — ne laissaient pas deviner son tempérament de conquistador lorsqu'un événement singulier vint imposer à son talent et à sa vie une orientation inattendue. Un amateur d'art très cultivé et soucieux de marcher à l'avant-garde de son époque, SERGE DE DIAGHILEV *(1872-1929)*, avait fondé une revue d'art où il favorisait les échanges entre les artistes russes et les poètes d'Occident et organisé des expositions ambulantes de peinture et des tournées lyriques et chorégraphiques à l'étranger. On sait que la fécondation de certaines fleurs s'opère par le va-et-vient d'insectes qui transportent le pollen d'une corolle à l'autre : Serge de Diaghilev joua, dans l'histoire de la musique de son époque, un rôle de frelon voyageur qui explora tous les jardins de l'Europe, effleura chaque calice et obtint des hybridations florales surprenantes.

C'est lui qui, après avoir organisé à Paris une saison d'opéra russe au cours de laquelle il nous révéla *Boris Godounov*, commanda au jeune Stravinsky une partition de ballet et décida ainsi de sa carrière cosmopolite. Cet essai s'appelait *L'Oiseau de feu* et son originalité, son charme, sa couleur féerique, sa sève russe et son orchestration flamboyante avaient immédiatement montré ce qu'on pouvait attendre d'un adolescent aussi bien doué. Stravinsky devint le compositeur attitré de la troupe errante des Ballets Russes et donna successivement *Petrouchka, Le Sacre du printemps, Le Chant du rossignol, Renard, Noces, L'Histoire du soldat, Pulcinella, Mavra, Œdipus-Rex, Apollon-Musagète, Perséphone...*, livrant chaque fois une bataille nouvelle avec des armes imprévues et déroutant aussi complètement ses alliés que ses adversaires.

Stravinsky, en séjournant en Suisse, en France et en visitant les capitales européennes en compagnie de l'essaim de libellules auquel son destin était lié, avait eu l'occasion de fréquenter les milieux d'avant-garde de chaque pays et de s'approvisionner largement de théories esthétiques, de dogmes et d'axiomes. C'était l'époque où le triomphe de l'impressionnisme suscitait des réactions instinctives de la part des jeunes musiciens qui recevaient comme héritage une formule d'art dont les ressources avaient été dilapidées par le génie d'un Fauré, d'un Debussy et d'un Ravel. A Paris on préparait une offensive contre les partisans attardés du charme, de la grâce, de l'élégance, des couleurs chatoyantes, des harmonies raffinées, de la sensualité délicate, des irisations orchestrales, du clair-obscur et de la nuance. Les tacticiens de cet assaut déclaraient tranquillement : « Maintenant, il nous faut des Barbares! » Et, comme nos jeunes Français, pourris de civilisation, avaient assez piteuse mine dans le costume d'Attila, Igor Stravinsky répondit : « Présent! » et jeta en pleine mêlée la bombe du *Sacre du printemps*.

L'explosion fut atomique. Au dernier accord, plus rien ne restait debout dans le domaine de l'harmonie, du contrepoint, de la grammaire et de la syntaxe classiques. On ne reconnaissait même plus les outils orchestraux traditionnels que l'assaillant avait utilisés comme instruments contondants! Une terreur panique s'empara de l'assistance; néanmoins tout auditeur de bonne foi dut reconnaître que cet engin était un merveilleux chef-d'œuvre de mécanique et qu'enfin une formule valable et efficace de l'« anticharme » était découverte. Stravinsky reprenait à son compte les formules incendiaires de Busoni, mais, alors que l'Italien n'avait pas trouvé le moyen d'appuyer ses théories sur des réalisations démonstratives, le Russe, qui ne formulait aucune thèse, passait victorieusement à l'action et prouvait le mouvement en marchant.

*Le Sacre du printemps* ouvrait à l'imagination des jeunes musiciens des perspectives grisantes. Les sévères disciplines, les traditions tyranniques et les chinoiseries scripturales qui emprisonnent la musique dans un réseau de barbelés leur semblaient miraculeusement abolies. Un retour à la magie primitive du rythme et de l'accent, une simplification systématique de la construction, la suppression des hiérarchies et des privilèges de caste qui, dans le corps social de l'orchestre, avaient fini par créer une aristocratie, un tiers état et une plèbe, représentaient pour eux une série d'affranchissements inespérés.

La réforme constitutionnelle de Stravinsky n'avait pu, en effet, échapper à la biologie dont nous avons déjà souligné la permanence au cours de cette étude et qui soumet toujours le progrès artistique à l'évolution du matériel sonore. La dictature du quatuor, l'activité strictement spécialisée des instruments à vent et le triste servage de la batterie avaient créé un style orchestral officiel dont la solidité paraissait inébranlable. L'apparition des orchestres de jazz conditionnée, elle-même, par la vulgarisation du saxophone par les nègres d'Amérique, attira l'attention auriculaire des chercheurs sur les mystérieuses ressources des bois, des cuivres et des instruments de percussion. Stravinsky, qui allait écrire ses *Rag-time* et ses *Symphonies d'instruments à vent* à la mémoire de Claude Debussy, comprit immédiatement tout le parti qu'on pouvait tirer de ces richesses sonores inexplorées. Pour lutter contre les suavités des violons-sourdines divisés de l'orchestration impressionniste, il brima systématiquement les orgueilleux gens d'archet en appelant au pouvoir les forgerons de la batterie, les ouvriers du bois et les « métallos » du cuivre. C'est dans le même esprit que, pour tuer l'écriture pianistique délicieusement expressive et diaprée des héritiers de Chopin et de Fauré, et discréditer le métier des sculpteurs sur ivoire, il reprit à son compte la cruelle excommunication formulée par Hindemith : « Considère le piano comme un instrument de percussion et traite-le comme tel. » Il obtenait ainsi un atelier de fabrication du son dont l'outillage entièrement renouvelé lui permettait de manufacturer une matière musicale d'une densité, d'une dureté, d'une solidité, d'un relief et d'un grain inconnus jusqu'alors.

L'erreur des jeunes gens qui saluèrent ce « Grand Soir » avec enthousiasme fut de croire qu'ils étaient là en possession d'une solution de facilité les dispensant désormais de scrupules techniques trop embarrassants. Stravinsky avait su tirer de ce rude langage des effets extraordinaires parce qu'il avait du génie, mais, de même que les Prétendants se montrèrent incapables de tendre l'arc d'Ulysse, ses imitateurs n'ont jamais pu faire vibrer cette lyre en fer forgé, trop lourde pour leurs mains débiles. Et le Barbare continua seul sa route, suivi à longue distance par des disciples ingénus qui copièrent maladroitement ses tics et ne surent pas comprendre la portée de sa leçon qu'il a résumée dans cette image vigoureuse : « Il ne suffit pas de violer Euterpe, il faut pouvoir lui faire un enfant! »

Les « enfants » de Stravinsky sont nombreux et robustes mais ils n'ont pas un air de famille. Ce créateur infatigable semble mettre son point d'honneur à ne jamais triompher deux fois sur le même champ de bataille. De l'atmosphère poétique et féerique de *L'Oiseau de feu* il avait passé sans transition à la puissante vulgarité foraine et au réalisme de carrefour de *Petrouchka;* du tableau hallucinant du *Sacre* émergeant du chaos préhistorique, il nous avait conduits au ravissant bibelot chinois délicatement ouvragé du *Rossignol;* la bouffonnerie médiévale de *Renard* s'opposait à la gravité folklorique et ethnologique de *Noces; L'Histoire du soldat*, parade de théâtre-roulotte contrastait avec l'hommage au lyrisme classique de Tchaïkovsky qu'il se proposait de réaliser dans *Mavra; Œdipus-Rex* est près de Sophocle, alors que *Perséphone* pourrait se réclamer de Virgile et, au moment où il tire le meilleur parti de ses trouvailles sonores dans le domaine des « vents », il organise soudain une apothéose des cordes dans *Apollon-Musagète.* Sa *Symphonie de psaumes*, son *Jeu de cartes*, sa *Symphonie en ut*, ses *Danses concertantes*, ses *Scènes de ballet* présentent les mêmes antagonismes et trahissent son désir constant de se renouveler sans cesse et de créer une forme et un style choisi.

L'ambition est louable mais dangereuse. La nature n'a jamais pris l'engagement d'accorder à une faculté créatrice une pareille polyvalence. Les expériences hardies de ce chercheur insatiable ne sont pas toutes des réussites absolues mais sont toujours intéressantes parce qu'il y a en lui un poste émetteur de fluide dont la puissance est souveraine. Jusqu'à la fin de sa vie, il n'aura cessé d'étonner, avec sa *Symphonie en trois mouvements*, sa *Messe* inspirée de Machaut, son opéra néo-classique, *The Rake's Progress*, et enfin sa retentissante conversion à la musique sérielle.

Ce génie protéiforme et, par conséquent, inimitable, fut le plus imité de tous les novateurs de son temps. L'influence de Stravinsky sur la jeune musique contemporaine a été incalculable. Elle n'a pas toujours été heureuse, car sa musique écrite « sur mesure » ne constitue pas une formule d'élocution transmissible. On dirait même que Stravinsky, en changeant perpétuellement de visage, songe aux moutons de Panurge qui le suivent et s'efforce d'en « dissiper le troupeau dès qu'il se reforme derrière lui ». C'est pourquoi si le wagnérisme, le debussysme ou le ravelisme ont permis à des compositeurs sans originalité de se créer un style cohérent et équilibré fait d'emprunts adroits et d'hommages discrets, les épigones de l'auteur de l'*Octuor pour instruments à vent* ne nous ont pas donné un seul chef-d'œuvre authentiquement « stravinskyste », ce qui prouve bien que les parasites qui vivaient aux crochets du Prince Igor n'arrivaient pas à le dépouiller de ses richesses essentielles.

La jeune école russe s'enorgueillit à juste titre de posséder un autre compositeur extrêmement personnel et dynamique. Serge Prokofiev *(1891-1953)* fut, lui aussi, découvert et lancé par Serge de Diaghilev qui lui commanda plusieurs partitions : *Chout, Le Fils prodigue, Le Pas d'acier, Sur le Borysthène*, créés aux Ballets Russes avec un très vif succès. On remarqua immédiatement la verve et la volubilité caractéristiques de sa musique dont la vivacité trépidante fait songer à Scarlatti. Son opéra, *L'Amour des trois Oranges*, est rempli de notations amusantes et de détails pittoresques traduits par une orchestration très vivement colorée de tons francs. Sa *Symphonie classique* est un véritable chef-d'œuvre de grâce et d'esprit. Sa *Suite scythe*, sa *Cendrillon*, son *Pierre et le Loup*, ses opéras : *Siméon Kotko, Le Joueur, L'Ange de feu* et *Guerre et Paix*, son *Lieutenant Kijé*, sa cantate *Alexandre Nevsky*, ses sept *Symphonies*, sa musique de chambre et son abondante musique de piano — instrument dont il jouait en virtuose — l'ont classé au premier rang des compositeurs russes d'aujourd'hui. Après avoir beaucoup voyagé en Europe, et être devenu un artiste très estimé à Paris où il était entouré d'amis fidèles, Prokofiev est rentré à Moscou d'où il a jeté sur l'art d'Occident une excommunication qui fit un certain bruit. Décidé à mettre son talent au service de la politique soviétique, l'auteur de *L'Enfant prodigue* a rompu avec son passé, s'est confessé publiquement pour se faire pardonner ses erreurs occidentales et a demandé au peuple russe de l'aider à ne pas retomber dans le péché et à écrire désormais une musique « stalienne » d'une orthodoxie inattaquable, tels son oratorio *La Garde de la Paix* ou la cantate *Octobre*.

Cet art de régime, étroitement soumis à des disciplines gouvernementales totalitaires, fut pratiqué avec plus de docilité encore par DIMITRI CHOSTAKOVITCH *(1905-1975)* qui, lui, ne quitta jamais l'U.R.S.S. Malgré sa stricte obédience il connut les rigueurs de la censure officielle. Sa *Lady Macbeth* jugée trop peu accessible à la foule des travailleurs souleva des protestations et le fit frapper d'indignité musicale par Staline. Son temps de disgrâce achevé, Chostakovitch reprit la composition de ses grandes *Symphonies* dans un esprit plus démocratique et plus attentif aux incidences sociales, politiques et militaires de l'histoire contemporaine de son pays. Son aîné, NICOLAI MIASKOVSKY *(1881-1950)*, qui avait travaillé avec Liadov et avec Rimsky, fit une belle carrière pédagogique au Conservatoire de Moscou tout en écrivant vingt-sept *Symphonies*, des poèmes symphoniques comme *Silence* et *Alastor* et de la musique de chambre. *La Fonderie d'acier* et *Dnieprostoï*, traductions musicales de la voix des machines, des usines métallurgiques et du rythme des grandes entreprises de travaux publics, ont fait connaître le nom d'ALEXANDRE MOSSOLOV *(1900-1973)* qui s'est efforcé d'extraire de la civilisation prosaïque et mécanique de son temps son contenu secret de poésie. L'Arménien ARAM KHATCHATURIAN *(1904-1978)* demande au folklore un élément précieux de nationalisme et a composé une *Symphonie aux cloches* qui l'a rendu célèbre dans son pays. Mais l'isolationnisme pratiqué en ex-U.R.S.S. ne nous permit pas de nous rendre compte des résultats obtenus par les jeunes compositeurs russes qui, de gré ou de force, étaient amenés à renoncer à l'«égoïsme sacré» de l'artiste pour mettre leur talent à la disposition de la nation et rendre à la musique sa haute mission culturelle et sociale dans une esthétique sévèrement « dirigée ».

# 34

# L'évolution italienne

*Verdi. — Le vérisme. — La renaissance contemporaine.*

Un singulier caprice du destin a fait naître la même année Richard Wagner et Giuseppe Verdi *(1813-1901)*. La nature, fidèle à son souci d'équilibrer les forces contraires, semblait vouloir ainsi armer au même instant et placer face à face deux champions qualifiés de la culture septentrionale et de la culture méridionale. Sur le terrain de l'esthétique, le germanisme et le latinisme allaient, une fois de plus, s'affronter. Le champion italien des « droits de la Méditerranée », qui précédait d'un quart de siècle le messager désigné par Nietzsche, était le fils d'un cabaretier villageois de la région de Parme et connut des débuts difficiles. Il dut apprendre presque seul son métier. A vingt-six ans il obtenait à la Scala de Milan un succès flatteur avec son premier opéra *Oberto* qu'allait suivre une magnifique série d'ouvrages lyriques dont les premiers — *Un jour de règne, Nabuchodonosor, I Lombardi alla prima crociata, Ernani, I due Foscari, Jeanne d'Arc, Alzira, Attila, Macbeth, Le Corsaire, Jérusalem, La Bataille de Legnano* — connurent des fortunes diverses. Mais sa notoriété était déjà enviable lorsqu'il donna des œuvres aussi importantes que *Luisa Miller, Rigoletto, Le Trouvère, La Traviata, Les Vêpres siciliennes, Simone Boccanegra, Le Bal masqué, La Force du Destin* et *Don Carlos*. Une commande d'Ismaïl Pacha lui fit écrire *Aïda* pour l'inauguration de l'Opéra du Caire. Le caractère de cette partition nous montre la loyauté avec laquelle Verdi, au lieu de se reposer sur ses lauriers et d'exploiter le succès facile des formules issues du *bel canto*, n'hésitait pas à décevoir ses admirateurs et à compromettre sa renommée en serrant de plus près l'expression lyrique qu'il se proposait de réaliser en introduisant plus de vérité humaine dans sa mélodie et plus de couleur et de puissance dans son orchestre. Et, de même qu'on avait dénoncé l'italianisme de Wagner dans *Lohengrin*, on commença à s'indigner du wagnérisme de Verdi. Insensible à ces attaques, Verdi acheva logiquement son évolution en écrivant deux chefs-d'œuvre entièrement libérés des routines de son époque, le tragique *Otello*, dont le pathétique est irrésistible, et le prodigieux *Falstaff*, géniale fantaisie lyrique dans laquelle tous les genres sont abordés et traités avec une égale virtuosité.

La gloire spécifiquement italienne de l'auteur adulé de *La Traviata* et du *Trouvère* était si solidement établie dans l'univers qu'on mit un certain temps à s'apercevoir de la transformation complète de son génie. Aujourd'hui on commence à rendre justice à ses dernières œuvres qui, en Allemagne, obtiennent un succès égal à celui des drames lyriques de Wagner. Il y a, en effet, dans la musique de Verdi, même dans celle de ses premiers opéras conformistes, une sincérité de sentiment, une émotion directe qui touchent l'auditeur le moins indulgent pour le style italien. Les grandes passions humaines ont trouvé ici une traduction simple et fidèle qui émeut toutes les sensibilités. Et la magnifique ascension technique du musicien qui, à quatre-vingts ans, est parvenu à écrire l'orchestration éblouissante de *Falstaff* et à conserver toute sa puissance d'invention mélodique dans un style où la verve, l'esprit, l'ironie, la bouffonnerie et l'humour font éclater les cadres traditionnels du théâtre chanté a permis à ce très grand compositeur lyrique de terminer en apothéose sa glorieuse carrière.

Verdi avait eu pour librettiste dans ses derniers ouvrages un artiste curieux, à la fois poète et musicien, le Milanais ARRIGO BOÏTO *(1842-1918)*, qui, au cours de ses voyages dans les capitales européennes, avait compris les faiblesses de l'opéra italien classique et rêvait d'acclimater dans son pays les réformes esthétiques dont l'Allemagne commençait à tirer un heureux parti. Sa collaboration avec le compositeur de *Falstaff* et d'*Otello* fut évidemment un moyen très efficace de réaliser ce vœu, mais Boïto voulut, en outre, participer personnellement à ce mouvement d'affranchissement en composant, lui aussi, des opéras d'un nouveau style. Il se faisait quelques illusions sur ses capacités et n'était pas de taille à triompher sur ce terrain, mais il obtint de très grands succès populaires avec son *Mefistofele* et son *Nerone* qui tiennent encore l'affiche en Italie et se signalent par une certaine puissance dramatique, gâtée par une musicalité un peu trop sommaire. Son troisième ouvrage, une *Orestiade*, n'a pas connu l'heureuse fortune de ses premiers-nés et n'est pas encore sorti de son obscurité.

Pendant ce temps, un mouvement artistique curieux se préparait en Italie. C'était l'époque où l'idéal bayreuthien faisait tache d'huile sur la terre entière. L'ombre de la lance de Wotan s'allongeait sur le monde. Il n'était plus question que d'allégories et de symboles et la mythologie scandinave imposait partout le code de sa philosophie et de sa morale. En outre, l'art du chant était menacé par l'importance croissante accordée au commentaire symphonique : une réaction « latine » était inévitable. Bizet, Lalo, Delibes, Saint-Saëns et Massenet l'avaient réalisée en France sur un plan élevé, l'Italie réagit plus violemment en faisant appel au peuple et en demandant au suffrage universel la consécration d'une esthétique mise à la portée de la foule. RUGGIERO LEONCAVALLO

*(1858-1919)* fut parmi les premiers démagogues qui s'engagèrent dans cette voie. Un seul ouvrage suffit à le rendre illustre dans les deux continents. Son *Paillasse*, lancé par Caruso, n'a pas encore achevé sa trajectoire. Cet opéra mélodramatique, où tout était sacrifié au réalisme et à l'effet brutal et où la qualité de la musique importait moins que son dynamisme, constituait l'échantillon type de la doctrine « vériste », c'est-à-dire de la recherche de sujets simples et directs, de faits divers, portés au théâtre, de sentiments élémentaires et quotidiens traduits avec l'accent du « réel » et, par conséquent, assez proches de la vie courante pour trouver un écho chez les spectateurs les plus inaptes aux transpositions de l'art. La formule avait tout ce qu'il fallait pour réussir. Le *bel canto* y faisait une rentrée sournoise, non plus comme un sport de luxe réservé aux dilettantes mais comme un divertissement démocratique très simplifié et banalisé comme un concert de carrefour. Mais cette réussite fut unique dans la carrière de son auteur. Deux autres de ses partitions, *La Bohême* et *Zaza*, n'eurent qu'un succès d'estime, et ses autres essais — *Chatterton*, sa Trilogie : *Les Médicis, Savonarole, César Borgia*, intitulée *Crépusculum*, son *Roland de Berlin* commandé par l'empereur Guillaume II, sa *Maja*, ses *Zingari*, son *Roi Œdipe* — échouèrent assez piteusement.

Pietro Mascagni *(1863-1945)* marcha sur ses traces et, comme lui, n'eut pas assez de talent pour exploiter sa propre formule d'une façon durable. Un concours de composition ouvert par un éditeur avait mis en lumière sa *Cavalleria rusticana*, tragédie paysanne banale et violente dont le public raffola, mais ses autres ouvrages — *William Ratcliff, I Rantzau, L'Ami Fritz, Zanetto, Silvano, Amica, Les Masques, Iris, Isabeau, Parisina, Lodoletta, Il Piccolo Marat* — ne bénéficièrent pas du même succès.

On s'aperçut alors que la vulgarité, la platitude et les basses flatteries adressées à la foule ne « paient » pas toujours et que les ignorants ne vous récompensent pas infailliblement des concessions qu'on leur prodigue. Le triomphateur du « vérisme » fut un musicien authentique, en possession d'un métier souple et solide, un artiste de classe qui s'appelait GIACOMO PUCCINI *(1858-1924)*. Cet habile homme, aussi bien doué mais aussi friand de succès que notre Massenet, sut doser avec adresse les éléments d'un lyrisme assez direct pour plaire aux auditeurs les plus ingénus et assez « soigné » pour satisfaire les musiciens les plus exigeants. Décidé à conserver à la voix des chanteurs la suprématie qu'exigeaient ses compatriotes, il la laissa briller au premier plan, mais son orchestre d'accompagnement la drapa dans un voile instrumental transparent qu'il sut broder, incruster et pailleter avec la plus élégante dextérité. L'orchestration de *La Bohême* et de *Madame Butterfly* est d'une ingéniosité et d'une virtuosité qui faisaient l'émerveillement de Maurice Ravel, juge sévère entre tous, qui relevait des faiblesses dans les plus célèbres orchestrations de Debussy mais proclamait son admiration pour la maîtrise de Puccini. Il est certain que l'accompagnement orchestral du premier acte de *La Bohême* révèle le travail le plus minutieux. Il est filigrané comme les bijoux d'argent des artisans vénitiens. Il brille d'innombrables facettes. Il s'adapte à tous les sentiments et à toutes les situations. Il est attentif à tout ce qui se passe sur la scène et le souligne d'un trait adroit dont la justesse est infaillible. Ses réflexes ont la vivacité, la légèreté, la promptitude et l'allégresse d'une phrase de Scarlatti. Loin d'alourdir le texte, il lui donne des ailes. Une partition comme celle de *Gianni Schicchi* est un véritable chef-d'œuvre de finesse et d'esprit. Certes, il y a dans ses duos d'amour des effusions dont l'abandon et la complaisance heurtent notre pudeur sentimentale, mais toute la partie descriptive, fantaisiste ou pittoresque de ses opéras révèle le goût le plus sûr.

Puccini était fin et cultivé. Il s'intéressait vivement à la littérature française. C'est chez Alphonse Karr qu'il trouva le sujet de son premier ouvrage, *Le Villi*; le second, *Edgar*, n'est qu'une transposition de *La Coupe et les lèvres* d'Alfred de Musset; il prit ensuite pour collaborateur l'abbé Prévost dont il mit en musique la *Manon Lescaut*, neuf ans après Massenet ; Henri Murger lui fournit sa *Vie de Bohême*, Sardou sa *Tosca* et Pierre Loti sa *Butterfly*. Ses dernières œuvres de théâtre furent *La Fille du Far-West*, *La Rondine*, le tryptique : *Il Tabarro*, *Sœur Angélique* et *Gianni Schicci*, en enfin *Turandot* qu'acheva Franco Alfano. Une généralisation arbitraire a trop souvent placé cet excellent musicien au même niveau que Mascagni et Leoncavallo : c'est une erreur grossière et il convient de protester énergiquement contre cette erreur judiciaire.

Les autres véristes italiens ont été honorés dans leur pays mais n'ont pas eu un très grand rayonnement au-delà de leurs frontières. FRANCO ALFANO *(1876-1954)*, auteur d'une *Suite romantique* pour orchestre, a donné au théâtre *Sakuntala* et *Résurrection ;* UMBERTO GIORDANO *(1867-1948)* a un peu mieux réussi avec *Fédora*, *Siberia*, *Mala vita*, *Regina Diaz*, *André Chénier*, *Marcella*, *Madame Sans-Gêne*, *Giove a Pompéi* et *La Cena delle Beffe ;* RICCARDO ZANDONAÏ *(1883-1944)* a écrit *Conchita*, d'après *La Femme et le pantin* de Pierre Louÿs, *Le Grillon du Foyer*, *Melenis*, *Françoise de Rimini*, *Juliette et Roméo*, *La Via della finestra*, *I Cavalieri di Ekebu*, *Giuliano...*, etc. ; FRANCESCO CILEA *(1866-1950)* s'est fait un nom avec son *Adrienne Lecouvreur*, avec *Tilda*, *Gina*, *L'Arlésienne ;* ADRIANO LUALDI *(1885-1971)* a traité avec son *Diable dans le beffroi* un sujet qui avait tenté Debussy ; il a écrit également *La Fille du roi*, les *Nozze di Haura*, *La Morte di Rinaldo ;* et son maître ERMANNO WOLF-FERRARI *(1876-1948)*, qui travailla en Allemagne, connut de brillants succès en Italie et à l'étranger avec ses *Joyaux de la Madone*, avec *Cendrillon*, *La Sulamite*, *Les Femmes curieuses*, *Die vier Grobiane*, *Le Secret de Suzanne*, *L'Amour médecin*, *Gli amanti sposi*, *Der goldene Käfig*, *Das Himmelskind*. Tous ces compositeurs ont une technique très supérieure à celle des fondateurs du vérisme, leur orchestre est brillant, leur écriture harmonique est soignée et la chaleur de la vie règne dans leurs partitions. Mais, comme les Mascagni et les Leoncavallo, ils sont incapables de résister à la tentation de faire briller les belles voix de leurs compatriotes et de forcer les applaudissements en écrivant des *ariosos* enamourés que termine un irrésistible point d'orgue et en multipliant les effusions mélodiques d'une regrettable vulgarité.

Ces trop habiles commerçants ont fini par épuiser le succès de leur formule. Leurs jeunes successeurs, généralement très attentifs à l'évolution de la musique française, se sont orientés dans une tout autre direction. Se réclamant de l'exemple de leurs aînés, Giovanni Sgambati *(1843-1914)* qui avait travaillé la composition avec Liszt, et Giuseppe Martucci *(1856-1909)*, remarquable chef d'orchestre qui, l'un et l'autre, n'avaient rien écrit pour le théâtre, retenant la leçon des Enrico Bossi *(1861-1925)*, des Giacomo Orefice *(1865-1922)* et des Leone Sinigaglia *(1868-1944)* qui avait déjà essayé d'acclimater la distinction et le style dans l'art trop résolument démagogique de l'Italie moderne, des artistes de classe ont rapidement relevé le niveau de la production transalpine et ont abordé les genres les plus variés.

Le signal fut donné par Ottorino Respighi *(1879-1937)* qui avait travaillé successivement avec Rimsky-Korsakov et avec Max Bruch et qui, au lieu de chercher le succès au théâtre — pour lequel il a écrit cependant *Marie l'Égyptienne, Re Enzo, Belphégor* et *Sémiramis* — brigua et obtint les suffrages des amateurs de poèmes symphoniques avec ses *Pins de Rome*, ses *Fontaines de Rome, Aréthuse, Les Fêtes de Rome, Ballata delle gnomidi, Sirvard, fille de la terre*, qui révèlent des dons descriptifs et un talent de coloriste auxquels la foule s'est montrée sensible. Ildebrando Pizzetti *(1880-1968)*, qui prit parfois le pseudonyme d'Ildebrando da Parma, possède une nature musicale distinguée, tout en gardant un accent passionné très radio-actif. Il a donné au théâtre des opéras de qualité comme *L'Étranger, Deborah et Jahel, Phèdre, Fra Gherardo, Orseolo,* et des partitions de scène pour *La Nef, La Pisanelle, Œdipe Roi* et le film *Cabiria.* Il a écrit également des œuvres symphoniques et de la musique de chambre fort appréciées. Son contemporain, le Vénitien GIAN-FRANCESCO MALIPIERO *(1882-1972)* possédait un génie plus inquiet mais plus subtil et plus nuancé. Il a détruit ses premières œuvres qu'il ne jugeait pas assez originales. Très influencé par les impressionnistes français mais sans rien abdiquer de son idéal personnel, il a composé des ouvrages de haute valeur qui se sont imposés dans le monde entier. De ce nombre sont ses *Sept Chansons, Orféo* et *La Mort des Masques* qui forment l'*Orfeide, Canossa, Elen e Fuldano, Il Sogno di un tramonto d'autunno Saint François d'Assise,* trois comédies musicales d'après Goldoni : *Le Baruffe Chiozzotte, La Bottega del Caffè, Signor Todari Brontolone, La Princesse Eulalie, Le Faux Arlequin, Merlino, maestro d'organi, Filomela a l'Infatuato,* son ballet célèbre : *La Mascarade des princesses captives,* son drame symphonique *Pantea,* ses œuvres symphoniques : *Pause del Silenzio, Dithyrambe tragique, Maschere che passano, Symphonie de la Mer, Symphonie du Silence et de la Mort, Impressioni dal Vero, Variations sans thème, Orient imaginaire, Grottesco,* de la musique de chambre et de nombreuses pièces de piano.

ALFREDO CASELLA *(1883-1948)* fut un musicien exceptionnellement doué. Pianiste éblouissant, doué d'une mémoire stupéfiante, il portait dans sa tête et tenait dans ses doigts toute la musique du monde. Il était venu de bonne heure à Paris et avait travaillé le piano avec Diémer et la composition avec Gabriel Fauré. Toute la première partie de sa carrière fut celle d'un musicien français. Pratiquant tous les styles avec une égale aisance, il écrivait, en se jouant, des œuvres brillantes qui se ressentaient de la monstrueuse quantité de musique enregistrée dans son cerveau et n'étaient pas toujours personnelles. Il tenait, en effet, à honneur de prouver qu'il pouvait s'exprimer aussi facilement dans le langage de Debussy que dans celui de Richard Strauss, de Ravel, de Stravinsky, de Mahler ou de Schoenberg. Son spirituel album de piano intitulé *A la manière de...* en avait, dès sa jeunesse, fourni la preuve amusante. Rentré en Italie au moment de la dictature mussolinienne, il devint un ardent partisan du régime totalitaire et se sépara de ses anciens camarades pour devenir à Rome un éminent chef d'orchestre, un virtuose très applaudi, un théoricien et un pédagogue d'une haute autorité.

Tout en remplissant jusqu'à sa mort des fonctions officielles fort absorbantes, il a laissé de nombreuses compositions qui portent toutes la marque de la dextérité de sa plume de prestidigitateur : deux *Symphonies*, un *Concerto romano*, une rhapsodie intitulée *Italia*, les *Pagine di guerra*, les *Notte di Maggio*, l'*Elegia eroica*, deux ballets : *La Jarre* et *Le Couvent sur l'eau*, des mélodies, des pièces pour piano, des sonates, des pièces en trio et en quatuor..., etc. Alfredo Casella a jonglé avec toutes les difficultés de son art et de son métier en faisant preuve de l'élégante maîtrise d'un Rastelli de la musique.

Parmi les jeunes compositeurs italiens qui s'efforcèrent de discréditer les solutions de facilité adoptées par les véristes, citons pêle-mêle VITTORIO RIETI *(1898-1994)* dont les Ballets Russes ont popularisé le fringant *Barabau* et qui a composé également *L'Arche de Noé, Le Bal, David triomphant, Robinson et Vendredi*, des *Pastorales*, des *Madrigaux*, des symphonies et des concertos ; VINCENZO TOMMASINI *(1878-1950)*, lancé, lui aussi, par Serge de Diaghilev qui monta son délicieux ballet d'après Scarlatti : *Les Femmes de bonne humeur*. Tommasini a écrit deux opéras remarquables, *Médée* et *Ugualo fortuna*, l'ouverture de *La Vie est un songe*, deux *Nocturnes*, *Poema erotica*, *Clair de lune* et *Inno alla belta* pour orchestre, un quatuor, une sonate qui l'ont classé parmi les meilleurs musiciens de sa génération. Et nous ne pouvons que nommer CASTELNUOVO TEDESCO

*(1895-1968)*, Virgilio Mortari *(1902-1993)*, Mario Labroca *(1896-1973)*, Vincenzo Davico *(1889-1969)*, le futuriste Pratella *(1880-1955)* et le généreux et audacieux Luigi Dallapiccola *(1904-1975)*.

# 35

# Tour d'horizon

*Espagne. — Portugal. — Angleterre. — Belgique. — Hollande. — Suisse. — Tchécoslovaquie. — Roumanie. — Pologne. — Hongrie. — Norvège. — Suède. — Grèce. — Finlande. — Danemark. — Nouveau-Monde.*

Passons très sommairement en revue quelques membres des diverses écoles musicales qui, avec des synchronismes variables, ont, au cours du xxᵉ siècle, suivi plus ou moins rapidement l'irrésistible mouvement d'évolution dont la France leur a donné l'exemple et fourni la technique. Tous ces compositeurs, partis généralement d'une inspiration folklorique, ont trouvé dans la musique française de ce temps des modes d'expression qui ont transformé leur style de la plus heureuse façon sans, d'ailleurs, détruire l'accent de leur terroir. Si l'on cherchait une preuve de la prééminence de la musique française au début de ce siècle on la trouverait dans cet hommage spontané et instinctif que lui ont offert, sans se consulter, tant de jeunes compositeurs internationaux qui, après avoir entendu Debussy et Ravel, ont changé de vocabulaire.

## Espagne

Nous en trouvons un exemple démonstratif au-delà des Pyrénées. Le Catalan FELIPE PEDRELL *(1841-1922)* s'était consacré tout entier à la glorification des traditions populaires de son pays qu'il défendait par son prosélytisme de musicologue et son activité de compositeur lorsque son élève, le Catalan ENRIQUE GRANADOS *(1868-1916)*, profondément imprégné, lui aussi, des parfums de sa terre natale, vint travailler le piano à Paris avec Charles de Bériot et s'initia à nos façons nouvelles de penser, de sentir et d'écrire. Sans que sa personnalité si forte et son hispanisme si coloré en aient souffert, il a visiblement trouvé dans l'étude des chefs-d'œuvre français de cette époque le secret de ce raffinement poétique et de cette subtilité d'impressions qui lui ont permis d'écrire ses adorables *Tonadillas* et ses *Goyescas* qui tirent du sol ibérique un suc si savoureux, ses amusantes zarzuelas *Miel de la Alcarria, Picarol, Gaziel, Ovillejos, Liliana*, son poème symphonique *La Nit del mort*, ses deux opéras : *Maria del Carmen* et *Folletto*, ses *Valses poétiques*, ses *Études*, ses *Scènes romantiques*, ses *Scènes poétiques*, ses *Chants de la jeunesse* et ses *Danses espagnoles* si souples et si cambrées. On sait que cet artiste vibrant et sensible disparut à quarante-neuf ans, victime d'un torpillage du « Sussex » qui le conduisait en Amérique.

Même évolution chez son compatriote ISAAC ALBENIZ *(1860-1909)* qui vint également à Paris travailler le piano avec Marmontel et se faire connaître comme virtuose avant d'étudier la composition avec Paul Dukas et Vincent d'Indy. Après avoir subi beaucoup plus nettement que Granados l'influence de Debussy et de Ravel, il mit cette élocution nouvelle au service de l'inspiration la plus espagnole qui soit et qui nous a valu l'éblouissante *Iberia*, son poème symphonique *Catalonia* et son opéra-comique *Pepita Ximenès*. De nombreuses pièces de piano et une féerie, *L'Opale magique*, avaient précédé ces chefs-d'œuvre : elles attestent un tempérament ardent et généreux dont la fougue et la belle humeur font penser à la cordiale bonhomie de notre Emmanuel Chabrier.

D'autres musiciens espagnols, qui avaient, eux

aussi, demandé à la *Schola Cantorum* un complément d'instruction technique, ont subi plus profondément l'empreinte de son enseignement dogmatique. Un CONRADO DEL CAMPO *(1879-1953)*, par exemple, et un JOAQUIN TURINA *(1882-1949)* ont eu beaucoup de peine à se dégager de l'influence de leurs maîtres français. Ce dernier, en particulier, n'a pas pu secouer ce joug dans son style de musique pure et n'a retrouvé un peu de liberté d'expression que dans les pièces qui exigeaient de lui des descriptions d'après nature comme ses *Coins de Séville*, sa *Sevilla* ou son tableau orchestral, *La Procession du Roccio*. BARTOLOMÉ PEREZ-CASAS *(1873-1956)*, auteur de *Lorenzo*; FEDERICO OLMEDA DE SAN JOSÉ *(1865-1909)* qui fut l'apôtre du retour à la polyphonie classique; ENRICO MORERA *(1865-1942)*, compositeur catalan extrêmement fécond, et son élève JAIME PAHISSA ont joué un rôle actif dans la vie musicale de leur pays.

Plus près de nous, un indépendant extrêmement personnel, FEDERICO MOMPOU *(1893-1987)*, a écrit des pièces de piano d'un raffinement exquis dans leur simplicité et d'une étonnante puissance d'évocation. Ses *Chants magiques* contiennent des sortilèges inanalysables qui possèdent de mystérieuses vertus incantatoires. Ses *Faubourgs*, ses *Charmes*, ses *Fêtes lointaines*, ses *Scènes d'enfants*, sa *Musica callada* au suprême degré, révèlent chez cet inspiré une aptitude singulière à traduire l'intraduisible et à transposer dans le domaine des sons des sensations et des impressions qui semblaient devoir échapper par définition à toute notation musicale. Ses œuvres de poète et de visionnaire présentent une élégance et une distinction rares dans une forme dont la concision et la liberté sont très caractéristiques. Le neveu de Felipe Pedrell, CARLOS PEDRELL *(1878-1941)*, qui partagea sa vie entre Barcelone, Paris et l'Amérique du Sud, a écrit des œuvres pleines de tact; beaucoup plus exubérant JOAQUIM CASSADO s'est rendu célèbre par son *Hispania* vigoureusement rythmée et colorée; JOAQUIN NIN *(1879-1949)*, musicologue et folkloriste, nous a donné des harmonisations remarquables de chansons populaires de son pays ; ERNESTO HALFFTER *(1905-1989)* a un tempérament fin et nuancé, un talent distingué et une écriture harmonique très attachante ; son frère aîné, RODOLFO HALFFTER *(1900-1987)*, a fait preuve lui aussi, de dons remarquables. Il faudrait pouvoir étudier également des musiciens de la classe de JOAQUIN RODRIGO *(1902)* ou d'OSCAR ESPLA *(1889-1976)* qui, avec des mérites divers, prouvent la vitalité et l'originalité de la jeune école espagnole.

Mais un artiste de génie domine et écrase son époque par sa puissante personnalité. MANUEL DE FALLA *(1876-1946)*, qui vint travailler à Paris, passa par la *Schola* et fréquenta assidûment Debussy, Ravel et Stravinsky avant de se retirer en Espagne dans son austère retraite de Grenade et de terminer ses jours en Argentine, subit passagèrement les influences successives de ces trois maîtres sans laisser entamer son ibérisme foncier qui fit de lui le musicien le plus synthétiquement représentatif de l'âme espagnole. Dès ses débuts, son opéra, *La Vie brève*, avait mis en lumière son talent exceptionnel : ses ouvrages suivants devaient lui valoir l'admiration passionnée des mélomanes du monde entier.

Son *Amour sorcier* contient, en effet, une richesse de pensée et de matière musicale qui en font un chef-d'œuvre unique en son genre ; ses *Nuits dans les Jardins d'Espagne* sont baignées d'une indicible poésie ; son *Tricorne* trépidant, son *Rétable de Maître Pierre*, son *Concerto* pour clavecin, ses *Sept Chansons espagnoles*, sa mystérieuse *Atlantida* à laquelle il travailla les trente dernières années de sa vie sans pouvoir l'achever, ses pièces de piano et ses mélodies révèlent sous des aspects très variés sa souveraine maîtrise et son originalité totale. On se sent ici en contact avec un véritable créateur qui se sert du langage des sons d'une façon si personnelle que nul ne pourra jamais surprendre le secret de cette magie. On a pu imiter Wagner, Debussy, Ravel et Stravinsky : personne n'a pu tirer des chefs-d'œuvre de Manuel de Falla une formule utilisable, personne ne parviendra à démarquer le style de l'*Amor brujo*, sa chaleur intérieure, sa fièvre, son ardente couleur, son orchestre qui brûle, ses rythmes ensorcelants, son satanisme gitan et son âpre sensualité. L'Espagne a trouvé là un musicien dont le génie égale celui de ses plus grands peintres classiques.

## Portugal

Rapproché de l'Espagne par un caprice de la géographie, le Portugal a toujours gardé dans sa culture, ses traditions et ses mœurs une indépendance absolue. En musique il n'a pas subi l'influence de sa puissante voisine. A la fringance des danses sévillannes il oppose la douloureuse nostalgie de ses « fados » qui lui ont apporté à travers la civilisation mauresque l'écho lointain des rêveuses mélopées de l'Orient. Ses compositeurs ont un accent plus familier, plus direct, plus près de la vie quotidienne, humble et cordiale. DOMINGO BONTEMPO fonda en 1830 le Conservatoire de Lisbonne et donna une vive impulsion à la vie musicale de son pays, aussi bien par son talent de pianiste que par l'intérêt de ses compositions personnelles. JOAQUIN CASIMIRO *(1808-1862)* et son élève AUGUSTO MACHADO *(1845-1924)*, qui vint travailler à Paris avec Lavignac, écrivit de nombreux opéras et devint directeur du Conservatoire de Lisbonne et du théâtre San-Carlo, exercèrent également une influence utile sur la musique portugaise au XIX$^e$ siècle.

Mais c'est depuis le XX$^e$ siècle que s'affirme l'individualisme musical du Portugal. Un RUY COELHO *(1892-1986)* a écrit une *Inès de Castro* extrêmement pathétique ; un FREDERICO DE FREITAS *(1902-1979)*, dont les ballets portugais « Verde Gaïo » ont fait connaître les œuvres à Paris, possède une personnalité très marquée avec une rare ingéniosité dans le détail ; un LUIS DE FREITAS-BRANCO *(1890-1955)*, féru de néo-classicisme, un RIBEIRO, un JORGE DE VASCONCELOS *(1910)*, un FERNANDO LOPES GRAÇA *(1906)* et tant d'autres compositeurs de talent défendent avec zèle l'autonomisme artistique de la patrie de Camoëns.

## Angleterre

Le « splendide isolement » de l'Angleterre aurait dû, logiquement, lui créer un art autochtone très personnel, jalousement préservé des influences étrangères. Il n'en fut rien. Aucun pays ne fut plus pauvre en créateurs et plus étroitement tributaire de ses importations. Nous l'avons vu, au cours des siècles précédents, faire venir d'Allemagne ses compositeurs « nationaux ». Le grand Purcell n'eut pas de descendance et un JULIUS BENEDICT *(1804-1885)*, né à Stuttgart, fit carrière à Vienne, à Naples et à Paris avant de devenir un Anglais d'adoption. Les deux frères MAC FARREN George-Alexandre *(1813-1887)* et Walter-Cecil *(1826-1905)* demeurèrent plus fidèles à leur qualité d'insulaires, mais MICHAEL-WILLIAM BALFE *(1808-1870)*, né à Dublin, compositeur d'opéras de style italien qu'il chantait lui-même, séjourna dans toutes les capitales d'Europe avant de se fixer dans son pays natal. Son compatriote JOHN FIELD *(1782-1837)* passa peu de temps dans sa patrie, parcourut l'Europe entière et mourut à Moscou, laissant le souvenir de ses triomphes de pianiste et de la prescience dont il fit preuve en écrivant ses fameux *Nocturnes* qui ont précédé ceux de Chopin et semblent avoir retenu l'attention du maître polonais. Sir ARTHUR-SEYMOUR SULLIVAN *(1842-1900)* était, comme notre André Messager, un compositeur en possession d'une très grande science technique mise au service d'œuvres aimables et légères. Il a écrit un grand nombre d'opérettes qui ont eu un énorme succès dans les pays de langue anglaise.

Au XX<sup>e</sup> siècle, FREDERICK DELIUS *(1862-1934)* fut incorporé dans la phalange des musiciens britanniques, bien qu'il fût d'origine allemande, qu'il ait fait ses études musicales à Leipzig, qu'il ait vécu longtemps en France et qu'il ait donné au wagnérisme les gages les plus significatifs. EDWARD WILLIAM ELGAR *(1857-1934)* est, au contraire, un Anglais authentique dont le *Songe de Gerontius* a fait le tour du monde et qui, dédaignant le théâtre, a écrit des cantates, des oratorios, des chœurs, deux symphonies et des pièces d'orchestre qui lui valent, dans son pays, une gloire durable. SAMUEL COLERIDGE-TAYLOR *(1875-1912)*, dont le père était nègre, cultiva, d'instinct, le chant populaire et le folklore africain dans une série d'œuvres estimables. JOSEPH HOLBROOKE *(1878-1958)*, artiste combatif et original qui a lutté durement pour conquérir sa place au soleil, n'a pas échappé à l'influence de Richard Strauss, mais fait preuve de vigueur et d'un sens de la couleur assez rare chez ses compatriotes. Préoccupé, comme Wagner, de découvrir dans les vieilles légendes des thèmes d'une vaste portée philosophique, il voulut donner une réplique anglaise de la « Tétralogie » en composant une Trilogie sur un vaste poème de T.E. Ellis, *The Cauldron of Anwyn*, composée de *The children of Don*, de *Dylan* et de *Bronwen*. Il y travailla pendant douze ans, mais l'étrangeté du sujet de *Bronwen* n'a pas encore permis sa réalisation à la scène.

L'influence française — Debussy et Ravel — se fait alors sentir sur un GRANVILLE BANTOCK *(1868-1946)* dont l'activité et la fécondité furent considérables, sur un RALPH VAUGHAN WILLIAMS *(1872-1958)* auteur en particulier de neuf symphonies, un FRANCK BRIDGE *(1879-1941)* et un EUGÈNE GOOSSENS *(1893-1962)*. On trouve plus d'indépendance chez GUSTAV HOLST *(1874-1934)* qui a obtenu avec ses *Planètes* un succès mondial ; Stravinsky devient l'inspirateur d'ARTHUR BLISS *(1891-1975)* et le professeur de LORD BERNERS *(1883-1950)* qui dans son *Carrosse du Saint-Sacrement* devient nettement ravélien ; CYRILL SCOTT *(1879-1970)* que l'on appelle quelquefois le « Debussy anglais » — ce qui n'est pas très flatteur pour l'auteur de *Pelléas* — écrit des œuvres assez aimables mais manquant un peu d'accent et de relief ; on peut lui opposer ARNOLD BAX *(1883-1953)* qui a beaucoup plus d'envergure et de dynamisme ; PERCY GRAINGER *(1882-1961)* s'inspire du folklore avec goût ; ARMSTRONG GIBBS *(1889-1960)* a obtenu le Prix Carnegie avec son *Blue Peter* ; WILLIAM WALTON *(1902-1983)* a fait naître de légitimes espoirs. BENJAMIN DALE, ALAN RAWSTHORNE *(1905-1971)*, JOHN IRELAND *(1879-1962)*, NORMAN DEMUTH *(1898-1968)* ont conquis une certaine célébrité locale. Mais le compositeur le plus original de la jeune école anglaise fut assurément BENJAMIN BRITTEN *(1913-1976)*. Son *Viol de Lucrèce* et son *Peter Grimes* ont été de véritables révélations. Britten possède un langage d'une originalité saisissante, un sens du théâtre prodigieusement développé et un don d'évocation et d'atmosphère qui semble aussi pictural que musical.

## Belgique

Aimantés dans deux directions différentes par les deux pôles culturels wallons et flamands, les musiciens belges forment deux familles distinctes. L'une et l'autre, cependant, dans leur ensemble, ont subi plus fortement l'influence de l'Europe Centrale que celle des nations latines. Les musiciens wallons qu'attirait l'idéal méditerranéen se sont rapidement fondus dans l'école française mais en y apportant, comme César Franck et certains de ses élèves, un wagnérisme latent qui conserve à leur langage une noblesse et une ampleur immédiatement reconnaissable. D'autres ont poursuivi dans leur pays une carrière glorieuse et féconde. FRANÇOIS-AUGUSTE GEVAERT *(1828-1908)* a composé de nombreux ouvrages lyriques mais a conquis sa notoriété par ses travaux musicologiques et pédagogiques ainsi que par l'éclat de sa direction au Conservatoire de Bruxelles. SYLVAIN DUPUIS *(1856-1931)*, compositeur sérieux et pédagogue de valeur, fonda des sociétés chorales et orchestrales, dirigea brillamment le Conservatoire de Liège et occupa longtemps le poste de premier chef d'orchestre au théâtre de la Monnaie. ALBERT DUPUIS fit ses études musicales à Paris et rentra à Verviers, sa ville natale, pour y prendre la direction du Conservatoire. PAUL GILSON *(1865-1942)* partagea son activité de professeur entre le Conservatoire de Bruxelles et celui d'Anvers et composa des opéras, des poèmes symphoniques, des ouvertures et des ouvrages techniques d'un haut intérêt.

Les flamingants se réclament de PETER BENOIT *(1834-1901)*, compositeur fécond et apôtre fervent et agissant de l'idéal artistique de sa province. Il dirigea avec un vigoureux esprit de prosélytisme l'École flamande de Musique d'Anvers. Son plus remarquable élève, JAN BLOCKX *(1851-1912)*, continua son œuvre, fonda un « Cercle artistique », galvanisa le zèle de ses compatriotes et succéda à son maître à la direction de l'École flamande d'Anvers transformée en Conservatoire Royal. En même temps, il se fit connaître comme compositeur lyrique et obtint de grands succès avec sa *Princesse d'auberge* et sa *Fiancée de la mer*.

Plus naturellement orientés vers l'art religieux, l'illustre organiste NICOLAS-JACQUES LEMMENS *(1823-1881)* qui nous a laissé tant de pages remarquablement écrites pour son instrument, et EDGAR TINEL *(1854-1912)*, le successeur de Gevaert à la direction du Conservatoire de Bruxelles, auteur de beaux oratorios, parmi lesquels un *Franciscus* d'un mysticisme tendre et touchant, bien digne de son sujet, ont pratiqué un style d'un classicisme international. A la mort de Tinel son siège directorial fut occupé par LÉON DU BOIS *(1859-1935)* qui se fit apprécier comme compositeur de théâtre. JOSEPH JONGEN *(1873-1953)* devait, à son tour, remplir la même mission officielle et se consacrer à la composition d'ouvrages symphoniques et de musique de chambre, parmi lesquels ses sonates et son concerto de violon ont eu un grand retentissement. VICTOR VREULS *(1876-1944)* fut élève de d'Indy avant d'aller diriger le Conservatoire du Luxembourg. Et l'on n'a pas le droit de négliger l'apport d'EUGÈNE YSAYE *(1858-1931)* dans le domaine de la composition et celui de son frère Théo *(1865-1918)* qui écrivit des œuvres délicates et nuancées, la fantaisie, l'humour, la souple élocution de MARCEL POOT

*(1901-1988)*, l'audace parfois déconcertante de JEAN ABSIL *(1893-1974)*, la bonne humeur d'ANDRÉ SOURIS *(1899-1970)*, la vivacité et la délicatesse de FERNAND QUINET. Parmi les aînés et les contemporains de ces chercheurs, il faut citer RAYMOND MOULAERT *(1875-1962)*, auteur d'intéressants *lieder*, directeur d'une École de Musique d'où est sorti ARTHUR HOÉRÉE *(1897-1986)*, qui vint, de bonne heure, à Paris, achever ses études au Conservatoire et poursuivre sa carrière de compositeur et de subtil théoricien de son art ; ARMAND MARSICK *(1877-1959)* qui se consacra à l'enseignement en même temps qu'à la composition et qui eut à remplir d'importantes missions artistiques à Paris, à Nancy, à Rome, à Athènes et à Bilbao avant de revenir se fixer dans son pays natal ; FRANCIS DE BOURGUIGNON, LOUIS DELUNE *(1876-1940)*, DÉSIRÉ PAQUE *(1867-1939)*, ALBERT HUYBRECHTS *(1899-1938)*, etc.

## Hollande

Sur le territoire hollandais la classique bataille livrée par le debussysme au wagnérisme a été menée par ALPHONSE DIEPENBROCK *(1862-1921)*, autodidacte bien doué, qui brûla ce qu'il avait adoré pour passer dans le camp de Claude de France. Le directeur de l'Académie de musique de La Haye, JOHANN WAGENAAR *(1862-1941)*, s'est fait connaître par des opéras comme *Le Cid*, *Le Doge de Venise*, *Jupiter amans*, des poèmes symphoniques — *Frithjof en mer*, *Saül et David*, *Cyrano de Bergerac* — et des œuvres de styles divers. SEM DRESDEN *(1881-1957)*, qui travailla avec Pfitzner à Berlin, a dirigé l'Opéra national hollandais mais n'a composé un opéra sur *François Villon* qu'à la fin de sa vie. Un ambassadeur de la musique hollandaise très bien accrédité en Europe, WILLEM PIJPER *(1894-1947)*, a composé trois symphonies, des quatuors, des trios, des sonates, des *lieder* et deux opéras : *Antigone* et *Halewijn*.

Les musiciens de la génération suivante représentèrent des tendances assez variées. ALEXANDRE

VOORMOLEN s'honore d'avoir travaillé avec Ravel; WILLEM LANDRÉ *(1874-1948)* cultive l'humour et la cocasserie; DIRK SCHAEFFER *(1873-1931)*, pianiste virtuose, a enrichi le répertoire de son instrument de pièces élégantes et sensibles; DANIEL RUYNEMAN *(1886-1963)* s'est livré à d'audacieuses recherches dans le domaine de l'instrumentation.

## Suisse

Comme la Belgique, la Suisse a deux courants culturels et sa musique est partagée entre l'influence germanique et l'influence française. La Suisse allemande s'honore d'avoir engendré des compositeurs sérieux et en possession d'une solide technique, comme le chef d'orchestre FRIEDRICH HEGAR *(1841-1927)*, qui fut le grand animateur de la vie musicale de Zürich et composa des chœurs d'hommes remarquables; HANS HUBER *(1852-1921)*, auteur de huit *Symphonies*, de *Sérénades* d'orchestre, de *Concertos*, de *Sonates*, de *Quatuors*, de *Messes* et de *Lieder*; HERMANN SUTER *(1870-1926)*, à qui l'on doit les *Laudi di San Francesco d'Assisi* et la *Première Nuit de Walpurgis*, oratorios grandioses, une symphonie et des œuvres chorales importantes; FRIEDRICH KLOSE *(1862-1942)*, élève de Bruckner, attiré comme son maître par les vastes compositions et utilisant les chœurs, l'orgue, les ensembles de cuivres et l'orchestre dans des cantates sacrées ou profanes, des messes, des poèmes symphoniques avec chant et déclamation — *La Vie est un songe, Der Sonne-Geist, Ilsebill, Ein Festgesang Neros, Die Wallfahrt nach Kevlaar* — des tableaux d'orchestre comme *Elfenreigen* ou *Festzug*, un très beau quatuor et des *lieder*; VOLKMAR ANDREAE qui mena de front son métier de chef d'orchestre, sa carrière de compositeur et la direction du Conservatoire de Zürich, et a écrit des opéras comme *Abenteuer des Casanova* et *Ratcliff*, une symphonie et de la musique de chambre; OTHMAR SCHOECK *(1886-1957)*, auteur des opéras *Vénus, Pen-*

thésilée, *Das Wandbild, don Ranudo, Massimilla Doni*, d'œuvres chorales et de très nombreux et très émouvants *lieder* d'une variété d'impression et d'une sincérité d'émotion qui font de lui un moderne héritier de Schubert.

Les « alémaniques » les plus souvent cités à la suite de ces chefs de file sont RUDOLF MOSER *(1892-1960)*, WALTER LANG, WALTER SCHULTHESS, FRITZ BRUN, FRED HAY *(1888-1945)*, WERNER WEHRLI *(1892-1944)*, WALTHER GEISER *(1897)*, ALBERT MŒSCHINGER *(1897-1985)* et CONRAD BECK *(1901-1989)* qui pratiqua à ses débuts le style inhumain d'Hindemith mais qui évolua assez rapidement et a pris une place de premier plan dans nos avant-gardes avec son concerto, ses quatuors, ses symphonies, sa *Grande Ourse* et sa *Mort d'Œdipe* ; WILLY BURKHARD *(1900-1955)* dont la personnalité mélodique est attachante, et HEINRICH SUTERMEISTER *(1910)* qui s'est orienté plus spécialement vers le théâtre lyrique et qui a obtenu de vifs succès avec *Roméo et Juliette* et *Raskolnikov*.

La Suisse de langue française n'est pas moins riche en compositeurs de talent. N'oublions pas qu'elle nous a donné un Niedermeyer dont nous avons signalé l'heureuse influence sur la vie musicale française et que beaucoup de ses artistes ont joué chez nous un rôle actif. On salue comme le grand animateur de la musique romande le chef d'orchestre HUGO DE SENGER *(1832-1892)*, auteur d'une des *Fêtes des vignerons* de Vevey, d'œuvres chorales et de *lieder*, fondateur d'orchestres, de sociétés, de groupes de chanteurs, apôtre infatigable et excellent professeur, qui a suscité et développé des vocations artistiques nombreuses. Il a formé quelques-uns des meilleurs compositeurs de son pays. Un idéal commun pousse les compositeurs helvétiques à donner très intelligemment à la musique une mission ethnique et sociale que négligent imprudemment les autres peuples. Une institution comme la célèbre *Fête des vignerons* de Vevey qui, tous les vingt-cinq ans, avec la collaboration fervente de tous les travailleurs de la terre, exalte la beauté et la noblesse de la vie pastorale et hausse jusqu'au mysticisme d'une foi religieuse le respect des forces de la nature et le rite des semailles, des moissons et des vendanges, est l'honneur d'une nation. Cette apothéose du labeur rustique à laquelle participent les laboureurs, les vignerons, les fermiers et les pâtres rattachent les plus humbles « armaillis » aux grandes traditions helléniques. A chaque instant, des festivités, des concours, des festivals, des commémorations d'événements historiques introduisent la musique dans la vie publique sous la forme la plus grandiose et la plus touchante à la fois. D'instinct, les Suisses se réunissent pour chanter en chœur et leurs compositeurs sont tout naturellement amenés à écrire pour leurs compatriotes des œuvres tirant parti de ce précieux appoint.

C'est ainsi que le théâtre du Jorat, temple villageois d'une émouvante simplicité, a fait naître des ouvrages remarquables qui n'auraient pas pu être conçus par leurs auteurs dans l'atmosphère des cités tentaculaires qui asservissent l'imagination des poètes à leurs cruelles disciplines. Un GUSTAVE DORET *(1866-1943)* a fort bien incarné ces saines aspirations de l'art helvétique. Bien qu'il ait travaillé à Paris avec Massenet et qu'il ait été étroitement mêlé à notre vie musicale, il garda toujours un contact étroit avec sa terre natale qui lui inspira ses deux *Fêtes des vignerons*, ses *Festivals vaudois*, ses chœurs de circonstance, sa *Cantate du Centenaire*, ses *Voix de la Patrie*, ses ouvrages lyriques, *En prison*, *Loys*, *Les Armaillis*, *Le Nain du Hasli*, *La Tisseuse d'orties*, *La Servante d'Évolène* — écrite pour l'admirable groupe choral la « Chanson Valaisane » de Georges Hænni — ses musiques de scène d'*Aliénor*, de *La Nuit des Quatre-Temps*, de *Tell*, de *Jules César*, de *Davel*, de *La Bûche de Noël* et une centaine de mélodies fraîches et familières mais réalisées avec une parfaite élégance d'écriture. Un ÉMILE JAQUES-DALCROZE *(1865-1950)* a suivi la même route en puisant dans les traditions populaires romandes le meilleur de son inspiration, volontiers appliquée à l'éducation musicale de l'enfance. Il a trouvé, en outre, le moyen de donner plus de force encore et plus d'authenticité à l'hellénisme instinctif de l'art helvétique en ressuscitant, par son invention de la gymnastique rythmique, un des éléments essentiels de l'orchestique et du théâtre de la Grèce antique. Dalcroze a composé des partitions remarquables pour de grandes cérémonies nationales. Sa *Fête de Juin*, et son *Jeu du feuillu*, sa *Fête de la jeunesse et de la joie* ont été d'admirables réussites populaires. Ses jeux musicaux et ses chansons enfantines sont célèbres dans le monde entier, car leur ton de naïve franchise est inimitable. Il a écrit des opéras-comiques : *Le Bonhomme Jadis*, *Les Jumeaux de Bergame*, *Sancho Pança*, *Janie*, quelques opérettes, des scènes lyriques comme *La Veillée*, un drame lyrique, *Le Violon maudit*, un *Poème alpestre* pour orchestre et de la musique de chambre.

Quelques grands organistes ont eu une influence heureuse sur le climat musical de la Suisse française. De ce nombre sont Charles Blanchet *(1833-1900)* et Otto Barblan *(1860-1943)* qui contribuèrent à élever le goût des musiciens de leur temps. Joseph Lauber *(1864-1952)*, qui travailla avec Massenet, aborda tous les genres depuis l'opéra avec *Die Hexe* jusqu'aux pièces de piano en passant par les poèmes symphoniques : *Chant du Soir*, *Sur l'Alpe*, *Le Vent et la Vague*, la musique chorale, les *concertos* et la musique de chambre.

Compositeur et théoricien, le Lausannois Alexandre Denéréaz *(1875-1947)* est l'auteur de cinq symphonies, d'un poème symphonique, *Le Rêve*, de cantates, d'œuvres chorales, de musique de chambre et d'études esthétiques de haute tenue. Émile R. Blanchet *(1877-1943)*, fils de Charles Blanchet, a beaucoup écrit pour le piano, instrument dont il jouait en virtuose, mais on lui doit également une *Sonate* pour violon et des mélodies. Il a attaché son nom à d'ingénieux essais de contrepoint de rythmes dont il a tiré de curieux effets pianistiques. C'était presque un musicien de chez nous que PIERRE MAURICE *(1868-1936)* qui sortit des classes de Massenet, de Gédalge et de Lavignac avec une technique très française et obtint le succès avec ses opéras : *Kalif Storch*, *Le Drapeau blanc*, *Andromède*, *Misé Brun*, *Lanval*, son mimodrame *Arambel*, son poème symphonique *Françoise de Rimini*, sa suite d'orchestre *Pêcheurs d'Islande*, son drame biblique : *La Fille de Jephté*, sa musique de chambre et son opéra-comique : *La nuit, tous les chats sont gris*.

Le talent puissamment racé d'ERNEST BLOCH *(1880-1959)* lui a créé une place à part dans l'histoire musicale de la Suisse. Ses opéras, *Macbeth* et *Jézabel*, sa symphonie *Israël*, ses *Évocations*, ses *Poèmes juifs*, ses *Psaumes*, sa rhapsodie *Schelomo*, son *Concerto* pour piano, son *Helvetia* et sa musique de chambre ont un accent d'une véhémence passionnée et d'une vigueur qui font de lui un héritier du romantisme. Il passa une partie de sa vie en Amérique, à Cleveland et à San Francisco dont il dirigea les Conservatoires. Une symphonie *America* a fixé les souvenirs de son séjour dans le Nouveau Monde.

L'école romande a rassemblé ensuite de nombreux chercheurs qui prospectaient en tous sens les zones encore inconnues du royaume des sons. Les plus représentatifs furent FRANK MARTIN *(1890-1974)* dont les œuvres présentent un intérêt exceptionnel qui a su dégager sa forte personnalité des étroites disciplines schœnbergiennes auxquelles il s'était volontairement soumis à ses débuts et dont on n'oubliera pas les grandes œuvres : *Le Vin herbé*, *In terra pax*, *Golgotha* et la *Petite symphonie concertante* ; JEAN BINET *(1893-1960)*, artiste délicat et sensible qui sait traduire les voix mystérieuses de la nature et dont le talent se développe avec la plus stricte logique ; ANDRÉ MARESCOTTI *(1902)* qui a le goût du beau « métier » et réalise des œuvres singulièrement vivantes et attachantes ; ALEXANDRE MOTTU *(1883-1943)*, grand admirateur des chefs-d'œuvre du XVIIIᵉ siècle qui lui avaient formé un style d'une rare pureté ; JEAN DUPÉRIER, excellent compositeur lyrique dont Paris n'a pas oublié le *Zadig*, créé à l'Opéra-Comique, et qui a écrit un *Malade imaginaire* ; le dogmatique et clairvoyant ALOYS FORNEROD *(1890-1965)* dont les écrits et les œuvres attestent la forte culture et la lucide volonté.

Citons encore ROGER VUATAZ *(1898-1988)* dont les recherches fiévreuses ont été particulièrement hardies mais qui a conquis son équilibre avec une courageuse loyauté ; BERNARD REICHEL *(1901)* et FRANÇOIS OLIVIER qui sont, eux aussi, des prospecteurs intrépides ; FERNANDE PEYROT et HENRI STIERLIN-VALLON, deux indépendants, affranchis de toute préoccupation dogmatique ; le scholiste HENRI GAGNEBIN *(1886-1977)*, enclin à se libérer des formules de la rue Saint-Jacques dans ses grandes fresques chorales et symphoniques ; ROBERT BERNARD, naturalisé parisien ; le Lausannois JEAN APOTHÉLOZ *(1900-1965)*, doué d'une élocution souple et élégante ; MATHIEU VIBERT au talent sérieux et robuste et au lyrisme sincère ; enfin PIERRE WISSMER *(1915)* qui a donné des œuvres remarquables.

## Ex-Tchécoslovaquie

Il faut remonter à BEDRICH SMETANA *(1824-1884)* pour découvrir l'origine d'une tradition musicale tchèque cohérente malgré l'influence très nette que Wagner et Liszt exerçaient sur l'auteur des *Brandebourgeois en Bohême*, des *Souvenirs de Bohême*, de *Dalibor*, de *Libuse*, du *Baiser*, du *Secret*, des *Deux Veuves*, de la spirituelle *Fiancée vendue*, des nombreux poèmes symphoniques formant un cycle national et des *Quatuors* d'une si haute inspiration. Cette tradition s'est consolidée avec ANTON DVORAK *(1841-1904)*, belle nature de musicien, amoureux de la couleur, des rythmes nerveux et du lyrisme sincère, à qui nous devons neuf *Symphonies* dont la dernière, la *Symphonie du Nouveau Monde*, est un hommage si touchant d'un voyageur à sa patrie lointaine, sept ouvertures, cinq poèmes symphoniques, des *Danses slaves*, des danses de Bohême, des *Furiants*, des *Rhapsodies slaves*, des *Légendes*, des pièces instrumentales, de grandes œuvres religieuses, des opéras : *Le Roi et le Charbonnier*, *Vanda*, *Le Coquin de paysan*, *Dimitri*, *Les Têtes dures*, *Le Jacobin*, *Le Diable et Catherine*, *Russalka*, *Armida* et de la musique de chambre. La gloire de ZDENEK FIBICH *(1850-1900)* fut moins internationale que celle de ses deux aînés, mais elle a été solidement établie dans son pays par ses nombreux ouvrages lyriques — *Bukowin*, *Blanik*, *La Fiancée de Messine*, la Trilogie : *Hippodamie*, *La Tempête*, *La Chute d'Arcona*, *Hedy*, *Sarka* — par ses poèmes symphoniques : *Othello*, *Printemps*, *Toman et la Nymphe*, *Au soir*..., etc., par ses ouvertures, ses symphonies, ses quatuors, ses *lieder* et ses quatre cents pièces de piano.

Depuis, LEOS JANACEK *(1854-1928)* avec ses opéras *(Jenufa*, *Les Voyages de M. Broucek*, *Katia Kabanova*, *Le Petit Renard rusé*, *L'Affaire Makropoulos*, *De la maison des morts )*, son culte du folklore, ses mélodies et sa musique de chambre ; VITEZSLAV NOVAK *(1870-1949)* avec ses œuvres lyriques et symphoniques ; VASA SUK *(1861-1933)* et JOSEPH SUK *(1874-1935)*, le gendre de Dvorak, auteur de deux symphonies, de poèmes symphoniques et de très originales pièces de piano, ont défendu de leur mieux l'idéal musical tchèque qui fut honoré ensuite par BOHUSLAV MARTINU *(1890-1959)*, venu travailler à Paris, qui chercha entre autres dans la vie moderne des thèmes d'inspiration empruntés à l'aviation, aux sports et au cinéma mais fut surtout le grand lyrique des six symphonies, des sept quatuors, des concertos et de plusieurs opéras *(Juliette*, *Passion grecque)* ; par OTAKAR JEREMIAS *(1892-1962)* dont l'opéra *Les Frères Karamazov* a brillamment réussi ; par LADISLAV VYCPALEK *(1882-1969)*, K.B. JIRAK *(1891-1972)*, VACLAV STEPAN *(1889-1944)* et ALOIS HABA *(1893-1973)*, champion de la gamme en quarts de ton dont il a utilisé les ressources dans deux opéras : *La Mère* et *Les Sans-Travail*. Il a écrit également à la gloire de la politique agricole soviétique : *La Terre nouvelle* et deux *Quatuors* dans lesquels il a supprimé la technique traditionnelle des thèmes et de leurs développements.

*Roumanie*

L'école roumaine est dominée tout entière par le génial GEORGES ENESCO *(1881-1955)*, musicien universel à qui aucune forme de son art n'est demeurée étrangère, qui travailla la composition à Paris dans la classe de Gabriel Fauré, mais qui, ainsi que tous ses compatriotes, demeura profondément imprégné de l'esprit folklorique de sa terre natale. Tout en se faisant applaudir dans les deux mondes comme virtuose du violon, il nous donna des œuvres d'une rare élévation de pensée, comme son drame lyrique *Œdipe* et ses trois *Symphonies*, ou d'une couleur locale éblouissante comme ses étonnantes *Rhapsodies roumaines* et son *Poème roumain* dans lesquels les rythmes caractéristiques des danses et des chants populaires des villages roumains où s'exaspère la *doïna* frénétique sont utilisés avec une habileté étourdissante. C'est à l'influence et à l'exemple de Georges Enesco que l'on doit la naissance d'une musique moderne roumaine.

Cette floraison a été favorisée par les travaux folkloriques patients et méthodiques de deux musiciens de haute culture : DEMETRI KIRAC *(1886-1928)* et CONSTANTIN BRAÏLOÏU *(1893-1958)*, qui, par un labeur d'abeilles, ont recueilli jusque dans les coins les plus reculés de la campagne roumaine le suc le plus pur des traditions paysannes et ont constitué un inestimable trésor. Cette sève populaire vivifie les œuvres des compositeurs roumains qui se sont nourris de ce miel comme ALFONSO CASTALDI *(1874-1943)*, auteur du *Jour*, de *Marsyas* et du *Héros sans gloire*; comme STAN GOLESTAN *(1875-1956)* qui fut, à Paris, l'ambassadeur de ses camarades de Bucarest et a composé une *Rhapsodie concertante*, une *Rhapsodie roumaine*, une *Sonate* de violon, deux *Quatuors*, un *Concerto moldave*, un *Concerto roumain*, un *Concerto carpathique*, un ballet *Koucourouz* et des pièces diverses dans un esprit de profond attachement à sa patrie ; comme Dragou, Perlea, Alessandresco *(1909-1963)*, Andricu *(1894-1974)*, Dinu Lipatti *(1917-1950)*, etc. En marge de cet art de terroir, un Filip Lazar *(1894-1936)* a réussi à se faire, hors des frontières de son pays, un nom dans les groupes d'avant-garde. Marcel Mihalovici *(1898-1985)* l'a imité et s'est efforcé de marcher dans la voie ouverte par Stravinsky.

## Pologne

Les vicissitudes politiques de la Pologne ont entravé le libre développement sur son sol d'un art musical spécifiquement national. Les influences alternées de l'Allemagne et de la Russie se sont exercées sur les jeunes étudiants en musique et ont souvent altéré la pureté de leur langage artistique. Un Chopin ne conserva intacte l'âme de sa race qu'en s'exilant. Ses successeurs n'ont pas laissé d'œuvres maîtresses.

Un seul musicien tenta de ressusciter l'âme musicale de la Pologne. Karol Szymanowski *(1882-1937)*, en possession de la technique debussyste la plus subtile, se servit de ce langage nuancé et pénétrant pour mettre en œuvre la riche substance folklorique de son pays. Il parvint à écrire une musique extrêmement originale dont le raffinement et la couleur sont d'une étonnante séduction. Ses pièces de piano — *Mythes, Sonates, Études, Romances, Variations, Mazurkas, Métopes, Masques* — ses deux poèmes symphoniques : *Demeter* et *Penthésilée*, ses *lieder*, ses trois *Symphonies*, son ballet *Harnasie*, créé à Paris, ses opéras : *Le Roi Roger* et *Hagith* révèlent un talent qu'une mort prématurée n'a pas laissé s'épanouir dans sa complète maturité. Georg Fitelberg *(1879-1953)*, Mieczyslaw Karlowicz *(1876-1909)*, A. Sze-luto et L. Rozycki *(1883-1953)* avaient été à ses côtés pour fonder une société intitulée « la Jeune Pologne », mais si les intentions rénovatrices de ces musiciens étaient généreuses et sincères, leur tempérament et leur talent n'étaient pas assez «nationaux» pour mener à bien cette entreprise de résurrection artistique.

Beaucoup de compositeurs polonais poursuivent, loin de leur patrie, leur tâche solitaire. Parmi ceux qui ont choisi Paris pour refuge, un ALEXANDRE TANSMAN *(1897-1986)* a conquis l'estime générale par ses œuvres symphoniques et sa musique de chambre, ses *concertos* de piano, ses ballets *Sextuor* et *Jardin de Paradis*, sa *Danse de la sorcière*, sa partition de scène pour *Huon de Bordeaux* et son opéra *La Nuit kurde*. HENRI JARECKI *(1846-1918)* a écrit sept opéras (*Barbara, Hedwiga, Mindowe...*, etc.), des chœurs et des *lieder*. MICHAL KONDRACKI, ADAM MAKLAKIEWICZ demeurent fidèles à leur tradition nationale, et l'on sait avec quelle noblesse l'illustre IGNAZ PADEREWSKI *(1860-1941)* a incarné dans les deux mondes, comme virtuose et comme compositeur, l'âme musicale à la fois nostalgique et chevaleresque d'un pays qui subit, au cours des siècles, tant de douloureuses épreuves.

## Hongrie

C'est encore le folklore qui permit à la musique hongroise de se ressaisir au moment où la pédagogie allemande nivelait les conservatoires de l'Europe Centrale. Deux compositeurs unis par des liens d'amitié, BELA BARTOK *(1881-1945)* et ZOLTAN KODALY *(1882-1967)*, entreprirent, l'un et l'autre, de créer un style hongrois dont les éléments seraient empruntés exclusivement au fond paysan de leur patrie et non pas au vocabulaire plus ou moins frelaté de la musique tzigane qui, jusqu'alors, avait faussé les données du problème. Leur tentative, servie par leurs deux talents puissants et originaux, réussit brillamment. En dépit de la rudesse extérieure d'une technique sans concessions qui ne recule pas devant le polytonalisme, le public hongrois s'est montré sensible à la force persuasive de la musique ardente et sincère que ces deux révolutionnaires ont tirée des profondeurs de leur terroir natal. Les suites d'orchestre, *Kossuth*, *l'Allegro barbaro*, *Le Château du duc Barbe-Bleue*, *Le Mandarin merveilleux*, *Le Prince de Bois*, les *Portraits*, les *Nénies*, les *Concertos pour piano, pour violon, pour alto*, la *Cantate profane*, le *Concerto pour orchestre*, la *Musique pour cordes, percussion et celesta*, la *Sonate pour deux pianos et percussion*, les six *Quatuors* et les *Chants hongrois et roumains* de Bartok, le *Te Deum*, le *Psalmus hungaricus*, le *Hary Janos* et la musique de chambre de Kodaly sont des œuvres fortes et significatives qui ont provoqué dans toute la Hongrie un magnifique renouveau. En marge de ce mouvement, ERNO VON DOHNANYI *(1877-1960)* avait défendu une esthétique classico-romantique et formé un certain nombre de disciples de valeur, et TIBOR HARSANYI *(1898-1954)* nous avait donné des ouvrages fort intéressants.

## Norvège

La Norvège a eu avec EDWARD GRIEG *(1843-1907)* un ambassadeur si brillant qu'elle n'a pas encore pu lui découvrir un successeur. Par sa fidélité à la musique populaire de son pays dont la couleur modale a un charme si prenant — étrangement apparenté au folklore catalan — et par la séduction de sa mélodie claire et de ses harmonies savoureuses, Grieg avait fait la conquête du monde à l'époque où la grâce et la joliesse n'étaient pas encore devenues des vices et ne déshonoraient pas un artiste. Si l'on veut bien avoir l'honnêteté de le juger d'après le code musical de son temps, il est impossible de ne pas lui savoir gré d'avoir, dans son aimable *concerto* de piano qui abonde en discrètes mais clairvoyantes prophéties, dans ses pittoresques *Danses norvégiennes*, dans sa partition de scène pour *Peer Gynt*, dans *Holberg-Suite*, *Sigurd Jorsalfar*, ses *Sonates*, ses mélodies et ses nombreuses pièces de piano, habitué les oreilles de ses contemporains à des élégances de langage dont un Ravel et un Debussy lui ont été reconnaissants. Il est d'ailleurs piquant de constater que les reproches de fadeur et de mièvrerie que l'on fait couramment à Grieg sont exactement ceux que Grieg adressait à son maître, le Danois Niels Gade, dont il blâmait «le scandinavisme efféminé mâtiné de Mendelssohn» en se flattant d'avoir échappé à ce péril grâce à l'exemple de son jeune camarade d'études RICHARD NORDRAAK *(1842-1866)* qui l'avait remis dans le droit chemin.

CHRISTIAN SINDING *(1856-1941)* a suivi la même route en se consacrant à la musique de chambre et à la composition de trois symphonies et de quelques concertos. JOHANN-SEVERIN SVENDSEN *(1840-1911)*, qui voyagea dans toute l'Europe, laisse un catalogue composé de la même façon, le théâtre lyrique n'ayant pas attiré les musiciens norvégiens de cette époque. Et la tradition norvégienne semble s'affaiblir chez un GERHARD SCHJELDERUP *(1859-1933)* et un HJALMAR BORGSTRŒM *(1864-1925)* que l'on a accusé de brucknerisme, et chez un DAVID MONRAD et un IRGENS JENSEN.

## Suède

L'école suédoise peut saluer comme un de ses fondateurs JOHANN-ANDRÉAS HALLEN *(1846-1925)* qui prêcha, en dialecte wagnérien, le retour à la tradition nationale. PETERSON BERGER *(1867-1942)* et WILHELM SKENHAMMAR *(1871-1928)* sont généralement associés à son action mais, seul, HUGO ALFVEN *(1872-1960)* a pu bénéficier d'une notoriété internationale, grâce à ses trois symphonies, ses deux poèmes symphoniques, ses *lieder* et sa musique de chambre. KURT ATTERBERG *(1887-1974)* a composé un opéra : *Harward Harpolekare*, un ballet : *Per Svinaherde*, cinq symphonies, des concertos, des chœurs et un *Requiem* qui ont mis en lumière son talent robuste. Les TURE RANGSTROEM *(1884-1947)*, les ADOLPH WIKLUND *(1879-1950)*, les RICHARD OHLSON, les HILDING ROSENBERG *(1892-1985)* et les L.-E. LARSSON *(1908-1986)* ont défendu de leur mieux l'art de leur pays sans pouvoir toujours se libérer des infiltrations artistiques des écoles françaises ou allemandes.

## Divers

Il serait arbitraire de parler d'écoles nationales à propos de tentatives sporadiques de rénovation ou d'affranchissement réalisées, çà et là, en Europe par tel ou tel artiste féru de nouveauté ou soucieux de restaurer une tradition. Contentons-nous de saluer quelques musiciens qui ont honoré leur pays par leur talent ou leur prosélytisme. En Grèce, il convient de signaler l'action de PETRO PETRIDIS *(1892-1978)*, de LEVIDIS, de KALOMIRIS *(1883-1962)*, de THÉO SPATHIS *(1883-1943)* et de RIADIS. En Turquie l'enseignement obligatoire de la musique occidentale a suscité un DJEMAL RECHID *(1904)* qui s'efforce de traduire dans ce vocabulaire nouveau les thèmes poétiques de l'Orient. La Finlande a trouvé dans JAN SIBELIUS *(1865-1957)* un musicien parlant spontanément le langage de sa terre avec son cycle de *Lemminkaïnen*, sa *Finlandia* dont la popularité est devenue internationale, *En Saga*, *Les Océanides*, *Tapiola*, ses sept *Symphonies*, ses chœurs, sa musique de chambre. Un SELIM PALMGREN *(1878-1951)* qui évangélisa tour à tour l'Amérique et le Danemark, a subi assez profondément l'influence de Liszt mais servi très efficacement la tradition finlandaise. Au Danemark, le romantisme aimable de NIELS GADE *(1817-1890)* a fait école aussi bien que l'intellectualisme plus sévère de CARL NIELSEN *(1865-1931)*. Ces deux courants n'ont pas encore fait naître des créateurs d'une très grande personnalité.

Le NOUVEAU MONDE est un carrefour où s'entrecroisent toutes les influences du vieux continent, et sa politique d'importation ne lui a pas encore permis de se constituer un art personnel autochtone. Partagé entre l'opérette de music-hall, la musique de film, le jazz à grand orchestre, le jazz nègre Nouvelle-Orléans, les negro spirituals et les nouveautés européennes les plus audacieuses, le goût public est écartelé entre un VINCENT YOUMANS *(1898-1946)* et un ERNEST SCHELLING, entre un IRVING BERLIN *(1888-1989)* et un VIRGIL THOMSON *(1896-1990)*, entre un SAMINSKY, un TAYLOR, un MAC DOWELL *(1860-1908)*, un CARPENTER *(1876-1951)* et un GEORGE GERSHWIN *(1898-1937)* *(Rhapsodie in blue, Un Américain à Paris, Porgy and Bess)*. Mais les ouvrages lyriques de GIAN CARLO MENOTTI *(1911)* — *Le Téléphone, Le Médium, Le Consul, Amahl, La Sainte de Bleecker Street* — présentent une telle originalité qu'on peut s'attendre d'un jour à l'autre à la brusque floraison d'un art américain d'une jeunesse, d'une nouveauté et d'un dynamisme exceptionnels.

En Amérique latine, même confusion de tendances. Les compositeurs hésitent entre les messages de Debussy, de Ravel, d'Hindemith, de Schœnberg et de Stravinsky qu'ils captent avec curiosité et traduisent à leur manière. Mais il faut souligner la valeur ethnique d'un HEITOR VILLA-LOBOS *(1887-1959)* qui a su créer un style purement brésilien d'une originalité saisissante en mettant en œuvre des éléments folkloriques indiens, nègres et portugais avec un brio remarquable (quatorze *choros*, neuf *Bachianas Brasileiras*, douze symphonies, etc.). En Argentine, les frères CASTRO — JUAN-JOSÉ et JOSÉ-MARIA — s'opposent aux téméraires et agressives expériences du futuriste JUAN-CARLOS PAZ. Au Mexique, CARLOS CHAVEZ *(1899-1978)*, au Pérou, les frères REBAGLIATI, au Chili HUMBERTO ALLENDE *(1885-1959)* et, en Bolivie, GONZALES BRAVO ont été les chefs de file des écoles naissantes.

# 36

# La France contemporaine

Nous voici parvenus à la période foisonnante où la tâche de l'historien se heurte soudain à des difficultés insurmontables. L'annaliste qui veut établir le bilan de son époque est semblable à un médecin-légiste qui se verrait contraint, au cours d'un procès, de remplacer la technique de l'autopsie par celle de la vivisection. Même s'il a le courage d'enfoncer profondément son scalpel dans de la chair vivante, il accumule dans son travail d'innombrables chances. d'erreur. Il lui manque, en effet, le recul nécessaire pour réserver, dès maintenant, à ses contemporains, la place exacte qu'ils occuperont dans l'histoire lorsque les archéologues de l'avenir recenseront et classeront, avec tout le sang-froid désirable, les richesses de notre siècle tourmenté.

Les exemples qui nous viennent du passé devraient pourtant rendre circonspects les apprentis-devins qui embrassent imprudemment la carrière de prophète. Lorsqu'on étudie les anthologies publiées jadis par des observateurs qui semblaient être parfaitement qualifiés pour juger les artistes de leur temps, on est toujours surpris de constater les grossières erreurs de perspective commises, de bonne foi, par ces témoins oculaires et auriculaires. Quatre-vingt-dix sur cent des lauréats inscrits à leur palmarès ont, depuis longtemps, sombré dans le néant, alors que des noms qu'ils avaient dédaignés se sont mis à rayonner d'un éclat inattendu.

Si de pareilles erreurs judiciaires ont pu se commettre dans des périodes où l'histoire des arts obéissait à de calmes et rassurantes disciplines, à quelles iniquités ne s'exposerait pas le moderne législateur qui aurait la prétention d'imposer une hiérarchie minutieuse et définitive aux ouvriers qui s'agitent, en ce moment, sur le chantier de Babel qu'est devenu notre Paris? La rapidité et la facilité des communications internationales, en supprimant les distances entre les peuples ont opéré un brassage d'idées et de sentiments, un mélange de techniques et, il faut bien le dire, une « confusion des langues » qui rendent illusoires les tentatives de décantation et de clarification auxquelles se livrent aujourd'hui certains chimistes de l'esthétique.

Enfin, l'importance prise dans toutes les manifestations de la vie moderne par des méthodes publicitaires scientifiquement éprouvées contribue à fausser tous les cours à la Bourse des valeurs spirituelles. On lance aujourd'hui un tableau ou une partition comme une spécialité pharmaceutique. Or, il est démontré que, lorsqu'elle atteint un certain niveau, la notoriété a la même radio-activité que le talent.

Voilà pourquoi il est raisonnable de renoncer à assigner un numéro d'immatriculation précis sur les tablettes de Clio à tous les compositeurs qui s'élancent aujourd'hui sur les routes divergentes de la gloire. Contentons-nous de munir chaque « partant » d'une courte fiche signalétique en laissant aux « juges à l'arrivée » qui assisteront à la fin de la course le soin d'en afficher les gagnants. D'ailleurs, qui pourrait se flatter de bien connaître un créateur avant qu'il ait prononcé sa dernière parole et rendu son dernier soupir qui est, parfois, le plus harmonieux de tous? Quelles sottises aurait écrites l'historien qui, en voyant Verdi entrer dans sa soixante-quatorzième année, se serait cru valablement autorisé à émettre sur la carrière de l'illustre compositeur une opinion définitive, alors que le stupéfiant miracle d'*Otello* et de *Falstaff* allait modifier si profondément le jugement de la postérité!

Qui aurait pu nous dire, avant sa mort, jusqu'où nous conduirait l'esprit encyclopédique d'un CHARLES KŒCHLIN *(1867-1950)* dont la maîtrise technique, la forte culture, l'insatiable et généreuse curiosité et les dons multiples émerveillent tous ceux qui ont pu se pencher sur l'immense production — en grande partie inédite — de ce patriarche indulgent qu'aucune excentricité de ses cadets ne scandalisait et ne prenait au dépourvu. Tous les styles lui furent familiers, il pratiqua avec une égale aisance tous les systèmes d'écriture, et si l'on peut suspecter la sincérité d'un apprenti qui se réfugie dans la polytonalité, l'atonalité ou le dodécaphonisme pour masquer son impuissance à inventer une mélodie et à l'harmoniser correctement, on ne saurait conserver cette méfiance vis-à-vis du musicien qui s'est montré aussi apte à confectionner, par jeu, dans sa jeunesse, de ravissants bibelots comme *Si tu le veux* ou *Le Thé* qu'à utiliser les vocabulaires les plus intimidants des âpres linguistiques de nos avant-gardes.

Jusqu'à la dernière minute de sa vie, un FLORENT SCHMITT *(1870-1958)* n'était-il pas destiné à nous étonner par l'incroyable verdeur de son génie inventif qui pouvait nous réserver tant de surprises ? Et, venant après son *Quatuor* qui nous avait ouvert des perspectives si nouvelles dans le domaine de la musique de chambre, la *Symphonie* qu'il nous a laissée en adieu ne fut-elle pas pour la foule une révélation saisissante par son orientation qui rattachait ce testament musical à ses premiers chefs-d'œuvre ? Que ne peut-on attendre de l'artiste qui nous a donné ce chef-d'œuvre absolu qu'est le *Psaume XLVI*, cet hallucinant tableau qui s'appelle *La Tragédie de Salomé*, les éblouissantes pages d'orchestre de son *Palais hanté*, d'*Oriane la sans-égale*, de *Salammbô*, d'*Antoine et Cléopâtre*, et les œuvres riches, souples, aimables et fortes en même temps qui illustrent tous les genres et qui s'appellent *Reflets d'Allemagne*, *Suite en rocaille*, *Rhapsodies*, *Pupazzi*, *Suite sans esprit de suite*, ou *Le Petit elfe Ferme-l'œil* ? Ce musicien qui pensait orchestralement et pétrissait la pâte instrumentale la plus somptueusement colorée qui soit au monde a apporté à son époque le goût de la grandeur et de la robustesse en pleine apothéose des suavités impressionnistes. Il est le dernier héritier d'un lyrisme romantique gorgé de sève qui se refuse à la sentimentalité, à l'attendrissement et à l'abandon et qui a la dignité et la noblesse de celui d'Alfred de Vigny, mais la formule en est si personnelle qu'elle n'a jamais pu être imitée. Il parle, d'ailleurs, un langage vigoureux dont l'accent est parfois rude et violent, mais qui s'appuie toujours sur une grammaire et une syntaxe d'une parfaite orthodoxie utilisées avec une virtuosité si audacieuse qu'elles se trouvent enrichies d'un surprenant caractère de hardiesse.

Parmi les compositeurs qui ont traversé notre époque avec une fière indépendance il faut citer ALFRED BACHELET *(1864-1944)* qui manifesta son puissant tempérament dramatique dans des ouvrages lyriques écrits sans concessions aux goûts de la foule mais possédant une éloquence persuasive irrésistible. Les deux sujets violemment tragiques de *Scemo* et de *Quand la cloche sonnera* et le thème raffiné du *Jardin de l'Oronte* lui ont inspiré des partitions que l'on regrette de ne pas voir inscrites au répertoire courant de nos théâtres subventionnés. Le fait que des œuvres de cette valeur — de même que celles d'un Sylvio Lazzari — ne se maintiennent pas à l'affiche de l'Opéra et de l'Opéra-Comique est un symptôme alarmant de l'abaissement du goût public. Autre indépendant farouche : MAURICE EMMANUEL *(1862-1938)* dont la destinée fut affligeante pour les témoins de son prodigieux labeur et de son généreux esprit de prosélytisme si mal récompensés. Ce Bourguignon érudit et méditatif avait acquis de bonne heure la conviction que l'évolution normale du langage musical avait été faussée par l'abandon des modes populaires — les trois majeurs et les trois mineurs oubliés depuis le XVIIᵉ siècle — au profit du système modal tempéré que représente la dictature arbitraire du mode d'*ut* et de son relatif que nous impose l'orthodoxie classique. Il estimait que la musique française s'était dangereusement appauvrie en se privant de ces précieuses ressources d'élocution que l'on admire dans notre magnifique folklore et il résolut de consacrer sa vie à une croisade de réhabilitation des gammes anciennes.

Ce fut pour lui la source d'innombrables déboires. Au Conservatoire il fut considéré par son maître Léo Delibes comme un esprit faux et un théoricien chimérique et ne put terminer ses études officielles. Au collège de France où il s'était vu confier une chaire d'histoire de la musique à la suite de la publication de ses admirables thèses sur *L'Orchestique grecque* et *L'Éducation du danseur grec*, on supprima rapidement les crédits attachés à cette mission et l'on élimina cet admirable professeur trop peu conformiste pour nos universitaires. A l'église Sainte-Clotilde, où il cherchait alors à gagner sa vie comme maître de chapelle, il ne put lutter plus de deux ans contre l'hostilité du clergé et des paroissiens qui ne pouvaient lui pardonner sa présentation du chant grégorien *a capella* et son amour des maîtres polyphonistes de la Renaissance. Et, lorsqu'il succéda à son maître BOURGAULT-DUCOUDRAY *(1840-1910)* au Conservatoire pour y enseigner l'histoire de la musique, il se heurta au dédain de l'administration qui refusa de rendre cette étude obligatoire et la discrédita ainsi aux regards des élèves. Maurice Emmanuel prodigua, ainsi, toute sa vie, des trésors de science et de conscience professionnelle devant des auditoires clairsemés ou indifférents, tout en se consacrant à des travaux d'une importance capitale comme son extraordinaire *Histoire de la langue musicale* et son étude sur l'« Art gréco-romain » dans l'Encyclopédie de Lavignac.

Cependant l'éminent musicologue n'avait pas renoncé à la composition et, peu enclin à se mêler aux ardentes compétitions de la vie musicale de son époque, écrivait, pour sa seule satisfaction personnelle, deux *Symphonies*, une *Ouverture pour un conte*

*gai*, une *Suite française*, des *Odelettes anacréonti-
ques*, deux *Sonates*, un *Quatuor*, de savoureuses
*Chansons bourguignonnes* et deux ouvrages lyriques :
*Prométhée enchaîné* et *Salamine*. Ces œuvres qui contiennent tant de pages d'un haut intérêt n'ont été pré-
sentées que très rarement et très fugitivement à
notre public. Maurice Emmanuel nous a quittés sans
avoir jamais reçu la récompense de son effort. Sa
modestie et sa philosophie s'accommodaient de cette
injustice du destin, mais ses splendides travaux lui
assureront certainement dans l'avenir une gloire
durable qui le vengera de l'ingratitude de ses contemporains.

Chef d'orchestre, organiste, professeur et compositeur, Henri Busser *(1872-1973)* qui sortit de l'École
Niedermeyer et passa par le Conservatoire avant de
devenir le disciple préféré de Gounod, a donné toute
sa vie l'exemple de la plus parfaite maîtrise technique, d'une esthétique ennemie de l'outrance et d'une
très grande variété de dons. Il a formé de remarquables élèves de composition, a écrit de très nombreux
ouvrages pour le concert, mais a connu ses plus
grands succès au théâtre avec *Daphnis et Chloé, Les
Noces corinthiennes, La Pie borgne, La Ronde des
saisons*, et *Le Carrosse du Saint-Sacrement*. A 90 ans
encore, il présentait un opéra *La Vénus d'Ille* et une
comédie lyrique, *Diafoirus 60*. Venu de Caracas pour
nous donner d'incomparables leçons de parisianisme,
Reynaldo Hahn *(1875-1947)*, élève de Massenet, paya
toute sa vie la rançon de ses succès précoces de
dandy dans les salons aristocratiques où l'on s'arra-
chait le plus brillant causeur de Paris et l'auteur-
chanteur des séduisantes *Chansons grises*, romances
gracieuses et élégantes, écrites sur mesure pour les
femmes du monde de 1890. Cette réussite éclatante le
classa pour toujours parmi les musiciens faciles,
vaguement suspects d'amateurisme et indignes de
figurer sur la liste des compositeurs dits sérieux. Et
pourtant nul ne connaissait mieux tous les secrets de

son métier que cet artiste raffiné qui avait le courage méritoire de rester fidèle à la tradition mélodique de Gounod et de cultiver dans ses œuvres des qualités de grâce et de charme réputées anachroniques par les arbitres de la mode. Ses triomphales incursions dans le domaine de l'opérette avec ces chefs-d'œuvre de fine musicalité et d'esprit qui s'appellent *Ciboulette, Mozart, Brummel, O mon bel inconnu* ou *Malvina*, aggravèrent le malentendu et ne permirent pas au public d'accorder toute l'attention souhaitable à ses *Études latines*, à sa *Sonate* pour piano et violon, à ses deux *Concertos*, à son quintette, à ses nombreuses partitions de scène, à sa *Pastorale de Noël*, à sa *Reine de Sheba*, à ses ballets — *Le Bal de Béatrice d'Este, Le Dieu bleu, La Fête chez Thérèse* — et à ses ouvrages lyriques — *La Carmélite, Nausicaa, l'Ile du rêve, Le Marchand de Venise, Le « oui » des jeunes filles*. Dernier défenseur d'un idéal d'euphorie, de distinction et de lyrisme de bonne compagnie, Reynaldo Hahn pour qui le style de Debussy représentait déjà le « souffle du désordre », fut, jusqu'à sa mort, l'adversaire déclaré des chercheurs inquiets et fiévreux qui, pour ouvrir des voies nouvelles à la musique de leur temps, torturèrent trop férocement la langue du divin Mozart.

Cette conception si particulière et si française de la musique claire et mélodique qualifiée sottement de « légère », alors qu'elle a la haute vertu d'être « aimable », aurait disparu avec Reynaldo Hahn si nous n'avions eu en LOUIS BEYDTS *(1895-1953)* un héritier direct de cette tradition. En possession de la technique la plus solide et la plus nuancée, aussi qualifié que l'auteur du *Marchand de Venise* ou que celui de *Fortunio* pour donner des leçons de composition à nos plus orgueilleux fabricants de symphonies et de sonates transcendentales, cet artiste délicat et sensible, incapable de chercher le succès dans le calcul ou l'artifice, a courageusement accepté, en nous donnant des comédies musicales délicieusement écrites, le risque de passer pour un musicien trop savant aux yeux de la foule et pour un auteur trop facile aux regards des snobs. C'est en se résignant d'avance à ce malentendu qu'il a composé les partitions tendres et spirituelles qui s'appellent *Moineau, Les Canards Mandarins, La S.A.D.M.P., Le Voyage de Tchong-Li* ou *A l'aimable Sabine* et qu'il a écrit de ravissantes mélodies dont quelques-unes supportent sans faiblir le plus écrasant succès. Des musiques de films très remarquables et de subtiles orchestrations de pages de Fauré et de Debussy ont achevé de mettre en lumière les dons précieux d'un aristocrate de son art qui avait la faiblesse de croire que l'élégance, la distinction, le charme et la grâce ne sont pas des tares inavouables et qui a l'audace incroyable de le proclamer.

Le goût du théâtre, le sens dramatique, une technique solide et un respect instinctif des limites de la réceptivité du public sont des « notes communes » qui permettent le moduler d'un Henry Février *(1875-1957)*, le chaleureux et pathétique auteur du *Roi Aveugle*, de *Monna Vanna*, de *Carmosine*, de *Gismonda*, de *La Damnation de Blanchefleur*, de *L'Ile Désenchantée*, de *La Femme nue* et de *Sylvette* à un Gabriel Dupont *(1878-1914)* qui nous laissa, outre ses *Heures dolentes*, sa *Maison dans les Dunes* et son *Chant de la Destinée*, des œuvres de théâtre comme *La Cabrera, La Glu, La Farce du cuvier* et *Antar*; de passer de Max d'Ollone *(1875-1959)* à qui nous devons des partitions symphoniques délicates et des opéras finement écrits, comme *Le Retour, Les Uns et les Autres, L'Arlequin* et *Georges Dandin*, à Marcel Samuel-Rousseau *(1882-1955)* qui connut le succès le plus mérité avec *Tarass-Boulba, Le Hulla, Le Bon Roi Dagobert*, ses ballets *Promenades dans Rome* et *Entre deux rondes*, sa musique de chambre et ses œuvres d'orchestre : *Noël berrichon, Variations pastorales, Variations à danser* où s'affirme la maîtrise technique d'un artiste qui a professé l'harmonie au Conservatoire avec une rare distinction, et de rapprocher Francis Bousquet *(1890-1942)* qui fit preuve de qualités lyriques dans *Sarati le Terrible* et *Mon Oncle Benjamin* de RAOUL LAPARRA *(1876-1943)* dont le nom reste attaché à la réussite de *La Habanera*, de *La Jota*, du *Joueur de Viole* et de *L'illustre Fregona*.

Il faudrait pouvoir examiner de plus près les apports discutables d'un FÉLIX FOURDRAIN *(1880-1923)*, d'un ISIDORE DE LARA, d'un CHARLES PONS, d'un JEAN NOUGUÈS et d'un MARC DELMAS qui prolongèrent chez nous l'influence du vérisme transalpin et saluer moins rapidement un MARCEL BERTRAND, un JULES MAZELLIER, un MAURICE LE BOUCHER, les frères GALLON, un EUGÈNE BOZZA, un JACQUES DE LA PRESLE, un JACQUES LARMANJAT, un ERMEND BONNAL, un LOUIS DUMAS, une JEANNE LELEU, une SIMONE PLÉ-CAUSSADE, une MARCELLE SOULAGE et tant d'autres artistes de classe qui honorèrent l'enseignement du Conservatoire à des titres divers.

Pour mettre un peu d'ordre et de clarté dans l'énumération des innombrables musiciens contemporains dont les noms méritent d'être retenus, et pour éviter les classifications arbitraires dont ils ont trop souvent été victimes, étant donné la diversité de leur tendances, juxtaposons sans commentaires les chefs d'orchestre qui se sont adonnés à la composition comme CAMILLE CHEVILLARD *(1859-1923)* dont *Le Chêne et le roseau*, la *Ballade symphonique*, la *Fantaisie symphonique* et les *Variations* pour piano sont d'un véritable musicien ; PAUL VIDAL *(1863-1931)*, auteur de *La Maladetta*, de *La Vision de Jeanne d'Arc*, de *Guernica* et de *La Burgonde* ; RHENÉ-BATON *(1879-1940)*, fidèle comme tous les Bretons à l'atmosphère poétique de son terroir ; PAUL PARAY *(1886-1979)* dont la *Symphonie*, la *Messe de Jeanne d'Arc*, *Artémis troublée* et la musique de chambre révèlent un classicisme conscient et organisé ; PHILIPPE GAUBERT *(1879-1941)*, compositeur en constant progrès qui nous a laissé des œuvres adroitement écrites comme *Sonia*, *Philotis*, *Naïla*, le *Cortège d'Amphitrite*, les *Inscriptions sur les portes de la Ville*, le *Poème des champs et des vil-*

lages, *Alexandre le Grand*, *Le Chevalier et la Damoiselle*, un *Concert en fa* et une *Symphonie* ; ANDRÉ CAPLET *(1878-1925)*, debussyste fervent, qui utilise le vocabulaire de l'auteur de *Pelléas* dans des compositions raffinées qui vont du mysticisme du *Miroir de Jésus* et des *Prières* à l'ironie des *Fables* de La Fontaine ; ALBERT WOLFF *(1884-1970)* qui a prouvé sa musicalité distinguée dans son *Marchand de masques*, son *Oiseau bleu* et sa *Randonnée de l'âme errante* ; GABRIEL GROVLEZ *(1879-1944)*, auteur de *Cœur de Rubis*, de *Maïmouna*, du *Marquis de Carabas*, de *Psyché*, de *La Princesse au Jardin* tiré de *La Vengeance des fleurs*, du *Reposoir des Amants* et de nombreuses mélodies ; D.E. INGHELBRECHT *(1880-1965)*, rompu à toutes les finesses d'un métier qu'il a pratiqué en bon ouvrier avant de devenir ingénieur en chef, musicien amoureux de son art qui nous donna, en se jouant, dès ses débuts, un petit chef-d'œuvre d'élégance et d'esprit : *La Nursery*, suivi d'œuvres symphoniques brillamment orchestrées : *Marine, Automne, Nénuphars au crépuscule, Pour le jour de la première neige au Vieux Japon, Rhapsodie de printemps*, le *Cantique des Créatures de saint François d'Assise, Sinfonia brève, La Métamorphose d'Ève, La Bonne aventure ô gué, Le Greco, Le Diable dans le beffroi...*, etc. ; LOUIS FOURESTIER qui écrivit peu mais dont le quatuor et les poèmes symphoniques (*A saint Valéry* et *Polynica*) révèlent un talent mûri et équilibré ; HENRI TOMASI *(1901-1971)*, remarquablement doué pour la composition, qui connut de grands succès avec sa *Grisi*, ses *Santons*, sa *Rosière du village*, sa *Symphonie*, son *Tam-Tam*, sa *Messe*, son *Vocero*, son *Cyrano*, son *Don Juan de Manara* et son *Atlantide* ; ROGER DÉSORMIÈRE *(1898-1963)* un peu spécialisé dans la musique de film ; MANUEL ROSENTHAL *(1904)* qui fut un des rares élèves de Ravel et a écrit *Rayon de soieries, Un baiser pour rien, La Poule noire*, les *Chansons du Monsieur Bleu* et son grand oratorio profane *Jeanne d'Arc*.

Groupons aussi autour de leur instrument préféré les compositeurs organistes : ALEXANDRE GUILMANT *(1837-1911)*, CHARLE-MARIE WIDOR *(1845-1937)*, EUGÈNE

GIGOUT *(1844-1925)*, HENRI DALLIER *(1849-1943)*, LÉON BOELLMANN *(1862-1897)*, LOUIS VIERNE *(1870-1937)*, CHARLES TOURNEMIRE *(1870-1939)*, JOSEPH BONNET *(1884-1944)*, ALEXANDRE CELLIER *(1883-1968)*, JEAN HURÉ *(1877-1930)*, ANDRÉ MARCHAL *(1894-1980)*, JEHAN ALAIN *(1911-1940)*, MAURICE DURUFLÉ *(1902-1986)*, OLIVIER MESSIAEN *(1908-1992)*, et l'extraordinaire MARCEL DUPRÉ *(1886-1971)* dont la virtuosité et les dons d'improvisateur polyphoniste passaient l'imagination.

On peut également réunir sous le parrainage de Gabriel Fauré dont ils furent les élèves des musiciens aussi divers que LOUIS AUBERT *(1877-1968)*, comblé des dons les plus rares, à la façon d'un Enesco et d'un Casella, orchestrateur prestigieux, compositeur jonglant avec toutes les difficultés mais sachant mettre cette virtuosité d'écriture au service d'une pensée réfléchie et d'une sensibilité pleine de tact et de mesure, ce qui nous a valu des œuvres comme *La Forêt bleue*, les *Poèmes arabes*, les *Sillages*, la *Fantaisie* pour piano, l'émouvante *Habanera*, *Le Tombeau de Chateaubriand* et le ballet *Cinéma* entre tant d'autres pages d'une étonnante délicatesse de touche ; ROGER-DUCASSE *(1873-1954)*, nature fière et intransigeante, poursuivant sans se laisser détourner de sa route un idéal élevé qu'il a réalisé dans *Cantegril*, dans *Orphée*, dans sa *Sarabande*, son *Jardin de Marguerite* et sa *Suite française* ; LOUIS VUILLEMIN *(1879-1929)* dont l'activité musicale se partagea entre la critique et la composition et qui, en Breton bretonnant, peignit avec amour les horizons de sa province dans *En Kerneo*, *Soirs armoricains*, *Danses* pour deux pianos..., etc. ; PAUL LADMIRAULT *(1877-1944)*, son compatriote, qui a rendu les mêmes devoirs à sa terre natale en écrivant sa *Suite bretonne*, *Brocéliande au matin*, *Myrdhin*, *En Forêt*, *Rhapsodie gaélique*, *Le Roman de Tristan* et de nombreux ouvrages où s'affirment un tempérament extrêmement personnel, un sens poétique pénétrant et, dans ses premiers ouvrages, à l'époque où il travaillait dans la classe de Fauré, une richesse d'invention harmonique prodigieuse qui disparut progressivement lorsqu'il voulut se livrer trop assidûment à la Schola aux jeux cérébraux de l'écriture horizontale ; NADIA BOULANGER *(1887-1979)* qui renonça au bel avenir que laissaient devenir ses *Heures claires*, sa *Ville morte* et sa *Rhapsodie* pour se consacrer, avec une tendre abnégation, à la diffusion des œuvres de sa jeune sœur morte à vingt-cinq ans, LILI BOULANGER *(1893-1918)*, qui fut la première femme admise à la Villa Médicis (1er Grand Prix de Rome) et dont le talent précoce s'affirmait de la façon la plus émouvante dans des œuvres comme *Clairières dans le Ciel*, *Trois Psaumes*, *Reflets*, *Funérailles d'un soldat* et ce que nous possédons de *La Princesse Maleine*.

Des chercheurs indépendants creusent sur divers points la musique de France pour y découvrir des richesses inconnues. GEORGES MIGOT *(1891-1976)*, dont la production est d'une abondance et d'une importance exceptionnelles, applique à l'art des sons des disciplines que lui a révélées la peinture et trouve, chaque jour, une façon inédite d'ausculter la matière sonore pour lui arracher ses secrets ; PIERRE VELLONES *(1889-1939)* effectua ses prospections dans le domaine des instruments nouveaux et sut, en particulier, tirer un heureux parti des ondes Martenot dont si peu de compositeurs osent encore utiliser la voix surnaturelle, voix de brise et d'ouragan qui peut créer un nouveau style ; PAUL DUPIN *(1865-1949)*, en un siècle de culture technique exaspérée, n'a voulu être guidé que par son instinct et, véritable « douanier Rousseau » de la musique, a incarné l'autodidactisme intégral ; JACQUES CHAILLEY *(1910)*, disciple de Maurice Emmanuel, puise dans son érudition de musicologue et la connaissance approfondie des polyphonistes de la Renaissance de précieux éléments de style ; MAURICE DELAGE *(1879-1961)*, élève de Ravel, fut le prisonnier volontaire de l'univers sonore qu'il s'était créé : dans un isolement farouche, cet artiste modeste et dévoré de scrupules, cisela des œuvres d'une perfection japonaise qui émerveillaient les rares intimes admis à les entendre ; CLAUDE ARRIEU *(1903-1990)* n'a pas rougi, comme la plupart des « fortes en thème » de sa génération, de faire bénéficier son art d'une féminité précieuse dont la vivacité, l'esprit, la fantaisie primesautière, l'ingéniosité et l'ironique malice nous ont valu déjà des partitions extrêmement personnelles, comme son *Noé*, son *Cadet-Roussel*, ses *Deux rendez-vous*, ses nombreuses musiques de scène et partitions de films et son importante production de musique de chambre et d'orchestre ; MAURICE FOURET, artiste extrêmement curieux et original, a fait preuve de qualités rares dans sa *Belle de Haguenau*, son *Aventurier*, son *Rustre imprudent*, ses poèmes symphoniques et lyriques : *Le Capitaine et la Mort*, *La Chemise d'Ulrich* et sa musique de chambre. Enfin un élève de Kœchlin, FRANÇOIS BERTHET *(1873-1956)* a poursuivi, avec une modestie pleine de dignité, une noble carrière jalonnée d'œuvres intelligentes et sensibles comme son oratorio *Les Disciples d'Emmaüs*, ses *Quatuors* à cordes, son *Quintette* avec piano, ses *Trios*, ses *Sonates*, ses *Mélodies* et ses œuvres symphoniques.

Dans un esprit d'équilibre raisonné mais avec une technique très évoluée, TONY AUBIN *(1907-1981)* nous a donné de très belles réalisations de musique pure construites avec un soin minutieux qui apporte sa coquetterie à se faire oublier et ne redoute pas de mettre son art au service de son émotion dans sa *Cressida* et sa *Symphonie romantique* ; ANDRÉ BLOCH *(1873-1960)* possédait un talent souple et fin qui trouvait dans le langage le plus classique toutes les ressources nécessaires pour traiter les sujets les plus différents ; MARCEL DELANNOY *(1898-1962)* s'est imposé au théâtre dès ses débuts avec son *Poirier de Misère* et y a brillamment consolidé sa position avec *Le Fou de la dame*, *La Pantoufle de Vair*, *Philippine*, *Ginevra* et *Puck* ; HENRI DUTILLEUX *(1916)* fait preuve d'un goût très sûr, d'une sensibilité délicate et d'une distinction naturelle assez rare chez les compositeurs de sa génération. EMMANUEL BONDEVILLE *(1898-1987)*, après avoir obtenu des succès de symphoniste avec son *Bal des pendus* et son *Gaultier-Garguille*, a fait preuve de dons réels de musicien de théâtre dans des ouvrages comme *L'École des maris* et *Madame Bovary* qui ont brillamment réussi sur de nombreuses scènes lyriques. Et nous serions entraînés trop loin si nous cédions à la tentation d'étudier de près les solutions très diverses, parfois hardies et souvent contradictoires, qu'ont proposé aux problèmes irritants de l'esthétique moderne un Octave Ferroud *(1900-1936)*, un Claude Delvincourt *(1888-1954)*, un Igor Markevitch *(1912-1983)*, un Roland-Manuel *(1891-1966)*, un Jean Françaix *(1912)*, un Jean Rivier *(1896-1987)*, un Jean Hubeau *(1917)*, un Maurice Jaubert *(1900-1940)*, un Henri Martelli *(1895-1980)*, un Raymond Loucheur *(1899-1979)*, un Maurice Thiriet *(1906-1972)*, un Pierre Capdevielle *(1906-1969)*, un Henri Barraud *(1900)*, une Elsa Barraine *(1910)*, un Marcel Landowski *(1915)*, un André Lavagne *(1913)*, un Pierre Sancan *(1916)*, un Jean Martinon *(1910-1976)*, ou une Henriette Roget *(1910)*.

Un musicien extrêmement complet vint, au milieu de ses contemporains inquiets et fureteurs, donner l'impression rassurante d'une sereine maîtrise. Jacques Ibert *(1890-1962)* s'imposa dès ses premières œuvres par la précoce maturité de son talent nuancé qui n'obéissait à aucun parti pris esthétique et se trouvait à l'aise dans tous les genres. Il a passé, en effet, sans transition, de la poésie à la bouffonnerie, de la féerie à la farce, du langage de l'élite à celui de la foule en écrivant des ouvrages aussi différents que *La Ballade de la geôle de Reading*, *Persée et Andromède*, les *Escales*, les *Rencontres*, *Le Jardinier de Samos*, son *Quatuor*, son *Capriccio*, son *Quintette à vent*, ses *Concertos*, *Diane de Poitiers*, *Le Chevalier errant*, *Le Roi d'Yvetot*, *Le Chapeau de paille d'Italie*, *Gonzague*, *Angélique* et *L'Aiglon*. Conservant, au milieu des conflits du snobisme et de la mode et des bagarres de la Foire sur la place, le plus parfait sang-froid, Jacques Ibert, aussi éloigné de l'académisme que du « fauvisme » musical, savait user, quand il lui plaisait de la technique la plus hardie, mais ne prenait jamais pour une fin ce qui, pour lui, n'était qu'un moyen. Lorsque les historiens de l'avenir entreprendront la lourde tâche de retrouver dans le labyrinthe de la musique française vers 1950 le cheminement caché de notre pure tradition nationale, c'est un musicien comme Jacques Ibert qui leur permettra de reprendre en main le fil d'Ariane.

Nous avons rencontré jusqu'ici des compositeurs s'efforçant de tirer honnêtement leur épingle du jeu dans une partie musicale tumultueuse. La technique du raffinement poussé à ses extrêmes limites par un Fauré, un Debussy et un Ravel avait épuisé la formule et engagé leurs cadets dans une impasse. Les nouveaux venus sentaient fort bien qu'ils étaient condamnés à trouver autre chose. Une fois de plus, la musique exigeait un nouveau « relais » dans son éternelle course du flambeau. Selon leur tempérament personnel les jeunes musiciens réagirent diversement devant l'obstacle. Les uns cherchèrent à résoudre le problème en respectant la règle du jeu, les autres voulurent arriver plus vite au but en la violant. Et, comme la musique est toujours en retard d'une dizaine d'années sur l'évolution technique et idéologique des autres arts, ce sont des solutions naïvement empruntées au cubisme et au surréalisme qui furent adoptées par nos avant-gardes.

Les musiciens sont, traditionnellement, assez peu entraînés à orchestrer des idées générales et à construire des théories rationnelles et des systèmes cohérents : des littérateurs, rompus à ce sport, s'en chargèrent pour eux. On assista au spectacle paradoxal d'analyses précédant la création au lieu de la suivre, de la codification d'une technique conjecturale, de la description anticipée d'une esthétique « préfabriquée » comme les maisons américaines.

L'expérience la plus significative observée dans ce domaine fut assurément celle que réalisa un esthète comme Jean Cocteau en « lançant » avec une maestria remarquable six jeunes musiciens utilisés comme obus « brisants » pour renverser la muraille qui barrait la route aux explorateurs. On sait que le hasard d'une soirée qui réunissait une demi-douzaine de camarades et la boutade d'un critique faisant à leur propos une plaisante allusion à l'illustre phalange des « Cinq » Russes furent les seuls liens qui nouèrent la gerbe disparate que l'on a appelée le « Groupe des Six ». Cette intervention du hasard était la seule excuse que pût invoquer le sergent-recruteur de cette petite escouade de choc, car ce serait lui faire injure que de l'imaginer assez peu perspicace pour avoir choisi entre mille un Louis Durey, une Germaine Tailleferre, un Auric et un Poulenc pour changer la face du monde musical de son temps! Car telle fut la mission grandiose que l'opinion publique et la critique se crurent immédiatement autorisées à assigner à cette batterie d'artillerie braquée sur la citadelle de ce qu'on appelait alors assez improprement l'impressionnisme.

Le Français, cartésien incorrigible, aime les classifications et les hiérarchies. Toute notion d'équipe, d'école, de groupement, de syndicat, d'état-major attelés à une tâche précise dans le domaine de l'art contente et rassure son goût de l'ordre et de la méthode. La musique est une création continue : Debussy est mort, vivent les « Six »! Pour le mélomane moyen, pour les snobs et pour les chroniqueurs parisiens une telle formule était pleinement satisfaisante et tirait tout le monde d'embarras dans un moment où chacun consultait sa boussole avec quelque anxiété. Le souvenir cuisant des bévues commises à l'apparition récente de Ravel et de Debussy était encore présent à toutes les mémoires, il ne s'agissait pas de retomber dans les mêmes erreurs en « offensant la beauté inconnue ». Jean Cocteau improvisait avec la plus vive intelligence le catéchisme de la nouvelle religion et nous donnait de ses collaborateurs des portraits aussi ingénieux qu'imaginaires : grâce à lui, le groupe des Six, qui n'était qu'un symbole, devint une force vivante et agissante, riche de tous les espoirs qu'il avait eu l'habileté de faire naître. Ce fut une incroyable aventure. Cette « firme » connut une prospérité inouïe. Aujourd'hui encore, bien que l'équivoque d'où elle naquit soit dissipée, cette entité conserve tout son prestige, et plus d'un lecteur s'étonnera de trouver ici, sur cette minute de notre histoire, des appréciations si peu conformes aux idées reçues.

Le bilan de cette entreprise est pourtant facile à dresser. Aucun des six missionnaires patronnés par Cocteau n'était qualifié pour prêcher efficacement cette Croisade. Leur aîné, LOUIS DUREY *(1888-1979)*, en a convenu, a renoncé très vite à jouer ce jeu et a repris son indépendance : l'obscurité totale dans laquelle il a été aussitôt englouti est la meilleure preuve que la valeur individuelle de chaque membre du groupe avait beaucoup moins d'importance que la couleur du drapeau qu'il brandissait. Une GERMAINE TAILLEFERRE *(1892-1983)* avec son gracieux *Marchand d'oiseaux*, son aimable *Sonate* de violon, sa *Berceuse*, son *Fou sensé*, son *Quatuor* et ses *Jeux de plein air* pouvait malaisément passer pour une réformatrice ou une pétroleuse en dépit des dissonances « moult horrificques » dont elle pailletait consciencieusement ses gentilles partitions. Un FRANCIS POULENC *(1899-1963)*, imprégné jusqu'aux moelles des élégances debussystes, féru de grâces naïves et de mélodies enfantines, aussi complaisamment « salonnier » et aussi soucieux de plaire qu'un Reynaldo Hahn, était exactement le contraire d'un révolutionnaire et rien dans son *Bestiaire*, ses *Mouvements perpétuels*, ses *Chansons gaillardes*, son *Aubade*, son *Concert champêtre*, ses *Biches*, ses *Animaux modèles*, ses *Mamelles de Tirésias* ou sa ravissante *Pastourelle* qui résume si joliment son tempérament d'abbé de cour, ne trahit en lui un conjuré du « Grand Soir ». Le caractère peu intimidant de ses styles divers lui a valu la faveur du public qui trouvait dans ses œuvres la satisfaction d'amour-propre de pouvoir participer avec agrément à un « avant-gardisme » de tout repos. Et le choix très habile de deux pièces de théâtre déjà consacrées par le succès — *Dialogues des carmélites* et *La Voix humaine* qu'il a transformées en ouvrages lyriques — lui a permis de remporter deux brillantes victoires internationales. La carrière si curieusement paramusicale d'un GEORGES AURIC *(1899-1983)*, qui a compris très vite qu'il n'avait pas besoin d'écrire de la musique pour faire son chemin dans le monde, et qui, avec trois petits ballets, quelques acides « musiquettes » de scène, une poignée de mélodies sarcastiques ou pince-sans-rire et une valse de film a conquis une renommée mondiale qui fait pâlir de jalousie les plus illustres de nos maîtres authentiques, justifie difficilement les ambitieuses exégèses qu'elle a inspirées dans son entourage et ne contient visiblement aucun élément actif de rénovation d'esprit ou de technique.

Restent deux solides compagnons dont la brillante activité s'est exercée tout entière en marge du mouvement artistique auquel ils ont attaché leurs noms. DARIUS MILHAUD *(1892-1974)*, musicien robuste, de tempérament foncièrement classique et même académique, a eu la préoccupation constante de faire oublier ce conformisme inopportun en brouillant son écriture ferme et claire par une surabondance de frottements agressifs, par l'artifice du strabisme polytonal et par une orchestration brutale et déchirante. Admirablement doué, il prenait plaisir à jouer les tortionnaires. On sent qu'il avait repris à son compte la boutade de Stravinsky hésitant, un jour, à insérer dans un accord une note particulièrement corrosive et se décidant soudain à en cingler férocement son papier en s'écriant « Fa dièse ! Pas de pitié ! » Le musicien qui a écrit les *Saudades do Brazil*, la *Sonatine pour flûte*, *La Tourterelle*, *Scaramouche* ou la *Suite provençale* ne pouvait avoir que des violences et des vulgarités calculées parce qu'il avait embrassé volontairement la profession de « fauve » dans le sens que les peintres attachent à ce nom. Cette profession, il l'a exercée avec une franchise et une logique dont il faut reconnaître l'honnêteté. Elle lui a permis d'atteindre à une réelle puissance dramatique dans *L'Homme et son désir, Les Choéphores, La Création du Monde, Les Euménides, Les Malheurs d'Orphée, Médée* et *Christophe Colomb,* et de nous donner un nombre considérable d'œuvres fortes et cruelles qui réagissaient vigoureusement contre la « suavité » debussyste mais qui demeuraient dans la ligne d'Hindemith et de Stravinsky et, dans ces conditions, ne pouvaient constituer des prototypes d'un nouveau style français. On notera parmi ses œuvres marquantes écrites depuis la dernière guerre le *Service sacré,* le ballet *Adame Miroir,* le *18e Quatuor, Le Château du feu,* l'opéra *David,* le *Service du sabbat,* la *12e Symphonie,* la *Cantate de l'initiation, Pacem in terris,* etc. En tout quelque 450 œuvres!

Quant à Arthur Honegger *(1892-1955),* c'était un magnifique indépendant, incapable de pratiquer une politique partisane et de s'inféoder à une esthétique dogmatique. Aussi naturellement porté au néoromantisme que Florent Schmitt, naturellement soucieux de proposer une réplique moderne à la noble rhétorique de Beethoven et à l'éloquence orchestrale de Wagner et de Richard Strauss dans de grandioses oratorios laïques, il était aussi peu désigné que possible pour illustrer les ingénieuses théories du directeur de conscience du groupe dans lequel le hasard l'avait fait entrer. Il s'est contenté de suivre sa voie en jalonnant sa route des chefs-d'œuvre qui s'appellent *Le Roi David,* la *Pastorale d'été,* le *Chant de Nigamon, Pacific 231, Judith, Antigone, Horace victorieux, Jeanne au bûcher, La Danse des morts, Christophe Colomb, Saint François d'Assise, Nicolas de Flüe* et, dans ses dernières *Symphonies,* a ajouté de nouvelles cordes à sa lyre. Il en a composé cinq et leur a donné une signification particulière. Sans être de la musique à programme, chacune d'elles s'inspire d'un sentiment, d'un état d'âme ou d'une pensée philosophique, morale ou sociale. Adversaire déclaré de la musique abstraite et de l'écriture cérébrale, il a voulu démontrer par l'exemple — et voilà un vestige de plus de son hérédité beethovenienne — que la musique dite « pure » pouvait, sans déchoir, devenir lyrique ou dramatique et que toutes les formes de la composition pouvaient et devaient garder un contact étroit avec l'« humain ». En quoi il condamnait formellement le dogme artistique formulé par Stravinsky : « La Musique ne peut et ne doit rien exprimer. »

Il n'y avait donc aucune tendance commune, aucune affinité de tempérament, aucune solidarité d'idéal entre les six musiciens qu'un caprice de poète avait revêtus du même uniforme. Ils le savaient si bien eux-mêmes qu'ils ont tous, successivement, essayé discrètement de se faire démobiliser en constatant que leur offensive avait échoué et qu'aucun d'eux n'avait fait école. Mais les avantages de leur association fictive étaient tels qu'ils ont laissé s'accréditer la légende profitable de leur mission d'éclaireurs. Et, depuis, des musicologues ont consolidé si méthodiquement leur position que cette légende bénéficiera, sans aucun doute, d'une consécration folklorique dans la mémoire des hommes.

Jean Cocteau a, d'ailleurs, signé le décret de dissolution du groupe en prononçant, devant le cercueil d'Honegger, la déclaration suivante : « Notre amitié que les gens prirent pour une École n'en était que la « récréation »... Notre politique n'était que de lettres et nous partîmes en guerre contre des valeurs que nous devions réadorer un jour. » Cette rectification, que l'on a le droit de juger un peu tardive, remet enfin à sa véritable place une petite manifestation d'étudiants en musique que l'on avait l'effronterie, à l'époque, de faire passer pour une révolution.

Cette technique sportive de l'équipe avait trop bien réussi pour ne pas susciter des imitations. Un créateur isolé ne peut pas avoir l'autorité d'un groupe, surtout quand ce groupe prend le nom d'École. C'est ce que comprirent admirablement quatre musiciens, jaloux des lauriers des Six, qui, sous la présidence d'Erik Satie, fondèrent l'« École d'Arcueil ». ERIK

SATIE *(1866-1925)*, personnage étrange et falot, bohème montmartrois plein de fantaisie, accompagnateur et fournisseur de Paulette Darty, la reine de la valse 1900, était un humoriste à froid qui déconcertait les témoins de sa vie cocasse de Mage de la Rose-Croix, prodigue d'excommunications calligraphiées sur parchemin, et de pianiste de cabaret s'amusant à agglomérer au piano des grappes de notes rendant un son insolite. Il notait ainsi, comme on enferme une fleur dans un herbier, tel ou tel de ces accords inattendus sans nourrir l'ambition d'en tirer jamais un morceau de musique. C'était un gourmet qui était incapable de faire la cuisine.

A cette époque, un Debussy et un Ravel commençaient à goûter la volupté d'employer une agrégation harmonique isolée pour le seul plaisir de l'entendre vibrer comme une cloche. L'herbier de Satie les amusa et Debussy eut la gentillesse d'orchestrer une succession de ces accords amorphes et sans liens qui portait le titre de *Gymnopédies*. Ce geste amical eut pour résultat de faire passer le pianiste montmartrois pour le précurseur et l'inspirateur de Debussy et de Ravel. Les témoins de cette époque lisent aujourd'hui avec stupeur de graves études où Satie est présenté comme un prophète génial ayant exercé sur les grands maîtres de son temps une influence décisive !

Les « Six » s'amusèrent quelque temps de sa candeur en le portant en triomphe, puis l'excommunièrent avec une certaine cruauté. Ce fut alors qu'il s'entoura de disciples plus jeunes et forma le quatuor baptisé « École d'Arcueil » qui se composait de Roger Désormière, de Maxime Jacob, d'Henri Cliquet-Pleyel et d'Henri Sauguet. La seule énumération de ces noms révèle que les « Quatre », pas plus que les « Six », n'avaient une doctrine commune à faire triompher. La vie se chargea, d'ailleurs, de les disperser rapidement, DÉSORMIÈRE *(1898-1963)* s'étant spécialisé dans la direction des orchestres, MAXIME JACOB *(1906-1977)* étant entré en religion, CLIQUET-PLEYEL *(1894-1963)* ayant abordé avec succès la musique légère et SAUGUET *(1901-1989)*, devenu l'idole des salons, se consacrant à la carrière théâtrale avec *Le Plumet du colonel*, *La Chartreuse de Parme*, *Les Caprices de Marianne* et des ballets comme *La Chatte*, *La Nuit*, *Les Forains* et *Mirages*.

Prenant au sérieux son rôle de pontife, le vieil enfant qu'était Satie, si facile à duper, décida soudain de renoncer à l'harmonie — sa seule richesse naturelle ! — et de retrouver la sérénité de Bach en étudiant le contrepoint à la Schola. Il en résulta la morne psalmodie de son *Socrate* qui émerveilla les uns et consterna les autres par sa pauvreté évangélique. Et la fin mélancolique de son existence affligea ceux de ses vieux amis qui ne l'avaient pas vu sans tristesse s'engager, malgré les conseils de Debussy, dans une voie où avaient sombré en même temps son sens critique et sa spirituelle fantaisie et prendre au sérieux les coups d'encensoir dont le gratifiaient des jeunes gens — cet âge est sans pitié — dont il allait éprouver l'ingratitude.

Un troisième essai de « pas-de-quatre » fut réalisé, quelques années plus tard, par le groupe « Jeune-France » et ne réussit pas davantage à s'imposer, aucune affinité n'étant perceptible entre les artistes si diversement doués qu'ANDRÉ JOLIVET *(1905-1974)*, YVES BAUDRIER *(1906-1988)*, OLIVIER MESSIAEN *(1908-1992)* et DANIEL-LESUR *(1908)*. Et l'incertitude, l'inquiétude et le désarroi des snobs et des mélomanes timides qui ont besoin de garanties officielles pour admirer un musicien, continuent à grandir dans une période aussi troublée que la nôtre où les tendances les plus contradictoires ne cessent de s'affronter et de s'entre-détruire. Voilà pourquoi, tout en essayant de mettre au point des légendes trop tendancieuses et de dissiper quelques malentendus, il est sage de ne pas préjuger de l'avenir que préparent, en ce moment, des musiciens dont les évolutions imprévisibles peuvent modifier toutes les données de problèmes qui nous paraissent aujourd'hui insolubles.

La seule chose certaine c'est que la musique sortira, comme toujours, rafraîchie et rajeunie du nuage brumeux dans lequel elle s'enveloppe en ce moment. Le chaos et le désordre dont elle souffre actuellement ont été provoqués par l'emploi maladroit de conquêtes de son « matériel », ce matériel dont nous l'avons vu subir passivement l'influence depuis l'âge des cavernes. L'instrument nouveau qui lui trouble les idées depuis quelques années est le poste de radio. Ce distributeur automatique de musique cosmopolite, qui obsède tous les habitants de la planète d'un pot-pourri ininterrompu, a fait perdre à la foule le sentiment précis des valeurs en plaçant sur le même plan mécanique le bon, le médiocre et le pire. Ce merveilleux outil de culture, employé sans discernement, joue un rôle néfaste dans une époque de transition caractérisée par une absence à peu près totale de grands génies créateurs et un foisonnement inouï de petits-maîtres et d'apprentis.

Les recherches tumultueuses et désordonnées auxquelles nous assistons en ce moment sont dignes d'estime et d'attention, mais les artisans qui s'y consacrent ne semblent pas avoir l'envergure nécessaire pour créer le chef-d'œuvre catalyseur qui les justifiera et imposera d'un seul coup leur conception de l'art musical. Nous voyons, çà et là, de nouveaux Eric Satie jouer avec des résonances curieuses dont ils ne découvrent pas une utilisation féconde, mais nous n'apercevons pas encore le nouveau Debussy ou le nouveau Ravel qui en tireront soudain un mode d'expression inattendu d'une éloquence irrésistible.

Nous savons que ce libérateur viendra. Il naîtra bientôt. Il est peut-être déjà né et nos yeux cherchent à le reconnaître dans la foule des hommes de bonne volonté qui couvrent, en ce moment, leur papier à musique d'épures fiévreuses. Puisse le destin ne pas nous faire attendre trop longtemps l'heure consolante qui permettra à cet inconnu de nous prouver que le génie a toujours raison.

E. V.

# 37

# Au second versant du XX<sup>e</sup> siècle

*Ajouter un chapitre à l'*Histoire de la Musique *d'Emile Vuillermoz est une entreprise délicate. Un peu plus de vingt-six ans a passé depuis la première édition (1949) de cet ouvrage. Et la nouvelle édition revue et augmentée de 1960, si elle comportait un chapitre inédit (le chapitre 32) et de menues corrections ou adjonctions, ne changeait pas substantiellement le panorama des écoles modernes.*

*Pour embrasser cette période étendue — une génération — et riche en révolutions musicales de toutes sortes, il n'est évidemment pas possible de retrouver l'optique qui eût été celle du grand écrivain. Les perspectives ont changé et lui-même n'écrirait sans doute plus de la même manière le chapitre « Techniques nouvelles », étant donné l'évolution accélérée de ces techniques depuis lors.*

*Toute tentative pour écrire l'histoire du présent, même de façon honnête et clairvoyante, devient rapidement périmée, comme l'indiquait Emile Vuillermoz au début du chapitre 36. Elle n'est qu'une coupe à travers un mouvement géologique dont les lois (s'il en est) sont ignorées. C'est donc sans illusion qu'on s'y essaiera ici, en sachant que dans dix ans le panorama sommairement esquissé sera forcément caduc, à l'échelle d'un aussi vaste monument que cette* Histoire de la Musique. *Pourtant, aussi schématique soit-elle et obligatoirement injuste, cette esquisse pourra aider, nous l'espérons, à voir un peu plus clair dans le mouvement des idées et la création musicale contemporaine.*

*Signalons qu'aucune retouche majeure n'a été faite au texte d'Emile Vuillermoz, sinon quelques corrections de dates et d'orthographe des noms propres et, dans les derniers chapitres, la mise à jour des dates de décès, ainsi que l'adjonction de quelques grandes œuvres récentes.*

## Le développement technologique

Au cours des vingt dernières années, l'intuition maîtresse d'Emile Vuillermoz, exprimée dans l'introduction de cet ouvrage, a continué de se vérifier : c'est la technologie qui, dans une très large mesure, a permis le progrès ou du moins la progression de la musique. Sous une forme cependant un peu différente de celle du passé : il n'y a pas eu tellement invention d'instruments nouveaux, depuis les ondes Martenot par exemple, qu'annexion de quantité d'instruments qui n'avaient pas leur place dans la musique savante, en particulier d'instruments à percussion, annexion aussi d'instruments extra-européens, voire intégration d'instruments dédaignés ou folkloriques, entraînant chez les compositeurs d'aujourd'hui une véritable « débauche » de couleurs. La constitution d'ensembles consacrés à la percussion seule, dont le prototype est « les Percussions de Strasbourg » avec leurs cent trente-cinq instruments (marimba, xylomarimba, vibraphones, cymbales turques et chinoises, gongs thaïlandais, cencerros, toms-toms, congas, bongos, temple blocks, mokubyos, wood-chimes, etc.), eût été inconcevable avant-guerre (malgré les éphémères concerts des « bruiteurs futuristes » italiens dans les années 20, et les œuvres prophétiques de Varèse) ainsi que les nombreuses partitions suscitées par ces ensembles ou dans lesquelles ils interviennent.

Parallèlement, l'orchestre symphonique a subi une véritable dissolution, et sa nomenclature traditionnelle, achevée à la fin du romantisme et seulement perfectionnée depuis par l'adjonction d'instruments nouveaux, est en passe de devenir à notre époque presque archéologique (bien que des musiciens tels que Boulez, Berio ou Stockhausen s'y soumettent encore pour satisfaire à des commandes; mais même dans ce cas, les « fonctions » instrumentales n'ont plus rien de commun avec les groupements traditionnels; d'où la « polka des chaises » avant chaque œuvre). L'orchestre symphonique a cédé la place à une multitude de formations, toutes différentes selon la fantaisie des compositeurs, au point qu'une des questions posées à la société musicale par la musique actuelle serait, dit-on, celle de la dislocation du « corps orchestral », dont trop de musiciens risquent d'être insuffisamment utilisés, et son remplacement par des « réservoirs » d'instrumentistes où les organisateurs de concerts pourraient puiser selon l'instrumentation des œuvres programmées, encore qu'une telle conception paraisse bien « capitaliste » pour l'époque et se heurte depuis quelques années à une vigoureuse résistance des musiciens... Cette redistribution des instruments, par ailleurs considérablement enrichis, nous l'avons vu, a suscité des mélanges, des structures, des modes de pensée nouveaux qui ont beaucoup contribué à transformer le paysage musical.

Mais surtout, le développement technologique a lui-même subi une mutation. Ce ne sont plus des instruments isolés, mais des « macro-instruments » qui sont venus aiguillonner, rendre possibles une invention et une création toutes nouvelles, la conquête d'univers sonores entièrement inconnus.

Au premier plan de ces macro-instruments, le magnétophone, qui s'est répandu après la dernière guerre et qui fut responsable d'une véritable révolution dans notre manière de considérer le phénomène musical et d'exercer une activité créatrice. Instrument d'analyse sans égal, permettant d'accéder comme un puissant microscope aux composantes infimes du phénomène sonore, le magnétophone (ou plutôt la bande magnétique, qui n'était d'abord que le support de la musique enregistrée) est devenu très vite instrument et orchestre de la musique concrète et de la musique électronique. Avec lui, tous les sons, tous les bruits sont devenus matière d'une musique possible ; enregistrés et soumis à tous les mélanges, déformations, transpositions, dédoublements possibles par l'utilisation d'un matériel de plus en plus perfectionné, ils ouvrent un champ immense au génie des musiciens de l'avenir.

Autres macro-instruments, les générateurs électroniques ont la prétention, justifiée en théorie, mais pratiquement utopique et d'ailleurs dérisoire, de reproduire et remplacer tous les instruments connus ; ils constituent en réalité une mine de sonorités instrumentales encore peu exploitée. Alors que les instruments électroniques (ondes Martenot, trautonium, etc.), pris isolément, ne semblent pas avoir un véritable avenir de solistes, les générateurs électroniques ont déjà accompli une grande carrière dans la musique sur bande magnétique à laquelle ils fournissent un matériau inépuisable.

A l'horizon de la musique, où il fait ses premiers pas en balbutiant, apparaît enfin le monstre terrible : l'ordinateur qui se déclare apte, non seulement à créer des sons ou à faciliter le travail d'un Xenakis, mais à analyser et à synthétiser tous les sons, et à composer.

Cette gamme de possibilités musicales ouvertes par la technologie dominera sans doute l'avenir et des instituts de recherche théorique, tels que l'I.R.C.A.M., dirigé de 1976 à 1992 par Pierre Boulez à Paris, s'y emploient. Dès maintenant elle a permis la création d'œuvres véritables, à des musiciens tels que Pierre Henry, Stockhausen, Berio ou Xenakis, et elle a surtout ouvert des voies toutes neuves à l'invention créatrice.

## Nouvelles orientations à la veille de la guerre

Ces préoccupations n'étaient cependant pas encore visibles en 1945, au moment où, après les bouleversements de la guerre mondiale, une extraordinaire révolution allait se produire dans l'histoire de la musique, celle du sérialisme intégral.

Mais il faut remonter un peu plus haut pour saisir l'ampleur des courants d'où la musique actuelle est sortie. Si l'on regarde l'immédiat avant-guerre avec des yeux d'aujourd'hui, il semble que les courants les plus prophétiques aient été assumés alors par Edgard Varèse, André Jolivet et Olivier Messiaen dont les œuvres annonçaient maintes préoccupations actuelles : musique concrète et électronique, importance de la percussion, intégration des valeurs irrationnelles, musiques au-delà de la notation, exploration et inspiration des musiques extra-européennes, essai de captation des forces « magiques » du monde, recherche d'un langage universel, libération et essor du rythme, modification du sentiment du temps, etc.

A cette époque, Stravinsky et Hindemith s'épuisaient dans un néo-classicisme pétrifié, Prokofiev était rentré dans le giron de la musique soviétique, Schoenberg semblait égaré sur une voie avortée de l'évolution, Berg était mort en 1935, Webern allait mourir complètement inconnu en 1945, Bartok venait d'écrire ses œuvres maîtresses les plus riches d'avenir *(Musique pour cordes, percussion et celesta,* en 1936, *Sonate pour deux pianos et percussion* en 1937);* pour Honegger et Milhaud, qui avaient paru ouvrir de nouvelles voies, ils étaient plutôt la conclusion d'une grande période de « classicisme français », née soixante-dix ans auparavant, même si elle se prolonge jusqu'à nos jours avec des bonheurs divers, mais heureux avec un créateur incontestable, Henri Dutilleux.

Dans un temps où la respectabilité de l'art musical était encore intacte, malgré le premier coup de bélier du *Sacre du printemps* (1913), EDGARD VARÈSE

*(1885-1965)* était déjà « une sorte de Parsifal diaboli-
que à la recherche, non pas du Saint Graal, mais de
la bombe qui ferait exploser le monde musical et y
laisserait entrer tous les sons par la brèche ». Très
intéressé par le *Manifeste futuriste* (1913) du peintre
Luigi Rossolo qui, le premier, avait conçu un orchestre d'instruments bruiteurs, il avait la conviction profonde que l'empire de la musique pouvait s'étendre
très au-delà de ses limites, fixées par les systèmes
d'écriture et la panoplie instrumentale de l'Occident.
Dans des œuvres telles que *Amériques, Octandres,
Hyperprism, Intégrales, Arcana, Ionisation* pour
41 instruments à percussion, il exploite avec une
totale liberté de langage les possibilités des instruments à vent et à percussion pour créer un univers
de sons inouïs dont il veut capter la force incanta-
toire. Mais très vite, il appelle de ses vœux des instruments nouveaux capables de mettre en œuvre des
sons inconnus, ces instruments électroniques qu'il
est l'un des premiers à utiliser en 1934 dans *Ecuato-
rial* (deux ondes Theremin). Il n'est « ni un descriptif,
ni un imitatif, ni un futuriste », il cherche à exprimer
sa nature volcanique, baignant dans « les sons industriels, les bruits des rues, des ports, de l'air » qui ont
« changé et développé ses perceptions auditives ». Il
est avec volupté un Christophe Colomb de la matière
sonore.

Malheureusement, rebuté de toutes parts, ayant
perdu confiance en lui-même, il traîne pendant
quinze ans un état de dépression tragique, incapable
d'écrire une œuvre. Mais en 1950, à Darmstadt, il
exerce une influence décisive sur les chefs de file de
la musique d'aujourd'hui; en 1954 il déchaîne un
grand scandale à Paris avec *Déserts* pour orchestre et
une bande de « sons organisés », enregistrée au studio de musique concrète de Pierre Schaeffer; et en
1958 son *Poème électronique* plonge les visiteurs du
Pavillon Philips à l'exposition de Bruxelles dans un
bain de musique, « futuriste » pour la plupart d'entre
eux.

Sans avoir pu réaliser pleinement les poèmes cosmiques dont il rêvait, Varèse a montré obstinément pendant trente ans le chemin d'une musique « où l'ivresse purement auditive atteindrait dans l'incantation à une violence si grande qu'aucune rhétorique ne serait plus nécessaire » (André Hodeir). Il est ainsi sans conteste une des sources de la musique d'aujourd'hui.

ANDRÉ JOLIVET *(1905-1974)* a été l'un des seuls disciples de Varèse et à sa suite l'un des premiers découvreurs de la « matière » sonore, fasciné par les « puissances incantatoires » qui l'entouraient *(Mana,* 1935; *Cinq incantations* pour flûte seule, 1936; *Cosmogonie,* 1938; *Cinq danses rituelles,* 1939). Au monde moderne, à « l'univers » auquel volontiers il se référait, il a cherché à donner une expression « persuadé que la mission de l'art musical est humaine et religieuse », en explorant aussi bien le monde des musiques primitives que les ressources insoupçonnées d'instruments anciens et nouveaux *(Concertos pour ondes Martenot,* 1947, *pour piano,* 1950, etc.). Créateur d'un langage atonal et d'un style architectural très personnels, André Jolivet n'a pas participé à l'aventure sérielle, suite logique d'un système qui paraissait dépassé au moment où, vers 1935, lui-même était apparu, et il a évolué vers un art de plus en plus classique et harmonieux recherchant « un équilibre entre le magique et le quotidien *(1<sup>re</sup> Sonate pour piano),* une synthèse de l'universel et de l'humain *(Symphonies)* ». Mais à une époque où Boulez, Nono et Stockhausen n'avaient pas encore cassé les vitres, il a ébranlé considérablement le langage tonal, et ses aspirations à « l'emploi sériel d'un langage modal élargi, utilisant les données essentielles des musiques des peuples primitifs », correspondent à celles des jeunes musiciens d'aujourd'hui, même si ces derniers leur donnent un contenu autrement radical.

Mais personne n'a été davantage à la jonction des deux ou trois mondes sonores de notre époque que OLIVIER MESSIAEN *(1908-1992)*, tout en restant en marge des écoles et en édifiant une œuvre qui déborde les définitions. Compositeur, théoricien, professeur, sa place est partout essentielle ; la plupart des jeunes musiciens sont passés par ses classes d'harmonie, d'analyse, de rythme et maintenant de composition au Conservatoire de Paris. Solidement ancré dans la tradition, menant son œuvre d'une démarche toute personnelle, il a gardé longtemps une influence considérable sur l'avant-garde, ce qui est exceptionnel.

Il a ouvert de nouvelles portes à la musique : musique de « vitrail », musique polymodale, enrichissement et libération des rythmes par la fréquentation des musiques indiennes et extrême-orientales, chants d'oiseaux, timbres nouveaux, etc. Son *Traité de mon langage musical* (1942), ses *Quatre études de rythme* pour piano (1949-1950), d'où le sérialisme généralisé est sorti, ses travaux théoriques qui aboutiront quelque jour à un gigantesque *Traité du rythme* ont fécondé la musique contemporaine.

L'admirable est que cette œuvre n'est pas née de recherches ésotériques, mais avant tout d'une volonté de création où s'exprime un sens si profond de la nature et de l'homme. Elle se joue sur de grands thèmes qui s'enlacent au long des quarante dernières années, chacun dominant et s'effaçant tour à tour, mais toujours présent en quelque manière : la foi qui soulève de nombreuses œuvres, spécialement pour orgue (du *Banquet céleste* de 1928 à *La Transfiguration* pour grand orchestre de 1969 et aux *Méditations sur le mystère de la Sainte Trinité* de 1972, en passant par le *Quatuor pour la fin du temps*, les *Visions de l'Amen*, les *Vingt regards sur l'Enfant-Jésus*, les *Trois petites liturgies*, la *Messe de la Pentecôte*, et bien d'autres) ; l'amour, non moins puissant (avec surtout la « trilogie de Tristan et Yseult » : *Harawi*, *Turangalîla-Symphonie* et *Rechants*) ; la fascination du rythme qui devient dominante avec les *Etudes* et le *Livre d'orgue*, liée avec l'autre grande passion de

Messiaen, celle des chants d'oiseaux *(Réveil des oiseaux, Oiseaux exotiques, Catalogue d'oiseaux)*, qui envahissent aussi le splendide *Chronochromie*, les *Haï-Kaï*, les *Couleurs de la Cité céleste, Et exspecto, Des canyons aux étoiles* (1974), avec ces deux autres dominantes essentielles : la couleur et l'Orient.

## L'ascension du sérialisme

Toutes ces forces vives, un peu sommairement incarnées ici dans les noms de Varèse, Jolivet et Messiaen, semblaient capables de faire évoluer la musique de l'après-guerre dans un sens assez proche de celui qu'elle a connu dans les années 60.

Or, par un coup de théâtre étonnant, cette évolution allait prendre d'abord un chemin complètement différent, partir même en sens inverse. En France, grâce à l'enseignement de René Leibowitz, en Allemagne et en Italie, c'est la doctrine de Schœnberg qui renaît de ses cendres et va brutalement triompher. Des révolutionnaires d'une particulière violence vont faire table rase du passé et « terroriser » la musique. En quelques années, les doctrinaires du sérialisme vont imposer leur joug à la musique à peu près dans le monde entier.

Schœnberg et le dodécaphonisme (voir ci-dessus l'exposé d'Emile Vuillermoz au chapitre 32) sont bien vite dépassés. Dans l'élaboration du nouveau monde sonore, c'est ANTON VON WEBERN *(1883-1945)* qui sera « le maître à penser » de la nouvelle génération. Webern avait suivi l'évolution de Schœnberg dans l'affranchissement des fonctions tonales et l'avènement du dodécaphonisme sériel (des *Lieder* op. 3 et 4 aux *Gœthe-lieder* op. 19); il allait ensuite au-delà de son maître (à partir du *Trio à cordes* op. 20 et surtout de la *Symphonie* op. 21) : il fut « le seul qui eut conscience d'une nouvelle dimension sonore, de l'abolition de l'horizontal opposé au vertical, pour ne plus voir en la série qu'une façon de donner une structure à l'espace sonore, à le *fibrer* en quelque sorte », selon

Pierre Boulez, qui découvrit avec la *Symphonie* op. 21 qu'« il y avait autre chose dans la musique sérielle que le maniement des seules séries de *hauteurs* sonores ».

Dans le silence et l'obscurité, Webern avait élaboré une œuvre d'une densité inouïe, qui allait profondément modifier l'esthétique et les modes de pensée des jeunes compositeurs : œuvres ultra-courtes et concentrées, développement de la mélodie de timbres, principe de la non-réception et de la variation perpétuelle, libération des timbres et de la durée, utilisation du silence comme composant musical, conception d'une musique où chaque élément du son a une valeur en soi et entre dans un système « sériel », où toute la science musicale de cinq siècles converge dans des œuvres qui font appel aux plus hautes facultés combinatoires de l'esprit, projeté dans une sorte d'univers d'abstraction pure. « Sa place est unique dans l'évolution contemporaine, écrit encore Boulez, car il fait fond sur bon nombre d'éléments empruntés aux œuvres du passé, même d'un passé assez lointain, pour les projeter sur un avenir que leurs auteurs ne pouvaient certainement pas prévoir. On a constaté que là résidait l'ambiguïté capitale de son œuvre : cette ambiguïté est la charnière qui a permis au langage musical d'effectuer une rotation historique et d'inaugurer une période de son évolution irréductible, fondamentalement, à la précédente. » On commence aujourd'hui seulement à découvrir la diversité et la géniale invention d'un homme, dissimulées par une musique doctrinaire et ascétique, et l'importance de ces cycles de *lieder* et de chœurs qui innervent et humanisent cet immense effort de création.

De 1946 à 1958, la jeune école sérielle a fait une ascension foudroyante. En 1945, elle n'existe pas encore. L'année suivante, Leibowitz achève son livre sur *Schœnberg et son école* et commence à Paris ses leçons à un petit groupe de jeunes gens qui s'appel-

lent Boulez, Martinet, Le Roux, Nigg, etc.; parallèlement naissent les cours d'été de Darmstadt (1946),
destinés à « dénazifier » la musique allemande ou du
moins à la faire sortir de l'isolement causé par douze
années de nazisme, et qui seront l'un des creusets de
la musique nouvelle.

Tour à tour apparaissent les noms de Henze, Boulez, Nono, Maderna, Stockhausen, Klebe, etc. En
1950, Messiaen publie un disque des *Quatre études de
rythme* qui ouvrent la voie du sérialisme intégral de
Boulez et Stockhausen. En 1952, c'est la révélation
publique et « scandaleuse » de Boulez avec le premier
livre des *Structures* au « Festival de l'Œuvre du
XX$^e$ siècle ». Le Domaine Musical naît en 1954. En
1956, Stravinsky se convertit au sérialisme avec le
*Canticum sacrum*, qui sera suivi d'*Agon*, des admirables *Threni* et d'une assez étonnante floraison d'ar-
rière-automne. Avec des œuvres telles que les *Cori di
Didone* de Nono, *Gruppen* de Stockhausen, les
*Improvisations sur Mallarmé* (qui deviendront *Pli
selon pli*) de Boulez, *Alleluia II* de Berio, l'école post-
webernienne connaît à cette époque (1958) son apogée, même si elle n'a pas encore conquis entièrement
son public.

Il faut ici marquer une pause pour présenter les
principaux responsables de ce triomphe.

PIERRE BOULEZ

Dans cette irrésistible ascension, la personnalité de
PIERRE BOULEZ *(1925)* est déterminante. Vingt ans à la
fin de la guerre, faut-il voir une coïncidence entre
l'écroulement d'un monde et la volonté de recons-
truire sur les décombres de la tonalité une musique
entièrement nouvelle? A propos d'une de ses œuvres
les plus « extrémistes », le premier livre des *Structures pour piano*, ne disait-il pas : « L'idée fondamentale de mon projet était la suivante : éliminer de mon
vocabulaire absolument toute trace d'héritage, que ce
soit dans les figures, les phrases, les développements,

la forme; reconquérir peu à peu, éléments par éléments, trois stades de l'écriture, de manière à en faire une synthèse absolument nouvelle, qui ne soit pas viciée, au départ, par des corps allogènes, telle, en particulier, la réminiscence stylistique. » C'est d'ailleurs contre ce projet prométhéen qu'Émile Vuillermoz, sans nommer Boulez, mettait en garde à juste titre dans le présent ouvrage (cf. *supra*, p. 445).

Mais au-delà de ces sauvages outrecuidances, signes d'un esprit absolu et d'un tempérament féroce, Boulez a d'ores et déjà laissé dans l'histoire de la musique une trace ineffaçable. Après avoir fait math-sup, il entre dans la classe d'harmonie de Messiaen, découvre Schœnberg et Webern avec Leibowitz, et, dès 1946, écrit une œuvre sérielle, la *Sonatine pour flûte et piano*. Il choisit comme maître Webern dont il écrira : « Tous les compositeurs qui n'ont pas profondément ressenti et compris l'inéluctable nécessité de Webern sont parfaitement inutiles. » Il devient directeur de la musique de scène dans la Compagnie Renaud-Barrault où il forgera son métier de chef d'orchestre. Ses œuvres de plus en plus rigoureuses et acérées (*1re* et *2e Sonates pour piano, Livre pour quatuor*) n'éludent cependant pas « l'expression » (*Soleil des eaux, Visage nuptial*); ainsi qu'il l'écrit : « C'est le besoin de préciser ce que l'on voudrait arriver à exprimer qui amène l'évolution de la technique; cette technique renforce l'imagination, qui se projette alors vers l'inaperçu; et ainsi, dans un jeu de miroirs perpétuels, se poursuit la création. »

Dans la ligne de Webern, il poursuit alors le rêve démesuré de contrôler tous les « paramètres » sonores (hauteurs, intensités, durées, timbres, attaques), influencé aussi par *Modes de valeurs et d'intensités* de Messiaen, pour aboutir à un sérialisme généralisé. *Polyphonie X*, première œuvre de ce genre, échoue à Donaueschingen en 1951 et ne sera plus rejouée; mais l'année suivante, les *Structures*, si elles font scandale à Paris, le tirent de l'obscurité; deux ans après, avec *Le Marteau sans maître*, il est célèbre. On découvre en lui l'héritier de Webern et de Debussy. Stravinsky l'admire.

C'est alors l'épopée du Domaine Musical, la création de la *3ᵉ Sonate pour piano* (première œuvre « ouverte »), de *Doubles*, de *Poésie pour pouvoir* pour récitant, trois orchestres et bande électronique, de *Pli selon pli* (1958-1960), qui marque la fin d'une époque. Boulez quitte la France (1959), devient un chef d'orchestre célèbre (*Wozzeck* à l'Opéra de Paris en 1963, *Parsifal* à Bayreuth en 1966) ; ses œuvres se font plus rares (2ᵉ livre des *Structures* ; *Figures, Doubles, Prismes* ; *Livre pour cordes* ; *Éclat/Multiples* ; *Domaines* ; *Explosante-fixe* ; *Rituel*), plus « détendues » et « accessibles » également, sans perdre de leur rigueur ni de leur raffinement. Tandis que le monde de la musique change autour de lui, il poursuit son œuvre dans sa ligne propre. Le contraire eût été étonnant. Pourtant il n'a pas abandonné toute ambition de chef d'école. En prenant la direction (1976-1992) de l'Institut de recherche et de coordination acoustique-musique de Paris (I.R.C.A.M.), c'est une nouvelle fois à une « mise en cause radicale de l'univers musical » qu'il s'attaque avec son équipe, par un travail collectif fondé sur les moyens scientifiques et conceptuels les plus avancés de notre époque.

Si Boulez s'est d'abord imposé par ses refus et ses claquements de portes, par l'absolu de son caractère et le radicalisme de ses théories, c'est aujourd'hui à un immense talent de chef d'orchestre et de compositeur que chacun rend hommage, maintenant que son langage mieux assimilé dévoile ses richesses secrètes.

## Luigi Nono

Luigi Nono *(1924-1990)*, qui fut l'un des premiers mousquetaires de la révolution sérielle, est aujourd'hui moins joué que ses camarades ; non que son talent soit moindre, mais parce qu'il a consacré son art à la lutte politique la plus extrémiste, sous l'inspiration de Mao Tsé-toung, Gramsci et Che Guevara, et refuse de se plier aux circuits culturels bourgeois. « Pour moi, faire de la musique et manifester dans la rue, c'est la même chose. »

Vénitien d'origine et de cœur, élève de Malipiero, Maderna et Scherchen il découvre Schoenberg (dont il épousera la fille) et se révèle à Darmstadt en 1950 par le scandale de ses *Variations canoniques*. Très vite, il apparaît comme un musicien hors de pair, pointilliste rigoureux et subtil, qui apprivoise la voix dans le monde sériel. Il lui confie de nombreux chefs-d'œuvre raffinés et déchirants (*Épitaphe pour Garcia Lorca*, *La Victoire de Guernica*, *Cori di Didone*, *Sul ponte d'Hiroshima* et surtout *Il canto sospeso* sur des lettres d'adieu de condamnés à mort) qui déjà témoignent de la profondeur de son engagement.

Celui-ci devient actif avec l'opéra *Intolleranza* et donnera un nouveau cours à ses œuvres à partir des années 60 où la musique électronique, mariée à la voix, devient dominante (*L'Usine illuminée*, *Souviens-toi de ce qu'ils t'ont fait à Auschwitz*, *La forêt est jeune*, *Contrepoint dialectique à l'esprit*, *Ne consommons pas Marx*, *Un fantôme rôde de par le monde*, *Au grand soleil d'amour*, etc.). « Faire de la musique, c'est intervenir dans la vie contemporaine, dans la situation contemporaine. Aujourd'hui il ne faut pas se limiter seulement à la prise de conscience, mais encore produire quelque chose dans un but de provocation et de discussion. »

Nono a vécu le drame de l'art politisé. Se refusant au réalisme socialiste, il fut écartelé entre un art parfait, accessible seulement à une élite, et la nécessité pour agir de rejoindre le public prolétaire pour lequel il a écrit, utilisant les textes les plus violents, souvent rendus inintelligibles. Sa pratique électronique n'a pas atteint, en général, à la haute qualité de son art orchestral (*Canti*, *Incontri*).

## LUCIANO BERIO

Avec quelques années de retard sur Boulez, Nono et Stockhausen (nous parlons de ce dernier un peu plus loin, étant donné l'importance exceptionnelle de son œuvre dans les années 60), LUCIANO BERIO *(1925)* figure parmi les maîtres de l'école sérielle post-webernienne. En 1949, il écrit encore un *Magnificat* éclatant de lumière dans un langage modal et diatonique très marqué par Stravinsky, avec des chœurs paroxystiques, des lignes vocales sveltes et italiennes, un dynamisme irrépressible, qui annoncent une nature. Mais en 1953, il se rend pour la première fois à Darmstadt, Bayreuth du sérialisme, et fonde avec Maderna le studio électronique (Studio di fonologia) de la radio de Milan. L'anné suivante, il compose *Nones*, œuvre entièrement sérialisée, qui est prise cependant dans un extraordinaire flamboiement.

La curiosité, l'intuition aiguë, l'intelligence multiforme de Berio, son angoisse moderne et son dynamisme vont rapidement multiplier ses centres d'intérêt et faire éclater le carcan trop rigide. Nul, sinon Stockhausen, n'a ouvert autant de domaines à la musique contemporaine. Sans cesse il expérimente et crée : exploration du concert et de l'électronique *(Omaggio a Joyce)* qu'il allie audacieusement à l'instrumental *(Différences)*, auscultation de nouveaux mystères dans les instruments traditionnels (les sept *Sequenze, Rounds, Gestes*), formes ouvertes *(Tempi concertati, Quaderni)*, musique spatiale *(Alleluia II)*, surtout expérimentation de toutes les ressources de la voix dont il joue comme du clavier le plus étendu *(Visages, Circles, Folk Songs, Prière)*, utilisant de façon musicale les découvertes de la linguistique, réintroduisant toutes les valeurs irrationnelles et expressives bannies par le bel canto — de la voix qui domine ces œuvres d'un prodigieux lyrisme : *Épiphanie* où, à travers des textes modernes, Berio met en cause le mouvement littéraire du XX^e siècle dans une sorte de commentaire tragique et somptueux, où s'entremêlent la fragilité et la beauté d'un monde qui porte en lui ses germes de destruction; *Passage*, opéra politique sur le fascisme; *Laborintus II*, hommage à Dante, d'une musique tout à la fois sanglante et voluptueuse; *Sinfonia*, arlequin de paroles et de musique, alliance de références au passé et d'« événements », fresque baroque et danse macabre de la musique comme de la civilisation moderne. Peut-être s'est-il, au cours des dernières années, un peu abandonné aux facilités d'un talent prodigieux de raffinement *(Concerto pour deux pianos, Linea, Memory, Points on the curve to find)* qui ne devrait cependant pas cesser de grandir.

Berio ne croit pas à l'engagement de la musique à la manière de Nono. Mais pour lui « la musique est l'acte social par excellence », et « il faut accueillir la réalité musicale et théâtrale qui est partout ».

## Déclin et métamorphose de l'école sérielle

Revenons aux alentours de 1960 où la bataille musicale bat encore son plein. Devant l'évolution rapide et surprenante du sérialisme, que la violence verbale des jeunes compositeurs avait rendue plus frappante encore, les milieux musicaux et le public avaient d'abord réagi par le sarcasme, le mépris et l'absence. Entre les deux camps, peu ou point de communication : on se contentait de s'envoyer des invectives par-dessus les murs de Troie. Boulez et ses amis attaquaient leurs aînés, tandis que ceux-ci proclamaient hautement que ces « orgueilleux » s'engageaient dans une voie sans issue.

Dans cette guerre froide d'au moins dix ans, le succès tenace du sérialisme (en France, celui du Domaine Musical), par-delà le snobisme, ne pouvait manquer de poser question, d'autant que la valeur de ses premières auditions contrastait avec celles de la vie musicale traditionnelle dont l'intérêt allait s'affaiblissant, mis à part quelques grands noms. Et cette musique dont on démontrait savamment « l'impossibilité » mettait bien longtemps à mourir.

Pourtant, des craquements se font entendre dans l'édifice sériel à l'échelon international vers 1959 : Henze s'évade, l'aléatoire commence son travail de sape, l'électronique, devenue majeure, réclame sa place et séduit Stockhausen et Nono, l'étoile de Varèse se remet à briller de tout son éclat, Xenakis, qui a toujours refusé le système sériel, profile à l'horizon la grande ombre du Commandeur, tandis que Cage lance ses petites bombes et joue les prestidigitateurs qui pourraient bien escamoter la musique. Est-ce l'effondrement des « orgueilleux » ?

Au contraire, les orgueilleux font une sortie en force : leurs œuvres se répandent au-dehors des officines spécialisées, toutes les radios les accueillent, Boulez sort de l'Odéon pour diriger au grand jour l'Orchestre national, et bientôt *Wozzeck* à l'Opéra. Les disques de musique sérielle se multiplient. Bientôt la Philharmonique de New York commandera des œuvres à Stockhausen et à Berio, Boulez conduira les orchestres de la B.B.C., de Bayreuth, de New York, et leurs œuvres envahiront les maisons de la culture.

Surtout, un jour, l'évidence devient éclatante : presque tous les jeunes musiciens, à part les Prix de Rome — et encore — sont contaminés, tous écrivent de la musique sérielle ou post-sérielle, en Europe, en Amérique et jusqu'au Japon. Désormais, les choses changent de visage : les Barbares ont conquis l'empire romain.

Mais c'est en même temps le monde qui change : la décennie des années 60 sera très différente de la précédente et beaucoup plus confuse. En triomphant et en se diffusant, le sérialisme perd de sa force. Il va surtout se métamorphoser, sous l'influence de nouvelles poussées de sève musicale.

Il a, certes, réussi dans son entreprise qui était de faire table rase du système tonal : celui-ci n'y a pas résisté; mais il n'est pas parvenu à « prendre vraiment congé des aînés » : en se raccrochant à Webern, Schoenberg et Debussy, au-delà à Mahler, à Machaut et aux Franco-Flamands, en exploitant les découvertes de Messiaen, en annexant Stravinsky, il s'est fait une honorabilité et a été « récupéré » par l'histoire de la musique (comme Boulez par l'Orchestre Philharmonique de New York). Et surtout, il apparaît en réalité, à distance, comme l'aboutissement du système classique d'écriture, luttant à contre-courant, victorieusement pendant dix ou quinze années, contre les « forces obscures » qui déferlent maintenant sur la musique.

La force du sérialisme — la rigueur de ces révolutionnaires — fut aussi sa perte (toute relative). A la prise de la Bastille tonale avait en effet succédé le règne de Robespierre. « L'hyper-combinatoire sérielle », capturant une à une toutes les composantes du phénomène musical, aboutissait à un gigantesque puzzle dont seules quelques grosses têtes étaient capables de réunir les figures et d'apprécier les beautés. On arrivait à un totalitarisme insoutenable aussi bien pour les compositeurs que pour les auditeurs. L'édifice vertigineusement dressé allait se lézarder. Il était déjà écroulé en 1973 lorsque s'acheva l'épopée du Domaine Musical, que Boulez avait quitté six ans avant.

Mais tout l'acquis de la musique sérielle demeurait. Il n'était pas question de revenir à la tonalité. En musique, il n'y a jamais de restauration (Boulez n'avait pas restauré Schoenberg). La musique sérielle, régnante pendant dix ans, devait faire droit à d'autres forces musicales dont les coups de bélier l'avaient ébranlée, et parfois fusionner avec elles.


Cette situation dominante du sérialisme nous imposait d'en décrire sommairement la trajectoire en priorité, mais les autres formes de musique dont il va être question ont pris leur source, pour la plupart, à la même époque, c'est-à-dire dans les années 50. Il faudra donc pour certaines remonter un peu le temps.

## La musique concrète

Tel est le cas de la musique concrète, née vers 1948 des réflexions et découvertes de Pierre Schaeffer *(1910)* sur le phénomène du son enregistré. Sons musicaux et bruits devenaient, grâce à l'enregistrement sur disque (et très vite sur magnétophone), des « objets sonores » susceptibles d'étude, d'analyse, de dissection, de métamorphose et de composition. Ces objets sonores emprisonnés, puis transformés, et mis en présence les uns des autres, révélaient des richesses insoupçonnées.

Pierre Schaeffer le premier s'en saisit. Il est captivé par les bruits, par leurs possibilités expressives, qui sont en prise directe sur notre sensibilité, par cette voix nouvelle qui vient d'on ne sait où, et reflète la totalité du monde, du crissement d'un ongle sur un bout de bois à l'explosion d'une bombe atomique. Comme il l'écrit alors, « les choses se mettent à parler ».

C'est cet univers que le Studio d'essai de la radio française (devenu depuis le Groupe de recherches musicales de l'O.R.T.F., puis en 1975 de l'Institut national de l'audio-visuel) va explorer et tenter d'apprivoiser pour créer des œuvres d'un genre nouveau. Après les « primitifs » de 1948 *(Études aux chemins de fer, aux tourniquets, aux casseroles),* une œuvre de Schaeffer et Pierre Henry, la *Symphonie pour un homme seul* rend célèbre la musique concrète. A vingt ans d'intervalle, cette œuvre réalisée sans magnétophone, « coupée au sécateur » dans des fragments d'enregistrements hétérogènes, malaxés par des procédés assez grossiers, garde sa magie initiale, son relief sonore, donne toujours l'impression d'émerger d'un monde nouveau. A travers ces balbutiements surréalistes, deux puissantes personnalités frayaient un chemin dans une jungle vierge.

Tandis que Schaeffer continuait à scruter dans ses œuvres souvent prophétiques le mystère inépuisable de la matière sonore, dont il allait établir le solfège et tirer la philosophie dans son monumental *Traité des objets musicaux* (1966), Pierre Henry *(1927)* attaquait cet univers nouveau en compositeur. Se vouant entièrement à la musique électro-acoustique (il utilise maintenant aussi bien l'électronique que le concret), il impose sa personnalité aux matériaux les plus hétéroclites qu'il utilise en vue d'un projet bien défini; dès *Le Voile d'Orphée* (1953), la « musique concrète » mérite son nom de « musique » et le projet ne se démentira pas au cours d'une carrière très riche, marquée par des œuvres telles que *Le Voyage, La Reine verte*, les *Variations pour une porte et un soupir*, la *Messe pour le temps présent, L'Apocalypse de Jean, Fragments pour Artaud, Enivrez-vous, Prismes, Futuristie*, etc., auxquelles les ballets de Maurice Béjart ont souvent amené un vaste public. On citera auprès de P. Henry, son unique disciple, le Canadien Bernard Bonnier *(1952)*, auteur d'une prometteuse *Création du monde*.

La découverte de Schaeffer avait excité la curiosité des compositeurs : tour à tour défilaient au Studio d'essai Messiaen, Boulez, Jolivet, Dutilleux, Milhaud, Sauguet, Varèse, Stockhausen, Xenakis, bien d'autres, qui souvent réalisaient eux-mêmes des études concrètes. Mais l'enthousiasme tombait assez vite, avant même que Boulez n'ait jeté l'anathème sur ce « travail d'amateurs en pèlerinage ». Les essais pour appliquer les méthodes sérielles à la musique concrète s'étant révélés décevants, l'intérêt des musiciens de type traditionnel se reporta sur la musique électronique qui prenait son essor à Cologne en 1951.

Rien d'étonnant à cette déception. La musique concrète est aux antipodes de la musique classique et plus encore du sérialisme intégral. En face de l'ambition de contrôler tous les paramètres sonores, elle représente l'irruption de l'irrationnel pur, la négation de l'échelle chromatique, de l'homogénéité instrumentale, etc. Tout est à inventer; même s'il est possible d'adapter parfois les méthodes classiques de composition, celles-ci n'apparaissent nullement les plus fécondes en ce domaine dont les « lois » sont radicalement différentes de l'univers instrumental.

Bien qu'une réconciliation se soit produite avec la musique électronique, jadis son farouche adversaire, la musique concrète à la française reste un des mouvements les plus originaux de la musique actuelle. Elle part en effet du pouvoir et du mystère des sons, de la matière qui n'est pas faite de main d'homme, et cherche en tâtonnant à en faire jaillir des œuvres qui, quelles que soient les invraisemblables transformations qu'on lui fera subir, gardent toujours quelque chose de cet « humus » primitif et nourricier. Les musiciens de cette école misent sur une expérimentation collective, « partant des événements multiples et trop riches où l'on se noie, pour remonter aux signes et dégager des niveaux, des invariances, des forces nouvelles, des hypothèses d'action », l'œuvre étant ensuite « la greffe d'une intention, d'une subjectivité sur un matériau expérimental qui lui est homogène et qu'elle dépasse infiniment » (F. Bayle).

Ainsi, tenu un peu en quarantaine par le monde musical, le Groupe de recherches musicales a affirmé son originalité par ses nombreuses et fécondes expériences, ainsi que par les œuvres de compositeurs remarquables tels que IVO MALEC *(1925)*, qui allie la recherche la plus aride avec l'élaboration de vastes œuvres, usant aussi bien du concret et de l'électronique que des instruments traditionnels (*Cantate pour elle, Oral, Luminétudes-Lumina-Lied*), BERNARD PARMEGIANI *(1927)*, ingénieur du son devenu un des « concrets » les plus visionnaires, déchaînant des ouragans de virtuosité lyrique, ANDRÉ ALMURO *(1927)*, LUC FERRARI *(1929)*, expérimentateur aigu et fantaisiste, mystificateur souvent à la manière de Cage, mais souvent aussi au bout de la recherche folle brille la poésie, FRANÇOIS-BERNARD MÂCHE *(1935-1980)*, une des plus profondes intelligences de la jeune musique, passionné par les problèmes du langage, aux œuvres chargées de poésie, un indépendant qui explore seul les voies d'un contact entre la musique savante et l'univers brut des sons de la nature (*Korwar, Ternes Nevinbür*, etc.) GUY REIBEL *(1936)* qui cherche à englober, un peu à la façon de Stockhausen, toutes les musiques du monde, EDGARDO CANTON *(1934)*, ROBERT COHEN-SOLAL *(1943)* et MICHEL CHION *(1947)*, humoristes subtils, JACQUES LEJEUNE *(1940)*, ROGER COCHINI *(1946)* et surtout leur chef de file FRANÇOIS BAYLE *(1932)* qui, avec *Espaces inhabitables, Jeïta, L'Expérience acoustique, La Divine Comédie*, en collaboration avec Parmegiani (et l'étonnant spectacle sonore de *L'Avenir à reculons*) apparaît, sur des pistes très différentes de Pierre Henry, comme un des plus hardis conquérants et des plus puissants visionnaires de ce nouveau monde.

D'autres groupes de musique expérimentale sont nés depuis en France, tel le Centre international de recherches musicales que dirige JEAN-ÉTIENNE MARIE *(1917)*, metteur en ondes et acousticien de premier ordre, qui a réalisé d'intéressantes expériences instrumentales, électroniques et visuelles, ou le Groupe de musique expérimentale de Bourges qui poursuit en milieu réfractaire un travail de création et d'animation fort original, animé par deux compositeurs, FRANÇOISE BARRIÈRE *(1944)* et CHRISTIAN CLOZIER *(1945)*.

Parmi les pionniers de la musique par ordinateur, en France, on citera au moins JEAN-CLAUDE RISSET *(1938)*, chercheur et compositeur de talent dont les œuvres révèlent une vie prenante et mystérieuse.

## La musique électronique

Bien que John Cage l'ait expérimentée dès 1939 avec *Imaginary landscape n° 1*, la musique électronique ne se développe réellement qu'en 1951, trois ans après la musique concrète, avec la création du studio de Cologne par HERBERT EIMERT *(1897-1972)*, bientôt rejoint par Stockhausen et de nombreux musiciens.

Peu de chose semble différencier musique électronique et musique concrète : toutes deux travaillent des sons enregistrés sur bande magnétique, et souvent par des procédés très voisins (montage, transposition ou transmutation du son, action sur certaines caractéristiques isolées de l'objet sonore — hauteur, tempo, rythme, attaque, résonance —, filtrage, etc.). Mais le matériau est très différent : ici des sons produits par des générateurs électroniques, à l'exclusion, théoriquement, des sons concrets. Pourtant, un des premiers chefs-d'œuvre du genre, le *Gesang der Jünglinge* (1956) de Stockhausen est fondé sur l'enregistrement d'une voix d'enfant. Mais c'est surtout la méthode, le point de vue qui diffère : à Cologne, on compose des sons électroniques dans un cadre sériel, on compte que la précision scientifique des instruments permettra un contrôle absolu des sons produits, de leur transformation et de leur composition. De cette ambition initiale, il demeurera toujours un caractère d'abstraction fondamentale dans les œuvres allemandes de cette école.

La musique électronique gagnera rapidement le monde entier : États-Unis (Ussachewsky, Davidovsky), Utrecht (Kœnig, Pongracz, Riehn), Pologne (Penderecki, Kotonski, Dobrowolski, Schäffer), Japon (Mayuzumi, Ishii, Shabata, Moroï, Tekemitsu), Italie surtout avec le Studio de Milan, qui fut longtemps un des centres les plus vivants de la recherche musicale, où Berio *(Omaggio a Joyce, Laborintus II)*, Maderna *(Serenata)* et Nono *(Omaggio a Emilio Vedova)* ont réalisé quelques-uns de leurs chefs-d'œuvre. Bientôt chaque pays aura son ou ses studios.

La musique concrète n'ayant eu, semble-t-il, aucune prise sur le sérialisme, avec son bric-à-brac irrationalisable, c'est la musique électronique qui allait servir de cheval de Troie dans la bastille du sérialisme intégral. Comblant en apparence les vœux des « ingénieurs musiciens » avec des sons mesurables en toutes leurs données, elle allait s'affirmer plus forte que l'homme, et son dynamisme propre laissait loin derrière elle les calculateurs. Elle fascinait en particulier Stockhausen qui, avec des œuvres telles que _Telemusik_ et _Hymnen_ (fondées d'ailleurs sur des matériaux « concrets »), disait adieu aux œuvres de pure intellectualité pour rejoindre un grand lyrisme universaliste de type romantique.

Pourtant, depuis 1968 environ, la musique électronique connaît un incontestable reflux ; Stockhausen même, en l'utilisant, l'a dépassée et intégrée de manière surprenante à l'univers instrumental. Elle fait partie de l'arsenal du compositeur contemporain, mais ce n'est plus actuellement un secteur de « recherche de pointe ».

## La musique aléatoire et les formes ouvertes

Un autre phénomène qui allait donner rapidement une nouvelle orientation à la musique dans les années 60, fut la propagation de la musique « aléatoire », de l'insertion du hasard dans l'œuvre musicale.

À la source de la technique dodécaphonique, il y avait, comme le dit Theodor Adorno, la volonté de « pallier la perte du système des relations tonales par la densité de l'organisation ». La « fonction du contrepoint » était une « restauration de l'espace musical perdu », un moyen de « ramener l'ordre après le désordre ». Et l'on pouvait se demander, avec le philosophe, « pourquoi les hommes, dès qu'ils sont en liberté, se fabriquent le sentiment qu'il faut y mettre bon ordre ».

L'Américain JOHN CAGE _(1912-1992)_ était bien du même avis. Tirant la conséquence de « la désintégration harmonique communément désignée par le nom d'atonalité », il ne voyait pas pourquoi il serait nécessaire de tisser un nouveau tissu serré de relations trahissant de la part du compositeur « une volonté de répression ». Selon lui, « toute musique indéterminée qui ne va pas jusqu'au bout de son indétermination est superflue » (D. Charles). Dans son *Discours sur quelque chose*, Cage exprime assez bien sa position dans le mouvement musical : « Quand on va de rien vers quelque chose, on a toute l'histoire de la musique et de l'art européens, et ainsi on peut voir que ceci est bien fait mais cela ne l'est pas. Un tel a apporté ceci et cela, et des critères. Mais nous allons maintenant de quelque chose vers rien, et il n'y a pas moyen de parler de succès ou d'échec, puisque toute chose possède également sa nature de Bouddha... »

La pensée et « l'œuvre » de Cage sont multiformes et il est impossible de les réduire à quelques citations. On en prend malaisément la mesure à lire la masse de ses écrits souvent déconcertants où se mêlent la philosophie zen, des idées de précurseur génial, bon nombre de paradoxes et de canulars, et une infinité de contradictions, au moins apparentes.

Ses œuvres définissent mieux son itinéraire esthétique. Il compose d'abord des partitions tout à fait écrites, invente en 1931 une méthode de type sériel (mais à deux fois vingt-cinq demi-tons), puis en 1938 le « piano préparé » où, par l'adjonction de vis et d'écrous, il transforme les sonorités de certaines cordes du piano, et pour lequel il compose des œuvres inspirées de la mystique indienne; en 1939, il s'attaque à la musique électronique, puis écrit une œuvre pour « tous les instruments qu'on peut trouver dans une salle de séjour » (meubles, livres, journaux, etc.); en 1945, il devient l'adepte de Suzuki; en 1949, il rencontre Boulez à Paris. Bientôt (1951), *I-Ching*, le recueil d'oracles de la Chine ancienne, devient son conseiller de composition, à moins que ce ne soient les imperfections du papier sur lequel il écrit, le dessin des constellations dans le ciel ou les trous qu'il fait dans des morceaux de papier pliés de différentes façons...

C'est la grande intervention du hasard. Mais ces compositions aidées par divers hasards seront elles-mêmes remises en question par d'autres hasards supérieurs, telle la superposition de plusieurs œuvres. On peut encore aller plus loin et se passer de partition : Cage organise alors des « happenings » où demeurent quelques prétextes musicaux agencés par lui; ou mieux encore, comme au *Musicircus* des Halles en 1970 : là, plus une seule note de Cage, juste une idée, celle de faire jouer en même temps n'importe quoi par de nombreux groupes de musiciens devant un public ambulant. On aboutit à une musique qui répudie toute intervention personnelle du « compositeur », une « musique de l'univers » où tous les sons se valent : « Toute hiérarchie entre eux ne serait que le reflet esthétique d'une constitution sociale hiérarchisée, fondée sur la domination, qu'il s'agirait de dissoudre » (K. Metzger). Ce qui n'empêche pas Cage d'écrire des musiques très composées quoique « libres », exquises et poétiques, immergées dans la nature et au bord du silence, quand il le veut *(Un jour ou deux)*.

Pierre Boulez réagit le premier, avec violence, en 1957, à cette « hantise du hasard », stigmatisant « la forme la plus élémentaire de la transmutation du hasard » se situant « dans l'adoption d'une philosophie teintée d'orientalisme qui masquerait une faiblesse fondamentale dans la technique de la composition ».

Malgré cette intervention, les jeux de Cage et de ses disciples allaient vite fasciner les musiciens européens, à commencer par Stockhausen dans le fameux *Klavierstück XI* (1956-1957). Par cette brèche, quantité de compositeurs s'engouffraient, las des disciplines arides du sérialisme intégral, et tout heureux de trouver un alibi aussi noble pour y échapper.

Boulez lui-même, préoccupé par ces problèmes, reconnaissait dans le même article *(Alea)* : « Désespérément on cherche à dominer un matériel par un effort ardu, soutenu, vigilant, et désespérément le hasard subsiste, s'introduit par mille issues impossibles à calfeutrer. » Il découvrait qu'il y avait à l'intérieur de la musique sérielle une relativité interne et qu'on pouvait passer de relations structurelles « rela-

tives » à une relativité des formes, donc à des formes
« ouvertes ». Et il montrait la voie avec sa *3^e Sonate
pour piano* (1957) qui faisait intervenir le choix de
l'interprète entre divers parcours déterminés
d'avance par le compositeur plutôt que le hasard
véritable. Par là même, sans pouvoir empêcher le
hasard cagien de faire tache d'huile, et souvent de
sombrer dans les tentatives les plus folles, il préser-
vait l'édifice sériel de l'écroulement en entrebâillant
seulement la porte à une intervention « contrôlée »
du hasard. En réalité, il s'agissait de tout autre
chose : la délégation à l'interprète d'une partie,
encore faible, du pouvoir du compositeur. Plutôt que
d'œuvres « aléatoires », on se mettait à parler
d'œuvres « ouvertes » ou « mobiles ».

Parmi les meilleures réussites dans cette ligne, il
faut citer la série des *Archipels* pour divers instruments, où ANDRÉ BOUCOURECHLIEV *(1925)* a su concilier
une structuration très minutieuse du matériau de
base par le compositeur, avec une très large liberté
remise aux interprètes pour l'élaboration de l'œuvre
à partir de ces structures, les interprètes enchaînant
les structures à leur guise en fonction de l'œuvre qui
se construit sous leurs doigts et des réactions psychologiques qu'elle engendre. Tout en allant beaucoup
plus loin que lui, Boucourechliev s'inscrit dans la
postérité boulezienne du compositeur qui refuse de
démissionner et de voir la musique sombrer dans le
non-sens.

D'autres compositeurs de talent s'inscrivent plutôt
dans la descendance de Cage, tel l'Argentin MAURICIO
KAGEL *(1931)* qui pratique lui aussi le hasard absolu
et canularesque, et confie, par exemple, à ses interprètes les « instruments » les plus saugrenus *(Der
Schall, Acustica)* ou bien des lambeaux d'œuvres bee-
thovéniennes *(Ludwig van)* pour en faire ce que bon
leur semble, mais qui est par ailleurs un des compositeurs les plus féconds et imaginatifs d'aujourd'hui,
pratiquant tous les genres (électronique, films musicaux, etc.), et surtout un des très rares à avoir ouvert
des chemins nouveaux dans le domaine du théâtre

musical *(Phonophonie, Match, Tremens, Sur scène, Staatstheater, Mare Nostrum)*. Théâtre de la dérision, de l'absurde, ou peut-être seulement miroir dérisoire, attendrissant et violemment comique autant que grinçant, de l'humanité contemplée de l'extérieur, dans son tumulte et son non-sens. On devine cependant dans les paroles de Kagel un désir de communication, un contexte profond à cette musique, semeuse de doute, fondée sur le jeu. Mais si la question est tellement profonde qu'elle n'est pas perçue, si le clown a besoin de parler pour être compris, où est la communication?

### KARLHEINZ STOCKHAUSEN

Si Pierre Boulez est l'incontestable chef de file des années 50, marquées par l'apogée du sérialisme intégral, l'un de ses premiers compagnons de combat, KARLHEINZ STOCKHAUSEN *(1928)*, se trouve en même temps à la pointe de toutes les recherches et découvertes dont il vient d'être question, et qui ont fait rapidement dériver la musique pendant les années 60.

Orphelin livré à lui-même pendant les années de guerre, il ressent violemment l'apocalypse dans laquelle sombre l'Allemagne nazie. Son pacifisme, son apolitisme, sa sympathie pour la contestation humanitaire sortent de là. Sans doute réagit-il d'abord à ce naufrage par l'adhésion à un ordre musical absolu, le sérialisme.

Élève de Franck Martin, Messiaen et Milhaud, puis sérialiste convaincu *(Kreuzspiel, Zeitmasse)*, l'un des pionniers de l'aléatoire *(Klavierstück XI)*, il s'adonne aussi l'un des premiers à la musique électronique *(Gesang der Jünglinge)*. Il pousse jusqu'à leurs plus lointaines conséquences les pistes de recherche musicale, désarticule le langage pianistique, l'idée même de formes fixes, tente et réussit l'accouplement, alors monstrueux, de l'instrumental et de l'électronique

*(Kontakte)*, réunit des ensembles gigantesques *(Gruppen, Carré, Momente)* dans des lieux de plus en plus vastes *(Musik für ein Haus, Sternklang)*, mais dans le même temps développe les virtualités des sons microscopiques par l'usage de micros de contact reliés à des amplificateurs *(Mikrophonie, Solo, Prozession)*, libère les interprètes du texte musical *(Kurzwellen, Duo)*, tout en leur imposant une mystique de communion qui touche à l'envoûtement.

Parallèlement, il devient de plus en plus sensible aux courants qui animent le monde, à la montée de l'inconscient, à l'érotisme, au mouvement hippie *(Stimmung)*, à la renaissance de la créativité collective *(Aus der Sieben Tagen, mai 1968)*, à la mystique indienne *(Mantra, Trans, Inori)*, aux problèmes de la surpopulation, de la pollution, du développement, etc. Et *Alphabet*, cet étonnant phalanstère, indique la voie de rapports musicaux et humains nouveaux.

Le grand tournant de son évolution fut, à partir de 1960, le passage à une musique de plus en plus « intuitive ». Son œuvre est en définitive une mystique de l'univers. D'année en année, sa pensée s'est ouverte davantage à un humanitarisme cosmique *(Telemusik, Hymnen)*. Il a défriché de nombreux terrains inconnus. Après l'effort de systématisation du sérialisme intégral, achevant le système tonal, il a cassé le moule de la musique classique : « Il s'agit aujourd'hui de créer une unité particulière à une œuvre et à une seule, et non plus des généralités communes à tout le monde. J'ai appris que la tradition n'existe pas et qu'elle doit être inventée tous les jours. »

Dans la force de sa maturité, Stockhausen apparaît comme le plus extraordinaire phénomène musical de notre époque.

IANNIS XENAKIS

La contestation la plus fondamentale du sérialisme intégral est venue cependant de IANNIS XENAKIS *(1922)*, compositeur grec naturalisé français en 1965, qui s'est situé tout à fait en marge du mouvement post-webernien et poursuit aujourd'hui son chemin en solitaire, à peu près sans disciples, même si les compositeurs polonais (Penderecki, Gorecki, etc.) et quelques Français (Guézec) lui ont emprunté divers procédés. Mais la nouveauté de ses conceptions, l'ampleur et la force percutante de son œuvre, l'intérêt passionné qu'elle suscite dans le public le moins averti, lui donnent une place d'une particulière importance.

Ingénieur à l'École polytechnique d'Athènes et menant parallèlement des études musicales, il participe à la résistance antinazie, puis à la lutte contre le fascisme. Condamné à mort, il gagne Paris en 1947 et travaille dans l'atelier d'architecture de Le Corbusier, participant à la réalisation de l'unité d'habitation de Nantes, du couvent de l'Arbresle, du parlement de Chandigarh et du pavillon Philips de l'exposition de Bruxelles. En même temps, il est l'élève d'Honegger, de Milhaud, de Messiaen et d'Hermann Scherchen, et collabore au studio de musique concrète de Pierre Schaeffer.

Malgré son intérêt pour les techniques nouvelles, il ne se laisse pas embarquer dans une école. Dès 1955, il s'attaque à la musique sérielle : « Un courant constant entre la nature biologique de l'homme et les constructions de l'intelligence doit être établi, sinon les prolongements abstraits de la musique actuelle risquent de s'égarer dans un désert de stérilité. » Par ailleurs, il pense que la série généralisée est enfermée dans la contradiction « entre le système polyphonique linéaire » où tout devrait pouvoir être saisi, reconnu, « et le résultat entendu qui est surface et masse ».

Surtout, sa formation mathématique et sa philoso-

phie nourrie de l'Antiquité l'incitent à chercher une
application directe de celles-ci à la musique, à tenter
de retrouver la « structure universelle de la musique », en se plaçant sous le patronage d'Aristoxène de
Tarente et de son « Grand système parfait ».

C'est ainsi que dès sa première œuvre, *Metastasis*
(1954), il érige, au grand scandale des sériels, une
musique de surfaces et de volumes aux lignes en glissando minutieusement calculées (qui serviront de
modèle plus tard à l'architecture du pavillon Philips); dans *Pithoprakta*, « nuage de matière sonore en
mouvement, régi par les lois des grands nombres », il
utilise le calcul des probabilités et fait donc pour la
première fois de la musique « stochastique »; la morphologie d'*Achorripsis* est fondée sur la loi de Poisson; les œuvres *ST, Amorsima-Morsima, Atrées,
Eonta* sont calculées par un cerveau électronique
selon un programme stochastique de Xenakis pour
« tester si une pensée philosophique peut avoir un
répondant sonore et devenir un objet intéressant du
point de vue sonore »; *Duel* et *Stratégie* réintrodui-
sent, non le hasard pur, mais un hasard programmé
par la théorie des jeux, etc.

Xenakis s'est maintes fois expliqué, et disculpé, à
ce sujet, calmant ainsi les inquiétudes dont Émile
Vuillermoz s'était fait l'écho (voir *supra*, p. 443-444) :
« Il y a plus dans l'homme et la musique que dans les
mathématiques, mais la musique comprend tout ce
qui est dans les mathématiques. Celles-ci m'ont servi
à mieux formuler mes pensées et mes intuitions, et à
maîtriser les données techniques. Les lois mathématiques en elles-mêmes ne peuvent exprimer quelque
chose, mais elles peuvent être utilisées pour exprimer, à condition que l'artiste discerne dans leur
mécanisme une téléologie, disons une promesse artistique. »

Il a toujours refusé un art purement formel (même
si ses théories de composition le sont éminemment) :
« Je ne pense pas que des compositions abstraites
soient d'aucun intérêt. » Il cherche à produire « un
événement hautement puissant et beau dans sa féro-

cité ». Et son art est parti de vastes intuitions, « tout un monde qui m'avait beaucoup influencé dans ma jeunesse, un monde avec les effets de la nature, que ce soit le bruit des vagues, des cigales dans les champs en été, ou celui des manifestations, des foules, des cris des centaines de milliers de manifestants dans les rues ». Dans ses grandes œuvres, en effet, la nécessité mathématique est perçue conjointement à un formidable lyrisme cosmique qui ne peut jaillir que de l'imagination d'un poète.

Depuis ses premières partitions, la pensée et l'œuvre de Xenakis n'ont cessé de s'élargir : musiques électro-acoustiques et spatiales *(Bohor, Polytopes* de Montréal et de Cluny, *Kraanerg, Hibiki Hana-Ma* de l'exposition d'Osaka, *Persepolis),* orchestrales et spatiales *(Terretektorh, Nomos gamma),* musiques faites « à la main » pour *Les Suppliantes* et *L'Orestie,* œuvres qui utilisent la théorie des cribles *(Akrata),* la théorie des groupes de transformation *(Nomos alpha),* musiques « arborescentes » fourmillant d'énergies vitales *(Evryali, Concerto pour piano, Noomena),* etc. Parmi les plus importantes, on citera encore *Herma, Eonta, Syrmos, Synaphaï, Antikhton* et *Nuits,* superbe fresque vocale dédiée aux prisonniers politiques de tous les pays.

Tout cet effort culmine dans les recherches de ces groupes d'« Equipes de mathématique et d'automatique musicales » (EMAMU) qu'il anime depuis 1966 et dont « le but est d'abord de formuler un corps de doctrine universelle sur la composition, qui servira aussi bien pour l'éducation musicale que pour la composition et la musicologie, en essayant d'établir, par un minimum de propositions, une pensée universelle; celle-ci jettera des ponts entre des domaines apparemment incompatibles, par exemple toutes les musiques ayant existé et existant à travers l'univers, mais aussi l'architecture et la lumière. Il s'agit ensuite de poursuivre la recherche musicale avec les ressources que la technologie met à la disposition de l'artiste par un long travail de compréhension, de codification, de classement, de manipulation, confié

non seulement à des musiciens et à des mathématiciens, mais aussi à des psychologues, des esthéticiens
et des sociologues ».

Entreprise fabuleuse, qui ne semble pas avoir
encore porté de fruit et dont on se demande si Xenakis pourra la mener à bout, mais qui pourrait se
révéler féconde pour l'avenir de la musique. C'est « la
voix pythagoricienne du salut par la connaissance »
(F.-B. Mâche), la voie inverse de celle de Cage.

# 38

# Panorama

*Un panorama de la musique actuelle ne saurait se limiter à quelques grands noms – ou qui nous paraissent tels aujourd'hui – alors que les compositeurs et les œuvres n'ont jamais été aussi nombreux. Mais l'énumération par pays des compositeurs qui semblent les plus importants de nos jours, si elle est pratique, reste fort arbitraire, et plus encore les classifications rapides où l'on risque d'enfermer des musiciens souvent mal connus. Cet échantillonnage fort incomplet demande donc l'indulgence du lecteur.*

### Allemagne

L'Allemagne, qui a retrouvé depuis la guerre une position dominante, grâce aux cours d'été de Darmstadt, au festival de Donaueschingen et au génie de Stockhausen entre autres, est sans doute aujourd'hui le pays où la densité de compositeurs de tous styles est la plus forte. Mais les noms qui émergent au niveau international restent peu nombreux.

Dans la génération « anté-sérielle », on citera BORIS BLACHER *(1903-1975)*, excellent professeur et compositeur, brillant mais sec, KARL AMADEUS HARTMANN *(1905-1963)*, grand symphoniste expressionniste, HUGO DISTLER *(1908-1942)*, qui laissa de belles œuvres religieuses, WOLFGANG FORTNER *(1907-1987)*, devenu dodécaphoniste strict et dont les *Noces de sang* ont franchi les frontières, et HERBERT EIMERT *(1897-1972)*,

important théoricien et fondateur de la musique électronique en Allemagne.

Trois musiciens de valeur avoisinent les purs
sériels : BERND ALOYS ZIMMERMANN *(1918-1970)*, aux
œuvres âpres, massives et pessimistes, dont l'opéra
*Die Soldaten* est peut-être le plus important depuis
*Wozzeck* ; GISELHER KLEBE *(1925)* qui a montré dans
ses premières œuvres sérielles une spontanéité et une
pureté assez rares ; et surtout HANS WERNER HENZE
*(1926)* qui tient toujours le devant de la scène. Sériel
de stricte observance au début, tout en sachant inflé-
chir le système de plus en plus vers un style poétique
et expressif (opéras *Boulevard Solitude, Le Roi Cerf,
Le Prince de Hombourg*), Henze rejette cette discipline à partir de 1959 et s'installe en Italie pour
écrire des œuvres puissantes, raffinées, baroques,
très personnelles, toujours des opéras *(Élégie pour
de jeunes amoureux, Le Jeune Lord, Les Bassarides)*,
mais aussi des symphonies (sept à ce jour), des
cantates et des œuvres instrumentales. Il se convertit
brusquement en 1968 à une musique politique (lui,
le dilettante et l'hédoniste tragique !) sous l'invocation
de Che Guevara, écrivant dans un style très simple
ou très compliqué des œuvres inégales *(Le Radeau de
la Méduse*, l'*Essai sur les cochons*, le *2ᵉ Concerto pour
piano, El Cimarron* et *Le long chemin dans la
demeure de Natascha Ungeheuer)*, à l'image de sa
recherche d'un langage homogène à son engagement
et efficace.

On notera aussi les noms de HANS ULRICH
ENGELMANN *(1921)*, GUNTHER BECKER *(1924)*, l'électroni-
cien et théoricien GOTTFRIED MICHAEL KÖNIG *(1926)*,
HANS OTTE *(1926)*, musicien fantaisiste et original, JOS
ANTON RIEDL *(1929)*, DIETER SCHÖNBACH *(1931)*, ROLAND
KAYN *(1933)*, ARIBERT REIMANN *(1936)*, auteur d'une
touchante et romantique *Mélusine*, TONA SCHERCHEN-
HSIAO *(1938)*, fille du grand chef d'orchestre, et ROLPH
GELHAAR *(1943)*.

Mais l'un des compositeurs les plus intéressants
d'aujourd'hui est sans conteste DIETER SCHNEBEL
*(1930)*, pasteur et théologien protestant, qui intègre à

sa pensée des références essentielles à la pensée d'aujourd'hui : Schoenberg, Webern, Stockhausen, Cage et Kagel, mais aussi Marx et Freud, Bloch, Adorno et Marcuse, Karl Barth. Tirant les conséquences de la dissolution de la notion d'« œuvre », nombre de ses recherches visent à « aller aux sources du processus musical : la profération, le discours en langues *(Glossolalie)*, les conditions de possibilité de production des sons *(Maulwerke)*, œuvres sans superstructures, préalables à la musique et aux langues, mais qui les contiennent toutes ». Il s'agit de « débloquer certaines activités chez l'interprète pour le rendre capable de fabriquer ensuite sa musique librement ». Et l'on découvre ainsi une exploration des racines du son vraiment fascinante, une musique concrète de la vie, qui s'établit en deçà du langage, mais non de l'expression. *Missa est (Für Stimmen, Choralvorspiele)*, dans sa magnificence originale de louange et son pouvoir d'évocation, confirme la puissance explosive de cette recherche qui vise à « offrir des modèles de liberté. Moi, dit Schnebel, je vois bien que tout est malade et je veux en sortir. »

L'ex-Allemagne de l'Est veillait jalousement sur ses compositeurs. Le doyen, Paul Dessau *(1894-1979)*, qui fut l'un des musiciens préférés de Brecht, fait figure de chef de file avec ses opéras, notamment *La Condamnation de Lucullus* et *Puntila*. On connaît aussi Hanns Eisler *(1898-1962)*, également musicien de Brecht, qui se convertit du dodécaphonisme à la musique prolétaire et écrivit de nombreuses cantates et chansons révolutionnaires, dont l'hymne national de l'ex-R.D.A.

### Amérique du Sud

Depuis Villa-Lobos, Chavez et le Mexicain Julian Carrillo *(1875-1965)*, incontestable précurseur qui écrivit des œuvres en quarts, tiers, huitièmes et seizièmes de ton, le plus connu des musiciens d'Amérique du Sud est l'Argentin MAURICIO KAGEL *(1931)*, auquel on peut joindre ses compatriotes ALBERTO GINASTERA *(1916-1983)*, qui vivifie un langage assez commun par une inspiration d'origine folklorique, et CARLOS ROQUE ALSINA *(1941)*, qui a poussé très loin avec le « New Phonic Art » (Portal, Drouet, Globokar) l'art de l'improvisation collective, et compose des œuvres chargées, mais d'une couleur raffinée.

## Autriche

Les élèves de Schoenberg et de Berg, ainsi que les sériels, restent nombreux au pays de l'École viennoise, avec en particulier HANS ERICH APOSTEL *(1901-1972)*, d'origine allemande, HANNS JELINEK *(1901-1969)*, MAX DEUTSCH *(1892-1982)*, devenu français et qui poursuivit à Paris une tâche féconde de professeur et d'éveilleur de talents. GOTTFRIED VON EINEM *(1918)* est connu par ses opéras sur *La Mort de Danton*, *Le Procès* et *La Visite de la vieille dame*. FRIEDRICH CERHA *(1926)* et MICHAEL GIELEN *(1927)*, comptent surtout parmi les meilleurs chefs et interprètes de la musique sérielle.

## Belgique

A côté de musiciens comme RAYMOND CHEVREUILLE *(1901-1976)*, et VICTOR LEGLEY *(1915)*, ou sériels comme PIERRE FROIDEBISE *(1914-1962)*, qui n'a pu donner sa mesure, et PIERRE BARTHOLOMÉE *(1937)*, HENRI POUSSEUR *(1929)* est l'esprit le plus inventif, le compositeur le plus vivant et le théoricien le plus écouté de la musique belge. Expériences menées aux extrêmes (*Votre Faust*, opéra « variable » avec Michel Butor), œuvres faisant appel à une grande richesse de moyens, c'est en tout cas un tempérament (*Rimes, Couleurs croisées*). PHILIPPE BOESMANS *(1936)* a donné des preuves d'un tempérament vigoureux et d'une sensibilité vive et fraîche.

*Canada*

La musique canadienne n'a guère fait parler d'elle en Europe. Chez les Canadiens anglais, on connaît surtout JOHN WEINZWEIG *(1913)*, l'un des premiers compositeurs qui aient franchi le pas de l'atonalité et du sérialisme. Il avait auparavant cherché d'autres voies dans le folklore des Esquimaux, des Indiens, dans le jazz et même les chansons folkloriques du Canada français. HARRY SOMERS *(1925)* et HARRY FREEDMAN *(1922)*, ses élèves, illustrent également l'« École de Toronto ». A l'ouest du continent, MURRAY SCHAFER *(1933)* poursuit des recherches scientifiques sur « l'esthétique acoustique » et les « paysages sonores », et explore dans ses compositions de nouveaux domaines intérieurs dans un langage et une pensée assez syncrétiques, mais d'un mysticisme impressionnant *(Iustro)*.

Au Canada français, il n'y a eu jusqu'en 1930 que peu de compositeurs de valeur. La fondation d'institutions « nationales » au Québec et la personnalité de CLAUDE CHAMPAGNE *(1891-1965)*, qui a formé la plupart des jeunes compositeurs, ont beaucoup contribué à la naissance d'une vigoureuse « École de Montréal ». Champagne, qui travailla avec Dukas et Gédalge, s'inspira souvent du folklore, évoquant en particulier les vastes étendues de son pays dans la *Symphonie gaspésienne* et *Altitude*. Avec lui, il faut citer RODOLPHE MATHIEU *(1896-1962)*, un précurseur qui avait apporté dans la musique canadienne « un souffle de liberté et de nouveauté ».

La plupart de leurs successeurs ont subi l'influence de maîtres français (Honegger, Milhaud, Andrée Vaurabourg, Nadia Boulanger surtout), tels JEAN PAPINEAU-COUTURE *(1916)*, FRANÇOIS MOREL *(1926)*, CLERMONT PÉPIN *(1926)*, PIERRE MERCURE *(1927-1966)*, l'un des plus brillants, tandis que les jeunes étaient surtout marqués par Messiaen et Boulez : SERGE GARANT *(1929-1986)*, abstrait et lyrique, et GILLES TREMBLAY *(1932)*, aux vues audacieuses et au métier rigoureux. Parmi les plus jeunes, JOHN HAWKINS *(1944)* et CLAUDE VIVIER *(1948-1983)*.

## Espagne

Un peu endormie après Falla, écartelée par la guerre civile, l'Espagne musicale est en pleine renaissance, avec une école où le post-sérialisme est aussi un non-conformisme, voire une protestation politique.

LUIS DE PABLO *(1930)*, son chef de file, s'est imposé aussi bien à Donaueschingen qu'à Royan, avec des œuvres telles que la série des *Modulos*, *Heterogeneo* et des essais théâtraux (*Por diversos motivos* et *Protocolo*). Musique abstraite en perpétuelle recherche, inquiète, passionnée, musique dramatique et protéiforme, comme le vif-argent, remplissant de véhémence les démarches les plus ascétiques. Il a créé le groupe Alea et le studio électronique de Madrid. Sa grande symphonie canadienne, *Portrait imaginé* (1975), a révélé un visage plus libre, moins dramatique, d'une dimension cosmique qui ouvre un autre avenir. Son ami CRISTÓBAL HALFFTER *(1930)* brille lui aussi par des œuvres d'une écriture pure et étincelante (*Lineas y puntos*, *Anillos*, *Tiempo para espacios*, etc.), malgré un certain penchant à la démesure (*Gaudium et Spes*); et de TOMAS MARCO *(1942)* (une centaine d'œuvres à ce jour).

Dans la vivante école catalane, on remarque surtout J.M. MESTRES QUADRENY *(1929)*, JAVIER BENGUEREL *(1931)* et NARCISO BONET *(1933)*.

## États-Unis

Les États-Unis se sont donné leurs lettres de noblesse musicales en redécouvrant assez récemment CHARLES IVES *(1874-1954)*, musicien typiquement américain de Nouvelle-Angleterre, qui avait de plus inventé la musique à quarts de ton, la polytonalité, la musique spatiale, la polyrythmie, de façon assez naïve, mais avec un lyrisme qui garde sa fraîcheur.

La musique américaine présente ensuite une série de compositeurs au métier solide, mais médiocrement originaux, tels WALTER PISTON *(1894-1976)*, ROGER SESSIONS *(1896-1985)*, VIRGIL THOMSON *(1896-1989)*, l'un des principaux critiques de son pays, HENRY COWELL *(1897-1965)*, esprit curieux et peut-être l'inventeur des « clusters » (paquets de notes frappées à la fois), professeur de Cage, ROY HARRIS *(1898-1979)*, AARON COPLAND *(1900-1990)*, l'un des mieux connus en France, NICOLAS NABOKOV *(1903-1978)*, d'origine russe, qui fut un remarquable animateur de la vie musicale en France et en Allemagne, PAUL CRESTON *(1906-1985)*, ELLIOTT CARTER *(1908)*, un des premiers qui s'orientent vers l'atonalité, SAMUEL BARBER *(1910-1981)*, connu pour quelques pages d'un romantisme attardé, WILLIAM SCHUMAN *(1910-1992)*, EVERETT HELM *(1913)* et MILTON BABBITT *(1916)*, premier dodécaphoniste convaincu.

La musique américaine connaît ensuite des personnalités plus marquées, sans même parler de Cage et de Menotti, avec LEONARD BERNSTEIN *(1918-1990)*, grand chef d'orchestre, mais aussi auteur de la *Symphonie-Jérémie* et de *West Side Story*, ROBERT CRAFT *(1923)*, célèbre surtout pour son rôle de secrétaire-conseiller d'initiateur à Webern de Stravinsky, ainsi que pour ses enregistrements de Webern, GUNTHER SCHÜLLER *(1925)*, qui a gâché des dons certains par le pire éclectisme, malgré le succès de *The Visitation* d'après Kafka, et KENTON COE *(1931)* dont *Sud* a été monté à l'Opéra de Paris.

Trois compositeurs ressortent particulièrement dans le panorama de la musique actuelle : LUKAS FOSS *(1922)*, MORTON FELDMAN *(1926-1987)* et surtout EARLE BROWN *(1926)*, tous trois post-sériels et influencés par Cage, très doués, fantaisistes et vivants, jouant avec bonheur de l'aléatoire le plus radical, auxquels on joindra l'étonnant TERRY RILEY *(1935)*, à la musique d'écureuil tournant dans un arc-en-ciel.

Mais les États-Unis, avec la puissance de leurs moyens techniques (électro-acoustiques en particulier), la richesse de leur enseignement (qui a longtemps écrémé la musique européenne), n'ont pas encore donné naissance aux musiciens qu'ils méritent.

## France

De nombreux compositeurs encore en activité ont déjà été mentionnés dans ce livre. Par ailleurs, la proximité des musiciens plus jeunes risque d'en majorer le nombre et l'importance. Il semble pourtant que l'école française, traditionnelle, post-sérielle ou électro-acoustique (pour celle-ci, voir supra, p. 545 ss), reste d'une richesse particulière.

Sans s'engager sur les chemins de ses amis Messiaen et Jolivet, DANIEL-LESUR *(1908)* a composé une œuvre d'un classicisme très pur, d'un lyrisme raffiné et sensible, qui l'a amené, après de nombreux cycles de mélodies, des pièces d'orchestre et de piano, des chœurs pleins de lumière (*Cantique des cantiques, Cantique des colonnes*), à un opéra très romantique sur *Andrea del Sarto* et à une merveilleuse symphonie classique, *D'ombre et de lumière*. JEAN FRANÇAIX *(1912)* a toujours gardé la fraîcheur et l'élégance de ses débuts. MAURICE OHANA *(1914-1992)*, d'origine espagnole, après s'être affirmé avec son *Llanto por Ignacio Sanchez Mejias*, est resté un peu en marge de la vie musicale; il s'est forgé un langage original, influencé cependant par le monde sonore postwebernien et, malgré le succès de *Signes, Syllabaire pour Phèdre, Cris*, n'a pas semblé avoir donné toute sa mesure. IVAN SEMENOFF *(1917-1972)* a consacré son talent et sa tendresse à l'opéra (*L'Ours, Évangeline, Don Juan ou l'amour de la géométrie, Sire Halewyn*).

À côté de MARCEL LANDOWSKI *(1915)* et de RAYMOND GALLOIS-MONTBRUN *(1918)*, que leurs lourdes charges administratives ont détournés pour un temps de la composition, HENRI DUTILLEUX *(1916)* apparaît incontestablement comme le grand lyrique héritier de la tradition française, même s'il est attentif aux découvertes post-weberniennes; ses rares ouvrages, longuement médités *(2ᵉ Symphonie, Métaboles, Tout un monde lointain)* témoignent d'une profonde sensibilité poétique.

Parmi ses cadets, on citera MICHEL CIRY *(1919)*, également peintre et graveur, dont l'œuvre raffinée traduit la foi, LOUIS SAGUER *(1907-1991)* d'origine allemande, musicien secret dont on connaît surtout un opéra d'une rare perfection, *Mariana Pineda*, ADRIENNE CLOSTRE *(1921)*, au tempérament lyrique original, CLAUDE PASCAL *(1921)*, un styliste, PIERRE PETIT *(1922)*, critique musical, directeur de l'École normale de musique, auteur d'une abondante production musicale qui aborde tous les genres, CLAUDE BALLIF *(1924)*, un solitaire au langage très personnel, inventeur de la « métatonalité » et d'œuvres où vit une imagination effervescente, MAURICE JARRE *(1924)*, le musicien de Vilar, puis de Hollywood, CHARLES CHAYNES *(1925)*, GEORGES DELERUE *(1925-1992)*, connu pour ses musiques de film, etc.

MARIUS CONSTANT *(1925)* mérite une place à part. Son talent multiforme a bénéficié de tout l'environnement sonore de son époque, s'exprimant en des œuvres au langage subtil, mais très accessible, tels les *Vingt-quatre Préludes, Turner, Les Chants de Maldoror, Éloge de la folie, Paradis perdu* ou *Winds*. CLAUDE PREY *(1925)* pionner du « théâtre musical », il a qualifié toutes ses œuvres d'opéras *(Le Cœur révélateur; Jonas; On veut la lumière ? Allons-y !; Fêtes de la faim; Donna Mobile; Les Liaisons dangereuses; Le Rouge et le Noir [1989]*).

On notera encore les noms de JACQUES CASTERÈDE *(1926)*, JACQUES BONDON *(1927)*, qui s'est affirmé un peu précipitamment comme un « anti-Boulez », JEAN-MICHEL DAMASE *(1928)* subtil auteur d'opéras doux-amers, particulièrement harmonieux dans *L'Héritière*, PIERYCK HOUDY *(1929)*, PIERRE-MAX DUBOIS *(1930)*, ANTOINE TISNÉ *(1932)*, JACQUES CHARPENTIER *(1933)*, auteur d'*Études karnatiques* et d'un étonnant opéra en langue d'oc, *Beatris de Planissolas*, ALAIN

BANCQUART *(1934)*, XAVIER DARASSE *(1934-1992)*, PIERRE ANCELIN *(1934)* qui a écrit l'émouvant *Journal d'un fou*, opéra d'après Gogol, ALAIN KREMSKY *(1940)*, MICHEL ZBAR *(1942)*, etc.

Tous ces compositeurs ont plus ou moins échappé à la « contagion » post-webernienne et constituent, si différents soient-ils, une branche de l'évolution qui manque un peu de chefs de file.

De l'autre côté, on rappellera d'abord le nom d'un chercheur solitaire des années 30, IVAN WYSCH-NEGRADSKY *(1893-1979)*, compositeur d'origine russe fixé en France, fut le promoteur d'une musique en quarts de ton (allant jusqu'au douzième de ton), mais, pas plus que celle de Carrillo, elle ne parvint à s'imposer.

Aux débuts du dodécaphonisme en France, il faut associer le nom de l'initiateur, RENÉ LEIBOWITZ *(1913-1972)*, dont les compositions n'ont pas eu autant de succès que l'enseignement, et celui de ses premiers élèves (avec Boulez) JEAN-LOUIS MARTINET *(1912)*, pour qui l'atonalisme n'est qu'une brève expérience, mais dont *Orphée*, *La Trilogie des Prométhées*, les *Mouvements symphoniques* révèlent un vrai musicien contemplatif, ANDRÉ CASANOVA *(1919)*, qui est au contraire un dodécaphoniste convaincu, SERGE NIGG *(1924)*, qui renonce au sérialisme par convictions politiques, puis s'oriente vers des œuvres d'une expressivité violente et souvent émouvante *(Le Chant du dépossédé, Visages d'Axel, Fulgur)*, MICHEL PHILIPPOT *(1925)*, un scientifique, compagnon de Xenakis, trop pris, longtemps, par ses fonctions à la radio.

A cette première génération sérielle appartiennent aussi MAURICE LE ROUX *(1923-1992)*, qui a abandonné la composition pour la direction d'orchestre après avoir écrit de nombreuses musiques de film et *Le Cercle des métamorphoses*, et FRANCIS MIROGLIO *(1924)*, qui a travaillé à Darmstadt et découvert de nouvelles possibilités de formes ouvertes dans le domaine des timbres.

C'est également dans le domaine des formes ouvertes, nous l'avons vu, qu'ANDRÉ BOUCOURECHLIEV *(1925)* a orienté sa recherche post-sérielle. Avec lui s'ouvre un groupe de musiciens de grand talent qui ont bénéficié de la révolution boulezienne sans en éprouver les dures retombées : ANTOINE DUHAMEL *(1925)*, qui après avoir écrit une musique rigoureuse et des musiques de film, renouvelle le théâtre musical par des œuvres légères et profondes, d'une merveilleuse d'écriture *(Lundi, monsieur, vous serez riche; Les Oiseaux)*, BETSY JOLAS *(1926)*, dont les œuvres allient un extrême raffinement poétique à une écriture aussi solide qu'aisée, voix juste, profonde et magique, JEAN BARRAQUÉ *(1928-1973)*, enfermé dans l'univers d'Hermann Broch, dont jaillissaient parfois des œuvres visionnaires d'une liberté sérielle toute neuve, et qui a emporté dans la tombe un monde inouï dont la perte est irréparable, MICHEL FANO *(1929)*, peu prodigue, sinon en « partitions » de films, JEAN-PIERRE GUÉZEC *(1934-1971)*, qui cherchait une musique colorée se réclamant de la structuration de l'espace de Mondrian, dans une atmosphère de « fébrilité », mot qui revenait comme un leitmotiv chez ce musicien trop tôt disparu, GILBERT AMY *(1936)*, styliste chez qui la rigueur sérielle se transmue peu à peu en une vertigineuse poésie *(Trajectoires, Chant, D'un espace déployé)*, GÉRARD MASSON *(1936)*, qui lui aussi est un poète, PAUL MÉFANO *(1937)*, dont le lyrisme tumultueux se coule dans des fresques envoûtantes *(Paraboles, La Cérémonie)*, JEAN-CLAUDE ÉLOY *(1938)* enfin, esprit incisif, musicien d'une grande maîtrise, qui cherche dans la musique de l'Orient un au-delà de l'héritage post-sériel devenu écrasant autant qu'anarchique, ainsi qu'Émile Vuillermoz l'avait laissé présager au début de cet ouvrage; il s'en est grandement approché avec *Shanti*, œuvre électro-acoustique de haute volée.

Parmi les autres compositeurs dont il est encore malaisé d'apprécier les qualités, on inscrira les noms de PHILIPPE CAPDENAT *(1934)*, BRUNO GILLET *(1936)*, MICHEL DECOUST *(1936)*, PHILIPPE DROGOZ *(1937)*,

Jacques Lenot *(1945)*, autodidacte qui écrit une musique très introvertie, précieuse, sensuelle et pure, tissée note à note, René Koering *(1940)*, le Vietnamien Nguyen Thien Dao *(1941)*, Georges Couroupos *(1942)*, qui se révèle excellent animateur de théâtre musical, Alain Louvier *(1945)*, Patrice Mestral *(1945)*, Gérard Grisey *(1946)*, Tristan Murail *(1947)*, Didier Denis *(1947)* et Jean-Yves Bosseur *(1947)*. Philippe Manoury *(1952)* se fit connaître avec *Numéro cinq* pour piano et 12 instruments. Il réalisa à l'IRCAM des œuvres bouillonnantes d'idées et de talent : *Jupiter* (1987) ; *Pluton* (1989) ; *Neptune* (1991).

L'un des plus doués est sans conteste Georges Aperghis *(1945)*, pasticheur étourdissant, auteur de fresques « cubistes » mêlant les styles, les époques, les genres comme dans un jeu de miroirs infinis où l'illusionniste parfois se perd, mais dont la sensibilité complexe et frémissante semble promettre des œuvres accomplies.

### Grande-Bretagne

Tandis que Benjamin Britten *(1913-1976)* produit une œuvre considérable, surtout pour le théâtre lyrique (*Billy Budd, Gloriana, Le Tour d'écrou, Le Songe d'une nuit d'été, La Rivière au courlis, La Fournaise ardente, Le Fils prodigue, Owen Wingrave, Mort à Venise*), d'autres compositeurs, sans avoir la même audience internationale, contribuent à assurer à la Grande-Bretagne une place honorable dans la musique moderne. Ainsi Lennox Berkeley *(1903-1989)*, Elisabeth Lutyens *(1906-1983)* et Michael Tippett *(1905)*, qui met un art raffiné et puissant au service d'une philosophie de l'existence ou d'un engagement humanitaire (l'oratorio *A Child of our Time*, les opéras *King Priam, Midsummer Marriage, The Knot Garden*).

Matyas Seiber *(1905-1960)*, d'origine hongroise, Humphrey Searle *(1915-1982)*, et Peter Racine Fricker *(1920-1990)* ont été parmi les premiers à pratiquer l'écriture sérielle, mais on connaît mieux la génération des ALEXANDER GOEHR *(1932)*, auteur d'un plaisant opéra post-sériel, *Arden doit mourir*, HARRISON BIRTWISTLE *(1934)*, PETER MAXWELL DAVIES *(1934)*, qui écrit avec talent une musique de style décadent dénotant sans doute des questions profondes, comme dans son opéra *Taverner*, CORNELIUS CARDEW *(1936-1981)*, DAVID BEDFORD *(1937)* et surtout RICHARD RODNEY BENNETT *(1936)* dont l'opéra fantastique, *Les Mines de soufre*, est un chef-d'œuvre.

En marge, signalons un australien, MALCOLM BENJAMIN WILLIAMSON *(1931)*, auteur de deux opéras, *Notre agent de La Havane* et *Les Violons de Saint-Jacques*, et d'opéras pour enfants, qui pratique une musique éclectique, témoignant d'une absence de goût très volontaire, mais qui peut s'élever à un haut lyrisme *(Symphonie pour voix a capella)*.

Parmi la génération d'après-guerre, on notera les noms de JOHN TAVERNER *(1944)*, MICHAEL FINNISSY *(1946)* et surtout BRIAN FERNEYHOUGH *(1943)*, dont la musique d'une extrême difficulté, assez hermétique, est cependant transcendée par une intensité visionnaire exceptionnelle.

## Hongrie

En dehors de LASZLO LAJTHA *(1892-1963)*, musicien poète dont les neuf symphonies ont bénéficié de ses recherches folkloriques aux côtés de Bartók et de Kodaly, les compositeurs hongrois les plus connus sont ceux qui ont quitté leur pays, tels JOSEPH KOSMA *(1905-1969)*, célèbre pour ses chansons sur des poèmes de Prévert, mais qui a écrit une merveilleuse épopée populaire avec *Les Canuts*, et surtout GYÖRGY LIGETI *(1923)*, un des musiciens les plus appréciés de l'avant-garde européenne, dont les musiques reflètent souvent un monde poétique phosphorescent, de nébuleuses sonores dont il tire les plus riches effets *(Apparitions, Atmosphères, Volumina, Lontano, Melodien)*. Ses *Aventures* et *Nouvelles aventures*, actions dramatiques sans paroles et sans sujet précis, restent une des plus remarquables tentatives de renouvellement du théâtre musical. On notera aussi le nom de Janos Komives *(1932)*, fixé en France.

En Hongrie, Sandor Szokolay *(1931)* s'est imposé avec ses opéras *Noces de sang* et *Hamlet*. Rudolf Maros *(1917-1982)*, György Kurtag *(1926)*, l'un des plus importants musiciens hongrois contemporains, et Zsolt Durko *(1934)* écrivent dans un style plus moderne.

## Israël

Parmi les compositeurs israéliens, on notera surtout, à côté de musiciens tels que Mordecaï Seter *(1916)*, d'origine russe, qui tente d'intégrer le chant religieux et le folklore juif à la musique occidentale, Roman Haubenstock-Ramati *(1919)*, d'origine polonaise, musicien d'avant-garde aux effets subtils, de grand tempérament, avec un goût marqué pour la mystification.

## Italie

L'Italie est un pays où la musique est d'une particulière richesse. Ses compositeurs ont beaucoup contribué à « dégermaniser » le sérialisme, à lui donner une vocation universelle. Le premier d'entre eux, Luigi Dallapiccola *(1904-1975)*, est venu seul à cette discipline à travers les œuvres de l'école viennoise, à une époque où elle n'était pas à la mode. Grand humaniste, grand lyrique, son œuvre est marquée par les drames de son temps, par l'oppression fasciste, par les thèmes de la prison, de « la lutte de l'homme contre quelque chose de plus fort que lui », de la fraternité. Un peu effacé dès la fin de la guerre par ses cadets qui parlaient un langage plus moderne encore, il sera sans doute reconnu comme un des classiques de notre temps avec des œuvres telles que les *Chœurs d'après Michel-Ange*, les *Canti di prigionia* et les *Canti di liberazione*, *An. Mathilde*, les *Poésies grecques*, et ses opéras *Volo di notte* (d'après « Vol de nuit » de Saint-Exupéry), *Il Prigioniero* (« Le Prisonnier ») et *Ulisse*.

Son contemporain GOFFREDO PETRASSI *(1904)* est resté à la frontière de l'atonal et du sériel ; son œuvre, nourrie de grégorien et de tradition vocale italienne, exprime un tempérament puissant et original (*Concertos pour orchestre*, *Coro di morti*, *Nuit obscure*, *Il cordovano*, *Portrait de Don Quichotte*, etc.). A partir de 1960, Petrassi se consacre presque exclusivement à la musique de chambre : *Propos d'Alain*, *Béatides* : *hommage à Martin Luther King*, etc.

A part trois musiciens de théâtre, qui poursuivent la tradition vériste, RENZO ROSSELLINI *(1908-1982)*, LUCIANO CHAILLY *(1920)* et ANTONIO BIBALO *(1922)*, les compositeurs de cette génération ont en général passé par le sérialisme : MARIO PERAGALLO *(1910)*, RICCARDO MALIPIERO *(1914)*, ROMAN VLAD *(1919)*, CAMILLO TOGNI *(1922)*, MARIO ZAFRED *(1922-1987)* et autres.

Aux côtés des chefs de file les plus célèbres, Luigi Nono et Luciano Berio, il faut placer BRUNO MADERNA *(1920-1973)*, qui a joué un rôle capital comme fondateur du studio électronique de Milan, comme chef d'orchestre révélant la musique de son temps et comme compositeur d'œuvres qui ont considérablement assoupli la raideur sérielle, en y introduisant un humour et une fantaisie très baroques, et qui sont sans cesse montées vers plus de poésie et de lumière.

Sensibles à tous les courants politiques et esthétiques, les jeunes musiciens forment une école vivante, talentueuse, toujours un peu en déséquilibre, où l'on retiendra les noms de ALDO CLEMENTI *(1925)*, FRANCO EVANGELISTI *(1926-1980)*, l'un des plus doués, qui, désespéré de voir qu'« écrire de la musique ne sert en rien à modifier la réalité politique », cessa de composer pour se consacrer à la recherche sur la musique électronique, VITTORIO FELLEGARA *(1927)*, FRANCO DONATONI *(1927)* aux discours musicaux très noués et fermés sur un bouillonnement de phénomènes multiples qu'on souhaite voir un jour libérer toute leur énergie démiurgique, ANGELO PACCAGNINI *(1930)*, PAOLO CASTALDI *(1930)* et SANDRO GORLI *(1948)*.

Cinq compositeurs montrent une originalité particulière : GIROLAMO ARRIGO *(1930)*, fixé à Paris, qui, avec *Orden, Addio Garibaldi*, et *la Cantata Hurbinek*, est le pionnier d'un théâtre musical très politisé, mais renouvelle aussi l'esprit du madrigal *(Tardi conosco)*, SYLVANO BUSSOTTI *(1931)*, qui subit l'influence de Cage, cultive le scandale et la provocation *(Passion selon Sade)*, et pratique la musique « graphique », mais sait aussi écrire une musique frissonnante de rêves sensuels, serpentant paresseusement au gré d'une écriture recherchée *(Rara Requiem)*, et semble depuis peu marcher en grand symphoniste sur les traces de Berg *(Bergkristall*, 1973*)*, NICCOLO CASTIGLIONI *(1932)*, musicien spontané et étincelant, GIACOMO MANZONI *(1932)*, dont *La Mort atomique* est un des opéras politisés les plus corrosifs et les plus intenses, et GIUSEPPE SINOPOLI *(1946)*, dont les œuvres, d'une richesse structurelle extrême, brillent d'une intelligence aiguë, nullement desséchée. On notera aussi le nom de MARCELLO PANNI *(1940)*.

## Japon

De nombreux compositeurs japonais ont adopté les modes d'écriture de la musique occidentale, tout en essayant parfois une synthèse avec la musique traditionnelle de leur pays. Les plus connus sont YORITSUNE MATSUDAIRA *(1907)*, TOSHIRO MAYUZUMI *(1929)*, qui alterne les productions les plus raffinées et les plus commerciales, MAKOTO MOROÏ *(1930)*, KAZUO FUKUSHIMA *(1930)*, YORI-AKI MATSUDAIRA *(1931)*, MAKOTO SHINOHARA *(1931)*, AKIRA TAMBA *(1932)*, TOSHI ICHIYANAGI *(1933)* et surtout TORU TAKEMITSU *(1930-1996)* qui allie, dans un grand raffinement de timbres, les influences des anciennes traditions nationales avec celles de la nouvelle musique occidentale.

Un musicien coréen, ISANG YUN *(1917)*, a parfaitement su harmoniser les deux traditions orientale et occidentale dans des œuvres telles que *Loyang, Fluctuations, Reak* et ses opéras, *Le Rêve de Liu-Tung*, où la sincérité classique du poème taoïste s'allie à une musique post-sérielle d'un profond lyrisme, et *Sim Tjong*.

Fixé à Paris, YOSHIHISA TAÏRA *(1938)* écrit une musique dont la subtilité toute orientale établit entre les timbres rares des lignes et harmonies immatérielles « enveloppées dans l'espace du silence ». Musique qui allie la virulence dramatique du nô à l'intériorité d'une prière.

## Pays-Bas

Dans un pays de grande tradition et admirablement organisé quant aux institutions musicales, où ils jouent souvent un rôle important, les compositeurs sont nombreux et bien considérés. Après la génération des GUILLAUME LANDRÉ *(1905-1968)*, KEES VAN BAAREN *(1906-1970)*, l'un des premiers sériels, HENK BADINGS *(1907-1987)* et MARIUS FLOTHUIS *(1914)*, TON DE LEEUW *(1926)*, élève de Messiaen et spécialiste d'ethno-musicologie, est la figure dominante de l'école post-webernienne, suivi par une troupe de « jeunes loups », très agressifs, aussi bien politiquement que musicalement (ils n'ont pas craint de s'attaquer, sous le patronage de fondations très officielles, à « l'impérialisme américain » dans l'opéra collectif *Reconstruction*, monstrueux spectacle épique, burlesque et tragique) : LOUIS ANDRIESSEN *(1939)*, REINBERT DE LEEUW *(1938)*, JAN VAN VLIJMEN *(1935)*, et surtout PETER SCHAT *(1935)*, qui expérimente passionnément dans tous les secteurs de la recherche contemporaine, spécialement le théâtre musical où il « fait scandale avec son opéra « provo », *Labyrinthe*, cherchant par un spectacle total, se déroulant sur une multiplicité de plans, à dynamiter l'action traditionnelle.

*Pologne*

Depuis Chopin et, dans une moindre mesure, Szymanowski et Paderewski, la musique polonaise n'avait guère fait parler d'elle. La surprise créée par la jeune école polonaise après la dernière guerre fut d'autant plus vive qu'elle se manifestait à l'intérieur du bloc socialiste (particulièrement conservateur en matière musicale), offrant même dès 1956 la possibilité à l'avant-garde occidentale de pénétrer à l'Est grâce au festival d'automne de Varsovie.

Après des années de néo-classicisme, auquel sont restés fidèles des musiciens comme Roman Palester *(1907-1989)*, Grazyna Bacewicz *(1913-1969)*, Andrzej Panufnik *(1914-1992)* ou le chef d'orchestre Stanislas Skrowaczewski *(1923)*, les jeunes compositeurs découvrent avec passion l'univers sériel et électronique autour du théoricien du groupe Boguslav Schäffer *(1929)*. L'aîné d'entre eux, Witold Lutoslawski *(1913-1994)* est aussi l'un des plus célèbres ; il a traversé les styles, subi l'influence de Bartók *(Concerto pour orchestre)* et créé des œuvres très originales et d'une rare poésie en utilisant le sérialisme et l'aléatoire *(Musique funèbre, Jeux vénitiens, Trois poèmes d'Henri Michaux, Livre pour cordes)*.

Parmi les meilleurs musiciens d'un groupe très riche, on citera Kazimierz Serocki *(1922-1981)*, l'un des plus inventifs, Wlodzimierz Kotonski *(1925)* et Tadeusz Baird *(1928-1981)*, un libre poète très lyrique *(Quatre essais, Erotica, Variations sans thème, Musique épiphanique)*. A l'influence des écoles post-sérielles s'ajoute aussi celle de Xenakis auquel Henryk Górecki *(1933)*, tempérament par ailleurs puissant, et Krzysztof Penderecki *(1933)* empruntent de nombreux procédés plutôt qu'une méthode de composition.

Penderecki a conquis rapidement une renommée internationale, grâce à sa virtuosité d'écriture, à son incontestable richesse d'évocation dramatique, qui le font parfois tomber dans la facilité et le spectaculaire. Mais des œuvres telles que *Anaklasis, Thrène à la mémoire des victimes d'Hiroshima, La Passion selon saint Luc*, le *Dies irae* et l'opéra *Les Diables de Loudun* ont touché un public nombreux.

Joanna Bruzdowicz *(1943)*, qui vit à Paris, déploie une activité ambitieuse dans tous les domaines, opéra, électro-acoustique, musique pure.

## Roumanie

Moins connue et plus tardive que l'école polonaise, l'école roumaine ne s'est pas moins ouverte aux influences occidentales. Les compositeurs sont nombreux, protégés, édités et enregistrés par des organismes d'État, sans obligation apparente de célébrer de façon « réaliste » les conquêtes du socialisme.

Si Doru Popovici *(1932)* fut le premier à utiliser le dodécaphonisme schœnbergien, c'est un aîné, Anatol Vieru *(1926)*, qui fait figure de chef de file. Dans ses premières œuvres, un lyrisme violent s'exprime à travers un langage qui a gardé la sève populaire ; le passage à une écriture très moderne se fait sans heurts et aboutit à des œuvres d'une très riche et subtile beauté *(L'heure du soleil, Museum music, Écran)*.

La musique de Tiberiu Olah *(1928)*, tissée avec le silence, empreinte d'un mystère contemplatif et sauvage, retient particulièrement l'attention. On notera encore les noms de Stefan Niculescu *(1927)*, de Aurel Stroe *(1932)*, Cornel Tsaranu *(1934)*, Mihai Mitrea-Celerianu *(1935)* et Costin Miereanu *(1943)*.

## Scandinavie

La musique scandinave n'a guère pénétré en France, bien qu'elle semble suivre les courants les plus avancés de la musique moderne, surtout en Suède avec Karl Birger Blomdahl *(1916-1968)*, auteur de l'opéra « cosmique » *Aniara*, Sven Eric Bäck *(1919)*, Ingvar Lidholm *(1921)*, Lars Johan Werle *(1926)* dont la *Tintomara* est un bel opéra de rêve,

GUNNAR BUCHT *(1927)*, BENGT HAMBRAEUS *(1928)*, FOLKE RABE *(1935)* et BO NILSSON *(1937)*.

En Norvège, on cite ARNE NORDHEIM *(1931)*, au Danemark PER NØRGAARD *(1932)*.

En Finlande, les musiciens actuels, influencés par les modes européennes, n'ont cependant pas adopté une écriture anonyme ; ils ont gardé le sens de la lumière, de l'espace et d'un lyrisme libre. ERIK BERGMAN *(1911)*, à côté de nombreux chœurs, a adopté pour certaines œuvres instrumentales la technique sérielle ; JOONAS KOKKONEN *(1921)*, le plus important symphoniste actuel, se range plutôt du côté de Bartók ; EINAR ENGLUND *(1916)* est plus proche de Chostakovitch ; EINOJUHANI RAUTAVAARA *(1928)*, parti d'un néo-médiévisme à la Stravinsky *(Requiem of our Time)*, passé par le dodécaphonisme, est revenu à un lyrisme post-romantique, tandis qu'AULIS SALLINEN *(1935)* écrit une musique assez étincelante, d'origine sérielle, très poétique. Parmi les plus jeunes, on cite surtout ERKKI SALMENHAARA *(1941)*, marqué par l'influence de Ligeti.

*Suisse*

Il est difficile de parler d'une école musicale suisse, les principaux compositeurs se rattachant plutôt aux mouvements des pays voisins où souvent ils présentent leurs œuvres ; pourtant les sociétés de musique contemporaine ont une activité originale, notamment à Genève, Bâle, Zürich et Lausanne. Le dodécaphonisme schœnbergien y fut connu très tôt et pratiqué par Frank Martin, qui s'en écarta ensuite, VLADIMIR VOGEL *(1896-1984)*, CONSTANTIN RÉGAMEY *(1907-1982)* ou ROLF LIEBERMANN *(1910)*, qui, avant de devenir le maître des théâtres lyriques de Hambourg et de Paris, écrivit des opéras d'une brillante facture *(Leonore 39/45, Pénélope, L'École des femmes)*. HEINRICH SUTERMEISTER *(1910)* est également l'auteur de nombreux opéras. ARMIN SCHIBLER *(1920-1986)* qui, après s'être orienté vers un style néo-baroque, trouva son propre langage, fondé sur la valorisation de l'élément rythmique, mais également ouvert à des influences jazz et pop'.

Jacques Wildberger *(1922)* et Klaus Huber *(1924)* sont des post-sériels « classiques », avec chez Huber une intensité dramatique et contemplative qui atteint, dans *Tenebrae* par exemple, à une émotion rare. Giuseppe Englert *(1927)*, Jacques Guyonnet *(1933)*, Jürg Wyttenbach *(1935)*, Pierre Mariétan *(1935)*, propagandiste infatigable de la musique selon Cage, et Hans Ulrich Lehmann *(1937)* sont mêlés aux recherches les plus récentes, comme le merveilleux hautboïste Heinz Holliger *(1939)*, aux œuvres pétillantes, et surtout Michel Tabachnik *(1942)*, excellent chef d'orchestre élève de Boulez, dont la musique subtile et mystérieuse donne de belles promesses.

## Ex-Tchécoslovaquie

La Tchécoslovaquie n'a pas eu les mêmes facilités idéologiques pour se « moderniser » que la Pologne ou la Roumanie, bien que l'organisation d'État ait permis à une école très nombreuse de se développer (271 compositeurs nés après 1900 étaient répertoriés dans un dictionnaire paru en 1966 !) dans un pays qui a toujours été « le Conservatoire de l'Europe », selon l'expression de Burney.

Dans tous les styles se sont révélés des musiciens originaux, tels Vaclav Trojan *(1907)*, le musicien des marionnettes de Trnka, Eugen Suchon *(1908-1993)*, l'un des fondateurs de la musique slovaque, auteur d'un opéra très populaire, *Krutnava*, Miroslav Kabelac *(1908-1979)*, dont les symphonies témoignent d'un esprit puissant et rigoureux, Jan Cikker *(1911-1989)*, le principal compositeur d'opéras modernes *(Juro Janosik, Mr Scrooge, Résurrection)*, ou Vaclav Kaslik *(1917)*, qui, après avoir introduit la musique électronique et concrète dans son opéra *Krakatite* se tourna vers la mise en scène.

Jiri Pauer *(1919)*, Ilja Hurnik *(1922)* et Jindrich

FELD *(1925)* écrivent une musique assez traditionnelle, mais d'une vie et d'une élégance très nationales. ZBYNEK VOSTRAK *(1920)*, JAROMIL BURGHAUSER *(1921)* et VIKTOR KALABIS *(1923)* se sont tournés vers le sérialisme.

Mais les plus puissants de cette génération, marquée par la guerre et le passage au socialisme, sont VLADIMIR SOMMER *(1921)*, à l'écriture un peu fruste, mais violemment dramatique, OTMAR MACHA *(1922)* aux œuvres intenses et ramassées *(Nuit et espérance, Variations sur un thème et sur la mort de Jan Rychlik)*, et SVATOPLUK HAVELKA *(1925)* qui, après avoir célébré avec ivresse l'aube socialiste *(Éloge de la lumière, 1ʳᵉ Symphonie)*, remâche sa désillusion dans la longue plainte d'*Écume*.

Après maintes œuvres « engagées », un désarmement idéologique est intervenu autour de 1965, permettant un développement d'œuvres post-weberniennes d'une belle qualité sonore chez MAREK KOPELENT *(1932)* , ILJA ZELJENKA *(1932)*, JAN KLUSAK *(1934)*, LADISLAS KUPKOVIC *(1936)*, IVAN PARIK *(1936)* ou PETER KOTIK *(1942)*.

## Ex-U.R.S.S.

En ex-U.R.S.S., la pression idéologique et la raideur sociologique des hiérarchies favorisaient la domination des musiciens en place. On se souvient encore de Khatchaturian, de l'aimable DIMITRI KABALEVSKY *(1904-1987)* et du tout-puissant secrétaire de l'Union des compositeurs, TIKHON KHRENNIKOV *(1913)*, les seuls, ou à peu près, dont on entendit la musique en dehors d'U.R.S.S., tandis que Chostakovitch a atteint dans la mort à une dimension intemporelle proche de celle de Tchaïkowsky ; partagée entre l'épopée et l'angoisse, son œuvre se révélera d'ailleurs de moins en moins rassurante pour l'idéologie officielle comme en témoignent ses dernières pages, la *13ᵉ Symphonie* sur des poèmes d'Evtouchenko, la *Quinzième* et surtout la sublime *Quatorzième* sur des poèmes de Lorca, Apollinaire, Küchelbecker et Rilke.

Parmi les nombreux compositeurs plus ou moins conformistes de l'ex-U.R.S.S. citons les noms de ARNO BABADJANIAN *(1921)* ou de RODION CHTCHEDRINE *(1932)* pour quelques œuvres de virtuosité, et surtout de GUEORGUI SVIRIDOV *(1915)*, dont l'*Oratorio pathétique* sur des poèmes de Maïakovsky est une fresque grandiosement simpliste, mais tenue d'une main de fer par un musicien lyrique et violent.

La musique post-sérielle a fait son entrée officieusement en ex-U.R.S.S. vers 1960. Elle fut pratiquée, avec une timidité compréhensible, par des musiciens tels que EDISON DENISOV *(1929)*, ALFRED SCHNITTKE *(1934)*, l'Estonien ARVO PÄRT *(1935)*, VALENTIN SILVESTROV *(1937)* ou ANDREÏ VOLKONSKY *(1933)*, réfugié en Occident depuis 1974 ; rejeton d'une famille princière, réfractaire au « lavage de cerveau », claveciniste, chef de chœur, Volkonsky a étudié seul Webern et Boulez, et découvert les trésors de musique de l'Asie centrale qui marquent son œuvre, parfois un peu rigide et maladroite, mais qui se libère pour atteindre aux grandes profondeurs.

## Ex-Yougoslavie

La musique des pays yougoslaves a été peu connue à l'étranger au cours des siècles, malgré une antique musique byzantine et une honorable musique romantique. La création en 1961 de la Biennale de Zagreb a marqué l'intérêt de la Yougoslavie pour l'art le plus contemporain, dont elle a trois représentants d'envergure : IVO MALEC *(1925)*, fixé à Paris et l'un des musiciens du Groupe de recherches, MILKO KELEMEN *(1924)*, tempérament vigoureux qui a adopté les formes d'écriture les plus radicales, et VINKO GLOBOKAR *(1934)*, virtuose du trombone, extraordinaire improvisateur avec ses collègues du « New Phonic Art » (Drouet, Alsina, Portal), qui tente de transporter dans des œuvres énormes et ouvertes la même frénésie, une invention instrumentale déchaînée, des préoccupations linguistiques, une gestique débridée, produisant un univers caractéristique de la « fureur de vivre » des musiciens actuels.

## Vers le XXI<sup>e</sup> siècle

Où va la musique après les explosions sans précédent du XX<sup>e</sup> siècle ? Peut-être pas aussi loin que le dit Xenakis quand il prophétise : « La musique de demain, en procédant par une structuration inédite, particulière, de l'espace et du temps, pourrait devenir un outil de transformation de l'homme, en influant sur sa structure mentale. » En tout cas, elle ne va très probablement pas vers une simplification ; on ne revient pas à Mozart, comme l'a prouvé l'échec cuisant du néo-classicisme entre les deux guerres ; comme le dit encore Xenakis : « Mes œuvres sont difficiles à jouer parce que le jeu facile, la manière non difficile appartiennent à une esthétique et à une conception de la musique qui ne sont plus actuelles » ; encore dans ce domaine ne faut-il jurer de rien, et les rapprochements en cours avec la musique pop' et surtout les musiques extra-européennes peuvent-ils réserver quelques surprises.

Mais s'il est grave que les mélomanes ne puissent plus jouer la musique de leur temps, comme ils l'ont fait au moins jusqu'à la guerre de 1914 et souvent au-delà, ils peuvent en contrepartie l'entendre aujourd'hui à leur gré (concerts, radio, disques, cassettes), et l'un des phénomènes les plus étonnants de notre époque est que la musique la plus savante qui soit n'a pas besoin d'être « comprise » dans sa haute technicité pour être vraiment « saisie ».

Des œuvres comme celles de Stockhausen, de Xenakis, de Boulez, de Pierre Henry, exercent une action directe, plus ou moins aisément ressentie, sur un public même tout à fait profane.

Il reste que pour qu'une musique soit durable, elle doit recéler plus qu'un mécanisme technique, fût-il de haute précision et satisfaisant pour l'esprit. Il faut qu'une personnalité « humaine » s'y découvre ; ne parlons plus de « sentiments » ou d'« émotions » (recours à un vocabulaire romantique communément abhorré...), mais, selon la belle expression d'Olivier Alain, de « la révélation d'une volonté d'existence qui a atteint son but. C'est l'intention créatrice, antérieure et supérieure à la réalisation même de l'œuvre, mais perçue uniquement par son intermédiaire, qui nous atteint et en quelque sorte nous convertit, dans le chef-d'œuvre musical ».

Cette définition permet d'envisager sans nulle panique l'évolution ultérieure de la musique. Jusqu'à ce que les machines « pensantes » soient capables toutes ensemble et sans concours humain de réaliser une musique des sphères aussi infinie et complexe que la danse des étoiles dans le ciel, quelle que soit la complexité des édifices techniques que le musicien pourra mettre en œuvre, le compositeur et l'auditeur face à face garderont la possibilité de se comprendre en vertu de la limitation de la condition humaine.

On a fait de l'arrivée de l'ordinateur un épouvantail, dans la musique comme ailleurs, mais l'ordinateur ne sert qu'à faciliter des calculs, à vérifier des hypothèses ou encore à obéir « bêtement » à des programmations abstraites. Sans doute apprendra-t-on à s'en servir, non plus comme d'un auxiliaire, mais comme d'un instrument, d'un ami, avec qui, selon A. Boucourechliev, le compositeur vivra en « symbiose mentale ». Il sera non plus seulement une machine à calculer ou à fabriquer, mais le prolongement de l'activité même du cerveau et ainsi s'humanisera.

D'ailleurs, il n'est pas sûr que l'ordinateur soit l'avenir de la musique ; à l'avènement de la musique électronique, celle-ci semblait vouloir tout dévorer ; son influence a décliné, elle n'est plus qu'une possibilité entre d'autres. Et qui donc à l'apogée du sérialisme intégral se serait attendu à la brusque invasion du hasard, de l'informel, et du non-sens ? Que nous réserve la grande découverte des musiques extra-européennes et surtout de l'Orient, l'affleurement du travail rigoureux des ethno-musicologues, et aussi la protestation antitechnicienne des jeunes générations qui a déjà trouvé un large écho dans la musique, pour ne pas parler du courant qui actuellement nie toute notion d'œuvre et de composition, refuse toute « dictature du compositeur » ?...

L'aventure reste en tout cas passionnante, et à suivre.

JACQUES LONCHAMPT.

# CHRONOLOGIE
## DES COMPOSITEURS

| | |
|---|---|
| Léonin ..................... | Fin du XII<sup>e</sup> siècle |

Léonin ....................... Fin du XII<sup>e</sup> siècle
Pérotin ...................... Fin du XII<sup>e</sup> siècle
Adam de la Halle .................. 1230?- 1286
Philippe de Vitry .................. 1291 - 1361
Guillaume de Machaut ............. 1300 - 1377
Francesco Landino ................. 1320 - 1397
John Dunstable .................... 1370?- 1453
Guillaume Dufay ................... 1400 - 1474
Gilles Binchois ................... 1400?- 1460
Jean van Ockeghem ................ 1430?- 1495
Josquin des Prés .................. 1450?- 1521
Jacob Obrecht .................... 1450?- 1505
Clément Janequin ................. 1485 - 1558
Adrian Willaert .................. 1490?- 1562
Claudin de Sermisy ............... 1495 - 1562
Jacques Arcadelt ................. 1500?- 1568
Antonio de Cabezon ............... 1510 - 1566
Andrea Gabrieli .................. 1510?- 1586
Claude Goudimel .................. 1520?- 1572
Philippe de Monte ................ 1521 - 1603
Giovanni Pierluigi da Palestrina ...... 1526?- 1594
Claude Le Jeune .................. 1530?- 1600
Guillaume Costeley ............... 1531?- 1606
Roland de Lassus ................. 1532?- 1594
William Byrd ..................... 1543?- 1623

| | | |
|---|---|---|
| Marco-Antonio Ingegnieri | 1547?- | 1592 |
| Tomas-Luis de Victoria | 1548?- | 1611 |
| Eustache du Caurroy | 1549 - | 1609 |
| Emilio de Cavalieri | 1550?- | 1602 |
| Orazio Vecchi | 1550 - | 1605 |
| Luca Marenzio | 1553?- | 1599 |
| Jacques Mauduit | 1557 - | 1627 |
| Carlo Gesualdo di Venosa | 1560?- | 1613 |
| Jacopo Peri | 1561 - | 1633 |
| Peter Sweelinck | 1562 - | 1621 |
| Jehan Titelouze | 1563?- | 1633 |
| Claudio Monteverdi | 1567 - | 1643 |
| Michael Praetorius | 1571 - | 1621 |
| Orlando Gibbons | 1583 - | 1625 |
| Girolamo Frescobaldi | 1583 - | 1643 |
| Heinrich Schütz | 1585 - | 1672 |
| Pier Francesco Cavalli | 1602 - | 1676 |
| J. Champion de Chambonnières | 1602?- | 1672 |
| Giacomo Carissimi | 1605 - | 1674 |
| Jean-Baptiste Lully | 1632 - | 1687 |
| Marc-Antoine Charpentier | 1634 - | 1704 |
| Dietrich Buxtehude | 1637 - | 1707 |
| Arcangelo Corelli | 1653 - | 1713 |
| Johann Pachelbel | 1653 - | 1706 |
| Michel-Richard Delalande | 1657 - | 1726 |
| Henry Purcell | 1659 - | 1695 |
| Alessandro Scarlatti | 1660 - | 1725 |
| André Campra | 1660 - | 1744 |
| François Couperin | 1668 - | 1733 |
| Nicolas de Grigny | 1672 - | 1703 |
| Antonio Vivaldi | 1678 - | 1741 |
| Georges-Philippe Telemann | 1681 - | 1767 |
| Jean-Philippe Rameau | 1683 - | 1764 |
| Domenico Scarlatti | 1685 - | 1757 |
| Jean-Sébastien Bach | 1685 - | 1750 |
| Georges-Frédéric Haendel | 1685 - | 1759 |
| Giuseppe Tartini | 1692 - | 1770 |
| Jean-Marie Leclair | 1697 - | 1764 |
| Giovanni Battista Sammartini | 1701?- | 1775 |

| | |
|---|---|
| Giovanni Battista Pergolèse | 1710 - 1736 |
| Christoph-Willibald Gluck | 1714 - 1787 |
| K.P.E. Bach | 1714 - 1788 |
| Johann Stamitz | 1717 - 1757 |
| Pierre-Alexandre Monsigny | 1729 - 1817 |
| Joseph Haydn | 1732 - 1809 |
| François-Joseph Gossec | 1734 - 1829 |
| Jean-Chrétien Bach | 1735 - 1782 |
| Modeste Gréty | 1741 - 1813 |
| Luigi Boccherini | 1743 - 1805 |
| Muzio Clementi | 1752 - 1832 |
| W.A. Mozart | 1756 - 1791 |
| Luigi Cherubini | 1760 - 1842 |
| Etienne-Nicolas Méhul | 1763 - 1817 |
| Ludwig van Beethoven | 1770 - 1827 |
| Gasparo Spontini | 1774 - 1851 |
| François-Adrien Boïeldieu | 1775 - 1834 |
| Daniel Auber | 1782 - 1871 |
| Carl-Maria von Weber | 1786 - 1826 |
| Giacomo Meyerbeer | 1791 - 1864 |
| Gioacchino Rossini | 1792 - 1868 |
| Franz Schubert | 1797 - 1828 |
| Gaetano Donizetti | 1797 - 1848 |
| Vincenzo Bellini | 1801 - 1835 |
| Hector Berlioz | 1803 - 1869 |
| Michel Glinka | 1804 - 1857 |
| Johann Strauss | 1804 - 1849 |
| Felix Mendelssohn | 1809 - 1847 |
| Robert Schumann | 1810 - 1856 |
| Frédéric Chopin | 1810 - 1849 |
| Franz Liszt | 1811 - 1886 |
| Richard Wagner | 1813 - 1883 |
| Giuseppe Verdi | 1813 - 1901 |
| Charles Gounod | 1818 - 1893 |
| Jacques Offenbach | 1819 - 1880 |
| César Franck | 1822 - 1890 |
| Edouard Lalo | 1823 - 1892 |
| Bedrich Smetana | 1824 - 1884 |
| Anton Bruckner | 1824 - 1896 |

| | |
|---|---|
| Johannes Brahms | 1833 - 1897 |
| Alexandre Borodine | 1834 - 1887 |
| Camille Saint-Saëns | 1835 - 1921 |
| Léo Delibes | 1836 - 1891 |
| Mily Balakirev | 1837 - 1910 |
| Georges Bizet | 1838 - 1875 |
| Modeste Moussorgsky | 1839 - 1881 |
| Pierre Tchaïkovsky | 1840 - 1893 |
| Anton Dvorak | 1841 - 1904 |
| Emmanuel Chabrier | 1841 - 1894 |
| Jules Massenet | 1842 - 1912 |
| Edward Grieg | 1843 - 1907 |
| Nicolas Rimsky-Korsakov | 1844 - 1908 |
| Gabriel Fauré | 1845 - 1924 |
| Henri Duparc | 1848 - 1933 |
| Vincent d'Indy | 1851 - 1931 |
| André Messager | 1853 - 1929 |
| Leos Janacek | 1854 - 1928 |
| Ernest Chausson | 1855 - 1899 |
| Giacomo Puccini | 1858 - 1924 |
| Hugo Wolf | 1860 - 1903 |
| Gustav Mahler | 1860 - 1911 |
| Gustave Charpentier | 1860 - 1956 |
| Isaac Albeniz | 1860 - 1909 |
| Claude Debussy | 1862 - 1918 |
| Richard Strauss | 1864 - 1949 |
| Paul Dukas | 1865 - 1935 |
| Jan Sibelius | 1865 - 1957 |
| Ferruccio Busoni | 1866 - 1924 |
| Erik Satie | 1866 - 1925 |
| Enrique Granados | 1868 - 1916 |
| Albert Roussel | 1869 - 1937 |
| Florent Schmitt | 1870 - 1958 |
| Alexandre Scriabine | 1872 - 1915 |
| Déodat de Séverac | 1873 - 1921 |
| Serge Rachmaninov | 1873 - 1943 |
| Arnold Schœnberg | 1874 - 1951 |
| Charles Ives | 1874 - 1954 |
| Maurice Ravel | 1875 - 1937 |

| | | |
|---|---|---|
| Reynaldo Hahn | 1875 | - 1947 |
| Manuel de Falla | 1876 | - 1946 |
| Georges Enesco | 1881 | - 1955 |
| Bela Bartók | 1881 | - 1945 |
| Zoltan Kodaly | 1882 | - 1967 |
| Igor Stravinsky | 1882 | - 1971 |
| Anton von Webern | 1883 | - 1945 |
| Alban Berg | 1885 | - 1935 |
| Edgard Varèse | 1885 | - 1965 |
| Bojuslav Martinu | 1890 | - 1959 |
| Jacques Ibert | 1890 | - 1962 |
| Frank Martin | 1890 | - 1974 |
| Serge Prokofiev | 1891 | - 1953 |
| Darius Milhaud | 1892 | - 1974 |
| Arthur Honegger | 1892 | - 1955 |
| Paul Hindemith | 1895 | - 1963 |
| George Gershwin | 1898 | - 1937 |
| Francis Poulenc | 1899 | - 1963 |
| Kurt Weill | 1900 | - 1950 |
| Luigi Dallapiccola | 1904 | - 1975 |
| Aram Khatchaturian | 1904 | - 1978 |
| Dimitri Chostakovitch | 1905 | - 1975 |
| André Jolivet | 1905 | - 1974 |
| Olivier Messiaen | 1908 | - 1992 |
| Daniel-Lesur | 1908 | |
| Pierre Schaeffer | 1910 | |
| Gian Carlo Menotti | 1911 | |
| John Cage | 1912 | - 1992 |
| Benjamin Britten | 1913 | - 1976 |
| Witold Lutoslawski | 1913 | - 1994 |
| Henri Dutilleux | 1916 | |
| Isang Yun | 1917 | |
| Bruno Maderna | 1920 | - 1973 |
| Iannis Xenakis | 1922 | |
| György Ligeti | 1923 | |
| Luigi Nono | 1924 | - 1990 |
| Pierre Boulez | 1925 | |
| André Boucourechliev | 1925 | |
| Luciano Berio | 1925 | |

Hans-Werner Henze ................. 1926
Pierre Henry ........................ 1927
Karlheinz Stockausen ............... 1928
Jean Barraqué ...................... 1928 - 1973
Mauricio Kagel ..................... 1931
François Bayle ..................... 1932
Krzysztof Penderecki ............... 1933
Gilbert Amy ........................ 1936

# INDEX

# A

Abbatini : 110.
Abel, K.F. : 172.
Abélard : 16.
Absil, Jean : 488.
Adam, Adolphe : 265, 266, 318, 327, 405.
Adam, Louis : 265.
Adam (de la Halle) : 34, 37, 43.
Adam (de Saint-Victor) : 16.
Adorno, Theodor : 563.
Agincour, François d' : 132.
Agostini : 110.
Agoult, comtesse d' (Daniel Stern) : 224-227, 237.
Agricola, Alexandre : 58.
Aischinger, Grégor : 71.
Alain, Jehan : 513.
Alain, Olivier : 585.
Albeniz, Isaac : 480.
Albert (Maitre) : 97.
Albert, Eugène d' : 431.
Albinoni, Tomaso : 107.
Albrechtsberger : 181.
Alessandresco : 497.
Alfano, Franco : 474.
Alfven : 500.
Allegri : 106, 339.
Allende, Humberto : 502.
Almuro, André : 547.
Alsina, Carlos Roque : 564, 583.
Alterburg : 113.

Amy, Gilbert : 571.
Amati : 102.
Ancelin, Pierre : 570.
Andersen : 212.
Andreae, Volkmar : 489.
Andrico : 497.
Andriessen, Louis : 577.
Anet, J.-B. : 132.
Anexio, Felice : 68.
Anglebert, Jean-Henri d' : 105.
Anne, reine d'Angleterre : 141.
Annunzio, Gabriele d' : 386.
Ansermet, Ernest : 440.
Anthiome : 389.
Aperghis, Georges : 572.
Apostel, Hans, Erich : 564.
Apothéloz, Jean : 494.
Arcadelt, Jacques : 64, 67, 70.
Archiloque : 23.
Arcors, Jehan d' : 44.
Arensky : 460.
Arezzo, Guy d' : 12.
Arioti : 142.
Armingaud : 305.
Arrieu, Claude : 515.
Arrigo, Girolamo : 576.
Artois, comte d' : 261.
Atterberg, Kurt : 500.
Auber : 287, 288, 291.
Aubert, Jacques : 132.
Aubert, Louis : 364, 380, 513.
Aubin, Tony : 515.
Audran, Edmond : 300, 413.

Auvergne, Antoine d' : 126, 132.
Auric, Georges : 518, 520.

**B**

Baaren, Kees van : 577.
Babadjanian, Arno : 583.
Baban, Graciano : 114.
Babbitt, Milton : 567.
Bacewicz, Grazyna : 578.
Bach, Hans : 135.
Bach, Jean-Chrétien : 139, 158, 169, 172.
Bach, Jean-Christophe : 136.
Bach, Jean-Sébastien : 99, 107, 108, 113, 118, 131, 135-140, 142, 143, 145, 170, 171, 179, 206, 213, 249, 299, 302, 304, 309, 366, 370, 417, 423, 432, 444, 524.
Bach, Karl-Philipp-Emanuel : 171, 265.
Bach, Veit : 135.
Bachelet, Alfred : 506.
Bäck, Sven Eric : 579.
Badings, Henk : 577.
Baermann : 191.
Baïf, Antoine de : 62, 65, 81, 90.
Baillot : 246.
Baird, Tadeusz : 578.
Bakounine : 234.
Balakirev, Mily : 376, 394, 452, 453, 455, 459.
Balbastre, Claude : 132.
Balbi, Battista : 91.
Balestrieri : 104.
Balfe, M.W. : 484.
Ballard, Robert : 105.
Ballif, Claude : 569.
Ballox, Jean : 39.
Balzac : 293.
Bancquart, Alain : 570.
Bantok, Granville : 485.
Barber, Samuel : 567.
Barberini : 85.
Barblan, Otto : 492.

Bardac, Sigismond : 378.
Bardessane : 14.
Bardi di Vernio : 81.
Barraine, Elsa : 516.
Barraqué, Jean : 571.
Barraud, Henri : 516.
Barre, de la : 105.
Barré, Antoine : 67, 70.
Barrière, Françoise : 548.
Barth, K. : 563.
Barthe, Adrien : 256.
Bartholomée, Pierre : 564.
Bartok, Bela : 498, 499, 531, 578.
Bassa, Joseph : 109.
Bassani, Giovanni Battista : 88, 107.
Bataille, Henry : 378, 410.
Bathori, Jane : 379.
Batiste, Edouard : 318.
Baudelaire, Charles : 236, 370.
Baudrier, Yves : 524.
Bax, Arnold : 485.
Bayle, François : 548.
Baylon, Aniceto : 114.
Bazin, François : 291, 318, 323.
Beaulieu, de : 65.
Beaumont : 98.
Beaumont, Germaine : 397.
Beauplan, Amédée de : 293.
Beck, Conrad : 490.
Becker, Günther : 562.
Bedford, David : 560.
Beethoven, Ludwig van : VII, 155, 167, 172, 179-187, 190, 200, 206, 214, 219, 228, 232, 240, 245, 249, 254, 268, 276, 281, 309, 310, 333, 334, 367, 383, 419, 432, 521.
Béjart, Maurice : 546.
Bellini, Vincenzo : 192, 279, 280, 285.
Benatzky : 437.
Benedict, Julius : 484.
Benedictus, Edouard : 392.
Benevoli, Orazio : 106, 110, 111.
Benguerel, Xavier : 566.
Ben Jonson : 98.
Bennett, Richard Rodney : 573.

Benoist : 309, 318, 329.
Benoit, Peter : 487.
Berg, Alban : 436, 442, 531, 564.
Berger, Peterson : 500.
Berghe, Philippe van der : voir Monte, de.
Bergman, Erik : 579.
Berio, Luciano : 541, 543, 549, 575.
Beriot, de : 389, 480.
Berkeley, Lennox : 572.
Berlin, Irving : 437, 502.
Berlioz, Hector : 152, 176, 177, 190, 192, 196, 203, 210, 214, 224, 229-331, 245-257, 274, 280, 285, 290, 301, 311, 451.
Bernard, Robert : 494.
Bernardi : 111.
Berners, Lord : 485.
Bernstein, Léonard : 567.
Berthet, François : 515.
Berton : 263, 267, 276, 286, 301.
Bertrand, A. de : 63.
Bertrand, Marcel : 511.
Besard, J.-B. : 105.
Beydts, Louis : 413, 509, 510.
Biancheri : 111.
Bibalo, Antonio : 575.
Biber, H. von : 108.
Billart : 51.
Binchois, Gilles : 51, 52, 54.
Binet, Jean : 493.
Birger-Blomdahl, Karl : 579.
Birtwistle, Harrison : 573.
Bizet, Georges : 192, 240, 260, 310, 313-317, 332, 471.
Blacher, Boris : 561.
Blaise : 128.
Blas de Castro, Juan : 109.
Blanchet, Charles : 492.
Blanchet, Emile : 492.
Blavet, Michel : 128.
Bliss, Arthur : 485.
Bloch, André : 324, 515.
Bloch, Ernest : 493.
Bloch, Ernst : 563.
Blondel de Nesle : 44.

Blow, John : 113.
Boada, Juan de la : 109.
Bocan : 91.
Boccherini, Luigi : 167, 170.
Bodel, Jean : 44.
Boèce : 10, 12.
Boecklin : 423.
Boellmann, Léon : 300, 513.
Boesmans, Ph. : 564.
Boesset, Antoine : 91.
Boieldieu, François-Adrien : 260, 262-268.
Bois, Léon du : 487.
Boismortier, de : 132.
Boïto, Arrigo : 471.
Bondeville, Emmanuel : 515.
Bondon, Jacques : 569.
Bonet, Narcisse : 566.
Bonnal, Ermend : 511.
Bonnet, Joseph : 513.
Bonnier, Bernard : 546.
Bononcini, Giovanni Battista : 87, 88, 142.
Bononcini, Giovanni Maria : 107.
Bontempi : 97.
Bontempo, Domingo : 483.
Bordes, Charles : 332, 339, 340, 343, 344.
Borel, Petrus : 224.
Borgstroem : 500.
Born, Bertrand de : 42.
Borodine : 376, 452, 455.
Boschot, Adolphe : 251.
Bosseur, Jean-Yves : 572.
Bossi : 475.
Bossu d'Arras, le : 44.
Boucourechliev, André : 553, 571, 585.
Bouguereau : 324.
Boulanger, Lili : 514.
Boulanger, Nadia : 514.
Boulez, Pierre : 533, 537, 538, 542-546, 552, 554, 584.
Bourgault-Ducoudray : 247, 507.
Bourgeois, Loys : 64.
Bourguignon, Francis de : 488.

Bournonville : 109.
Bousquet, Francis : 510.
Boyvin, Jacques : 105.
Bozza, Eugène : 511.
Brahms Johannes : 211, 215, 231, 415-417, 420, 421, 423, 428.
Braïloïu, Constantin : 496.
Brandt, Caroline : 190.
Bravo, Gonzalez : 502.
Brentano, Bettina : 181.
Bret, Gustave : 351.
Bretel, Jehan : 44.
Bréville, Pierre de : 332, 340, 341.
Bridge, Frank : 485.
Brienne, Jean de : 42.
Britten, Benjamin : 486, 571.
Broch, Hermann : 571.
Brown, Earle : 567.
Bruch, Max : 475.
Bruckner, Anton : 418-421, 489.
Brulard : 91.
Brumel : 58.
Brun, Fritz : 490.
Bruneau, Alfred : 324, 326, 406-409.
Brunswick, Thérèse et Joséphine de : 181.
Bruzdowicz, J. : 579.
Bucht, Gunnar : 580.
Bull, John : 71, 108.
Bülow, Hans de : 235, 237-239, 427.
Burghauser, Jaromil : 582.
Burkhard, Willy : 490.
Busnois : 58.
Busoni, Ferruccio : 431, 432, 435.
Busser, Henri : 300, 380, 508.
Bussine : 336.
Bussotti, Sylvano : 576.
Bussy, Nicolas de : 63.
Butor, Michel : 564.
Buxtehude : 108, 113, 140.
Byrd, William : 71, 108.

**C**

Cabanilles, Juan : 114.

Cabezon, Antonio de : 69.
Caccini : 81, 82, 90.
Cage, John : 548-553, 559, 563, 581.
Calderon : 99.
Calvin : 64.
Calzabigi : 148, 149.
Cambefort : 91.
Cambert, Robert : 95, 98,105.
Campion : 98.
Campistron : 95.
Campo, Conrado del : 481.
Campra, André : 124, 128.
Cannabich : 167.
Canteloube de Malaret, Joseph : 352.
Canton, Edgardo : 548.
Capdenat, Philippe : 571.
Capdevielle, Pierre : 516.
Caplet, André : 364, 380, 512.
Caproli : 92.
Capua, Rinaldo da : 122.
Carafa : 265, 291.
Cardew, Cornelius : 573.
Carissimi, Giacomo : 110, 111, 345.
Carmen, Jean : 51.
Carpentier : 502.
Carraud, Gaston : 324.
Carrillo, Julian : 563, 570.
Carter, Elliott : 567.
Carus, Agnès : 211.
Caruso : 472.
Carvalho : 314.
Casadesus, Francis : 408.
Casanova, André : 570.
Casella, Alfredo : 476.
Casella, Pietro : 50.
Casimiro, Joaquim : 483.
Cassado, Joaquim : 481.
Castaldi, Alfonso : 496.
Castaldi, Paolo : 576.
Castello, Dario : 106.
Castelnuovo-Tedesco : 478.
Castera, René de : 349.
Castérède, Jacques : 569.
Castiglioni, Nicolo : 576.

Castillon, Alexis de : 332, 337-338, 343.

Castro, José-Maria : 502.

Castro, Juan de : 63.

Castro, Juan José : 502.

Catel, Charles : 263, 268.

Caurroy, Eustache de : 63, 65, 109.

Cavalieri, Emilio de : 81, 82, 88.

Cavalli, Pier Francesco : 84, 85, 92, 97.

Cazzati, Maurizio : 107.

Celano, Thomas de : 16.

Cellier, Alexandre : 513.

Cerha, Friedrich : 564.

Certon, Pierre : 63.

Césaris : 51.

Cesti, Marc-Antoine : 85, 88, 97, 147.

Chabrier, Emmanuel : 192, 320-323, 336, 348, 480.

Chadeigne, Marcel : 392.

Chailley, Jacques : 514.

Chailly, Luciano : 575.

Chamisso : 212.

Champagne, Claude : 565.

Champeron, de : 95.

Champfleury : 236.

Champion de Chambonnières, Jacques : 105.

Chardon de Reims : 44.

Charles, Daniel : 551.

Charpentier, Jacques : 569.

Charpentier, Gustave : 324, 407, 408.

Charpentier, Marc-Antoine : 97, 110, 345.

Chartier, Alain : 54.

Chateaubriand : 224, 276.

Chausson, Ernest : 332, 336, 343.

Chavez, Carlos : 502, 563.

Chaynes, Charles : 569.

Chénier, André : 184, 186.

Chénier, Marie-Joseph : 174.

Cherubini, Luigi : 175, 223, 246, 262, 263, 286.

Chevillard, Camille : 511.

Chevreuille, Raymond : 564.

Chion, Michel : 548.

Chopin, Frédéric : 192, 214-222, 224, 248, 280, 298, 310, 367, 369, 384, 386, 417, 432, 457, 461, 464, 578.

Choron, Alexandre-Etienne : 299.

Chostakovitch, Dimitri : 440, 467.

Christiné, Henri : 413.

Chtchedrine, Rodion : 583.

Ciconia : 51.

Cifra, Antonio : 111.

Cikker, Jan : 581.

Cilea, Francesco : 474.

Cimarosa, Domenico : 273.

Cinti-Damoreau, Mme : 294.

Ciry, Michel : 569.

Civitate : 51.

Clairval : 130.

Clapisson, A.L. : 291.

Clarke, Jeremiah : 113.

Claude le Jeune : 64.

Clemens (non Papa) : 63, 64.

Clément d'Alexandrie : 18.

Clementi, Aldo : 575.

Clementi, Muzio : 87, 170, 284.

Clérambault, Nicolas : 132.

Cliquet-Pleyel, Henri : 523.

Clostre, Adrienne : 569.

Clozin, Christian : 548.

Cochini, Roger : 548.

Cocteau, Jean : 517, 519, 522.

Coe, Kenton : 567.

Coelho, Manuel Rodriguez : 71.

Coelho, Ruy : 483.

Cohen-Solal, Robert : 548.

Coindreau, Pierre : 349.

Colasse, Pascal : 96.

Coleman, Charles : 98.

Coleridge-Taylor : 485.

Colette : 397.

Colonna : 110.

Conon de Béthune : 42.

Constant, Marius : 569.

Constantinesco : 497.

Cook, captain : 98.

Cools, Eugène : 364.
Copland, Aaron : 567.
Coquard, Arthur : 306, 337.
Corelli, Arcangelo : 106, 132, 140, 141, 143.
Corneille, Thomas : 95.
Cornelius : 231.
Cornes, Battista : 114.
Correa, Manuel : 114.
Corrette, Michel : 132.
Corsi, Jacopo : 81.
Cosset, François : 109.
Costeley, Guillaume : 63, 72.
Couperin le Grand, François : 130-133, 140, 355.
Couperin, Louis : 105.
Couroupos, G. : 571.
Courtois : 63.
Courville, Thibaut de : 65.
Cowell, Henry : 567.
Craft, Robert : 567.
Cramer : 167.
Cras, Jean : 350, 354.
Créquillon, Thomas : 63, 64.
Creston, Paul : 567.
Crèvecœur : 305.
Ctésibios d'Alexandrie : 19, 25.
Cui, César : 452.
Curzon, Henri de : 127.
Czerny : 223.

**D**

Dalayrac, N.M. : 260-262, 450.
Dale, Benjamin : 486.
Dallapiccola, Luigi : 442, 478, 574.
Dallier, Henri : 513.
Damase, Jean-Michel : 569.
Dancla : 142.
Dandelot, Georges : 408.
Dandrieu, J.-F. : 132.
Danican, François-André : voir Philidor.
Daniel-Lesur : 524, 568.
Dante : 50, 289, 542.

Dao, Nguyen Thieu : 572.
Daquin, Claude : 132.
Darasse, Xavier : 570.
Dargomijsky, Alexandre : 451.
Darty, Paulette : 523.
Davenant, William : 98.
Davico, Vincent : 478.
David, Félicien : 300, 301.
Davidovsky : 549.
Davies, Peter Maxwell : 573.
Debussy, Claude : V, 72, 150, 179, 216, 221, 229, 242, 301, 304, 320, 324, 329, 346, 347, 352, 353, 357, 359, 360, 366-369, 375-387, 391-403, 426, 429, 432, 442, 444, 445, 457, 463, 464, 473, 477, 479, 480, 482, 485, 500, 502, 509, 517, 523.
Decoust, Michel : 571.
Dehn : 458.
Delacroix : 224, 255.
Delage, Maurice : 392, 514.
Delalande, Michel : 106, 110, 345.
Delannoy, Marcel : 515.
Delerue, Georges : 569.
Delgado, Cosme : 71.
Delibes, Léo : 260, 314, 318-320, 410, 471, 507.
Delius, Frederick : 484.
Delmas, Marc : 511.
Delune, Louis : 488.
Delvincourt, Claude : 516.
Demuth, Norman : 486.
Denéréaz, Alexandre : 492.
Denis, Didier : 572.
Denisov, Edison : 583.
Descartes : 77.
Desmarets, Henri : 96.
Désormière, Roger : 512, 523.
Destouches, André Cardinal : 125.
Deutsch, Max : 564.
Devienne, François : 268.
Diaghilev, Serge de : 93, 432, 459, 462, 466, 477.
Diaz : 314.
Diderot : 122.
Diémer : 343, 476.

Diepenbrock, Alphonse : 488.
Dietsch : 341.
Dieupart, Charles : 132.
Distler, Hugo : 561.
Ditters von Dittersdorf, Karl : 167.
Divitis, Antoine : 58.
Dobrowolski : 549.
Dohnanyi, Ernö von : 499.
Doire, René : 349.
Donatoni, Franco : 575.
Donizetti, Gaetano : 278, 279.
Doret, Gustave : 324, 339, 491.
Dorus, Mme : 294.
Doyen, Albert : 408.
Draghi : 97.
Dragou : 497.
Dresden, Sem : 488.
Drogoz, Philippe : 571.
Drouet : 564, 583.
Dubois, Pierre-Max : 569.
Dubois, Théodore : 340, 341, 345, 351, 401, 404.
Ducasse, Roger : 364, 513.
Duchambge, Pauline : 293.
Dufay : 52, 53, 57.
Dufranne, Hector : 378.
Dugazon, Mme : 130, 261.
Duhamel, Antoine : 571.
Dukas, Paul : 339, 401-403, 480.
Dumanoir : 91.
Dumas, Alexandre : 293.
Dumas, Louis : 511.
Du Mont, Henry : 110.
Duni, Antonio : 127.
Dunstable, John : 51, 52, 54.
Duparc, Henri : 310, 321, 332, 335, 336, 343, 348.
Dupérier, Jean : 493.
Dupin, Paul : 514.
Duponchel : 252.
Dupont, Gabriel : 510.
Dupont, Jacques : 516.
Duprato : 314.
Dupré, Marcel : 513.
Duprez : 294.
Dupuis, Albert : 487.

Dupuis, Sylvain : 486.
Durand, Emile : 376.
Durante : 122, 271.
Durey, Louis : 518, 519.
Durko, Zsolt : 574.
Duruflé, Maurice : 513.
Dussek : 298.
Dutilleux, Henri : 515, 531, 546, 568.
Dvorak, Anton : 495.

E

Ebner : 108.
Eccard, Johannes : 64.
Eckardt : 158.
Eckel : 199.
Edelmann : 167.
Egk, Werner : 436.
Eichendorff : 212, 422.
Eimert, Herbert : 548, 561.
Einem, Gottfried von : 564.
Elgar, E.W. : 485.
Elleviou : 130, 261.
Ellis, T.E. : 485.
Eloy, Jean-Claude : 571.
Elwart : 246.
Emmanuel, Maurice : 20, 77, 246, 247, 506-508.
Enesco, Georges : 496.
Enfantin, Père : 224.
Engelmann, H.U. : 562.
Englert, Giuseppe : 581.
Englund, E. : 580.
Erard, Jean : 44.
Erard, Sébastien : 227.
Erlanger, Camille : 410.
Erlebach : 97, 113.
Eschenbach, Wolfram von : 45.
Espinel, Vincente : 109.
Espla, Oscar : 482.
Esterhazy, prince Antoine : 154.
Esterhazy, prince Nicolas : 154, 223.

Esterhazy, prince Paul-Antoine :
154.
Esterhazy, princesse Caroline : 198.
Evangelisti, Franco : 575.
Expert, Henry : 300.


**F**

Faidit : 42.
Falcon, Cornélie : 262, 294.
Fall, Léo : 437.
Falla, Manuel de : 482-483, 566.
Fano, Michel : 571.
Fargue, Léon-Paul : 392.
Farnaby, G. : 108.
Fauchois, René : 373.
Fault, du : 105.
Fauré, Gabriel : 216, 221, 242, 300,
    304, 320, 321, 346, 352, 353, 357,
    359-373, 375, 379, 389, 393, 416,
    427, 432, 442, 444, 463, 464, 476,
    510, 517.
Favart, Charles-Simon : 127, 128,
    148, 152.
Feld, Jindrich : 582.
Feldman, Morton : 567.
Fellegara, Vittorio : 575.
Ferneyhough, Brian : 567.
Ferrabosco : 98.
Ferrari, Luc : 547.
Ferroud, Octave : 516.
Festa : 67.
Févin, Antoine de : 58.
Février, Henri : 364, 510.
Fibich, Zdenek : 495.
Field, John : 298, 484.
Fielding : 128.
Finck, Heinrich : 71.
Finnissy, Michael : 573.
Fitelberg, Georg : 497.
Flaubert, Gustave : 404.
Flechter : 98.
Flothuis, Marius : 577.
Flotow, baron Friedrich von : 292.
Foggia, Francesco : 111.

Folquet de Marseille : 41.
Fonseca, Nicolas de : 71.
Fornerod, Aloys : 494.
Fortner, Wolfgang : 561.
Foss, Lukas : 567.
Fourdrain, Félix : 511.
Fouret, Maurice : 515.
Fourestier, Louis : 512.
Fourier : 224.
Françaix, Jean : 516, 568.
Francisque, Antoine : 105.
Franck, César : 231, 246, 288, 329-
    344, 348, 349, 370, 401, 403, 408,
    409.
Franck J.W. : 97, 288.
Franc-Nohain : 393.
Francœur, François : 126, 132.
François, Père René : 104.
Françon : 39.
Franconi : 253.
Frank, Mme de : 181.
Frédéric II : 138, 171.
Frédéric-Guillaume III : 274, 284.
Frédéric-Guillaume IV : 284.
Freedman, Harry : 565.
Freitas, Frederico de : 483.
Freitas-Branco, Luis de : 483.
Frémiet : 364.
Frescobaldi, Girolamo : 106, 140.
Freud : 427.
Fricken, Ernestine de : 211.
Fricker, Peter Racine : 572.
Friml : 437.
Froberger, J.J. : 108, 136.
Froidebise, Pierre : 564.
Fukushima, Kazuo : 576.
Fürnberg, baron de : 154.


**G**

Gabrieli, Andrea et Giovanni : 67,
    112.
Gade, Niels : 500, 501.
Gagliano, Marco de : 85.
Gagnebin, Henri : 494.

Gail, Sophie : 293.
Galilei, Vincenzo : 81.
Gallet, Louis : 314.
Gallois-Montbrun, Raymond : 568.
Gallon, Jean : 511.
Gallon, Noël : 511.
Gallot : 105.
Ganne, Louis : 413.
Gantez : 109.
Garant, Serge : 565.
Garat : 262.
Garcia : 294.
Garden, Mary : 378.
Garlande, Jean de : 39.
Gaspérini, Dr. : 236.
Gasse-Brulé : 44.
Gassmann : 272.
Gastoué : 40.
Gaubert, Philippe : 511.
Gaultier, Eunemond, Jacques et
    Denis : 105.
Gaultier d'Epinal : 44.
Gauthier de Coincy : 44.
Gautier, Judith : 238.
Gautier, Théophile : 236, 293, 369.
Gaveaux, Pierre : 268, 281.
Gaviniès, Pierre : 168.
Gay, Delphine : 293.
Gédalge, André : 389, 412, 493, 565.
Geiser, Walther : 490.
Gelhaar, Rolf : 562.
Genet, Eleazar : 58.
Georges, Alexandre : 300, 411.
Gershwin, George : 502.
Gesualdo di Venosa : 67.
Gevaert, Auguste : 19.
Gevaert, F.A. : 486.
Geyer, Ludwig : 232.
Ghirardello : 49.
Ghiseling, de : 58.
Ghys, Henri : 389.
Gibbons, Orlando : 71, 108, 113.
Gibbs, Armstrong : 486.
Gielen, Michael : 564.
Gigault, Nicolas : 105.
Gigout : 300, 354, 361, 513.

Gilbert : 95.
Gilbert, Jean : 437.
Gilbert de Berneville : 44.
Gillet, Bruno : 571.
Gilson, Paul : 487.
Ginastera, Alberto : 564.
Giordano : 474.
Giovanni da Firenze : 50.
Gladkowska, Constance : 217, 220.
Glazounov, Alexandre : 454.
Glinka, Michel : 450, 451.
Globokar, Vinko : 564, 583.
Gluck : 118, 124, 128, 143, 145-153,
    158, 169, 240, 249, 260, 272, 310,
    417.
Godard, Benjamin : 412.
Goehr, Alexander : 573.
Gœthe : 203, 212, 289, 303, 422.
Golestan, Stan : 496.
Gombert, Nicolas : 63, 64.
Gomboa, Pedro : 71.
Gonzalez, Alvaro et Pedro : 109.
Goossens, Eugène : 485.
Gorecki, Henryk : 578.
Gorli, Sandro : 575.
Gossec, François-Joseph : 167, 168,
    173-175, 268, 288.
Goudimel, Claude : 64.
Gounod, Charles : 176, 246, 256,
    260, 290, 301-310, 313-315, 320,
    332-334, 366, 508.
Grainger, Percy : 485.
Granados, Enrique : 480.
Granichstädten : 437.
Gréban, Arnould : 80.
Grégoire le Grand : 15-16.
Greco : 69.
Grenon, Nicolas : 51, 52.
Gretchaninov, Alexandre : 454.
Grétry, Modeste : 127, 129, 314.
Grieg, Edward : 499, 500.
Grigny, Nicolas de : 105, 140, 192.
Grillparzer : 199.
Grimm, baron : 123.
Grisar, Albert : 292.
Grisey, Gérard : 572.

Grisi, les sœurs : 294.
Grob, Thérèse : 198.
Grovlez, Gabriel : 364, 512.
Guarneri : 102.
Guédron, Pierre : 91.
Guerrero : 69.
Guézec, Jean-Pierre : 571.
Guicciardi, Giulietta : 181.
Guignon, Jean-Pierre : 132.
Guilain, Jean-Adam : 132.
Guillard : 149.
Guillaume II : 472.
Guillaume VII, comte de Poitiers : 42.
Guillaume au Court-Nez : 45.
Guillaume de Ferrière : 44.
Guillemain : 168.
Guilmant, Alexandre : 339, 344, 512.
Guiraud de Borneuilh : 44.
Guiraud, Ernest : 346, 376, 401, 403, 409.
Guiraud Riquier : 42.
Guyonnet, Jacques : 581.

H

Haba, Aloïs : 495.
Habeneck : 246, 291, 305.
Hændel : 99, 118, 141-145, 154, 158, 249, 309, 314, 417.
Haenni, Georges : 491.
Hahn, Reynaldo : 151, 324, 413, 508, 509, 519.
Halévy, Fromental : 260, 286-287, 289-294, 301, 309, 313, 314.
Halffter, Ernesto : 482.
Halffter, Rodolfo : 482.
Halffter, Cristobal : 566.
Hallen : 500.
Hambraeus, Bengt : 580.
Hammerschmidt : 113.
Handl, Jacob-Jacobus Gallus : 71.
Harris, Roy : 567.
Harsanyi, Tibor : 499.

Hartmann, K.A. : 561.
Hasse, Johann Adolf : 171.
Hassler, Hans von : 64.
Haubenstock-Ramati, Roman : 574.
Havelka, Svatopluk : 582.
Hawkins, John : 566.
Hay, Fred : 490.
Haydn, Joseph : 118, 153-156, 158, 160, 167, 171, 172, 181, 183, 188, 246, 249, 310, 416, 428.
Haydn, Jean-Michel : 153, 158, 189.
Hegar, Friedrich : 489.
Hegel : 204.
Heine, Henri : 212, 276, 285.
Heller, Stephen : 210.
Helm, Everett : 567.
Henry, Pierre : 530, 545, 584.
Henze, H.W. : 543, 562.
Hercule Ier d'Este : 57.
Heredia, Aquilera de : 114.
Heredia, José-Maria de : 402.
Herold : 260, 263, 265, 266.
Herscher, Mme : 364.
Hené, Florimond : 413.
Herz, Henri : 246, 298.
Heuschkel : 189.
Heymann : 437.
Heyse : 422.
Hidalgo, Juan : 109.
Hignard : 320.
Hillemacher, Lucien : 410.
Hillemacher, Paul : 410.
Hiller : 423.
Hindemith, Paul : 432, 435, 464, 502, 521, 531.
Hoérée, Arthur : 488.
Hoffmann : 167.
Holbrooke, Joseph : 485.
Hollaender : 437.
Holliger, Heinz : 581.
Hollingue, Jean de : 58.
Holmès, Augusta : 405.
Holst, Gustav : 485.
Holzbauer, Ignace : 167.
Holzer, Michael : 196.
Honnegger, Arthur : 521, 531, 556.

Horace : 128.
Houdy, Pieryck : 569.
Hubeau, Jean : 516.
Huber, Hans : 489
Huber, Klaus : 581.
Hucbald de Flandre : 31.
Hudson, George : 98.
Hue, Georges : 409.
Hue de la Ferté : 44.
Hue d'Oisy : 44.
Hugo, Victor : 224, 293, 319, 369.
Huguenet : 132.
Humperdinck, Engelbert : 424.
Humphrey : 113.
Huon de Villemer : 44.
Huré, Jean : 382, 513.
Hurnik, Ilja : 581.
Hüttenbrenner : 199.
Huxley, Aldous : I.
Huybrechts, Albert : 488.


I

Ibert, Jacques : 516, 517.
Ichiyanagi, Toshi : 576.
Indy, Vincent d' : 332, 334, 339, 340,
    343-354, 365, 379, 382, 401, 480.
Infantas, Fernando de las : 69.
Ingegneri, Marc-Antonio : 67, 79.
Inghelbrecht, D.E. : 380, 512.
Ingres : 324.
Ireland, John : 486.
Isaac, Hendrik : 58, 71.
Ishii : 549.
Isidore de Séville : 29.
Ismaïl Pacha : 469.
Ivanov, Michail : 460.
Ives, Charles : 566.


J

Jacob, Maxime : 523.
Jacquard, Léon : 305.
Jambe-de-fer, Philibert : 64.

Janacek, Léos : 495.
Janequin, Clément : 63, 72.
Janin, Jules : 236.
Japart : 58.
Jaques-Dalcroze, Emile : 491.
Jarecki, Henri : 498.
Jarnach, Philipp : 436.
Jarre, Maurice : 569.
Jaubert, Maurice : 516.
Jaufré Rudel : 42.
Jean IV de Portugal : 114.
Jean de Luxembourg : 47.
Jelinek, Hanns : 564.
Jensen, Irgens : 500.
Jeremias, Otakar : 495.
Jirak, K.B. : 495.
Joachim : 211.
Jolas, Betsy : 571.
Jolivet, André : 524, 531, 533, 535,
    546.
Jonas : 314.
Joncières, Victorien : 412.
Jommelli : 122.
Jongen, Joseph : 487.
Josquin des Prés : VI, 54, 56-57, 62,
    63, 67, 70, 72, 339.
Jules III, pape : 67.
Jullien, Adolphe : 316.


K

Kabalevsky, Dimitri : 582.
Kabelac, Miroslav : 581.
Kafka : 567.
Kagel, Mauricio : 553, 563.
Kalabis, Viktor : 582.
Kalergi, Mme : 237.
Kalkbrenner : 298.
Kalman : 437.
Kalomiris : 501.
Kaminsky, Heinrich : 436.
Kapsberger : 111.
Karlowicz, Mieczislaw : 497.
Karr, Alphonse : 473.
Kaslik, Vaclav : 581.

Kayn, Roland : 562.
Keglevics, Babette : 180.
Keiser, Reinhart : 97.
Kelemen, Milko : 583.
Keller, Gottfried : 422.
Kelz, Matthias : 108.
Kerl : 108.
Kerner : 212.
Khatchaturian : 468, 582.
Khrennikov, Tikhon : 582.
Kirac, Demetri : 496.
Klebe, Giselher : 562.
Klose, Friedrich : 489.
Klusak, Jan : 582.
Knorr : 210.
Kodaly, Zoltan : 498, 499, 573.
Kœchlin, Charles : 364, 505, 515.
Kœnig : 549.
Koering, René : 572.
Kokkonen, J. : 580.
Komives, Janos : 573.
Kondracki, Michal : 498.
Konig, G.M. : 562.
Kopelent, Marek : 582.
Korngold, Erich : 436.
Kosma, Joseph : 573.
Kotik, Peter : 582.
Kotonski, Wladzimierz : 549, 578.
Kremsky, Alain : 570.
Krenek, Ernst : 436.
Kreutzer, Rodolphe : 263, 264, 268.
Krieger, von : 97.
Krieger, J.P. : 97, 108, 113.
Kuhnau, Johann : 108, 170.
Kulman : 113.
Kunc, Aymé : 300.
Kunc, Pierre : 300.
Kuntzsch : 209.
Kupelwieser : 199.
Kupkovic, Ladislas : 582.
Kur er, Clara de : 211.
Kur ag, Gyorgy : 574.
Küsser : 97.

**L**

Labarre, Théodore : 293.
Labey, Marcel : 349.
Lablache : 294.
Labroca, Mario : 478.
Lacome, Paul : 412.
Ladmirault, Paul : 364, 513.
Laidlau, Anna : 211.
Lajtha, Laszlo : 573.
Lalo, Edouard : 192, 260, 305-308,
    315, 319, 333, 337, 471.
Lalo, Pierre : 123.
Laloy, Louis : 356, 380.
Lamartine : 224, 293.
Lamoureux, Charles : 321, 348.
Landi, Stefano : 85.
Landino, Francisco : 49, 50, 52.
Landowski, Marcel : 516, 568.
Landré, Willem : 489.
Landré, Guillaume : 577.
Lang, Walter : 490.
Lanier, Nicolas : 98.
Lanner, Joseph : 437.
Laparra, Raoul : 364, 511.
Lara, Isidore de : 511.
Larmanjat, Jacques : 511.
Larson : 500.
La Rue, Pierre de : 58.
Lassus, Roland de : VII, 63, 64, 67,
    70, 339.
Lauber, Joseph : 492.
Laurent le Magnifique : 58.
Laussot, Jessie : 234.
Lavagne, André : 516.
Lavignac : 343, 376, 483, 493, 507.
Lawes, Henry : 98.
Lazar, Filip : 497.
Lazarin : 91.
Lazarus, Daniel : 516.
Lazzari, Sylvio : 409, 506.
Leborne : 329, 412.
Le Boucher, Maurice : 364, 511.
Leclair, Jean-Marie : 126, 133, 168.
Lecocq, Charles : 413.
Leconte de Lisle : 370, 402.

Le Couppey : 318.

Leeuw, Ton de : 577.

Leeuw, Reinbert de : 577.

Le Flem, Paul : 352.

Legley, Victor : 564.

Legouix : 314.

Legrenzi, Giovanni : 85, 107.

Lehar, Franz : 437.

Lehmann, Hans : 581.

Leibowitz, René : 535, 536, 538, 570.

Le Jeune, Claude : 63, 65.

Lejeune, Jacques : 548.

Lekeu, Guillaume : 332, 338, 343.

Leleu, Jeanne : 511.

Lemmens, N.J. : 487.

Lenepveu, Charles : 412.

Lenot, Jacques : 572.

Leoncavallo : 471, 472, 474, 475.

Léonin : VI, 37, 38, 46.

Le Roux, Maurice : 537, 570.

Leroux, Xavier : 324, 410.

Leroy, Léon : 236.

Le Roy, Adonis : 44.

Le Sueur, Jean-François : 175, 250, 251, 273, 291, 301.

Letorey, Omer : 300, 412.

Levadé, Charles : 324, 412.

Levasseur : 294.

Levidis : 501.

Lévy, Michel-Maurice : 412.

L'Héritier, Jean : 58.

Liadov, Anatole : 454, 467.

Liddy : 211.

Lidholm, Ingvar : 579.

Liebermann, Rolf : 580.

Ligeti, Gyorgy : 573.

Lioncourt, Guy de : 349.

Lipatti, Dinu : 497.

Liszt : 192, 210, 214-216, 219, 221, 223-231, 234, 235, 239, 246, 248, 252-255, 298, 302, 310, 415, 432, 450, 475, 494.

Liszt, Blandine (ép. d'Emile Ollivier) : 225.

Liszt, Cosima (ép. de von Bülow

puis Wagner) : 225, 226, 235, 238.

Litolff : 298.

Litzmann : 211.

Lobo, Duarte : 114.

Locke, Matthew : 98.

Lope de Vega : 99.

Lopes Graça, Fernando : 483.

Lorenzani, Paolo : 110, 112.

Lorrain, Jean : 340.

Loti, Pierre : 355, 474.

Loucheur, Raymond : 516.

Louis II de Bavière : 236, 237, 239.

Louvier, Alain : 572.

Louÿs, Pierre : 377, 474.

Loyset Compère : 58.

Lualdi, Adriano : 474.

Lully : 94-97, 98, 106, 109, 110, 121, 124, 260.

Lusignan, Hugues de : 44.

Luther : 57, 64.

Lutoslawski, Witold : 578.

Lutyens, Elisabeth : 572.


**M**


Mac Dowell : 502.

Mac Farrer, George A. : 484.

Mac Farrer, Walter-Cecil : 484.

Macha, Otmar : 582.

Machabey, A. : 31.

Machado, Augusto : 483.

Machaut, Guillaume de : VI, 37, 47-52, 444, 466.

Mâche, François-Bernard : 547, 559.

Maderna, Bruno : 537, 541, 549, 575.

Maeterlinck, Maurice : 341, 378

Mage, Pierre Du : 132.

Magnard, Albéric : 350, 351, 353, 401.

Mahler, Gustav : 420-422, 477.

Maïakovsky : 582.

Maier, Mathilde : 237.

Maillart, André : 292.

Maklakiewicz, Adam : 498.

Malec, Ivo : 547, 583.
Malfatti, Thérèse : 181.
Malherbe : 77.
Malibran, la : 294.
Malipiero, Gian-Francesco : 476.
Malipiero, Riccardo : 575.
Mallarmé, Stéphane : 338, 377, 391.
Mancini, Francesco : 87.
Manolli, Francesco : 85, 111.
Manoury, P. : 572.
Manuel, Roland : 516.
Manzoni, Giacomo : 576.
Marandé : 105.
Marcabru : 42.
Marcadé : 80.
Marcello, Benedetto : 107.
Marchal, André : 511.
Marchand, Louis : 105, 132.
Marco, Tomas : 566.
Marcuse, H. : 563.
Marenzio, Luca : 67, 68.
Marescotti, André : 493.
Maret, Henry : 326.
Marie, Jean-Etienne : 548.
Mariétan, Pierre : 581.
Marin-Marais : 96.
Marinoni : 111.
Mariotte, Antoine : 350, 354.
Markevitch, Igor : 516.
Marmontel : 313, 343, 376, 480.
Maros, Rudolf : 574.
Marot, Blanche : 379.
Marot, Clément : 390.
Marsick, Armand : 488.
Martelli, Henri : 516.
Martin, Frank : 493, 554, 580.
Martinet, Jean-Louis : 537, 570.
Martini, le Père : 158, 168, 172, 173.
Martinon, Jean : 516.
Martinu, Bohuslav : 495.
Martucci : 475.
Marty, Georges : 324, 412.
Marx, K. : 563.
Mas : 305.
Mascagni, Pietro : 472, 474, 475.

Massé, Victor : 290, 399.
Massenet, Jules : 87, 304, 314, 319, 323-326, 341, 346, 351, 406, 410, 471, 474, 491, 493, 508.
Masson, Gérard : 571.
Mathé, Edouard : 413.
Mathieu de Pérouge : 50.
Mathieu, Rodolphe : 565.
Matsudaïra Yori Aki : 576.
Matsudaïra, Yoritsune : 576.
Mauclère, Pierre, duc de Bretagne : 42.
Mauduit, Jacques : 63, 65.
Maurice, Pierre : 493.
Mauté de Fleurville, Mme : 376.
Mauvoisin, Robert : 44.
Mayrhofer : 199.
Mayuzumi, Toshira : 549, 576.
Mazzaferrata : 107.
Mazellier, Jules : 364, 511.
Mazuel : 91.
Mazzochi : 85, 88.
Meck, baronne von : 376.
Méfano, Paul : 571.
Méhul : 174, 175, 260, 262-265, 286.
Melgas, Diogo Dias : 114.
Mendelssohn, Abraham : 202.
Mendelssohn, Fanny : 202.
Mendelssohn, Felix : 192, 202-206, 210, 211, 215, 248, 253, 283, 284, 298, 301, 310, 369, 415, 428, 500.
Mendelssohn, Moïse : 202.
Mendelssohn, Paul : 202.
Mendelssohn, Rebecca : 202.
Mendès, Catulle : 236, 370.
Mendès, Manoel : 71.
Mengelberg, Misha : 577.
Menotti : 502.
Mercure, Pierre : 565.
Messager, André : 300, 321, 327, 361, 378, 405, 406, 413.
Messiaen, Olivier : 443, 513, 524, 531, 534, 535, 546, 554, 556.
Mestral, Patrice : 572.
Mestres Quadreny, J.M. : 566.
Metzget, K. : 552.

Metternich, princesse de : 236.
Meyer, Frédérique : 237.
Meyerbeer, Giacomo : 233, 252, 260, 276, 283-285, 289, 294, 311.
Miaskovsky, Nicolaï : 467.
Michel, Jean : 80.
Michel-Ange : 422.
Middleton : 98.
Miereanu, Costin : 579.
Migot, Georges : 514.
Mihalovici, Marcel : 497.
Milhaud, Darius : 520, 531, 546, 554, 556.
Milheiro : 71.
Minkous : 318.
Miroglio, Francis : 570.
Missa, Edmond : 413.
Mitrea-Celerianu, Mihai : 579.
Moeschinger, Albert : 490.
Moine de Salzbourg : 45.
Moke, Camille : 254.
Molière : 94-96.
Molina, Tirso di : 99.
Mompou, Federico : 481.
Mondonville : 125.
Moniot d'Arras : 44.
Monpou, Hippolyte : 293.
Monrad, David : 500.
Monsigny, Pierre-Alexandre : 127, 260, 450.
Montaigne : 77.
Montalembert : 224.
Monte, Philippe de : 64, 67, 70.
Montéclair, Michel Pinolet de : 125.
Monteverdi : VII, 68, 79, 80, 82-84, 88, 112, 147, 345, 444.
Montigny : 44.
Montpensier, Mlle de : 94.
Moor, Emmanuel : 71.
Morales, Cristobal de : 69.
Morand, Paul : 391.
Morera, Enrico : 481.
Morike : 422.
Moroï : 549, 576.
Morpain : 364.
Mortari, Virgilio : 478.

Moscheles : 204, 298.
Moser, Rudolf : 490.
Mossolov, Alexandre : 468.
Mottu, Alexandre : 493.
Moulaert, Raymond : 488.
Moulinié : 91.
Mouret, Jean-Joseph : 125.
Moussorgsky, Modeste : 231, 376, 391, 452, 453, 455-458.
Mouton, Charles de : 105.
Moyse, Emma : 380.
Mozart, Léopold : 156-159.
Mozart, Marie-Anne : 158.
Mozart, Wolfgang : VII, 71, 118, 153, 155-163, 167, 169, 171, 172, 179-184, 188, 190, 192, 204, 232, 245, 249, 263, 272, 301, 310, 314, 367, 416, 423, 428, 444, 445, 509, 584.
Muffat, Georg : 108.
Müller : 232.
Murail, Tristan : 572.
Murger, Henri : 199, 474.
Murs, Jean des : 47.
Muset, Colin : 44.
Musset, Alfred de : 217, 276, 293, 473.

N

Nabokov, Nicolas : 567.
Nanini : 68.
Nanni : 211.
Nerdhart von Reuenthal : 45.
Néri, Philippe de : 68, 82, 88.
Nicolo : 260, 263, 264.
Niculescu, Stefan : 579.
Niedermeyer : 300, 361, 490.
Nielsen, Carl : 501.
Nietzsche : 237, 239, 240, 317, 469.
Nigg, Serge : 537, 570.
Nilsson, Bo : 580.
Nin, Joaquin : 481.
Nivers : 105.

Nono, Luigi : 533, 537, 539-540, 543, 549, 575.
Nordheim, Arne : 580.
Nordrack, Richard : 500.
Nörgaard, Per : 580.
Nouguès, Jean : 511.
Nourrit : 294.
Novak, Vitezslav : 495.
Nuitter : 236.

**O**

Obrecht, Jacob : VI, 54-56.
Ockeghem, Jean van : VI, 55-57.
Odington, Walter : 39.
Offenbach, Jacques : 318, 413.
Ohana, Maurice : 568.
Ohlson : 500.
Olah, Tiberiu : 579.
Olivier, François : 494.
Ollivier, Blandine : 225, 236.
Ollivier, Emile : 225, 236.
Ollone, Max d' : 324, 510.
Olmeda de San José, F. : 481.
Orefice : 475.
Orff, Carl : 437.
Orléans, duc d' : 252.
Orphée : 14.
Ortells, Antonio : 114.
Otte, Hans : 562.
Ouvrard, chanoine : 110.

**P**

Pablo, Luis de : 566.
Paccagnini, Angelo : 576.
Pachelbel, Johann : 108, 136.
Paderewski, Ignaz : 498, 578.
Paër : 224, 263, 268, 281.
Paganini : 212, 224, 417.
Pagelle : 217.
Pahissa, Jaime : 481.
Païva, Héliodore de : 71.
Paladilhe, Emile : 404.

Palester, Roman : 578.
Palestrina, Giovanni Pierluigi da : 67-69, 140, 301, 339, 345.
Pallavicini : 97.
Palmgren, Selim : 501.
Palomares, Juan de : 109.
Panni, Marcello : 576.
Panseron : 293.
Panufnik, Andrzej : 578.
Paolo de Florence, dom : 50.
Papineau-Couture, Jean : 565.
Paque, Désiré : 488.
Paray, Paul : 511.
Parik, Ivan : 582.
Parmegiani, Bernard : 547.
Pärt, Arvo : 583.
Parys, Georges van : 413.
Pascal, Claude : 569.
Pasquini, Bernardo : 106, 141.
Passereau : 63.
Patino, Carlos : 109.
Pauer, Jiri : 581.
Paumann, Conrad : 60.
Paz, Juan Carlos : 502.
Pedrell, Carlos : 481.
Pedrell, Felipe : 479.
Peire, Rogiers : 44.
Pellegrin, abbé : 119.
Penderecki : 549, 578.
Pépin, Clermont : 565.
Peragallo, Mario : 575.
Perez-Casas, B. : 481.
Pergolèse : 121, 122, 127, 192.
Péri, Jacopo : 81, 82, 147.
Périer, Jean : 378.
Perilhou : 300.
Perlea : 497.
Pérotin le Grand : VI, 37-40, 46, 367.
Perrin, abbé : 95.
Pessard, Emile : 346, 389, 404.
Petit, Pierre : 569.
Petrassi, Goffredo : 574.
Petridis, Petro : 501.
Peyrot, Fernande : 494.
Pfitzner, Hans : 425, 488.

Philibert Jambe-de-fer : 64.
Philidor : 44, 106, 128, 260, 450.
Philippe II : 69.
Philippot, Michel : 570.
Piccini : 148, 149, 260, 272, 273.
Pierné, Gabriel : 324, 332, 402, 403, 406.
Piero : 50.
Pierre de la Croix : 39.
Pierre de Corbie : 44.
Pierre de la Rue : 58.
Pierre le Borgne : 44.
Pierre le Grand : 449.
Pifaro, Nicolas : 67.
Pijper, Willem : 488.
Pincherle, Marc : 108.
Pinel : 105.
Piriou, Adolphe : 349.
Pisan, Christine de : 54.
Pisaroni, Mme : 294.
Piston, Walter : 567.
Pizzetti, Ildebrando : 475.
Planer, Minna : 233-235.
Planquette, Robert : 413.
Plé, Simone : 511.
Poise, Ferdinand : 327.
Polignac, prince Edmond de : 236.
Pompadour, Mme de : 126.
Pongracz : 549.
Pons, Charles : 511.
Poot, Marcel : 487.
Popovici, Doru : 579.
Portal : 564, 583.
Pouchkine : 450, 451.
Poueigh, Jean : 349.
Poulenc, Francis : 518, 519.
Pouplinière, La : 119, 166.
Pourtalès, Henri de : 236.
Pousseur, Henri : 564.
Praetorius, Michel : 64.
Pratella : 478.
Preposito, Nicolo : 50.
Presle, Jacques de la : 511.
Prévost, abbé : 474.
Prey, Claude : 569.
Prokofiev, Serge : 466, 467.

Provenzale, Francesco : 86, 112.
Prunières, Henry : 39.
Puccini, Giacomo : 473.
Pujol, Juan : 114.
Purcell, Henry : 98, 99, 113, 192, 484.

Q

Quentin le Jeune : 132.
Quinault : 95.
Quinet, Fernand : 488.

R

Rabaud, Heuri : 324, 411.
Rabe, Folke : 580.
Rabelais : 77.
Rachmaninov, Serge : 460.
Racine : 149.
Racquet : 105.
Raison, André : 105.
Rambaud d'Orange : 44.
Rameau, Jean-Philippe : 118-124, 133, 152, 158, 168, 179, 345, 347.
Rangstroem : 500.
Ravel, Maurice : 216, 221, 228, 304, 311, 320-323, 346, 356-360, 364-368, 375, 379, 389, 398, 404, 442, 456, 457, 463, 473, 477, 482, 485, 500, 502, 512, 514, 517, 523.
Ravina : 246.
Rawsthorne, Alan : 486.
Rebagliati : 502.
Rebel, François : 126.
Reber : 246, 319, 323, 404.
Rechid, Djemal : 501.
Recio, Maria : 254.
Regamey, Constantin : 580.
Reger, Max : 423-424.
Régnier, Henri de : 355.
Reibel, Guy : 548.
Reicha, Antonin : 224, 245-247, 249, 286, 291-293, 301, 329.

Reichel, Bernard : 494.
Reimann, Aribert : 562.
Reinach, Théodore : 17, 22, 23.
Reinhardt, Keiser : 97.
Reinken, J.A. : 108, 140.
Renard, Jules : 249, 393.
René, Charles : 389.
Renoir : 238.
Respighi : 475.
Reyer : 256, 363, 404.
Rhené-Baton : 511.
Riadis : 501.
Ribeiro : 483.
Richafort : 63.
Richard, Etienne : 105.
Richepin, Jean : 370.
Richter, François-Xavier : 167.
Richter, Jean-Paul : 209, 427.
Riehn : 549.
Riedl, Jos Anton : 562.
Riemann : 136.
Rieti, Vittorio : 477.
Riley, Terry : 567.
Rimsky-Korsakov : 93, 376, 452-454, 461, 467, 475.
Rinuccini, Ottavio : 81, 82, 90, 97, 147.
Risset, J.-C. : 548.
Ritter : 167.
Rivier, Jean : 516.
Roberday, François : 105.
Robert II, comte d'Artois : 43.
Rochefort, Henri : 316.
Rode : 246.
Rodrigo, Joaquin : 482.
Roeckel, Auguste : 234.
Roget, Henriette : 516.
Rolland, Romain : 430.
Romberg : 437.
Romero : 114.
Ronsard : 62, 63, 77.
Ropartz, Guy : 341, 342.
Rore, Cyprien de : 67.
Rosenberg : 500.
Rosenmüller, Johann : 108.
Rosenthal, Manuel : 512.

Rossellini, Renzo : 575.
Rossi, Luigi : 85, 88, 92.
Rossi, Michel-Angelo : 85.
Rossini, Gioacchino : 275-279, 281.
Rostand, Edmond : 350, 410.
Rouget de Lisle : 174.
Roullet, bailli du : 149.
Rousseau, Jean-Jacques : 122-124, 127, 152.
Rousseau, Marcel-Samuel : 510.
Rousseau, Samuel : 412.
Roussel, Albert : 346, 354-358.
Roustan, Mme : 376.
Rozycki, L. : 497.
Rubini : 294.
Rubinstein, Anton : 458.
Rubinstein, Nicolas : 459.
Rückert : 212.
Rucziska : 197.
Ruette, La : 127.
Rufer, Josef : 434.
Rutebeuf : 44, 80.
Ruyneman, Daniel : 489.


                        S


Sacchini, Antonio : 267, 271-272.
Sacrati, Francesco : 91.
Saint Ambroise de Milan : 14, 64.
Saint Ephrem : 14.
Saint Eloi : 18.
Saint Hilaire de Poitiers : 14.
Saint Irénée : 14.
Sainte Thérèse d'Avila : 69.
Saint Thomas d'Aquin : 16.
Saint-Saëns, Camille : 205, 206, 231, 308-311, 314, 333, 336, 338, 361, 365, 471.
Saint-Simon : 224.
Salieri, Antonio : 181, 197, 223, 272.
Salinas, Francesco de : 69.
Sallinen, A. : 580.
Salmenhaara, E. : 580.
Samain, Albert : 369.

Samazeuilh, Gustave : 352.
Saminsky : 502.
Sammartini, J.-B. : 158, 169.
Sancan, Pierre : 516.
Sand, George : 217, 218, 225.
Sardou, Victorien : 474.
Sarti : 175.
Satie, Erik : 523, 524.
Sauguet, Henri : 524, 546.
Savard, Augustin : 324, 412.
Sax, Adolphe : 243, 291.
Sayn-Wittgenstein, princesse Caro-
lyne de : 225-227.
Scarlatti, Alessandro : 86, 87, 112,
141.
Scarlatti, Domenico : 87, 88, 277,
467, 473, 477.
Schafer, Murray : 565.
Schaeffer, Dirk : 489, 532.
Schaeffer, Pierre : 545, 556.
Schäffer, Boguslav : 549, 578.
Schat, Peter : 577.
Scheidemann : 108.
Scheidt : 108, 113.
Schein, J.H. : 108, 113.
Schelling, Ernest : 502.
Schenk : 181.
Scherchen, Hermann : 556.
Scherchen, Tona : 562.
Scherer : 113.
Schibler, Armin : 580.
Schillings, Max von : 426.
Schjelderup : 500.
Schlesinger : 251.
Schmitt, Florent : 364, 409, 505,
521.
Schnittke, Alfred : 583.
Schnorr : 236.
Schober : 199.
Schobert, Jean : 158, 167.
Schoeck, Othmar : 489.
Schœnberg, Arnold : 8, 433-435,
441-443, 446, 477, 502, 531, 535,
540, 544, 564.
Schönbach, Dieter : 562.
Schopenhauer : 239.

Schreker, Franz : 426.
Schroeder-Devrient : 233.
Schubert, Franz : 179, 192, 195-
202, 211, 215, 231, 248, 276, 422.
Schulhoff : 305.
Schüller, Gunther : 567.
Schulthess, Walter : 490.
Schuman, William : 567.
Schumann, Clara : 415.
Schumann, Eugénie : 207, 208.
Shumann, Robert : 196, 204, 207-
215, 221, 226, 248, 263, 298, 310,
314, 369, 417, 422, 432.
Schunke : 210.
Schütz, Heinrich : 97, 112, 339.
Schwind, von : 199.
Scott, Cyrill : 485.
Scriabine : 461.
Scribe : 287.
Searle, Humphrey : 572.
Sebald, Amalie : 181.
Sedaine : 129.
Seiber, Matyas : 572.
Selva, Blanche : 356.
Semenoff, Ivan : 568.
Semet : 320.
Senaillé : 132.
Senfl, Ludwig : 71.
Senger, Hugo de : 490.
Sérieyx, Auguste : 349.
Sermisy, Claudin de : 63.
Serocki, Kazimierz : 574.
Serres, Louis de : 349.
Serpette, Gaston : 413.
Sessions, Roger : 567.
Seter, Mordecaï : 574.
Séverac, Déodat de : 346, 353, 354.
Sgambati : 475.
Shabata : 549.
Shinohara, Makoto : 576.
Sibelius, Jean : 501.
Silver, Charles : 324.
Silvestrov, Valentin : 583.
Silvestre, Armand : 370.
Sinding, Christian : 500.
Sinigaglia, Leone : 475.

Sinopoli, Giuseppe : 576.
Siret, Nicolas : 132.
Skenhammar : 500.
Skrowaczewski, Stanislas : 578.
Smetana : 231, 494.
Smithson, Harriet : 254.
Somers, Harry : 565.
Sommer, Vladimir : 582.
Sontag, Mme : 294.
Soriano, Francesco : 68.
Soulage, Marcelle : 511.
Sourdéac, marquis de : 95.
Souris, André : 488.
Spathis : 501.
Spaun : 199.
Spontini : 273, 274, 281.
Stamaty : 309.
Stamitz, Jean-Antoine : 167.
Stamitz, Johann : 165-168, 170, 172, 192.
Stamitz, Karl : 167.
Steibelt, Daniel : 268.
Stendhal : 276.
Steffani, évêque : 97, 141.
Stepan, Vaclav : 495.
Stierlin-Vallon, Henri : 494.
Stirling, Jane : 218.
Stockhausen : 537, 541, 543, 546, 548, 550, 552, 554-555, 561, 584.
Stoltz, Mme : 294.
Stoltzing, Walter de : 66.
Stolz, Robert : 437.
Stradella, Alessandro : 85, 88, 107, 112, 147, 192.
Stradivari : 102.
Straus, Oscar : 437.
Strauss, Johann : 437.
Strauss, Joseph : 437.
Strauss, Richard : 427-431, 477, 485, 521.
Stravinsky, Igor : 221, 390, 399, 444, 459, 461-466, 477, 482, 485, 502, 520, 522, 531, 541.
Streicher : 186.
Stroe, Aurel : 579.
Strungk : 97.

Stuckenschmidt : 434.
Suarès, André : 152.
Suchon, Eugène : 581.
Suk, Joseph : 495.
Suk, Vasa : 495.
Sullivan, sir Arthur-Seymour : 484.
Sully-Prudhomme : 370.
Suter, Hermann : 489.
Sutermeister : 490, 580.
Svendsen : 500.
Sviridov, Gueorgui : 583.
Sweelinck, Peter : 109.
Szeluto, A. : 497.
Szokolay, Sandor : 573.
Szymanowski, Karol : 497, 578.


T

Tabachnik, Michel : 581.
Tailleferre, Germaine : 518, 519.
Taïra, Y. : 577.
Takemitsu, Toru : 549, 576.
Tallis, Thomas : 71.
Tamba, Akira : 576.
Tamberlick : 294.
Tamburini : 294.
Tanéiev, Serge : 460.
Tansman, Alexandre : 498.
Tapissier : 51.
Tartini, Giuseppe : 169.
Taverner, John : 572.
Taylor : 502.
Taylor, baron : 256.
Tchaïkovsky : 319, 376, 459, 460, 465.
Tchérepnine, Alexandre : 455.
Tchérepnine, Nicolas : 454.
Tedesco, Arigo : 71, 477.
Telemann, Georges-Philippe : 170-171.
Terrasse, Claude : 300, 413.
Texier, Lily : 378.
Thalberg : 298, 314.
Thibault, Charles : 105.
Thibaut, comte de Champagne : 42.

Thibaut de Courville : 65.
Thiriet, Maurice : 516.
Thomas, Ambroise : 176, 256, 288-290, 314, 323, 329, 345.
Thomas de Celano : 16.
Thomassin : 130.
Thomson, Virgil : 502, 567.
Tinder, Franz : 113.
Tinel, Edgar : 487.
Tippett, Michael : 572.
Tisné, Antoine : 569.
Titelouze, Jehan : 105.
Toch, Ernst : 436.
Toeschi : 167.
Togni, Camillo : 575.
Tomasi, Henri : 512.
Tommasini, Vincenzo : 477.
Torelli, Giuseppe : 106.
Toscanini : 276.
Toulet, P.J. : 377.
Tournemire, Charles : 332, 513.
Trémisot : 364.
Trial : 130, 262.
Trojan, Vaclav : 581.
Tremblay, Gilles : 565.
Tromboncino, Bartolomeo : 67.
Tsaranu, Cornel : 579.
Tubalcaïn : 8.
Turina, Joaquin : 481.
Tye, Christopher : 71.

U

Urbain VIII, pape : 111.

V

Val, François du : 132.
Valéry, Paul : IV.
Vallin, Ninon : 379.
Varèse, Edgard : 531, 535, 543, 546.
Varney, Louis : 413.
Vasconcelos, Jorge de : 483.
Vasnier : 377.

Vasseur, Léon : 413.
Vaucorbeil : 306.
Vaughan Williams, Ralph : 485.
Vecchi, Orazio : 67.
Veillot, Jean : 109.
Vellones, Pierre : 514.
Velut : 51.
Ventadour, Bernard de : 44.
Verdelot, Philippe : 67, 70.
Verdi, Giuseppe : 279, 469, 470, 504.
Verlaine, Paul : 202, 321, 340, 367, 370.
Vernet, Horace : 251.
Vertugo : 114.
Viadana : 111.
Viardot, Marie-Anne : 363.
Viardot, Pauline : 294, 302.
Vibert, Mathieu : 494.
Vicentino, Nicolas : 73.
Victoria, Tomas Luis de : 69, 339.
Vidal, Paul : 324, 511.
Vierne, Louis : 511.
Vieru, Anatol : 579.
Vieuille, Félix : 378.
Vigny, Alfred de : 341, 506.
Villa-Lobos, Heitor : 502, 563.
Villiers de l'Isle-Adam : 402.
Vinès, Ricardo : 379, 392.
Visée, Robert de : 105.
Vitali, Filippo : 85.
Vitali, Giovanni Battista : 107.
Vitry, Philippe de; VI, 37, 46, 49.
Vivaldi, Antonio : 107, 140, 143.
Vivier, Claude : 566.
Vlad, Roman : 575.
Vlijmen, Jan van : 577.
Vogel, Vladimir : 580.
Vogelweide, Walther von der : 45.
Vogl : 199.
Vogler, abbé : 189, 284.
Voigt, Henriette : 211.
Volkonsky, Andrei : 583.
Voltaire : 119, 120, 122, 124.
Voormolen, Alexandre : 489.
Vostrak, Zbynek : 582.

Vreuls, Victor : 487.
Vuataz, Roger : 494.
Vuillemin, Louis : 513.
Vulpius, Melchior : 64.
Vycpalek, Ladislav : 495.


## W

Wagenaar, Johann : 488.
Wagner, Cosima (voir Liszt).
Wagner, Richard : V, 150, 162, 179, 189, 191, 210, 215, 225, 231-244, 255, 260, 263, 274, 276, 280, 287, 307, 310, 317, 333, 336, 415, 422, 424, 427, 445, 461, 470, 482, 485, 521.
Wagner, Siegfried : 237, 425.
Walliser : 113.
Walter, Johann : 64.
Walton, William : 486.
Watteau : 131.
Weber, Aloysia : 159.
Weber, Carl Maria von : 187-193, 196, 203, 214, 232, 240, 248, 263, 266, 284, 316, 417.
Weber, Constance : 159.
Webern, Anton von : 426, 531, 535, 539, 563.
Weckerlin, J.-B. : 412.
Wehrli, Werner : 490.
Weill, Kurt : 436.
Weingartner, Felix : 425.
Weinlig, Théodore : 232.
Weinzweig, John : 565.
Wellesz, Egon : 436.
Wendling : 167.
Werbecke, van : 58.
Werle, L.J. : 580.
Wesendonk, Mathilde : 235.
Wesendonk, Otto : 235, 239.
Wette, Adelaïde : 424.
Widor, Charles-Marie : 512.
Wieck, Clara : 206, 208-212, 215.
Wieck, Friedrich : 209, 210.
Wiklund, Adolph : 500.

Wilcken, Anna-Magdalena : 138.
Wildberger, Jacques : 581.
Wildesham, pasteur : 210.
Willaert, Adrien : 67, 68, 70, 72.
Wille, Eliza : 234.
Williamson, Malcolm : 573.
Willmann, Magdalena : 181.
Wissmer, Pierre : 494.
Witkowsky, Georges Martin : 350.
Wodzinska, Marie : 217, 220.
Wolf, Hugo : 422, 423, 425.
Wolf-Ferrari, Ermanno : 474.
Wolff, Albert : 512.
Wolff, Edouard : 320.
Wulfstam de Winchester : 39.
Wyschnegradsky, Ivan : 570.
Wyttenbach, Jürg : 581.


## X

Xenakis, Iannis : 543, 546, 556-559, 570, 578, 583, 584.


## Y

Youmans : 437, 502.
Ysaye, Eugène : 487.
Ysaye, Théo : 336, 487.
Yun, Isang : 576.
Yvain, Maurice : 413.


## Z

Zachow : 113, 141.
Zafred, Mario : 575.
Zandonaï, Riccardo : 474.
Zarlino : 72.
Zbar, Michel : 570.
Zeljenka, Ilja : 582.
Zimmermann : 298, 313, 329.
Zimmermann, Bernd Aloys : 562.
Zingarelli : 280.
Zola, Emile : 406.

# TABLE DES MATIÈRES

Introduction ............................... I

1. — Naissance de la musique ............. 1

La volupté du rythme. — La séduction du timbre.
— Le matériel sonore : la percussion, les vents, les
cordes. — Orient et Occident.

2. — Des origines au VIIᵉ siècle ............. 9

Cheminement de la musique. — L'art religieux. —
La notation. — Psaumes et litanies. — L'art profane dans la liturgie. — La réforme grégorienne. —
La lutte contre l'instrument. — La dictature de la
voix.

3. — Les instruments ................... 21

Le matériel instrumental des Grecs. — La lyre. —
La cithare. — L'aulos. — La syrinx. — La musique
instrumentale en Occident.

4. — Du VIIᵉ au XIIᵉ siècle ............... 29

Polyphonie instrumentale. — Polyphonie vocale.
— L'organum. — Le déchant. — Le motet. — Le
conduit. — Le gymel. — Le faux-bourdon.

5. — Du XIIᵉ au XIVᵉ siècle ............... 37

L'École Notre-Dame. — L'Ars antiqua. — Léonin.
— Pérotin. — Chant populaire. — Chant seigneurial. — Trouvères et Troubadours. — Pastourelles
et Jeux. — Adam de la Halle. — L'Ars nova.

— Philippe de Vitry. — Guillaume de Machaut. — L'*Ars nova* à travers l'Europe.

6. — Le xvᵉ siècle ..........................  51

Dunstable. — Les Franco-Flamands. — Guillaume Dufay. — Gilles Binchois. — Ockeghem. — Obrecht. — Josquin des Prés. — L'outillage musical allemand.

7. — Le xviᵉ siècle .........................  61

Renaissance. — Néo-hellénisme. — La chanson polyphonique. — L'art religieux. — Baïf. — Italia rediviva. — Palestrina. — Vittoria. — Nationalismes. — Raffinements d'écriture. — Les théoriciens. — Les artisans. — Éclosion de la tonalité.

8. — Le xviiᵉ siècle .........................  79

L'opéra italien. — L'apport de Monteverdi. — Le style lyrique. — La dissonance expressive. — Émancipation de l'harmonie.

9. — Le xviiᵉ siècle .........................  89

Le ballet lyrique français. — L'assaut de l'opéra italien. — La contre-attaque de Lully. — L'opéra en Europe.

10. — Le xviiᵉ siècle ........................  101

Conquêtes de la monodie. — L'offensive des instruments. — Naissance du concert. — La monodie dans la musique religieuse.

11. — Le xviiiᵉ siècle .......................  117

Le style lyrique. — Rameau. — Les Bouffons. — Les contemporains. — L'opéra-comique : Monsigny, Philidor, Grétry. — Le style instrumental. — L'époque Couperin.

12. — Bach et Hændel ....................  135

13. — Gluck, Haydn et Mozart ...........  145

14. — L'École de Mannheim. — La Révolution  165

L'École de Mannheim. — La symphonie en Italie. — La Révolution. — Gossec. — Méhul. — Cherubini. — Lesueur.

15. — Beethoven et Weber .................. 179

16. — Schubert et Mendelssohn .............. 195

17. — Schumann et Chopin .................. 207

18. — Liszt et Wagner ...................... 223

19. — Reicha et Berlioz .................... 245

20. — L'opéra-comique français .............. 259

Dalayrac. — Boïeldieu. — Nicolo. — Hérold. — Adam. — Berton. — Divers.

21. — Le lyrisme italien en France .......... 271

Sacchini. — Salieri. — Spontini. — Rossini. — Donizetti. — Bellini. — Paër.

22. — Les « italianisants » .................. 283

Meyerbeer. — Halévy. — Auber. — Ambroise Thomas. — Divers.

23. — La tradition française ................ 297

Félicien David. — Gounod. — Lalo. — Saint-Saëns.

24. — La tradition française (*suite*) .......... 313

Bizet. — Delibes. — Chabrier. — Massenet. — Poise.

25. — César Franck et ses disciples .......... 329

26. — Vincent d'Indy et ses élèves............ 343

27. — Gabriel Fauré .......................... 359

28. — Claude Debussy ....................... 375

29. — Maurice Ravel ........................ 389

30. — Les indépendants et les musiciens de
théâtre .................................. 401

31. — Le post-wagnérisme en Allemagne .... 415

Brahms. — Bruckner. — Mahler. — Hugo Wolf. —
Reger. — Richard Strauss. — Schœnberg. — Hindemith.

32. — Techniques nouvelles ................. 439

Le dodécaphonisme et l'écriture sérielle. — L'atonalisme intégral. — Les systèmes mathématiques dans
la composition. — La musique stochastique. — Les
extrémistes.

33. — La Russie ............................ 449

Glinka. — Balakirew. — César Cui. — Rimsky-
Korsakow. — Borodine. — Moussorgsky. — Tchaïkowsky. — Scriabine. — Stravinsky. — Le dirigisme
soviétique.

34. — L'évolution italienne ................. 469

Verdi. — Le vérisme. — La renaissance contemporaine.

35. — Tour d'horizon ....................... 479

Espagne. — Portugal. — Angleterre. — Belgique. —
Hollande. — Suisse. — Ex-Tchécoslovaquie. — Roumanie. — Pologne. — Hongrie. — Norvège. —
Suède. — Grèce. — Finlande. — Danemark. — Nouveau Monde.

36. — La France contemporaine ............. 503

37. — Au second versant du XXᵉ siècle ....... 527

Le développement technologique. — Nouvelles orientations à la veille de la guerre. — L'ascension du sérialisme. — Pierre Boulez. — Luigi Nono. — Luciano Berio. — Déclin et métamorphose de l'école sérielle. — La musique concrète. — La musique électronique. — La musique aléatoire et les formes ouvertes. — Karlheinz Stockhausen. — Iannis Xenakis.

38. — Panorama ............................ 561

Allemagne. — Amérique du Sud. — Autriche. — Belgique. — Espagne. — États-Unis. — France. — Grande-Bretagne. — Hongrie. — Israël. — Italie. — Japon. — Pays-Bas. — Pologne. — Roumanie. — Scandinavie. — Suisse. — Ex-Tchécoslovaquie. — Ex-U.R.S.S. — Ex-Yougoslavie. — Vers le XXIᵉ siècle.

CHRONOLOGIE DES COMPOSITEURS ............... 587

INDEX DES NOMS CITÉS ........................ 593

Composition réalisée par C.M.L., LUXAIN.

---

IMPRIMÉ EN FRANCE PAR BRODARD ET TAUPIN
Usine de La Flèche (Sarthe).
LIBRAIRIE GÉNÉRALE FRANÇAISE - 43, quai de Grenelle - 75015 Paris.
ISBN : 2 - 253 - 01394 - 3